社会科学哲学译丛　殷杰 主编

劳特利奇社会科学哲学指南

〔美〕李·麦金太尔（Lee McIntyre）
亚历克斯·罗森伯格（Alex Rosenberg）◎主编

殷 杰 赵 雷 等◎译

科学出版社
北 京

图字：01-2021-0437 号

The Routledge Companion to Philosophy of Social Science, 1st Edition / by Lee McIntyre and Alex Rosenberg / ISBN: 978-1-138-82575-8

图书在版编目（CIP）数据

劳特利奇社会科学哲学指南 /（美）李·麦金太尔（Lee McIntyre），（美）亚历克斯·罗森伯格（Alex Rosenberg）主编 ；殷杰等译. -- 北京 ：科学出版社，2025. 3. --（社会科学哲学译丛 / 殷杰主编）. -- ISBN 978-7-03-081274-2

Ⅰ. C02-62

中国国家版本馆 CIP 数据核字第 202515TK09 号

责任编辑：任俊红　刘巧巧 / 责任校对：贾伟娟

责任印制：师艳茹 / 封面设计：有道文化

科学出版社 出版

北京东黄城根北街 16 号

邮政编码：100717

http://www.sciencep.com

北京厚诚则铭印刷科技有限公司印刷

科学出版社发行　各地新华书店经销

*

2025 年 3 月第　一　版　开本：720×1000　1/16

2025 年 3 月第一次印刷　印张：34 1/2

字数：676 000

定价：258.00 元

（如有印装质量问题，我社负责调换）

总　　序

社会科学是以社会现象及人的群体行为为研究对象的科学，其所从事的是对人类社会进行理性的、系统的研究；而社会科学哲学则是对社会科学的逻辑、方法和说明模式进行研究的学科，并以社会科学实践的理性重建为基本旨趣。实质上，二者之间呈现出科学与哲学的内在关系。作为人类知识的两种不同形态，自科学脱胎于哲学伊始，其与哲学就不分轩轾，但科学往往以其革命性的动力推动着哲学的发展甚至转向，科学发现为哲学困惑提供了新的出路，同时也使哲学面临着新的问题。

一方面，社会科学哲学的发展，从社会科学和自然科学的发展中获得了新的动力，这也是面向科学实践的社会科学哲学发展的基本路径。作为社会科学较为成熟的分支学科，经济学所描述的是，凸显社会状态而非物理状态的人类行为，其方法论被逐步扩展到政治学、社会学、人类学等其他社会科学当中，并且成为社会科学的普遍方法论，比如，理性选择理论依然是当今社会科学哲学所关注的热点之一。自社会学从哲学中分离出来之后，实证方法业已成为社会科学研究的基本方法，由此也开启了社会科学研究的实证主义哲学思潮，当然，实证主义在哲学中的兴盛与当时科学方法论的成功密切相关。时至今日，一系列科学新成果的出现，不断引发社会科学的深刻变化，特别是，人类学与社会学、心理学与认知科学之间的学科交叉发展愈益明显，这更有利于社会科学的“科学性”建设，也有助于社会科学哲学传统问题的实质性求解。比如，用互惠利他理论可以细化囚徒困境的说明，用竞争学习理论来说明跨文化异同，以认知科学中的联结主义来研究社会实践中的“共享”现象，等等。由此，可以看出，社会科学哲学正逐步“参与”到社会科学中来。

另一方面，从本质上讲，作为一种对科学进行的反思性实践活动，社会科学哲学就是要对社会理论的所有内容从根本上进行哲学层面的考察，进而寻找到各种理论性和纲领性的思想。作为哲学学科的分支，社会科学哲学的具体形态必然与一定时期的哲学形态相关联。在当代社会科学哲学中，无论是实证主义到后实证主义的相继出现，还是大陆社会科学哲学与英美社会科学哲学的区分，都与其所在的哲学传统有关。此外，社会科学哲学的历史发展，恰恰是哲学与社会科学互动的历史，也是社会科学不断通过自己的理论和实践表达，阐释和建立自己学科特征的历史。虽然当今社会科学有自觉摆脱哲学形而上瓜葛的倾向，但是社会中价值等规范性现象的合理性，却难以完全依靠经验事实来说明，诸如此类的问题，客观上就要求引入哲学的反思，这就使得社会科学哲学与哲学的发展总是同步进行的。20 世纪相继发生于社会科学哲学中的逻辑转向、语言转向、历史-文化转向和知识转向便印证了这一观念。

综上可见，不能孤立地理解社会科学哲学的发展，因为如果仅按流派来描述其发展理路，则有许多具体的焦点问题得不到应有的关注，这些问题恰恰是哲学与社会科学实践最直接相关、理论最中肯的地方。然而，如果只以具体问题的求解来呈现社会科学哲学现实状况，则有可能在整体语境的缺失下，难以周延问题的全部方面。因此，对于社会科学哲学整体研究的概观性图景的把握，就需要将二者统一起来，点线面结合，同时关注问题的历时性与共时性，这也是社会科学哲学的特殊性为研究者提出的根本要求。

国外社会科学哲学研究可谓方兴未艾。当前的社会科学哲学不能仅仅被视为科学哲学的分支，而是呈现出一种对社会研究实践进行反思的元理论研究。这是一种以社会科学的独立学科建制为基本定位的观点，它把社会科学哲学的研究视为在社会科学本身中进行的事务。可以说，社会科学哲学新的理论定位，直接以具体社会科学的研究对象为目标，不只限于为社会科学提供哲学认识论和方法论意义上的普遍指导，而且更专注于反思社会科学学科当中的社会科学实践，以及寻求具体学科本身的普遍原则和理论。也就是说，社会科学哲学面向科学实践的发展路径正在成为主流。特别是，在当前科学社会学和科学、技术与社会（STS）研究的推动下，社会科学家有组织的社会行为、认知劳动的组织模式、研究者的社会责任、研究共同体的制度化等方面，也正成为社会科学哲学自我反思的重要内容，这也使得社会科学哲学的理论和实践价值得到前所未有的认同。

近 30 年来，国内社会科学哲学研究基本上在各个问题域都有所展开，但是总体上看：一方面，在具体问题研究方面有所深入，在研究范式的形成方面却尚在起步；另一方面，社会科学哲学研究所涵盖的领域并没有形成统一的理解。事实上，这两方面的问题是相互联系的，研究领域的模糊，致很难形成用以对话交流的明晰问题，于是也就难以形成所谓的范式。这个现状是国际性的，社会科学哲学近一个世纪的发展，其本身特质使研究触角无远弗届。以新康德哲学为代表的大陆社会科学哲学，通过其解释学、系谱学和批判理论传统几乎可横贯整个西方哲学史，特别是，自狄尔泰系统探索用“精神科学”来区分自然科学始，到韦伯时形成了比较成熟的解释主义的社会科学哲学理论。而以语言哲学为代表的英美社会科学哲学，则与分析哲学交织在一起，比如，温奇秉承了维特根斯坦的后期思想，将“语言维度”引入社会科学哲学的研究当中。此外，当前的社会科学哲学又不可避免地与认知哲学、心灵哲学等分支联系在一起。实际上，科学社会学、STS 在一定程度上也被认为是广义社会科学哲学的一部分。更为复杂的是，传统哲学分支中还包括社会哲学、政治哲学、法哲学等，这些哲学分支与相应的具体社会科学哲学关系的界定一直存有分歧。在此，需要特别指出的是，从当前学科建制上来看，社会科学哲学的研究“散落”在外国哲学、科学技术哲学、马克思主义哲学等学科领域当中。虽然这些领域都在研究社会科学哲学，但整体上缺乏一种具有统一性的研究范式，如此一来，各个领域的研究共同体就很难形成相应的学术认同感，由此也导致了学术规范的缺失，使得社会科学哲学也难以作为一门学科持续发展。

当然，我们迫切希望社会科学哲学成为一门学科，而不是以一种跨学科的、边缘化的研究状况来呈现，因为它有自己的核心问题，即社会科学的科学地位问题。社会科学哲学学科的建立将有助于其研究范式的形成，而范式的形成更需要学术积累与进步。从近 30 年国内社会科学哲学发展的状况来看，其积累有一定的成就，但是与研究范式的形成还有距离，至少在与该学科相关的学术资料特别国外学术资料方面的丰富程度还不够。因此，我们启动“社会科学哲学译丛”的初衷就是，致力于为社会科学哲学研究范式的建立做一些推动性的工作。事实上，只有对国际学术进展有深入细致的了解，并具备广阔的学术视野，才能建立起自己的合理的学术规范乃至学术话语格局，进而做出理论与实践层面的创新。本译丛总体上出于学科建设的需要，遴选代表西方社会科学哲学最新进展的优秀著作，突出学术观点间的异质性，反映一个时期观点间的对话与交锋，重点关注原创性的作品，同时在国内同行已做好的工作基础上，力求呈现社会科学哲学近半个世纪以来的发展图景，为其学科建设做一份厚实的基础性积累。这将是一项艰巨的任务，所以我们把本译丛设计成开放的体系，徐图渐进，以期虑熟谋审，争取力不劳而功倍。

本译丛的整体框架由四个部分组成。第一部分的内容以史为主，包括社会科学史、社会科学思想史和社会科学哲学史，如《社会科学的兴起 1642—1792》《1945 年以来的社会科学史》《社会科学的历史与哲学》。社会科学是社会科学哲学研究的对象，是哲学依赖的事实基础；社会科学发展的规律和本质的研究离不开对历史的审视与重构；社会科学思想史介于科学与哲学之间，是社会科学范式转换发展的呈现；社会科学哲学史是社会科学哲学教学与科研倚重的方面，一门学科的建立首先是其学科历史的建立，有史才有所谓的继承与发展，有史才有创新的基础。第二部分的内容体现为具体社会科学哲学，如《社会科学与复杂性：科学基础》《社会科学的对象》。当今社会科学的发展从深度上讲专业化程度越来越高，从广度上来看交叉发展是不可逆转的趋势，呈现出学科间协作解决问题的态势，学科间的大一统越来越不可能，学科间的整合则时有发生。因此，对社会科学的哲学批判与反思已不能完全是一种宏大叙事，而需要参与到具体社会科学中来。第三部分的内容聚焦于社会科学哲学专论，主要包括名家名著、专题文集、经典诠释等，旨在呈现某一时期学界关注焦点、学派特色理论、哲学家思想成就等，如《在社会科学中发现哲学》《卡尔·波普尔与社会科学》。第四部分的内容专注于与社会科学哲学相关的教材，如《社会科学哲学：导论》《社会科学哲学：社会思想的哲学基础》。教材建设是学科教学建设的重中之重，成熟教材的译介，为我们编写适合实际情况的教材提供了重要的参照。对此，我们从两个方面来展开：一是社会科学哲学通识课教材；二是其专业课教材。总之，本译丛的规划框架兼顾史论，点线面结合，从科研与教学两方面立意，以期能满足社会科学哲学研究范式建设在著作和教科书方面的需要。

山西大学科学技术哲学研究中心一直以积极的姿态推动中国科学技术哲学的学科建设，以促进中国科学技术哲学的繁荣与发展为己任，在译介西方哲学优秀成果方面形成了优良的学术传统、严谨的学术规范和强烈的学术责任感，曾做过大量而富有成效的工作，并且赢得了国内同行的广泛认可。21 世纪初我们陆续推出山西大学"科学技术哲学译丛"，2016 年我们组织翻译的大型工具书《爱思唯尔科学哲学手册》9 部 16 册已陆续出版发行。我们将一如既往地秉承传统、恪守规范、谨记责任，以期本译丛能够实质性地推动我国社会科学哲学的教学与科研迈上新的台阶。由于本次翻译工作时间紧迫，翻译和协调难度大，难免在某些方面会不尽如人意，我们诚盼学界同人不吝指教，共同推动这一领域学术研究的进步。

在译丛即将付梓之际，作为丛书的组织者，有许多发自肺腑的感谢之言。首先我谨向各著作的原作者致谢，他们的原创性的成果为我们提供了可珍鉴的资源；其次，感谢科学出版社科学人文分社侯俊琳社长，他的远见卓识和学术担当，保证了本译丛的成功策划和顺利出版，他为此付出了难以言表的辛劳；再次，感谢每一部书的责任编辑，他们专业高效的工作保证了译著能够以更好的质量呈现出来；最后，还要感谢诸位译者，他们克服种种困难，尽最大可能保质保量地顺利完成了翻译工作。总之，我希望我们的工作最终能够得到广大读者的认可，以绵薄之力推动国内社会科学哲学事业的蓬勃发展。

"哲学社会科学是人们认识世界、改造世界的重要工具，是推动历史发展和社会进步的重要力量，其发展水平反映了一个民族的思维能力、精神品格、文明素质，体现了一个国家的综合国力和国际竞争力。"[①]社会科学哲学是哲学，同时是

① 习近平．2017-10-10.（新华网授权发布）在哲学社会科学工作座谈会上的讲话（全文）．http://news.xinhuanet.com/politics/2016-05/18/c_1118891128.htm.

社会科学发展必不可少的思想前提，为社会科学澄清基本概念，以理论模式提供合法化辩护的工具性手段等；社会科学哲学的繁荣必将有力推动社会科学的发展。社会科学哲学译丛的长远意义也正在于此，“安知不如微虫之为珊瑚与蠃蛤之积为巨石也”[①]。谨序。

殷　杰

2017 年 10 月 10 日于山西大学

① 蠃，通“螺”。出自：章太炎. 1981. 译书公会叙//朱维铮，姜义华，等编注. 章太炎选集. 上海：上海人民出版社：36.

目　　录

第二部分　概　念

第三部分 争 论

第四部分 分支学科

撰稿人注释

肯尼斯·贝恩斯，锡拉丘兹大学哲学教授。在社会哲学与政治哲学领域发表多篇学术论文，著有《哈贝马斯》（劳特利奇出版社，2015年）一书。

克里斯蒂娜·比基耶里，宾夕法尼亚大学，S. J. P. 哈维哲学与心理学讲席教授，致力于社会规范和行为伦理学研究。

莎朗·克拉斯诺，加利福尼亚州诺科学院杰出荣休哲学教授，杜伦大学人文社会科学研究中心（CHESS）副研究员。研究兴趣包括社会科学哲学中的方法论问题和女性主义认识论。

贾斯汀·克鲁克尚克，研究兴趣包括批判实在论、波普尔、实用主义和知识社会学。曾在《社会科学哲学》和《社会学评论》上发表过关于批判实在论的评论，在《社会认识论》上发表过关于波普尔和罗蒂的讨论。

珍妮特·迪尼沙克，加利福尼亚大学圣克鲁兹分校哲学副教授。主要从事精神病学哲学、心理学哲学、维特根斯坦，以及其他有关心灵的认识论研究。发表论文涉及维特根斯坦、孤独症和感知相关的哲学问题，以及有关人类差异的缺失观念等方面的论文。

斯蒂芬·M. 唐斯，犹他大学哲学教授。研究兴趣在于生物学哲学领域，尤为关注人类行为说明的生物学进路。他在科学哲学方面也有相当广泛的兴趣，包括科学中模型的作用以及生物学在社会科学中的地位。其曾在《科学哲学》《生物学与哲学》《科学史与科学哲学研究》《社会科学哲学》等期刊上发表过论文。曾与爱德华·马切里共同主编了《论人性》（劳特利奇出版社，2013年）一书。

大卫·艾克，加利福尼亚州卡纳达学院哲学系教授。其研究兴趣集中在知识的社会维度，重点关注认知科学与社会认识论之间的关系。

布莱恩·爱泼斯坦，塔夫茨大学哲学副教授。其研究兴趣包括社会科学哲学、形而上学和语言哲学。著有《蚂蚁陷阱：重建社会科学的基础》一书（2015年）。

布莱恩·费伊，康涅狄格州米德尔顿市卫斯理大学荣休哲学教授。曾担任《历史与理论》主编（1991～2011年）。其著作包括《社会理论与政治实践》《批判社会科学》《当代社会科学哲学：多元文化方法》；他还是《路易斯·明克：历史理解》与《历史与理论：当代读本》的主编。其曾发表过大量学术论文。

史蒂夫·富勒，华威大学奥古斯特·孔德社会认识论讲席教授。其专著多达20多部，完成了“人性2.0”三部曲。著有《知识：历史中的哲学探索》（劳特利奇出版社，2015年）。

文森特·吉兰，魁北克大学哲学系副教授，蒙特利尔科学创新研究中心（CIRST）成员。其目前的研究重点是人文科学的历史与哲学，尤其是对奥古斯特·孔德和约翰·斯图亚特·穆勒著作的研究。除此之外，其研究兴趣还表现在社会科学中的比较与实验的运用，以及科学治理的各种模型上。

兰德尔·哈普，佛蒙特大学哲学副教授。其研究兴趣包括行动哲学、道德心理学和社会科学哲学。其研究成果发表或即将发表于《道德哲学杂志》《理论》《劳特利奇自由意志指南》上。

康拉德·海尔曼，鹿特丹伊拉斯谟大学哲学副教授，伊拉斯谟哲学和经济学研究所（EIPE）联合主任。其研究聚焦于经济学哲学，尤其关注跨期选择、行为经济学和测量。

大卫·亨德森，内布拉斯加大学林肯分校罗伯特·钱伯斯杰出哲学教授。其研究兴趣包括社会科学中的说明及其与解释的关系。他最近的工作重点在规范及其在社会科学中的说明地位。他还从事认识论研究，并开始关注如下观点，即认知规范可以从社会规范及其认知群体中由社会规范所提供的合作与协调这些角度来理解。

凯文·D. 胡佛，杜克大学经济学与哲学教授。《政治经济学史》主编，曾担任《经济方法论杂志》联合主编。

玛丽安·雅纳克，纽约州克林顿市哈密尔顿学院哲学教授。

玛利亚·扬科维奇，北卡罗来纳州戴维森学院哲学副教授。其专业领域包括语言哲学和心灵哲学。

图卡·凯德索亚，赫尔辛基大学芬兰科学院社会科学哲学卓越研究中心研究员。著有《自然化批判实在论的社会本体论》（2013年）一书，曾发表过多篇关于社会科学哲学和社会学理论内容的文章。

卡里姆·哈利法，佛蒙特州明德学院哲学副教授。其研究兴趣包括一般科学哲学、认识论和社会科学哲学。其论文发表于《英国科学哲学杂志》《经济方法论杂志》《科学哲学》《社会科学哲学》《社会认识论》《综合》《理论》等期刊上。目前正在完成一部关于科学理解的著作。

哈罗德·金凯德，开普敦大学经济学教授，赫尔辛基大学芬兰科学院社会科
xvi 学哲学卓越研究中心客座教授，在社会科学哲学中的问题方面，完成了多部著作，发表过大量期刊论文，撰写过很多书籍章节。

亚科·库奥里科斯基，目前为赫尔辛基大学社会与道德哲学教授，也是芬兰

科学院社会科学哲学卓越研究中心研究员。曾在《英国科学哲学杂志》《知识》《科学哲学》《社会科学哲学》《综合》等期刊上发表了关于说明、模型和模拟、机制和因果关系等内容的文章。

李丹，社会科学哲学家，专注于社会说明、社会本体论和社会学中的方法论问题。其新近著作包括《对历史哲学的新贡献》（2010 年）和《社会科学哲学的新方向》（2016 年）。担任密歇根大学迪尔伯恩分校的校长，同时还是密歇根大学安娜堡分校的社会学教授。

柯克·路德维希，印第安纳大学伯明顿分校哲学教授。他所涉猎的研究领域有心灵与行动哲学、语言哲学、认识论和形而上学。曾与厄尼·勒波雷合著《唐纳德·戴维森：意义、真理、语言与实在》（2005 年）和《唐纳德·戴维森的真理理论语义学》（2007 年）；与玛丽亚·扬科维奇联合主编了即将出版的《劳特利奇集体意向性手册》；与牛津大学出版社合作出版了两部关于集体行动的著作，即《从个体到多元能动性：集体行动 1》（2016 年）和《从多元能动性到制度能动性：集体行动 2》（2017 年）。

李·麦金太尔，波士顿大学科学哲学与科学史研究中心研究员，哈佛大学继续教育学院的伦理学讲师。其曾执教于科尔盖特大学、波士顿大学、塔夫茨实验学院和西蒙斯学院，并担任过哈佛大学定量社会科学研究所执行主任。著有《社会科学中的规律和说明：人类行为科学的辩护》（1996 年）和《黑暗时代：人类行为科学案例》（2006 年）以及《尊重真理：互联网时代的刻意无知》（劳特利奇出版社，2015 年）。除此之外，他还是《社会科学哲学》和《化学哲学》几部文集的联合主编。

埃莱奥诺拉·蒙图斯基，威尼斯福斯卡里大学哲学与文化遗产系哲学副教授，伦敦经济学院高级研究员。其研究与教学领域包括：科学哲学和社会科学哲学、科学客观性和社会客观性、证据的理论与实践、社会科学中的方法论问题。

尼科·奥兰迪，加利福尼亚大学圣克鲁兹分校哲学系副教授。他的主要研究领域包括心灵哲学、心理学哲学和认识论。

朱利安·瑞斯，杜伦大学哲学教授，科学与社会人文研究中心联合主任。其著作涉及科学哲学，尤其是经济学哲学和医学哲学，包括《经济学中的错误》（2008 年）和《经济学哲学：当代导论》（2013 年）以及《因果关系、证据和推论》（2015 年）。 xvii

马克·里斯乔德，埃默里大学哲学教授，捷克共和国赫拉德茨·克拉洛韦大学哲学教授。其著作包括《樵夫与巫术：社会科学中的理性和解释变化》（2000 年）和《社会科学哲学》（劳特利奇出版社，2014 年）。还主编了《社会科学哲学中的规范性与自然主义》（劳特利奇出版社，2016 年）一书。

迈克尔·鲁特，明尼苏达大学荣休哲学教授，其研究涉及使用种族作为社会科学和生物医学科学中群体层面研究中的一个变量，以及种族作为临床诊断或治疗的基础。

亚历克斯·罗森伯格，杜克大学泰勒科尔哲学教授、生物学教授、政治科学教授。著有十多部生物学哲学和社会科学哲学方面的著作，发表了200多篇论文，其主要关注生物学哲学与社会科学哲学中的因果关系、经济学和还原论。1993年，获得拉卡托斯奖；2006～2007年，担任美国大学优等生荣誉学会讲师；曾获得古根海姆基金会、美国学术团体协会和国家人文中心的研究基金。还著有两部历史小说。

唐·罗斯，开普敦大学经济学教授，佐治亚州立大学经济风险分析中心方法论的项目主任。其目前的主要研究领域包括：经济学哲学、风险和时间偏好的实验经济学、赌博成瘾和相关的公共健康问题，人类社会化的战略性方面、科学形而上学。出版专著、编著13部，并发表了大量论文。

保罗·A. 罗斯，加利福尼亚大学圣克鲁兹分校哲学系杰出教授。他在历史哲学（主要是历史解释）、社会科学哲学、自然化认识论和奎因等相关研究主题上均有著述。

沃伦·施莫斯，芝加哥伊利诺伊理工学院哲学教授。其研究领域包括19世纪和20世纪法国的科学史和科学哲学，出版了两部关于迪尔凯姆的专著：《迪尔凯姆的科学哲学和知识社会学》（1994年）和《迪尔凯姆及其传统的反思》（2004年）。

杰里米·希尔曼，曾在伦敦经济学院接受教育，并在该校担任卡尔·波普尔的助理长达八年之久。曾在爱丁堡大学教授哲学，在曼彻斯特大学教授政治理论，在澳大利亚国立大学教授哲学与政治理论，目前是澳大利亚国立大学的荣休研究员。著有《哈耶克及其后》和《卡尔·波普尔的政治思想》，此外，他还是《波普尔开放社会之后》和《剑桥波普尔指南》的联合主编。

贾科莫·西拉里，罗马路易斯吉多卡里大学政治科学系高级讲师。曾在意大利比萨高等师范学院和宾夕法尼亚大学任教。其研究兴趣和领域包括行为经济学、博弈论和社会科学哲学。

大卫·利文斯通·史密斯，缅因州比迪福德新英格兰大学哲学教授。其新近著作《非人：为何我们会贬低、奴役、伤害他人》，获得了2012年阿尼斯菲尔德-
xviii 沃尔夫人文社科奖。

斯蒂芬·特纳，南佛罗里达大学杰出的哲学教授。其关于认知科学和社会科学方面的研究，主要收集在《大脑/实践/相对主义：认知科学之后的社会理论》（2002年）和《理解默会知识》（2014年）两部著作中。

托马斯·于贝尔，曼彻斯特大学哲学教授。其在科学哲学史和逻辑经验主义方面著述颇丰。代表性著作包括《十字路口的经验主义：维也纳学派的记录句争论》(2007 年)和《剑桥逻辑经验主义指南》(与艾伦·理查森合编,2007 年)。

布鲁诺·韦贝克,莱顿大学政治哲学研究中心主任,莱顿大学哲学研究所高级讲师,负责协调政治科学哲学硕士课程。其研究涉及将理性选择理论(特别是博弈论和决策论)应用于伦理学、政治哲学和法律理论中相关问题的求解。著有《道德哲学和工具理性:论合作的美德》(2002 年),已发表论文主要涉及社会规范、惯例,以及在谈判和其他语境中预先承诺策略的合理性。目前,正在研究有关规范(如法律规范)权威性的问题。此外,其还在深入思考有关税收公平的问题。

格雷戈里·惠勒,慕尼黑路德维希马克西米利安大学慕尼黑数学哲学研究中心哲学副教授。其研究集中在形式认识论、社会认识论和计算认识论,以及概率和统计的基础。先后在《理性》《心灵》《哲学与现象学研究》《科学哲学》《英国科学哲学杂志》《知识》《综合》《哲学逻辑杂志》《逻辑研究》等期刊上发表论文 40 余篇。他是《心灵与机器》的主编,曾在卡内基梅隆大学、马克斯·普朗克人类发展研究所和新里斯本大学人工智能研究中心任职。

布拉德·雷,美国纽约州立大学奥斯威戈分校哲学教授。著有《库恩的进化社会认识论》,该书于 2011 年由剑桥大学出版社出版。发表了大量有关库恩、科学的社会认识论,以及科学哲学中的实在论/反实在论之争的论文。

佩特里·于利科斯基,赫尔辛基大学科学技术研究教授。其研究兴趣涵盖了从社会学理论到科学哲学中的核心问题。最近一直在研究分析社会学的哲学基础。

朱莉·扎赫勒,哥本哈根大学媒体、认知与传播系哲学部副教授,赫尔辛基大学芬兰科学院社会科学哲学卓越研究中心研究员。其研究集中于社会科学哲学中的各种论题,包括个人主义整体主义之争、实践理论、定性方法以及社会科学中的价值。

导　论

李·麦金太尔（Lee McIntyre）　亚历克斯·罗森伯格（Alex Rosenberg）

正如社会科学过去往往以自然科学为标准衡量自身的成功一样，在相当长的一段时间内，社会科学哲学都是自然科学哲学的“小伙伴”，处于自然科学哲学的影响之下。社会科学哲学是科学哲学的一个分支，社会科学哲学中的问题通常在一些较大文集中，仅以一两条关于“分支学科”（individual sciences）的词条呈现，与物理学哲学、生物学哲学以及近年来新增的化学哲学并列。这一研究状况虽令人振奋，但考虑到诸社会科学的范围及它们所提出的重要哲学问题，这还远远不够。正是出于这样的考虑，我们编辑了你手里拿着的这本《劳特利奇社会科学哲学指南》。

社会科学研究的哲学思考提出了各种问题，这些问题的多样性无非反映出相关学科在研究主题和方法论进路上的广泛性——这些学科包括经济学、心理学、历史学、人类学、社会学和政治科学。但有一个哲学问题广泛存在于这些学科当中，即一般而言，对人类行为、人类行动和人类事务的研究，与自然现象的研究有何相似之处，又有何不同？从某种程度上说，该问题是导致社会科学哲学产生的决定性问题。

上述这一问题——由于其必然聚焦于说明的问题——曾引发科学哲学领域一段极富成果的时期。在此期间，逻辑实证主义者首次尝试表明，科学和非科学之间存在一种严格的划分方法，并认为如果社会科学完全采用经验方法，放弃对意义或价值的任何推测，那么，就可以将社会科学划分到科学领域当中。如果说这是一项艰巨的任务，恐怕都显得轻描淡写了。即便是那些试图践行这一理想的社会科学家，也面临着严重的问题，尤其是在逻辑实证主义最终因未能提出一个可行的证实标准，来区分有意义和无意义的陈述，而最终走向崩溃的情况下。如果连自然科学理论都无法通过某种标准获得特定的科学地位，那么社会科学又如何能确立其合法性呢？

然而，这并未阻止到那些早已热衷于在社会科学中加入更多“科学”元素的

人。即使逻辑实证主义者未能完成他们的任务，自然科学不仍然是科学吗？自然
科学在它们的经验进路上难道不是仍然拥有某种优先权和特殊性吗？也许实证主
义者只是错误地描述了科学的独特性。如果是这样的话，社会科学难道就不能依
然追随这一科学理想前行吗？ 1

因此，社会科学哲学［其诞生与社会学学科同步发展，可追溯至奥古斯特·孔德（Auguste Comte）、约翰·穆勒（John Mill）和埃米尔·迪尔凯姆（Émile Durkheim）的研究］正式步入现代时期，成为科学哲学的一个独立分支。随着逻辑实证主义的衰落，一批科学哲学家［如卡尔·亨佩尔（Carl Hempel）、欧内斯特·内格尔（Ernest Nagel）、赫伯特·费格尔（Herbert Feigl）等］放弃了对实证主义者“经验意义”问题的求解，转而关注更突出的“方法”问题，这一转向成为“逻辑经验主义”的标志。然而，这立即引发了另外一个问题，即社会科学中的研究方法与自然科学中的研究方法相同吗？

到现在为止，争论的内容已然明晰，因为就像在社会科学成立之初一样，社会科学方法的问题就再次受到人们的普遍关注。显然，自然科学中所采用的方法是成功的，它不仅使物理学和生物学等领域的理论理解更加深入，而且还引发了一场世界上前所未有的技术革命。但是，如果社会科学确实采用了与自然科学相同的方法，为什么它的成果却远不及自然科学呢？

不出所料，争论中的各方对这一问题给出了不同的答案。那些支持逻辑经验主义的人认为，这是因为“社会科学研究在效仿恰当方法上还不够努力”，或者社会科学“还太稚嫩”。而那些逻辑经验主义的批评者则认为，“社会科学的研究对象在根本上不同于自然科学，因此需要有自己的研究方法”。

由此可以理解，接下来的50年里，为什么社会科学哲学主要围绕以下争论展开：社会科学是否能够进行似律说明；社会实体和社会过程是否能够在说明上被还原为个体及其行为；人类的行动或行为是否是可预测的。

然而，随着科学哲学本身在这一时期的发展，争论的内容也开始发生了变化。特别是在20世纪60年代，随着托马斯·库恩（Thomas Kuhn）的工作的出现，哲学家们甚至开始质疑“科学”本身是否真正符合科学的标准——究竟是否存在某种使科学研究独特的方法（如果有的话）。科学真的遵循某种“客观”的方法吗？理论的选择是否仅仅基于其经验证据？社会因素在影响科学变革中又扮演了怎样的角色？至此，社会科学家重新思考自身角色的大门被彻底打开。社会科学不再仅仅是自然科学的一种“附属领域”，而是开始展现自身的力量，作为另一种理解方式，遵循一种不同的“说明”模式。对参与其中的行为者而言，社会事件意义的阐释，可能是一种合法的（或者可能是唯一恰当的）研究形式。也许，信念和愿望在说明中是无法消除的，而且无法还原为自然科学赞同的说明要素

(explanans)。

我们不能夸大这种情况，这一点至关重要。在逻辑经验主义的全盛时期，就有许多批评家对“统一科学”观念进行了批判，这一观念源自逻辑实证主义，其主张自然科学与社会科学应采用完全相同的研究方法。同样，在库恩之后，解释主义、批判理论和社会建构主义兴起之际，仍有许多经验主义者试图捍卫科学的特殊性，并认为科学值得效仿。但关键之处在于，社会科学哲学的核心问题如今已完全显现：社会科学能够（且应该）尽可能向自然科学靠拢吗？然而，一个无法回避的事实是，人类是有意识的主体，可能具有自由意志和主观的自我意识能力，能够理解（和引导）自身的行动。那么，人类的这一特性又该如何纳入科学研究的考量呢？

本书各章出色地探讨了这一争论的各个方面，从其历史根源一直延伸到当今
2 社会本体论和行为经济学的前沿问题。当然，科学哲学本身并没有停滞不前，社会科学哲学亦然。尽管社会科学哲学仍然被有关说明的问题所主导，但这一领域极为丰富，涵盖了认识论、本体论、意义和价值等诸多问题。阅读本书的学生、教师和学者都可以从历史与理论的角度，对该领域中的各类争论和争议获得丰富的理解。本书是一本由短篇论文构成的论文集，每篇论文聚焦于社会科学哲学中的核心概念和主要争论，而且均是由该领域的杰出研究人员所撰写。本书涉猎广泛，内容上重叠的部分展示了各问题之间的连续性。整体而言，本书并不对该学科内的重要争论持任何立场，但我们给予每一位撰稿人以充分的学术自由，使其在全面呈现任一特定争论双方的语境中表达自己的观点。我们认为，这种编排方式对学生和学者都大有裨益。学生可以阅读到由一流学者撰写、语言清晰易懂的的词条，而经验丰富的研究者也定会对同行如何综述自己感兴趣的主题感到好奇。

本书分为如下四个部分：

第一部分：历史语境与哲学语境；

第二部分：概念；

第三部分：争论；

第四部分：分支学科。

在第一部分中，我们关注 18 世纪社会研究最深层的历史根源，追溯至逻辑经验主义的发展和演变及其批判性后果，并一直延续到当今经验方法的“反革命”运动。

在第二部分中，我们专注于基本的概念问题，这些问题是任何关于人类行动和行为研究的分析不可或缺的一部分。诸如说明、还原、涌现、方法论个体主义、功能主义和自然主义等问题，自 20 世纪 60 年代以来，一直是社会科学哲学文集

中的核心内容，但在本书中这些问题被置于当代语境中加以呈现。此外，本部分还选录了一些新兴概念，以勾勒当今领域的各个方面。

在第三部分中，我们探讨社会科学哲学中一些最具争议性的当代争论。其中，有些争论由来已久（比如关于规律的争论），而有些则是全新的（比如机器认识论和大数据）。

在第四部分中，我们着重探讨由分支社会科学学科提出的哲学问题。值得注意的是，我们力争尽可能广泛覆盖各个领域，并未忽略那些在类似文集中较少涉及的学科（即社会学、人类学以及政治科学）。事实上，在政治科学哲学方面，我们中的一位作者与该领域中的一位学者合作，尝试探讨为什么并非所有的分支社会科学都*拥有*专门的哲学分支。就像哲学界曾长期忽视化学哲学，而偏重物理学哲学和生物学哲学一样，我们力求公正对待这样一种观念，即社会科学哲学应该为社会学家、人类学家和政治科学家提供值得关注的内容。而政治科学哲学，作为一个长期被哲学忽视的领域，正是我们关注的重点之一。

我们希望读者能够体会到书中全新撰写的 37 篇论文的全部价值，这些论文目前填补了劳特利奇指南系列中的长期空白。自 1994 年由迈克尔·马丁（Michael Martin）和李· 麦金太尔主编的《社会科学哲学读本》在麻省理工学院出版社出版以来，它成为自梅·布罗德贝克（May Brodbeck）主编的《社会科学哲学读本》（1968 年）和伦纳德·克里默曼（Leonard Krimerman）主编的《社会科学的本质与范围》（1969 年）出版以来的第一部综合文集。麻省理工学院出版社出版的那 3
部文集抓住了社会科学哲学领域新一轮兴趣高涨的契机，汇集了许多经典论文以及新的研究成果，这使教师们获得了更新的教学资源，也为学者们正在进行的研究提供了更有价值的参考文献。那部文集标志着人们对社会科学哲学长达 20 年研究兴趣复兴的开端。在此期间，许多新的教科书和文集相继问世，大量学术研究涌现，催生了一系列新论题，而这些新论题如今已与传统论题并列成为该领域的重要组成部分。因此，在编写本书时，我们有幸能从这股持续涌现的学术潮流中邀请一流学者撰写新的论文，并相信那些经典论文仍然可供有兴趣的读者查阅。无论如何，由于我们的朋友迈克尔·马丁在 2015 年去世了，麻省理工学院出版社的那部文集不可能出版第二版了，而对新的教学用书的需求似乎又迫在眉睫。

这部文集的编纂过程相对较快（与其他同类文集相比），但仍耗时两年多才最终完成。我们要感谢马丁·柯德（Martin Curd）就本书的整体规划提出的宝贵建议；感谢布莱恩· 费伊（Brian Fay）、哈罗德·金凯德（Harold Kincaid）、丹·利特尔（Dan Little）、马克·里斯乔德（Mark Risjord）、保罗·罗斯（Paul Roth）和布拉德·韦雷（Brad Wray），就最佳论题和撰稿人给出的具体建议；感谢汤姆·麦卡锡（Tom McCarthy）和佐治亚·沃恩克（Georgia Warnke）在我们需要时所提供的建议；感谢劳特利奇整个团队[尤其是我们的编辑安迪·贝克（Andy Beck）]全程支持我们完成这项工作。

最重要的是，我们要感谢本书中每一位一流的撰稿人，不仅仅是因为他们贡
4 献了优秀的论文，而且与他们合作的过程也令人愉快。

第一部分

历史语境与哲学语境

第一章 孔德与实证主义图景

文森特·吉兰（Vincent Guillin）

长期以来，一个幽灵一直困扰着社会科学哲学——实证主义（positivism）的幽灵。它曾经是关于科学探究的本质和前景的主流观点，并应用于社会现象的研究中，许多人逐渐发现，这一概念没有抓住科学的本质特征，以至于“实证主义”这个标签已经变成了“滥用的术语”（Giddens，1977：29）。然而，尽管它已经消亡，但这种实证主义的科学观点在今天仍然具有影响力，（尽管有些矛盾）在某种程度上，它为过时的方法论理想提供了一种实用表征，这种方法论理想衬托出了社会科学及其包含的不同学科（关于这个立场的经典阐述，见 Hayek，1979）。然而，需要指出的是，“逻辑实证主义”（logical positivism），即实证主义思想的现代化身——由于其不加批判地依赖分析-综合二分（analytic-synthetic distinction），对认知意义的验证标准不令人满意，以及它无法提出一个明确的证实经验陈述的理论，而受到了正当的批评——与孔德最初的设想大相径庭，而正是孔德第一次提出了实证主义。

不幸的是，当代实证主义批评家往往忽略了这种区别，认为实证主义是一种完全统一的观点。因此，“实证主义信念”（positivist persuasion）（Alexander，1996：649）经常被简化成一些指导原则，用来规划和管理整个科学事业。这些原则被应用于社会实在（social reality）的研究，它们一般概括如下（对于方法论范式的集合解释，见 Blaikie，2004 和 Williams，2006）：

（1）对社会现象的科学研究必须仿效自然科学中成功发展的路径和方法。

（2）正如存在关于自然现象的规律一样，也存在关于社会现象的规律，这些规律被认为是规定了各种事件或实体之间存在恒定连接的一般性陈述。

（3）这些规律的发现主要依赖于观察，观察既是得到律则概括（nomological generalizations）的数据来源，又是检验其真伪的经验基准。

（4）数学工具在社会数据的形式化中被赋予首要地位，而定量方法（quantitative methods）在社会科学陈述的验证（实验的和非实验的）中发挥着重要作用。

（5）可以通过将单个实例归入一般规律之下，也可以逐层将支配社会事实多样性的特定规律还原到有限集合的更高层级的类规律性（lawlike）陈述，来衡量科学进步，后者是由自然界最基本的生物学和物理规律衍生而来的，并被认为是一个启发式的标准，如果没有实践的可能性的话。

（6）任何不能还原为观察术语或真实评估的陈述、假设或理论都被认为是不科学的；因此，规范性陈述由于缺乏经验内容而不适于验证，它们将被排除在科学话语的范围之外。

换句话说，实证主义社会科学的方法是自然主义的，其致力于经验主义，以寻求一般规律为动力，以数学为根据，以定量为导向，追求律则上的还原或至少理论上的统一，以及价值上的中立。

现在，社会科学的所谓“实证主义”概念明显偏离了孔德所倡导的观点。当然，“实证主义信念”的一些关键原则确实存在于孔德的实证哲学中，主要是那些关于科学研究的一般方面（观察的重要性、对律则知识的追求）的原则。但是，这种现代版本的实证主义与孔德关于社会科学的本质和方法的观点中许多最独特的方面并不相符，孔德不仅赋予社会科学整个领域名字——之前没人关注但如今久经时间证明的“社会学”——而且他几乎独自尝试在理论和方法论上建立这一领域。因此，接下来，在快速阅读了孔德的一般科学哲学之后——也许其知识遗产中只有一部分被其他实证主义者，如约翰·斯图亚特·穆勒（John Stuart Mill）、斯宾塞（Spencer）或逻辑经验主义者（logical empiricists）所继承——我将关注他对社会科学的哲学和方法论贡献的最原始维度，即他的理智主义（intellectualism）、历史决定论（historicism）、整体主义（holism），他拒绝将数学应用于社会现象，他的反还原论（anti-reductionism），以及他的社会科学的价值论概念。正如我希望表明的那样，在很多方面，孔德并不完全是通常意义上的那种实证主义者。

第一节 “以科学的方式研究政治学”：自然主义和社会科学

孔德曾就读于久负盛名的巴黎综合理工学院，在那里他了解了数学和物理科学的最新发展——这里的教育为他提供了一生中唯一的且多少有些不稳定的生活手段（关于孔德的传记，见 Pickering，1993-2009）——奥古斯特·孔德对生物学和医学的最新进展也十分熟悉，他无疑可以被认为是 19 世纪上半叶深信科学已成为关于世界的真正知识的唯一来源的人之一。然而，他也承认，迄今为止，整个现实领域即社会现象，摆脱了科学研究的范围。如果科学真的以普遍性为目标，那么实现普遍性的唯一途径就是“在社会物理学的基础上完善观察性科学体系”（Comte，1988：1st Lesson，13），或者他后来称之为的社会学（Comte，1975：II，

47th Lesson，88）。 8

早在 1822 年的《为改造社会所必需的科学研究方案》（*Plan des travaux scientifiques nécessaires pour réorganiser la société*）这份纲领性的概述中，他首次提出“通过将政治学提升到观察科学的等级，以实证主义的方式研究政治学”，孔德就思考了这样一个计划（Comte，1998：86，81），它明确出现在他的不朽著作——六卷本的《实证哲学教程》（*Cours de philosophie positive*）（1830～1842年）中，其“第一目的”（Comte，1988：1st Lesson，13）是社会学的基础［对孔德社会学的一般解释，见 Gane（2006）和 Wernick（2001）］。在那里，孔德直截了当地表现出自然主义的一面：通过对数学、天文学、物理学、化学和生物学的历史的哲学评价——占据了《实证哲学教程》的前三卷，阐明了科学思维（scientific mind）是如何处理各种现象的，以及它所依赖的不同方法。接着，孔德在最后三卷中将他从对自然科学耐心研究中所获得的方法论上的收获扩展到对社会现象的研究中。然而，从一开始，孔德就对科学精神或实证精神的构成有了很好的理解：“认识到不可能获得绝对真理，放弃了对宇宙起源和隐藏原因的探索，也放弃了对现象最终原因的探索”；努力“仅仅通过充分运用推理和观察的良好结合，发现现象的实际规律——也就是说，它们的连续性和相似性是不变的关系”；最后，“尽管很可能永远不会达到这样一个阶段”，但不断地趋向于建立一个这样的系统：“我们可以把所有不同的可观察现象看作许多特殊的单一普遍事实”（Comte，1988：1st Lesson，2-3）。如果社会学想成为名副其实的科学，就必须采用这种“实证的方法”。

孔德著名的“三阶段论”（law of the three states）在许多方面为实证方法应用于社会现象提供了很好的例子。因为，孔德声称，关于人类智力发展的社会学概括，即“我们知识的每一个分支……都是依次通过三种不同的理论阶段”——“神学或虚构阶段、形而上学或抽象阶段以及科学或实证阶段”——产生了“三种哲学化方法，它们的特征本质上是不同的，甚至完全相互对立”（Comte，1988：1st Lesson，1，2），不同类型的经验事实清楚地证明了这一点。一方面，孔德认为，“它的准确性立即得到了那些相当熟悉科学通史的人的证实”。这清楚地表明了在神学阶段，人类心灵（human mind）是如何首先“把它的研究主要转向人的内在本质，以及它所观察到的所有现象的最初和最终原因”，并“把这些现象表示为由某种程度上超自然行动者的直接和持续行动所产生的”。在它替代之前，在形而上学阶段，“超自然行动者……通过抽象的力量、真实的实体或拟人化的抽象，内在于世界的不同存在”，它们“独立地产生了所观察到的一切现象”，最终到达了实证阶段，在这个阶段中，所有的现象都被认为“受不变的自然规律所支配”，“发现这些规律并将其还原到尽可能少的数量构成了我们努力的目标”（Comte，1988：

1st Lesson，2，8）。另一方面，孔德继续指出，由于“个体教育的起点与物种的起点必然相同”，对“个体智力发展”的观察证明，“我们每个人……都先后——在最重要的思想方面——是童年时的神学家、少年时的形而上学者和成年时的自然哲学家”。孔德总结道，“所有与他们所处阶段在同一水平的人都可以很容易地做到这种对规律的验证”（Comte，1988，1st Lesson，4）。从各方面来看，（通过自
9 己的阐述）孔德对社会学的主要经验主义贡献似乎符合其实证方法定义的要求：“三阶段论”是一种信息概括，解释了人类心灵在全球范围内的进化，包括物种（历史上的）和个体（可以说是遗传上的）层面的进化，从而解释了大量的异质事实；援引了不同的证据来源（基于历史和心理观察）予以证实；它甚至许可一些可以证实其正确性的合理性预测的明确实例（社会学本身的出现，以某种自相矛盾的方式，发挥了对其第一定律有效性的重要检验的作用）。

第二节　一个合格的经验主义者：孔德的理智主义和历史决定论

然而，在评估该规律合理性的过程中，孔德坚持认为有一项考虑严重限制了他对经验主义的支持。因为，正如他自己所强调的那样，“三阶段论”也揭示了存在一种“逻辑必然性”（Comte，1988：1st Lesson，5），根据这种必然性，观察必须依赖于一个理论框架，该框架在可用的无限经验事实中，定义了那些在认识论上相关的事实，而这些事实又解释了为什么人类心灵首先采用“神学哲学”，这是唯一精确地解决“最难以解决的问题——如物体的内在本质，或所有现象的起源和目的……［它］提出，在其原始阶段优先于所有其他问题”——的智力方案（Comte，1988：1st Lesson，5）。孔德认为，更一般地说，这表明理论不能单单从观察中归纳而来，必定先于观察，因为首先前者使后者成为可能：“一方面，每一个实证理论都必须建立在观察的基础上，另一方面，同样正确的是，为了观察，我们的心灵需要某种理论”（Comte，1988：1st Lesson，5）。换言之，孔德无疑是验证问题上的经验主义者［见 Comte（1975：I，28th Lesson，456-464）关于“假设的基本理论”］，但在理论建构方面，特别是在社会学方面，他肯定不是归纳主义者，他明确支持观察必然负载理论（theory-laden）的观点。因此，孔德对历史学家的工作不满，正如《为改造社会所必需的科学研究方案》所声称的那样，他们目前已经满足于编写“年鉴，也就是对某一系列特定事实的描述和时间安排”，然而，“以科学精神构想的真实*历史*”应该包括“对支配人类社会发展的规律的研

究”，也就是“从一般走向特殊”（Comte，1998：142），而不是反过来。

但是，如果是这样的话，适用于实证社会学的理论框架是怎样的呢？《为改造社会所必需的科学研究方案》明确指出，对社会现象研究的实证化要求，承认“社会组织与文明状态［即知识的进步］密切相关，并由它决定”（Comte，1998：90），并赞同“文明的进步根据必然的规律发展”这一观点（Comte，1998：93），这一观点既得到了“三阶段论”的支持，也得到了其证实。换句话说，对于孔德而言，实证社会学既是“理智主义的”，在一定程度上它假定了人类进步的主要解释因素是心灵的发展，同时也是“历史主义的”［在波普尔的意义上（Popper，1957）］，因为它假定了这种智力发展必然存在于一个长期的历史趋势中，这个趋势可以为类似于那些支配自然现象的规律所描述。正如孔德本人所指出的那样，对这一概念架构的阐述既要求从历史的角度来看，社会现象已达到足够高的发展阶段，能够清楚地显示其进化的进步本质（根据孔德的说法，随着法国大革命的 10
到来，这个门槛最终被跨越了），而且从认识论的角度来看，人类心灵已经足够成熟，可以明确地处理这些现象，借鉴亚里士多德（Aristotle）、孟德斯鸠（Montesquieu）和孔多塞（Condorcet）的决定性贡献［（亚里士多德对希腊城邦宪法的经验性研究将观察置于想象之上；孟德斯鸠在《论法的精神》（*Esprit des lois*）中明确地指出，“政治现象必须服从不变的自然规律”（Comte，1975：Ⅱ，47th Lesson，85）；孔多塞清楚地看到，“文明经历了一个进步的过程，根据自然规律，其进步的所有阶段都是严格相连的，对过去的哲学观察揭示了这一点”（Comte，1998：116）］。既然历史已经成熟，人类心智已经达到了实证的阶段，社会学就可以真正成为科学。

当然，孔德认为其社会学的理智主义和历史主义特征，不仅被经验所证实，而且是社会学研究不能省略的假设，即使是自称的实证主义者本身也从未接受这些特征，更不用说是大多数社会科学的实践者了。对于前者，因为“世界被观念（ideas）所支配和颠覆，或者换句话说，整个社会机制最终取决于观点（opinions）”的主张（Comte，1988：1st Lesson，28）过度缩小了社会现象之间可能存在的因果关系的范围。对于后者，因为它把对经验规律的方法论探索变成了一种形而上学的历史决定论。现在，有人可能仍然认为，孔德的实证主义仍然有方法论资源来处理孔德自己关于进化的本质和过程的声明，因为它鼓励对科学陈述的验证，人们可以依靠这种检验来表明孔德最具挑衅性的主张是毫无根据的。在这方面，观察完全符合实证主义的信条，可以作为社会学命题真伪的最终判定依据。不幸的是，孔德关于实证社会学的精神和方法的独特概念，严重制约了这种经验主义评价的范围和客观性。

第三节　整体主义与综合观

正如上面所强调的那样，孔德完全赞同科学观察负载理论的论点。他的立场与众不同之处在于，他认为进行社会学规律研究所必需的是理论假设的内容和地位，他在《实证哲学教程》（Comte，1988：48-51）的四个课程中仔细阐述了这些理论假设，作为方法论的序言，详细描述了人类从神学阶段（Comte，1988：52-54）到形而上学阶段（Comte，1988：55）再到实证阶段（Comte，1988：56-57）的历史转变。因此，在第 48 课中，孔德致力于“应用于社会现象的理性研究中的实证方法所具有的基本特征”，他向读者介绍了指导社会学研究的理论框架。借用与生物领域的区别，孔德声称社会学既包括“社会存在条件的基础研究”，又包括“其连续运动的规律”（Comte，1975：Ⅱ，48th Lesson，109）。前者专注于“社会静力学”（social statics），即对社会结构的考虑，而后者则侧重于“社会动力学”（social dynamics），即它们随时间演变的描述，“秩序”（order）和“进步”（progress）是
11 任何社会现实的两个互补维度。但孔德也煞费苦心地强调，任何社会学调查，无论是静态的还是动态的，都必须有这样一种思想，即区分社会现象的是它们的综合性质，构成社会系统的各种因素及其发展的各个阶段之间存在着一种连通性，这种连通性甚至比生物的整体性更为显著。这种已经在最先进的生物学研究中采用的整体主义观点，强有力地加于社会学家身上，因为他们应对的现象比生物学家思考的现象更复杂，他们必须优先对整体的思考而不是对各个部分的考察，因此，优先综合而不是分析，这一方法一直支配着无机科学。正如孔德所说的那样，“由于社会现象确实是完全联系在一起的，那么他们真正的研究永远不应该被理性分割，因此永恒的责任是……要始终同时考虑各种社会方面，无论是在社会静力学中还是在……社会动力学中”（Comte，1975：119）。

孔德认为，“[社会] 现象的基本相互关系”这一原则是“他们直接探索的首要指南”（Comte，1975：120），它直接支配着社会学观察的实施方式。一方面，它促使社会静力学成为“对社会系统各部分相互作用和反应的兼备经验与理性的实证研究”（Comte，1975：111），根据孔德的说法，这一研究清楚地证明了“存在于社会有机体所有可能方面之间的基本团结”（Comte，1975：112）。更确切地说，孔德认为，这种“社会共识”，即“社会静力学的核心观点”（Comte，1975：118），相当于承认目前“人类整体发展的阶段，在其所有不同的活动模式中，无论是智力的、道德的还是物质的”都被认为与当前的“政治制度和社会习俗”（Comte，1975：114）有关，并且规定社会学应被视为“真正的社会单位”，不是个体，因为“任何系统[必须]一定由本质上与之同质的元素构成”（Comte，1975，50th Lesson，

183），而是一个整体，因为人们可以从中辨别出各种特征的萌芽——目的性、等级性、专业性——这些特征将在一般人际交往中达到最大程度。换句话说，社会静力学是启发式的和本体论上的整体主义。但是，另一方面，社会动力学也同样是综合的，因为它也强调了人类进化的各个阶段内在的连续性，这些阶段被认为是一个单一的实体，处于“不同人群中实际观察到的连续的社会变化”中（Comte，1975：48th Lesson，123）。再一次借鉴与生物学的类比，孔德认为，社会动力学是实证社会学在理解社会现象方面所带来的真正进步，是对人类发展规律的探索，“动态社会学的真正普遍精神［包括］将这些连续的社会状态视为前一阶段的必然结果和下一阶段背后不可或缺的力量”（Comte，1975：48th Lesson，123）。正如“三阶段论”提供了一种对这种固定的连续模式的理解，《实证哲学教程》的社会学课程旨在准确记录这种渐进式演变的过程。

然而，正如已经指出的关于孔德的理智主义和历史主义一样，他强调社会现象的特征的连通性——既具有历时性又具有共时性，因此，他所提倡的实证研究的综合观，很难与“实证主义信念”的一些核心启发式原则——唯名论（nominalism）和原子论（atomism）——相协调（Blaikie，2004：836）。一方面，现代实证主义者对孔德的整体主义和他将社会视为一个整体存在（其中各个部分的存在与他们对其所构成的整体的贡献相关）的倾向普遍持怀疑态度，他们认为，孔德的这些思想中存在古代有机体论（organicist）概念的残余，这种概念假定了 12
抽象实体（如“社会”本身或“社会阶段”）的存在，并且毫无根据地使其具体化。另一方面，孔德将个体从社会科学中彻底排除，与后来的实证主义者所推崇的原子论方法完全不一致，后者从分析各种社会行动者的价值观、欲望和信念入手，来解释他们的行动聚合所产生的社会结果。在这最后一方面，孔德固执地拒绝承认心理学——作为理性主义版本的神学残余或作为经验主义表现形式的形而上学残余被抛弃［论孔德和心理学，见 Scharff（1995：ch.1）］和政治经济学的科学地位——出于许多其他原因。由于其分析性倾向和关于经济人（homo oeconomicus）的个体主义模型而受到指责［关于孔德和政治经济，见 Weinberg（1982：Part Ⅱ，ch.2）］，很可能是其社会学观点的一个确定的归谬法（reductio ad absurdum）。

第四节　社会学中的实证方法与对数学的排斥

孔德的综合观点不仅注入了社会学最普遍的假设，而且直接影响了他对最适合社会学探究的方法的说明。首先，孔德认为，“各种社会方面的普遍连通性”（Comte，

1975：Ⅱ，48th Lesson，142）将给予观察，特别是历史学家和民族志学家所实践的事实集合，以科学辩护，因为“对各种事件的直接观察或直接描述”以及“对看似最微不足道的习俗的考虑、对各种遗迹的欣赏和对语言的分析和比较等”（Comte，1975：141-142）现在将被纳入一个理论框架。在这个框架内，它们将有助于更好地理解“秩序”和“进步”（共同）的必要条件。至于实验，尽管社会现象的纯粹复杂性和连通性严重限制了它的使用，但仍然可以依赖它的“自然实验”（natural experiments）形式，如革命或社会动乱，这或多或少能准确地表明社会秩序所能面对的变化限度。比较法（comparative method）也可能与社会学有关，因为它使我们能够比较构成人类的不同群体发展的各种方式；但是，由于它局限于共时性或地理比较，它必须以孔德所认为的恰当的社会学程序为补充，即“历史方法”（Comte，1975：148），其目的是“将人类事件整体形成相协调的序列，这些序列可以清楚地显示出它们的渐进顺序”（Comte，1975：150）。与他的证实主义（verificationism）倾向一致，孔德明确指出，社会学概括——例如，历史进程的特点是世俗权力对精神权力逐渐服从，或随着军事精神不断衰落与工业倾向相应发展的主张——必须经受住经验证据的检验，无论是作为事后陈述（postdictions）还是预测，同时也承认这种证实（主要涉及历史趋势）不会像自然科学中那样精确。

毫无疑问，在孔德的方法论讨论中，最引人注目的是他将数学从社会学的工具箱中彻底剔除。尽管如此，作为一名专业的数学家，孔德认为，正是由于社会现象的连通性和历史性，它们超出了数学理论的分析资源范围。通过思考伯努利（Bernoulli）、孔多塞以及与其时代最近的拉普拉斯（Laplace）的尝试，他特别将社会学研究的“空想从属”（chimerical subordination）定位于“机会的虚幻理论”
13 （the illusory theory of chances）（Comte，1975：49th Lesson，168），一种“哲学怪兽”（a philosophical monstrosity）（Comte，1975：58th Lesson，704），“直接相当于把我们真正的个人无知作为我们观点可能性的自然度量”（Comte，1975：49th Lesson，169），从而否定了决定论规律支配社会现象的观点。因此，如果实证主义被定义为“社会事实能够被可靠地度量的立场”（Abbott，2004：252），或者被定义为“科学家只处理那些可度量的事物”的主张（Williams，2006：231），那么孔德的实证主义怀疑“数学分析”可以“用一种令人印象深刻的胡言乱语掩盖概念的空洞”（Comte，1975：Ⅱ，48th Lesson，152），这当然与我们现在所说的“社会学实证主义”毫无共同之处。

第五节　统一和还原论：实证主义与唯物主义

孔德确信，越来越多的现象被纳入规律之下，这些特定的法则被包含在有限的更高层次的一般性陈述之下，这是知识进步的明显标志，因为“所有科学的真正哲学目的”是试图“尽可能减少对自然现象实证解释所必需的一般规律的数量”（Comte，1988：1st Lesson，32），这一目标无疑扩展到了社会现象。然而，孔德还强调，实证哲学的特点是尝试“在单一的同质学说中，总结与自然现象的不同秩序相关的已获得知识的集合”（Comte，1988：1st Lesson，31），这种尝试没有与“空想……尝试使用单一规律对所有现象进行一般说明”合并为一体，这既是因为“人类心灵的资源太薄弱”，也是因为“宇宙太复杂，无法容许我们达到这种科学的完美”（Comte，1988：1st Lesson，31）。这最后一个特征加上存在“不同的现实秩序”的观念，确实促使孔德围绕“分类”（classification）或“科学等级”（hierarchy of the sciences）构建了《实证哲学教程》。根据这一方案，不同的科学或多或少地朝着实证性发展，这取决于他们所研究现象的简单程度和普遍性。由此产生的“科学等级”（scale of the sciences），把数学放在第一位，接着依次是天文学、物理学、化学和生物学。由于社会学必须处理最复杂和最特殊的事实，因此毫无疑问，它“必然比现象的所有先前秩序进展得更慢”（Comte，1988：2nd Lesson，12）。

孔德的分类为实证科学的结构提供了一个非常新颖的观点，强调了它们“百科全书式的”依赖性和认识论自主性。至于前者，孔德认为，由于各种现象之间存在着客观的依赖性（例如，某些天文、物理和化学条件必须实现，生命才能出现），一门科学的等级越高，它对先前科学的规律和方法的依赖性就越大。至于认识论自主性，孔德坚持认为，由于每一个现实秩序都显示出不同的特征（例如只有生物繁殖和生病），每一门基础科学都需要详细阐述自己的特定方法和概念，以便能够发现各种适用于其所研究现象的原始规律。因此，对于孔德来说，统一主要是一个方法论的和解释性的问题，他的科学多元论显然使他反对本体论上的还原论，或者，他所谓的“唯物主义”（materialism）：“通过将之与最普通的设想同化，从而持续降级最崇高的设想的趋势”（Comte，1929：1，50）。这也解释了为什么孔德一直坚持多元地阐述“科学哲学”，并且认为，后来的实证主义者所推崇 14
的“科学哲学”的概念，完全颠覆了百科全书式的理想。

在孔德看来，社会学无疑是通过对科学的分类来实施百科全书式的依赖性和认识论自主性的最完美例证。一方面，由于社会现象是所有现象中最复杂和最特殊的，所以天文学、物理学和化学规律“解释了人类存在的外部条件”，生物学规律提供了“关于人类本质的真正规律”（Comte，1975：Ⅱ，49th Lesson，156），因此它们必须被包括在社会学说明中，作为对社会学概括的检查。另一方面，由于无机科学和生物学都没有能力考虑到人类现象的恰当历史维度，后者的独创性保证了社会学作为关于社会的自主科学的百科全书式地位。然而，还必须强调的是，孔德并不总是坚持他所宣称的在社会学问题上的反还原论［正如他关于性别平等的生物还原论所表明的那样；见 Guillin（2009）］，而且，正如他的整体主义和他对静力学/动力学区分的使用所证明的那样，孔德的社会学在很大程度上依赖于一种生物启发的方案，例如，把社会进化设想为仅仅是一种发展，这种理解排除了历史上出现任何新奇事物的可能性。

第六节　实证社会学和实证政治学

但是百科全书式的依赖性也被认为对分类科学有反馈效应。如果实证精神的充分发展只能通过对社会现象的研究的成熟来实现，那么因为社会学对人类进化的说明也作为其关键要素，为科学进步及其条件提供了理论依据，它将必须对“所有先前的科学做出必要的哲学反应”（Comte，1975：Ⅱ，49th Lesson，170）。根据孔德的观点，社会学那种百科全书式的最终主导地位的有益影响是多方面的：首先，它将导致未来科学研究更实证的行为，基于对人类认知能力和每门科学各自领域的可靠知识，从而使“科学发现……符合真正理性的预见，通过对以前科学运动的准确评估，根据人类心灵的真实过程的基本规律得到适当的解释”（Comte，1975：Ⅱ，49th Lesson，172），并且为“某种关于发现的理性理论”奠定基础，这种理论将“有效地引导个人天才的本能努力”（Comte，1975：Ⅱ，49th Lesson，173）；其次，它将“社会观点”（Comte，1975：Ⅱ，58th Lesson，707）贯穿于所有科学调查中，从而确保它们确实能够满足人类的真正需要，而不是迎合神学或形而上学的幻想。换言之，由于有用性是实证性的一个重要方面，社会学在这里提醒我们，“我们合理推测的真正必要目的［是］不断改善我们的实际状况，无论是个体的还是集体的，而不是徒劳地满足于毫无意义的好奇心”（Comte，2003：121）。

在社会学对百科全书式尺度的“反应”的最后一个维度上，人们的目光不止于此。因为它不仅揭示了孔德实证主义中的实用主义元素，同时也揭示了他的信念，即科学知识是改善人类命运的最好手段：正如孔德所说的，“科学带来了预见，预见带来的是行动”（Comte，1988：2nd Lesson，38）。它还指出了孔德整个方案的真正政治性质，这在他的 1822 年的小册子的标题中已经很明显了，并在《实证哲学教程》的开头再次阐明“社会物理学的基础”，该专著的“首位和特殊对象”（Comte，1988：1st Lesson，13-14），将促进“实证哲学”作为“重组的唯一坚实基础，重组必须终止最文明国家长期存在的危机”（Comte，1988：1st Lesson，28）。更准确地说，由于他发现政治和社会危机持续困扰着后革命社会，因为缺乏一个共同的信念体系能够取代过时的神学和形而上学的原则，孔德很自然地把社会学作为解决这种思想混乱的唯一适当方法：因为它已经确定了社会的静力学和动力学规律，对社会现象的实证研究现在可以为“实证政治”提供基础［最终会产生一种“人性宗教”，正如孔德后期《实证政治体系》（*Système de politique positive*）的副标题所明确指出的那样（Comte，1929）］，实证政治将保护人类免受统治者的专断；但它也将在被统治者中培养一种秩序感——从而阻止他们提出任何形式的异议，无论是否暴力——同时明确指出与现有社会结构及其历史发展模式相适应的可能改进途径（论实证哲学和实证政治学的关系，参见 Guillin，2015）。因此，实证社会学不仅仅是一门科学上合理的社会学，它也可能主要是一种受政治驱动的社会学，旨在提供思想上和实践上的手段，以立即推进“秩序”和“进步”。换言之，在方法论上将社会现象的研究与价值观隔离开来的尝试，是通过将其局限于对事实及其规范性推论的考虑中，即价值中立的社会科学的理想，这种尝试在孔德看来完全不符合正确的实证社会学。只不过是事实-价值的区分……我希望现在已经很清楚了，这种立场结合了他的哲学观点中的理智主义、历史主义、整体主义、对数学方法的不信任以及反还原论的特征，使孔德成为一个非常独特的实证主义者。

参 考 文 献

Abbott, A. 2004. *Methods of Discovery. Heuristics for the Social Sciences*. New York and London: Norton.

Alexander, J. C. 1996. “Positivism,” in A. Kuper and J. Kuper (eds.), *The Social Science Encyclopedia*, 2nd edn. London and New York, Routledge: 649-650.

Blaikie, N. 2004. “Positivism,” in M. S. Lewis-Beck, A. Bryman, and T. Futing Liao (eds.), *The Sage Encyclopedia of Social Science Research Methods*. London: Sage, vol. 2: 836-838.

Comte, A. 1929. *Système de politique positive, ou Traité de sociologie instituant la religion de l'Humanité*, 4 vols. Paris: Au siège de la Société Positiviste.

——. 1975. *Cours de philosophie positive*. Ed. Michel Serres et al., 2 vols. Paris: Hermann.

——. 1988. *Introduction to Positive Philosophy*. Trans. Frederick Ferré. Indianapolis: Hackett Publishing Company.

——. 1998. *Early Political Writings*. Trans. H. S. Jones. Cambridge: Cambridge University Press.

——. 2003. *Discours sur l'esprit positif*. Introduction and notes A. Petit. Paris: Vrin.

Gane, M. 2006. *Auguste Comte*. London: Routledge.

Giddens, A. 1977. “Positivism and its Critics,” in A. Giddens, *Studies in Social and Political Theory*. London: Hutchinson: 29-89.

Guillin, V. 2009. *Auguste Comte and John Stuart Mill on Sexual Equality. Historical, Methodological and Philosophical Issues*. Leiden and Boston: Brill. 16

——. 2015. “The Rule of Sociological Method. Auguste Comte's Positive Politics before the *Système de Politique Positive*," in K. N. Demetriou and A. Loizides (eds.), *Scientific Statesmanship, Governance, and the History of Political Philosophy*. New York: Routledge: 226-241.

Hayek, F. V. 1979. *The Counter-Revolution of Science. Studies on the Abuse of Reason*. 2nd edn. Indianapolis: The Liberty Fund.

Pickering, M. 1993-2009. *Auguste Comte. An Intellectual Biography*. Cambridge: Cambridge University Press, 3 vols.

Popper, K. R. 1957. *The Poverty of Historicism*. London: Routledge and Kegan Paul.

Scharff, R. C. 1995. *Comte after Positivism*. Cambridge: Cambridge University Press.

Weinberg, A. 1982. *The Influence of Auguste Comte on the Economics of John Stuart Mill*. London: E. G. Weinberg.

Wernick, A. 2001. *Auguste Comte and the Religion of Humanity. The Post-Theistic Program of French Social Theory*. Cambridge: Cambridge University Press.

Williams, M. 2006. "Positivism," in V. Jupp (ed.), *The Sage Dictionary of Social Research Methods*.
17 London: Sage: 229-331.

第二章　迪尔凯姆与科学社会学方法

沃伦·施莫斯（Warren Schmaus）

第一节　引　　言

社会科学家在写以埃米尔·迪尔凯姆（Emile Durkheim）（1858—1917）为主题的文章时，通常会用一些修辞手法来形容他，要么将其作为社会学或人类学学科的奠基人，人们可以向其寻求帮助从而为自己的方法论辩护，要么将其作为替罪羊，为所有（被认为是）社会科学中的错误来买单。他曾因试图模仿自然科学来模型化社会科学，并采用功能主义的（functionalist）说明模型而受到攻击，这种说明模型为现状（status quo）和保守主义（conservatism）提供了理论辩护。另一些人指责他在经验研究中偏离了他在《社会学方法的准则》（*The Rules of Sociological Method*）（Durkheim，1895a）[1]中所宣称的方法论，或者认为他在职业生涯中不断地改变自己的方法。关于迪尔凯姆的社会科学著作很少是为了对他的作品进行仔细的评注。在英语语系的社会科学领域，这一问题因理论家们建立在不可靠的翻译基础上而变得更加复杂，有时甚至会将一个法语术语翻译成与之完全相反的英语术语。迪尔凯姆被塑造成一个不连贯、缺乏吸引力的思想家——至少在英语语系的社会学中是如此——以至于人们不禁要问，他是如何跻身于卡尔·马克思（Karl Marx）和马克斯·韦伯（Max Weber）之中，成为三位奠基人之一的。

迪尔凯姆方法的模糊性（ambiguities）至少可以部分地说明一些解释（interpretation）问题。为了评价迪尔凯姆的社会科学方法论，我们需要记住几个相互交叉并且有重叠之处的区分。首先，我们需要区分调查（investigation）方法、说服（persuasion）方法和说明（explanation）方法。调查方法，我指的是他分析经验数据并用它来支持他的理论的方法。他的说服方法与他如何论证自己的理论优于该领域的其他理论有关。他的说明方法是那些他用来解释社会现象的方法。其次，我们需要区分他在《社会学方法的准则》中所宣称的方法论和他在经验研究中的实际研究方法。《社会学方法的准则》主要包括他的调查和说明方法，而他

18 的大量著作，如《社会分工论》(*The Division of Labor in Society*)(Durkheim，1893b)、《自杀论》(*Suicide*)(Durkheim，1897a)和《宗教生活的基本形式》(*The Elementary Forms of Religious Life*)（Durkheim，1912a）则使用了说服方法。此外，他在这些作品中呈现结果的顺序不一定是他得出这些结果的时间顺序，也不一定是他推出这些结果的逻辑顺序。最后，他说明现象的方法可能并不一定是他在《社会学方法的准则》中所指示的。

第三组区分更多地与迪尔凯姆所使用的术语的含义有关。迪尔凯姆曾接受了哲学教育，并在他的社会学著作中使用了哲学术语。在他有生之年，这些术语在法国哲学中的含义往往与其在近代的社会科学中所具有的含义不同。这些术语在当代的哲学中还有第三种意义。例如，哲学家第一次接触到关于迪尔凯姆的社会学文献时会惊讶地发现，迪尔凯姆被描述为“实证主义者”，他对集体表征（collective representations）、社会力量和自杀潮（suicidogenic currents）有着丰富的本体论。

在评价迪尔凯姆的大量著作偏离其所表达的方法论的指控时，我们应记住这些区分。迪尔凯姆从来没有打算把《社会学方法的准则》作为关于论证策略的文本。当他批评其反对者的理论，如模糊性、不一致性、回避问题、无根据的特设假设和方法论上的弱点时，他只是理所当然地认为这些批评是学术话语中普遍接受的论证模式，不需要特别辩护。铭记这些区分也将有助于确定迪尔凯姆的方法是否在其学术生涯中发生了变化，以及在何种意义上发生了变化。

第二节　社会科学中迪尔凯姆的接受度

迪尔凯姆的作品根据国家和学科的不同而有不同的用途。他被认为是人类学和社会学的奠基人，但在美国、欧洲和拉丁美洲，这些学科之间的界限是不同的。

在法国，迪尔凯姆的《宗教生活的基本形式》，连同迪尔凯姆、马塞尔·莫斯（Marcel Mauss）、亨利·休伯特（Henri Hubert）和路先·列维-布留尔（Lucien Lévy-Bruhl）的其他作品，形成了一种民族学研究的传统，这种传统在迪尔凯姆死后一直延续到克洛德·列维-斯特劳斯（Claude Lévi-Strauss）的作品中。这一传统的特点是将概念和社会实践从早期社会中所谓的“基本”形式追溯到更先进社会中更复杂的形式。社会结构和功能是重要的说明概念。另一方面，迪尔凯姆的《自杀论》在法国被忽视了。

发展了结构功能主义的英国社会人类学家，如布罗尼斯拉夫·马林诺夫斯基(Bronislaw Malinowski)、阿尔弗雷德·拉德克利夫-布朗(Alfred Radcliffe- Brown)

和 E. E. 埃文斯·普里查德（E. E. Evans-Pritchard），都受到了这一法国传统的影响。《宗教生活的基本形式》是迪尔凯姆 1915 年被翻译成英文的第一部主要作品。随后，受迪尔凯姆启发的人类学跨越大西洋，马林诺夫斯基把它带到了耶鲁大学，列维-斯特劳斯把它带到了圣保罗大学。然而，最近，人类学家已经摆脱了结构功能主义，并质疑了一些现代文化表现了另一些现代文化在过去的方式的假设。他们还批评了迪尔凯姆依赖于有问题的民族志（ethnographies）。

另一方面，美国社会学家被迪尔凯姆早期的作品所吸引。《社会分工论》和《社会学方法的准则》在 20 世纪 30 年代首次被翻译成英文，当时塔尔科特·帕森斯（Talcott Parsons）出版的《社会行动的结构》（*The Structure of Social Action*）（1937
年），大量借鉴了迪尔凯姆的观点。《自杀论》在 1951 年被翻译成英文，尽管迪尔 19
凯姆的统计方法论并不精细，但仍激发了一代社会学的定量研究。帕森斯将迪尔凯姆的说明方法解释为在他的学术生涯中从最初的“实证主义”到“唯意志主义”（voluntarism）再到“唯心主义”（idealism）的转变。唯意志主义与帕森斯的方法相对应，帕森斯的方法通过假定内在规范和价值观来说明社会行为者的行为。然而，像惠特尼·波普（Whitney Pope）和斯蒂芬·特纳（Stephen Turner）这样的社会学家已经证明，迪尔凯姆从未使用过这种说明方法（Pope，1973；Turner，1986）。

此外，帕森斯对“实证主义”这个术语的使用与迪尔凯姆时期的完全不同。对帕森斯来说，它意味着从社会行为者对外部环境中条件的理性反应来说明他们的行动，他们和它的关系就像自然科学家和它的关系一样（Parsons，1937：61，67，438）。虽然实证主义这个术语在迪尔凯姆时代通过孔德、斯宾塞、穆勒、贝恩（Bain）、马赫（Mach）、阿芬纳留斯（Avenarius）、奥斯特瓦尔德（Ostwald）和其他人的著作有了许多不同的含义，但当时没有人使用帕森斯的这个意义。对于迪尔凯姆来说，实证主义似乎意味着将道德哲学视为一门自然科学。在《社会分工论》的最初导论中，迪尔凯姆曾说，“实证的道德科学”的目的是从道德事实的研究中得出普遍的道德原则（Durkheim，1893b：20）。在这本著作中，他试图通过比较提高专业化的原因和影响与其他道德上可取的现象（Durkheim，1902b：xxxvii，4）来确定提高专业化是否在道德上是可取的。

第三节 社会事实

大家似乎都同意的一点是，迪尔凯姆为社会学的自主性（autonomy）辩护，他认为有一类独特的现象构成了其研究领域：社会事实。他把它们定义为约束个体的思维方式和行为方式，它们外在于每个个体意识（Durkheim，1895a：6ff.；1897a：356）。史蒂文 • 卢克斯（Steven Lukes）等学者抱怨说，通过他提供的例子，从履行习惯或法律规定的职责到必须使用国家语言（Lukes，1973：12-13），迪尔凯姆对约束的含义进行了模糊处理。但这些不同的例子都可以被看作是约束个体的潜在社会实在的影响或明显迹象。同样地，像自杀统计或法律法规这样的事物通常被认为是迪尔凯姆的社会事实，但它们同样只是外在的或可观察到的迹象。

最初，迪尔凯姆将这种潜在的社会实在描述为存在于集体意识中。这很快就引起了人们对他的指责，说他假设了一种群体心灵（group mind）。但是对于迪尔凯姆来说，没有这样的东西，特别是没有存在于个体之上的意识实体。社会学不需要本体论实质或基础，除了“通过所有个体意识的统一而形成的东西”（Durkheim，1897a：361）或“关联个体的整体”（Durkheim，1898b：38-39）。迪尔凯姆认为，社会只存在于个体意识中或通过个体意识而存在（Durkheim，1912a：299）。为了避免群体心灵异议，迪尔凯姆放弃了“集体意识”这一术语，而使用了集体表征，即集体意识的构成要素。他解释说，每个个体心灵中都有两种心理表征：个体表征（individual representations）和集体表征。后者最初是在“集体欢腾”（collective effervescence）时期，如在宗教节日期间个体表征的融合形成的。当个体认识到其他人拥有相同的表征时，就会发生融合。由此产生的集体表征比
20 个体表征具有更大的力量或能力，这说明了社会事实无意中施加在个体心灵上的强制或约束力（Durkheim，1912a：297；1955a：173；1902b：67）。可以肯定的是，迪尔凯姆并没有回避对集体表征、社会力量和自杀潮的实在论解释。但这些实体并不独立于个体的心灵而存在。

第四节　研 究 方 法

人们也普遍认识到，迪尔凯姆建议社会学家把社会事实视为事物，即与物质世界中的事物一样实在（Durkheim，1895a：xi，20）。对此有好几种说明，既涉及研究方法，也涉及说明方法。关于前者，它被解读为支持一种幼稚的归纳主义和经验主义的形式。迪尔凯姆批判那些从理念到事物，而不是从事物到理念的人，从而加强了这种解读，因而听起来有点像培根，他建议摒弃所有的前概念或先入之见，并根据其外部特性来定义社会现象群（Durkheim，1895a：20ff.）。

在所讨论的段落中，迪尔凯姆简单地认为社会学是一门经验科学，而不仅仅是一种社会理论的形式，它通过分析我们对事物的普通概念，然后仅仅将事实作

为例证或证实。当时以社会学的名义进行的研究——如孔德和斯宾塞的著作——看起来更像哲学而不是科学。同样地，迪尔凯姆认为政治经济学更具意识形态性而非经验性，他声称，即使是供求规律也从未得到实验性的证实（Durkheim，1895a：31-34）。对于迪尔凯姆来说，数学是唯一可以通过心理分析进行的科学，因为我们自己构造了它的对象；社会学必须使用物理学、化学和生理学的经验方法（Durkheim，1895a：xi-xiii）。

对于迪尔凯姆来说，这种幼稚的归纳主义和经验主义的解释是错误的，就像培根所证明的一样。迪尔凯姆赞同的那种归纳是排除式的，而不是列举式的，即一种排除假定的因果说明的方法，而不是简单地从特定经验中进行概括的方法。迪尔凯姆明确地批评了那些寻求对每个社会进行详尽描述的方法，并认为社会学应该寻求的是培根所说的“决定性或关键性事实”（decisive or crucial facts）（Durkheim，1895a：98），也就是说，可以在判决性试验中决定相互竞争假设的那种事实。在《宗教生活的基本形式》中，他称之为“精心制作的实验”（well- made experiment）（Durkheim，1912a：135，593）。在这本著作中，澳大利亚宗教为图腾崇拜（totemism）、万物有灵论（animism）或自然主义是不是最早的宗教形式提供了判决性试验。根据迪尔凯姆的观点，只有图腾论（totemistic）假说才能说明神圣与世俗之分的起源，以及灵魂、神圣存在和宗教力量的理念的起源。迪尔凯姆并没有从事实中进行概括，反而在纠正事实。例如，他推断，尽管缺乏证据，但澳大利亚人一定拥有像美洲印第安人一样的氏族（phratries）图腾和宗族（clans）图腾（Durkheim，1912a：157）。

毕竟，如果不是通过假设和检验的方法，迪尔凯姆怎么可能得出集体表征等不可观测的实体呢？人们不可能通过从观察中简单的归纳和概括来得出这种结论。集体表征也不能通过内省而被了解，因为它们是无意识地运作的。集体表征及其相互关系必须在假设中被假定。迪尔凯姆认为，社会学之所以被赋予自然科学一样的科学地位，是因为它使用了关于“未知世界”（unknown world）中不可 21
观测实体的假设来说明这些现象（Durkheim，1897a：349，351；1912a：597；1898b：33）。事实上，迪尔凯姆在抨击对手时经常将“假设”作为贬义词。但在批评像斯宾塞这样的人的语境下是这样的，他们借用如生物学等其他科学中的假设，而没有在社会学中加以验证（Durkheim，1895b：608）。

迪尔凯姆的假设和检验方法并不完全是最新的假设-演绎主义（hypothetico-deductivism）概念，在这个概念中，检验结果是从假设和初始条件的陈述中得出的。相反，迪尔凯姆似乎认为，结果可能直接源自其原因。对他来说，否证比确证更重要：尽管几个确证的事实不能证明一个假设，但单独一个事实可能足以驳倒它（Durkheim，1895a：163），假设否证的事实是可靠的（Durkheim，

1888：265-266；1895b：608），不允许有其他解释（Durkheim，1912a：515），且该假设没有被许多其他事实所证实［Durkheim，1902a（i）：321］。他还强调，为了能够判断事实是否确实证实了一个假设（Durkheim，1895a：43，44，54），必须根据可观察的特征明确界定其中的术语。

迪尔凯姆认为人们实际上不能在社会学中进行实验（Durkheim，1895a：159）。但是，人们可以诉诸由统计学、历史和跨文化比较提供的现成实验。对于迪尔凯姆来说，穆勒的归纳法则把握了实验方法的逻辑性。在穆勒的方法中，共变法（concomitant variation）是社会学中最有用的方法（Durkheim，1895a：158ff.）。迪尔凯姆使用这种方法来检验因果假设，而不是从观察中机械地生成规律（Durkheim，1895a：161）。他从不寻求一个值作为另一个值的函数而变化的精确的数学规律。对于他来说，两种现象成正比或成反比变化足以表明一种因果关系。迪尔凯姆对阿道夫·凯特勒（Adolphe Quetelet）和弗朗西斯·高尔顿（Francis Galton）等数学家在统计方法方面的发展一无所知。

然而，迪尔凯姆认识到，共变性的存在并不能单独证明因果关系。他要求，最好不要只有一个，而是有一系列的共变来比较，它们来自同一社会、同一类型的其他社会，以及其他类型的社会（Durkheim，1895a：165-169；1909e：156）。例如，如果我们要找出家庭规模和自杀率之间的反比关系，我们应该调查在我们自己国家以外的其他国家是否也存在这种关系。另外，他反对酗酒或气候等作为可能原因的论点表明，他认为缺少共变性可能会反驳一个假设。如果一个假设没有提到共变性或者一个替代假设更加适合，那么这个假设也可以被拒斥。《自杀论》在因果假设的可接受性上又增加了三个条件：必须有足够数量的事实以免被归因于偶然情况，这些事实不允许一些替代说明，并且假设不能与其他事实相矛盾（Durkheim，1897a：71-80）。

事实上，迪尔凯姆本人基本没有做什么原创的经验研究。《自杀论》不但包含了一些以前未发表的证据，而且借鉴了犯罪学家发表的著作，如恩里科·莫尔塞利（Enrico Morselli）1879 年出版的《自杀》（*Il suicido*）一书。迪尔凯姆在法国法律统计局的加布里埃尔·塔尔德（Gabriel Tarde）那里获得了 2.6 万份档案，并感谢莫尔塞利根据年龄、性别、婚姻状况和子女数对这些档案进行了分类（Durkheim，1897a：xi，n.2）。《自杀论》使用的就是一种粗糙的通过分组和平均来进行的共变法。例如，为了调查家庭规模的影响，他根据自杀率将法国 82 个部门分为 6 组，然后比较每组的平均家庭规模（Durkheim，1897a：209）。对 82 个
22 部门的一些其他分类未必会产生同样的结果。当然，质疑他对自杀数据的使用，并不是反驳他的自杀理论，而只是表明它并未被证实。（人们可以对他在《宗教生活的基本形式》中使用不可靠的民族志报告提出类似的观点。）

《社会分工论》和《宗教生活的基本形式》仅仅借鉴了已出版的资料。在第一本著作中，迪尔凯姆也使用了共变法的形式。一个变量是一个从原始到现代的社会的地位，迪尔凯姆认为这反映了这一社会中劳动的专业化程度。另一个变量是惩罚性法律与恢复性法律的相对比例，这对迪尔凯姆来说表明了机械团结与有机团结的相对强度。其目的是表明，现代社会中的有机团结正在取代机械团结。当然，迪尔凯姆在社会法典（societies' codes of law）中发现的差异还有其他可能的说明。

在《社会分工论》和《自杀论》之后，跨文化比较比共变法更为重要。《宗教生活的基本形式》采用了历史分析的方法，他在《社会学方法的准则》中将其描述为社会学证明的方法（Durkheim，1895a：166ff.）。在这种方法中，他将社会按从最简单到最复杂的尺度进行排列，然后在整个系列中追踪某些社会事实或制度的发展，因为它添加了越来越复杂的元素。他认为，这种方法使人们能够将社会事实分解成不易区分的要素（Durkheim，1912a：4；1888：264-265；1909e：153）。这种根据复杂程度排列事物的方法传源于法国，至少可以追溯到笛卡儿。实际上，迪尔凯姆称之为“笛卡儿原理”（Cartesian principle），即链中的第一个环节在获得某种事物的真正说明本质方面起着重要作用（Durkheim，1912a：5）。[因此，迪尔凯姆的方法论著作的标题，暗指了笛卡儿的《指导心灵的规则》（*Rules for the Direction of the Mind*）。] 尚不清楚迪尔凯姆是否遵循笛卡儿模型接受社会分类为线性序列。有时，他否认线性模型，而赞同人类社会进化的树栖模型[如 Durkheim，1901a（i）：245-246]。然而，他似乎在《宗教生活的基本形式》和《社会分工论》中都假定了社会的线性分类。

第五节　说 服 方 法

迪尔凯姆的大量著作都是从外在的、可观察到的特征出发，对所讨论的社会现象，进行初步的定义，进而寻找这一现象的真正本质，从而为其可观察特征提供原因。在这一过程中，他将自己的理论与竞争的其他说明进行了比较，认为自己的理论具有更广泛的说明范围，并为讨论的相关现象提供了最佳说明。

因此，迪尔凯姆的比较理论评价方法类似于决定性试验的逻辑，但范围更广。竞争的理论不仅在与事实相矛盾的时候被拒斥，而且在它们什么也没有说明的时候也被拒斥。它们也因为产生了迪尔凯姆理论没有面临的未解决的问题而被拒斥。例如，迪尔凯姆认为，集体图腾来源于个体图腾的假设存在着他自己的假设不必解决的问题（Durkheim，1912a：253）。替代理论由于概念的和经验的问题而受到

批判。在《自杀论》中，他拒斥了自杀率随种族而变化的假设，因为种族概念
23 （Durkheim，1897a：54-68）的模糊性，并且这是不可证伪的不合理假设（Durkheim，1897a：21ff.）。迪尔凯姆也拒斥了使用特设假设的说明，例如，列维-布留尔关于原始事物有替代逻辑的猜想（Durkheim，1912a：342）。

《宗教生活的基本形式》也许是迪尔凯姆研究过程中最明显的例子。它从宗教的初步定义开始，依据神圣和世俗的区分来表达，这种区分是由教会等机构保持的。为了找到宗教的本质，它转向了他所认为的最早的宗教形式，以澳大利亚图腾崇拜为代表。然后，他辩护了这是最早的宗教形式的假设，并如上所述，反对另一种假设，即万物有灵论或自然主义是最早的形式。然后，迪尔凯姆依据宗教仪式期间集体沸腾时期所经历的社会力量，说明了附属于某些图腾物体的神圣特征。最后，他将这一结论推广到包括当代宗教，他认为它们所产生的幸福感只是社会力量的结果。人们认为他们的宗教体验实际上是由社会力量的潜在实在性造成的，就像我们对颜色的感觉经验是由不同波长的光的潜在实在性造成的一样（Durkheim，1912a：597）。

第六节　说 明 方 法

迪尔凯姆的说明概念通过将其归入一般表达之下，如因果规律，将说明一个概念的含义与说明一个事实结合起来。事实上，他似乎没有将定义从说明性概括中区分开来，因为他用适合于经验假设的术语来描述定义，例如对定义的验证和定义解释事实的能力（Durkheim，1902b：73，52，32）。归根结底，说明一个社会事实就是提供其潜在的真正本质，而且这种本质只能逐渐接近，永远不能完全达到，它将定义这个事实，并提供其原因和功能。可以肯定的是，他明确地指出，对规律的认识是社会学的目标，例如，他说：“社会学应该有一个完整的部分来考察集体观念化（collective ideation）的规律，这仍然尚未完全完成。”（Durkheim，1898b：47，n.1）这些集体观念化的规律应该说明集体表征如何产生其他集体表征。然而，尚不清楚他是否曾发现过任何这样的规律，他所做的说明似乎是直接从假定的原因而不是从规律和初始条件的陈述中推论出影响的。

他的说明方法中的第二个模糊性涉及原因和功能。迪尔凯姆否认了造成一个影响的多种原因的可能性（Durkheim，1895a：155ff.），尽管他引入了常规案例和病态案例之间的区别来处理这一原则的例外情况，也就是说，在这些情况中，相同的影响似乎是由不同的原因引起的，但在事件的常规进程中，原因对其影响是必要且充分的，而影响不仅是其原因的逻辑必要条件，而且是其存在的充分指标，

使得原因难以与影响区分开来。由于社会事实的功能是在其影响中发现的，因此，尽管迪尔凯姆在《社会学方法的准则》中警告不要将因果说明与功能说明混淆，但他的功能说明往往被误认为是因果说明。

例如，《社会分工论》被认为表明专业化是由不断增加的社会、道德或“动态”密度引起的，即人际关系的密度，而这又是由不断增加的人口密度引起的。或者 24
说，我们可以这样解释，迪尔凯姆声称劳动专业化是对动态密度增加的适应，而不是其结果。后一种解读是由迪尔凯姆引用达尔文的性格差异原则提出的，根据这一原则，专门化是一种对尽量减少与类似生物的竞争的适应。同样，人类之间的劳动分工也可以使人类之间的竞争最小化（Durkheim，1902b：248ff.）。迪尔凯姆非常明确地指出，如果没有构成社会密度的人际关系，人们可以通过分散来应对人口密度的增加（Durkheim，1902b：270-271；1895a：115）。专业化的功能是保持这些人际关系的纽带，使个体继续把他们自己看作是同一社会的成员，并且聚在一起。因此，人口密度可能会增加。有人可能会争辩说，迪尔凯姆编写《社会学方法的准则》正是为了辩护《社会分工论》不受指控：它最终在物理原因方面说明了专业化。在《社会学方法的准则》中，他认为，物理人口密度可以作为测量动态密度的手段，因为它们是同步前进的，但这并不是一个精确的测量（Durkheim，1895a：140，n.1）。然而，这就留下了一个问题，即是什么使得整个过程是以无法说明开始的，也就是说，是什么导致了动态密度的增加。

有时，迪尔凯姆本人似乎也被原因与功能的混淆误导了，正如他在《宗教生活的基本形式》的范畴理论中所说的那样。这些范畴及其集体或文化表征之间的模糊性只会使问题更加复杂。迪尔凯姆试图确定它们，但这就像是混淆数字和数词（numerals）一样。他似乎希望《宗教生活的基本形式》被解读为表明了这些范畴具有社会原因。但他成功地表明，这些范畴具有重要的社会功能，并且它们的集体表征具有社会原因，或者至少具有社会模型。据迪尔凯姆所说，所有社会似乎都使用相同的空间、时间、因果关系和等级的范畴，因为这些范畴具有必要的社会功能。例如，所有社会都需要某种关于空间方向的交流方式。然而，不同的社会并不都需要以相同的方式表征空间。每个社会都可能有自己的表征范畴的系统。这些表征使人们的思想中已经隐含的东西变得明确。迪尔凯姆声称，为了定位自己并满足个体的需要，个体并没有比动物更需要空间和时间的概念表征（Durkheim，1912a：632）。

尽管迪尔凯姆的因果说明和功能说明并不总是相互区别的，但他清楚地将功能说明与意图、目标或目的上的说明区分开来。对于迪尔凯姆来说，某些社会现象的功能与人们可能的意向无关。关于个体群体的事实不能用组成群体的个体的事实来说明，特别是不能用关于他们意向性行为的事实。用个体意向来说明社会现象会错误地对它们做出心理学说明。迪尔凯姆认为，社会学是一门自主科学，因为社会现象，如社会自杀率和谋杀率，不能还原为个体心理学。

第七节 迪尔凯姆的方法存在的问题

迪尔凯姆假设，社会学必须有自己的、真实的理论实体，以便被视为一门真正的科学，这一假设在多个层面上存在问题。他根据所看到的自然科学在他那个
25 时代的发展方向来为社会学建模。但历史表明，假设理论实体并对其采取实在论立场，并不总是唯一的，甚至是最好的方式。而且，今天的物理、化学和分子生物学都拥有相同的基本实体，并且在这个随机的宇宙中把因果力归因于它们的理念是有问题的。20 世纪的社会科学家可能没有认真对待迪尔凯姆的集体表征、社会力量和自杀潮的本体论，而是把他们的注意力集中在他作品中的自杀统计和人口密度等事物上，这是因为他们在哲学的反实在论意义上比迪尔凯姆更加实证主义。

集体表征还有其他问题。目前还不清楚无意识的心理表征如何成为意义的承载者，甚至用有意识的心理表征的意义识别也面临着哲学上的困难。然而，迪尔凯姆似乎已接近新的思考意义的方式，因为他坚决捍卫思想表征现实的传统概念，反对威廉 • 詹姆斯（William James）的意义和真理的实用主义路径（Durkheim，1955a）。然而，公平地说，至少迪尔凯姆的作品中隐含着另一种方法，在这种方法中，集体表征的意义可以根据其功能、原因以及与其他集体表象的关系来定义。

迪尔凯姆认为，他需要假设集体表征来说明他所认为的将社会维系在一起的理念，因此他提出了孔德式假说，即是共有的理念完成了这项任务。也许迪尔凯姆在当代社会中找到任何这样的共有理念的困难性说明了这样一个事实，即他随后把注意力转向了研究更简单的社会，比如澳大利亚的图腾主义者。

第八节 迪尔凯姆的方法论有什么价值

也许迪尔凯姆最有价值的贡献是他辩护了社会科学中替代方法论个体主义的整体主义（holist）或集体主义（collectivist）。他证明了有一类独特的社会现象，不能完全用个体行为来说明。具体而言，他认为依据个体心理无法说明不同的社会群体是如何具有不同的自杀和犯罪率的，这在很大程度上阐明了《自杀论》是如何成为美国社会学的经典和模范。然而，迪尔凯姆可能并不完全认为这种方法论原则不依赖于任何社会学特有的本体论。这可以通过与生物学的类比来说明。虽然生物有机体只不过是物理和化学实体，但有一些生物学的说明采用了功能和

适应等概念，这些概念不能还原为物理和化学。同样地，虽然没有一个社会实体凌驾于构成社会的个体之上，但是一些城市的谋杀率高于其他城市的原因不能依据个体心理来说明。

迪尔凯姆还就避免使用常识性术语和概念提出了有价值的建议。也就是说，要真正理解诸如自杀或宗教之类的社会现象，我们必须暂时放下我们对这些事物的一般概念，这些概念可能只是反映了文化和其他偏见。例如，我们不应该根据对神或其他超自然实体的信念来定义宗教，因为那使得某些宗教凌驾于其他宗教之上。此外，自杀可能被消极地看待，而自我牺牲可能被积极地看待，这一事实不应使我们忽视这样一种可能性，即从一个社会的立场看是自杀性爆炸的行为， 26
可能从另一个社会立场看是烈士的崇高行为。

有人可能会反对，迪尔凯姆不能说明自杀的社会意义，并指出他以自然科学的方式来对待社会事实是不适合的。然而，没有理由认为，社会学不能同时关注含义和原因。迪尔凯姆至少试图将两者结合起来；当然，他是否成功是另一个问题了。但人们可以问其他社会理论家在试图区分“解释的”社会科学和“说明的”社会科学方面取得了多大的成功。争论的焦点往往会将社会科学与自然科学的非实在论图景进行对比。例如，威廉·狄尔泰（Wilhelm Dilthey）的诠释学（hermeneutic）方法包括对整体进行假设以解释其部分，然后利用这些解释来修改我们对整体的原始假设，并不断重复这个循环（Anderson，2003）。但在足够一般的层面上，这可以描述任何科学的方法，无论是自然科学还是社会的，包括迪尔凯姆的社会学。迪尔凯姆关于宗教的假设被用来解释各种仪式（rites）和实践，这反映了他对宗教作为整体的概念，形成了一个新的尝试性假设。似乎没有一套专门针对社会科学的方法可以将它们与自然科学区分开来，也没有一套除自然科学以外的所有科学都通用的方法。

注　释

1 我引用了迪尔凯姆作品的法文版本原著，并提供了我自己的翻译，因为可用的英文翻译并不总是可靠的。参考编号系统最初由 Lukes（1973）制定，随后由 Robert Alun Jones 和 Daniela Barberis 在 http://durkheim.uchicago.edu/更新。

参考文献

Anderson, R. L. 2003. “The Debate over the Geisteswissenschaften in German Philosophy,” in T. Baldwin(ed.), *The Cambridge History of Philosophy 1870-1945*. Cambridge: Cambridge

University Press: 221-234.

Durkheim, E. 1888. “Introduction à la sociologie de la famille [Introduction to the Sociology of the Family],” *Annales de la Faculté des Lettres de Bordeaux* 10: 257-281. Repr. in 1975a, vol. 3: 9-34.

——. 1893b. *De la division du travail social: étude sur l'organisation des sociétés supérieures [The Division of Labor in Society: A Study of the Organization of Higher Societies]*. Paris: Alcan. The pages from the introduction to the first edition that were removed in subsequent editions have been reprinted in 1975a, vol. 2: 257-288.

——. 1895a. *Les règles de la méthode sociologique [The Rules of Sociological Method]*, 8th edn. Paris: Alcan, 1927.

——.1895b. “L'origine du mariage dans l'espèce humaine d'après Westermarck [The Origin of Marriage in the Human Species According to Westermarck],” *Revue Philosophique*, 40: 606-623. Repr. in 1975a, vol. 3: 70-92.

——. 1897a. *Le suicide: étude de sociologie [Suicide: A Study in Sociology]*, Paris: Alcan. New edn., Paris: PUF, 1930, repr. 1986. The preface to the first edition that was removed in subsequent editions is reprinted in 1975a, vol. 1: 43-48.

——. 1898b. “Représentations individuelles et représentations collectives [Individual and Collective Representations],” *Revue de Métaphysique et de Morale* 6: 273-302. Repr. in 1924a, *Sociologie et philosophie*. Paris: PUF: 13-50.

——. 1901a(i). “Deux lois de l'évolution pénale [Two Laws of Penal Evolution],” *L'Année*
27 *Sociologique* 4: 65-96. Repr. in 1969c: 245-273.

——. 1902a(i). “Sur le totemisme [On Totemism],” *L'Année Sociologique* 5: 82-121. Repr. in 1969c: 315-352.

——. 1902b. *De la division du travail social [The Division of Labor in Society]*, 2nd edn. Paris: Alcan. Repr. Paris: PUF, 1986.

——. 1909e. “Sociologie et science sociale [Sociology and Social Science],”in H. Bouasse (ed.), *De la méthode dans les sciences*. Paris: Alcan: 259-285. Repr. in 1970a, J.-C. Filloux (ed.), *La science sociale et l'action*. Paris, PUF: 137-158.

——. 1912a. *Les formes élémentaires de la vie religieuse [The Elementary Forms of Religious Life]*. Paris: Alcan. Fourth edn., Paris: PUF, 1960; repr. 1985.

——. 1955a. *Pragmatisme et sociologie [Pragmatism and Sociology]*. Paris: Vrin.

——. 1969c. *Journal Sociologique*, J. Duvignaud (ed.). Paris: PUF.

——. 1975a. *Textes*, V. Karady (ed.). Paris: Les Éditions de Minuit.

Lukes, S. 1973. *Emile Durkheim: His Life and Work*. New York: Penguin Books.

Parsons, T. 1937. *The Structure of Social Action*. New York: Free Press: 1968.

Pope, W. 1973. “Classic on Classic: Parsons' Interpretation of Durkheim,” *American Sociological Review*, 38: 399-415.

Turner, S. 1986. *The Search for a Methodology of Social Science: Durkheim, Weber, and the Nineteenth-Century Problem of Cause, Probability, and Action*. Dordrecht, the Netherlands: Reidel.

延伸阅读

Durkheim, E. *The Rules of Sociological Method and Selected Texts on Sociology and its Method*, S. Lukes (ed.), W. D. Halls (trans.) (New York: Free Press, 1982)是Durkheim（1895a）的两本英文译本中较好的一本，并包含了其他的与其方法论文章相关的有用译文。

Jones, R. A. *The Development of Durkheim's Social Realism* (Cambridge: Cambridge University Press, 1999)一书还将迪尔凯姆的作品放在历史背景下进行解读，为迪尔凯姆的标准社会学解读提供了一种具有挑衅性的选择。

Lukes, S. *Emile Durkheim: His Life and Work* (New York: Penguin Books, 1973)一书是关于知识分子迪尔凯姆最完整的传记。

Schmaus, W. *Durkheim's Philosophy of Science and the Sociology of Knowledge: Creating an Intellectual Niche* (Chicago: University of Chicago Press, 1994); *Rethinking Durkheim and His Tradition* (Cambridge: Cambridge University Press,
2004)在当时的哲学和知识传统的背景下解释了迪尔凯姆的思想。 28

第三章 理解与对实证主义的反对

布莱恩·费伊（Brian Fay）

第一节 对“理解”的广义解释

verstehen 在德语中是“理解”的意思。在社会科学哲学的语境中，这个术语具有更具体的意义，即对那些依据这些术语来创造和行动的人，把握其行为、关系、心理过程、话语（utterances），以及如仪式或艺术品等文化产品的意义。19世纪德国历史学家约翰·德罗伊森（Johann Droysen）首次在这个意义上使用这个术语来区分自然科学和社会科学：自然科学*说明*（*erklären*）自然现象，而社会科学*理解*他们研究的现象的意义（*verstehen*）。[1]但只有在 19 世纪末德国唯心主义者威廉·狄尔泰的思想中，*verstehen* 才在社会科学哲学中崭露头角，并做出了一个完整的说明。[2] 后来的思想家，如马克斯·韦伯、阿尔弗雷德·舒茨（Alfred Schutz）、马丁·海德格尔（Martin Heidegger）、汉斯-格奥尔格·伽达默尔（Hans-Georg Gadamer）、彼得·温奇（Peter Winch）、尤尔根·哈贝马斯（Jürgen Habermas）等，对*理解*做出了进一步的说明，并在他们的社会科学哲学中使用了（如果不是这个术语）这个概念。[3]至今，*理解*这一术语甚至在英语中也被用来指揭示行动、实践、制度、社会关系、文化对象或心理状态的意义的任务。[4]

*理解*的出现预示着对实证主义的一种反对，它是 19 世纪新兴的社会科学哲学家和实践者的主导思想。实证主义者希望将对人类及其社会的研究适当地科学化，通过采用同样的态度和方法论来切断它与文学和伦理学的联系，这些态度和方法论使得自然现象的研究摆脱了神学和形而上学的控制。孔德和穆勒等思想家主张“关于人的实证科学”，这种科学包括对公开可观察的事实的严格观察基础上的描述，以及在共享证据可评估的预测的基础上可验证的因果说明。但是，这一纲领存在一个问题，人类行为（behavior）典型地具有意义：行动（actions）的发生是有原因的；社会实践遵循着规则；话语表示或表达了自身之外的东西；因此，对这种行为的描述通常包含意向性的术语，这些术语根据其意义来挑选出一个行动、关系或心理状态。因此，人们不只是以某种可观察到的方式*活动*（*moving*）；在这

样做时，他们是在*投票*、*交换金钱*、*结婚或祈祷*（或者他们*假装*在这样做，或者*心理预演*要这样做，或者*模仿*这样做，等等——这些排列实际上是无止境的）。因此，确定他们在做什么和为什么要做，似乎需要解释他们可观察到的活动的意义，这就需要社会学家、经济学家和人类学家尝试*理解*他们。因此，似乎只要人类被视为符号使用者，其行为表达了他们的意图，并预示了他们生活的文化语境——也就是说，他们是适合社会科学研究的主体——对他们的研究必须包括*理解*的作用。

因此，那些被称为“反实证主义者”（anti-positivists）或“人文主义者”（humanists）［有时也叫“唯心主义者”（idealists）］的人在社会科学中的*理解*的中心地位上统一起来。尽管他们在*理解*的本质上可能有一些差异，但他们都认为，它包含找出社会行为和心理状态、文化对象和社会实践的意义，并且这种探索对研究人类的行为、关系和经验是至关重要的。但除了这个简单的基本主张和说明之外，关于*理解*到底包含什么，是一个很难回答的问题，它引发了一个丰富的反思传统和一系列有争议的答案。这些差异集中在应该如何理解意义以及如何最好地确定意义的问题上——在那些坚持认为*理解*在人文科学中具有重要性的人中，这些问题产生了截然不同的答案。

有效地划分这些不同答案的一种方法是将它们分为两大类：意向论者（intentionalist）和整体主义者（holist）。意向论者通常将意义解释为个体意义创造者的意图的一个功能，而整体主义者则依据社会规则和实践来解释意义。根据意向论者，*理解*涉及发现心理过程，这些心理过程从根本上支持了意向性主体的行动和关系；用里克曼（H. P. Rickman）的话来说，在对狄尔泰哲学的评论中，“*理解*是对某些心理内容的理解——一个想法、意图或感觉——表现在经验性给定的表达中，如词语或手势”[5]。根据整体主义者，*理解*包括解释公共可用的符号系统的意义；用人类学家克利福德·格尔茨（Clifford Geertz）的话来说，人类学家负责在人类学中发起所谓的“解释转向”：

> 说文化是由社会建立的意义结构组成的，依据这种意义结构，人们会做一些诸如信号阴谋之类的事情，并加入其中，或感知到侮辱并回答它们，与其说它是一种心理现象，是一个人的心理、个性、认知结构的特征，等等，诸如此类，不如说它是密教（Tantrism）、遗传学、动词的进行式、葡萄酒的分类、普通法（common law）或“条件诅咒”（conditional curse）的概念……[6]

意向论者面临的一个问题是，为了在社会中生活，过一种公认的人类生活，个体如何能够——实际上也必须——理解彼此的思想和感受。意向论者将此归结为某些技能，这些技能使人类以一种非常独特的方式成为行动者和沟通者，如分类、形成和遵循规则的能力，以及表达他们的信念和欲望的能力，以便其他人知

道他们希望其他人在获得这些知识的情况下如何行动。在这一观点上，意义源于
30 行动者形成意图并根据意图行动的能力，并且确定行动、关系及其产物的意义在于发现其中所表达的意图。

考虑到对意义的这一说明，不足为奇的是，社会分析的目标是揭示出在各种行为和关系中起作用，并通过它们揭示出来的内部过程。这些过程包括行动者的动机、感知、信念、欲望和其他心理现象，这些心理现象是他们行为的基础，也是这种行为（如社会制度和文化表达等）的产物。有时，这些过程被简短地用“理由”这一术语来概括，正如问题中所述，美拉尼西亚人（Melanesians）从事货物崇拜（cargo cults）的理由是什么？因此，理解人们的行动、关系以及其所产生的文化对象的意义，就是掌握其中起作用的理由。

社会分析学家应该如何完成这项任务？意向论者对这个问题给出了许多不同的答案，但它们都把特定行动者的主观经验放在事物的中心。人们对世界的看法各不相同，存在、行为和（因而）关联的方式也各不相同，因此要理解他们就需要领会他们如何感知世界并与之产生关联。当他们发出了（他们发出的）声音，或做出了（他们所做的）行为，或产生了（他们所产生的）人工产品时，他们是什么意思？然而，如何确定行动者的主观经验是一个有争议的问题。一些理论家指出，为了发现被解释者的意图，解释者必须重新体验或模拟他们的经验（重新体验或模拟的意义是，观察者共情地与被研究者一致，以至于观察者脑中发生的事情反射了被研究对象脑中发生的事情）。[7] 其他理论家认为，为了捕捉他人的经验，不必共情地亲自拥有他人的经验，而是要在发现支持其行为的信念和欲望的内容的意义上重建他人的生活。[8] 这种重建包括确定他人思考和感受到了什么，他们如何将自己的想法和感受结合起来，以及他们如何在行动和关系中表达这些想法和感受。在确定意义的重新体验/模拟的观点上，*理解*包含了共情转换，在这种转换中，分析者至少在他们的想象中获得了与被研究者完全相同的经验。在重建的观点中，*理解*包含一种心理解释，在这种解释中，行动者的信念、欲望和行动以一种使之具有意义的方式结合在一起。

无论意向论对*理解*的解释如何解析，如果其目的是确定行为背后的意图，以及在各种关系和文化产品中起作用的意图，那么就会出现如下问题：确定这些意图是不是一种因果说明的形式。简明扼要地说：理由是行动的原因吗？这个问题已经催生了大量的文献，一些文献声称，理由不是原因，而是以其独特的方式对行动的说明[9]；一些文献宣称，它们是直接的同类因果关系[10]；另一些文献认为，理由虽然不是原因，但可以帮助发现原因；还有一些文献认为，理由是一种特殊的原因，使它们不可能成为人类的一般科学的研究对象。[11] 这些回答中的第一个和第四个产生了这样一个观点，即*理解的*科学与自然世界的科学在类别上是不同

的，并且前者是不可还原为后者的，而第二和第三种回应试图表明，尽管*理解*处于中心地位，但社会科学可以与自然科学融为一体。

与所有这些相反，整体主义者拒绝了*理解*有关于揭露行动者的意图的观点。正如整体主义者所见，任何将意义视为个体意识的结果的路径都存在一个问题，
那就是它将内在的社会的和公共的东西误解为个体的和私人的东西。例如，对语 31
言意义的说明，将之视为源于个体发言者的意图；这个关于意向性的说明的问题是，一个人可以有意图，仅仅是因为一个人已经处于一个由自己的语言和其所居住的文化所提供的意义网中，而其话语的意义是他们在这个文化网中的所扮演角色的功能。语言意义远非源于人的意向性和主观性，情况恰恰相反。此外，适用于语言意义的东西同样适用于行为甚至心理过程的意义。

在英语世界里，最负责任地论证意义本质上具有社会性和公共性的哲学家是《哲学研究》的作者维特根斯坦（Wittgenstein）。[12] 例如，在所谓的私人语言论证中，维特根斯坦认为，即使是关于一个人自己的内在意识状态，一个孤立的主体也无法构建一种有意义的语言来描述它们。语言需要规则，规则需要其他人作为检验，以确保规则被遵守。因此，意义并不存在于个体自我的思想中，而是位于共同的活动领域中，基于这些领域，人类行动彼此产生关联（维特根斯坦称之为“生活形式”）。

但这意味着，社会研究的重点必须从个体的意识（他的意图和理由）转移到更广泛的社会世界及其历史上，个体利用社会世界及其历史以便使之首先是有意识的和有意图的［至少在意识涉及了意义建构（sense-making）的范围内］。这个文化世界由语言、社会规则和制度、房屋、城市街道和艺术品等文化对象、意识形态等组成，所有这些都处于持续的历史传统之中。从这个观点看来，意义是一种广泛的历史文化现象，而不是一种个体心理现象，对意义的解释（以及对其意义来源的探索）必须从人们的思想转向历史定位的人们共同实践的公共世界。[13]

所有这一切与*理解*的相关性应该是显而易见的：在整体主义的路径中，理解意义不是通过找出个体行为者的意向性心理状态，而是通过把他们的活动、关系和产物放在其更大的社会历史语境中来剖析的，正是这种语境赋予它们意义。在这一观点上，*理解*不在于揭示个体意图，而在于解释行动、关系和实践的意义，其方式类似于解释一首诗或一幅画的意义，或将话语从一种语言翻译成另一种语言。

第二节　对理解的一些常见但错误的定义

根据前一节，我们应该能够看出，下面五个众所周知的对*理解*的定义都存在

着严重的问题。

（1）*理解*被认为包括“*从行为者的角度理解行动的意义*”。但这不可能是*理解*所包含的，理由很简单，社会科学家所服务的读者通常不同于其研究对象，因此他们必须把被观察者的行动和思想翻译成他们的读者的语言，因此超越了行为者的观点。此外，更重要的是，社会科学家经常采用与他们的研究对象不同的观点，
32 考虑旨在比研究对象更准确、更生动地揭示他们的研究对象在做什么。这在他们的研究对象系统性地误解他们正在做什么、感觉到什么或他们如何相互关联的情况中尤其明显。在这些情况下，从他们的角度去理解他们实际上就是误解他们！

当然，在试图理解他人的过程中，社会科学家必须从自己的角度来了解他们的研究对象所做的事情，因此必须挖掘出作为他们行动和关系基础的概念框架。做不到这一点就是种族中心主义（ethnocentrism）的一种形式。试图理解他人的一个巨大危险是假设他们和我们一样，进而不经意地用无法捕捉他们生活的独特性的概念来解释他们。因此，解释者在试图理解他人时，不能忽视他人的观点。但这并不意味着解释者局限于此观点。这种思想是种族中心主义的，但情况应该恰恰相反。

（2）*理解*被认为包含“*站在别人的立场上思考问题*”。在某种程度上，这是定义 1 的一个版本，但它更尖锐地指出了在关于*理解*的著作中经常发现的一个重要错误，即没有区分作为 x 和理解 x。仅仅因为我是一个天主教徒并不意味着我因此理解成为天主教徒是什么意思，至多，拥有我事实上拥有的感觉蕴含着我理解这些感觉的意义。我可以做我自己，但不理解我自己。从这个事实上概括，即使一个社会科学家如此充分地站在了另一个人的立场，以至于他成为另一个人，这也并不因此意味着他知道另一个人的行为或感觉的意义。事实上，很可能只有通过与对方的不同，解释者才能理解对方在做什么，正是因为这种不同让解释者看到了他生活的方方面面，而这些是他自己无法看到的。

（3）*理解*被称为是“*一种解释人类文化的直觉学说或方法，尤其是在其主观动机和评价方面*”。它的问题在于，*理解*并不比任何其他形式的认知更为（或更少）“直观的”。解释者可能对别人所做的事情的意义有一种“骨子里的感觉”，甚至可能对这种感觉有很大的信心，但要声称理解别人，就需要对这些直觉进行公开测试，以确定所提供的解释事实上是否揭示了行动或关系的意义。解释是否与行为或关系所处的更大的语境相一致？准确地说如何相一致？解释是否揭示了行为或关系的某些方面，这些方面本来是不透明的或神秘的？它比竞争对手做得更好吗？在提问和回答这些问题时，解释者远远超出了他们最初的直觉。

*理解*也不一定关注那些它所研究的人的生活的“主观动机”方面。首先，*理解*经常处理诸如仪式、礼仪、法律、艺术品、典礼、书面文件、建筑等公共现象，

这些现象在任何有意义的意义上都不是“主观的”。确定部族舞蹈的意义包括，通过将其置于更广泛的文化语境中来确定舞蹈的要点，而这样做与表演者的主观状态毫无关系，而是与他们所做的事情的公共意义有关。在这种情况下，意义根本不是私人的；在希拉里·普特南（Hilary Putnam）的一句流行语中，“意义不在脑中”[14]。其次，将动机、信念和欲望等心理状态贴上“主观的”标签，已经是对这类状态是什么做出了一种二元论（dualist）的理解，*理解*没有理由一定要与这种二元论保持一致，或者背负这种二元论。从杜威（Dewey）到维特根斯坦，再到奎因（Quine），许多哲学家都反对将精神状态视为“内在的”或“主观的”。 33

正是通过拒斥意义和/或心理状态是私人的这一观点，格尔茨可以辩称理解不是进入一个主观和内在的领域，而是

> 就像试图阅读（在“建构阅读”的意义上）一本手稿一样——外国的、落后的、充满省略号、不连贯、可疑的修订和有倾向性的评注，但不是用传统化的声音图表写的，而是用塑造行为的瞬态例子写的。[15]

这里的重点不是说格尔茨或普特南是正确的，而是说*理解*不应该以这样一种方式来定义，即这种方式使其与他们的说明仅仅作为一种定义不相容。

（4）*理解*被认为是由“*对人类行为的共情（empathetic）理解*”组成的。要理解一个仪式的意义，比如说，人类学家需要与仪式的表演者共情吗？——也就是说，需要至少想象地拥有他们拥有的相同感觉，或者相信他们所相信的，或者和他们遭遇同样的经历吗？那些采用重新体验或模拟的方法来揭示意义的人显然认为这个问题的答案是肯定的，但是这个观念有太多的反例，使得它没有说服力。社会人类学之父布罗尼斯拉夫·马林诺夫斯基的私人笔记本中指出，人类学家不仅不能与他们的研究对象拥有很多相同体验，而且他们实际上可能会发现他们是令人反感的或讨厌的，正如马林诺夫斯基对特罗布里恩群岛的居民所做的一样，即使他在其经典著作《西太平洋上的航海者》（*Argonauts of the Western Pacific*）（1922 年）中成功地理解了整个新几内亚东部的炮弹交换仪式。[16]另一个例子是亚历西斯·德·托克维尔（Alexis de Tocqueville），尽管他是一名法国贵族，但出于他对遇到的美国人的共情，可以说他对美国的民主的意义提供了最深刻的理解。正如他在其杰作中所写的，“这种普遍统一的景象使我感到悲伤和寒意，我不禁为一个不复存在的社会感到遗憾”[17]。

马林诺夫斯基的方法论口号是“参与式观察”，德·托克维尔在他为期九个月的美国之行中成功地与各行各业的美国人进行了互动，因此人们可能会发现他们对其研究对象的个人反应是令人惊讶的；但是，重新思考一下，不应该是这样的：一个人可以参与到一个群体的生活中，即使他轻视他们，并且一个人可以理解他

们，即使他发现他们古怪、奇怪，甚至令人反感。为了挖掘纳粹（Nazi）标志的意义，调查者不必与纳粹同流合污，不必共情他们的目标，也不必拥有他们的意识形态。事实上，可能正是因为纳粹主义包含系统性的自我妄想，那些对纳粹主义不共情的人才最适合理解它的意义。因此，*理解*不是且不需要与其研究对象拥有“共情感觉”。

（5）对于*理解*，有些人指出，“*个体通过组织自己对这个世界的理解并赋予它意义来创造这个世界*”。尽管社会学家在社会科学中吹捧*理解*的重要性，他们常常声称这有关于人类文化，但把*理解*和这种说法等同起来是错误的。一个简单的论证表明了这样做的问题。如果*理解*涉及理解别人的想法和感受，那么它必须包括理解他们对其生活中的意义的来源的想法和感受。但是，考虑一下这样一种情况，某一类特定的行动者假定他们生活中的意义是由他们以外的某事物赋予他们的（上帝、现实、圣灵、理性、道、理由），一种并非他们创造而是发现的意义；在这种情况下，假设理解对象蕴含着将他们看作是他们生活的意义的创造者，具有
34 讽刺意味的是，这需要解释者超越理解这类人，而去批判他们关于其信念的本质的信念。因此，我们需要区分理解他人所做的事情的意义和评估这一意义的来源。这是两件不同的事，其中只有前者可归于*理解*。

第三节 对理解的实证主义回应

实证主义者（或者更广泛地说，自然主义者）将社会科学视为自然科学的一部分，并一直对*理解*持怀疑态度。毕竟，研究自然现象的科学中——不去认识植物是如何看待它的世界的，也不去了解行星对其轨道的感觉——没有它这样的事物。此外，自然科学的典型的检验类型和实证主义者认为对于发现真相和消除错误至关重要的检验——主要是预测（或追溯），其准确性可以通过观察来验证——不适合*理解*的情况，无论如何解释它。人类学家不会根据这些说明是否预测到公开观察到的事件来评估巴厘岛社会中斗鸡的意义。

一个标准的实证主义者对*理解*的回应是，尽管它可能是一种*发现*关于某些社会现象或其他现象的假设的方法，但它不是一种*验证*它的方法。简而言之，它可能是发现语境中的一个工具，但它在辩护语境中是不适当的。因此，尽管*理解*很可能在社会科学理论的产生过程中发挥作用，但当科学走上评估一个理论是否有价值的基本事实时，它必须被抛弃。[18]

如果*理解*被解释为共情直觉，那么就不难理解实证主义者为什么会这么认为。研究者如何知道他们对他人的直觉是否真实？推测他们是否与被研究者的状态足

够相似。但是要确定这种状态是否获得，科学家们就必须知道这种状态的本质，并且这是不能基于其他直觉得出的，因为在这个语境中，关于充分相似性的相同问题将再次出现。这意味着必须有共情以外的其他方法来确定研究对象的内在状态，这就使得共情变得不再必要。此外，似乎没有任何可靠的方法来评估共情鉴定是否准确。因为它们是牢固的、生动的或长期存在的，在判断它们是否真实时不起作用；而且本质上是私有的，很难看到它们如何接受公共检验。简而言之，被理解为共情直觉的*理解*似乎既不必要又不可靠。

但是反对*理解*的论点存在一个问题，即它依赖于将*理解*视为共情直觉，并且我们已经看到，*理解*被理解为揭示行动、关系和文化产物的意义，不需要依据直觉或者共情来实现。*理解*更像是解密罗塞塔石碑（Rosetta stone）的意义，而不是将一个人带入另一个人的心灵中。当然，评估一个特定的解释是否准确涉及不同于自然科学中通常使用的检验，但这些检验可以像自然科学中的检验一样严谨、公开并具有决定性。

实证主义认为*理解*只是一种启发式的设计，这一观点的根本问题在于，它忽略了一个中心点，即社会事件的界定必然依赖于对参与其中人所具有的意义的理解，这些人使它们成为这样的事件。如果把有标记的选票放在一个盒子里算是一种政治行为，那么行动者必须知道什么是投票以及如何参与投票，而且该行为必须是更大的赋予其意义的规则体系的一部分。仅仅在一张纸上做标记，而不知道 35
这与选择领导人有什么关系，或者在不恰当的语境中这样做，都不是投票，如果一位政治科学家把它算作投票，并把它纳入政治行为研究中，这将是对该行为的一种错误描述。这适用于人文科学中的各种研究对象，诸如意向行为、关系和文化产物等。

一些自然主义者已经认识到这一点的力量，因此采取了另一种方法来回避*理解*：从根本上重新认识社会科学，从中消除任一和所有需要*理解*的描述和说明。这种方法的一个变体是行为主义，它试图用纯粹的行为术语重新定义意向性术语。另一个更具前景的变体在亚历克斯·罗森伯格的经典著作《社会生物学和社会科学的先发制人》（*Sociobiology and the Preemption of the Social Sciences*）的书名中得到了很好的体现。[19] 这本书认为，如果社会科学想要成为真正的科学（其中包括能够产生支持一般类型的因果说明的规律），它们将不得不用来自人口学和进化生物学的术语来取代当前社会科学的术语，也就是那种意向性习语，它谈论的是信念、欲望、动机、理由等：这种习语需要通过*理解*来发挥作用。

社会生物学或行为主义纲领是否可行超出了本章的范围[20]，但值得注意的是，两者都通过默许它在社会科学中发挥着基础作用，如它们目前所实践的那样，即采用意向性习语，反手赞扬了*理解*。因此，除非人们愿意实质性地改变它们的本性，否则讨论从这些科学中筛除*理解*是痴心妄想。

第四节 超越理解

但正像实证主义者低估了*理解*一样，它的一些支持者也高估了*理解*。也就是说，它的普遍性和力量给人留下了深刻的印象，他们完全是从理解的角度来定义社会科学的。这就是所谓的*理解的*（*verstehend*）或解释性的社会科学。根据这一观点，社会科学只关注社会行动、关系和文化产物的意义，从而发现那些执行这些行动的人、参与这些关系的人或创造这些产物是如何理解它们的。在这一观点上，自然科学（致力于因果说明和一般规律的发现）和社会科学（致力于解释性理解对于参与社会现象其中的人而言社会现象的意义）之间存在着明显的分歧。

但是，一旦人们进一步思考社会科学可能提出的问题，“自然科学之于社会科学，正如说明之于理解”这一类比就会被打破，即使假设通过*理解*的方法挖掘社会现象的意义必须在其中发挥根本作用。因此，即使社会科学家不能在不理解其研究对象在行为、相互联系、说话、创作艺术品、从事社会实践等行为时的含义的情况下研究这些对象，这种理解本身也不能充分说明它们为什么会发生。要知道一个特定的事件就像一场求雨舞，人们需要知道所涉及的动作的意义；但是知道这个意义并不足以知道为什么舞蹈是在它当前的社会环境中进行的，或是产生它、保持其存在下去，或是可能会破坏它的条件。一般来说，当社会科学家研究
36 为什么规则、价值观、信念等的结构出现在一种社会环境中，而不是另一种社会环境中，或者为什么某些条件产生或培养了各种制度或相互作用的方法时，他们提出一些因果问题，这些问题的答案需要超越参与这些活动的人所需要的自我理解。例如，资本主义为什么会出现在它出现的时候，它必须获得什么条件才能保持成功？生活在资本主义体系中的人，即使是成功的人，也不需要一定能够回答这些问题——事实上，他们这样做可能是特别错位的，就像一条鱼需要特别错位，以认识到它生活在水中一样。

此外，除了意向性行动和实践的原因外，社会科学也对行动和关系的未预料后果的模式感兴趣。一个生动的例子就是所谓的储蓄悖论（paradox of savings）：在资本主义体系中，储蓄的增加会导致总需求的减弱，从而导致国民生产总值的下降和个人收入的减少，从而导致储蓄的下降。在这里，存更多的钱导致储蓄减少。尽管此系统中没有人需要有意这样做或者甚至意识到这一点，但这种悖论还是会发生。社会科学家应该超越被研究者的意图，以确定这种行为（在这种情况下，这是一种自我破坏的行为）的未预见的后果。有无数社会分析的例子，其中

社会科学家发现了在特定的社会环境中发挥重要作用的行动的非预期的后果，而发现这些要求社会科学家超越*理解*才能察觉到它们。

简而言之，社会科学既是说明性事业，也是解释性事业，正因为如此，它的理论通常超越了被研究者的意图——因此，通过*理解*可以发现的——包括广泛的因果理论，这些理论试图理解产生这些意图的条件，以及由此产生的结果。人类学中的亲属理论、社会学中的交换理论、语言学中的转换语法理论、政治学中的现代化理论和心理学中的认知失调理论是现代社会科学中超越*理解*的理论维度的几个例子，即使它们每一个都设想了*理解*在它们中的角色。

事实上，即使在*理解*自身的范围内，也常常需要超越被研究对象的概念范围的社会科学理论化。对于意向性行动，可以区分行动者的*能力*与其实际*表现*；前者涉及行动者从事某种行为所必须具备的能力，而后者是指该行为的实际执行。行动者的能力可能包含其对某些语法规则或某些理性规范的掌握，例如，他们按照这些规则执行的行动可能符合或可能不符合这些规范。例如，乔姆斯基式的（Chomskian）语言学家试图对一套技能进行建模，这套技能使说话者能够在一种语言中（实际上，在任何可识别的语言中）创建和理解格式良好的句子，这是一种理论化的类型，尽管它显然涉及了*理解*（其他人如何判断句子是否格式良好？），但这远远超出了*理解*所能做到的。理性选择理论和博弈论是另外两个*能力*理论，它们在现代社会科学分析中占有重要的地位，虽然它依赖于通过*理解*挖掘行动的意义，但是超越了这种挖掘。[21]

在另一方面，社会科学经常被要求超越*理解*，即使在社会科学中使用了它，也就是说，当人们的动机、愿望、价值观、信念和意识形态——事实上，他们看待世界的整个方式——掩盖了社会现实（正如它们也揭示了社会现实）。当人们的自我理解与他们实际的社会行为不一致时，这就会发生；或者当行为者的想法和感受以他们没有意识到的方式结合在一起，并导致他们以他们没有认识到的模式 37
行为，且如果他们这样做的话则会反感；或者在某个特定的信念和行动体系与文化的其他规范不相容的地方；或是在支持特定社会形态的概念图式中存在深层次的不连贯；或是在人们持有的信念与他们自己认为的决定性的证据不一致时；等等。在这些情况下，社会科学家必须面对这样一个事实：社会中的意义可以是*错觉*，它可以支持某些行为形式，如果行动者知道这些行为形式，就会认为这些行为形式是非理性的和/或自我挫败的和/或令人反感的。在这些情况下，社会科学家被要求将意义的结构视为具有欺骗性的，同时又是启示性的，并发现产生这种错觉意义系统的原因，这种意义变成错觉的条件，以及必须对之进行改变以启发那些陷入这种错觉的人的条件。简言之，这种分析需要一种*批判性的理论*，它试图说明下述生活形式，即它超越了那些参与这种形式的人的自我理解——实际上，它常常超越他们所共有的世界观所设想的生活形式。例如，弗洛伊德理论，像一些女性主义理论一样，都是这种理论的生动例子。在此，*理解*在这种分析中又扮演了一个角色，首先它们必须以被研究者如何理解他们正在做的事情为基础，但它们必须超越这一理解，以揭示这种理解隐藏实际发生的事情的方式，即使前者支持后者。

综上所述，虽然*理解*可能是所有社会科学的必要组成部分，它将被研究者视为意向性的存在，它们的行为、关系和文化产物都是有意义的，但它本身不足以回答社会科学家想要问它们的某些问题：它们的原因是什么？它们的结果是什么？支持它们的能力是什么？它们以何种方式掩盖并揭示社会现实（如果他们真的这样做的话）？那么，除了*理解*之外，社会科学还必须在其工具箱中包含因果理论、能力理论和批判性理论。*理解*可能是社会科学中的一个必要元素，但它本身是不充分的。

注　　释

1 J. G. Droysen, *Grundriss der Historik* [1858]. 这本著作没有很好的英文译本。在线提供的是 Verlag von Veit 在莱比锡出版的 1882 年版：https://archive.org/stream/grundrissderhist00droyuoft#page/n3/mode/2up[2015-01-24].

2 参见 Wilhelm Dilthey, *Introduction to the Human Sciences*, trans. Raymond J. Betanzos (Detroit: Wayne State University Press, 1988); H. A. Hodges, Wilhelm Dilthey. *An Introduction* (London: Routledge, 1944); 以及英译本 H. P. Rickman, *Pattern and Meaning in History*. A projected six-volume Edition of Wilhelm Dilthey's *Thoughts on History and Society* (London: George Allen and Unwin, 1961). Wilhelm Dilthey: *Selected Works*. Rudolf Makkreel and Frithjof Rodi, by Princeton University Press is in the making. 前四卷是可用的；这些是与*理解*的主题最相关的：I: *Introduction to the Human Sciences* (1991); Ⅱ: *Understanding the Human World* (2010); Ⅲ: *The Formation of the Historical World in the Human Sciences* (2010); and IV: *Hermeneutics and the Study of History* (2010). 为了全面/权威地阐述狄尔泰的哲学，参见 Rudolf Makkreel, *Dilthey: Philosopher of the Human Studies* (Princeton, NJ: Princeton University Press, 1993); H. P. Rickman, *Wilhelm Dilthey. Pioneer of the Human Studies* (Berkeley: University of California Press, 1979); and Theodore Plantinga, *Historical Understanding in the Thought of Wilhelm Dilthey* (Toronto: University of Toronto Press, 1980).

3 参见 Alfred Schutz, *The Phenomenology and the Social World*, trans. George Walsh and Frederick Lehnert (Evanston, IL: Northwestern University Press, 1967); Martin Heidegger, *Being and Time* (especially sections 31 and 32), trans. John Macquarrie and Edward Robinson (New York: Harper and Row, 1962); Hans-Georg Gadamer, *Truth and Method*, trans. Joel Weinsheimer and Donald G. Marshall, 2nd edn. (New York: Crossroads, 1992); Peter Winch, *The Idea of a Social Science and its Relation to Philosophy* (London: Routledge and Kegan Paul, 1958); Jürgen Habermas, *Knowledge and Human Interests*, trans. Jeremy J. Shapiro (Boston: Beacon Press, 1971), and *On the Logic of the Social Sciences,* trans. Shierry Weber Nicholson and Jerry A. Stark (Cambridge, MA: MIT Press, 1988). 在理解思想的发展过程中，特别值得注意的是马克斯·韦伯的方法论著作。（参见 Max Weber，*The Methodology of the Social Sciences,* ed. and trans. Edward Shils and Henry A. Finch [glencoe, IL: Free Press, 1948], and *Economy and Society. An Outline of Interpretive Sociology*, ed. and trans. Guenther Roth and Claus Wittich [Berkeley: University of California Press, 1978].）韦伯提供了一个复杂的分析，旨在说明理解人类行为和心理学的意义应该如何被纳入对人类生活复杂的研究，因为韦伯试图证明理解意义与通过原因说明是相互兼容并彼此需要对方的。韦伯的叙述变得相当重要，尽管众所周知，他对理解和因果关系的思考是复杂的——不能说是困惑——部分原因是他作为一个历史社会学家的突出地位。关于韦伯观点的精彩讨论，参见 W. G. Runciman, *A Critique of Max Weber's Philosophy of Social Science* (Cambridge: Cambridge University Press, 1972). 38

4 威廉姆·奥斯威特（William Outhwaite）在他关于社会科学中的理解的书中（*Understanding Social Life. The Method Called Verstehen* [London: George Allen and Unwin, 1975]）把这个词翻译成“解释性理解”。其他对理解的出色描述是：G. H. von Wright, *Explanation and Understanding* (Ithaca, NY: Cornell University Press, 1971); Dan Little, *Varieties of Social Explanation* (Boulder, CO: Westview Press, 1990); and Michael Martin, *Verstehen. The Uses of Understanding in Social Science* (New Brunswick, NJ and London: Transaction Publishers, 2000). 关于这个主题的特别文集是：Paul Rabinow and William Sullivan, *Interpretive Social Science. A Second Look* (Berkeley: University of California Press, 1988), and Fred Dallmayr and Thomas McCarthy, *Understanding and Social Inquiry* (South Bend, IN: University of Notre Dame Press, 1978).

5 H. P. Rickman, “Wilhelm Dilthey,” *Encyclopedia of Philosophy*, ed. Paul Edwards (New York: Macmillan and The Free Press, 1967), 405.

6 Clifford Geertz, "Thick Description" in *The Interpretation of Culture* (New York: Basic Books, 1973), 12-13.

7 狄尔泰有一句精辟的名言，"理解是在你中重新发现我"（引自 Hodges, Wilhelm Dilthey. *An Introduction*, 114). 科林伍德（Collingwood）有句名言，历史事件必须从内部来理解，这就要求历史学家重新思考历史行动者的思想；参见 *The Idea of History* (Oxford: Oxford University Press, 1956), 213. 这种方法在模拟理论中得到了更新，该理论认为解释者和被解释者之间的相似性根源于共享的生物学和进化历史或历史连续性。参见 the collection *Folk Psychology*(ed. Martin Davies and Tony Stone, Oxford: Blackwell, 1995)，其中包含一些重要的探索模拟理论的文章，以及近期优秀的论文集，这些论文将模拟作为社会科学的一种方法，Hans Herbert Kögler and Karsten R. Steuber, *Empathy and Agency. The Problem of Understanding in the Human Sciences* (Boulder, CO: Westview, 2000).

8 正如 William Dray 在 *Laws and Explanation in History* (Oxford: Clarendon Press, 1957: 122)所说的："我们常常想要的是，根据主体发现自己所处的环境，重新计算主体为达到他选择的目标而应采取的手段。"

9 参见 Winch, *The Idea of a Social Science.*

10 Carl G. Hempel, *Aspects of Scientific Explanation, and Other Essays in the Philosophy of Science* (New York: Free Press, 1965).

11 Donald Davidson, "Actions, Reasons, and Causes" and "Mental Events," in Donald Davidson, *Actions and Events* (Oxford: Clarendon Press, 1980); "Thinking Causes," in J. Heil and A. Mele (eds.), *Mental Causation* (Oxford: Clarendon Press, 1993), 3-17.

12 Ludwig Wittgenstein, *Philosophical Investigations*, trans. G. E. M. Anscombe (Oxford: Blackwell, 1953)，特别是开头的部分（第 1～88 页），致力于分析遵循规则由什么内容组成，以及著名的私人语言论证（第 172～280 节）。为了对这
39 些部分进行有力的注释，参见 Saul Kripke, *Wittgenstein on Rules and Private Language* (Cambridge: Harvard University Press, 1982). 特别是要了解语言学意义的深层解释一般意义上的规范性，沿着广泛的——实质上丰富的——维特根斯坦主义路线，参见 Robert Brandom, *Making It Explicit* (Cambridge: Harvard University Press, 1994). 根据布兰顿（Brandom）的推理语义学，概念内容应该根据它们所支持的形式上和实质上有效的推理来理解，而不是根据说话者的意图。根据这一观点，理解意味着能够恰当地将一个概念用作正在进行的推理过程中的结论和前提。因此，一个概念不应该被理解为其对象的表征，而应该被理解为正在进行的对话交换中的一组可能的合法动作。因此，分配给对象的谓

词的含义不像它的单词图片，而是由这个概念所许可的推论产生。可以说，这个概念将构成整个推理关系系统一部分的合法推理引导到其适用性的特定情况中。毋庸置疑，这是一种整体主义的观点，其意义源于概念在可能推论系统中的作用。关于整体主义方法对理解的两个最深刻的介绍是 Winch, *The Idea of a Social Science*, and Charles Taylor, "Interpretation and the sciences of man," 最初发表在 *Review of Metaphysics*, 25, 1 (september, 1971): 3-51, 并转载于 Charles Taylor, *Philosophical Papers 2: Philosophy and the Human Sciences* (Cambridge: Cambridge University Press, 1985), 15-58.

13 首先提出这些观点的大陆传统哲学家是马丁·海德格尔，见 Martin Heidegger, *Being and Time*. sections 31, 32: 182-195. 将这些思想发展为成熟的理解哲学，甚至是人类哲学的哲学家是伽达默尔，参见他的杰作《真理与方法》(*Truth and Method*)，该书对我们这个时代的理解的整体主义解释提供了最深刻、最完整的陈述。

14 Hilary Putnam, "The Meaning of 'Meaning'," *Philosophical Papers, vol. 2: Mind, Language, and Reality* (Cambridge: Cambridge University Press, 1975).

15 Geertz, "Thick Description," 10.

16 Bronislaw Malinowski, *A Diary in the Strict Sense of the Term* (London: Routledge, 1967).

17 Alexis de Tocqueville, *Democracy in America*, ed. Eduardo Nolla, trans. James T. Schleifer (Indianapolis: Liberty Fund, 2012), 1281.

18 实证主义回应的经典轨迹是 Theodore Abel, "The Operation Called Verstehen," *American Journal of Sociology*, 54 (1948): 211-218. 该文章被转载于 Dallmayr and McCarthy, *Understanding and Social Inquiry*, 81-92. 同时参见 Richard Rudner, *Philosophy of Social Science* (Englewood Cliffs, NJ: Prentice Hall, 1966), especially 71-73.

19 Alexander Rosenberg, *Sociobiology and the Preemption of the Social Sciences* (Baltimore and London: Johns Hopkins University Press, 1980).

20 参见 Thomas Nagel, *Mind and Cosmos: Why the Materialist Neo-Darwinian Conception of Nature Is Almost Certainly False* (Oxford and New York: Oxford University Press, 2012).

21 参见 Noam Chomsky, *Aspects of a Theory of Syntax* (Cambridge, MA: MIT Press,
1969), especially ch. 1. 40

第四章　逻辑经验主义的发展

托马斯·于贝尔（Thomas Uebel）

逻辑经验主义，又被称为逻辑实证主义或新实证主义（这里没有原则性的区别，见下文第三节）。这场哲学运动虽跨越不到20世纪一半的时间，但却留下了持久的、充满争议的文化遗产。逻辑经验主义起源于20世纪20年代以莫里茨·石里克（Moritz Schlick）为中心的维也纳学派（Vienna Circle）和以汉斯·赖欣巴哈（Hans Reichenbach）为中心的柏林学派（Berlin Group），在数学和物理学的革命性发展（以爱因斯坦的相对论为其顶峰）之后，逻辑经验主义寻求对现代科学本质的理解，而传统的经验主义和先验的唯心主义都被认为无法提供这样一种理解。在此情形下，逻辑经验主义者将其理解不同程度地建立在哥特罗布·弗雷格（Gottlob Frege）、伯特兰·罗素（Bertrand Russell）和维特根斯坦在逻辑方面以及恩斯特·马赫、亨利·庞加莱（Henri Poincaré）和皮埃尔·迪昂（Pierre Duhem）在科学哲学方面的开创性工作上。20世纪40年代，纳粹主义将鲁道夫·卡尔纳普（Rudolf Carnap）、赫伯特·费格尔、卡尔·亨佩尔和赖欣巴哈等著名的逻辑经验主义者从中欧驱逐出境，但他们自己也能在北美洲的大学里找到工作，并且与志同道合的当地学者和前来访者一起，如欧内斯特·内格尔和奎因，开始影响新一代的哲学家。（石里克于1936年在维也纳被谋杀。）尽管逻辑经验主义者提出的大多数解决方案不再被接受，但他们发现的许多问题仍旧定义了科学哲学领域。

逻辑经验主义最著名的论断是，在日常生活、科学和哲学中，许多被认为是知识的东西实际上是无意义的，因为它没有产生实在的结果来评估它是否为真。对于社会科学来说，这意味着否定了长期以来德国占主导地位的唯心主义社会思想所要求的，它与自然科学的原则性分离，而不否认任何方法论上的差异。由于很难制定决定性的意义标准来规范所有的话语（见下文第一节），因此学者们通常认为，逻辑经验主义失败了，完全画上了句号。然而，已经被证明失败的主要是在艾耶尔（A. J. Ayer）的《语言、真理和逻辑》（Ayer，1936）中得以回归的英国经验主义者（现象论者），以及冷战时期北美洲的一些变体，这些变体脱离了原始的社会政治语境，发展成一种贫瘠的形式主义，它与理解科学的实践之间是否具

有相关性非常值得怀疑（见下文第六节）。无论逻辑经验主义的初衷是什么，它在
20 世纪 60 年代的失宠被广泛认为是对社会科学的一种解放。因此，报告逻辑经 41
验主义的历史记录不仅需要一份已经记录在案的缺点，而且还需要一系列的误解，这些误解阻止人们认识到其未实现的潜力——或者更好的是：它曾经拥有的，但现如今在不同体系中单独实现的潜力。为此，本章以纠正了长期存在的误解的近期学术成果为基础，探讨了逻辑经验主义的理论和发展。

第一节

逻辑经验主义的核心概念包括下述基本假设，即唯一具有认知意义的命题是那些真假虽说很难区分，但至少在原则上是可辨别的，以及本质上是综合的且仅凭*后验*可辩护的命题，其与本质上分析的且仅凭*先验*可辩护的命题之间存在着鲜明且独特的差异；前者被归入实证科学，后者被归入逻辑和数学。因此，逻辑经验主义者拒斥这样一种观点，即可能存在综合真理的*先验*知识，诸如物理的，或者经验主义可以说明诸如算术的必然真理的知识。相反，他们接受了逻辑主义的版本，并与大卫·休谟（David Hume）一起坚持认为，所有的必然性都是语言上的必然性。最引人注目的是，他们否认哲学拥有实现任何超越科学知识的形而上学知识的手段：任何这样的主张都不是错误的，而是认知无意义的。

这里的修饰词很重要。我们承认其他形式的意义（“情感的”），但却与当前目的无关。作为科学哲学家，逻辑经验主义者并不专注于发展一个具有完全普遍性的语言意义理论，而是要界定科学话语。他们同意马赫的观点，“若既不可能证实也无法证伪，那就无关于科学了”（Mach，1883/1960：587）。这很容易转化为通过证据可检验性（testability）的标准，这可以在略微不同的概念中找到表达，如可证实性（verifiability）、可证伪性（falsifiability）、可确证性（confirmability）、不可确证性（disconfirmability）或完全概率论（outright probabilism）。一旦允许不同类型的科学有不同的方法来确定其发现的公正性，我们就很难认为这种证实主义不同于常识。然而，若试图用确切的逻辑术语来制定标准，从而为认知意义提供必要且充分条件时，麻烦就出现了。一旦一个标准完成了排列和推理的逻辑过程，它要么太狭隘（它排除了高层次的科学理论），要么太宽泛（它允许诸如“绝对是无处不在的”的陈述）。尽管反复尝试在强度和形式上有所变化（它适用于术语还是陈述；是否需要具有决定性；诉诸检验的物理可能性还是逻辑可能性），但仍然无法为自然语言话语制定这样的标准（参见 Hempel，1965）。[然而，经常被忽视的是，为建构的语言发展这样一种语言标准仍在讨论中（参见 Justus，2014）。]

由于证实主义是逻辑经验主义者对形而上学新的攻击支点，这种否定结果造成了相当大的问题。但值得我们思考一下其背后的动机。在他们那个时代，要求事实话语要清晰，其主张可以检验，这种要求具有明确的社会政治含义。至于社会思想，它意味着反对法西斯主义和纳粹主义理论家所倡导的超个体的整体主义（supra-individual holism）。即使在今天，认知意义的标准也可以说是至关重要的。
42 因此，值得注意的是，（除形式语言外）这种标准只能依据语境实用主义来理解，而不能依据抽象的逻辑语义学来理解，这种结果在很大程度上归于逻辑经验主义者努力证明了这一点——并且这一结果在他们的实用主义分支（见下文第三节）上得到了承认。

第二节

对这场运动的了解不够充分促使我们要对其进行更加仔细的考察。如前所示，在如何理解经验主义意义原则方面存在明显的分歧。这些分歧最终演变成了哲学的残余问题。对一些人来说，后形而上学哲学在承认科学实在论的同时，仅仅还原为认识论，对另一些人来说，它变成了一项对语言的构成力量的研究，还有一些人跟随维特根斯坦的引导，认为它通过科学手段对科学进行了详尽的、精微的反思。逻辑经验主义远非一元化。

对逻辑经验主义发展的一种普遍观点认为，它经历了三个连续的阶段：最初阶段以天真的热情为标志，中期阶段以连续的幻灭为标志，最后阶段以清醒的专业化耗尽剩余潜力为标志。和所有被接受的观点一样，这一观点并非完全错误，而是过于简单化。这不仅是因为对某些人来说天真的东西可能对其他人来说显得大胆，也不是因为它讲述了一个在这个行业中非常常见的故事：挫败的雄心壮志。相反，正如已被接受的观点一样，它以一种过于简单的方式规划发展，并忽略了逻辑经验主义的核心概念所允许的变化。毫不夸张地说，除了核心概念之外，在最后一个时期将其击垮的力量与开始时如此辉煌的成就几乎没有什么关系。

实际上，将其彻底击垮的是这样一个思想：与心理学的术语相对照，它“重申了语言学中英国经验主义的基础主义认识论”——理查德·罗蒂（Richard Rorty）对“构成我们现在所谓的‘逻辑实证主义’或‘逻辑经验主义’的思想”的描述（Rorty，1999：1）。同时，罗蒂也赞同艾耶尔那耸人听闻的廉价小说《语言、真理和逻辑》，是对逻辑经验主义的真实表达，这既说明了他的描述，又使其无效。不是说任何形式的逻辑经验主义都不是基础主义的，而是只有一些是基础主义的（尽管到目前为止还没有想象得那么多）。更重要的是，逻辑经验主义的反基础主义变体的本质因此被忽视了。在它的最佳时刻，它提供了一个哲学上精微的科学元理论，用经验类型的二阶研究补充了形式逻辑性质的二阶研究，从而避免了许多针对逻辑经验主义的批评。这些批评的言论到 20 世纪 60 年代末被彻底击垮。

这种被忽视的逻辑经验主义不仅不同于它的艾耶尔变体，而且比之更有趣，这无疑是科学哲学史上最引人注目的发现之一。在早期的逻辑经验主义中，我们发现一种现代主义思想的变体，它确实和所有实证主义一样都以科学为中心，但也比以前的哲学更加反基础主义。在法国传统主义的影响下，它在其哲学概念和范畴——它试图以此范畴解决早期经验主义并未认识到的康德客观性问题——的方法上转为彻底的建构主义。当所谓的科学理论的“公认观点”开始声名狼藉时，这种逻辑经验主义的变体还没有尽失潜力，但只是从人们的视线中消失了（因为各种原因太复杂，我们无法在此详述）。当卡尔纳普仍然在进行实践的时候，它就 43
消失了，起初这可能让人感到困惑，但一旦人们注意到库恩革命引起的动荡（它似乎消失在其中），就不可能再去关注某些被认为是“保守势力”的人可能真正思考的问题，尤其是当这位保守派没有表现出为他自己和他的运动而抗争的倾向。

第三节

要看到另一种选择的出现，必须指出的是，逻辑经验主义不是从一个固定的纲领开始的，而是从认识到迫切的智力需求（为了理解现代科学）并坚信传统手段（现有哲学）无法满足此需求开始的。所谓的“运动纲领”通常是一些偶然的片段，其特点是早期的、仍具有推测性的临时结果，而这些结果并非贯穿整个运动。[《科学世界观：维也纳学派》（Carnap et al.，1929）已经包含了对该学派成员先前发表的观点的修改和修正：它不是一个创始文件，而是一个旨在防止其名义领袖的缺陷的事后声明。]依据更精致的表达来判断逻辑经验主义比把它的发展看作是不切实际的目标的逐步弱化更具指导意义，因为尽管看起来有些后来的版本在哲学上也更彻底地摆脱了残余的传统主义。（卡尔纳普就是这样一个例子，见下文。）正如人们经常提到的那样，运动本身的成员的发现推动了他们一再承认，他们早期的学说表述不充分，需要进一步发展。澄清的过程是由内部批评推动的。[考虑一下亨佩尔对意义标准的批判（Hempel，1950，1951）]。

另一个需要考虑到的观点是，逻辑经验主义有两种。其中最为人们所熟知的被称为“形式主义的”，它提出了解决与卡尔纳普制定科学理论的逻辑语言框架卡的研究和亨佩尔的确证理论研究相关的科学哲学问题的路径。它通过逻辑清晰地描述争议性概念的必要和充分条件，以及（理想情况下）对所讨论的经验主义理论的公理化重塑来进行。另一个较不为人知的被称为“实用主义的”，它力图从历史和社会的角度通过将科学视为经验的来寻求理解。当然，第二次世界大战后，逻辑经验主义的前一种变体在科学哲学中占据了主导地位，只有在回顾历史时，以奥托·纽拉特（Otto Neurath）为代表［他去世之后是菲利普·弗兰克（Philipp Frank）］的实用主义变体，才再次得到承认。

那么，我们必须认识到，早期逻辑经验主义的两个中心——维也纳学派和柏林学派有着不同的动态。他们之间的关系并不总是那么和谐，这在运动本身的史学上留下了印记。维也纳学派所谓的现象主义“逻辑实证主义”仅被赖欣巴哈的实在论“逻辑经验主义”所战胜，这要归功于这种对立（参见 Uebel，2013）。诚然，赖欣巴哈开创了科学实在论的先河，但并不是他拯救了那些维也纳学派的成员，他们是否需要被拯救也尚不清楚。首先，布鲁姆伯格和费格尔（Blumberg and Feigl，1931）在 1931 年开创了“逻辑实证主义”，以宣传他们的指导教授及其同伴在北美洲的想法，除了他们两个之外，没有一个回到维也纳的人喜欢这个词（甚
44 至石里克本人也没有），同年，纽拉特反对那里概述（Neurath，1931a）的认识论，反而提出了“逻辑经验主义”（Neurath，1931b）的名称。此外，到赖欣巴哈提出自己的术语“逻辑经验主义”（Reichenbach，1936）时，维也纳没有人仍然坚持他所批判的还原主义类型——甚至在《世界的逻辑构造》（以下简称《构造》）（Carnap，1928a）中，卡尔纳普也没有真正坚持，赖欣巴哈在他对那本书最新的评论中（很像后来的奎因）归因于他的基础主义理想。毋庸置疑，1930 年前后，卡尔纳普短暂地受到心理化的《逻辑哲学论》的基础主义视角所诱惑（辅以《构造》的构成理论），但这种对他的方法论唯我主义的解读很快又在纽拉特的影响下被放弃了。当卡尔纳普最终将所有传统的认识论作为心理逻辑从他自己偏爱的传统哲学的继承学科形式，即“科学逻辑”（Carnap，1934：§72）中取缔时，他的禁令包括对赖欣巴哈的作为“科学分析”的哲学概念仍然支持的怀疑论的担心（Reichenbach，1938）。

最后，这两个组都有内部动态。在维也纳学派里，把他们发展中的科学哲学（我们今天会说）推向不同方向的不同派别之间的紧张关系最为明显。例如，他们在关于观察陈述的形式、内容和状态所谓的记录-语句（protocol-sentence）之争中发现了表达，在这场争论中其参与者纽拉特、卡尔纳普和石里克阐述了极不相同的认识论（参见 Uebel，2007）。随着对维特根斯坦以及他对元语言论述的批评的不同反应，这场争论有助于巩固与学派中“更为保守的右翼”相区别的左翼（Carnap，1963：57），纽拉特、卡尔纳普、弗兰克和哈恩（Hahn）定义了前者，石里克和威斯曼（Waismann）定义了后者。（值得注意的是，左翼平等地分裂为形式主义和实用主义两派。）

因此，逻辑经验主义是一个高度多样化的运动。偶尔，一些变体之间会相互冲突（如赖欣巴哈和卡尔纳普的哲学概念，或纽拉特和石里克的证据分析），而在其他情况下，不同的变体暗示着兼容性（如形式主义和实用主义变体的一些代表）。然而，在任何时候，逻辑经验主义构想，甚至核心概念（虽然不是核心概念本身）的构想，都旨在反映最新的进展——这意味着它们都是短暂的。

有时人们认为，极其讽刺的是，库恩的《科学革命的结构》（*The Structure of Scientific*，1962 年）最初是作为《国际统一科学百科全书》系列第二卷第二期出版的——该书由纽拉特创立，并由卡尔纳普和查尔斯·莫里斯（Charles Morris）共同编辑，因为相比其他著作，《科学革命的结构》被公认为对逻辑经验主义的衰落起到了作用。然而，事实上，卡尔纳普十分乐于接受库恩的贡献（参见 Reisch，1991），毕竟，库恩的贡献在某些方面可以与被排斥的弗兰克在北美洲倡导的逻辑经验主义的实用主义变体相一致［他曾在汤姆年轻时出席的一次演讲中提到我们现在所知的“库恩损失”（Kuhn Loss）］。在与库恩的关系中，不可否认有讽刺意味，但这个笑话不是关于逻辑经验主义的。这并不是唯一一个“逻辑经验主义在不受专业青睐的情况下仍有其发展趋势”的实例。无论当代实践者是否总是这样认为他们，逻辑经验主义至少为后代留下了三种充满生命力的遗产。卡尔纳普和亨佩尔开创了形式认识论和科学哲学，纽拉特和弗兰克开创了自然主义的科学哲学，而赖欣巴哈和费格尔则推动了科学实在论——如今人们对这三个研究纲领仍保持着极大的兴趣。 45

第四节

那么，如何更好地描述逻辑经验主义的发展呢？我们可以“广泛地”分为以下几个阶段。

（1）形成前时期：这包括弗兰克、哈恩和纽拉特第一次世界大战前组成的讨论小组；石里克的《普通认识论》（Schlick，1918）和他对广义相对论的认识论基础的分析（Schlick，1917-1922）；石里克在 1920 年与赖欣巴哈的书信辩论；1922 年由卡尔纳普和赖欣巴哈召集的爱尔兰根会议。

（2）公开前时期：这包括在维也纳围绕石里克的讨论小组的成立，早期阅读维特根斯坦的《逻辑哲学论》（1922 年），以及赖欣巴哈进入经验主义哲学的柏林学派，并于 1927～1928 年担任该学派的领导。

（3）中欧公共时期：这包括 1928 年马赫的就职典礼；1929 年在布拉格（《科学的世界观：维也纳学派》在这里被公布）和 1930 年在柯尼斯堡（哥德尔的不完

全性结果首次被报道）召开的关于精确科学的认识论大会；柏林学派发起，更名为“科学哲学学会”；赖欣巴哈和卡尔纳普编辑的《认识》（*Erkenntnis*）期刊、石里克和弗兰克编辑的“科学的世界观著作”系列丛书，以及纽拉特编辑的“统一科学”系列短文开始出版。

（4）（日益）国际化的时期：这包括科学统一大会，从 1934 年在布拉格召开预备会议开始，到 1939 年之后每年在法国巴黎（两次）、丹麦哥本哈根、英国剑桥和美国马萨诸塞州剑桥（1940 年在芝加哥举行最后一次小型会议）举行会议；1938 年，德国停发《认识》期刊，荷兰暂时停发，直到 1940 年；维也纳学派和柏林学派最重要的成员最终飞往或移民去了英国或美国；汉斯·哈恩（1934 年）、石里克（1936 年）、沃尔特·杜比斯拉夫（Walter Dubislav，1937 年）、库尔特·格雷林（1942 年在奥许维次集中营被谋害）、埃德加·齐尔塞尔（Edgar Zilsel，1944 年）和纽拉特（1945 年）逝世。

（5）北美洲时期：在这段统治时期，在奎因（在他明显的叛逆之前）和内格尔以及《国际统一科学百科全书》系列的其他志同道合的贡献者们早期倡导相关观点之后，卡尔纳普、赖欣巴哈、费格尔和亨佩尔被公认为领导科学哲学的实践者。撰写的一些标准论文、专著、选集和教科书，使逻辑经验主义广为人知。（尽管或由于 1936 年在英国出版的艾耶尔的《语言、真理和逻辑》并不怎么受人们欢迎。）

（6）衰落时期：这一时期开始于接受托马斯·库恩 1962 年的《科学革命的结构》、保罗·费耶阿本德（Paul Feyerabend）20 世纪 60 年代的批判性论文，以及来源于奎因早期拒绝分析-综合二分（Quine，1951）的方法论一般化。因此，库恩式革命强调了所有科学不可避免的历史和社会嵌入，这是对逻辑经验主义所感知的冷战时期形式主义抽象概念的正统观念的回应。

可以肯定的是，阶段（3）和（4）之间以及阶段（5）和阶段（6）之间存在一些不可避免的重叠，但这四个阶段的区分确实有助于阐明逻辑经验主义发展的
46 动态。[关于“统一科学运动”的讨论指向阶段（4），而不是阶段（3），而关于科学理论的“公认观点”的讨论则指向阶段（5）和阶段（6）所共有的观点。]

对这些时期或逻辑经验主义的发展做出统一的“内涵”描述通常要困难得多，这正是由于上面提到的交叉复杂性。问题不像定位卡尔纳普的《构造》那么困难——它有多少内容属于阶段（1），有多少内容属于阶段（2）？——相比之下，石里克的《经验、认知、形而上学》（Schlick，1926）和卡尔纳普的《哲学中的伪问题》（Carnap，1928b）可以毫无问题地划分为阶段（2）。相反，逻辑经验主义的不同变体的命运并不遵循相同的过程，因此拒绝包含在一个覆盖描述之下。（例如，正如前面已经提到的，尽管纽拉特是统一科学运动的推动者，但他和

逻辑经验主义的实用主义概念在他 1945 年逝世后就从人们的视野消失了，弗兰克对他们对科学实践的社会-历史分析没有多大兴趣。）

当然，还有卡尔纳普这个伟大的人物，也许有人会怀疑，他是否没有提供一个令人信服的故事所需要的连续性。的确，卡尔纳普经历过（2）到（6）阶段，并在每个阶段都做出了重要贡献，他是诸如罗蒂、奎因和普特南所描述的逻辑经验主义的典型代表。但是相比我们在思考卡尔纳普本人的著作时所看到的他，他们所描述的卡尔纳普是简化版本的哲学家。罗蒂说得对，艾耶尔的逻辑实证主义只不过是在英国经验主义中增加了逻辑-语言学维度，但罗蒂对卡尔纳普的看法大错特错。首先，卡尔纳普在早期就沉浸在新康德的思想中（正如他的《构造》仍然显示的那样），他后来的拒斥并不意味着无知，而是表明他对它进行了重新思考。但不仅早期的卡尔纳普，后来的卡尔纳普也与人们对他的描述大相径庭。可以肯定的是，他是逻辑经验主义的形式主义变体最伟大的代表，他对逻辑构造和语言结构的热情并不是对理想语言的狂热追求——通过理想语言，我们可以一劳永逸地捕捉到现实——而是对思维方式中清晰度的逐步提升的理智探索。此外，卡尔纳普总是希望，对实践中科学所面临的（如纽拉特和弗兰克曾经追求的）需求的解决办法的实际可能性的研究能够补充，他对其“科学逻辑”中表达的可能性的研究。因此，早期和晚期的卡尔纳普都与对逻辑经验主义的错误标准描述所想象的不同，而且库恩式革命是否证明了卡尔纳普本人的逻辑经验主义概念是站不住脚的，这也值得怀疑。

第五节

我们现在来思考一下该运动关于科学理论的标准概念（批判性概述见 Suppe，1977）。逻辑经验主义的科学哲学把关于可观测数据及其规律的命题与纯理论的命题区别开来。它把科学理论的概念理解为一组限定公理化的命题，这主要适用于后者（并且仅衍生地扩展到前者）。许多人质疑观察-理论之间区别的鲜明性（Putnam，1962），但重要的是要注意，除了在一些早期的公式中，没有任何认识论上的基础主义理想参与了区分的划定，而且无论如何，经验主义都需要一些这样的区别。 47

在关于逻辑经验主义所谓的科学理论的两种语言模型的发展中，我们不能忽略石里克的突出作用，他的《普通认识论》（Schlick，1918 ）将它介绍给了更多的读者。[石里克把希尔伯特（Hilbert）的几何公理化作为他的模型，但正如弗兰克之前所指出的，两种语言模型的其他前身可以在法国传统主义者庞加莱、迪昂和雷伊（Rey）的著作中找到。] 根据两种语言模型，科学理论包括一个由通常解释的观察预测所阐述的观测部分——此部分阐明了观察和经验规律，和一个包含理论规律或类规律陈述的理论部分，这些理论规律或类规律陈述仅仅是含蓄地定义的，即依据它们在其所属的规律中所起的作用而定义的。这两个部分是通过理论部分的选定项和观察项之间可以建立起来的相关性而联系起来的。

在 20 世纪 20 年代后期，石里克的模型受到了一个更加简化的科学理论概念的挑战，正如卡尔纳普的《构造》（Carnap，1928a）所建议的，只有一个概念系统。在观察术语中明确定义意向性术语（更不用说完全理论化的术语了）的困难导致了两种语言模型的回归，并最终导致科学理论的概念成为通过潜在的复杂的对应规则与观察联系起来的未经说明的计算（Carnap，1939）。根据这种“公认的观点”，与观察概念不同，所使用的理论概念被认为只是部分地得到了说明，但是后者的意义对理论的综合公理的结果依赖使得分析-综合二分成了问题。

这一发展的最后一步是把逻辑经验主义与当代的争论联系起来。大约从 1958 年开始，卡尔纳普就试图用拉姆齐的方法来设想观察和理论之间的不对称性，用有界的高阶变量来取代有限公理化理论的理论术语来对科学理论进行约束。由此产生的拉姆齐语句只包含观察术语，但保留了原来理论的说明力和预测力。与当代结构实在论者寻求实体实在论和工具主义之间的中间道路不同，卡尔纳普被它所吸引，因为它被认为有助于保留理论语言的分析-综合二分，从而不参与本体论争论（Carnap，1963：§24）。与此同时，其他的逻辑经验主义者，如费格尔，已经开始探索“语义实在论”（Feigl，1950），或者像亨佩尔一样，准备放弃分析-综合二分，接受温和的整体主义（Hempel，1951）。

由于公认的观点所代表的形式主义变体占主导地位，因此很容易错误地认为，其理论化的进一步限制对于逻辑经验主义来说是必需的。基于对科学假设的发现语境的研究和辩护语境的区别，赖欣巴哈（Reichenbach，1938）宣称，对后者的关注是科学哲学唯一的任务。现在，只要科学知识的主张及其辩护完全是抽象地来思考的，那么只把逻辑和概率论分配到他们的研究中去，而把心理学和社会学等经验科学排除在外，也是有道理的。关于这一点，赖欣巴哈的“科学的分析”与卡尔纳普的“科学的逻辑”不谋而合，为逻辑经验论的主流描绘了蓝图（但并非为所有的逻辑经验主义变体）。由于认识到科学事业的社会性和历史条件性，纽拉特和弗兰克还允许历史和经验科学为研究辩护性实践提供信息——同时继续区分描述性研究适当的哲学性、规范性研究。（他们所谓的“科学语用学”是为了补
48 充卡尔纳普的科学的逻辑。）

在我们讨论逻辑经验主义学说对社会科学哲学的影响之前，还必须提到它的另外两个标准特征。首先是科学统一的论题。这一论题最初是作为对下述主张的否定而提出的，自 19 世纪下半叶以来这一主张在德国哲学中占主导地位，即自然

科学和人类世界的科学（精神科学、文化科学）无论是在本体论上还是在认识论上都是完全不同性质的。后来，人们还在关于方法统一的这一论题、语言的统一和所有科学的规律统一之间做出了区分。科学的统一的标准图景包含了以物理学为基础的，科学学科的还原性的金字塔，这一图景作为“运作假说”在 20 世纪 50 年代（Oppenheim and Putnam，1958）仍然广为传播，但在 30 年代末其可行性受到了普特南的质疑，他认为所有科学规律的还原统一最多是遥远未来的目标，人们现如今已经普遍放弃了这个目标。相比之下，科学语言的统一这一命题，假设了所有学科的语言都可以译成物理语言，则取得了一定的进展。卡尔纳普最初将“物理主义”理解为与数学物理学的语言有关（Carnap，1932），但“物理主义”早已演变成各种相关的标准本体论立场（但这不是卡尔纳普的意图）。后来放宽只需要非消除的“还原句”将科学陈述与观察性的“事物-语言”相关联（Carnap，1936-1937），物理主义开始与经验主义的统一特征的方法论要求相一致：所有的非形式科学的主张必须（至少在原则上）是在经验上可检验的。（除此之外，不同学科并没有规定统一的研究方法。）

另一个突出的特点是亨佩尔的演绎-律则（deductive-nomological，DN）说明模型。依据这一模型，科学说明是一种演绎论证，其中有一个或多个表示规律的普遍陈述、一个初始条件陈述作为前提，以及一个表示预测或追溯性结果的单一陈述作为结论（Hempel，1942；我忽略了后来提供的归纳变体）。众所周知的是，社会科学，尤其是历史，拒绝按照这个模型所要求的重塑它们的说明。虽然起初这被认为是没有很好地反映这些学科，但最终人们还是抛弃了亨佩尔的模型，因为它过于简单，又有过多的限制（参见 Salmon，1989）。社会科学欣然接受了一种自由模式。

第六节

在正统的逻辑经验主义中，数学物理学是科学理论重建的范式。在两次世界大战期间，纽拉特就已经表达了反对意见，但在第二次世界大战之后，该运动的领导成员中，没人接替他的位置。这并不是说，关于功能的和目的论的说明，亨佩尔和内格尔没有做有价值的研究，他们研究了主观主义和社会科学的价值维度（参见 Nagel，1961；Hempel，1965），而是说，他们没有质疑侧重于物理学的科学理论模型的优先性。理查德·鲁德纳（Richard Rudner）1966 年出版的《社会科学哲学》一书可以说是正统逻辑经验主义晚期的代表作。

鲁德纳的第一章“社会理论的构建”，首先抽象地将“理论”定义为，“在经

验上可检验的、系统的相关的陈述集合，包括一些类规律的概括”，接着说明了演
49 绎的、形式的、解释的和公理的系统的概念，并讨论了不同形式的术语引入和意向性术语和理论性术语带来的困难，他补充道，“尽管这些问题不是社会科学哲学所特有的”，但它们“在社会科学中的影响由于社会科学的理论特征的形式化程度较低而加剧了”（Rudner，1966：23）。令人遗憾的是，社会科学“远远没有完全形式化”（Rudner，1966：23），但当鲁德纳将模型解释为对理论的公理和定理的替代解释时，他继续依赖这一理想，阐述了定义和分类图式与类型学的概念，并判断几乎所有出现在［社会科学］文献中的类型学都未能提供这种明确的理论框架（Rudner，1966：38），因为它们的“次序-关系概念”缺失了。（因此，摒弃了开放社会的概念，它充其量也只是一种启发，因为它无法衡量只审查电影的社会是否比只审查漫画书的社会更开放。）对于鲁德纳来说，缺乏量化和计量类型学表明，“社会科学的理论性很差”（Rudner，1966：40）。毋庸置疑，在说明一个理论的说明力和简单性的概念适用于形式化系统之后，他得出结论，“它们几乎不适用于社会科学领域”（Rudner，1966：46）。从系统前提、拟演绎和相关原语的角度讨论部分形式化的应变概念，甚至使他承认“不存在一个确定适当形式化程度的恰当标准”，这表明“科学方法的这一方面”是“其本身在科学上‘失去控制’”（Rudner，1966：53）。鉴于当时鲁德纳已经完成了其专著的一半，人们可能会理所当然地担心剩下的一半：继而，下一章在依据抽象的或自然科学的术语讨论亨佩尔的说明逻辑之前，根据物理学中的“理论理想化”标准（Rudner，1966：62），认定韦伯的理想类型是不充分的。在下一章中，情况有所改善，但只是因为批判性地探讨了其他社会科学哲学家的论点——尽管韦伯作为其中一个例子，继续受到了批判。鲁德纳的书以简短的一章结束，主题是“功能主义和目的论研究的其他问题”。

我们很难不赞同李丹（Daniel Little）关于“这种方法与社会科学家的实际理论工作有多相悖”的评价（Little，2009）：这种方法对真正理解和批判社会科学的真实存在毫无帮助。有三个关键的错误：第一，所有的科学都有相同的基本逻辑（即“公认的观点”）；第二，社会行动说明中所使用的合理性的核心概念的研究，被过度地还原为概念的形成问题；第三，人们忽视了社会科学的“中层理论”通常不是像物理学一样的普遍性的系统化，因此需要不同的评价标准。

第七节

鲁德纳的书是否真的应该像李丹所说的那样，“十分清晰地阐述并发展了应用于社会科学理论化中的逻辑实证主义的核心思想”，还有待观察。亨佩尔（Hempel，1969）首次提出，两次世界大战之间的那些年提供了另一种选择，他回忆起纽拉

特对人文科学中唯心主义的蒙昧主义的有力且充满政治动机的批判，同时惋惜他缺乏逻辑技巧。还必须补充的一点是，纽拉特不仅草率，而且在他所处的时代就已经反对统一科学纲领的还原论版本。特别是，与鲁德纳的规定相反，纽拉特并 50
不要求社会科学像自然科学一样进行："统一科学的纲领并不预设，物理学可以作为所有科学遵循的榜样。"（Neurath，1937a：78）

长期以来，纽拉特一直被认为是还原论最狂热的代表人物，但他对"物理主义"这一口号的使用，实际上隐藏了内涵截然不同的学说。方便起见，我们可对下面三者进行区分：物理主义的认识论概念、元语言概念和律则概念。纽拉特的物理主义的第一个方面代表了今天所谓的"认识论自然主义"，即对认识论先验主义的否定。粗略地说，这种立场试图以科学的方式解释——并合理化——科学知识的主张。（如前所述，纽拉特追求的是一种经验主义的科学元理论：科学语用学。）第二个方面与作为主体间证据的有效性的经验主义意义观念紧密相关（他早在1931 年就否定了私人语言的可能性）。重要的是，纽拉特用来表述这些证据的基本语言并不是物理学本身的理论语言，而是"物理主义净化过"的日常语言。尽管他谈到了"个体和社会行为主义"，但他的元语言物理主义在内涵上最好被解读为一种如今被称为"非还原性物理主义"（没有其本体论维度）的形式：他的"普遍俚语"并没有排除意向性习语。第三个方面涉及各种分支科学的规律对物理学规律假定的还原性，拯救了他关于科学本身统一的非标准概念："根据物理主义，社会学规律并不是应用于社会学结构的物理规律，但它们也不是绝对可以还原为关于原子结构的规律。"（Neurath，1933：106）纽拉特注意到"社会行为主义建立了自己的规律"（Neurath，1932：75），他强调了社会科学的概念自主性。因此，他对统一科学的主张是极简主义的："如果要尽可能多地预测单个事件或事件组，那么统一的科学的所有规律必须能够相互关联。"（Neurath，1932：68）

纽拉特于 1945 年去世，他的观点没有取得成功。事实上，从 20 世纪 40 年代中期开始，他就被指责误解了科学方法本身，而事实上，他却预见了当代社会科学哲学的多元化趋势。显然波普尔——逻辑经验主义的主要反对者，他与逻辑经验主义的许多观点是一致的，但他选择强调自己的分歧——对纽拉特的批判反映了一个类似的假设，支持鲁德纳的规定：不仅关于原则上的可检验性，而且关于理论的结构化，科学方法对所有科学都有相似的规定。波普尔指责纽拉特错误地理解了理论科学的本质，因为他承认社会科学的目标是仅仅做出"在'当前宇宙时期'内"有效的概括（Popper，1944-1945/1961：103）。此引用并不准确，但波普尔所附的脚注正确地引用了纽拉特包含下述主张的论文，即"支持预测演绎的大多数社会学规律是以这样一种方式制定的——它们只适用于某些地理区域和历史时期的相对复杂结构"（Neurath，1936/2004：506）。这足以让波普尔把纽拉特算作一个历史主义者，因为他忠于所谓的“软”历史规律。首先，所讨论的规律并非旨在成为历史规律，而是相对于某些历史时期和社会结构类型的社会学和/或经济规律。然而，这还不是波普尔最严重的错误，他写道，“如果我们加入这样一个条件，这将不是值得称赞我们科学谨慎的标志，而是我们不了解科学规程的标志。因为这是科学方法的一个重要假设，我们应该寻求具有无限有效领域的规
51 律”[（Popper，1944-1945/1961：103）这段引文中有一个脚注提到了诸如纽拉特的“历史主义者”]。寻找无例外规律（exceptionless laws）是一项“重要”任务，但这并不意味着它是科学的唯一任务。当然，如今的理论家们合理地指出，普遍规律绝不是社会科学的唯一目标（如 Kincaid，1990）。显然，纽拉特也有同样的看法。

鉴于纽拉特是统一科学运动的主要宣传者，他采取这种异端立场似乎令人惊讶，但一旦我们再次注意到他本人是一名社会科学家，他的反对就变得容易理解了。此外，他的经济学还远未达到实证主义者的预期，值得重新评估。作为路德维希·冯·米塞斯（Ludwig von Mises）和弗里德里希·冯·哈耶克（Friedrich von Hayek）在社会主义计算辩论中的反对者，他开创了反对非市场商品货币化的不可通约论据，这些非市场商品已成为生态经济学（Neurath，1925）的标准价格。作为一个实际收入的理论家，他不仅质疑国内生产总值等概念的使用，而且致力于发展福利衡量标准，他坚持认为，这些衡量标准必须是实物和多维的（Neurath，1937b），且预示着福利经济学的最新发展。可以肯定的是，纽拉特在很多方面都是一个另类。但是他的例子——就像后来的卡尔纳普和弗兰克的例子一样——表明，只要我们把自己与批判性的启蒙价值观联系起来，我们就会抛弃整个逻辑经验主义，从而承担风险。

参 考 文 献

Ayer, A. J. 1936. *Language, Truth and Logic*. London: Gollancz (2nd edn. 1946).

Blumberg, A. and Feigl, H. 1931. “Logical positivism.” *Journal of Philosophy*, 28: 281-296.

Carnap, R. 1928a. *Der logische Aufbau der Welt*. Berlin: Bernary. Trans. *The Logical Structure of the World*. Berkeley: University of California Press, 1967. Repr. Chicago: Open Court, 2003.

Carnap, R. 1928b. *Scheinprobleme in der Philosophie*. Berlin: Bernary. Trans. “Pseudoproblems in Philosophy,” in *The Logical Structure of the World*. Berkeley: University of California Press, 1967: 301-343. Repr. Chicago: Open Court, 2003.

Carnap, R. 1932. “Die physikalische sprache als universalsprache der wissenschaft,” *Erkenntnis*, 2: 432-465. Trans. *The Unity of Science*. London: Kegan, Paul, Trench Teubner & Co., 1934.

Carnap, R. 1934. *Logische Syntax der Sprache*. Vienna: Springer. rev. edn. trans. *The Logical Syntax of Language*, London: Kegan, Paul, Trench Teubner & Cie, 1937. Repr. Chicago: Open Court, 2002.

Carnap, R. 1936-1937. "Testability and meaning," *Philosophy of Science*, 3: 419-471 and 4: 1-40.

Carnap, R. 1939. *Foundations of Logic and Mathematics*. Chicago: University of Chicago Press.

Carnap, R. 1963. "Intellectual autobiography" and "comments and replies," in P. A. Schilpp (ed.), *The Philosophy of Rudolf Carnap*. LaSalle, IL: Open Court, 3-84 and 859-1016.

Carnap, R., Hahn, H., and Neurath, O. 1929. *Wissenschaftliche Weltauffassung—Der Wiener Kreis*. Vienna: Wolf. Trans. in F. Stadler. T. Uebel (eds.), *Wissenschaftliche Weltauffassung—Der Wiener Kreis*. Vienna: Springer, 2012: 75-116.

Feigl, H. 1950. "Existential hypotheses: realistic vs. phenomenalistic interpretations," *Philosophy of Science*, 17: 32-62.

Hempel, C. G. 1942. "The function of general laws in history," *Journal of Philosophy*, 39: 35-48. Repr. In Hempel, *Aspects of Scientific Explanation and Other Essays*. New York: Free Press, 1965: 231-244.

Hempel, C. G. 1950. "The empiricist criterion of meaning," *Revue Internationale de Philosophie*, 4: 41-63. Repr. in A. J. Ayer (ed.), *Logical Positivism*. New York: Free Press, 1959: 108-127.

Hempel, C. G. 1951. "The concepts of cognitive significance: a reconsideration," *Proceedings of the American Academy of Arts and Sciences*, 80: 61-77.

Hempel, C. G. 1965. "Empiricist criteria of cognitive significance: problems and changes," in Hempel, *Aspects of Scientific Explanation and Other Essays*. New York: Free Press: 101-121.

Hempel, C. G. 1969. "Logical positivism and the social sciences," in P. Achinstein, S. F. Barker (eds.), *The Legacy of Logical Positivism*. Baltimore: John Hopkins Press: 163-194. 52

Justus, J. 2014. "Carnap's forgotten criterion of cognitive significance," *Mind*, 123: 415-436.

Kincaid, H. 1990. "Defending laws in the social sciences," *Philosophy of the Social Sciences*, 20: 56-83.

Little, D. 2009. "Neopositivist Philosophy of Social Science," at http://understandingsociety.blogspot.co.uk/2009/09/neo-positivist-philosophy-of-social.html[2015-10-20].

Mach, E. 1883. *Die Mechanik in ihrer Entwicklung*. Leipzig: Brockhaus. Trans. *The Science of Mechanics*, LaSalle, IL: Open Court, 1960.

Nagel, E. 1961. *The Structure of Science: Problems in the Logic of Scientific Explanation*. New York: Harcourt, Brace and World. Repr. Indianapolis: Hackett, 1979.

Neurath, O. 1925. "Sozialistische nützlichkeitsrechnung und kapitalistische reingewinnrechnung," *Der Kampf*, 18: 391-395. Trans. "Socialist utility calculation and capitalist profit calculation," in Neurath, *Economic Writings. Selections 1904-1945*, ed. T. Uebel and R. S. Cohen. Dordrecht: Kluwer, 2004: 466-472.

Neurath, O. 1931a. "Physikalismus," *Scientia*, 50: 297-303. Trans. "Physicalism," in Neurath, *Philosophical Papers 1913-1946*, ed. R. S. Cohen and M. Neurath. Dordrecht: Reidel, 1983: 52-57.

Neurath, O. 1931b. "Physicalism: the philosophy of the Vienna circle," *The Monist*, 41: 618-623. Repr. in Neurath, *Philosophical Papers 1913-1946*, ed. R. S. Cohen and M. Neurath. Dordrecht: Reidel, 1983 : 48-51.

Neurath, O. 1932. "Soziologie im physikalismus," *Erkenntnis*, 2: 393-431. Trans. "Sociology in the framework of physicalism" in Neurath, *Philosophical Papers 1913-1946*, ed. R. S. Cohen and M. Neurath. Dordrecht: Reidel, 1983: 58-90.

Neurath, O. 1933. "Das Fremdpsychische in der soziologie," [unsigned abstract] *Erkenntnis*, 3: 105-106.

Neurath, O. 1936. "Soziologische prognosen," *Erkenntnis*, 6: 398-405. Trans. Sociological Predictions" in Neurath, *Economic Writings. Selections 1904-1945*, ed. T. Uebel and R. S. Cohen. Dordrecht: Kluwer, 2004: 506-512.

Neurath, O. 1937a. "Prognosen und terminologie in physik, biologie, soziologie," in *Traveaux du IXème Congrès International de Philosophie. IV. L'Unité de la Science: La Méthode et les Méthodes*. Paris: Herman & Cie.: 77-85.

Neurath, O. 1937b. "Inventory of the standard of living," *Zeitschrift für Sozialforschung*, 6: 140-151. Repr. In Neurath, *Economic Writings. Selections 1904-1945*, ed. T. Uebel and R. S. Coheno, Dordrecht: Kluwer, 2004: 513-526.

Oppenheim, P., and Putnam, H. 1958. "The unity of science as a working hypothesis," in H. Feigl, G. Maxwell, and M. Scriven (eds.), *Minnesota Studies in the Philosophy of Science 2*. Minneapolis: University of Minnesota Press: 3-36.

Popper, K. 1944-1945. "The poverty of historicism," *Economica* 11: 86-103, 11: 119-137, and 12: 69-89. Rev. and repr. *The Poverty of Historicism*. London: Routledge and Kegan Paul, 1961.

Putnam, H. 1962. "What theories are not," in E. Nagel, P. Suppes, and A. Tarski (eds.), *Logic, Methodology and Philosophy of Science*. Stanford: Stanford University Press: 240-251. Repr. in Putnam, *Philosophical Papers Vol. 1*. Cambridge: Cambridge University Press, 1978: 215-227.

Quine, W. V. O. 1951. "Two dogmas of empiricism," *Philosophical Review*, 60: 20-43. Repr. in Quine, *From a Logical Point of View*. Cambridge, MA: Harvard University Press, rev. edn. 1980: 20-46.

Quine, W. V. O. 1969. "Epistemology naturalized," in Quine, *Ontological Relativity and Other Essays*. New York: Columbia University Press: 69-90.

Reichenbach, H. 1936. "Logistic empiricism in germany and the present state of its problems," *Journal of Philosophy*, 33: 141-160.

Reichenbach, H. 1938. *Experience and Prediction*. Chicago: University of Chicago Press. Repr. Notre Dame: University of Notre Dame Press, 2006.

Reisch, G. 1991. "Did Kuhn kill logical empiricism?" *Philosophy of Science*, 58: 264-277.

Rorty, R. (1999). "Introduction," in W. Sellars, *Empiricism and the Philosophy of Mind*, ed. R. Brandom. Cambridge, MA: Harvard University Press: 1-12.

Rudner, R. 1966. *Philosophy of Social Science*. Englewood Cliffs, NJ: Prentice Hall.

Salmon, M. 1989. "Four decades of scientific explanation," in P. Kitcher and W. Salmon (eds.), *Scientific Explanation*. Minneapolis: University of Minnesota Press. Repr. separately, Minneapolis: University of Minnesota Press, 1990.

Schlick, M. 1917-1922. "Raum und Zeit in der gegenwätigen Physik." *Die Naturwissenschaften*, 5: 161-167, 177-186. Enlarged edn. Berlin: Springer, 1919, 4th rev. edn. 1922. Trans. "Space and
53 Time in Contemporary Physics," in Schlick, *Philosophical Papers Vol.1 (1909-1922)*, ed. H. L.

Mulder and B. van de Velde- S chlick. Dordrecht: Reidel, 1979: 207-269.

Schlick, M. 1918. *Allgemeine Erkenntnislehre*. Berlin: Springer, 1918, 2nd rev. edn. 1925. Trans. *General Theory of Knowledge*. LaSalle, IL: Open Court, 1974.

Schlick, M. 1926. "Erleben, erkennen, metaphysik." *Kantstudien*, 31: 146-158. Trans. "Experience cognition, metaphysics," in Schlick, *Philosophical Papers Vol. 2 (1925-1936)*, ed. H. L. Mulder and B. van de Velde-Schlick. Dordrecht: Reidel, 1979: 99-111.

Suppe, F. 1977. "The search for a philosophical understanding of theories," in F. Suppe (ed.), *The Structure of Scientific Theories*, 2nd edn. Urbana, IL: University of Illinois Press: 3-241.

Uebel, T. 2007. *Empiricism at the Crossroads: The Vienna circle's Protocol-Sentence Debate*. Chicago: Open Court.

Uebel, T. 2013. "'Logical positivism'—'logical empiricism': what's in a name?" *Perspectives on Science*, 21: 58-99.

延伸阅读

近几十年来，有关逻辑经验主义的文献大量增长，其中发挥引领作用的有 A. Coffa, *The Semantic Tradition from Kant to Carnap. To the Vienna Station*, ed. L. Wessels (Cambridge: Cambridge University Press, 1991); M. Friedman, *Reconsidering Logical Positivism* (Cambridge: Cambridge University Press, 1999); R. Haller, T. Uebel(trans.), *Rediscovering the Forgotten Vienna Circle. Austrian Studies on Otto Neurath and the Vienna Circle* (Dordrecht: Kluwer, 1991). F. Stadler, *The Vienna Circle. Studies in the Origins, Development and Influence of Logical Empiricism* (Vienna and New York: Springer, 2001, 2nd edn. 2015)提供了详细的历史和书目资源。近年来，A. Richardson, T. Uebel(eds.), *The Cambridge Companion to Logical Empiricism* (Cambridge: Cambridge University Press, 2007); R. Creath, M. Friedman(eds.), *The Cambridge Companion to Carnap* (Cambridge: Cambridge University Press, 2007)，评估了逻辑经验主义，提出了与之相关的各种主题。Ucbcl, *The Stanford Encyclopedia of Philosophy* (internet resource); M. Curd, S. Psillos(eds.), *The Routledge Companion to the Philosophy of Science* (London: Routledge, 2008, 2nd edn. 2013)进一步简要地概述了“维也纳学派”和“逻辑经验主义”的教义。有关纽拉特的社会科学哲学更详尽的探讨参见 T. Uebel, "Philosophy of Science in Early Logical Empiricism: The Case of Radical Physicalism," in Richardson, Uebel, *Cambridge Companion to Logical Empiricism*, 250-277；有关纽拉特的经济学思想的发展，参见 Neurath, *Economic Writings*, ed. T. Uebel and R. S. Cohen (Dordrecht: Kluwer, 2004), 1-108；有关其经济学的持久影响，参见 J. O'Neill, T. Uebel,

"Analytical Philosophy and Ecological Economics," in J. Martinez-Alier, R. Muradian(eds.), *Handbook of Ecological Economics* (Cheltenham: Edward Elgar,
54 2015)。以上文献提供了充足的参考。

第五章　波普尔对社会科学的影响

杰里米·希尔曼（Jeremy Shearmur）

第一节　引　　言

波普尔对社会哲学与社会科学哲学，以及认识论与科学哲学有着独特的见解。这两个领域对社会科学都很重要。尽管他的主要职位是在伦敦经济学院，但他的思想对社会科学的影响并没有人们所期望的那么大。除了那些直接阐述和辩护其观点［如约瑟夫·阿伽西（Joseph Agassi）、伊恩·贾维（Ian Jarvie）和约翰·沃特金斯（John Watkins）］的学者外，他的影响力也不总是容易确定的。[1]我认为原因有三：它们涉及他的科学哲学、他的社会科学哲学，以及与其事业相关的某些社会学因素。

第二节　科学哲学

波普尔对认识论与科学哲学的观点是独特的［想要了解关于这一点的精彩介绍，请参阅 Hacohen（2016）］。波普尔是两次世界大战之间维也纳的产物。虽然他不是康德主义者，但他受其早期心理学研究、维尔茨堡学派［维尔茨堡学派的成员包括卡尔·布勒（Karl Bühler）］的自然化的康德主义以及奥托·塞尔兹（Otto Selz）的生物学方法（ter Hark，2004）的影响。除此之外，与朱利叶斯·卡夫（Julius Kraft）讨论伦纳德·尼尔森（Leonard Nelson）、弗里斯（Fries）和伊曼努尔·康德（Immanuel Kant）的问题的影响，与海因里希·龚珀茨（Heinrich Gomperz）进行讨论也对他产生了影响。这一切都意味着，尽管他与维也纳学派的成员有许多共同的研究旨趣，但他的基本哲学路径与他们的经验主义截然不同。

更复杂的是其研究的发展和出版史。波普尔的《知识理论的两个基本问题》（*Die beiden Grundprobleme der Erkenntnistheorie*），仅于 1979 年和 2009 年两次出版。1934 年，他出版了《科学发现的逻辑》（*Logik der Forschung*）（Popper，1934，1959）。这本书在某种程度上是《知识理论的两个基本问题》的高度简化版本，但

55 在某些方面其更为完善，也对其中讨论的问题进行了更为详细的处理，同时也加入了大量有关概率论和量子论中的技术问题的新材料。这本书包含在与维也纳学派有关的一系列丛书中。虽然波普尔意识到自己持有形而上学的观点——并批评实证主义者将形而上学视为无意义的，但他也意识到，自己没有说明如何评价形而上学理论。在《知识理论的两个基本问题》和《科学发现的逻辑》中，他都避免了形而上学——实际上，他认为形而上学理论应该被重新解释为“方法论规则”。更一般地说，波普尔的路径认为，合理性评价的是形式的（数学和逻辑）、经验的和方法论的假设（proposal）。

方法论假设将依据其在帮助我们实现科学目标方面的有用性进行评价。关于这些，波普尔的观点是独特的，如果要理解他的方法，那么理解它们是很重要的。众所周知，波普尔认为，一般科学理论无法得到证实，但相对于科学共同体对“基本陈述”的接受，它们可以被证伪。（这里，他的方法强调关于试验结果的陈述是暂时的，但能被主体接受的，而不是个体的感觉。）波普尔强调知识涉及猜想和反驳，在这一过程中归纳（因此，休谟提出的关于归纳法的问题）不起任何作用。波普尔很清楚“约定论”（conventionalism）。约定论者强调了我们的观点作为一个系统发挥作用的方式，并且，如果我们的现有观点遇到问题（通过发现矛盾或通过经验反驳），我们可以选择我们应该加以修改我们知识中的哪一个要素，从而解决问题。在波普尔看来，决定论者解决这个问题的方法——在简单性考虑的指导下，做最小限度必要的改变来解决问题——是完全可行的。然而，令人吃惊的是，在那时，这一理论曾被用来捍卫旧的科学方法，以反对爱因斯坦的创新。相反，波普尔强烈认同爱因斯坦的研究所例示的那种革命性方法。波普尔喜欢智力上的大胆，以及一种实在论的和谬误主义的观点（尽管他后来才这么认为）：我们的知识力图理解世界的结构。在追求这一目标的过程中，他倾向于鼓励我们选择理论的方法论规则，并修改我们的现有观点，这些观点是大胆的和可测试的。所有这一切都意味着，他在《科学发现的逻辑》中所表达的核心观点是，他对自己观点的阐述构成了对其观点的主要反对意见（约定论的反对意见）的回应。他还对说明进行了分析，认为说明涉及提出关于规律和初始条件的可检验陈述，从这些陈述可以推断出人们希望说明的内容的描述。

他的《科学发现的逻辑》构成了其《开放社会》（Popper，1945）和《历史决定论的贫困》（Popper，1944-1945，1957）的背景，他在其中讨论了社会和政治哲学的问题和社会科学的方法论。这很重要，因为从 20 世纪 50 年代起，波普尔的观点发生了重大变化。特别是，他提出了一些关于如何批判性评价形而上学理论以解决它们试图解决的问题的（温和的）观点。他还提出了形而上学思想作为科学“研究纲领”的作用的观点。在《科学发现的逻辑》中，他已经提到了一些

形而上学思想在科学发展中所起的积极作用。但现在他不仅强调它们的历史作用，
而且还强调可以对这些相互竞争的观点进行理性评价。关于概率倾向的形而上学，
即“倾向”（propensities），如何可以作为未来科学发展的研究纲领，他甚至发展
了他自己观点。波普尔还相信，阿尔佛雷德•塔斯基（Alfred Tarski）提出的一些
观点使人们能够避免一些问题，他认为这些问题影响了他所推崇的那种常识或“亚 56
里士多德”的对应真理理论。

波普尔也更加明确地表示，支持将所谓的“理想实在论”（aspirational realism）作为科学的目标：人们认为科学不仅可能理解真理，还可能理解事物表象背后的结构。与此同时，波普尔的方法是坚定的可错论的（fallibilistic）：无论我们的理论多么成功，我们都不能确定它们是定论，而且可能不会及时被取代。此外，在20世纪60年代，他欣然接受了威廉•巴特利（William Bartley）的建议，即他的方法以对批判的开放态度取代了辩护的目标。

在上文中，我提到了波普尔出版的第一本书《科学发现的逻辑》。这样做的原因是含蓄地强调，这本书直到1959年才被翻译成英文（Popper，1959）。虽然《科学发现的逻辑》表面上很受欢迎，但波普尔研究的独特之处在英语国家却没有得到很好的赏识。此外，他后来的思想是要形成《科学发现的逻辑》翻译的后记的一部分，并且希望在1954年出版。但是此后记只出现在Popper（1982-1983）中。所有这一切产生的结果是，在英语国家中，波普尔的思想通常只从较短的陈述、报告和散文中获得。例如，除了和他讨论过这些问题的一些同事，或者读过后记的证明的学者之外，人们根本不了解他的方法与逻辑经验主义有多大的不同，也没有领会到，他对“形而上学研究纲领”的处理为库恩在《科学革命的结构》中所关心的许多问题，提供了一种更加理性主义的替代方法。

第三节　社会科学哲学

波普尔对他所谓的“历史决定论”这一更普遍的观点提出了批评。波普尔专门为此创造了这个词，它涵盖了各种各样的主题。波普尔对这样一种观点持批判态度，即历史是有轨迹的，而社会科学的任务就是科学地理解这一轨迹。然而，他也批判了受到黑格尔影响的更宽泛的宗教思想——历史上有一个“情节”——和历史的时期划分观点。然而，历史决定论的范围甚至比这还要广。波普尔与道德和美学的未来主义是不一致的，事实上，（虽然他没有讨论这一点）他也与那些影响了神学现代主义和神学自由主义的观点相冲突。波普尔提出了一系列反对这些观点的论据。但他在《历史决定论的贫困》和《开放社会》中所表现出来的，在

某种程度上，受到了一个事实的阻碍，即在当时，他关于理性论证的开放范围的看法是有限的。

波普尔关于科学哲学的更为一般的观点强烈地影响了他关于社会科学方法论的观点。但他关于社会科学的观点还有其他重要方面。

57 首先，马克思主义影响了波普尔的实证主义观点。虽然波普尔赞成“方法论个体主义”，但他对他所谓的“心理主义”持批评态度。在他的《开放社会》第14章的第一段中，他提到并赞同马克思反对“所有社会生活的规律都必须最终还原为人类本质的心理规律这一貌似合理的学说”，他引用了马克思讽刺的话语：“不是人们的意识决定了人们的存在，相反，正是人们的社会存在决定人们的意识。”此外，波普尔在解释科学客观性时，强调了主体间性，并对“鲁滨孙可以从事科学活动”的观点提出了批评；他还指出，可以用类似的方式理解“合理性”（reasonableness）。尽管依据波普尔的主体间性理解的客观性，也是波普尔从康德的《纯粹理性批判》（参见 Popper，1959：section 8）中汲取的概念之一，但相比之下，波普尔在这一点上指的是鲁滨孙路径的“科学方法的社会特征”（Popper，1945：ch. 23，n.9 之前的文本）。马克思在《资本论》第一卷中使用鲁滨孙来对比个体的和社会的生产形式［特罗尔斯·艾格斯·汉森（Troels Eggers Hansen）曾指出 Karl Bühler 的作品（1922）在这里可能很重要］。

其次，波普尔于1924～1925年在维也纳与卡尔·波兰尼（Karl Polanyi）进行了讨论。当时，波兰尼为少数社会主义学生举办一个关于社会主义经济计算问题的研讨会（Schaffer，2006：329）。{值得注意的是，波普尔似乎并不关心这个问题，虽然他后来提到了哈耶克关于这个主题的一些研究，以及哈耶克关于经济学方法论的观点，但是将波普尔和那些曾与路德维希·冯·米塞斯讨论社会科学哲学的学者[诸如哈耶克和弗里茨·马彻普（Fritz Machlup）等]区分开来，是很重要的。}波普尔与波兰尼的私人对话让他印象深刻。第一次提到了马克思的研究如何被理解（Popper，1945：ch.14，n.11）：他认为波兰尼的观点是马克思是第一个将社会理论看作对我们几乎所有行动的不必要的社会影响的人。

第二次对话与本质主义和“方法论唯名论”有关。正如波普尔在他的《开放社会》中所写的（Popper，1945：ch. 3，n. 30）：

> 波兰尼在1925年向我阐明了一种理论，即虽然物理科学是以方法论的唯名论为基础的，但社会科学必须采用本质论的（“现实主义的”）方法；他当时指出，社会科学方法论的改革可能可以通过抛弃这一理论得到实现。

波普尔所批判的“本质主义”又涉及几个不同的观点。在某种程度上，他批判了这样一种观点，即国家有某种本质，而这种本质将作为其各种表现形式的关键进行研究。在某种程度上，他批判了这样一种观点，即存在着可以直观地把握的本质，而这种直观的把握提供了可靠的知识，我们不需要对这些知识进行经验检验。然而，在某种程度上，正如他在一些评论中所说的，“本质主义”有时也意味着在我们正在研究的现象背后，有一些结构需要把握。然而，波普尔本人也赞同最后一种观点——尽管当时以一种可错论的方式理解这一观点——当时他表示，他并未对“改进版的本质主义”的描述感到不满，因为他后来提出的观点与关于自然科学特征的工具主义观点相矛盾（Popper，1963：ch.3；1974：1114-1116）。

波普尔关于社会科学方法论的著作始于其《历史决定论的贫困》［Popper，
（1976a：ch.24）。《开放社会》源于他在《历史决定论的贫困》第 10 章的研究； 58
它最初被称为“有关历史决定论之历史的旁注”[2]。］在 1957 年版《历史决定论的贫困》一书的历史解释中，波普尔说，“对历史命运的信仰纯粹是迷信，不能用科学或任何其他理性的方法预测人类历史的进程，这一观念可以追溯到 1919～1920 年”（Popper，1957：iv）。在历史解释中，波普尔还提到了 1935 年完成的关键性要点，“历史决定论的贫困”于 1936 年 1 月或 2 月在布鲁塞尔的首面世。他说，在那里，卡尔·希尔弗丁（Karl Hilferding）对讨论做出了一些重要贡献，并在《无尽的探索》（第 24 章）中解释说，这些贡献包括希尔弗丁与波普尔对《科学发现的逻辑》中因果说明的分析的联系。在我看来，这与波普尔的下述论断有关，即说明必须涉及一般规律和初始条件——因此波普尔对《历史决定论的贫困》的早期陈述的要点可能涉及批判历史主义预言的无条件特征。

波普尔和哈耶克都在维也纳长大，但波普尔于 1935 年在伦敦第一次见到哈耶克。他们似乎相处得很好，哈耶克邀请波普尔在他和莫里斯·金斯伯格（Morris Ginsberg）举办的关于社会科学方法论的研讨会上发表一篇关于“历史决定论的贫困”的论文。波普尔把“历史决定论的贫困”带到新西兰，在那里他与经济学家哈罗德·拉森（Harold Larsen），并随后与科林·西姆金（Colin Simkin）讨论了方法论，后者报告说，在波普尔写《开放社会》的时候，把《历史决定论的贫困》搁置一旁。《历史决定论的贫困》的一版投给了《心灵》期刊，但遭到了拒绝。波普尔对这篇论文做了进一步的修改，并对其进行了扩展，最终于 1944 年和 1945 年在当时哈耶克正在编辑的《经济学》期刊上发表。波普尔还阅读并提到了哈耶克关于经济学方法论的著作。此外，正如我在其他地方所描述的（Shearmur，1998），波普尔根据他对哈耶克的“科学主义和社会研究”的解读，重新撰写了论文的最后一部分。而且，由于篇幅问题，为了在《经济学》上出版，哈耶克缩短了《历史决定论的贫困》的篇幅。他得到了波普尔的允许，但却没能向他请教缩减哪些部分。[3]

波普尔将他关于社会科学方法论的观点描述为“试图一般化理论经济学的方法”（Popper，1994：155），他还指出，“哈耶克提出的经济学是‘选择的逻辑’

的主张给他留下了特别深刻的印象”（Popper，1994：181）。这与他在“模型、工具和真理”中对社会科学方法论的更为广泛的讨论（Popper，1994：ch. 8），连同他对方法论个体主义、合理性和情境逻辑的强调，使一些作者认为，波普尔是理性选择理论纲领的早期阐述者（Hedström et al.，1998）。这是一个合理的观点。但同时，人们也不能忽视波普尔路径中从马克思那里继承的方面，即他的反心理主义，和他对社会与经济学之间对比的强调启发了理性选择理论。事实上，波普尔本人——例如，在他的《客观知识》（Popper，1972）第 3 章和第 4 章的论文中——提供了自己的解释学方法。波普尔还指出他的“形势逻辑”“包含选择逻辑和历史问题情境的逻辑”（Popper，1994：181，n. 1）。

在《卡尔·波普尔：思想形成期》（Hacohen，2000：362-365）中，马拉奇·哈科恩（Malachi Hacohen）讨论了波普尔在 1937 年（Kaufmann，1936：2014）将费利克斯·考夫曼（Felix Kaufmann）的《社会科学方法论》带到新西兰，并与考
59 夫曼就此通信。虽然有时他发现考夫曼的工作进展困难，但哈科恩说，波普尔发现它的第二部分在他自己的方法论著作中作为解决问题的材料指南很有用。

波普尔关于社会科学的方法论观点受到了一个有趣的影响，那就是他阅读了马克斯·韦伯的著作。在《历史决定论的贫困》和《开放社会》中，他既参考了韦伯的《社会科学方法论》，也参考了韦伯的《经济与社会》。（我记得波普尔对我提过，他有时发现韦伯的德语很难理解——他评论说，《社会科学方法论》的翻译比韦伯的德语要清楚得多。）

在考虑波普尔的影响时，还存在一个更普遍的问题，即波普尔和韦伯的观点之间存在一些更广泛的相似之处。波普尔在《开放社会》和《历史决定论的贫困》中都引用了韦伯关于历史的观点。虽然他并不完全同意韦伯的观点，但他们的观点非常接近［将波普尔对韦伯观点的各个方面的引用进行比较，这是“我这里提出的分析之先”（Popper，1957：145）］。波普尔不同于韦伯，因为他对因果说明有自己的看法。但是波普尔在《开放社会》中所说的“观点”（points of view）在历史解释中的作用非常接近韦伯对李凯尔特（Rickert）提出的历史问题的回应。此外，波普尔将韦伯与下述观点联系起来，即“根据其（理性或非理性）动机对一个行动进行心理分析预设了……关于所讨论的情境中，什么是理性的，我们先前已经制定了一些标准”（Popper，1945：ch.14，n. 14）。这一点很重要，有两个原因：一方面，波普尔和韦伯拥有共同的关于社会解释的反心理学路径[4]；另一方面，他们都赞成波普尔所说的“情境逻辑”的说明[5]。波普尔指出，韦伯实际上赞同他的观点，即诉诸直觉性理解必须用普通的经验方法来评估（Popper，1945：ch. 11，n. 44）。波普尔对他所认为的韦伯的本质主义要素持批评态度，与韦伯不同的是，波普尔希望强调自然科学和社会科学方法之间的共性。

波普尔自己的社会科学方法论的特点是，他强调自然科学和社会科学方法论的统一性，但这是根据他关于自然科学的独特观点来解释的。他强调了可错论的意义和检验的重要性，以及他关于说明的观点。虽然他对社会科学有独特方法的观点持批评态度，但他的方法支持强调合理性和个体的“情境逻辑”，这与那些主张社会科学和人文学科的独特特征的人所强调的一致。不过，波普尔也乐于将共情理解的方法扩展到自然科学领域。

我在解释波普尔的影响时强调这个问题，是因为波普尔自己的方法论个体主义、情境分析和合理性原则版本，其中关于直觉性理解的主张需要被单独评估，看起来十分类似于韦伯的分析（而且从另一方面看，类似于理性选择理论）。在我看来，除非人们关注波普尔分析的具体哲学方面，否则他们受到哪个论述的影响并不明显。波普尔观点在可检验性方面的应用常常与逻辑经验主义者的工作中的类似观点没有区别。此外，值得注意的是，在韦伯对（旧）经济学历史学派（Weber，
1976）的批判性分析中，他对波普尔批评为“历史决定论”的重要范例提出异议。 60
韦伯式的历史观（更普遍地说，受李凯尔特影响的历史观）与所有的“历史决定论”倾向都不一致——尽管波普尔对韦伯的“理想型”[6]有些担心。综上所述，正如哈科恩所说的（Hacohen，2000：476），波普尔并没有意识到他与韦伯有多相近。

第四节　一些社会学问题

波普尔在新西兰感到非常孤独，因此，当哈耶克帮助他获得伦敦经济学院的教职时，他很高兴。然而，哈耶克本人在波普尔到来几年后就离开了伦敦政治经济学院（LSE）。波普尔在英国哲学中是一个有点特立独行的人物。虽然他的《开放社会》受到了欢迎，但他来到英国的时候，正值后世维特根斯坦的影响力日益上升、英国的“语言哲学”也很有影响力的时候。波普尔与一小群对科学哲学感兴趣的人最为志同道合，并在英国科学哲学学会的形成中发挥了主导作用。

在伦敦政治经济学院，波普尔特别关注自然科学哲学。后来，约翰·威兹德姆（John O. Wisdom）、约翰·沃特金斯、威廉·巴特利以及后来的伊姆雷·拉卡托斯（Imre Lakatos）［当时欧内斯特·格尔纳（Ernest Gellner）在社会学系任职］加入了他的行列。这意味着，虽然有一个活跃的群体同样关注波普尔关注的问题，提供了大量哲学主题的本科教学，并定期举行研究研讨会，但却没有这样的院系，本科生只能够学习哲学作为理学学士（经济学）学位的一部分（尽管后来引入了经济学和哲学学位）。波普尔有许多研究生，但波普尔在英国哲学中的地位（以及该学科由牛津大学和剑桥大学所主导的事实）意味着他和他的学生都被边缘化了。

波普尔在《历史主义的贫困》和《开放社会》中写到了社会科学哲学问题，但在他到达伦敦政治经济学院后，他在这一领域的研究进展甚微。（他的主要后续作品，首先是 1961 年在德国社会学协会与阿多诺的一次研讨会上对他的观点的重新陈述［Popper（1976b）包含了他的作品的修订版，Popper（1992：ch.5）恢复了一个更接近于原始德语的文本］，从某种意义上讲，这开始了一个相当无效的交换，被称为“实证争议”（positivismusstreit）。其次，他在“模型、工具和真理”中对自己的观点进行了提炼和发展，并讨论了模型的作用（Popper，1994：ch. 4）。还有一次采访和一篇论文有关于他的历史哲学思想（参见 Popper，1994：ch. 7；2008：ch. 21）。

在 20 世纪 50 年代，波普尔在伦敦政治经济学院（de Marchi，1988）[7] 和其他地方的研究受到了讨论，他关于“方法论个体主义”的观点也受到了广泛的讨论（例如 O'Neill，1973）。但波普尔本人并未涉及其中。而波普尔的同事约翰·沃特金斯、波普尔的研究生（以及助手）、约瑟夫·阿伽西和伊恩·贾维却发挥了关键作用。此外，尽管在许多实质性问题上他们的观点有所不同，但在社会学系担任职务的格尔纳倡导一种更宽泛的波普尔式社会科学方法。[8] 然而，除了从事人类学研究的贾维之外，波普尔和他的研究生都没有深入涉及社会科学。

由于篇幅问题，我目前不会对波普尔的社会科学哲学进行详细分析和批判性评估。为此，我很高兴地向读者推荐伊恩·贾维（Jarvie，2016）、柯尔奇（Koertge，1975）、布鲁斯·考德威尔（Caldwell，1991）和威廉·戈顿（Gorton，2006）的作品。

不过，我会对此发表一点评论。在自然科学领域，波普尔除了发展自己详细
61 的哲学和方法论思想外，还深入地参与了关于科学及其历史的实质性讨论。那些研究哲学的本科生必须修（自然）科学史课程；而在硕士研究生阶段，我们被要求进行科学史的初步研究，作为我们学业的一部分。波普尔本人写了大量关于量子理论、时间之箭，以及与科学中的不变量有关的问题。相比之下，我们没有被要求对社会科学史有任何特别的了解。当我在伦敦政治经济学院的时候，有一个关于社会科学哲学的研讨会，但它有点枯燥无味和公式化，最重要的是，它与社会科学史和当前关于社会科学的理论争论脱节了。［伊恩·贾维在我来之前就离开了伦敦政治经济学院哲学系，他是一个例外；斯皮罗·拉特西斯（Spiro Latsis）研究的是经济学方法论中的细节问题，但他的方法是拉卡托西式的，而不是波普尔式的（Latsis，1972）；另见 Shearmur（1991）］。

第五节　结　　论

波普尔关于社会科学的研究十分有趣，理应比实际更吸引学者的关注，他的

影响力问题和关于其研究的争论也应如此。在我看来，最有价值的是他更一般的认识论方法。我认为，在这里，他强调对我们的理论的批判性评估的重要性（和进行检验的必要性，即该领域所涉及的所有检验，而不仅仅是理论的支持者认为有价值的检验），这些可以发挥重要作用。此外，他关于“形而上学研究纲领”的观点可以而且应该发挥关键作用。这提供了库恩式观点的替代性选择，但是与库恩不同的是，它们强调了支持不同方法的人之间关于形而上学和方法论问题的持续批判性对话的重要性，以及关于“一个人的方法中什么起关键作用”具有一定程度的自我意识的重要性——因此对一个人打破这种假设的纲领具有重要意义。

波普尔关于社会科学哲学的更具体的观点在我看来似乎不那么重要。这并不是说，例如，今天没有太多的历史决定论值得我们去争论。但是因为波普尔在写《开放社会》和《历史决定论的贫困》时，关于对理性开放的范围看法相对狭隘，所以在我看来，他的说明本应该更加广泛。我认为，他未能更深入地理解旧法兰克福学派的思想，也是一种遗憾。关于他们的研究的一个关键问题在于，黑格尔“理性”观中的幽灵所发挥的作用。它的特点和地位，以及我们必须认真对待它的理由，都迫切需要波普尔的方法。波普尔无法亲自从事这样的工作，并且他在伦敦政治经济学院的职位意味着他的研究生中无人能够从事这样的工作。

在我看来，“波普尔式”方法所能做的最重要的贡献，不是强调它在哪些方面类似于理性选择理论。相反，它将主要致力于理论和经验社会科学中的实质性问 62
题。因为，正如波普尔在其自然科学哲学研究中所表明的那样，“批判理性主义”方法否定了哲学关注应该是“二阶”或仅仅是技术性的观点。在这种语境下，伊恩·贾维的《人类学的革命》（Jarvie，1964）特别重要，因为它指出了可能从事的研究类型。[9]有趣的是，一些评论他的书的人要求进一步研究他的方法。在我看来很遗憾的是，关于对社会科学的批判性反思，他在这一领域的研究并没有产生一个繁荣的批判性波普尔学派。但也许现在还为时不晚。

注　　释

1 对经济学方法论的学者也产生了重要的影响，比如马克·布劳格（Marc Blaug）、劳伦斯·博兰（Lawrence Boland）、布鲁斯·考德威尔（Bruce Caldwell）和韦德·汉兹（Wade Hands），但由于篇幅的原因，我不能在这里讨论他们有趣的研究。

2 参见 Colin Simkin, “The Birth of The Open Society,” Appendix 1 to his 1993, 185.

3 被删减掉的材料重新出现在 Shearmur（1998）的作品中。

4 然而，波普尔的反心理主义并非源于韦伯：波普尔的方法是系统的反心理主义，是在他从心理学转向哲学之后。

5 然而，韦伯方法论著作中的相似之处要比他的一些社会学著作中的相似之处更为接近。比较 Beetham（1985）。

6 参见 Popper（1945：ch.11，n.44）和 Watkins（1952）。

7 从理查德·利普西（Richard Lipsey）的著作来看，伦敦政治经济学院经济学家对波普尔的研究兴趣，似乎替代了莱昂内尔·罗宾斯（Lionel Robbins）对经济学方法论的解释。

8 我要感谢约瑟夫·阿伽西在 2015 年 9 月就此与我进行了探讨，伊恩·贾维对我提出了一些重要批评，并且向我强调迈克尔·班顿（Michael Banton）作为受波普尔影响的社会学家的重要性。

9 参见伊恩·贾维和约瑟夫·阿伽西关于魔法的合理性问题的研究（Agassi and Jarvie，1987）。

参考文献

Agassi, J. and I. Jarvie (eds.). 1987. *Rationality: The Critical View*. Dordrecht, etc: Nijhoff.

Barnton, M. 2015. "John Rex's main mistake," *Ethnic and Racial Studies*, 38, 8, 1369-1381.

Bartley, W. 1989. *Rehearsing a Revolution*, available at: http://bartleyinstitute.org/shelf/page/3/.

Beetham, D. 1985. *Max Weber's Theory of Modern Politics*. Cambridge: Polity.

Blackburn, R. 1995. "Popper and the new left,"*Radical Philosophy*, 70 (March/ April), 8.

Bühler, Karl, 1922. *Die geistige Entwicklung des Kindes*, Jena: Gustav Fischer.

Caldwell, B. 1991. "Clarifying Popper," *Journal of Economic Literature*, 29, 1: 1-33.

de Marchi, N. 1988. "Popper and the L. S. E. Economists," in de Marchi (ed.), *The Popperian Legacy in Economics*. Cambridge: Cambridge University Press: 139-166.

Gorton, W. 2006. *Karl Popper and the Social Sciences*. Albany, NY: SUNY Press.

Hacohen, M. 2000. *Karl Popper: The Formative Years*. Cambridge: Cambridge University Press.

Hacohen, M. 2016. "The Young Popper, 1902-1937: history, politics and philosophy in interwar Vienna," in Shearmur and Stokes, *Cambridge Companion to Popper*: 30-68.

ter Hark, M. 2004. *Popper, Otto Selz, and the Rise of Evolutionary Epistemology*. Cambridge: Cambridge University Press.

Hedström, P., R. Swedberg, and L. Udéhn. 1998. "Popper's situational analysis and contemporary sociology," *Philosophy of the Social Sciences*, 28, 3: 339-364.

Jarvie, I. 1964. *The Revolution in Anthropology*. London: Routledge.

63 Jarvie, I. 2016. "Popper's philosophy and the methodology of social science," in Shearmur and Stokes, *Cambridge Companion to Popper*: 284-317.

Kaufmann, F. 1936. *Methodenlehre der Sozialwissenschaften*. Vienna: Springer.

Kaufmann, F. 2014. *Felix Kaufmann's Theory and Method in the Social Sciences*, ed. R. Cohen and I.

Helling. Cham, etc: Springer International.

Koertge, N. 1975. "Popper's metaphysical research program for the human sciences,"*Inquiry*, 18: 437-462.

Latsis, S. 1972. "Situational determinism in economics," *British Journal for the Philosophy of Science* 23, 3: 207-245.

Lipsey, R. 1997. *Macroeconomic Theory and Policy*. Cheltenham: Edward Elgar.

O'Neill, J. (ed.). 1973. *Modes of Individualism and Collectivism*. London: Heinemann Educational.

Popper, K. 1934. *Logik der Forschung: Zur Erkenntnistheorie der modernen Naturwissenschaft*. Vienna: Julius Springer.

Popper, K. 1944-1945."The poverty of historicism,"*Economica*, 11, 42, 86-103; 11, 43, 119-137; 12, 46: 69-89.

Popper, K. 1945. *The Open Society and its Enemies*. London: Routledge and Kegan Paul.

Popper, K. 1957. *The Poverty of Historicism*. London: Routledge and Kegan Paul.

Popper, K. 1959. *The Logic of Scientific Discovery*. London: Hutchinson.

Popper, K. 1963. *Conjectures and Refutations*. London: Routledge and Kegan Paul.

Popper, K. 1972. *Objective Knowledge*. Oxford: Clarendon Press.

Popper, K. 1974. *The Philosophy of Karl Popper*, ed. P. A. Schilpp. La Salle, IL: Open Court.

Popper, K. 1976a. *Unended Quest*. London: Fontana.

Popper, K. 1976b."The Logic of the Social Sciences," in T. Adorno et al., *The Positivist Dispute in German Sociology*. London: Heinemann Educational: 87-104.

Popper, K. 1979[1930-1933]. *Die beiden Grundprobleme der Erkenntnistheorie*, ed. Troels Eggers Hansen. Tübingen: Mohr.

Popper, K. 1982-1983. *Postscript to The Logic of Scientific Discovery*, ed. W. W. Bartley (1982: *The Open Universe*. London: Hutchinson; 1982: *Quantum Theory and the Schism in Physics*. London: Hutchinson; 1983: *Realism and the Aim of Science*. London: Hutchinson).

Popper, K. 1992. *In Search of a Better World*. London: Routledge.

Popper, K. 1994. *The Myth of the Framework*, ed. M. Notturno. London: Routledge.

Popper, K. 2008. *After the Open Society*, ed. J. Shearmur and P. Turner. London: Routledge.

Popper, K. 2009. *The Two Fundamental Problems of the Theory of Knowledge*, ed. T. Hansen. London: Routledge.

Schaffer, F. 2006. "Vorgartenstrasse 203: extracts from a memoir," in Kenneth McRobbie and Karl Polanyi Levitt (eds.), *Karl Polanyi in Vienna*, 2nd edn. Montreal, etc.: Black Rose: 328-346.

Shearmur, J. 1991. "Popper, Lakatos and theoretical progress in economics," in *Appraising Modern Economics. Studies in the Methodology of Scientific Research Programmes*, ed. M. Blaug and N. de Marchi. Cheltenham: Edward Elgar: 35-52.

Shearmur, J. 1998. "Popper, Hayek and the poverty of historicism part I," *Philosophy of the Social Sciences*, 28, 3: 434-450.

Shearmur, J. and G. Stokes (eds.). 2016. *The Cambridge Companion to Popper*. Cambridge: Cambridge University Press.

Simkin, C. 1993. *Popper's Views on Natural and Social Science*. Leiden, etc: Brill.

Watkins, J. 1952. "Ideal Types and Historical Explanation," *British Journal for the Philosophy of Science* 3, 9: 22-43.

Weber, M. 1949. *The Methodology of the Social Sciences*, trans. E. Shils and H. Finch. Glencoe, IL: Free Press.

Weber, M. 1976. *Roscher and Knies: The Logical Problems of Historical Economics*, trans. G. Oakes.
64 New York: Free Press.

第六章　库恩对社会科学的影响

布拉德·雷（K. Brad Wray）

可能没有一个哲学家像托马斯·库恩那样，对社会科学产生如此大的影响。这是具有讽刺意味的，因为在《科学革命的结构》中，库恩开始发展一种对自然科学中科学知识以及科学探索之本质的理解。库恩根本没有讨论社会科学，只是在序言中指出，正是在周围都是社会科学家的行为科学高级研究中心工作期间，偶然提出了“范式概念”，并指出社会科学在很大程度上并不存在范式（参见 Kuhn，2012：xlii）。但由于“范式概念”的许多具有暗示性的隐喻，《科学革命的结构》引起了社会科学家的共鸣，为他们的研究领域提供了独特的观点。

一方面，库恩对社会科学的影响十分明显。在某些社会科学学科中，《科学革命的结构》一书被列入博士生的阅读清单中（参见 Walker，2010：434），库恩用来描述自然科学的认知文化的许多术语，已经被社会科学家广泛接受并应用到他们的学科中。另一方面，库恩的研究对社会科学的影响有时又相当无效，有时甚至是有害的。许多对库恩观点的改编都是基于对他观点的误解。

第一节　库恩的《科学革命的结构》

库恩对社会科学的影响，几乎完全是因为《科学革命的结构》的出版（参见 Kuhn，1962/2012）。库恩早期的历史著作（包括《哥白尼革命》），以及他之后的作品（包括收录在《结构之后的路》中的论文），对社会科学产生的影响都微乎其微。鉴于《科学革命的结构》对社会科学的影响，我们有必要简要概述书中的主题，并着重强调那些引起社会科学家兴趣的主题。

《科学革命的结构》提出了一种关于科学知识及其探索的理论。它所提出的观点是为了与流行的实证主义科学观形成对比。实证主义者坚持认为，科学知识的增长是累积的，没有任何意义上的中断或倒退。科学家受到某种方法的指导，这种方法结合对数据的仔细关注，确保科学家在相互竞争的理论之间做出选择时，能够明确地确定哪种理论是较优的理论，即哪种理论最接近真理。库恩对科学的解释就是对这一特殊观点的反应。是否有人真的持有这种观点并不重要。

库恩指出，在他作为物理学家接受训练时，不加批判地接受了这种实证主义的科学观。但是，当他考察科学史时却持有不同的观点。与实证主义者的观点相反，科学知识的增长并不是一个不断接近真理的连续过程。相反，科学知识快速增长的时期会被理论的革命性变化打断。理论的这些革命性变化具有破坏性，常常在某些领域造成知识的损失。进一步来说，库恩并不相信有任何一种科学方法可以明确地解决竞争理论支持者之间的争论。相反，通过考察历史记载，库恩逐渐认为，科学家们是相当教条主义的，他们不加批判地接受所学到的理论。尽管这一评论并不意味着是对科学的批判。恰恰相反，库恩认为，科学的教条主义说明了科学家在实现研究目标方面的成功。科学家们通过不加批判地接受所学到的理论，有决心使自然符合于公认理论所提供的概念框架或范畴。由公认理论所提供的约束，为科学家提供了解决那些具有挑战性研究问题的中心点，从而解开“常规科学”之谜。只有在危机时期，当科学领域开始出现持续反常时，科学家们才会开始考虑替代性理论。而且，这种革新最初往往会遇到相当大的阻力。

库恩还声称，从事同一科学领域研究的科学家不一定对公认理论有共同的理解，他们也不受限于同一套明确的方法论规则。恰恰相反，库恩认为，更为基本的是某个领域中公认的范式或范例。范例是人们对研究问题的普遍接受的解决方案，这些方案为解决相关的研究问题提供了深刻的见解。这些范例在训练有素的年轻科学家的社会化过程中起着至关重要的作用。实验室练习旨在迫使学生学会将范例性解决方案应用于其他相关的科学问题当中。事实上，库恩相信，科学家们是通过在实验室里解决问题，而不是通过对某种理论的仔细研究，来学习他们研究领域的关键概念的。例如，正是在物理实验室中对某个问题的解决方案进行建模时，学生学习了质量、速度、动量等概念。

库恩将相互竞争的理论描述为向科学家提供了不可通约的世界观。由于竞争范式或理论的不可通约性，某个领域中理论的变革可能是相当复杂的。使用相互竞争的理论从事研究的科学家们可能并不完全理解对方。就科学家们研究领域中哪个科学问题最重要而言，他们也不可能会达成一致。因此，不可通约性对理论变革造成了重大挑战。有时，不可通约性甚至*可能*会威胁到理论变革的合理性。

第二节 对《科学革命的结构》的最初反应：一些档案证据

《科学革命的结构》从一开始就吸引了社会科学家的关注。这多少有点出人意料，因为库恩只声称要为自然科学提供科学变革的解释（参见 Kuhn，2000：307）。

《科学革命的结构》中的大多数历史案例都取材于物理学、化学和天文学，没有来源于社会科学的案例。但是，《科学革命的结构》仍旧引起了不同学科的社会科学家的共鸣。 66

麻省理工学院（MIT）托马斯·库恩档案馆收藏了库恩在《科学革命的结构》出版后收到的大量信件。很多信件来自库恩的崇拜者，他们表达了对这本书的热情，而且大部分信件来自社会科学家。有两位经济学家瓦西里·列昂蒂夫（Wassily Leontief）和乔治·斯蒂格勒（George Stigler），后来被授予因纪念阿尔弗雷德·诺贝尔的瑞典国家银行经济学奖，即诺贝尔经济学奖，这两位经济学家都曾与库恩接触过，并且探讨过《科学革命的结构》及其对他们的研究领域所产生的影响。一方面，斯蒂格勒把《科学革命的结构》描述为“一本精彩的书”，并称赞库恩：是库恩把他“从往日的昏睡中唤醒”（参见 Stigler，1963 年 3 月 14 日，第 4 格：文件夹 15，《科学革命的结构》，来往信件 S，托马斯·库恩档案）。另一方面，斯蒂格勒质疑，库恩的科学理论在多大程度上描述了经济学。特别是，斯蒂格勒质疑，库恩的科学革命观点是否与经济学中“19 世纪 70 年代的边际效用革命［和］李嘉图革命”所发生的事情相符合？（参见 Stigler，1963 年 3 月 14 日，第 4 格：文件夹 15，《科学革命的结构》，来往信件 S，托马斯·库恩档案）。列昂蒂夫在阅读《科学革命的结构》之后，他的观感完全不同。他声称“［库恩］关于自然科学的观点当然也适用于经济学”（参见 Leontief，1964 年 2 月 24 日，第 4 格，文件夹 11，《科学革命的结构》，来往信件 K-L，托马斯·库恩档案）。很明显，列昂蒂夫承认库恩的书是关于自然科学的。

库恩对斯蒂格勒作出的回应值得注意。库恩声称，尽管他对“经济学一窍不通”，但他“一直是［斯蒂格勒］的崇拜者之一”（参见 Kuhn，1963 年 3 月 14 日，第 4 格，文件夹 15，《科学革命的结构》，来往信件 S，托马斯·库恩档案）。因此，斯蒂格勒的“信件对［库恩］意义重大”（参见 Kuhn，1963 年 3 月 14 日，第 4 格，文件夹 15，《科学革命的结构》，来往信件 S，托马斯·库恩档案）。但库恩认为，斯蒂格勒从经济学中引用的所谓的反例，与库恩更熟悉的物理学中的理论变革的例子并没有什么不同。他对斯蒂格勒提出，他所谓的反例实际上可以称得上是科学革命，条件是这些变革“要求对旧理论进行某种重建”，因为“所提出的革新与［公认理论］中的某些部分不相容”（参见 Kuhn，1963 年 3 月 14 日，第 4 格，文件夹 15，《科学革命的结构》，来往信件 S，托马斯·库恩档案）。

第三节 社会科学的科学地位

许多社会科学家所做的，正是斯蒂格勒和列昂蒂夫所做的，都在反思库恩的科学知识理论和科学探索是否与他们自己的学科相关。的确，社会科学家们有大量的学术文献，试图确定库恩的科学理论如何很好地适用于他们的学科。

埃克伯格和希尔认为，库恩的《科学革命的结构》激发了社会学家长期关注的一个问题，即反思社会学和一般社会科学的科学地位（参见 Eckberg and Hill，1979：933）。一方面，社会学家倾向于将社会科学与自然科学相比较，并认为两者之间的任何差异都表明社会科学做得还不够，并不完全是科学的（参见 Eckberg and Hill，1979：934）。另一方面，鉴于库恩对自然科学的描述，社会学家开始认为，社会科学和自然科学一样都具有科学性（参见 Eckberg and Hill，1979，934）。
67 也就是说，考虑到库恩在自然科学中所描述的研究实践明显令人沮丧的一面，一些社会科学家对他们认为是自己领域内的失败并不那么在意。

政治科学家也受到启发，反思他们的学科。大卫·杜鲁门（David Truman）在美国政治科学协会（APSA）发表的主席演讲中，对政治科学曾经是否有过范式提出了疑问（Truman，1965）。杜鲁门恰当地指出，“一个真正范式的关键特征是它的精确性……范式中的精确性使得研究者能够知道什么时候出了错误”（Truman，1965：866）。不过，政治科学缺乏精确的理论和范式。杜鲁门指出，直到最近，政治科学的个别教科书甚至经常在各章之间运用理论和背景假设的方式上缺乏一致性（参见 Truman，1965：870）。一年后，加布里埃尔· 阿尔蒙德（Gabriel Almond）在美国政治科学协会发表的主席演讲中指出，政治科学确实有某种范式，但他对这门学科的描述却让人们质疑这个范式究竟是什么（Almond，1966）。杜鲁门和阿尔蒙德似乎都认为，在理想情况下，所有的政治科学家都将被单个范式所统一。他们似乎都认为，政治科学中各个子专业所特有的范式是有分歧且难以驾驭的。不过，这并不是库恩的观点。

杰罗恩·斯蒂芬斯（Jerone Stephens）指出，一些政治科学家甚至认为，范式可以强加给一个研究团体（参见 Stephens，1973：482-483；Walker，2010：440）。以这种方式，像政治科学这样的领域就可以走上一条清晰的科学之路。不过，斯蒂芬斯公正地指出，这不是库恩的观点，也不是一个领域具有科学性的实用手段（参见 Stephens，1973：483）。

第四节　社会科学范式：普遍性与关联性

关于库恩所说的“范式”一词，人们一直有很多困惑。众所周知，玛格丽特·马斯特曼（Margaret Masterman）统计了《科学革命的结构》中该术语的 21 种不同的用法（参见 Masterman，1970）。库恩花了一些时间来确定他所说的“范式”到底是什么意思。直到 1970 年左右，库恩一直用“范式”这个术语来指各种不同的事物：①有时“范式”指理论，如哥白尼范式；②有时“范式”指学科矩阵，即理论、目标和标准的结合，如 18 世纪物理学中起支配作用的范式；③有时“范式”指范例，如开普勒（Kepler）的火星轨道的数学模型（参见 Wray，2011：ch. 3）。库恩最终选定的是最后一种含义。

尽管存在这种模糊性，或者正因为如此，“范式”这一术语现在已经完全融入自然科学家和社会科学家的词汇中了。最近，唐世平指出“社会科学中只有 11 个基本范式”（参见 Tang，2011：211）。唐世平的主张是否经得起跨学科的社会科学家的批判性考察，这个问题不需要在这里解决。重点是，社会科学家们现在能够相当自如地依据其学科的范式进行思考。在这方面，库恩对社会科学产生了广泛的影响，尽管这种影响可能是微弱的。

关于寻找社会科学中的范式，正确的分析层次是什么，社会科学家们存在分歧。许多社会学家将他们认为属于整个学科的某些理论视为范式，例如功能主义或冲突理论，这些理论取向被许多从事不同研究主题的社会学家所使用（参见 Eckberg and Hill，1979：935）。但埃克伯格和希尔（Eckberg and Hill，1979）声称，这是一个错误。他们认为，没有什么值得称为范式，能够贯穿社会学整个学科。相反，他们认为社会学家应该寻找特定于更小研究领域的范式。因此，我们 68
应该期待在年龄和老龄化社会学或政治运动社会学等研究领域内找到各自特有的范式。

例如，在 20 世纪 80 年代和 90 年代，社会学家关注政治稳定性与不稳定性的研究，讨论了新的“精英范式”（参见 Field and Higley，1980；Cammack，1990）。在这种情况下，分析层次针对的是一个非常具体的研究主题，即政治稳定性和不稳定性，精英范式作为对子领域中已有范式的一种替代方案而提出。同样，贝尔特和内塞尔罗德（Baltes and Nesselroade，1984）讨论了毕生发展心理学——社会学和心理学的跨学科领域——分支领域中的范式。他们指出，研究这一领域的社会学家和心理学家可能需要不同的范式，因为心理学家往往比社会学家更关心毕生发展的生物学基础，而社会学家则主要关注毕生发展的社会维度。这些例子中的专门性程度更接近于库恩在将范式等同于范例时所想的那种东西。

乔治·瑞泽尔（George Ritzer）提出了另一种观点（Ritzer，1981）。他认为，社会学家不应该盲从于库恩。相反，他主张社会学家应该改变“范式”概念，以适应学科的需要。瑞泽尔声称，作为范例的范式概念不能为社会学提供真知灼见。相反，他认为作为一个学科矩阵的范式概念与社会学更相关（参见 Ritzer，1981：245）。

顺便说一下，社会学教科书也采用了范式语言。约翰·马西奥尼斯（John Macionis）的《社会学》向学生们展示了“三大理论范式”（参见 Macionis，1997：

16-22）。它们分别是：①与埃米尔 • 迪尔凯姆有关的结构-功能范式；②与卡尔 • 马克思有关的社会-冲突范式；③与马克斯 • 韦伯有关的符号-互动范式。除了在首次介绍“范式”这个术语时提到库恩的名字外，书中并没有提到库恩观点的具体细节。[1]

的确，社会学家在讨论范式时，并不引用库恩，这是很常见的（例如，参见 Cammack，1990; Field and Higley，1980）。这就是罗伯特 • 莫顿（Robert K. Merton）所说的“合并吸收”（参见 Merton，1988：621）。社会学家似乎认为，不再有必要提醒读者注意库恩早期对范式概念的分析。这一概念完全融入到了研究文献中。

经济学家也提出了这样的问题，即范式或理论是否是理解他们领域中变革的适当分析单位。例如，阿克塞尔 • 莱琼胡夫德（Axel Leijonhufvud）认为，经济学的“‘学说’和‘学派’并不都是同类型的……就像托勒密和哥白尼的天文学或燃素和氧［原文如此］的燃烧理论一样；它们也不……常常以如此鲜明的方式相互继承”（Leijonhufvud，1976：68）。莱琼胡夫德声称，“在经济学中……经常有若干个分析传统并行［存在］”（Leijonhufvud，1976：75）。因此，在他看来，经济学中并不存在如库恩所说的自然科学中那样起支配作用的范式。相反，范式或“分析传统”更像是工具箱中的工具，可以根据手头任务的需要，单独或一起使用。

另外，科茨（A. W. Coats）认为，“经济学也许……在其整个历史过程中被单一的范式所支配——基于市场机制的经济均衡理论”（Coats，1969：292）。

政治科学家们也接受范式的概念。如上所述，在 1965 年和 1966 年，美国政治科学协会会长在他们的主席演讲中利用库恩的《科学革命的结构》来洞察政治科学的本质（参见 Stephens，1973：476-478）。斯蒂芬斯（Stephens，1973）全面概述了政治科学的学术文献，这些文献试图从库恩的《科学革命的结构》中获得
69 一些深刻见解。斯蒂芬斯认为“范式”概念并没有给政治科学的分析增加什么新的内容（Stephens，1973：467）。斯蒂芬斯解释说，政治科学家使用“范式”一词的方式，在某种程度上与他们使用“理论”一词的方式相同。因此，范式概念并没有为政治科学中关于该学科及其内部动态，或其研究实践的争论提供新的线索。事实上，斯蒂芬斯甚至怀疑库恩对自然科学是否提供了准确的解释（参见 Stephens，1973：467）。

斯蒂芬斯还认为，政治科学家和自然科学家在训练方式上存在着重要的差异。正如库恩所指出的那样，自然科学中某个领域在任何特定的时间内都有一门相对统一的课程，而斯蒂芬斯则认为，政治科学专业学生接触的是相互竞争学派的观点。事实上，“学派内部的不同观点被作为研究政治学的合法方式呈现给学生，他们通过阅读原始研究报告，初次了解到这种学派之间和学派内部的多样性”（参见 Stephens，1973：483）。因此，与库恩在自然科学中所描述的不同，关于政治科

学中的单个最佳理论或理论框架还没有达成共识。

在 2010 年发表的一篇旨在阻止诉诸库恩和范式的综述文章中，托马斯·沃克（Thomas Walker）认为，“基于常规科学和不可通约性的范式思维方式（paradigm mentality），即使没有内化于政治科学家们，但也受到他们的广泛使用”（Walker，2010：436）。但是，正如沃克恰当指出的那样，政治科学家所使用的范式概念“仅仅是松散地从库恩的研究中得出的”（Walker，2010：433）。沃克认为，政治科学家诉诸库恩是徒劳的，借鉴卡尔·波普尔的研究会更好地促进该学科的发展（参见 Walker，2010：434）。毕竟，波普尔对社会科学有明确的论述，而库恩只关注自然科学。与沃克所暗示的似乎相反，波普尔对社会科学持相当消极的看法（参见 Popper，1970：58）。

针对政治科学家特别是国际关系领域中的学者在使用库恩研究的方式上，沃克提出了两点担忧。首先，他认为，在政治科学研究的子领域当中，没有一个单一的理论或范式占主导地位。其次，他认为，如果政治科学家试图效仿自然科学家，如库恩所描述的那样，这将导致对其他理论和假说的抑制（参见 Walker，2010：434）。受库恩的影响，沃克认为，政治科学家将“卷入敌对的零和争夺战”，以努力确保他们自己的范式不会被另一种范式所取代（Walker，2010：434）。沃克认为，“滥用库恩的科学模型……助长了子领域内高度专业化的部落主义，加剧了政治科学作为一门学科的碎片化”（Walker，2010：434）。[2]

社会科学家对范式概念的分析引发了许多问题。以下问题仍然值得深思：

（1）在任何一个时期内，一个社会科学领域或专业存在多少种范式？

（2）相互竞争和不相容的范式是否可以在任一社会科学领域中使用？如果可以，它对社会科学有什么启示？

（3）在社会科学中，共有某种范式的相关社会团体是什么？

第五节 理论的革命性变化在社会科学中的地位

自库恩的《科学革命的结构》一书出版以来，社会科学家们还一直在思考这样一个问题：社会科学中是否存在像自然科学中那样的理论的革命性变化？ 70

经济学家在这个问题上比其他社会科学家有更多的发言权。科茨（Coats，1969）被这样一个事实所震惊，即库恩在《科学革命的结构》中描述的那种理论的革命性变化在经济学中根本不常见。一方面，科茨声称“经济学中范式变化的最突出的例子，即 20 世纪 30 年代的凯恩斯革命［原文如此］，具有许多与库恩的‘科学革命’相关的特征”（Coats，1969：293）。另一方面，他认为，“人们现在清楚地看到，凯恩斯主义的范式与其之前的范式并非‘不相容’”（Coats，1969：293）。科茨认为，有一个原因可以解释经济学和自然科学之间的这种差异。他提出，“经济理论……通常不如自然科学理论那么精确且令人信服”（Coats，1969：293）。因此，他认为，我们不应该感到惊讶的是，“在经济学中，科学革命的结构远不如在自然科学中那么明显”（Coats，1969：293）。

科茨还指出，“常规科学”实践在社会科学中与自然科学中是不同的。根据科茨的观点，

> 经济学家……在“常规”科学活动的两个阶段上取得了相当大的成功，即实现其范式所蕴含的承诺：一是扩展对“相关”事实的认知，二是改进范式本身的“表达”。然而，他们为提高事实与范式预测之间的匹配所做的努力，只取得了有限的成功。（Coats，1969：292）

科茨认为，预测在社会科学中的作用似乎很小。科茨的评价具有些许误导性。社会科学理论使社会科学家能够进行*模式*预测，即使这些理论无法使社会科学家对单个事件做出精确的预测（参见 Hayek，1964：344-345）。这可能是研究对象的性质造成的结果，并非表明社会科学理论在某些方面存在缺陷。

马克·布劳格（Blaug，1976）也认为，具有破坏性的革命性变化在经济学中几乎不起作用。他认为，拉卡托斯的科学变化理论为经济理论中的关键变化提供了更准确的描述。平心而论，布劳格把自己不接受的观点归因于库恩。例如，布劳格强调，人们无法跨越理论界限进行交流，这表明不可通约性削弱了对竞争理论进行*理性评估*的可能性。布劳格还主张，库恩相信诸如个人影响等外部因素决定了哪种理论最终会被接受。这是对库恩观点的讽刺。就库恩而言，不可通约性是跨越理论界限进行有效交流的障碍，并且使得对竞争理论的比较具有挑战性。但库恩认为，理论选择问题最终基于认知因素得到了解决。因此，库恩是一个内在主义者（参见 Wray，2011：ch. 9）。[3]

人类学家也关注他们的学科中是否存在革命的问题。特别是考古学家，他们一直在争论 20 世纪 60 年代他们的学科中是否发生了一场科学革命。例如，保罗·马丁（Paul Martin）认为，当时确实有一场革命。直到 20 世纪 60 年代初，美国考古学家仍然将自己及他们的学科归属于历史学，其主要关注对史前古器物的编目和分类。马丁声称，到 20 世纪 60 年代，一种新的范式脱颖而出（Martin，1971：3）。考古学家们现在把自己与人类学家等同起来，并因此认为他们也是社会科学家。他们在新范式下开展研究，现在有意识地开始发展关于文化变迁的一
71 般理论（参见 Martin，1971：1-2）。像其他科学家一样，他们的目标是“建立涵盖观察到的事件或物体行为的一般规律”（Martin，1971：5）。

到20世纪70年代末，一些考古学家和人类学家对通过库恩式框架来理解其学科的尝试感到失望。例如，大卫·梅尔策（David Meltzer）对库恩式框架的不加批判而鲁莽应用提出了异议（Meltzer，1979：644，649）。此外，他坚持认为，几乎没有证据能够支持20世纪60年代考古学中有一场革命的说法。梅尔策承认，在考古学中确实发生了重大的*方法论*变化。但他正确地指出，方法论变化并不构成库恩意义上的革命（参见Meltzer，1979：653）。革命实质上涉及理论的变化。

关于库恩的观点在考古学中的探讨，有一个值得注意的特点。这场争论是在国家语境下进行的，特别是在*美国*考古学中（参见Martin，1971；Meltzer，1979）。这似乎是社会科学区别于自然科学的一个方面。在自然科学领域，理论取向并不受特定国家的影响。这并不是说国与国之间的自然科学训练和实践并没有什么不同。但是不同国家在自然科学中接受的是同样的理论。然而，社会科学家通常更关心国家关注的问题，这实际上可能导致不同国家在社会科学中接受不同的理论（例如，参见Akers，1992）。

第六节　棘手问题：科学知识社会学

科学社会学是社会科学中的一个特殊分支领域，其中库恩的影响最大。事实上，巴里·巴恩斯（Barry Barnes）的书——《库恩和社会科学》几乎只探讨了库恩对科学社会学的影响（参见Barnes，1982：ix）。

巴恩斯认为，库恩的《科学革命的结构》提供了一种对科学的社会学解释。这在很大程度上是正确的（参见Wray，2011，2015）。库恩在《科学革命的结构》中所说的很多内容都是关于科学研究团体的社会结构，即创造科学知识和证实知识主张的单位。他描述了一个研究团体在努力解决，实现其研究目标的过程中所遇到的各种社会变化。库恩还关注社会化在科学训练中所发挥的重要作用，包括科学家在训练中学会感知的过程，这实质上涉及学会注意现象中的相关共同点和不同点。重要的是，“相关共同点”这一概念与一个理论或概念框架有关。巴恩斯正确地指出，库恩为我们理解这些领域中的科学做出了宝贵的贡献，尽管他未能为他的某些主张提供经验性支持。

但是库恩对科学社会学的发展方向感到沮丧，特别是随着科学知识社会学（SSK）的强纲领的出现（参见Kuhn，1977：xxi；2000：316-317）。强纲领主要立足于英国，是在回应库恩的《科学革命的结构》和默顿对科学社会学的研究方法而逐渐发展起来的。默顿和他的学生在功能主义框架下进行研究，经常进行科学的定量研究。另一方面，强纲领进行了定性研究，包括对科学争论的历史研究

和对具体科学研究背景的民族志研究。强纲领的支持者们还是把自己看作某种程
72 度上的库恩主义者，尽管库恩对此心存疑虑。

强纲领的支持者是有限论者，他们认为，每一种分类行为都不完全由逻辑和观察所决定（参见 Barnes：1982：27-35）。有限论是唯名论的一种极端形式。巴恩斯相信库恩是一位有限论者，尽管强纲领支持者们对“有限论”的承诺并不取决于库恩是否认可有限论（参见 Barnes，1982：34-35）。

的确，这是库恩自己的观点和强纲领观点之间的主要区别之一。与有限论所暗示的相反，库恩认为，一旦一个研究团体致力于特定的概念框架或理论，那么这就决定了特定的事物是如何被分类的，至少在大多数情况下是这样的（参见 Wray，2011：ch. 9）。常规科学涉及对一个概念框架的承诺，而概念框架又为现象的分类提供了明确的标准。按照库恩的观点，那些无法直接分类的现象是反常现象。然而，在危机时期，库恩认为，对现象进行分类的标准是宽松的，而且经常受到质疑。的确，科学革命产生了新的概念框架，它将不可避免地引导科学家以新的方式对事物进行分类。哥白尼的行星与托勒密的行星不同。在哥白尼天文学革命之后，“行星”一词有了新的内涵和新的外延。对于托勒密来说，与固定恒星相比，行星是漫游恒星，地球不能算作行星，而对于哥白尼来说，行星是太阳的卫星，地球显然是一颗行星（参见 Kuhn，2000：312）。

针对强纲领和后*结构*一般科学社会学研究，库恩的主要不满是，它们不能解释自然在科学争论中所扮演的角色（参见 Kuhn，2000：317）。相反，它们倾向于关注“协商”（negotiation）。在某种程度上，这不是对强纲领公平的评价。虽然强纲领的支持者强调，兴趣和协商在确定科学争论结果方面的作用，但巴恩斯相当明确地指出，科学家的兴趣包括“对预测和控制的兴趣”（参见 Barnes，1982：110）。

库恩本人关于科学社会学的观点与默顿的观点相当相似（参见 Kuhn，1977：xxi）。和默顿一样，库恩也为科学研究团体和研究实践提供了一种功能主义者的解释。

第七节　库恩与社会科学：结语

史蒂夫·富勒（Steve Fuller）有个著名的论点，他认为库恩的影响力在很大程度上归于这样一个事实：库恩并不完全理解他在说些什么（Fuller，2000）。其他人在《科学革命的结构》中解读了许多有趣的内容，这些内容并不属于库恩的意图。

但是，在这项关于库恩对社会科学的影响的调查中，还有另外一个方面，那

就是库恩被误解了。对他的误解在很大程度上是因为许多人懒得花时间听他在说什么。许多人被他那引人入胜的著作所吸引，包括许多生动的隐喻，在《科学革命的结构》中看到了令他们高兴的内容，即使这些内容并非库恩的本意。

致　谢

感谢李·麦金太尔和洛里·纳什（Lori Nash）对早期草稿的建设性反馈意见。还要感谢戴维·安德鲁斯（David Andrews）的反馈意见，特别是在查阅经济学文献时提供的帮助。感谢麻省理工学院档案馆和特别收藏馆的工作人员，特别是诺 73
拉·墨菲（Nora Murphy）。感谢麻省理工学院允许我访问托马斯·库恩档案馆。最后，感谢纽约州立大学奥斯威戈分校，支持我两次访问麻省理工学院的档案馆。

注　释

1 沙雷尔（Sharer）和阿什莫尔（Ashmore）在他们的教科书《考古学：发现我们的过去》中，简要讨论了库恩的观点以及范式在考古学中的作用。他们将范式定义为“一种具有独特研究方法、理论和目标的整体策略”（参见 Sharer and Ashmore，2003：109），他们还指出，史前考古学领域“由三种研究传统组成，每种传统都在不同的情况下演化出来，并定义了史前考古学领域需要研究的问题以及与这些问题相关的数据集”（Sharer and Ashmore，2003：109-110）。

2 专业化在库恩后期哲学中发挥了重要作用。危机有时不仅通过理论的革命性变化，而且通过创造新的科学专业而得到解决（参见 Wray，2011：ch. 7）。

3 科茨写于 20 世纪 60 年代后期，布劳格写于 20 世纪 70 年代中期。这是在行为经济学兴起之前。人们可能会争论，行为经济学是否构成了理论的革命性变化。一方面，赫伯特·西蒙（Herbert Simon）认为，他的研究用“有限理性行为者”取代了理想的理性行为者，推翻了主流经济学的公认理论（参见 Sent，2004：§2，754）。另一方面，丹尼尔·卡尼曼（Daniel Kahneman）关于有限理性的研究被视为是对新古典经济学方法的改进，因此与之相延续（参见 Sent，2004：749；Kahneman，2003）。

参 考 文 献

Akers, R. L. 1992. “Linking sociology and its specialties: the case of criminology,” *Social Forces*,

71(1): 1-16.

Almond, G. A. 1966. "Political theory and political science," *American Political Science Review*, 60(4): 869-879.

Baltes, P. B., and J. R. Nesselroade. 1984. "Paradigm lost and paradigm regained: critique of Dannefer's portrayal of life-span developmental psychology," *American Sociological Review*, 49(6): 841-847.

Barnes, B. 1982. *T. S. Kuhn and Social Science*. New York: Columbia University Press.

Blaug, M. 1976. "Kuhn versus Lakatos, or paradigms versus research programmes in the history of economics," in S. J. Latsis (ed.), *Method and Appraisal in Economics*. Cambridge: Cambridge University Press: 149-180.

Cammack, P. 1990. "A critical assessment of the new elite paradigm," *American Sociological Review*, 55: 415-420.

Coats, A. W. 1969. "Is there a 'structure of scientific revolutions' in economics?" *Kyklos: International Zeitschrift für Sozialwissenschaften*, 22(2): 289-296.

Eckberg, D. L., and L. Hill, Jr. 1979. "The paradigm concept and sociology: a critical review," *American Sociological Review*, 44: 925-937.

Field, G. L., and J. Higley. 1980. *Elitism*. London: Routledge and Kegan Paul.

Fuller, S. 2000. *Thomas Kuhn: A Philosophical History for Our Times*. Chicago: University of Chicago Press.

Hayek, F. 1964. "The Theory of complex phenomena," in M. A. Bunge (ed.), *The Critical Approach to Science and Philosophy*. Glencoe, IL: Free Press: 332-349.

Kahneman, D. 2003. "Maps of bounded rationality: psychology for behavioral economics," *American Economic Review*, 93(5): 1449-1475.

Kuhn, T. S. 1962/2012. *Structure of Scientific Revolutions*, 4th edn. Chicago: University of Chicago Press.

Kuhn, T. S. 1963. "Letter to George Stigler," Thomas S. Kuhn Archives. MC240. Box 4: Folder 15, Structure of Scientific Revolutions, Correspondence S. Institute Archives and Special Collections,
74 MIT Libraries, Cambridge, MA.

Kuhn, T. S. 1977. "Preface," in Kuhn, *Essential Tension: Selected Studies in Scientific Tradition and Change*. Chicago: University of Chicago Press: ix-xxiii.

Kuhn, T. S. 2000. "A discussion with Thomas S. Kuhn," in Kuhn, *The Road since Structure: Philosophical Essays*, 1970-1993, with an Autobiographical Interview, ed. J. Conant and J. Haugeland. Chicago: University of Chicago Press: 255-323.

Leijonhufvud, A. 1976. "Schools, 'revolutions,' and research programmes in economic theories," in S. J. Latsis (ed.), *Method and Appraisal in Economics*. Cambridge: Cambridge University Press: 65-108.

Leontief, W. 1964. "Letter to Thomas Kuhn," Thomas S. Kuhn Archives. MC240. Box 4: Folder 11, Structure of Scientific Revolutions, Correspondence K-L. Institute Archives and Special Collections, MIT Libraries, Cambridge, MA.

Macionis, J. J. 1997. *Sociology*, 6th edn. Upper saddle River, NJ: Prentice Hall.

Martin, P. S. 1971. "The revolution in archaeology," *American Antiquity*, 36(1): 1-8.

Masterman, M. 1970. "The nature of paradigms," in I. Lakatos and A. Musgrave (eds.), *Criticism and the Growth of Knowledge: Proceedings of the International Colloquium in the Philosophy of Science*, London, 1965, vol. 4. Cambridge: Cambridge University Press: 59-89.

Meltzer, D. J. 1979. "Paradigms and the nature of change in american archaeology," *American Antiquity*, 44(4): 644-657.

Merton, R. K. 1988. "The matthew effect in science, Ⅱ: cumulative advantage and the symbolism of intellectual property," *Isis*, 79(4): 606-623.

Popper, K. R. 1970. "Normal science and its dangers," in I. Lakatos and A. Musgrave (eds.), *Criticism and the Growth of Knowledge: Proceedings of the International Colloquium in the Philosophy of Science*, London, 1965, vol. 4. Cambridge: Cambridge University Press: 51-58.

Ritzer, G. 1981. "Paradigm analysis in sociology: clarifying the issues," *American Sociological Review*, 46(2): 245-248.

Sent, E.-M. 2004. "Behavioral economics: how psychology made its (limited) way back into economics," *History of Political Economy*, 36(4): 735-760.

Sharer, R. J., and W. Ashmore 2003. *Archaeology: Discovering Our Past*, 3rd edn. New York: McGraw-Hill.

Stephens, J. 1973. "The kuhnian paradigm and political inquiry: an appraisal," *American Journal of Political Science*, 17(3): 467-488.

Stigler, G. 1963. "Letter to Thomas Kuhn," Thomas s. Kuhn Archives. MC240. Box 4: Folder 15, Structure of Scientific Revolutions, Correspondence s. Institute Archives and Special Collections, MIT Libraries, Cambridge, MA.

Tang, S. 2011. "Foundational paradigms of social sciences," *Philosophy of the Social Science*s, 41(2): 211-249.

Truman, D. B. 1965. "Disillusion and regeneration: the quest for a discipline," *American Political Science Review*, 59(4): 865-873.

Walker, T. C. 2010. "The perils of paradigm mentalities: revisiting Kuhn, Lakatos, and Popper," *Perspectives on Politics*, 8(2): 433-451.

Wray, K. B. 2011. *Kuhn's Evolutionary Social Epistemology*. Cambridge: Cambridge University Press.

Wray, K. B. 2015. "Kuhn's social epistemology and the sociology of science," in William J. Devlin and Alisa Bokulich(eds.), *Kuhn's Structure of Scientific Revolutions: 50 Years On*. Boston Studies in the Philosophy of Science 311. Dordrecht: Springer Verlag: 167-184.

档案来源

Thomas S. Kuhn Archives. MC240. Box 4： Folder 11， Structure of Scientific Revolutions， Correspondence K-L. Institute Archives and special Collections，MIT Libraries，Cambridge， MA.

Thomas S. Kuhn Archives. MC240. Box 4： Folder 15， Structure of Scientific
75 Revolutions，Correspondence S. Institute Archives and Special Collections，MIT Libraries，Cambridge， MA.

第七章　解释主义与批判理论

肯尼斯·贝尼斯（Kenneth Baynes）

第一节　引　　言

尽管解释性社会科学（或解释主义）与批判理论存在重要区别，但它们都认为，人文或社会科学是“自主的”，不能与自然科学统一或归入自然科学。这是因为社会科学（作为其研究对象领域的一部分）必须考虑到社会行动者自身的意义或“自我解释”，而自然科学则不是这样。据此关于社会科学自主性的争论可以追溯到 19 世纪后期，但是它们继续出现在最近关于社会探究目的的一些争论中（Roth，2003）。

解释主义作为一种独特的社会科学方法至少可以追溯到威廉·狄尔泰。狄尔泰对密尔和孔德的实证主义做出了特别回应，认为在自然科学与精神科学（人类、文化或社会科学）之间存在重要区别：前者寻找普遍规律和因果说明，而后者主要关注于抽离特定历史事件的意义。狄尔泰对社会科学的主要贡献之一是，他主张社会科学依赖于对社会行动者自身的“生活经验”的重新界定，而这就排除了将其纳入因果法则的可能性（Beiser，2011：333）。虽然在这一点上狄尔泰有时会被误解，但社会理论家马克斯·韦伯同意狄尔泰的观点，认为他所谓的行动者的“主观意义”对社会科学对象领域的界定是重要的。然而，与狄尔泰相比，韦伯对可能发现普遍规律和因果说明更为乐观。相反，韦伯坚持“意义充分性”和“因果充分性”的双重标准（或通过广义因果说明来确认可能的意义解释）（Weber，1978：11-12）。其他解释主义者则对韦伯以个体行动者的“主观”（或心理）状态来界定意义提出了疑问，他们认为与社会科学相关的意义具有公共性，并且处于
社会行动者的符号表达和受规则支配的行为中（Winch，1958）。后一种观点受到 76
维特根斯坦后期著作的进一步推动，并引发了关于规则遵循的广泛争论。

格奥尔格·卢卡奇（Georg Lukács）和法兰克福学派[马克斯·霍克海默（Max Horkheimer）、西奥多·阿多诺（Theodor Adorno）、赫伯特·马尔库塞（Herbert Marcuse）等]的批判理论扩展了它的目标，包括说明为什么被压迫阶级可能仍然

不能察觉其自身被压迫状况的具体原因。批判理论传统也更多地关注文化和政治制度，如同解释主义，这就需要更加重视实践和制度对参与者本身的意义。在批判理论的最近发展中，这也包括重新关注社会实践的本质及它们所提供批判的可能性（Iser forthcoming）。因此，有趣的是（但不完全令人惊讶），在解释性社会科学与批判理论最近关于社会实践的本质、社会科学的“自主性”及其相对于新自然主义的地位的研究中，出现大量的融合（Rouse，2006）。

第二节 解释主义

彼得•温奇在 1958 年出版的《社会科学的观念及其与哲学的关系》是英语世界中最早捍卫解释主义的一部极具影响力的著作。虽然他也受到柯林伍德和德国理解传统的影响（包括韦伯），但温奇是第一个提出维特根斯坦哲学对社会科学具有影响的哲学家。尤其是温奇挑战了当时的主流观点，那是一种实证主义的理论，其主张自然科学和社会科学之间没有明显的区别。相反，所有科学的目标——无论是自然科学还是社会科学——都是建立一种说明模型，通过将现象置于普遍规律之下（即所谓的说明的演绎-律则模型）来对其进行解释。根据这一观点，例如亨佩尔的观点，科学的客观性是通过事实与价值的强烈分离来保持的，成功的说明等同于成功的预测。相比之下，对于温奇来说，这种说明模式建立在对社会科学目标的根本误解之上，即从参与者自身的角度理解相关制度和实践的意义。虽然这并不排除使用概括或统计数据，但它确实对这些数据进行了重要的限制。在某种意义上，温奇推翻了实证主义者所建议的优先次序：然而，对于亨佩尔来说，参与者的意义可能是一个有助于（虽然不是必要的）发展概括的启发，但他们不应该在其确证中发挥任何作用（Hempel，1965：258）。然而，温奇的观点恰恰相反：如果没有对意义的充分解释，那么统计支持对解释的确证毫无帮助（Winch，
77 1958：113）。除了另一种解释外，没有什么能支持（或削弱）一种解释的充分性。

虽然韦伯也提出了同样的主张，即需要从参与者的角度对行动进行充分的解释，但他仍然坚持因果充分性的重要性。因此，温奇显然接受了一种更为激进的立场，弄清楚它的原因是很重要的。对于温奇而言，所有有意义的行动都是由规则支配的，而这些规则反过来又构成了给定的“生活形式”。因此，一系列规则是与特定的生活形式相关的，要理解社会行动的意义，就需要恢复或重建特定生活形式的规则。这使得自然科学与社会科学之间存在重要的区别：“因为就自然科学家而言，我们只需要处理一系列规则，即支配科学家研究本身的规则，而社会学家所研究的（以及对它的研究）是一种人类活动，因此其研究是按照规则进行的。

正是这些规则，而不是那些支配社会学家研究的规则，规定了什么是与这种活动有关的‘做同样的事情’。”（Winch，1958：86-87）这就是安东尼·吉登斯（Anthony Giddens）后来所谓的“双重解释学”，根据他的观点，这也是社会科学与自然科学的区别。社会探究的主要任务是阐明对特定的实践或生活形式构成的隐含规则。温奇一度认为这使得探究的任务更像是哲学探究的工作（Winch，1958：114）。借用布莱恩·费伊的描述，它是一种“概念人类学”，而不是一门经验科学。然而，温奇的主张比韦伯的更为激进，他主张解释性理解要求放弃（或至少暂时搁置）构成个人实践的规则，而将其置于作为探究对象的实践或生活形式中。温奇对列维-布留尔和其他人类学家（他们拒绝迈出这一步）的批判是，他们的解释总是种族中心主义的，因而导致理解的失败。

温奇的理论涉及许多问题，而关于这些问题的考察对评价他的立场是很重要的。首先，如前所述，温奇假定社会行动是受规则支配的，当涉及行动的动机时，这些规则采取原因的形式。这使他得出结论，理由不能成为原因，社会学家寻找的不是因果概括，而是对“合理化”行动规则的确定。但在此，温奇的结论可能比他的论点更具说服力。理由不能成为原因依赖于一种有争议的主张，即既然行动的理由和所采取的行动之间的关系是“内在的”或概念性的，那么理由就不能适当地成为对行动因果说明的一部分。然而，这种所谓的“逻辑关联论证”受到了彻底的挑战（Davidson，1980；Rosenberg，2016）。此外，虽然温奇认为所有理性行动都是受规则支配的这一观点是正确的，但这似乎并不意味着诉诸规则的理性解释就不需要任何因果关系。例如，考虑这样一种情况，可能有不止一种原因，其中任何一种原因都足以使主体采取行动，或者两个个体都有相同的原因，但其中一个采取了行动，而另一个没有。这似乎需要区分哪些情况下一个给定的原因是因果有效的，而另一原因是因果无效的（参见 MacIntyre，1971：215f.）。因此，他们还指出，理由和原因并不像逻辑关联论证所假设的那样相互排斥，在某些情况下，要确定实际的理由还需要引用行动的原因。

在 20 世纪 60 年代的理性辩论和相对主义问题中，人们再次对温奇的理论进行讨论（Wilson，1970；Hollis and Lukes，1982）。温奇认为，理解需要“入乡随 78
俗”或完全沉浸在其他的生活形式中，他假设行动的可理解性或合理性的标准与生活形式有关，因此无法对行动或生活形式的合理性做出跨文化的判断。当然，我们可以说阿赞德人不科学（根据我们的标准），但我们不能说他们不合理或“不合逻辑”。正如阿拉斯代尔·麦金太尔（Alasdair MacIntyre）和其他人所认为的那样，这导致了一种相对主义，这甚至可以说是不连贯的（MacIntyre，1971）。温奇在回应中稍微改变了他的立场——主张理性的标准不是封闭的或静态的——但不清楚他是否充分地应对了这一挑战（Winch，1970）。另一些讨论（接下来就泰勒的立场作进一步讨论）与规则遵循的本质有关。温奇提出了一个有争议的假设，即所有（理性的）行动都是遵循一个规则或惯例，而这个规则或惯例对参与者来说是明确的。

在众多有影响力的著作中，查尔斯·泰勒（Charles Taylor）也捍卫了解释主义在社会科学中的地位。他一直对自然科学扩展到社会科学领域持批判态度。事实上，他认为这种“绝对的”或“客观主义的”观点的传播是启蒙运动的不幸遗产。在《解释和人的科学》中（Winch，1970），泰勒（如同温奇）认为社会科学的主要目的是从参与者自身的角度来理解社会实践，而这只能通过掌握参与者的“经验意义”来实现（Taylor，1985：23）。与温奇一样，他也认为这些意义不仅仅是主观的心理状态，相反，它们是实践本身所包含的“主体间意义”。泰勒借鉴维特根斯坦和约翰·塞尔（John Searle）关于“构成性规则”的研究成果，提出了“构成性实践”，这种实践使问题中的行为成为某种行动，例如，在某种实践的背景下，举手可以视作投票（Taylor，1985：34）。理解需要把握这些构成性规则和实践，试图提供“原初事实”的描述（一个避免任何依赖于有争议的解释的描述）只会导致无法理解所讨论的行动或实践（Taylor，1985：41）。对于泰勒而言，根本没有办法避免解释的冲突。

尽管如此，泰勒试图避免与此立场相关的相对主义。他将自己的观点描述为“评价实在论”，他认为有更好或更糟的（甚至是正确的或错误的）解释，目的是准确地描述行动者的期望特征（或他们将采用一种更加深思熟虑的提法）（Taylor，1981：192）。因此，一个行为主体的自我描述并不是不可纠正的，而且有点自相矛盾的是，尽管我们是通过自我解释构成的，但我们在试图解释自己或描述我们的行动原因时可能会出错（Baynes，2010）。此外，对泰勒而言，探究的目的不是实证主义者所希望达到的“价值中立”的描述，相反，泰勒谈到了不同生活形式之间的“清晰对比”的发展，以及对“视域融合”的探索，在这种融合中，每一种观点都可能对自身和他人有新的认识（Taylor，2011：32）。然而，没有描述是中立的或“价值中立”的，它也不是“绝对的”或无可争议的。对他而言，这种方法不仅比经常与温奇联系在一起的相对主义更可取，而且也比那些否认完全不同的文化或世界观的观点有任何意义的人更可取，也比那些过早地认为对理性不
79 会有不同观点的人更可取（Taylor，2011：35；Taylor，1985：ch. 5）。

泰勒还谈到了关于规则遵循的一个深刻争议，即在哪里可以准确地找到规则，以及它们如何被描述。在总结这场争论时，泰勒描述了两种不同的立场：一方面，遵循规则可能最终表现为对个体行为的描述。这就是布兰顿所描述的“规律主义”，它表明遵循规则最终是一种因果事件。另一方面，主张这种对实践的实际描述并没有穷尽关于规则的正确或错误的应用是布兰顿所指的“规则主义”（Brandom，

1994：28）。泰勒同样明确地做了进一步说明："第一种（规律主义）会将……构成我们背景的联系解释为实际上的联系，没有任何理由。例如，它们是由我们的社会强加的，我们习惯于让它们……第二种解释将背景作为理解的一部分，也就是说，对事物的把握，虽然相当难以言传，但却可能使我们在受到挑战时能够提出理由和说明。"（Taylor，1995：167-168）包括泰勒在内的大多数解释者所面临的挑战是为第二种观点提供令人信服的辩护。然而，他拒绝布兰顿的提议，并表示，语言的运作方式的确有些神秘。在泰勒看来，语言的表达能力——它为表达提供资源的能力——超出了我们个人给出或回应理由的能力。事实上，正是语言的这种能力使任何个人的能力成为可能（Taylor，2011：ch. 3）。泰勒承认，这可能会留下一些令人非常不满意的解释，但他似乎将对更多欲望看作是过度启蒙的另一个问题。面对规律主义和规则主义之间的选择，就像对规则遵循的描述一样，其他人得出的结论要么是没有共同的意义（Turner，2010），要么是不存在这种意义上的语言（Davidson，1986）。

克利福德·格尔茨是一位文化人类学家，在普林斯顿高等研究所工作了很长时间，他在促进社会科学中的解释方法方面也做了很多贡献。我们很难高估他的影响，不仅在人类学，而且在社会科学中更广泛地普及解释方法（参见 Ortner，1984）。《文化的解释》论述了许多与泰勒著作中相同的主题和关注点——尤其是对文化科学（功能主义）研究方法的过度自信——但也为他的解释视角提供了许多具体的实例。《深度游戏：巴厘岛斗鸡笔记》是一篇经常被选编的文章，在这篇文章中，格尔茨为其领域的"符号学"方法辩护。"一个民族的文化是文本的集合，是人类学家从属于他们的人上解读的集合。"（Geertz，1973：452）格尔茨承认他受益于维特根斯坦和其他人，但他将其解释方法定位于更广泛的韦伯式社会学传统："我和马克斯·韦伯一样，相信人是一种悬在自己编织的意义网中的动物，我认为文化就是这些网，因此，对它的分析不是寻求规律的实验科学，而是寻求意义的解释科学。"（Geertz，1973：5）与泰勒和温奇一样，格尔茨认为，一门社会科学如果试图避免对"深描"的解释，就会错过研究对象最核心的东西，即对于那些参与其中的人来说，世界是怎样的。阅读和重读《麦克白》有助于我们发现自己的主观性，同样，斗鸡的上演和再上演也让巴厘岛人发现了自己的一些东西。 80

> 对巴厘岛人来说，参加斗鸡比赛是一种情感教育。他从中学到的是他的文化精神和个人情感（或者至少是其中的某个方面）在集体文本中对外阐明时的样子，两者之间的相似之处足以用象征符号来表达，更令人不安的是，这一启示是由一只鸡把另一只鸡胡乱地啄成碎片组成的。（Geertz，1973：449）

然而，"发现"和"揭示"这样的词语有些误导人，因为格尔茨似乎主张，巴厘岛人是通过他们对这些象征性形式的制定和解释而构成或构建的（Geertz，1973：451）。

正如一些批评者所指出的那样，格尔茨丰富的描述有时会使读者对这场斗鸡的意义产生怀疑：格尔茨声称斗鸡是保罗·拉比诺（Paul Rabinow）与威廉·沙利文（William Sullivan）的治疗性阅读所认为的驯化暴力，还是如李丹所认为的是善恶之争的替代品，还是格尔茨所说的斗鸡（对巴厘岛人而言）是为了别的什么？（Martin，1999：192-193）很难从这些相互矛盾的解释中做出判断。事实上，正如克拉潘扎诺（Crapanzano，1986）所指出的，斗鸡对巴厘岛人的意义并不明确。格尔茨似乎也不确定应该将何种形式或程度的理性归因于社会行动者，这在他对马歇尔·萨林斯（Marshall Sahlins）与加纳纳什·奥贝赛克拉（Gananath Obeyesekere）之间关于库克船长前往夏威夷群岛的决定性航行的辩论的评论中得到证明（Geertz，2000：98-107）。最后，在他对理性辩论的回顾中，格尔茨为一种更为温和的相对主义辩护，或者至少，他认为反相对主义者大大夸大了相对主义的危险性（Geertz，2000：ch. 3）。不幸的是，这一立场留下了一个相当模糊的问题，即如何对社会行动者相互矛盾的解释进行判定。

第三节　批判理论

解释社会科学与批判理论之间的联系最初可以用黑格尔的“历史中的理性”概念来描述：理性不是在历史之外或超越历史的（正如从柏拉图到康德的传统形而上学），而是在历史中（也就是在人类理性活动的社会和文化产物中）被发现的。然而，历史中的理性的痕迹并不总是清晰可见或在表面上的，因为人类行动的结果可能产生意想不到的后果，并可能释放出与理性背道而驰的力量（参见 Honneth，2009：ch. 3）。最初，法兰克福学派试图发展一个跨学科社会研究的协调方案，在该方案中，在资本主义的指数增长下变得生硬或被误导的历史中的理性可能会被恢复。这个方案的大致轮廓可以在其成员的早期作品中找到，特别是马克斯·霍克海默的纲领性文章《传统理论与批判理论》（Horkheimer，1972；Hoy and McCarthy，1994）。然而，正如霍克海默和阿多诺在《启蒙辩证法》中明确指出的那样，法西斯主义的兴起、大屠杀和第二次世界大战导致他们对建立一个更加理性的社会的可能性更加悲观。事实上，理性显然已经释放了它的对立面。尽管如此，尽管阿多诺在 20 世纪 50 年代和 60 年代在其社会科学著作中采用了更加神秘的立场，他仍然致力于一种（仍然是广泛的韦伯式的）立场，即寻求对社会的解
81 释主义和因果（或功能）方法的结合。这一观点在阿多诺 20 世纪 60 年代早期参

与“实证主义争论”时尤为明显，即使他使用的语言是黑格尔的逻辑及其对主体（能动）与客体（结构）的辩证对立和调和（Adorno et al.，1976；Benzer，2011）。但是，正是阿多诺在研究所的前助手哈贝马斯，最终以一种更有理想、更乐观的态度，勾勒出了社会批判理论的轮廓。从这个意义上讲，《交往行为理论》标志着最初由霍克海默及其同事所描述的跨学科社会研究的回归。

哈贝马斯对社会探究本质的争论做出了巨大而深远的贡献，这从他与阿多诺在 20 世纪 60 年代早期参与“实证主义争论”中就可以看出。我们不对此做过多论述，而将集中于他后期的理论。然而，应该指出的是，从他早期与汉斯-格奥尔格·伽达默尔的辩论，到他颇具影响力的著作《知识和人类旨趣》，哈贝马斯一直在方法论层面上采用混合方法：一种与韦伯一样，寻求整合解释性和（广泛）因果（或功能主义）要素的方法（Habermas，1988；Baynes，2015）。然而，同样重要的是，与泰勒一样，哈贝马斯一直对试图以对人类活动彻底的自然主义描述来取代解释的做法持怀疑态度。这是一种混合的观点，尽管如此，它还是优先考虑《交往行为理论》中提出的解释（或参与者的观点）（Habermas，1984/1987）。

与韦伯首先提出形式理性与实质（或价值）理性（和行动）之间的区别一样，哈贝马斯也以一系列元理论反思为开端，提出了一种行动类型论。他的基本区别是交往行为（或“以同意为导向的”）和工具行为。后者的目的是介入世界或影响他人，而交往行为构成了一种独立的、独特的社会行为。交往行为的目标或目的不是为了影响他人，而是为了与一个或多个行动者就世界上的某件事达成协议或相互理解（verständigung）（*TCA* 1，86）。虽然所有行为在广义上都是以目标为导向的，但在交往行为中，行动者可能拥有的任何其他目的都要服从于通过解释的合作过程来实现对行动者生活-世俗情境的共同定义的目标。正是后一种基于（一种“传统上有保障的”或“言之有物的”）共识的交往行为概念构成了他理论的核心。在交往的行动中，个体或多或少地天真地认为以其言行提出的各种主张是有效的，并相互假设，如果这些主张的有效性受到质疑，每个人都准备为其辩护。从更专业（也更有争议）的角度来说，这更具体地与现代理性结构相联系，哈贝马斯还认为，交往行为中的个体通过将其解释与三种普遍的有效性主张（构成三种基本的言语行为）相联系，以达到对世界上某些事物的理解：在记述式言语行为中提出的对真实性的要求，在调节式言语行为中提出的对规范的正确性的要求，以及在表现式言语行为中提出的对真诚性的要求（*TCA* 1，319f.）。

在方法论层面上，这种对社会（或交往）行为的分析强调在社会科学中需要一种解释或理解的方法。之所以产生理解的方法，是因为社会科学研究的对象（行为及其产生的结果）嵌入“意义复合体”中，只有当社会探究者将这些对象与他/她作为生活世界一员的前理论知识联系起来时，其才能理解这些“意义复合体”。

82 这反过来又产生了“令人不安的论题”，即关于行为的解释不能脱离解释者对与行为有明确或隐含联系的主张的有效性所采取的立场（*TCA* 1，107）。在确定行为理由的过程中，不可避免地会将一个人引入评估过程，在评估过程中，探究者必须采用（至少是虚拟的）参与者的观点。理解行为的理由需要根据我们自己的观点对这些理由的有效性采取立场，这意味着（至少在最初阶段）撇开外部的或“第三人称”的视角，代之以内部的或“第一人称”的视角，在这种视角下，行动者和解释者都属于同一个“话语世界”。正是通过这种方式，哈贝马斯能够将社会理性的概念更广泛地与他的具体主张联系起来，即理性（最根本地）是行动者对其言语行为中产生的有效性要求进行质疑和协商的一种意向属性。因此，所谓“历史上的理性”，是对言行主体的理性能力的一种断言，或者说，它是关于社会行动者（及其解释者）必须相互归属的规范性地位的一种断言。

尽管哈贝马斯强调社会（或交往）理性与可批判的有效性主张之间的联系，但他并不认为社会可以简单地被视为一种大规模的辩论组织。行动者的解释通常被认为是理所当然的，是知识与实践隐含背景的一部分，这构成了他所谓的［遵循埃德蒙德·胡塞尔（Edmund Husserl）］“生活世界”。因此，虽然这一背景在某种意义上是共同的，但它并不总是（甚至在大多数情况下）随意达成的协议的产物。它也可能是一种更为传统的安全协议（当规范被被动接受时）的结果，或者是对交往结构干扰的结果，在这种情况下，一个或多个行动者是被迫的，或者至少是被迫采取与他们本来赞成的理由不符的行动。当然，这一主张提出了许多关于主体采取行动的理由和批评的可能性的难题。但这种生活世界和交往行为之间的密切关系对哈贝马斯的论述至关重要：

> 在生活世界的视域中，主体的交往行为总是会得到理解。他们的生活世界或多或少是由弥散的、确定的背景信念构成的。这种生活世界的背景可以作为情境定义的来源，参与者认为这些定义是没有问题的。（*TCA* 1，70）

哈贝马斯对生活世界的论述在很大程度上得益于对阿尔弗雷德·舒茨和托马斯·卢克曼（Thomas Luckmann）的现象学分析，他们强调生活世界隐含的或理所当然的特征、它的整体结构，以及其并非站在行动者的有意识的倾向上，而是作为一种预先解释的视域留在背景中（*TCA* 2，131ff.）。这样理解，生活世界就形成了一张“巨大的、无限的预设网”，在这张网中，特定的行为和话语获得了它们的意义。此外，在强调其整体特征时，他认为，生活世界不可能在整体上成为有问题的或有争议的话题，它最多可以分解（*TCA* 2，130）。相反，只有行动情境的特定主题或方面才可能受到社会行动者的质疑。

社会行动者将生活世界作为一种资源，为其提供文化知识、合法命令和习得

能力。与此同时，生活世界的符号再现依赖于其成员在这些制度领域的解释成就。 83

> 当生活世界中与情境相关的部分遭遇行动者，就如同在他面前的必须解决的问题，他的生活世界背景在后面支撑着他。应对情境是一个循环过程，在这个过程中，行动者同时处于两种状态：一是可以归因于他的行动的发起者；二是他所处的传统、他所属的群体团结，以及他所经历的社会化和学习过程的产物。（*TCA* 2，135）

然而，他也警告说，我们应该谨慎地接受这种循环过程的描述：行动者并不是生活世界的产物，这使他们处于被动，也不应该将生活世界看作是一个自我延续的过程——一个宏观的主体——有自己的生命。相反，是个体（和群体）通过他们的交往行动来再现生活世界，而生活世界“背负着”其成员的解释成就（*TCA* 2，145）。或者换言之，关于主体（及其理性）的社会性——作为生活世界的“产物”——绝不能以牺牲其作为一个有理性和可解释的主体的地位为代价，而必须将其视为能动性的一个核心条件或特征。因此，哈贝马斯的社会能动性模型一方面被动再现生活世界的“文化木偶”；另一方面，可以避免极端地将主体视为个体效用最大化者，即不管他们的处境如何，他们（只要他们是理性的）总是最大化自己的利益。这两种极端都没有充分认识到，行动者既深深植根于生活世界，受益于生活世界，又是可解释的行动者，他们通过自己的解释成就——也就是理性地给予和索取——来再现生活世界（Habermas，1992：43；Grannoveter，1985）。

最后，虽然哈贝马斯的观点不能在此全部论述，但他认为，这种将社会视为“生活世界”的“解释”方法（突出了交往行为的思想）必须以社会作为“系统”的概念加以补充。这使得理论家能够从“观察者的角度”而不是从参与者的（解释）角度来描述社会。这进一步表明，当协调行动的任务转移到不直接依赖行动者意图的机制时，社会整合在很大程度上也可以实现[例如，亚当·斯密（Adam Smith）的市场是“看不见的手”]。在这些情况下，哈贝马斯所谓的“系统整合”指的是，社会（或其子系统之一）不是通过社会行动者的一致同意而是通过其决策的结果或后果来得以稳定的。哈贝马斯引入“两级”社会概念——他将社会区分为生活世界和作为系统的社会——是为了在方法论上获得现代社会的这一主要特征。然而，这与他早期在《社会科学的逻辑》中所描述的“一种解释学上开明的、以历史为导向的功能主义”是一致的（Habermas，1988：187）。

尽管它面临一些困难和挑战（参见 Honneth and Joas，1991；Baynes，2015），但哈贝马斯在其批判社会理论模型中，一直坚持“两级”社会概念（结合了解释
社会科学和功能主义或系统理论视角）的相关性。社会探究者（作为一个虚拟的 84
参与者）仅从参与者的内部视角进行研究，因而将行动及其产物视为与理性相关

的领域，而无法察觉到导致交往结构扭曲的系统性原因。

> 一种使社会完全融入生活世界的理解社会学将自身与被研究文化的自我解释的视角联系在一起，这种内在的视角从外部屏蔽了一切对社会文化生活世界有潜移默化影响的事物。（*TCA* 2，150）

同时，不能仅从外部或观察者的视角来确定对生活世界的交往结构的系统性障碍，因为正如我们所看到的，生活世界的结构（以及由此延伸的，与之相关的集体学习过程的类型）只能通过从成员的直觉知识开始的重构分析来得以理解（*TCA* 2，151）。这种强调从解释性方法开始的观点也揭示了仅仅依靠外部视角的理论方法的局限性（McCarthy，1991：122）。要确定交往障碍及其系统性原因，批判理论家就必须同时从内部（参与者）和外部（观察者）的视角进行研究，也就是说，从分析的角度来看待作为生活世界和系统的社会。

哈贝马斯对批判社会理论的概述似乎在解决解释主义的一些缺陷的同时，还保留了其重要的见解。一方面，它优先从参与者的角度描述对象域（作为生活世界的社会），这是解释主义者所强调的。社会主要由构成相关行动者社会意义的实践和制度网络构成，这些网络通过这些行动者的“解释成就”得以再现。行动者不会被认为是“文化木偶”，他们只是被这些网络塑造，或者被要求按照这些网络行事。与此同时，行动者并不是“原子化”的，也不是处于过度“个体主义”的方式。相反，他们是“关系地”构造出来的，他们的解释成就既取决于他人对其地位的认可，也取决于其所处的生活世界所提供的社会意义（Haslanger，2015）。

哈贝马斯的观点也避开了解释主义的一些更具说服力的批判。它的目的并没有受到太多限制（Martin，1999），因为它不将社会探究仅限于对意义的解释，也允许因果和功能说明。它还对理性争论和相对主义问题提出了一个初步的似是而非的立场。社会探究者必须（至少实际上）对参与者在其对象域中提出的主张的合理可接受性采取一种立场，同时承认，构建理性解释，除此之外，在理性解释失败时提供社会解释，是一项极其困难的任务，充满各种风险和危险［关于这些风险和危险的实例，参见 Fricker（2007）和 Stoljar（2014）］。

尽管如此，对于解释学家和批判理论家而言，只要他们都坚持社会科学的自主性，就仍然面临着严重的批评和挑战。不同的理论家从不同的角度继续质疑，是否存在共享的、共同的或主体间的意义。例如，斯蒂芬· 特纳和保罗 · 罗思
85 （Paul Roth）曾指出，对于这一普遍认同的假设，几乎没有什么可说的。如果他们的反对意见得到支持，那么关于这些意义构成了社会科学的对象域的说法就不那么有说服力了（Turner，2010；Roth，2003）。与此相关的是，即使共享社会意义的存在被许多人认为是一种合理的假设（参见 Haslanger，2015），但仍然存在着

不同的解释框架或方案或（在哈贝马斯的例子中）“生活世界”是如何个性化的问题。显然，无论是描述“更深厚”的行动背景，还是描述社会和社会制度的更普遍特征，都必须考虑到它们的大量易变性和灵活性。但是，如果要在社会探究中赋予社会“背景”、“生活世界”或“习惯”一个重要的角色，就需要更多地说明它们是如何被明确地识别和区分的。此外，在解释主义和批判理论中，对社会实践问题有了新的研究主题［参见 Rouse（2006）的广泛和详细的概述］。一些早期关于结构与能动性的争论重新出现在这些讨论中，以及对早期关于规则遵循的争论的新观点。虽然哈贝马斯对“循环过程”的描述，即行动者在利用生活世界的资源的同时，通过交往行为再现生活世界的过程，代表了讨论中的一个立场，但也提出了许多值得更多关注的问题。最后，甚至在最近关于定义松散的法兰克福学派批判理论传统的讨论中，实践是如何被最好地构思的，以及它们为那些实践可能的批判提供了什么资源，这个问题已经从不同的角度进行了探讨，其中一些与哈贝马斯的立场有很大的不同，正如这里所概述的（Honneth，2009；de Bruin and Zurn，2009；Celikates，2006；Iser forthcoming）。

参考文献

Adorno, Theodor et al. 1976. *The Positivist Dispute in German Sociology*. New York: Harper and Row.

Baynes, Kenneth. 2010. “Self, Narrative and Self-constitution: Revisiting Taylor’s ‘Self-interpreting Animals’,” *Philosophical Forum*, 41: 441-458.

Baynes, Kenneth. 2015. *Habermas*. New York: Routledge.

Beiser, Frederick. 2011. *The German Historicist Tradition*. New York: Oxford.

Benzer, Matthias. 2011. *The Sociology of Theodor Adorno*. New York: Cambridge University Press.

Brandom, Robert. 1994. *Making It Explicit: Reasoning, Representing, and Discursive Commitment*. Cambridge, MA: Harvard University Press.

Celikates, Robin. 2006. “From Critical Social Theory to a Social Theory of Critique,” *Constellations*, 13: 21-40.

Clifford, James and George Marcus(eds.). 1986. *Writing Culture: The Poetics and Politics of Ethnography*. Berkeley: University of California Press.

Crapanzano, Vincent. 1986. “Hermes’ Dilemma,” in Clifford and Marcus, *Writing Culture*: 51-76.

Davidson, Donald. 1980. “Actions, Reasons, and Causes,” in *Essays on Actions and Events*. New York: Oxford University Press: 3-19.

Davidson, Donald. 1986. “A Nice Derangement of Epitaphs,” in *Truth and Interpretation*, ed. Ernie Lepore. Oxford: Blackwell: 433-446.

de Bruin, Boudewijn and Chris Zurn(eds.). 2009. *New Waves in Political Philosophy*. London: Palgrave Macmillan.

Fay, Brian. 2000. "Winch's Philosophical Bearings," *History of the Human Sciences*, 13: 50-62.

Fricker, Miranda. 2007. *Epistemic Injustice*. New York: Oxford University Press.

Geertz, Clifford. 1973. *The Interpretation of Cultures*. New York: Basic Books.

Geertz, Clifford. 2000. *Available Light: Anthropological Reflections on Philosophical Topics*.
86 Princeton, NJ: Princeton University Press.

Giddens, Anthony. 1976. *New Rules for Sociological Method*. New York: Basic Books.

Grannoveter, Mark. 1985. "Economic Action and Social Structure: The Problem of Embeddedness," *American Journal of Sociology*, 91: 481-510.

Habermas, J. 1984/1987. *The Theory of Communicative Action*. Boston: Beacon Press.

Habermas, J. 1988. *On the Logic of the Social Sciences*. Cambridge, MA: MIT Press.

Habermas, J. 1992. *Postmetaphysical Thinking*. Cambridge, MA: MIT Press.

Haslanger, Sally. 2015. "Social Structure, Narrative, and Explanation," *Canadian Journal of Philosophy*, 45: 1-15.

Hempel, Carl. 1965. *Aspects of Scientific Explanation*. New York: Free Press.

Hollis, Martin and Steven Lukes(eds.). 1982. *Rationality and Relativism*. Cambridge, MA: MIT Press.

Honneth, Axel. 2009. *Pathologies of Reason*. New York: Columbia University Press.

Honneth, Axel and Hans Joas, eds. 1991. *Communicative Action: Essays on Jürgen Habermas's The Theory of Communicative Action*. Trans. J. Gaines and D. Jones. Cambridge: Polity Press.

Horkheimer, Max. 1972. *Critical Theory*. New York: Seabury Press.

Horkheimer, Max and Theodor Adorno. 1987. *Dialectic of Enlightenment*. Ed. G. Schmid Noerr. Stanford, CA: Stanford University Press.

Hoy, David and Thomas McCarthy. 1994. *Critical Theory*. New York: Blackwell.

Iser, Mattias. Forthcoming. *Indignation and Progress*. New York: Oxford University Press.

McCarthy, Thomas. 1991. "Complexity and Democracy," in Honneth and Joas, *Communicative Action*, 119-139.

MacIntyre, Alasdair. 1971. *Against the Self-Images of the Age*. Notre Dame: University of Notre Dame Press.

Martin, Michael. 1999. *Verstehen: The Uses of Understanding in Social Science*. New Brunswick, NJ: Transaction Books.

Ortner, Sherry. 1984. "Theory in Anthropology Since the Sixties," *Comparative Studies in Science and Society*, 26(1): 126-166.

Rosenberg, Alexander. 2016. *Philosophy of Social Science*. Boulder, CO: Westview Press.

Roth, Paul. 2003. "Beyond Understanding: The Career of the Concept of Understanding in the Human Sciences," in *The Blackwell Guide to the Philosophy of the Social Sciences*, ed. Stephen Turner and Paul Roth. Malden, MA: Blackwell: 311-333.

Rouse, Joseph. 2006. "Practice Theory," in *Handbook of the Philosophy of Science*, ed. Stephen Turner and Mark Risjord. Dordrecht: Elsevier, 639-682.

Stoljar, Natalie. 2014. "Autonomy and Adaptive Preference Formation," in *Autonomy, Oppression, and Gender, ed. Andrea Veltman and Mark Piper*. New York: Oxford University Press: 227-252.

Taylor, Charles. 1981. "Explanation and Understanding in the Geisteswissenschaften," in *Wittgenstein:*

To Follow a Rule, ed. S. Holtzman and C. Leich. Boston: Routledge: 191-210.

Taylor, Charles. 1985. "Interpretation and the Sciences of Man," in *Philosophical Papers* Vol. 2. New York: Cambridge University Press: 15-57.

Taylor, Charles. 1995. *Philosophical Arguments*. Cambridge, MA: Harvard University Press.

Taylor, Charles. 2011. *Dilemmas and Connections*. Cambridge, MA: Harvard University Press.

Turner, Stephen P. 2010. *Explaining the Normative*. Cambridge: Polity Press.

Weber, Max. 1978. *Economy and Society*. Ed. G. Roth and C. Wittich. Berkeley: University of California Press.

Wilson, Bryan(ed.). 1970. *Rationality*. Oxford: Basil Blackwell.

Winch, Peter. 1958. *The Idea of a Social Science and its Relation to Philosophy*. London: Routledge and Kegan Paul.

Winch, Peter. 1970. "Understanding a Primitive Society," in Wilson, *Rationality*: 78-111. 87

第八章　经验主义的反革命

亚科·库奥里科斯基（Jaakko Kuorikoski）[1]

方法论反自然主义已过时——至少在当代科学哲学中如此。温奇的论证声称，对人类行动与社会现象的说明在概念上是不可能的，这是自然科学语法在由规则支配意义的规范领域的非法应用，但温奇的论证在当代语言哲学、心灵哲学或说明中并未得到人们太多的重视。在对人类经验的理解中，将自由能动性置于中心地位的论证——这些论证有时还将有关存在的现象学和哲学人类学与解释学观念相结合——似乎同样并未引起人们的兴趣。这些论证未能推动科学哲学中的相容论者的共识，将自由意志和因果说明的不一致性，视为一种天真的概念混乱，也并未给任何剩余的主体因果性概念留下余地。人类行为和社会明显缺乏严格的规律（参见本书由朱利安·瑞斯所撰写的第二十五章），已不再被视为因果说明不可逾越的障碍。目前流行的因果说明理论和发现理论进一步支持了因果论者的共识，这些理论并不是建立在科学的常规观念之上的。此外，现在人们正在用这些因果关系、机制和推断的新观念，来应对激发格尔茨反自然主义的社会知识的地方性和语境性。即使是社会科学固有的价值负载性质，现在也被纳入更广泛的科学客观性概念中，这些概念能够承认这样一个事实，即一般的科学知识基本上是人类的产品，因此其生产甚至评价都合法地受到各种社会和政治考量的影响。最后，由于广泛采用实验室和现场实验（field experiments），社会科学必然是非实验性的这一古老的公认真理已明显过时了。

除了这些纯粹的哲学论证之外，反自然主义立场也可以由实践的经验关注所驱动。尽管基于人类行为、经验或社会性之本质的*先验*论证而在哲学上驱动的反自然主义，在很大程度上受到其他哲学论证的批判，但针对真正“科学的”社会科学可能性的经验动机的怀疑，只能用经验上成功的“科学的”社会科学的例子来作为回应。在本章中，我将重点介绍社会科学中一些相对较新的方法论趋势，这些趋势可以说是经验研究在实践中满足方法论自然主义认识论标准的范例。这些趋势包括实验社会科学的兴起、案例研究中有关因果推断的方法论争论、利用各种经验方法进行的大型协同跨学科研究项目、大数据的前景。然而，这些趋势远未穷尽在经验上取得成功且自觉“科学化的”社会科学。其他值得注意的方法论发展包括从统计数据中进行因果推断的理论和形式上的进步，这些都在本书中有所涉猎［参见图卡· 凯德索亚（Tuukka Kaidesoja）的贡献，也可参见 Morgan and Winship（2007）］，此外，这些方法论的发展还包括分析社会学的方法论改革运动，其强调各种经验方法论，比如以经验为校准的基于主体的模型和实验研究。

但也许有利于自然主义者的最重要的*科学*发展是民间心理学（folk psychology，FP）本身的自然化。心理状态作为行为原因的自动归因，以及构成人类行为意向性的更广泛的叙事实践，都不再被视为在概念上（也可能是*先验的*）理解的必要基石，而被视为由科学所说明的重要的经验现象。[2] 尽管有实验证明这些解释实践是不可靠的，但很少有人愿意预言社会科学将不再把意向心理学作为一种重要的说明资源，而且在我们对民间心理学的经验性理解与我们的社会科学说明实践相协调方面，还有许多哲学工作要做。因此，我最后要指出的是，对方法论自然主义方案的辩护，使得科学哲学几乎完全集中在这里所提出的各种经验方法上，而与解释性方法相关的那些紧迫的方法论问题则留待解决，并将其作为专题在方法论反自然主义框架内，或在社会科学中发展起来的科学“哲学”内进行专门求解。在哲学上驱动的方法论自然主义应更多地关注与解释性经验方法相关的实践方法论问题。

第一节　社会性实验

人们普遍认为，实验方法是确认因果关系最可靠的方法，而在社会科学中实验的不可能性历来是方法论反自然主义的一个重要动机。人们普遍认为，有意义的社会科学实验是不可能的，这一看法有许多根源：社会规律的缺乏、社会行动的语境性、意义的整体性、自然环境中社会系统的开放性以及意志的自由。即使可以像心理学和社会心理学那样，可以对单个人或小群体进行实验，但在社会层面上进行实验肯定是不现实的。

然而，社会科学对实验的接受程度越来越高，是过去 20 年来方法论的明显趋势之一。社会行为是有序且可预测的，至少在总体上是这样，理论上重要的行为与认知现象可以在实验室中进行实验研究。大多数哲学的注意力都集中在行为经济学上（参见本书由康拉德· 海尔曼所撰写的第二十六章），以及更广泛的博弈论实验设计当中，这些实验设计应用于政治科学、社会心理学，甚至是人类学中。例如，由麦克阿瑟基金会资助的关于公平准则的跨文化实验比较，是近年来最大、
无疑也是最具争议的人类学研究项目之一。在这项研究计划中，一群人类学家将 89

来自不同文化背景的人置于一系列标准化的最后通牒博弈和公共品博弈中。其指导思想是，这些标准化博弈将作为衡量特定文化的社会偏好工具（关注他人的福祉或整体公平）（Guala，2008）。该研究第一部分的总体结果是，与预期相反，这种社会偏好似乎与受试文化在多大程度上融入市场经济的程度有关（Henrich et al.，2004）。研究结果表明，市场并没有让人们成为自私的理性行为者，而是恰恰相反。该研究的第二阶段（Ensminger and Henrich，2014）增加了第三方惩罚博弈，并专注于探索这一初步发现，同时还专注于考察替代性假设，这些假设能够说明跨文化发现中所观察到的模式。研究结果还表明，高出价（high offers）还与信仰一神论的世界宗教有关，对不公平行为的惩罚与社区规模有关。

这项研究的方法论及其影响是非常有争议的。显而易见的是，对实验结果的解释需要理解社会规范，通过这些规范，受试者可以观察到相当陌生的实验情境。例如，在新几内亚奥族和格瑙族中所观察到的，接受不公平的提议，但拒绝（因此利他惩罚）过度公平的提议，这种表面上怪异的行为只有在高度严格的社会规范的背景下才能得到合理理解，这种社会规范要求所有礼物都是互惠的。当这种规范成立时，明智的做法是避免出现债务无法确定的情况，比如在最后通牒博弈中的一种外在利他主义的提议。因此，这些研究不仅表明有意义的社会行为测量可能是跨文化的，而且还突出了语境的解释性知识在这一研究中的必要性。

在社会科学中，并非所有的实验室实验都是围绕策略性的匿名决策问题，使用明确的货币激励机制而进行设计的。虽然大多数经济学家可能会嘲笑这样的设计，但许多社会现象理论背后的有关行为和心理的假设可以在实验中研究，而不需要实施这些严格的理想化程序。例如，森托拉（Centola）、维勒（Willer）和梅西（Macy）使用计算模型指出，人们可以通过使用对规范的“虚假”执行作为真诚（sincerity）的一种信号装置，来说明不受欢迎的规范的突现（Centola et al.，2005）。该模型的两个关键假设——遵守不受欢迎的规范可能导致虚假执行，虚假执行是一种表面上真诚的有效信号——随后在一系列进一步的实验中得到验证。例如，后一个假设是用一种设计来检验的，在这个设计中，受试者被要求阅读一篇难以理解的学术文本，据称是由一位受人尊敬的学者所写的。然后，受试者被告知，有人曾公开表示，难以理解的文本实际上写得很清楚。一些受试者被告知，有关人员还公开谴责不同意这一评价的人，而另一些受试者则没有被告知。那些被告知该评价受到强制执行的受试者更有可能认为该评价是真诚的（Willer et al.，2009）。

实验室实验，尤其是那些带有行为经济学风格的实验，甚至与自然环境下任何社会情境都没有相似之处，因为其目标是从理论上分离出社会行为中的重要倾向。这意味着，即使实验在内部是有效的，从结果推断到自然往往是有问题的，因为研究趋势的稳定性是不确定的，而且由于其他可能先行发生的原因，这种趋势在自然环境下可能不是经验上可观察的。例如，即使对不公平行为的利他惩罚是最后通牒博弈实验中表现出来的一种根深蒂固的趋势，它能否在自然环境中维持合作也是有争议的（Guala，2012）。 90

避免这些对外部有效性担忧的一种方式是，直接在群体和利益语境下进行实验。因为其他混杂因素在自然环境下是无法被实验控制的，所以几乎由其定义就能够知晓，现场实验依赖于随机化。例如，一系列的现场实验估计了美国劳动力市场中种族歧视的程度。由于许多潜在的、似是而非的混杂因素，仅仅观察不同种族群体的失业率或者对成功申请类似职位的特定群体的概率的比较，不足以可靠地估计完全被歧视的影响。解决这些问题的一个巧妙的方法是，用白人姓名或者黑人姓名随机分配给原本相同的工作申请。由于随机化，这些在其他方面完全相同的申请的成功率上的任何差异，无疑是由于推断出申请人的种族不同。在相关的研究中，具有相似资格的白人和黑人行动者被随机分配到不同的工作面试中。毫不奇怪，这些现场实验揭示了美国劳动力市场存在着大量的种族偏见（Bertrand and Mullainathan，2004）。

特别是在所涉问题是可能的政策干预的情况下，现场实验是重要的。在这种情况下，我们对预期政策因果效力的知识的可靠性，比起社会行为的潜在机制的理论考量显得更为重要。正因如此，现场实验在发展经济学等领域变得越来越突出。循证政策的支持者们非常重视现场实验，因为现场实验被视为因果知识的黄金标准，就像随机对照试验（randomized controlled trial，RCT）在医学中被认为是绝对必要的一样。毋庸置疑，关于实验室和现场实验的用途和适用范围，还有许多问题有待解决。社会互动在多大程度上可以分解成稳定的独立成分，可以单独研究，这是一个悬而未决的问题。最近在社会科学中最激烈的争论之一是，关于社会心理实验的可复制性：许多曾被认为是强健、稳定的实验室现象，如今已被证明比以前认为的更加脆弱和短暂。在社会心理学中，多达四分之三的被普遍接受的实验结果，被证明是不可能被复制的（Open Science Collaboration，2015）。此外，将我们认知过程的实验知识真正解释为与群体和社会层面的现象相关，然而，在实践中并不像自然主义哲学家看上去那样简单。还有一种危险是，对实验的强调，例如由于对循证政策的要求，最终可能会排挤其他证据来源，并限制研究的发表和资助。[3]有关社会科学实验的进一步担忧与考量，参见莎朗·克拉斯诺（Sharon Crasnow）对本书的贡献。

第二节　案例研究与过程追踪

与方法论自然主义相一致的另一个最新的发展是，基于案例的定性研究的因果推断目标，目前在社会科学的方法论讨论中引起了重视。特别是在国际关系等领域，虽然样本量不大，但研究目的仍然是获取可用于使用与干预的知识，因此对（大部分在案例中）因果推断的*过程追踪*原则正在形成，同时也引发了一系列争论。笼统地说，过程追踪是指一套方法论，其将标记事件的详细观察结果与背
91 景知识结合起来，形成一条联系假定原因及其假定结果的因果链。在更广泛的政治科学中，关于过程追踪的争论大体上是在金（King）、基奥恩（Keohane）和韦尔巴（Verba）发表了具有影响力的方法论论文之后开始的（King et al.，1994）。金、基奥恩和韦尔巴试图将定性研究和定量统计研究统一在单一的推理逻辑下。这意味着，在案例研究中因果推断的逻辑也是相似的，只不过样本量是一个。虽然许多人赞同方法论自然主义的总体观点，认为社会科学应更加“以结果为导向”，即关注因果问题，但案例研究的证据价值前景黯淡。过程追踪的文献试图拯救案例研究，使其摆脱仅仅是适当统计研究（的确）无创造性近亲的命运，不过，当因果推断的“适当的”定量方法不可用时，这只作为一种最后的手段。

安德鲁·贝内特（Andrew Bennett）和亚历山大·乔治（Alexander George）认为，过程追踪是一种综合经验观察的理论结构方法。他们区分了两种类型的过程追踪（Bennett and George，1997）。一是过程验证。过程验证是一个理论优先的过程，在这个过程中，观测值与理论的预测值相匹配，其中理论已经有独立的经验支持。二是过程归纳。过程归纳是一种更具归纳性的过程，它将观察结果连接到假设的因果链中，然后推广到其他情况进行概括和检验。在这两种情况下，所观察到的事件之间的联系实际上不是来自观测本身，而是来自更一般的理论。贝内特和乔治设置的一个重要限制是观察到的事件链必须是“连续的”，即每个观察到的联系应该符合一般理论的预测。

同样在科学哲学中，案例研究方法论现在主要从过程追踪的角度来讨论。这意味着案例研究的目的是，构建运行于研究环境中的因果过程和机制的客观知识。总体思路是，对单个社会环境深入的纵向研究可以提供可靠的证据，用以表明在假设过程中中间步骤传递了原因对结果的影响。社会机制的概念对过程追踪中的一般证据问题具有一定的借鉴作用。丹尼尔·斯蒂尔（Daniel Steel）认为，机制的概念可以用来说明过程追踪的认知附加值：部分之间（过程中的事件之间）的因果关系的证据可以比直接的证据（如现场实验或控制所有可能混合因素的统计研究）更容易获得关于利益的因果关系（Steel，2004，2008）。社会机制的某些部分通常被认为是行动者的决策、实践和习惯，以及规范，有时被认为是其他社会制度。这个观点并不是说，有关机制的证据在某种程度上是*另一种不同的证据*[4]，而是说，从机制的角度来思考，是一种从其他来源获得相关证据的方式，比如来自心理学和社会心理学中的实验证据，以及参与者在特定语境下通过观察所获得

的社会观察，都对所研究的案例产生影响。

尽管对基于案例研究的目标已经形成了普遍共识，并且需要制定更强有力的认知原则来实现这些目标，但过程追踪的逻辑并没有以提供新的可行方法论的方式，来获得实质性的推进。正如阿蒂利亚•鲁泽内（Attilia Ruzzene）指出的那样，迄今为止，对于成功的过程追踪的严格标准，以及是否应赋予过程追踪更为重要的角色，而不是仅仅作为一种“启发式”工具缺乏适当的论证，这些都还没有达成普遍共识（Ruzzene，2013）。此外，人们提出的过程追踪的许多应用都是具有历史性的，使用实验方法和民族志方法来研究历史过程和机制的各个部分都面临着明显的问题。鲁泽内认为，基于案例的过程追踪本身不能作为因果推断的可靠方法， 92
但它可以与其他直接的因果推断方法一起有效地用于消除替代性的因果假设。

第三节 协调的经验主义

激进的反自然主义论证表明，“实证主义”方法和解释方法从根本是互不相容的：要么是以客观因果说明为目标的社会研究，从一开始根本上就是一项混乱的事业；要么至少“实证主义”的知识兴趣从根本上就不同于产生有意义的理解，甚至可能不同于解放。在社会科学中，许多有关方法论的论述强化了这一概念，认为不同的“客位”（指第三人称，客观主义者的视角）和“主位”（指第一人称，主观主义者的视角），这两种研究传统形成了不同的且不可通约的社会研究范式（例如，Burrell and Morgan，1979），这些范式几乎没有或根本没有交叉对话或交叉验证的可能性。这种观点对于社会的科学理解来说是极其有害的。

对经济学实验的跨文化评价的例子已经表明，对复杂社会现象的科学理解既需要“解释的”方法，也需要定量分析（有些实验进行了有益的测量）。其他关于多视角和多方法必要的好例子还有那些艰巨且需要协调的多方法研究项目，如芝加哥社区人类发展项目（PHDCN）和了解孤独症项目。芝加哥社区人类发展项目是对城市隔离、不平等，以及家庭、学校和社区如何影响儿童和青少年发育的大规模协调的纵向研究。[5]城市人种学研究在传统上强调，社区对居住其中的居民命运的影响，但统计分析一直难以量化，甚至无法确定这些影响的存在。芝加哥社区人类发展项目以社区为研究对象，调查了可能与社区影响相关的所有事物，比如组织结构、政治结构、文化价值观、信息、正式的社会控制以及社会凝聚力。更具创新性的是，该项目产生了他们称为系统社会观察的东西。研究人员一个街区一个街区地驱车绕行芝加哥，并拍摄了整个研究街区。然后，研究人员研究了这些录像，仔细记录了以下各种变量的观察结果，如饮酒场所、娱乐设施、街道状况、保安人数、儿童、青少年、交通状况、建筑物的物理状况、街上或阴沟里的香烟和雪茄、街道上可见的空啤酒瓶、涂鸦、人行道上的避孕套、醉酒的人。该项目还主要依赖于对居民和社区领导人的采访。该项目还包括一个现场实验部分：在“丢失信件实验”中，研究人员在全市各社区分发了贴有邮票和写着地址的信封，并统计了这些信封的回收率。回收率与该地区愿意帮助受伤的陌生人的比率相关。

这项研究的主要结论之一是，社区的社会凝聚力（或“集体效能”），而不是例如社会关系本身，是决定社区劣势的一个重要因素，而诸如社会关系本身并非其决定因素。此外，黑人社区处于双重不利地位，因为即使是那些在集体效能上
93 得分较低的白人社区，通常毗邻“更好”的社区，因此可以免费搭乘社会凝聚力的便车。

社会条件和心理条件包括生物原因以及复杂的社会反馈机制，构成了一个重要的研究领域，在该领域内协调的多方法路径对于求解这种因果复杂性是必要的。在过去的 40 年中，孤独症的诊断增加了大约 10 倍，特别是在美国。这种增长令人震惊，媒体报道上也有很多关于“孤独症传染”的言论，但关键的未解问题是，这种传染在多大程度上是某种发育障碍的增加，以及在多大程度上只是诊断的增加。要理解这一涉及社会原因和“生物”原因的复杂现象，就需要创造性地结合各种方法、理论路径和数据来源。

哥伦比亚大学创新理论与经验跨学科中心（INCITE）的了解孤独症项目，分析了加利福尼亚州孤独症诊断的空间分布和发病率变化的各种数据来源，并通过生活史的调查，绘制了个体的生活轨迹，这一轨迹的范围涵盖了从感知到的儿童发育问题到孤独症谱系诊断以及个别儿童的早期评估。[6]深入分析诊断的空间分布变化、社会网络结构的仿真建模，以及将发病率按年龄、时期和队列效应进行的统计分解，所有这些共同表明，孤独症谱系诊断似乎通过社会网络具有传染性，而且（至少）大约一半的传染病可以解释为，通过社会传播来“寻找”积极诊断的意愿增加了。因此，大多数“传染病”的主要原因是诊断的变化，而不是发育障碍率本身的变化。人们通过对大多数加利福尼亚州确诊儿童的年度评估，确定了 6 组不同的子组，并且每组的轨迹不同，此种方式使我们增加了对该疾病极为多样性的理解。目前正在进行的研究包括建立更多经验校准的仿真模型，以及分析孤独症儿童父母的生活史，以揭示影响诊断的社会机制以及个体的发育轨迹。

了解孤独症儿童父母的经历，不只是对孤独症诊断的实际危险因素和社会驱动因素的理解具有重要性。尽管公众已经达成强有力的科学共识，但仍然坚信孤独症诊断和麻疹疫苗之间存在联系。特别是在加利福尼亚州，疫苗接种否定主义代表了公众不信任科学的新形式，这种不信任来自受过良好教育、在社会经济上

富有的公民。因此，理解患病儿童及其父母的社会现实情况，不仅对理解影响神经非典型儿童发育轨迹的社会机制尤为重要，而且对处理生活中的社会实在与科学共识之间的脱节问题也是极为重要的（Bearman，2010）。

第四节　大　数　据

对许多人来说，大数据时代的到来为真正的科学经验社会科学带来了希望。如今，我们越来越多的日常活动都留下了数字痕迹。我们的社交生活似乎已经转移到互联网上了，大部分消费都是用信用卡或在线购买，我们所使用的设备不仅记录我们在和谁交谈，还追踪我们的行踪。如此大量的数据无法手动处理，而是需要使用计算方法来搜索可能有意义的模式。变量之间的简单相关性是一个方面，但理论上更有趣的可能性在于，将网络理论应用于如此巨大的数据当中。此外，某些 94
大数据的形式，如互联网论坛上的大量对话，需要对语义内容敏感的算法。

在这些新的数据源需要新的方法来挖掘它们的同时，这些新方法还可以重新激活现有的数据库。例如，大量的档案，举两个例子，比如美国最高法院判决记录的文本，或东印度贸易公司的存档记录，就以令人兴奋的新方式成为可能的知识对象。

大数据的认识论承诺使社会科学更具经验性。基于大数据的社会科学可以是纯粹归纳的——摆脱经验上无意义的社会理论，免于对带有偏见的变量给予*先验*选择，消除外加随机误差项的“普通人”的空洞统计结构（Lee and Martin，2015）。假设-演绎模型的拥护者认为，该模型并不适合于社会科学，因为现有的理论要么不够强大，要么是理论上有根据的假说非法地限制了社会学的想象力。支持者谈道，从构思不周的因果验证统计到更灵活的机器学习逻辑，这是一种范式的转换。正如保罗·迪马吉奥（Paul DiMaggio）描述的那样，“计算机科学的视角是开放的，因为它迫使我们认识到真正解释的不确定性，迫使我们寻找适合于特定研究目标的恰当的、实质上相关的验证形式”（DiMaggio，2015）。最终的希望是，如果有足够的数据，它就会为自己说话——只要用正确的算法来探索它。

但是，大数据的社会科学意义不能仅仅依靠巧妙的算法来实现。大数据通常是被“发现”的，而不是为了回答一些特定的问题而有意产生的，并且有一些主要的担忧与使用这些发现的数据的认识论有关。发现的数据通常会受到活动偏差的影响，因此不能被视为是代表了任何一种共识。同样，由于大数据的庞大性，几乎所有来自大数据的调查结果在标准统计学意义上必然是统计显著的，无论这些调查结果在任何实质性的科学意义上是否有意义（McFarland and McFarland，2015）。然而，大数据的真正挑战并不是技术上的，而是理论上的。机器学习可以发现有趣的模式，有时还能发现意想不到的社会现象，但无法说明。数据挖掘本质上也是局部的，任何结果都需要与一些更普遍的社会学理论进行有意义的整合，这样才能具有外部有效性。

第五节　解释与规范：良莠不分一起抛

尽管上述发展很重要，但富有争议的是，当前社会科学哲学的主题对这些“新的”经验方法和数据来源还存在着一些偏见。也许是为了给哲学上的反自然主义论点提供反例，许多哲学讨论都集中在这些途径或研究上（尽管到目前为止还没有对大数据给予太多关注）。然而，一个随机抽样的社会科学家不太可能发现，这些例子很能代表他自己的研究。因此，近来的许多哲学著作，尽管一直很重要，但在方法论上却只与少数社会科学家直接相关。对于哲学家来说，行为经济学的
95 概念基础和因果发现算法的基础也很容易理解，他们可以相对自由地进行有意义的讨论，而不受其经验实施过程中单调的实践性的影响。我们甚至不要一开始就对社会科学中的形式化建模给予多少哲学上的关注。

因此，尽管支持方法论反自然主义的*先验*哲学论证，应该被牢牢地留在历史的垃圾堆里，但应该将更多的哲学投入到与行动的解释有关的方法论问题和归于更广泛社会现象的各种有意义的概念上。即使社会科学现在更明确，但更为重要的是，在方法论上反思性地从事经验的因果研究和社会机制的理论研究，而这些因果关系和机制的经验研究几乎总是包含一个强有力的解释成分。社会行动受行动者赋予其周围事件和制度的意义的影响，而社会制度本身也可以说部分是由这些意义和规范实践构成的。对这些意义和规范实践的经验研究就包含许多哲学问题，这些哲学问题在很大程度上未被当前的主流科学哲学所触及（参见 Kincaid，1996：ch. 6；Risjord，2000）。除了简单的因果主义外，我们究竟应该如何理解意向状态的民间心理归因与因果说明之间的关系？这些归因观点无论是研究者做出的还是所要研究的受试者做出的，我们应该如何测量与提高这些归因观点的可靠性？各种有意义的概念通常归于较大的社会单位，例如实践、仪式和其他社会机构，那么我们应该如何理解这些有意义的概念的说明作用？如何才能把这些归因观点看作是客观的，我们又该如何评价它们的可靠性呢？当我们超越那些研究中自认为是民间心理学说明时，我们应该考虑哪些伦理和政治方面的因素？这些都是方法论自然主义者应该引起关注的重要问题。

注　　释

1 作者要感谢卡特琳娜·马尔基奥尼（Caterina Marchionni）和佩特里·于利科斯

基（Petri Ylikoski）的宝贵意见。本章的撰写得到了芬兰科学院的支持。

2 这种自然主义的立场应该适用于理解人类行为的任何假定的“基石”或“基线”——理性选择理论就是一个突出的例子（Ylikoski and Kuorikoski，2016）。

3 美国的犯罪学领域也存在这种担忧。

4 罗素-威廉姆森（Russo-Williamson）的论点主张，有两种截然不同的证据——机制证据和差异生成证据，并认为在论证因果论断方面两者都是必要的（Russo and Williamson，2007）。出于对这一观点的辩护，尽管两者处于不同的层面，机制证据也可以被解析为差异生成证据，参见 Claveau（2012）。

5 参见 www.icpsr.umich.edu/icpsrweb/PHDCN/和 Sampson（2012）。

6 参见 www.incite.columbia.edu/ understanding-autism。

参 考 文 献

Bennett, A. and George, A. 1997. “Process Tracing in Case Study Research.” MacArthur Foundation Workshop on Case Study Method, New York.

Bearman, P. 2010. “Just-So Stories: Vaccines, Autism, and the single Bullet Disorder,” *Social Psychology Quarterly*, 20: 1-4.

Bertrand, M. and Mullainathan, S. 2004. “Are Emily and greg More Employable Than Lakisha and Jamal? A Field Experiment on Labor Market Discrimination,” *American Economic Review*, 94(4): 991-1013.

Burrell, G. and Morgan, G. 1979. *Sociological Paradigms and Organisational Analysis*. London: Heinemann. 96

Centola, D., Willer, R., and Macy, M. 2005. “The Emperor’s Dilemma: A Computational Model of self- Enforcing Norms,” *American Journal of Sociology*, 110(4): 1009-1040.

Claveau, F. 2012. “The Russo-Williamson Theses in the social sciences: Causal Inference Drawing on Two Types of Evidence,” *Studies in History and Philosophy of Science Part C*, 43: 806-813.

DiMaggio, P. 2015. “Adapting Computational Text Analysis to social science (and Vice Versa),” *Big Data and Society*, 2(2) doi: 10.1177/2053951715602908.

Ensminger, J. and Henrich, J. (eds.). 2014. *Experimenting with Social Norms: Fairness and Punishment in Cross-Cultural Perspective*. New York: Russell Sage Foundation.

Guala, F. 2008. “Paradigmatic Experiments: The Ultimatum game from Testing to Measurement Device,” *Philosophy of Science*, 75: 658-669.

Guala, F. 2012. “Reciprocity: Weak or strong? What Punishment Experiments Do (and Do Not) Demonstrate.” *Behavioral and Brain Sciences*, 35: 1-15.

Henrich, J., Boyd, R., Bowles, S., Camerer, C., Fehr, E., and Gintis, H. (Eds.). 2004. *Foundations of Human Sociality: Economic Experiments and Ethnographic Evidence from Fifteen Small-Scale Societies*. Oxford: Oxford University Press.

Kincaid, H. 1996. *Philosophical Foundations of the Social Sciences: Analyzing Controversies in Social Research*. Cambridge: Cambridge University Press.

King, G., Keohane, R., and Verba, S. 1994. *Designing Social Inquiry. Scientific Inference in Qualitative Research*. Princeton, NJ: Princeton University Press.

Lee, M. and Martin, J.-L. 2015. "Coding, Counting, and Cultural Cartography," *American Journal of Cultural Sociology*, 3: 1-33.

McFarland, D. and McFarland, R. 2015. "Big Data and the Danger of Being Precisely Inaccurate," *Big Data and Society*, 2(2) doi: 10.1177/2053951715602495.

Morgan, S. and Winship, C. 2007. *Counterfactuals and Causal Inference: Methods and Principles for Social Research*. Cambridge: Cambridge University Press.

Open Science Collaboration. 2015. "Estimating the Reproducibility of Psychological science," *Science*, 349 doi: 10.1126/ science.aac4716.

Risjord, M. 2000. *Woodcutters and Witchcraft: Rationality and Interpretive Change in the Social Sciences*. New York: SUNY Press.

Russo, F. and Williamson, J. 2007. "Interpreting Causality in the Health sciences," *International Studies in the Philosophy of Science*, 21(2): 157-170.

Ruzzene, A. 2013. "Process Tracing as an Effective Epistemic Complement," *Topoi*, 33(2): 1-12.

Sampson, R. 2012. *Great American City: Chicago and the Enduring Neighborhood Effect*. Chicago: University of Chicago Press.

Steel, D. 2004. "Social Mechanisms and Causal Inference," *Philosophy of the Social Sciences*, 34(1): 55-78.

Steel, D. 2008. *Across the Boundaries: Extrapolation in Biology and Social Science*. Oxford: Oxford University Press.

Willer, R., Kuwabara, K., and Macy, M. 2009. "The False Enforcement of Unpopular Norms," *American Journal of Sociology*, 115(2): 451-490.

Ylikoski, P. and Kuorikoski, J. 2016. "Self-Interest, Norms, and Explanation," in Risjord, M. (ed.),
97 *Normativity and Naturalism in the Philosophy of the Social Sciences*. Abingdon: Routledge.

第二部分

概　　念

第九章　说　　明

大卫·亨德森（David Henderson）

第一节　引　　言

当我们思考科学和社会科学说明（scientific explanation）时，不能只是简单地反思“说明”（n. explanation）和“说明”（v. explains）等术语的常见用法。这样做可能会提供一些视角，但在广泛的应用中科学说明将被证明为说明的特殊类别。这些术语的用法非常灵活或多样。对它们的一个合理的理解是，它们为一系列相当多样化的问题制定了令人满意的答案。当然，人们可以说明为什么会发生一些事情；其中很显然包括一些科学说明——说明为什么会发生某些事件或为什么会获得某种规律性。但是人们也可以说明为什么做某些行为是好的或正确的——尽管科学结果可能与此相关，但这些本身并不是科学说明。我们可以说明一些东西（可能是一个器官）如何在一个系统内起作用（可能是将血糖维持在一定范围内）。同样，这包括一些科学说明。但是人们也可以说明他是如何思考的——在这里，对一个人是如何思考的充分的说明仅仅传达了他思想的内容。相关术语，如“理解”，同样是广泛且灵活的（例如 Grimm，2014）。

在描述科学（和社会科学）说明时，人们可以更好地反思对科学中“说明”的更为限制性的评价，以及思考科学可以（有时确实能够）为回答那类寻求说明的限制性问题提供哪些信息。似乎，社会科学提供的信息在某种程度上与一般科学的信息类似——提供了与一般科学的信息类似的说明性实践的信息。

这里有一个主要的想法：科学工作提供了一般的、经验检验的和可测试的信息，这些信息使人们能够理解他们为什么会获得某些事件的规律性。在这里举两个例子，第一个说明了为什么某些复合材料（具有某些特性）在某些环境中形成。另一个说明了为什么民间会惩罚违反规范的人。在这两种情况下，其一需要一些关于某些项目的一般信息——原子和人类以及由这些项目组成的系统。其二说明了某些系统如何根据其部件进行有组织的交互作用，如机器及其部件、生理系统及其器官、心灵及其神经元和传送器、群体及其个体。当然，在其中发现的一些说明和说明信息中，似乎有着深层的相似之处。

本章主要讨论两个问题：

第一，在社会科学说明中，规律或经验性支持的特殊类别概括的地位是什么？就社会科学而言，至少有一个非常有力的假设，即许多说明应该被认为是一般科学中说明的实例。科学哲学中的一个核心问题通常是探寻规律（或经验支持的特殊类别的概括）在科学说明中的地位。在这个问题上，一般科学、特殊科学和社会科学的具体统一程度如何？它们通常把支持概括性的说明写成规律。然而，一些哲学家担心，太多不切实际的要求与“规律”的讨论联系在一起，人们最好放弃规律的讨论［伍德沃德（Woodward）就追求这一点，如下文所述］。

第二，构成（科学）说明的认知成就是什么？说明划痕的认知瘙痒（cognitive itch）是什么？最好将其理解为某种独特的统一理解吗？或者，它是对感兴趣的现象或事件的某些依赖性的识别？说明依赖性的特征是什么？

显然，这两个问题是密切相关的——一个问题的答案约束并指向了另一个问题的答案。实际上，我们试图理解相关概括所提供的认知成就的特征。人们似乎有足够的理解力来回答其中一个问题——也许是第一个问题——从而合理地寻求在那里建立自己的描述。但是，如果这导致人们对另一个问题的理解持续对立，那么就有了一个真正的问题。也许有人在用无用或无效的果实在杂草上扎根。人们需要对这两个问题作出协调一致的回答。

第二节　用规律说明原因的方式

当代对科学说明的讨论与亨佩尔（Hempel，1965）经典的经验主义模型阐述背道而驰。在亨佩尔看来，科学说明是一种论证；其结论描述了“要说明的现象”（待解说项），而其前提（解说项）包括一个规律（或多个规律）和相关的初始条件。规律对于待解说项的推导必须是必不可少的，而不仅仅是在前提中加入一些模糊的东西。在这个中心的演绎-律则模型中，待解说项被证明是一个由规律和初始条件演绎的结果。为了说明不可通约概率规律，亨佩尔还设想了归纳统计（inductive-statistical，IS）说明。这些统计学上需要的概括也是规律。亨佩尔的叙述特别具有影响力。有关后续讨论中展现的曲折，参见萨蒙（Salmon，1989）和伍德沃德（Woodward，2014b）的论著。

这里的很多内容似乎都依赖于一个普通概括的观点——规律。因此，令人满意的发展趋势转向了说明这个概念。一个核心的观点是，一些概括仅仅代表偶然的规律，而其他的规律并不是偶然的。但要使这一区别精确化并不容易。至少作为一个起点，人们可以认为规律是真实的、无例外的、普遍的概括，并且它们提到了在事件过程中产生影响的因素。规律中提到的一些影响因素特别有趣。考虑 102
到亨佩尔和他的经验主义同僚们对休谟主义的质疑，许多科学哲学家至少对模态感到不舒服［描述如果世界是不同的“将会”（would）发生的特征，而不仅仅是发生了什么，即世界的规律性］。[1] 然而，它被认为是对支持反事实条件句（counterfactual conditionals）的规律的诊断。规律可以让我们理解，如果各种初始条件不同，事情在某些方面会有什么不同。应用到案例中，它们允许人们分离出待解说项所依赖的因素——在获得可能足够的条件下待解说项所必需的因素。它们以相关的物理、化学、生物或社会环境中的依赖模式为特征。

这一点似乎很重要：在某些领域的某些规律已经被经验证明是相当可靠的，并且在评估关于（例如）在获得各种条件下，“将会”发生什么或“必须”发生什么的模态声称时，这些规律应该被假设或展开。准确地捕捉这种依赖模式的概括的重要性似乎是说明的核心，即使对于那些准备放弃讨论规律的哲学家来说——对于伍德沃德（Woodward，2000，2003）来说，说明性概括也能让人们回答*如果事情是不同的将会怎么样的问题*。

请注意，亨佩尔对科学结果——规律——的描述与他对说明的描述是一致的：在给定初始条件下，说明通过表明待解说项是可以预期的来回答为什么-问题（why-question）。在 DN 说明的情况下，初始条件是真正的普遍条件，对于待解说项来说是充足的（Hempel，1965：337）。在 IS 说明的情况下，通过显示待解说项的高度的可能性来进行说明。在某些情况下，我们可能需要处理一些不完整的信息，尽管如此，这些信息仍然允许我们回答为什么-问题，在某种程度上是通过规律的近似值得出的——这些概括并非不受空间和时间限制，以及其他不变条件限制的严格意义上的普通概括。亨佩尔认为，这种部分说明性的理解可能是由于在“说明草图”（explanation sketch）（Hempel，1965：423）中所运用的规律不足而导致的。在某种意义上，如果一个说明是对相关的为什么-问题的回答，或者部分答案是多样的答案，那么这里就有一个说明。

许多哲学家认为，亨佩尔对规律的描述过于苛刻——要么科学所提供的规律只是满足了较低要求的条件，要么一些不太符合规律的东西足以进行科学说明。正如下面将要讨论的，伍德沃德（Woodward，2000）认为具有显著不变性的概括可以说明——这通常是科学产生的结果。伍德沃德觉得没有理由认为这些概括是规律，而且确实不愿意给他们贴上这样的标签。

在任何情况下，人们仅仅通过将一个待解说事件、事态或现象归入某种普遍的概括中来说明，这种观点存在明显的问题。例如，旗杆的高度、太阳在某个时刻的高度以及光的直线传播规律可以说明当时旗杆阴影的长度。我们也可以从阴影的长度推断出旗杆的高度——但这不能说明旗杆的高度！这种说明中的不对称性表明，说明必须以某种方式填补依赖性的不足，这些依赖关系至少不需要从一些普通概括中得到明显证明。对这些质疑的进一步支持是通过观察得出的，即使有规律表明服用避孕药的女性不会怀孕，但依然无法解释吉姆（Jim）服用了避孕药是其未能怀孕的原因。萨蒙（Salmon，1989：46ff.）多次讨论了此类问题，并
103 给出了相应建议。似乎可以得出这样的结论：只要不需要或不提供资源来遴选出事件和过程中的非对称的因果依赖性，那么覆盖规律将其简单地描述为一般真实性的概括就过于单薄了。正如我们在这里所理解的那样，普通的可期待性可能很容易缺乏说明。

显然需要对说明和说明性信息进行更丰富的叙述，而且对此已经提出了许多建议。例如，萨蒙（Salmon，1971）最初尝试关注没有引起因果关系的规律来作为论据以做出相应的区别，而不是一味地依赖统计学依赖关系（statistical dependency）的概念。萨蒙（Salmon，1984）随后放弃了这种方法，提出了他所称的因果机制（causal mechanical，CM）模型。这个模型的基本思想是，某人的科学概括应该描述一个独特的过程。这些过程可以“传递一个标记”——它们的参数可以通过与其他过程的交互而改变，然后这些参数趋于守恒或以可推广的方式发展。请注意，“标记一个过程”和“标记的传递”这两个问题都是以非事实条件句来理解的，即如果某些事情不会发生，或者某些事情会发生，那么情况会有什么不同。这些过程的相互作用是因果的相互作用。关于这类过程及其相互作用的概括包含了有关因果依赖性的信息。因此，CM 模型似乎朝着一个有益的方向发展。然而，随着它的发展，它似乎受制于其打算解决的一些问题（简要总结，参见 Woodward，2014b：37-43）。对于社会科学哲学而言，萨蒙对因果过程的描述最自然地适用于简单的连续物理系统，这一点尤为重要。相较于特殊科学通常处理空间和时间上的复杂性、复合性和扩展性，它在应用层面还是相对薄弱的。

菲利普·基切尔（Philip Kitcher）提出了一种可以丰富覆盖率模型的不同方法（Kitcher，1981，1989）。他提出，许多说明可以理解为部署模式化结构的论证的问题——说明图式（explanation schemata，ES）。实际上，这些都是对现象的重点范围进行说明的示意性范例。在这里，说明继续被理解为解释其待解说项的论据。说明图式提供了一个框架，用于将这种现象拟合到一个模式化的集合中——例如，一组基于相似的初始条件而分类的进化论证。诚然，这是值得称赞的。另一方面，基切尔并没有在自己的解释中建立因果概念——这似乎是一个限制性的特征。涉及关于基切尔的说明图式模型的发展，参见 Woodward（2003：ch.8）。

到目前为止，关于科学说明和规律的一般哲学解释，通常在思考特别科学，特别是社会科学时，还面临着额外的疑虑。这与一些关于规律的共同的普遍观点

有关，这些观点似乎使特殊科学和社会科学中的规律（以及基于这些观点的说明）无法实现。这里的中心思想是，规律是真实的、无例外的概括，不受时间和地点的限制。这有很多问题要研究，当在研究生物学、心理学和社会科学这类复杂的、偶然的、不断进化的系统时，显然也有太多问题要研究。

规律是普遍概括的观点有时被认为要求他们不提及具体的时间和地点。例如，2015 年 7 月 12 日，我口袋里所有的硬币都是银色的，这可能是一个真正的普遍概括。在任何看似合理的解释中，这都不可能是一种适用于规律的普遍概括。但
是，如果对空间或时间的限制被理解为禁止对偶然、空间和时间定位系统的概括 104
处理，那么特殊科学就可能没有规律。毕竟，无论是生物系统和物种，还是社会系统和实体，都不可否认它们是瞬时的、空间和时间定位的实体。人们似乎必须认识到，虽然相关的生物学或社会科学的概括并未明确提及时间和地点，但其中的一些概念和术语涉及历史上特定的实体——例如，物种作为生物体种群，具有在某个时间和地点发展起来的某些特征，或根据某些类别的规范组织起来的群体，这些规范也是历史上特定的。经验支持的特殊科学的概括涉及偶然出现的种类和实体。值得注意的是，在不同程度上，对特殊科学感兴趣的系统确实具有显著的持久性——因此，在一系列背景条件下，人们可以概括出这些系统中的规律。

类似的观点适用于这样一种理念，即规律是毫无例外的普遍性概括。特殊科学研究的是群体，通常被组织成复杂的系统——而相关群体中的个体并不完全是同类的。一个元素的一个原子（某一特定同位素）的行为可能与其他元素的行为非常相似，但是一个物种的实体或一个高茎草原生态系统，或一个狩猎-收集部落的一个成员，不必表现得完全像其他任何一个元素。（事实上，这一点对进化论和一些文化变化理论都很重要。）鉴于这种变化，特殊科学中很难得出无例外的概括。对于这一点，已经有了一系列的回应。

有一类回应背离了其他条件不变（ceteris paribus）的概括的概念——一种包含其他条件不变的从句的普遍概括，该从句可以作为有待改进的地方。这种观点的一个版本是，其他条件不变的从句代表一个人对尚未完全掌握的规律有着说不清楚的和通常不完整的理解。从这一观点来看，我们会很自然地说，这种其他条件相同的概括可能以某种缺乏说明的东西为特征，但更像是一种说明（回想亨佩尔的“说明草图”）。同样，在这种情况下，说明本身也需要我们消除其他条件不变的从句，把充实的概括变成规律。这一观点坚持说明与规律之间存在联系，同时允许根据对规律的不完全掌握来对说明寻求为什么-问题的部分答案。从这一观点来看，特殊科学还没有提供一个说明，因为他们还没有找到一个规律，但他们已经勾画出许多近似值来为为什么-问题提供部分答案。

这种诉诸源于其他条件不变的近似规律的说明草图的整个主旨似乎被误导

了，原因很简单：在特殊科学中难以获得规律的原因是，其本身就认为在特殊科学的层面上其他条件不变的类别是多样的和无法管理的。灰熊有太多的种类，当我们对灰熊进行概括时，需要去适应遗传学、灰熊的生活史和生态（包括子宫内）条件——总是会有更多的条件等着我们。同样的道理也适用于人类和人类心理学。人类规范和子规范也是如此。如果其他条件不变的概括不是规律，那么在社会科学中很可能就没有规律可以被发现。

更多的修正回应要么允许其他条件不变的概括不是规律，但可以提供说明——回答寻求说明的为什么-问题（例如），要么允许其他条件不变的概括可以是规律。第一种回应放弃了规律/说明的联系，第二种回应采用了对规律要求较低的解释。金凯德（Kincaid，1990）和麦金太尔（McIntyre，1996）追求第二种选择，捍卫
105 规律在特殊科学和社会科学中的地位。

伍德沃德（Woodward，2000，2003）沿着第一条路线发展了一个有影响力的解释。虽然伍德沃德没有写过其他条件不变的概括，但他关注的是有意义但范围有限或“不变域”的概括。伍德沃德关注的是阐明某些概括的特征，这些概括可以促进说明并起到说明的作用。以下是一些主要观点。

第一，支持这类重要的说明类别的概括是那些可以让我们回答一系列伍德沃德所说的“如果事情是不同会怎样的问题”（what-if-things-had-been-different questions）的概括。也就是说，不仅可以像传统的 DN 模型所要求的那样，对与初始条件信息有关的方面使用适当的概括，以显示出待解说项所预期的，而且它也可以提供一种对于如果解说项变量采用一系列不同的值，那么待解说项变量将如何不同的理解。在上面使用的术语中，概括允许我们了解上述的概括中提到的参数的依赖模式。

第二，概括能否被用来说明，与其是否具有显著不变性有关，而不是与其是否合法有关（根据传统方法判断）。不变概括的概念基于干预（intervention）的概念。

干预的概念涉及实验情境的理想化——但不需要通过人类或计划（“自然实验”）来完成：“对某个变量 X 的干预相对于某个第二个变量 Y 是一个因果过程，它改变了 X 某种适当的外源方式，因此如果 Y 发生变化，它只由于 X 的变化而发生，而不是由于其他一些因果因素。”（Woodward，2000：200）描述两个或多个变量之间关系的不变概括是不变量的，如果它在各种其他条件因干预而发生变化时依然成立——保持稳定或不变——那么它就是不变的。关系不变的变化集或变化范围是其不变域。

在考虑不变性时，我们可以区分两种相关的变化：

（1）“我们会直观地将其视为某些概括的背景条件——除了那些概括本身的数

字之外，影响其他变量的变化”（Woodward，2000：205）（例如，引力平方反比定律不受道琼斯指数或物体温度的影响。）

（2）在概括本身中明确表示的那些变量的变化。

“要将概括计算为不变量，必须有一些干预……对于那些在其不变量关系中确定的变量。”（Woodward，2000：206）这并不要求它在所有此类更改中都是不变的。例如，理想气体定律（$PV=nRT$），只有在温度的某些干预下才会保持不变。不变性是一个程度的问题，作为一种概括可能在或多或少范围较广的干预下进行。

伍德沃德的方法为思考包括社会科学在内的特殊科学中的许多说明提供了一个特别适宜的框架。我们可以得出概括，它们描述了生物学、心理学和社会科学领域中复杂的、偶然的、进化的系统中的规律性特征。其中一些概括将描述系统内的依赖性，这些依赖性原则上可以通过干预（或观察自然干预）进行实验研究。其中一些概括将具有重要的不变域。对于这个不变域或多或少有一个清晰的理解，106
我们可以使用相关的概括来回答如果事情是不同的会怎么样的问题，掌握依赖性，并说明发生了什么。

伍德沃德的解释可能在很大程度上充分解释了社会科学中的一个重要的说明类别。特别是，它解释了特殊科学所提供的概括是如何说明某些事件或规律获得的原因。这相当于一个合格的建议：伍德沃德的解释被推荐为对重要说明类别的充分解释。要了解这一条件的重要性，需要记住，在理解科学中的说明时，至少有两个限制条件（或资源）。首先，在科学说明包括社会科学说明中，人们对规律或经验性支持的特殊概括的地位有一定的理解。从这个意义上来说，发展是这个时刻对发生事情的核心追求。20 世纪中叶，我们讨论了亨佩尔的经典模型，它试图说明概括需要是什么样的，并调查了各种疑虑和选择。我们得到了一个看似优秀的解释结论。所有这些都应该根据第二个方面来理解：构成科学说明的认知成就是什么？说明瘙痒的认知之痒是什么？与其他事件（或现象）相比，我们在这一点上的说明提供了关于为什么某些事件（或现象）发生的问题的答案。用伍德沃德的话来说，这是一个回答如果事情是不同的会怎么样的问题。人们根据具有显著不变性的概括来掌握这种依赖模式。

第三节　功能说明作为说明方式

此外，寻求说明（explanation-seeking）问题是关于为什么获得各种事件或现象的问题，科学中还有其他类型的寻求说明问题提出并被回答。有时，人们试图理解或说明某些系统是如何工作的。通常我们通过分析系统组件之间有组织的交互来做到这一点。例如，我们可以通过对系统的分析来说明人类和相关动物如何将血糖水平维持在一定范围内。在这里，我们将描述系统的组成部分（肝脏、胰腺）及其对特定环境状态作出反应的处理（例如，通过释放如胰岛素或胰高血糖素等特定激素）。我们追踪这些反应如何作用于系统的其他成分（例如，促进葡萄糖/糖原的相互转化）。当然，相关组成部分的处理，以及形成这些处理过程的机制，都是根据显著不变的概括来理解的。因此，我们对系统是如何做到这一点的分析理解（例如，它维持血糖平衡的能力）与已经讨论过的各种因果说明非常吻合。然而，虽然与因果说明有关，但系统本身的分析所提供的说明是不同的。它为系统如何做它所做的问题提供了一个分析性的答案。[有关此示例的深入版本，参见 Rosenberg（1985：ch. 3）。]

康明斯（Cummins，1975，1983）提出了一个关于“功能分析”的解释，其中功能是系统中的因果作用。人们可以将一个复杂系统（计算机、无线电接收器、认知主体、狩猎聚会、经济）的相对复杂的能力分析为一组更简单能力的有序工作。这些简单的能力是系统组件执行的“功能”或因果作用。这里不需要建议整
107 个系统的处理是可取的或合适的——尽管有关能力的相关讨论可能会提出其他建议。康明斯（Cummins，1975）讨论了如何在一个有组织的系统中描述这些作为因果作用的功能，从而说明系统中复杂的因果处理。他将其称为说明的分析功能（analytical functional，AF）模型。在这个 AF 模型中，对系统如何工作的功能理解不同于对系统（或组件）为什么有这样的处理能力的说明——尽管对系统如何工作的说明性分析通常可用于进一步说明为什么存在这样的系统。

可以说，功能和功能说明的讨论是模糊不清的。因为有一种常见的说明类型，它本身与功能的讨论有关，它确实试图说明为什么存在康明斯所讨论的那种具有特定处理的系统。根据莱特（Wright，1976）所阐述的功能说明，功能是一种能力（实际上是康明斯所理解的功能），在对具有该能力的项目的选择说明中具有重要作用。具有将体温维持在一定范围内的能力，可能会使具有这种能力（或原始能力）的个体获得进化优势。同样地，举例来说，在最近许多关于规范的社会科学工作中，有一种观点认为，协调提供某种公共物品的能力可能会给某些群体带来竞争优势，这可能会给具有特定社会情感和处理能力的个体带来一些优势。这种说明设想了多层次的选择，且根植于不同的配置，这些配置构成了康明斯 AF 模型意义上的功能（参见 Sober and Wilson，1998；Boyd and Richerson，1985；Henrich et al.，2004；Henrich and Henrich，2007；Richerson and Boyd，2005）。

第四节　概括形式之外的说明性信息？

让我们再次聚焦于某些事件为什么会获得因果说明。为什么部落成员要惩罚

那个没有参加狩猎的人？为什么惩罚会采取如此的形式和严重程度呢？我们已经看到，说明这些问题需要掌握一些信息，即如果先前的事物不同，那么在相关方面事物会有什么不同。

我曾提出对特定事件或特定现象的说明可以依赖于具有适当不变性的概括。一些相关的概括涉及人类的社会心理学——因此适用于一类限定的系统。这符合特殊科学中许多不变的概括。此外，多数概括只适用于特定的条件范围，这与给定概括的不变域的观点是一致的。以下是一些相关的概括：某些灵长类动物在看到其他动物疼痛时会感到不舒服的刺激，同样地，这是在一定范围内和语境中。也就是说，他们可能具有不同的移情情感和社会情感。如果相关的不幸发生在他们身上，他们就会采取摇摆、躲避或畏缩的类似行动。这些粗略的概括可以加以完善（参见 Goldman，2006）。在对这些概括进行经验提炼的过程中，我们更好地理解了一些对人类协调和合作至关重要的移情过程。其他各种相关的概括与人类选择替代品时的心理有关。例如，在经济和政治/社会系统中，人们面对风险的反应要比相似情况下面对机会的反应要强烈。他们的一些选择将由快速启发式方法而非较慢的算法过程来执行。同样，这也是可以改进的（Kahneman，2011； 108
Kahneman et al.，1982）。社会关系的亲密程度似乎确实存在着真正的差异，在说明人类合作事件时，这些差异可能是相关的。同样地，这些问题需要进一步的研究和进化说明（Henrich and Boyd，2001；Henrich and Henrich，2007）。因此，我们确实有不变的概括（在不同的发展阶段）为我们提供了对上述现象的社会科学的说明。

与此同时，一个强有力的论据可以证明，我们人类也有一种不同于其他物种的能力来理解和说明彼此的行为、选择、信念和欲望（单独地或组合地说明）——这种能力有时提供的说明超出了那些我们可以通过科学检验的具有适当不变性的概括来说明的范围：人类有一定的能力通过我们自己的认知和意动过程（有一些设置）来模拟他人从而来理解和说明彼此。

作家戈德曼（Goldman，2006）和斯图贝尔（Stueber，2006）描述了基于模拟的说明，他们将其分为三个阶段：第一阶段，匹配的阶段，在这个阶段中，一个人集合了一系列伪装信念和伪装欲望，并在此基础上展开了自己的认知过程。一个人可能会把伪装信念和伪装欲望理解为一种信念，并将其加入自己已建立的信念和欲望集合中。一个人拥有的信念或欲望源自过程中某些重要的因素，其模拟对象可能缺乏这些信念或欲望，因此，一个人通常需要阻止某些信念或欲望。第二阶段，模拟阶段。在这个阶段，一个人的认知过程被运用在匹配阶段所组合的内容（形成信念、形成欲望、态度和可能的观察结果）上。在这个阶段中，你可以确定这些内容将走向何处（假设一个主体正在使用与自己的进程相对类似的进程）。第三阶段，归因阶段。在这个阶段中，在模拟阶段所发生的事情是思维归因的基础，因此思维对主体具有依赖性。

将这称为说明的模拟模型（simulation model，SM）。它与移情理解模型有着明确的联系，人们可能想比较这一卷的其他贡献——如*理解*（*verstehen*）、解释和批判理论。

其整体具有某种假想的性质：如果发生在我们身上的认知合理地产生了在所讨论的情节中获得的信念、欲望和决定——待说明项——并且如果我们在相关的模拟中取得了一致的成功，那么我们就有了自信的基础，我们准确地模拟了他人的想法和这些想法中的依赖性。

亨德森（Henderson，1996，2011）认为，基于模拟的说明就像是调用不变概括的说明，因为它们回答了如果事情是不同的为什么或会怎么样的问题。但是，这里的答案不是通过将事件或过程归入描述规则的适度不变的概括下而得出的。相反，它们是通过在我们的认知过程中发挥作用而得出的，而认知过程与其他过程中发挥作用的过程很相似。在这种情况下，一个人对依赖的感觉，在某些条件不同的情况下，事物会有什么不同，这是通过在一个人的伪装中使事物变得不同而产生的。但为了揭示另一方认知中的依赖性，一方的过程必须与主体模拟中的过程相类似。在这里存在着以或多或少不变的概括形成的大量模拟和命题理解的
109 相互渗透空间（Henderson，2011）。

在本章开始时我们注意到，虽然“说明”是一个相当灵活的术语——但说明在科学中的特征是一个相当具体或被限定的问题。在一类核心案例中，科学说明开始提供为什么-问题或如果事情是不同的会怎么样的问题的答案。这些答案提供了对事件过程或现象之间关系的依赖模式的理解。在范例科学说明中，这是通过具有显著不变性的概括的应用来提供的。是否有一个术语可以概括这些“规律”可能是一个品味问题。在第二类案例中，科学说明开始提供问题是怎样的答案，展示系统的某些处理或“能力”是如何从系统组成部分的结构和能力中产生的（例如，说明神经元如何思考，或群体如何追求公共产品）。同样，这是根据特定类别系统的组织和涉及其组成部分的因果规律的概括来管理的。现在，我们遇到了这样一个转折：似乎情况是这样的，通过我们自己来模拟其他人，就可以回答如果事情是不同的为什么或会怎么样的问题。这种模拟可能受到许多背景命题信息的制约，包括或多或少的不变概括。这些信息可能会告诉我们如何设置模拟（匹配阶段）以及我们对成功的信心（归因阶段）。但其核心，即模拟阶段本身，并不是从背景概括中推导命题的问题。

我们通过模拟得到的结果会回答如果事情是不同的会怎么样的问题，并具备作为说明的合格条件。从重要的意义上讲，它与在不变概括下的子类事件和现象

所提供的说明种类是相同的。但是，人们可能想知道，它是否构成科学说明的一种形式，或者在什么意义上构成科学说明的一种形式。

如果问题是它是不是一种独特的科学说明形式，那么答案显然是否定的——很大程度上局限于科学工作的意义，它不是科学说明的独特之处。它在许多日常的人类解释和说明实践中被发现。但是请注意，对于那些基于或多或少的不变概括得出的如果事情是不同的会怎么样的问题的答案，也可以说是相同的。当一个人说明窗户因石头撞击而破裂时，他是根据涉及普通玻璃和坚硬的物体的非常适度的不变概括来说明的。涉及不变概括的科学说明的独特之处，不仅仅是使用概括来回答如果事情是不同的会怎么样的问题，而且与概括特有的经验深度和精确性（以及已经经历了更多经验选择的谓词的使用）有关。

人们可能想知道，模拟说明在多大程度上会被精炼，与依赖于不变概括的科学说明的方式是否有所不同。这里的情况可能很复杂。首先，几乎没有理由认为，由于我们获得了关于人类认知和文化过程多样性的更好信息，因此无法更好地了解匹配。此外，有理由认为，归因阶段可能是由文化和认知差异的精炼信息以及主体认知可塑性的限制所决定的。但是，模拟的核心，即一个人自己的过程和瞬时可塑性的限制，可能会达不到一般科学可类比的方式限制模拟的精炼程度，这似乎是合理的（参见 Henderson，2011）。

模拟在社会科学实践中起着重要作用，这是毋庸置疑的。以 N. 亨利希（N. Henrich）和 J. P. 亨利希（J. P. Henrich）的作品为例，作者试图说明底特律民族共同体内紧密但不同的合作——并以此来支持共同体内人类合作的普遍说明（Henrich and Henrich，2007）。在这里，许多层次（进化、心理学、人类学）的概 110
括显然以重叠的方式发挥作用。同时，在收集定量和定性数据的过程中，采用了近距离实地观察和访谈相结合的方法。可以说，在许多情况下，他们依靠模拟来理解呈现给他们的内容。

这些关于模拟和说明的评论与说明愿望的学科差异有关。伍德沃德（Woodward，2014a：210）指出，诸如覆盖律、统一、因果-机制或干预主义模型等高度通用的模型具有“普遍主义的愿望”，即提供一个“一体通用”（one-size-fits-all）的解释。他继续说：“这些模型应该揭示跨学科的共性；但它们也应该使我们能够理解说明性实践为什么会因跨学科而变化，以及这种变化的重要性。”例如，生物学家可能特别关注分析机制，从而跟踪其分析能力背后的因果过程。功能分析在生物学中的作用可能比在物理学中的作用更大。社会科学家可能也有类似的问题，即与他们所研究的特殊系统要保持一致。他们也可能在重要的节点使用模拟。

注　释

1 可以肯定地说，在过去的 40 年里，哲学家们对这种模态越来越适应了。

参 考 文 献

Boyd, Robert, and Richerson, Peter J. 1985. *Culture and the Evolutionary Process*. Chicago: University of Chicago Press.

Cummins, Robert. 1975. "Functional analysis," *Journal of Philosophy*, 72: 741-765.

Cummins, Robert. 1983. *The Nature of Psychological Explanation.* Cambridge, MA: MIT Press.

Goldman, Alvin I. 2006. *Simulating Minds: The Philosophy, Psychology, and Neuroscience of Mindreading*. Oxford and New York: Oxford University Press.

Grimm, Stephen R. 2014. *Understanding as Knowledge of Causes Virtue Epistemology Naturalized: Bridges between Virtue Epistemology and Philosophy of Science*. Dordrecht: Springer Netherlands.

Hempel, Carl G. 1965. *Aspects of Scientific Explanation, and Other Essays in the Philosophy of Science.* New York: Free Press.

Henderson, David. 1996. "Simulation theory vs. theory theory: a difference without a difference in explanation." *Southern Journal of Philosophy*, 34: 65-94.

Henderson, David. 2011. "Let's be flexible," *Journal of the Philosophy of History*, 5: 261-299. doi: 10.1163/187226311X582347.

Henrich, J., and Boyd, R. 2001. "Why people punish defectors: weak conformist transmission can stabilize costly enforcement of norms in cooperative dilemmas," *Journal of Theoretical Biology*, 208: 79-89.

Henrich, J., Boyd, R., Bowles, S., Camerer, C., Fehr, E., and Gintis, H. (eds.). 2004. *Foundations of Human Sociality: Economic Experiments and Ethnographic Evidence from Fifteen Small-Scale Societies*. Oxford and New York: Oxford University Press.

Henrich, Natalie, and Henrich, Joseph Patrick. 2007. *Why Humans Cooperate: A Cultural and Evolutionary Explanation*. Oxford and New York: Oxford University Press.

Kahneman, Daniel. 2011. *Thinking, Fast and Slow*. New York: Farrar, Straus and Giroux.

Kahneman, Daniel, Slovic, Paul, and Tversky, Amos. 1982. *Judgment under Uncertainty: Heuristics
111 and Biases*. Cambridge and New York: Cambridge University Press.

Kincaid, Harold. 1990. "Defending laws in the social sciences," *Philosophy of the Social Sciences*, 20(1): 56-83.

Kitcher, Philip. 1981. "Explanatory unification," *Philosophy of Science*, 48: 507-531.

Kitcher, Philip. 1989. "Explanatory unification and the causal structure of the world," *Scientific Explanation XI*. Minneapolis: University of Minnesota Press: 410-504.

McIntyre, Lee. 1996. *Laws and Explanation in the Social Sciences: Defending a Science of Human*

Behavior. Boulder, CO: Westview.

Richerson, Peter. J., and Boyd, Robert. 2005. *Not by Genes Alone: How Culture Transformed Human Evolution*. Chicago: University of Chicago Press.

Rosenberg, Alexander. 1985. *The Structure of Biological Science*. Cambridge and New York: Cambridge University Press.

Salmon, Wesley C. 1971. "Statistical Explanation," in W. C. Salmon, R. C. Jeffrey and J. G. Greeno (eds.), *Statistical Explanation and Statistical Relevance*. Pittsburgh: University of Pittsburgh Press: 29-87.

Salmon, Wesley C. 1984. *Scientific Explanation and the Causal Structure of the World*. Princeton, NJ: Princeton University Press.

Salmon, Wesley C. 1989. *Four Decades of Scientific Explanation*. Minneapolis: University of Minnesota Press.

Sober, Elliott, and Wilson, David Sloan. 1998. *Unto Others: The Evolution and Psychology of Unselfish Behavior*. Cambridge, MA: Harvard University Press.

Stueber, Karsten R. 2006. *Rediscovering Empathy: Agency, Folk Psychology, and the Human Sciences*. Cambridge, MA: MIT Press.

Woodward, James. 2000. "Explanation and invariance in the special sciences," *British Journal for the Philosophy of Science*, 51(2): 197-254.

Woodward, James. 2003. *Making Things Happen: A Theory of Causal Explanation*. New York: Oxford University Press.

Woodward, James. 2014a. "explanation," in M. Curd and S. Psillos (eds.), *The Routledge Companion to Philosophy of Science*, 2nd edn. New York: Routledge: 203-213.

Woodward, James. 2014b. "Scientific explanation," *The Stanford Encyclopedia of Philosophy*, Edward N. Zalta (Ed.) (Winter), Accessed August 10, 2015. http://plato.stanford.edu/archives/win2014/entries/scientific-explanation.

Wright, Larry. 1976. *Teleological Explanations: An Etiological Analysis of Goals and Functions*. Berkeley: University of California Press. 112

第十章　还　原　论

哈罗德·金凯德（Harold Kincaid）

本章的任务是探讨社会科学中的还原论。鉴于这一任务，我的关注点将放在还原论在实际的社会研究中的作用上。这并不意味着我不会讨论社会科学哲学中的还原论。基于我的自然主义的奎因式观点（Kincaid，1996），社会科学哲学和社会科学在很大程度上是连续的。社会科学哲学中的论点最终必须与经验社会科学相联系，而经验社会科学又常常援引许多哲学论点。

还原论的问题——关于社会实体的理论可以转化为关于个体行为的理论的观点——是当代社会科学中实时的、实质性的问题。本章的目的有四个：澄清属于还原论范畴的各种不同论题，研究更多地想从一般角度来解决问题的哲学论点，指出所涉及的真正的经验问题，并指出证据的重要性在于什么。然而，由于多种独立的还原论主张受到争论，并且由于这些主张最终依赖于经验细节，因此在社会科学中对还原论的全面评估是没有意义的。

本章第一节开始，提出了方法论个体主义的严格还原论版本。有人会争辩说，我们没有理由认为，这些版本极具适用性，标准的哲学论点，无论是对之赞成还是反对，都试图比纯概念基础上表明得更多。然而，方法论个体主义作为一种关于理论还原的主张，仍然有它的捍卫者，而且所涉及的理论间还原的预设模型提供了一个明确的基线，用来比较其他逻辑上较弱的个体主义观点。第二节和第三节考察了不需要取消主义理论还原的还原论版本。第二节关注当前普遍的观点：还原论机制是必要的；第三节探讨的是社会现象在多大程度上可以用个体主义的术语来描述，而不使用依据社会实体的说明。第四节简要列出了其他还原论问题，由于篇幅问题，我在此不讨论这些问题。

第一节　理论还原的前景

社会科学中还原论的标准版本是方法论个体主义。显然，约瑟夫·熊彼特（Joseph Schumpeter）在20世纪50年代初创造了这个词。至少从那时起到现在，

这个词一直有坚定的拥护者，尽管拥护者一般都没有仔细说明他们关于这个学说 113
的版本到底蕴含什么。然而，他们反复主张的是，所有的社会现象都应该依据个体行为来说明。因此，沃特金斯（Watkins，1955）说："大规模的社会现象……应该依据个体的情境、倾向和信念来说明。" 58 年后，一位社会学家说了同样的话："任何一种社会事实都必须通过直接引用其组分［个体］的行动来说明。"（Demeulenaere，2013：Kindle 182）

所有的社会解释都可以依据个体主义的术语来描述，这一主张可以理解为关于理论还原的论点。实证主义者，特别是内格尔（Nagel，1979），对一种理论可以被还原为另一种理论的观点进行了相当清楚的阐述，这是他们将理论形式化和促进科学统一的总体纲领的一部分。他们所描述的将一个理论还原为另一个理论的基本要求是：①两个公式化的理论；②一套将其基本类别或术语以类规律的方式相互联系起来的桥接规律（bridge laws）；③证明对被还原理论的说明可以来源于还原理论。桥接规律之所以需要，是因为（在某种程度上）不同的理论用不同的术语描述世界；这些规律使我们能够以系统的方式用一种理论的术语来替代另一种理论的术语。

化学的气体定律与物理学的统计力学定律之间的关系例证了此类还原。例如，一种桥接规律将温度的化学概念等同于气体中粒子平均动能的物理概念。借助于这种桥接规律，涉及温度、压力和体积的规律应该可以从牛顿应用于气体粒子的定律中推导出来。因此，对气体定律的说明应该能够依据组成气体的粒子的物理学术语来充分说明。

这种还原关系是理解方法论个体主义的一种方式：依据社会术语的说明应该可以从依据完全个体主义术语的说明中推导出来。假设简约性和与更基本的理论的统一性是重要的科学目标（并且从个体的角度来说明更基本），那么社会解释应该以个体为依据。

对于这种方法论个体主义的表述，需要注意几点，以确保我们不使案例与该学说相悖。还原论主张并不一定要适用于那些证据不充足的社会理论——没有必要还原糟糕的社会科学。个体主义的还原论版本也不必主张，我们现在可以还原所有的社会解释。其论点是，这在原则上是可以实现的，也是一个理想的科学目标。当然，如果这种主张只有上帝才能做到，那么方法论个体主义将不再是关于真实社会科学的方法论主张。

我们如何评价社会科学中这种还原论版本呢？作为问题的两方，哲学家和社会科学家都认为，一些非常一般的概念考虑解决了这个问题。

支持方法论个体主义的一个标准论点是，由于社会是由个体组成的，且任何社会现象都不会独立于个体发生，因此我们能够依据个体来说明有关社会的一切。

因此，德默勒纳尔（Demeulenaere，2013：Kindle 182）认为，“①社会生活只通过生活于其中的行为者而存在。②因此，任何类型的社会事实都必须通过直接引
114 用其组分的行动来说明”。这相当明确地表明了，组成物蕴含了某种可还原性。

因此，关于社会的本体论主张应该包含一个说明性主张：我们的个体行为理论说明社会现象的说明力。这一本体论主张可以更加精确，如果这是可取的：社会实体仅由个体组成，一旦所有关于个体的事实都确定了，关于社会现象的事实也同样确定了（在标准的哲学术语中，社会事实随附于个体事实）。

另一个反对方法论个体主义的标准论点也诉诸一些非常一般的关于社会的本体论事实。此论点是，个体在社会中的态度和行为受其在社会群体中的成员身份、社会角色、社会的一般组织等影响，社会整体影响着个体。所以我们不能依据个体来说明社会整体的一切。

尽管这两个论点长期以来都是支持和反对方法论个体主义的还原论版本，但我们有相当令人信服的理由认为它们失败了。在不久之前，我们已经给出了它们这样做的基本原因。基本的问题在于，世界的形成方式与我们的说明资源能够处理的问题无关。因此，我们首先思考支持个体主义的本体论论点。从下述事实（如果是事实的话）——社会实体是由个体组成的，且社会事实随附于个体事实［见约书亚·爱泼斯坦（Joshua Epstein）对后者的质疑（Epstein，2015）］——无法推论出，我们可以将社会解释还原为依据个体的说明。还原需要桥接规律，使我们能够用低层次的说明来代替高层次的说明。

然而，社会类别（social categories）有可能是由个体行为的组群以无限多种方式产生的——它们是“多重实现的”——并且我们对个体行为的说明预设了，而非消除了诉诸社会实体和事实。因此，尽管群体（corporation）可以依据个体行为及其之间的关系，以无限多种方式“实现”或组织，但群体仍然具有社会实体的共同特征，如利润最大化。在某种意义上，对群体中个体行为的说明可能是关于个体的，但这些说明可能会援引有关规范、组织结构和激励机制的事实。

如果任何一个条件成立，还原所需的桥接规律就失效了。如果社会现象是多重实现的，那么它们与个体现象之间就没有一对一的对等关系。如果对个体的说明依赖于背景社会事实，那么这些说明并不会消除社会事实。这些可能性可能足以表明，组成物和随附性并不蕴含可还原性。

刚刚给出的反对还原的论点有着悠久的哲学渊源。多重实现可以追溯到福多（Fodor，1974）对非物理科学的自主性的一般性辩护［在 Hellman 和 Thompson（1975）中进行了更为严格的概述］。个体说明预设了社会语境的问题至少可以追溯到曼德尔鲍姆（Mandelbaum，1955）。

我认为存在一个普遍的共识，这些论点严重阻碍了个体主义的还原论版本，

当然也有人持不同意见。一些人怀疑，多重可实现的类别完全可以是合法的科学类别［Papineau，2009；见 Khalidi（2013）的回应］。扎赫勒（Zahle，2007）对下述论点提出了质疑，即依据个体的说明预设了社会解释。

反对从下向因果关系角度对个体（individuals）进行还原论解释的论点同样令人怀疑。个体行为很可能受到其所属组织等社会实体的影响。因此，这并不意味着这些社会影响永远无法从构成这些社会实体的个体行为中实现；事实上，这正 115
是方法论个体主义所主张的。此外，这一本体论事实似乎没有告诉我们，我们的说明能做什么。

如果多重实现和预设社会解释的论点是有说服力的，那么支持或反对方法论个体主义的还原论版本的论点必须是经验的：它们必须表明，诸如多重实现性或对社会信息的预设等问题，具有或不具有现实世界的可能性。或换言之，它们必须表明，社会科学的真实部分已经被还原或者正在被还原。整体主义者必须给出理由认为，当依据个体来说明时，多重实现和预设社会事实是可能的情况。

据我所知，在当前的社会科学中，任何的个体主义的成功或近乎成功提供了严格意义上的实际的个体主义还原。新古典微观经济学或当前的新凯恩斯宏观经济学可能被认为是成功的故事；经济学家们认为它们表明了如何依据受约束的个体最大化来说明社会现象。然而这是骗人的。一般来说，微观经济学是关于企业和家庭的行为，而非个体的行为。当前的宏观经济学是关于被称为代表行动者的集体实体，所有的消费者或公司都被视为统一的实体。即使这些说法得到了很好的证实——可以说，许多微观经济学是，而大多数当代宏观经济学不是——但是，它们也不能依据个体的特征来说明，而只能依据集体社会因素来说明。

我们也有充分的理由认为，社会科学中出现了多种实现类型的现象。例如，许多集体社会实体都是选择性过程的产物：企业存在并具有它们所具有的特征，因为它们在与其他企业的竞争中存活下来，民间社会组织甚至国家也可能如此。然而，选择性过程并不“关心”实体如何组织以赢得竞争；重要的是集体实体所拥有的特质，而不是组成集体实体的个体组织如何产生这些集体特质。因此，个体行为产生组织行为的方式可能具有多样性。

我将在下一节中指出，在说明个体行为的过程中预设社会事实也是一种常见的情况。因此，在我看来，严格的个体主义还原论版本在社会科学中并不是很重要的问题。

然而，我现在转向社会科学中围绕简化的其他更加开放和现实的问题，首先是关于我们可以有多个体主义或者我们必须在多大程度上坚持整体主义。

第二节　我们可以在多大程度上坚持个体主义？我们必须在多大程度上坚持整体主义？

严格的个体主义还原论版本是这样一幅图景：要么社会现象完全可以依据个体主义的术语来说明，要么就完全不行。但是，这些问题不应该是如此地非黑即白。社会解释可以在不同的意义上或多或少地援引社会因素。我认为，社会科学中许多当代经验问题正是关于我们必须在多大程度上坚持个体主义或整体主义（Kincaid，2014，2015）。

我们如何根据说明的个体主义程度来对其进行排序呢？虽然这些并不是精确
116 的衡量标准，但通过观察几种不同的因素/问题可以在某种程度上进行粗略的排序。

首先，在不同类型的“社会因素”之间做一些区分是有益的，我们在说明中可能会诉诸这些因素。社会因素最明显的例子是社会实体，用哲学术语来说，是具体的殊相——有组织的集体社会实体，随着时间的推移，它们具有可识别的存在。因此，企业、国家政府、非政府组织等组织就是最好的例子。从直觉上讲，这些比通常所谓的制度（institutions）更具社会性。规范和社会角色是制度的例子；它们确实具有社会性，但有人可能会说它们是个体的属性，不能说是组织的。因此，考虑到这一区别，我们可以问：

（1）一个说明是否可以援引更丰富的社会实体，而不是较单一的一组。

（2）相对于个体因素，一个说明可以给予社会实体更多的还是更少的因果重要性。

（3）相比制度，一个说明是否更多地涉及组织。

这些元素中的每一个都是独立的，我不认为有任何方法可以确定，应该如何精确地权衡它们来获得一个整体度量。然而，它们足以做出一些粗略的判断。

因此，关于我们可以在多大程度上坚持个体主义（或我们必须在多大程度上坚持整体主义），社会科学中持续存在的经验主义争论有这样一些例子。

（1）当代实验经济学和行为经济学中关于“他涉偏好”（Bowles，2006；Binmore，2007）的争论是有关于我们需要多少个体外的（extraindividual）信息的争论。各种实验博弈的证据表明，个体有时会牺牲自己的利益来造福他人。鲍尔斯（Bowles）等认为，这一证据表明，个体对他人的福祉有先天的（具体在哪种意义上是这样并不清楚）偏好，厌恶不平等，以及其他类似的社会偏好。与肯·宾默尔（Ken Binmore）等给出的说明相比，对个体的亲社会行为的这种说明更具个体主义色彩。他们认为，规范、违反这些规范时的制裁，以及确保个体之间反复博弈的组织的存在，都会导致个体制定——学习—交互策略。博弈中的个体表现出他涉偏好，因为它们产生于构成他们生活的制度和组织。这是一场持续进行的争论，它涉及我们是否需要援引制度和组织来说明个体行为。

（2）史密斯（Smith，2008）认为，在多大程度上，市场协调是个体合理性的结果，而非他们参与的市场制度的结果，这是一个有趣的开放性问题。例如，戈德和森德（Gode and Sunder，1993）似乎表明，在拍卖中，即使非常愚蠢的经纪人也会达到竞争平衡。因此，史密斯（65 岁）指出，问题是“市场的表现属性有多少是归因于个体的特征，又有多少是归因于制度的特征？”这实际上是在问，从“除了个体偏好和信念，我们是否需要援引制度来说明经济结果”这一意义上说，我们可以在多大程度上坚持个体主义。

（3）史密斯的观点建立在加里·贝克尔（Gary Becker）早期的研究基础上。贝克尔（Becker，1962）指出，考虑到预算紧张的制约和相对价格，即使个体随机选择，向下倾斜的需求曲线的总规律——价格上涨，需求下降的规律——仍然有效。随着所有产品价格上涨（无论你选择哪一个），相对价格会导致购买量的减少，因为价格的上涨会改变可以购买的东西。我们不必对个体做太多假设来说明总体市场行为的这一方面，从这个意义上说，我们不必非常高程度的个体主义。 117

（4）关于种族现实的争论的各个方面也在很大程度上转向了，我们应该在多大程度上坚持个体主义和整体主义。这里的问题不是种族的生物现实，而是我们的种族分类多大程度上是归因于历史上偶然的制度和组织实践，多大程度上是归因于根深蒂固的个体特征。当然，这两者是相互作用的。然而，存在于一系列不同制度安排和历史中的个体特征是否有助于构建种族分类，仍然是一个悬而未决的问题。马隆和凯利（Mallon and Kelly，2012）指出，有社会心理学和神经生物学证据表明，群体内偏爱和群体外偏见很常见。在这种情况下，我们不得不以整体主义者自然倾向于反对的方式保持个体主义。

（5）托马斯·谢林（Thomas Schelling）的著名研究表明，我们可以通过只援引相对温和的个体偏好，即偏爱于和同种族的其他人生活在一起，来说明种族隔离（Schelling，1969）。他使用一种早期的基于主体的模拟形式，表明了存在可能导致种族居住隔离的临界点现象。然而，这里的关键是谢林描述了可能发生的事情。表明一个模型中可能发生的并不一定表明了现实中发生了什么。谢林之后的其他研究表明，银行和政府机构的实践在美国种族隔离中发挥了关键作用（Massey and Denton，1996）。在这种情况下，我们无法做到谢林设想的那种个体主义。

（6）社会科学中长期存在的一个争论关系到社会阶级的性质（Lareau and Conley，2008；Crompton，2008；Wright，2005）。当前的争论在很大程度上解决了，社会阶级是否最好被视为个体类型的集合或者具体的社会实体的问题

（Kincaid，2016）。把社会阶级看作是不同类型的个体类型，意味着要观察个体的特征，并将其分类成不同的群体。收入水平和职业是主要的例子。作为具体的社会实体，阶级是宏观社会学集合，它们具有丰富的结构，能够思考其细节。很明显，美国存在统治精英，他们之间的相互联系和组织要素复杂而密切（Domhoff，2014）。这表明，在具体的个体意义上，统治精英是一个阶级。阶级最好被认为是个体类型，这样，我们就有了相对更个体主义的解释。它是相对个人主义的，因为社会因素仍然涉及其中：阶级作为职业类型仍然预设了工作的社会组织，尽管在这个意义上阶级不是一个具体的个相。诉诸作为真正的集体社会实体的阶级显然是一种更为整体主义的解释。因此，这场争论实际上例证了，我们应该在多大程度上坚持个体主义或整体主义的问题。

（7）关于阶级的争论涉及贫穷的原因。这种争论必须小心，不要过于一般化：印度贫困主要与小农户的情况有关，而在美国，低工资的城市工作则是更重要的
118 原因。然而，社会科学界长期争论的焦点仅仅是美国，争论的问题是，贫穷是源于个体缺陷，比如缺乏技能、教育、职业道德甚至智商，还是更确切地说，贫穷的原因是低收入工作、反工会政策、税收政策，以及社会安全网的范围等宏观社会学因素。当然，这两种说明并不相互排斥。然而，在社会科学中，关于这两种因素中哪一种最重要存在着真正的争论，这也是关于我们应该如何在多大程度上坚持个体主义或整体主义的争论。至少在我看来，我们需要保持相当高程度的整体主义［请参阅 Royce（2015）以获得对这一主张的详细辩护］。

（8）多层次统计建模的发展（Luke，2004）——使用关于个体及其所属群体的数据的统计模型——提供了方法来回答社会因素和个体因素哪个更重要的问题。长期以来，这个问题似乎一直被错置，就像先天和后天哪个更重要一样。然而，如果我们详细说明了正确情境下的因果模型，因果效应的相对大小是可以理解的。因此，智商、学校质量和邻里特征是变量，可以放入因果模型中。它们的相对重要性可以通过结构方程建模技术来估计。统计中涉及一些复杂的问题，但是希普利（Shipley，2009）通过考察数据变量之间的相关性和独立性，描述了对多级因果模型的前景检验，这些变量是由一个可能的多级因果模型所隐含的。这些类型的模型和经验研究正在考察的问题是，我们应该在多大程度上坚持个体主义和整体主义。

第三节　机制和还原

最近出现了一大批文献基于“社会解释需要机制”来辩护个体主义［例如，参见 Demeulenaere（2013）］。关于机制的哲学文献大量涌现（Craver and Darden

2013）。然而，机制的概念多种多样，需要机制的理由多种多样，使得争论容易受到不同论点的影响（Kincaid，2012）。因此，在转向对个体主义机制的需要之前，澄清关于机制的一般性争论是有益的。

我们至少需要区分以下关于机制的观点：

（1）是需要说明还是证实。

（2）它们本质上是水平的——中介连接，还是垂直的——基础或组分。

（3）它们是必要的还是仅仅是有助益的。

这些是机制的不同意义，它们不会发挥相同的作用。

乔恩·埃尔斯特（Jon Elster）声称，需要建立机制来消除虚假的原因（Elster，1983），这是关于证实的主张。然而，另一些人认为，没有机制的说明是不完整的——这是关于说明的主张。

许多关于机制的文献都是关于组分细节在说明中的作用。这些机制是“垂直的”，因为它们是关于如何通过实现组分细节来产生更高层次的过程和能力。在另一些时候，机制的倡导者希望它们消除因果之间的说明鸿沟，而这种考虑表明，他们希望从干预原因的角度建立机制，我称之为水平的。 119

最后，我们对机制的需求有多强烈还不明确。只有我们有机制，我们才能证实或说明吗？或者，如果我们能够提供机制，我们的说明和证据是否得到了加强？

这些并不是唯一可能的维度：机制可能有不同的意义，这取决于我们使用的经验方法的类别，我们是想要理论说明还是想要干预，是否确定了因果效应或因果效应的大小，等等。然而，只要坚持上述三个不同的维度，显然至少有几个不同的可能论题是关于对机制的需要，它们可以相矛盾也可以相统一。

有了这些区分，我们现在可以指出，关于需要个体主义机制方面更进一步的复杂性。有关机制本身的各种主张中，没有任何一项主张本身必然要求这些机制必须是依据个体的，或仅仅是依据个体的。个体之上和之下似乎都有组分。一些好的社会科学提供了机制，但它不是依据个体的机制。例如，综合市场现象——总需求和供应——以及宏观经济关系，如就业水平和政府支出之间的宏观经济关系——可以用公司和家庭作为明确无误的垂直机制来说明。宏观经济中的水平机制可以是其他宏观经济变量。另一个方向——从下开始——社会现象的机制可能是亚人类的（subpersonal）（Ainsley，2014）。例如，经济模型有时会援引亚人类的行动者，其交涉会产生个体行为。当然，这些说明是否得到充分证实，仍旧是一个开放性问题。然而，关键的是，可以在多个层次上给出机制，并且需要一个论证来证明，即使我们需要机制，它们也必须是依据个体的。

我认为，一般来说，机构，无论是水平的还是垂直的，对于证实或说明来说都是必要的，这是不可信的，尽管关于这一点一直存在争论（Russo and Williamson，

2007)。认为机制至关重要的一个问题是，中等规模物体之间的因果关系提供了令人信服的实例，在这些例子中，我们似乎拥有充分证实的因果说明，而不用提供所有中间原因的基本细节或完整说明（这里的“所有”是什么意思尚未可知）。许多建筑工程和土木工程都建立在这种因果主张的基础上，并为其提供了证据；行星科学也是如此。因此，建筑物倒塌是因为地面的负荷超过了支撑柱所能承受的负荷；月亮和太阳的位置以及它们的引力共同引起了潮汐。所有这些说明都可以在不考虑潜在分子细节和不给出因果之间所有步骤的情况下得到证实。

因此，一个关键的问题是，社会科学是否能够提供这种综合的因果说明。我想有时候它们可以。例如，我们对市场中的家庭和企业行为之间的关系有一些比较确证的因果说明。因此，社会科学能够在宏观社会学层面上说明的基本观点并非不连贯；问题只是，社会科学在何时何地能够产生类似的结果，这是一个不断争论的问题。

例如，在宏观经济学中，关于所谓的“微观基础”（Hoover，2010）的争论由来已久。经济学界有相当一部分人认为，除非模型“基于”受限的个体最大化决策，否则任何模型都无法得到充分证实。这种主张至少在某种意义上是不明确和可疑的。之所以不明确，是因为“基于”个体主义机制并不是一个清楚的概念。在一种解读中，“基于”需要从个体决策中衍生出来；这是一个还原论的论题。在
120 另一种解读中，“基于”应被视为“非矛盾的”。关于利率和失业等聚合体（aggregates）之间因果关系的宏观经济学主张，可以通过普通统计方法加以证实，普通统计方法在潜在混杂因素保持不变的情况下寻找相关性；这些正是可以用来证实前面提到的中等规模物体之间因果关系的一般方法类型。这些关系可以被建立起来，并且可以独立于“它们来源于个体行为”而得到说明。

在宏观经济学和一般的社会科学中，如果它们关于我们认为不合理的个体行为做出假设（这只是证实所需要的总证据的一个例子），那么聚合性主张（aggregate claims）似乎是值得怀疑的——无论是从它们被证实的程度上，还是从它们进行说明的程度上都是如此。因此，如果宏观经济学模型假定个体是系统性的愚蠢或被愚弄，那肯定是对它们不利的。“基于”在“一致”这个较弱的意义上似乎是一个相当合理的还原论要求。

我们也有理由认为，提供有关个体行为如何产生聚合社会现象的信息会增强我们的解释力。思考一下我上面提到的关于我们应该在多大程度上坚持个体主义或整体主义的问题。每一种情况都与个体行为有某种联系。大量证据表明，一般科学的成功来自对部分和整体以及不同层次的理论提供了综合性（integrated）说明（Kincaid，1997）。这些综合通常为高层次说明或聚合说明留有位置，从这个意义上说，是非还原论的。这幅图景似乎也是社会科学前进的方向。

第四节 其 他 问 题

当然，由于篇幅的限制、作者的专业知识以及本书其他章节的覆盖范围，社会科学中还有其他一些还原论问题没有在这里讨论。在后一个类别中，探讨的是关于集体意向性的争论——关于将群体视为有意向且不仅仅是个体意向之和的合理程度的争论（见本书爱泼斯坦的章节）。其他有研究旨趣的争论包括，与社会生物学和进化心理学有关的问题，以及与社会科学有关的物理主义和因果关系的一般性争论。

前面提出的关于“我们可以在多大程度上坚持个体主义”的问题，是指在个体主义的说明中必须加入多少社会解释的问题。但这个问题也可以被粗略地定义为关于“依据通过先天个体过程的说明，我们可以在多大程度上是个体主义的”问题。社会和行为科学以及社会科学哲学中，一直存在一个争论：个体行为有多少可以依据进化选择的先天心理机制来说明——社会科学中的返还原论者认为几乎无法据此说明［请参阅 Rosenberg（2012），其对此进行了详细的综述］。这里的争论是很多的，特别关注的是：为进化说明提供的证据，以及进化会在多大程度上与特定行为相关联。

一个相关的争论在概念上把经济学的方法与其他社会和行为科学的方法进行了比较。经济学倾向于使用个体有固定偏好的模型；这种运行假设对社会心理学家来说似乎很值得怀疑，他们经常怀疑个体是否有某些固定偏好。这里所涉及的问题相当复杂［请参阅 Ross（2014），其对此进行了详细的综述］。 121

最后，与社会科学中的还原论有关的另一个正在进行的争论是，真正的因果效应在多大程度上可以只归因于基本粒子。一些物理主义的版本——粗略地说，世界上的一切都是由物理学的基本粒子组成的，并且不独立于这些基本粒子而作用——似乎意味着，基本粒子水平之上不存在真正的因果关系［见 Kim（1993）早期的陈述，McDonald 和 McDonald（2010）近期的探讨］。我怀疑这些论点中关于科学的作用有不合理的哲学定义（Kincaid，1996），但对于这个问题，确实也一直存在着激烈的争论。

参 考 文 献

Ainsley, G. 2014. *Picoeconomics: The Strategic Interaction of Successive Motivational States within the Person*. Cambridge: Cambridge University Press.

Becker, G. 1962. "Irrational behavior and economic theory," *Journal of Political Economy*, 70(1): 1-13.

Binmore, K. 2007. *Does Game Theory Work? The Bargaining Challenge*. Cambridge: MIT Press.

Bowles, S. 2006. *Microeconomics: Behavior, Institutions, and Evolution*. Princeton, NJ: Princeton University Press.

Craver, C. and Darden, L. 2013. *In Search of Mechanisms*. Chicago: University of Chicago Press.

Crompton, Rosemary. 2008. *Class and Stratification*. Cambridge: Polity.

Demeulenaere, P. 2013. *Analytical Narratives and Social Mechanisms*. Cambridge: Cambridge University Press.

Domhoff, G. William. 2014. *Who Rules America? The Triumph of the Corporate Rich*, 7th edn. NewYork: McGraw-Hill.

Elster, J. 1983. *Explaining Technical Change: A Case Study in the Philosophy of Science*. Cambridge: Cambridge University Press.

Epstein, B. 2015. *The Ant Trap*. Oxford: Oxford University Press.

Fodor, J. 1974. "Special sciences: or, the disunity of science as a working hypothesis," *Synthese*, 28: 77-115.

Gode, D. and Sunder, S. 1993. "Allocative efficiency of markets with zero intelligence traders," *Journal of Political Economy*, 101: 119-137.

Hedström, P. and Bearman, P.(eds.). 2009. *The Oxford Handbook of Analytical Sociology*. Oxford: Oxford University Press.

Hellman, G. and Thomson, F. 1975. "Physicalism: ontology, determination and reduction," *Journal of Philosophy*, 72: 551-564.

Hoover, K. 2010. "Microfoundational programs," *SSRN Working Paper*, January 2010.

Khalidi, M. 2013. *Natural Categories and Human Kinds*. Cambridge: Cambridge University Press.

Kim, J. 1993. *Supervenience and Mind*. Cambridge: Cambridge University Press.

Kincaid, H. 1996. *Philosophical Foundations of the Social Sciences: Analyzing Controversies in Social Research*. Cambridge: Cambridge University Press.

Kincaid, H. 1997. *Individualism and the Unity of Science: Essays on Reduction, Explanation, and the Special Sciences*. Lanham, MD: Rowman and Littlefield.

Kincaid, H. 2012. "Mechanisms, causal modeling, and the limitations of traditional multiple regression," in H. Kincaid(ed.), *Oxford Handbook of the Philosophy of the Social Sciences*. Oxford: Oxford University Press: 46-64.

Kincaid, H. 2014. "Dead ends and live issues in the individualism-holism debate," in J. Zahle and F. Collin(eds.), *Rethinking the Individualism-Holism Debate: Essays in the Philosophy of Social Science*. Dordrecht: Springer: 139-152.

Kincaid, H. 2015. "Open empirical and methodological issues in the individualism-holism debate," *Philosophy of Science*, 82(5): 1127-1138.

Kincaid, H. 2016. "Debating the reality of social classes," *Philosophy of Social Science*, 46(2): 189-209.

Lareau, Annette and Conley, Dalton(eds.). 2008. *Social Class: How Does It Work?* Thousand Oaks,

CA: Sage. 122

Luke, D. 2004. *Multilevel Modeling*. Thousand Oaks, CA: Sage.

Mallon, R. and Kelly, D. 2012. "Making race out of nothing: psychologically constrained social roles," in Kincaid, *Oxford Handbook*: 507-533.

Mandelbaum, M. 1955. "Societal facts," *British Journal of Sociology*, 6(4): 305-317.

Massey, Douglas S. and Denton, Nancy A. 1996. *American Apartheid: Segregation and the Making of the Underclass*. Cambridge, MA: Harvard University Press.

McDonald, C. and McDonald, G. 2010. *Emergence in Mind*. Oxford: Oxford University Press.

Nagel, E. 1979. *The Structure of Science: Problems in the Logic of Scientific Explanation*. Indianapolis: Hackett.

Papineau, D. 2009. "Physicalism and the Human Sciences," in C. Mantzavinos (ed.), *Philosophy of the Social Sciences: Philosophical Theory and Scientific Practice*. Cambridge: Cambridge University Press: 103-124.

Rosenberg, A. 2012. *Philosophy of the Social Sciences*. Boulder, CO: Westview Press.

Ross, D. 2014. *Philosophy of Economics*. London: Palgrave.

Royce, Edward. 2015. *Poverty and Power: The Problem of Structural Inequality*. Lanham, MD: Rowman and Littlefield.

Russo, F. and Williamson, J. 2007. "Interpreting causality in the health sciences," *International Studies in the Philosophy of Science*, 21(2): 157-170.

Schelling, T. 1969. *Models of Segregation*. Santa Monica, CA: Rand Corporation.

Shipley, Bill. 2009. "Confirmatory path analysis in a generalized multilevel context," *Ecology*, 90(2): 363-368.

Smith, V. 2008. *Rationality in Economics*. Cambridge: Cambridge University Press.

Watkins, J. 1955. "Methodological individualism: a reply," *Philosophy of Science*, 22: 58-62.

Wright, Erik Olin. 2005. *Approaches to Class Analysis*. Cambridge: Cambridge University Press.

Zahle, J. 2007. "Holism and supervenience," in S. Turner and M. Risjord(eds.), *Handbook of Philosophy of Science: Philosophy of Anthropology and Sociology*. Elsevier: Amsterdam: 311-343. 123

第十一章 涌　现

朱莉·扎赫勒（Julie Zahle）

涌现具有多种概念。它们有一个共同的观点，即涌现现象（属性、模式等）产生于或依赖于更为基本的现象。它们对现象为符合涌现必须满足的进一步的条件意见不一。传统规范强调，相对于它们产生的更基本的现象，涌现现象是不可还原的、不可解释的、新颖的和不可预测的。最近的定义也指出并强调，替代特征是涌现的组成部分。

涌现理论已经在广泛的学科范围内被提出，并与各种现象相关。本章的重点是社会科学和社会科学哲学中的社会涌现理论。这些理论认为，社会现象，如大学、交通堵塞、财富分配、居住隔离、企业和社会规范，构成了涌现现象的一个重要子集，它们的出现依赖于更基本的现象，通常以个体的形式出现。此外，如同其他涌现理论，对社会涌现的阐述指出了进一步的（通常是不同的）特征，即对涌现现象的界定。大多数（即使不是全部）社会涌现理论认为，正如一些社会现象相对于基本的现象（通常是以个人的形式）是涌现的一样，基本的现象相对于甚至更基本的现象是或可能是涌现的。尽管如此，对涌现现象的社会描述往往很少关注个体层面以下的现象。

最早全面理解涌现的可以追溯到 19 世纪 50 年代左右英国涌现主义的传统，这种传统一直延续到 20 世纪 20 年代（McLaughlin，1992）。刘易斯作为其代表人物创造了“涌现”一词。英国的涌现主义者对社会涌现并不感兴趣。然而，其他理论家却对此感兴趣。例如，迪尔凯姆在 19 世纪末的著作通常被认为包含了对社会涌现的较早讨论，尽管他并没有明确使用“涌现”一词（Sawyer，2005：100）。之后，社会涌现的概念被诸如塔尔科特·帕森斯、乔治·霍曼斯（George Homans）和彼得·布劳（Peter Blau）等理论家所引用（参见 Parsons，1968［1937］；Homans，1950；Blau，1964）。然而，可能直到 20 世纪 90 年代，人们才有可能以更持久、更广泛的兴趣谈论社会涌现。20 世纪 90 年代的特点是批判实在论的支持者对社会涌现的讨论，他们对罗伊·巴斯卡（Roy Bhaskar）在这方面的开创性工作进行了跟进和阐述（参见 Bhaskar，2000［1979］）。同样地，基于主体的计算模型（ABC

模型）的使用在这一时期真正开始兴起，对这种方法的思考涉及社会涌现的描述。从那以后，社会涌现的概念得到了广泛的探索和讨论。

接下来，我们将对最近出现的三种有影响力的社会涌现理论进行分析。第一种代表了社会涌现的关系概念，而第二种则主张对社会涌现进行基于随附性的解释。这两种解释都将涌现作为一种共时的依赖关系：涌现的社会现象与更基本的现象（通常是个体）同时出现，而个体正是从这些现象中涌现出来的。与此不同的是，社会涌现的第三种解释认为涌现是一种历时依赖关系：随着时间的推移，涌现的社会现象从更基本的现象中产生，其主要以个体的形式出现。第三种解释提出了涌现的生成概念。

对于涌现概念的分类而言，区分作为共时依存关系的涌现和历时依存关系的涌现是有用的。此外，对于涌现的本体论和认识论的概念进行区分也是有用的。本体论认为涌现是现象可能具有的真实特征。因此，现象可以被定义为是涌现的，而不需要满足与我们对现象的知识相关的任何标准。相反，认识论将涌现看作现象的特征，它依赖于我们关于这些现象的有限知识。我们无法通过诉诸某种方式产生的更基本现象的完整理论来解释或预测涌现现象。下面对三种社会涌现的讨论例证了涌现的本体论概念。

一般来说，对社会涌现的解释与长期以来方法论上的个体主义-整体主义争论中的立场有关，或被认为对这些立场有影响。而有一种争论是无关紧要的：方法论的个体主义者坚持认为社会科学应该只提供个体主义的说明，也就是说，说明关注个体及其行为、信念等是如何产生各种各样的事件的。整体主义的说明——以社会现象为中心的各种事件的说明——应该被摒弃。相反，方法论的整体主义者通常认为，社会科学应该同时提出个体主义和整体主义的说明：在某些情况下，个体主义的说明是恰当的，而在另一些情况下，整体主义的说明是恰当的。下面所提到的三种社会涌现理论，无论是其支持者还是其他人，都普遍认为与此争论有关。关于社会涌现的这一方面的讨论也作了简要介绍。

第一节 关 系 涌 现

关系涌现理论在不同的学科和不同的现象中被提出。在社会科学及其哲学中，社会现象作为相关的涌现现象也得到了发展。最值得注意的是，批判性实在论者如罗伊·巴斯卡、玛格丽特·阿切尔（Margaret Archer）和戴夫·埃尔德-瓦斯（Dave Elder-Vass）对社会涌现进行了不同形式的阐述（Bhaskar，1982，2000[1979]；Archer，1995；Elder-Vass，2010，2014）。另外，这种路径的另一个重要倡导者是马里奥·邦格（Mario Bunge）（Bunge，2003）。在接下来的章节中，我们将讨论埃尔德-瓦斯对社会涌现的关系概念。他的论述既清楚又详尽。[1]

我们最好先从埃尔德-瓦斯的社会实体概念开始探究。他将其解释为相对持久125 的整体，这些整体由相互关联的部分以个体的形式组成。有时社会实体也有物质的东西作为他们的部分（Elder-Vass，2010：157）。尽管如此，埃尔德-瓦斯并没有很好地理解这一观点，因此，为了简单起见，我在下文中将会忽略它。值得人们注意的社会实体是像企业、学校、家庭这样的组织。这样的社会实体具有社会属性。像其他属性一样，这些属性是由因果效力来定义的。正是这个原因，埃尔德-瓦斯交互地谈论社会实体的属性和因果力。

在此基础上，埃尔德-瓦斯的社会涌现理论可以被认为是一种对具有涌现性社会属性的社会实体的论述。他将涌现的社会属性定义为一种社会实体凭借其部分所具有的属性或力量，即个体，在当时处于某种相互关系中。在此表述中，“在当时”意味着涌现是一种共时的依赖关系：涌现的社会属性与它们产生的个体同时出现。这是对涌现的独特理解：如果实体的属性是实体的部分在当时适当相关的结果，那么它们就被认为是涌现的。此外，埃尔德-瓦斯关于涌现的概念是本体论的：社会属性必须满足的标准是本体论的，才能被定义为涌现，它们没有提到我们关于这些属性的知识，或缺乏同样的知识。

埃尔德-瓦斯区分了两种涌现性社会属性。一方面，有一些涌现性社会属性归属于作为整体的社会实体。这些例子包括一个国家发动战争的权力，一个政府实行新税的权力，以及一个理发店四重唱“创造和谐演出的能力”（Elder-Vass，2010：154）。另一方面，也有一些涌现性社会属性被赋予形成社会整体一部分的个体。尽管这些属性归属于个体，但它们仍被称为社会属性，因为它们是个体拥有的权力，在当时，它们与构成某个特定社会实体的其他个体是相互关联的。被赋予涌现性社会属性的例子包括个人解雇、雇佣、投票和评分的权力。社会实体凭借其涌现的社会力量，不仅会对其他社会实体产生因果影响。此外，当公司给员工分配不同范围的任务，从而导致员工改变工作习惯时，社会实体可能会对自己的部分产生向下的因果影响。

埃尔德-瓦斯认为，社会实体除了具有涌现性社会属性外，还具有聚合属性。正如埃尔德-瓦斯所解释的那样，这些是社会实体的属性，这些社会实体的各个部分，即个体，也可以是单独拥有，也可以是非结构化的部分集合中的元素。例如，在幼儿园中，大喊大叫的权力是一种聚合的社会属性，因为组成幼儿园的孩子们也单独地拥有这种属性。其他聚合的社会属性的例子是社会实体中的吃东西或走得快的权力。聚合的社会属性与涌现的社会属性明显不同：社会实体的涌现性社会属性从来不是由它们的部分单独拥有的，或者作为部分的非结构化集合中的元素（参见 Elder-Vass，2010：16ff.）。

本章引言指出，涌现现象有时被定义为不可还原的、不可解释的、新颖的和不可预测的。埃尔德-瓦斯在关于涌现的论述中对这些概念都不感兴趣。尽管如此，他并没有将这些特征视为涌现的组成部分，而是讨论了涌现的社会现象是否不可还原和不可解释。他指出，从某种意义上说，涌现的社会属性是不可还原的：它们本身具有因果效力。他认为："关系涌现的因果效力不能被取消性地还原：如果 126
整体不存在，这些力量就不存在，因此它们最终是整体的力量，而不是部分的力量。"（Elder-Vass，2014：8）然而，在另一种不可还原的意义上，涌现的社会属性并不是不可还原的：埃尔德-瓦斯强调了说明的重要性，即说明涌现的社会属性如何由其部分产生，即个体适当地相互关联。他认为这些说明在原则上总是可能的（Elder-Vass，2014：8）。既然涌现的社会属性可以这样解释，它们在说明的意义上是完全可还原的。因此，涌现现象是无法解释的观点可能会被摒弃。

在个体主义与整体主义关于必要性的争论中，社会涌现的关系解释常常作为捍卫整体主义立场的基础。在这方面，埃尔德-瓦斯也不例外：他明确表示，他的论述支持这种观点，即在社会科学中，整体主义与个体主义的说明都是不可或缺的。他认为整体主义的说明是描述社会实体，凭借它们的社会属性，部分地产生一些事件。相反，个体主义的说明关注个体属性，也就是说，在那时，个体独立于特定社会实体而拥有的属性。这些说明详细解释了个体如何凭借这些属性，部分地产生某些事件。

现在，埃尔德-瓦斯认为，当整体主义的说明诉诸聚合性社会属性时，这一说明就会被一个相应的个体主义的说明所取代。例如，如果某一事件是由幼儿园发出的噪声来解释的，那么这个事件同样可以通过指出并列举出幼儿园的每个孩子发出的噪声来加以解释。当整体论的说明涉及一种涌现的社会属性时，情况就不同了。在这种情况下，这一说明不能被个体主义的说明所取代，因为个体主义的说明只涉及个体属性，而这些属性不能产生涌现性社会属性的效果。我们通过以下案例来思考一下这种观点：约翰失业了，因为他被老板解雇了。解雇的权力是老板的一种涌现的社会属性，不管老板的个体属性是什么，这些加起来都不能构成解雇员工的属性。因此，在说明约翰现在失业的原因时，不能用个体属性来代替解雇权。所以，涉及涌现性社会属性的整体主义说明是不可或缺的。以这种方式，埃尔德-瓦斯的社会涌现概念成为他为方法论整体主义辩护的基础。

许多人对埃尔德-瓦斯的观点提出了批评。例如，安东尼·金（Anthony King）驳斥了埃尔德-瓦斯的观点，即相互关联的个体形成了具有自身不可还原的因果力的社会实体（King，2007）。金认为，主张存在这种本体论上截然不同的社会实体是对社会实在的误解。没有什么比"所有成员之间的社会关系加在一起"更能反映社会实在（King，2007：215）。道格拉斯·波尔波拉（Douglas Porpora）从另一方面批判了埃尔德-瓦斯的观点，原因是其没有承认当个体处于不同关系中时，这种关系可能会产生“独特的因果效力”（Porpora，2007：196）。波尔波拉指出，通常这些关系或关系属性应该是分析的重点，而不是涌现属性。最后，朱莉·扎赫勒指出，与方法论个体主义所倡导的说明相比，埃尔德-瓦斯的说明是一个非常狭隘的个体主义概念。因此，她认为，方法论个体主义者可能会拒绝埃尔德-瓦斯支持方法论整体主义的理由，因为这些理由都基于他狭隘的个体主义说明概念
127 （Zahle，2014）。

第二节　基于随附性的涌现

在20世纪60年代和70年代，心灵哲学家们开始认为，精神属性是可以通过多种物理属性来实现的（参见 Putnam，1967；Fodor，1974）。之后，在20世纪80年代，哲学家们开始研究“随附性”的概念，以此来说明精神和物理属性以及其他属性组合之间的依赖关系。多重实现和随附性都成为分析社会现象的流行概念。基思·索耶（Keith Sawyer）对社会涌现颇具影响力的论述就依赖于这两个概念。索耶的论述可以认为是一种基于随附性的社会涌现理论。

索耶的论述建立在社会属性和个体属性的区别上。他指出，社会属性是个体群体的属性。它们表现在教堂、家庭、集体运动、阅读俱乐部和组织机构的属性上。而个体属性是个体的属性，表现在他们可观察到的行为和他们的信念、欲望等方面（Sawyer，2002：555，n. 8）。

索耶关于社会涌现理论首先强调社会属性与个体属性的关系是一种随附性关系：社会属性随附于个体属性。这意味着，只要两个个体群体具有相同的个体属性，它们也具有相同的社会属性。因此，除非个体属性层面发生变化，否则社会属性不会发生变化（Sawyer，2002：543）。有时我们也会说个体属性决定社会属性。例如，具有各种信仰、实践等的个人，他们形成了一个具有教会社会属性的群体。因为“成为教会”是一种随附性的社会属性，任何其他拥有类似信仰、行为等的群体也同样具有这种属性。此外，除非个人改变某些信仰、行为等，否则一群人就无法停止成为一个教会，而“成为教会”是在这些信仰、行为等发生改变后才产生的。

其次，索耶观察到社会属性的随附性与它们通过个体属性的不同组合而得以实现相容。例如，作为教会的属性在这个意义上是可以多重实现的，索耶认为，“作为教会可以通过广泛的组织结构、文化实践、个人信仰和性格来实现”（Sawyer，2002：545）。最后，索耶认为，随附性的社会属性有可能以广泛析取的方式被多

重实现。当可能实现某一社会属性的个体属性的组合彼此之间存在显著差异时，或者当个体属性可能实现的组合数量很大甚至无穷时，就会出现这种情况（参见Sawyer，2005：67）。根据索耶的观点，正是这些随附性社会属性的子集，即它们不是简单地多重实现，而是广泛地多重实现，才能称为涌现性社会属性。正如他所说，“当一种社会属性在个体的广泛析取系统中被多重实现时，它就可以说是涌现的”（Sawyer，2005：72）。

综上所述，索耶的社会涌现理论将涌现性社会属性作为研究重点。由于“随附性”指的是一种共时依存关系，而涌现关系又是随附性关系的一个子集，因此，涌现也是一种共时依存关系。正是因为索耶将涌现性社会属性描述为一种特殊的 128
随附性，所以他的方法可以被描述为一种基于随附性的社会涌现理论。同时，他关于社会涌现的概念是本体论的：如果随附性的社会属性满足本体论的标准，即它们是多重可实现的，并且是以一种广泛析取的方式实现的，那么它们就是涌现的。最后，我们来看看索耶和埃尔德-瓦斯是如何产生分歧的。索耶认为涌现的社会属性是随附性的，并且是广泛多重实现的；而埃尔德-瓦斯认为涌现的社会属性是社会实体所拥有的属性，社会实体凭借其部分在那时适当相关的。这两种观点认为，必须满足完全不同的条件，才能使社会属性具有涌现性。

人们可能想知道索耶是否也讨论了不可还原的、不可解释的、新颖的及不可预测的特征，这些特征有时用来描述涌现现象。这一点得到了澄清，索耶主要关注其中一种特征。他反复强调，涌现的社会属性是不可还原为其所产生的更基本的属性，即个体属性。他认为，一种涌现的社会属性并不等同于个体属性的单一组合。这一本体论主张背后的原因已经在前面提到过了：由于它们是可广泛多重实现的，涌现的社会属性必须等同于个体属性的不同组合的析取。

在哲学中，人们经常将关于属性是随附性和多重实现的反思作为对这些属性的说明。索耶也是这样做的。他在这些方面为方法论的整体主义辩护。他论证的核心是社会规律不能还原为个体规律。他讲得很清楚，社会规律是指在其前提下的社会属性，而个体规律是指在其前提下的个体属性。此外，根据对内格尔理论还原模型的普遍解释，索耶认为，为了将社会规律还原为个体规律，必须借助桥接律。桥接律将社会属性的每个描述与个体属性组合的单个描述联系起来，同时强调社会属性等同于个体属性的组合（参见Sawyer，2002：548）。桥接律使得将社会属性的每个描述替换为个体属性的相应描述成为可能，这样社会规律就可以被相应的个体规律所替换。索耶指出，现在的问题是，当社会规律在其前提中指的是涌现的社会属性时，桥接律就不能被提出，由于它们是可广泛多重实现的，这些属性不能被等同于个体属性的单个组合。这意味着，当社会规律在其前提中指的是涌现的社会属性时，它是不可还原的，它不能被个体规律所取代。索耶坚持认为，正是因为在这些不可还原律中包含了涌现的社会属性，它们才能称为因果效力属性（Sawyer，2005：71-72，另见 Sawyer，2003）。

从发现不可还原的社会规律到得出整体主义说明是不可缺少的结论只有一步之遥。索耶倾向于说明的覆盖律模型，其认为说明必须包含规律。此外，他认为涉及社会规律的说明是整体主义的说明，而涉及个体规律的说明是个体主义的说明。在此基础上，我们考虑一下整体主义的说明，其诉诸社会规律（前提指的是
129 涌现的社会属性）。因为这些规律是不可还原的，所以诉诸它们的整体主义说明不能被个体主义说明所取代，个体主义说明指的是相应的可还原的个体规律。这说明整体主义的说明是必不可少的。通过这种方式，索耶关于社会涌现的论述为方法论整体主义所辩护：当说明诉诸社会规律（前提指的是涌现的社会属性）时，它们不能被排除在相应的个体主义说明之外。

索耶对社会涌现的论述引发了争论。根据格雷夫（J. Greve）的观点，索耶必须承认社会规律有时会将涌现的社会属性与个体属性的不同组合的析取联系起来（Greve，2012）。然而，格雷夫认为，由于索耶认为这种析取性的规律是可以接受的，因此如果桥接律将对社会属性的描述与对个体属性的不同组合的析取相联系，那么与此同时，他主张桥接律是可接受的。格雷夫认为，由于这种不一致性，索耶并没有对下向因果关系进行令人信服的辩护，因为他认为存在社会规律将涌现的社会属性与个体属性的组合联系起来（Greve，2012）。[参见索耶的回应（Sawyer，2012）和格雷夫对此的回应（Greve，2013）。] 另一种批判由埃尔德-瓦斯提出，他集中于索耶的立场，即随附性的社会属性被认为是可广泛多重实现的（Elder-Vass，2014）。例如，当随附性的社会属性被大量的个体属性的组合所实现时，它们就会广泛多重实现。埃尔德-瓦斯提出疑问，为什么实现个体属性组合的绝对数量很重要？具体需要多少个体属性的组合才能使实现的数量成为大的？由于索耶没有回答这些问题，埃尔德-瓦斯得出结论，索耶关于社会涌现的叙述在这方面是难以令人满意的。最后，佩特里·于利科斯基指出，内格尔的理论还原模型和说明的覆盖律模型在科学哲学中都受到了猛烈的批判（Ylikoski，2009）。因此，于利科斯基坚持认为，索耶对方法论整体主义的辩护建立在这两个模型上是有问题的。

第三节　生 成 涌 现

在社会科学中，ABC 模型被用来研究众多相互依赖的主体行为如何产生各种社会现象。这种研究的早期实例是托马斯·谢林在 20 世纪 60 年代末至 70 年代的

著作，他在书中讲述了那些居住在隔离社区的个体相互依赖的行为方式，而这些个体实际上更愿意生活在混合社区（参见 Schelling，1978）。然而，直到 20 世纪 90 年代计算机进行 ABC 建模，这种方法才真正普及开来。作为对该方法的反思的一部分，ABC 建模者引用了社会涌现的概念。在这一节中，我们将讨论爱泼斯坦关于社会涌现的生成性论述。爱泼斯坦是 ABC 模型的创始人和有影响力的支持者。

爱泼斯坦关注的是一种特定的社会现象，即宏观的模式或规律，如交通堵塞、财富分配、价格分配、移民、内战、经济阶层、规范分配和军事策略。爱泼斯坦认为，诸如此类的社会现象或属性在“由区域主体相互作用而产生”时会涌现［Epstein（2006：38），源于 Epstein and Axtell（1996：35）］。也就是说，随着时间的推移，宏观模式是由主体与其他主体的相互作用而涌现的，而这些主体与其他主体之间具有某种联系或密切关系。因为这种涌现的宏观模式被认为是产生于 130
基本的现象，以主体的形式在一段时间内进行相互作用，这种观点将社会涌现描述为历时的依赖关系。此外，涌现的概念是本体论的：宏观模式作为涌现必须满足的标准与我们拥有关于这些模式的知识或缺乏相同的知识无关。

ABC 建模者研究涌现性社会现象的生成方法是通过创造人工社会，其中人工智能体产生人工涌现性社会现象。正如爱泼斯坦所解释的，ABC 模型的构建涉及对人工智能体的初始规范，包括它们所遵循的规则以及它们所具备的其他属性。初始规范总是规定人工智能体是自主的，即“作为模型规范，没有从一开始就假定有中央控制器或其他高级权限”（Epstein，2006：6）。而且，人工智能体通常是异质的：它们并非都具有相同的属性。例如，他们可能在喜好、体能、社会角色等方面有所不同。此外，这些规则使得智能体与其他密切相关的智能体或与它们以某种方式连接的其他智能体进行相互作用。正是由于这个原因，他们的行为符合区域标准。最后，爱泼斯坦认为，初始规范使人工智能体具有有限理性是很常见的。这意味着模拟的人工智能体只能获得关于其人工社会的不完整信息。例如，他们可能只具备在一定距离内观察事物的能力，结果他们对周围环境的信息了解得并不完善。同样，人工智能体的有限理性意味着其只具备有限的计算能力，因为它们必须按照相当简单的规则行事（Epstein，2006：6）。这种规则的一个实例可能是去最近的无人居住的地方，那里有储备丰富的食物。除了人工智能体的初始规范外，人工智能体“生存”的环境也必须通过规定其属性及其发展所依据的规则来建立。

一旦确立了人工智能体及其人工环境的初始规范，就可以通过使人工智能体在人工环境中按照其规则活动来运行模型。最终，规则的重复应用导致了一种人工涌现的社会现象的生成。爱泼斯坦将其描述为一种“自下而上的宏观规律性”的增长（Epstein，2006：7）。他进而主张，当初始规范被证明会产生人工的宏观规律时，它可以被认为是一种对相应的现实生活中涌现的社会现象的选择性说明。事实上，爱泼斯坦坚持认为，即使是为了成为一种真实的涌现性社会现象的选择性说明，也必须确定，如果这种说明变成了初始规范并运行，它将导致该现象的人工形式的生成。爱泼斯坦得出结论：“如果你没有生成它，你就不能解释它的涌现。”

在此基础上，我们可以简要地注意到爱泼斯坦对涌现概念的一些进一步的思考。除此之外，他还指出，在 ABC 模型环境中，将涌现现象定义为不可解释是没有意义的。ABC 建模者认为在原则上可以解释涌现性社会现象：这一假设是他们努力寻找可能生成并作为涌现性社会现象的选择性说明的初始规范的基础
131 （Epstein，2006：36）。爱泼斯坦相应指出，如果基于 ABC 模型的说明被视为一种还原，那么在 ABC 模型环境中，以不可还原来区分涌现现象的立场也必须被拒斥。最后，他强调，由于涌现现象有许多不同的解释，ABC 建模者应该考虑不去使用这个概念，或者至少他们应该对其所提出的涌现概念进行谨慎的解释。

在对 ABC 模型的讨论中，经常可以看到这样的观点，即 ABC 模型是方法论个体主义的代表，或者是与支持方法论个体主义密切联系（参见 Macy and Flache，2009：248；Wan，2011：188）。在 ABC 模型中，人工智能体是在人工环境中遵守各种规则的人类个体。遵循这些原则的初始规范可以轻易地变成一个选择性的个体主义说明，即说明个体如何根据各种规则行动，从而导致一种涌现的社会现象。此外，根据进一步的实证研究，可以确定，这种说明实际上是对涌现的社会现象的个体主义说明。这样，ABC 模型确实可以作为个体主义说明前进的基础。

然而，这并不是说 ABC 建模者必须赞同方法论个体主义。正如爱泼斯坦同样指出，ABC 模型中的人工智能体并不一定代表人类个体（Epstein，2006：7）。在 ABC 模型中的人工智能体完全可以被确定为企业或家庭。在这些情况下，初始规范可能不会变成选择性（和实际的）个体主义的说明。相反，它们可以作为选择性（和实际的）整体主义说明的基础，表明社会现象（如企业或家庭）如何产生各种影响。此外，尽管爱泼斯坦没有明确指出这一点，但他的论述揭示了 ABC 模型与拒斥方法论个体主义相兼容的另一个原因。这篇文章指出，个体主义的说明在社会科学中应该被单独提出。然而，ABC 模型的使用与以下观点（正如爱泼斯坦所做的那样）完全兼容：除了基于这些模型的说明之外，其他的说明有时也是合理的。因此，我们也有理由认为，这些选择性说明有时应该是整体主义的。这些论述表明，ABC 建模者可能（但不需要）赞同方法论的个体主义（参见 Marchionni and Ylikoski，2013）。

作为对爱泼斯坦论述的回应，我们可以注意到 ABC 建模者对于社会涌现的正确定义方式存在分歧。例如，ABC 模型的另一位支持者彼得·赫斯特洛姆（Peter

Hedström）认为，涌现的社会现象是“由个体行为引起的”（Hedström，2005：75）。此外，他还指出，涌现的社会现象是这样的，即“在实践中，不能通过了解部分的前涌现属性的所有知识来预测它们”（Hedström，2005：74）。因此，与爱泼斯坦不同的是，赫斯特洛姆将实践中的不可预测性视为涌现的构成特征，因此他支持涌现的认识论概念。此外，作为批判爱泼斯坦理论的实例，我们可以简要地论述梅西与弗拉什（Flache）关于 ABC 模型和说明的观点。她们指出，为了能够生成一个宏观模式，ABC 建模者可能最终会得到一个非常复杂的初始规范（Macy and Flache，2009：263）。然而，如果初始规范如此复杂，以至于很难看出所讨论的人工社会现象是如何从中涌现的，那么规范就失去了它的说明潜力。因此，她们提出，爱泼斯坦的座右铭——如果一种社会现象没有生成，它的涌现就没有得到解释。因此需要用另一个口号来补充：“如果你不知道你是如何生成它的，你就没有解释它。” 132

第四节 结 论

综上所述，我们考察了社会涌现的三种理论。关系的和基于随附性的理论认为社会涌现是一种共时的依存关系。它们代表了社会涌现的不同观点。相比之下，生成论认为社会涌现是一种历时的依赖关系。由于它关注随时间推移所发生的事情，因此它与任何共时性理论都不冲突。也就是说，我们可以认为存在两种涌现的社会现象，一种是与更基本的现象同时涌现的社会现象，另一种是随着时间的推移，从更基本的现象中涌现的社会现象。这三种理论都是对社会涌现有影响的本体论概念。然而，它们绝不是唯一合理的理论。关于如何正确地理解社会涌现，以及这种解释与个体主义、整体主义之间可能存在的联系，仍然存在着一场持续的争论。[2]

注 释

1 本节内容是对扎赫勒 2014 年内容的阐述和扩展（Zahle，2014）。

2 我要感谢图卡·凯德索亚、李·麦金太尔、佩特里·于利科斯基，以及简·法耶（Jan Faye）与克莱门斯·卡佩尔（Klemens Kappel）对本章早期版本的有益评论。

参考文献

Archer, M. 1995. *Realist Social Theory: The Morphogenetic Approach*. Cambridge: Cambridge University Press.

Bhaskar, R. 1982. "Emergence, explanation, and emancipation," in P. F. Secord (ed.), *Explaining Social Behavior*. Beverly Hills: Sage: 275-310.

Bhaskar, R. 2000[1979]. *The Possibility of Naturalism*, 3rd ed. London: Routledge.

Blau, P. M. 1964. *Exchange and Power in Social Life*. New York: John Wiley.

Bunge, M. 2003. *Emergence and Convergence*. Toronto: University of Toronto Press.

Elder-Vass, D. 2010. *The Causal Power of Social Structures: Emergence, Structure, and Agency*. Cambridge: Cambridge University Press.

Elder-Vass, D. 2014. "Social emergence: relational or functional?" *Balkan Journal of Philosophy*, 1: 5-16.

Epstein, J. M. 2006. *Generative Social Science. Studies in Agent-Based Computational Modeling*. Princeton, NJ: Princeton University Press.

Epstein, J. M. and Axtell, R. 1996. *Growing Artificial Societies: Social Science from the Bottom Up*. Washington, DC: Brookings Institution Press.

Fodor, J. A. 1974. "Special sciences (Or: The disunity of science as a working hypothesis)," *Synthese*, 28(2): 97-115.

Greve, J. 2012. "Emergence in sociology: a critique of nonreductive individualism," *Philosophy of the Social Sciences*, 42(2): 188-223.

Greve, J. 2013. "Response to Keith Sawyer," *Philosophy of the Social Sciences*, 43(2): 246-256.

Hedström, P. 2005. *Dissecting the Social: On the Principles of Analytical Sociology*. Cambridge: Cambridge University Press.

Homans, G. C. 1950. *The Human Group*. New York: Harcourt, Brace & World.

King, A. 2007. "Why I am not an individualist," *Journal for the Theory of Social Behaviour*, 37(2):
133 211-219.

Macy, M. and Flache, A. 2009. "Social dynamics from the bottom up. agent-based models of social interaction," in P. Hedström and P. S. Bearman(eds.), *The Oxford Handbook of Analytical Sociology*. Oxford: Oxford University Press: 245-268.

Marchionni, C. and Ylikoski, P. 2013. "Generative explanation and individualism in agent-based simulation," *Philosophy of the Social Sciences*, 43(3): 323-340.

McLaughlin, B. P. 1992. "The rise and fall of British emergentism," in A. Beckman, H. Flor, and J. Kim (eds.), *Emergence or Reduction? Essays on the Prospects of Nonreductive Physicalism*. Berlin: Walter de Gruyter: 49-93.

Parsons, T. 1968 [1937]. *The Structure of Social Action*. New York: The Free Press.

Porpora, D. 2007. "On Elder- Vass: refining a refinement," *Journal for the Theory of Social Behavior*, 37(2): 195-200.

Putnam, Hilary. 1967. "Psychological predicates," in W. H. Capitan and D. D. Merrill (eds.), *Art, Mind, and Religion*. Pittsburgh: University of Pittsburgh Press: 37-48.

Sawyer R. K. 2002. "Nonreductive individualism: part I—Supervenience and wild disjunction," *Philosophy of the Social Sciences*, 32(4): 537-559.

Sawyer, R. K. 2003. "Nonreductive individualism: part Ⅱ—Social causation," *Philosophy of the Social Sciences*, 33(2): 203-224.

Sawyer, R. K. 2005. *Social Emergence: Societies as Complex Systems*. Cambridge: Cambridge University Press.

Sawyer, R. K. 2012. "Response to 'emergence in sociology'," *Philosophy of the Social Sciences*, 42(2): 270-275.

Schelling, T. C. 1978. *Micromotives and Macrobehavior*. New York: W. W. Norton & Co.

Wan, P. Y.-Z. 2011. "Emergence à la systems theory: epistemological totalausschluss or ontological novelty," *Philosophy of the Social Sciences*, 41(2): 178-210.

Ylikoski, P. 2009. "Review of social emergence by R. Keith Sawyer," *Philosophy of the Social Sciences*, 39(3): 527-530.

Zahle, J. 2014. "Holism, emergence, and the crucial distinction," in J. Zahle and F. Collin (eds.), *Rethinking the Individualism-Holism Debate: Essays in the Philosophy of Social Science*. New York: Springer: 177-196.

延伸阅读

Bedau, M. A. and P. Humphreys (eds.). 2008. *Emergence. Contemporary Readings in Philosophy of Science*. Cambridge, MA: MIT Press. 这是一本关于涌现有用的论文选集。

Kaidesoja, Tuukka. 2013. *Naturalizing Critical Realist Social Ontology*. London: Routledge. 该书对批判现实论的涌现概念进行了考察和讨论。 134

第十二章　方法论个体主义

佩特里·于利科斯基（Petri Ylikoski）

有关社会科学说明的观点是方法论个体主义（methodological individualism，MI）争论的核心。MI 的精髓是在乔恩·埃尔斯特的定义中捕获的：

所有的社会现象——它们的结构和变化——原则上只能用个体的性质、目标、信念和行动来说明。（Elster，1985：5）

对于许多像埃尔斯特这样的个体主义者来说，如果理解得当，MI 的基本思想是显而易见的，甚至是无须赘述的。然而，同样地，对于许多反对者来说，这一理论对社会科学理论化是一个明显错误和不必要的限制。本章的主要任务是说明这种情况发生的可能性。这在很大程度上取决于 MI 是如何形成的。也许大卫·鲁本（David Ruben）是对的：

方法论个体主义从来没有以足够的清晰度和精确性来陈述，以达到适当的评价。（Ruben，1985：13）

然而，关于社会解释的利害关系远不止抽象的问题。强烈的情感与 MI 的标签有关。它与其他高度活跃但模糊的概念（如还原论和政治个体主义）相联系。还原论通常被认为对学科自主有强烈的影响，因此充满了学科政治。对于一些社会科学的 MI（没有任何精确的定义）已经成为学科认同的一部分。在经济学中，对 MI 的否定仅仅意味着缺乏对经济学的理解。相比之下，对许多社会学家来说，支持 MI 标志着一种反社会主义态度，它忽视了社会现实中许多重要的方面。政治恰巧出现在这个图景中，是因为人们常常怀疑，关于个体主义的方法论争论是挑战或推动像马克思主义或自由主义这样的政治观点的隐蔽手段。虽然同一性和政治问题对理解 MI 的争论是重要的，但我将在本章中将它们放在一边，并将焦点放在辩论的核心哲学问题上。

第一节　多维度探讨方法论个体主义

关于 MI 的争论始于 20 世纪 50 年代。然而，这个术语由来已久。1908 年，约瑟夫·熊彼特介绍了这一理论，将经济学中的个体主义作为一种方法论方法与作为一种政治立场的个体主义区分开来。值得注意的是，熊彼特并没有将 MI 作为适用于所有社会解释的一般原则，而是作为理论经济学中使用的一种特殊方法（Udéhn，2001：104-106）。MI 通过约翰·沃特金斯的研究成果成为一个关于社会解释的一般论题。受马克斯·韦伯、哈耶克和卡尔·波普尔的启发，他将 MI 作为一个关于社会本体论和说明的一般理论进行了阐述和辩护，并受到了广泛关注。熊彼特和沃特金斯讨论的出发点都是马克斯·韦伯的著作，但一旦争论开始，这种联系就被切断了，MI 被作为一种社会解释的一般概念来讨论。

沃特金斯最初对 MI 的论证非常松散：

> 所有的社会现象都是直接或间接地由人类创造的……社会科学家可以继续寻找对社会现象的说明，直到他们把它还原为心理学术语。（Watkins，1952：28-29）

很显然，沃特金斯认为后一个关于说明的主张是对第一个关于本体论主张的简单暗示，而整体原则则是相当琐碎的。结果证明他只对了一半。几乎没有人会对第一个关于本体论的主张提出异议。而第二个主张引起了人们的争议。尽管沃特金斯谈到了还原和心理学，但他真正的主张（受到马克斯·韦伯的启发）是社会现象是“仅仅通过被证明是个体活动的结果来说明的”（Watkins，1952：29）。因此，中心论点似乎是，只有个体属性，如“个体的性格、信念和关系”（Watkins，1952：29），才能在社会科学中做出一些真正的说明工作。这是核心问题。虽然大多数批评家并不否认个体属性在社会解释中所起的作用，但他们质疑个体属性是否充分。我们将回到这个核心问题上来，但首先让我们把沃特金斯的主张放在某种语境下。

五年后，沃特金斯阐明了一个重要的背景假设：

> 如果方法论个体主义意味着人类应该是历史上唯一的行动主体，如果社会学整体主义意味着某些超人的主体或因素应该在历史上起作用，那么这两种选择是详尽无遗的。（Watkins，1957：106）

这意味着 MI 的一个重要动机是将科学或哲学上可疑的说明因素从社会科学中排除出来。对于沃特金斯、韦伯和其他方法论个体主义者来说，人类意向性主体是社会世界中唯一不可还原的目的论来源。因此，凌驾或超越个体主体的目的论历史规律已经过时（Watkins，1957；Pettit，1993：ch. 3）。同样被质疑的是将目标、兴趣或行动不加批判地归因于国家、阶级和其他社会整体。

沃特金斯的这两段引文已经表明，从一开始，MI 就一直是一个复杂的不同问
136 题的混合体。基于人们关注沃特金斯视角的不同，或是他下的定义，或是他举的例子，或是他打算批评的观点，人们对这个关键问题的看法截然不同。此外，当沃特金斯和其他个体主义者对这些批评作出回应时，他们经常重新表述 MI，而这又导致了一系列新的批评、辩护和重新表述。因此，有许多关于 MI 的不同争论流（Udéhn，2001）相继出现，例如：

（1）关于社会科学中理性选择方法论的范围存在争议。沃特金斯的第一篇论文讨论并捍卫了马克思·韦伯对经济学家所采用的模型构建策略的重建。在这一策略中，他将社会现象说明为主体的理性和自利行为的结果，这些主体是由以理论家规定的偏好为特征的，并且他们正面临着某种社会状况。从沃特金斯后期的著作中可以清楚地看出，他打算把 MI 作为一个关于社会解释的更一般的论题，但是 MI 和理性选择方法论之间的联系仍然很强。这种联系在经济学和社会学中都很清楚，在社会学中，MI 通常只是理性选择启发方法的替代标签。这是自然的，因为这正是熊彼特最初所采用的“方法论个体主义”的方法论。

（2）关于社会概念的可还原性存在争论。沃特金斯最初的定义是将社会现象还原为个体性格。在 20 世纪 50 年代和 60 年代，社会概念的含义应该用个体谓词来定义。这个观点认为，一个“银行出纳员”并不意味着他是一个特定个体，而是以社会制度“银行”的存在为前提的。因为这些社会事实不能还原为个体的心理事实——因为社会概念的翻译离不开个体概念——MI 的批评者认为说明性还原也失败了（Mandelbaum，1955）。这场关于语义个体主义的辩论在 MI 的最初几十年里很重要，但是后来它越来越无关紧要了。大多数人接受某种意义上的整体主义（Pettit，1993：ch. 4），但不认为它与 MI 关于说明的争论有关。

在本章中，我不会广泛地讨论这些主题。下文重点将是理解 MI 的核心假设：个体行为的本体论优先性和这一观点的说明含义。

第二节　辩论的辩证法

MI 辩论最令人惊讶的特点之一是，许多参与者将自己的立场视为显而易见
137 的，并发现任何反对意见都难以理解。对于像沃特金斯和埃尔斯特这样的人来说，只要理解得当，MI 几乎是简单明了的事实。同时，像史蒂文·卢克斯和杰弗里·霍

奇森（Geoffrey Hodgson）这样的反对者发现，一旦本体论和说明性理论之间的区别得到了正确的认识，这种学说就非常难以置信。关注点的不同说明了这个令人费解的差异。

对于大多数 MI 的倡导者来说，其主要动机是从社会科学中清除可疑的说明性因素。他们非常清楚自己反对什么：

> 方法论集体主义……假设在解释顺序上，存在先于个体的超个体实体。说明来自自我调节或这些更大实体的发展规律，那么个体行为则来自聚合模式。（Elster，1985：6）

换言之，方法论个体主义者希望排除与个体能动性不相容的历史或功能性规律，将能动性或其他心理属性归因于松散的集体实体（如国家或阶级）以及不受潜在的因果机制支持的功能性说明。对他们来说，MI 的定义主要是用来排除这些关于社会解释的可疑观点的工具。更普遍地说，方法论个体主义被认为是对付模糊性和一般概念模糊性的有效解药。在这样的背景下，他们发现很难相信会有任何严重的科学反对他们的观点，这并不奇怪。

对 MI 的批评主要集中在该学说的表述上。他们中很少有人捍卫集体主义、整体主义或有机主义的实证纲领。同样地，他们也不捍卫知识蒙昧主义。（可能方法论整体主义是一种哲学理想类型，就像认识论中的怀疑主义一样：它是一种可识别的哲学立场，但在现实生活中很难找到。）反个体主义者认为令人反感的是个体主义学说所表述的含义。对于他们来说，MI 要么是琐碎的，要么限制性太强。如果表述得过于宽泛，这一学说就可以容纳一个明显的反个体主义者想要的一切。在这种情况下，很难看出有什么问题。另一方面，如果这一学说表述得过于严格，它将排除完全合理的社会解释，认为有用的和没有问题的社会科学概念是不合法的，并使社会世界的重要部分无法说明。这就是反个体主义者辩护的主要动机。

霍奇森（Hodgson，2007）清楚地阐明了这种琐碎的或错误的困境[另一种表述参见 Lukes（1968）]。据他所说，有两种方法可以表述 MI：

> （a）社会现象应完全根据个体来说明；或
> （b）社会现象应根据个体加上个体之间的关系来说明。（Hodgson，2007：220）

版本（a）是一个强有力且有趣的声明。然而，很难看出如何实际地实现这样一个计划。此外，从沃特金斯到埃尔斯特的大多数个体主义者都以一种允许个体之间关系的方式表述了 MI。他们不是否认个体之间关系和互动重要性的原子论者（Wright et al.，1992：109-113）。此外，他们并不否认社会过程在个体形成中的作 138
用。对他们来说，只要社会影响是通过与其他个体的互动而发生的，那么社会对个体信念、愿望、性格或机会的影响是完全可以接受的。根据霍奇森的说法，这一举措已经通过创建一个后门，将制度和社会结构作为可以接受的说明因素，从而使 MI 变得无足轻重。他认为，在现代社会理论中，社会结构通常被认为是个体之间一系列的互动关系，而社会制度则被认为是一类特殊的社会结构，其中涉及一些普遍遵守的规则。因此，如果 MI 使社会结构和社会制度合法化，那么人们就很容易接受其中的要义，但很难看出其中的问题。

不难看出个体主义者将会如何回答。他们会指出霍奇森对现代社会理论的看法过于乐观：有许多模糊的社会理论，其中假设结构、心态、话语等与个体及其关系之间的联系并不像霍奇森所说的那样毫无问题。因此，虽然 MI 的原始目标已经消失，但周围仍然有足够的模糊性使 MI 变得相关。这就是这场辩论的修辞背景：双方只提供两种选择，但同时辩称反对方正在制造一个错误的困境。

第三节　精确的难度

MI 的核心观点是，以个体及其行为为基础的说明在某种程度上是享有特权的。为了使这一主张更加精确，我们需要就如何界定个体和非个体的社会属性、普遍的说明观点以及说明特权假设的链接和理由达成一个普遍共识。问题是在这些问题上没有共识。

MI 的公式假设我们可以说哪些属性是个体可以接受的，但是个体和非个体社会属性之间的界限是有争议的。考虑到这个问题的中心性，惊讶于它没有得到更多的关注。例如，虽然我们已经看到了社会关系属性在辩论中的相关性，但没有人提供关于社会关系属性的详细描述。同样，讨论中也缺少对社会科学中各种宏观社会概念的系统分类和分析（Ylikoski，2012）。金凯德观察到“个体主义-整体主义的争论一直是关于修辞的长篇大论，缺乏明确性”（Kincaid，1997：13），这似乎是正确的。因此，典型的个体主义者使用一组直观的、个体可接受的属性，而反个体主义者则指责他们作弊。个体主义者要么对个体属性的定义过于宽泛，以至于与温和的整体主义立场没有区别，要么他们很容易地忘记了他们所谓的个体主义说明的结构/制度预设。

类似的观察也适用于说明。基于对社会解释的一些直觉进行论证是很常见的。人们对说明有不同的直觉，所以难免他们会得出不同的结论。在说明方面，我们也有很多明确的理论。事实上，过去的 60 年来，MI 就说明理论的争论非常富有成效（Salmon，1989；Woodward，2003）。问题是，关于正确的说明理论还没有达成普遍共识。因此，虽然沃特金斯在他的论点中使用的演绎-律则的解释几乎失去了吸引力，但还不清楚替代理论应该是什么。虽然大多数人会寻求某种因果说明理论，但细节很重要。不同的说明理论对 MI 产生不同的结果。例如，如果说明涉及因果或反事实依赖的陈述（Woodward，2003），各种制度和结构事实很容易被证明是说明性的。它们是因果差异的制造者，所以它们为什么不能成为完全合理的说明原因呢？然而，个体主义者可能对此并不满意。例如，他们可以区分纯粹的因果关系的主张和恰当的说明。虽然人们可能确实可以提出涉及宏观变量的合理因果主张，但这些都不足以作出说明。许多个体主义者认为基于机制的说明理论很有吸引力（Elster，1985，2007；Hedström and Ylikoski，2010）。因此，他们可以辩称，完全机械化的说明将包括个体，从而证明他们的信念，即个体主体在所有社会解释中都具有关键作用。 139

在科学哲学家中，一个流行的策略是运用心灵哲学的概念工具来解决个体主义-整体主义的争论。其观点是将这个问题视为类似于设想身心关系的主流方式（Currie，1984；Pettit，1993；Kincaid，1997；Zahle，2006；Sawyer，2005；List and Spiekermann，2013）。反个体主义者对提出类似于非还原唯物主义的论点的可能性感到兴奋。其观点是在不丧失对非个体社会属性的说明自主权的情况下，拥有个体可接受的本体论。这种策略的吸引力基于这样一种信念，即随附性和多重实现的思想为反对还原论提供了一种简洁的方法。随附性的基本思想是，高阶属性可以通过低阶属性来多重实现，但一旦低阶属性被固定，高阶属性也就被固定。如果在原生属性上没有区别，在随附属性上也就没有区别。多重可实现性被假定为阻止将社会属性还原为个体属性，而实现性则保证不会发生任何本体论上的诡异现象。

这种方法的问题在于，尽管它给辩论带来了更多技术上的复杂性，但它并没有真正解决这个问题。第一个问题是，虽然早期对随附性的热情是基于非还原唯物主义的观点，但随附性与还原之间的关系已经变得相当模糊。对于如何理解还原的概念没有统一的看法：结果取决于你如何理解还原的说明。因此，这一策略并没有绕过对说明理论达成一致性的问题。第二个问题是，这一策略还以解决个体和社会属性之间的界限问题为前提。只要对个体可接受的属性存在普遍的分歧，心灵哲学的策略就不能解决这个问题。事实上，如果不对个体属性达成一致，人们甚至无法评价社会属性随附于个体属性的主张。第三个问题是，这种方法为辩论引入了一种强烈但可能具有高度误导性的形而上学层面的观点。对于哲学家来说，谈论个体和社会的层面可能是很自然的，但是这个计划——以及心灵与大脑关系的类比——在社会科学中的应用程度是值得怀疑的。正如我在其他地方所说的（Ylikoski，2014），等级的隐喻可能是以一种高度误导性的方法来构想社会科学的微观-宏观关系。最后，这种方法在方法论上是完全没有结果的。哲学辩论从科学的视角出发，涵盖了未来得到充分证实的社会理论和个体理论之间的关系。
140 这是一场在缺乏适当还原说明理论的情况下，虚构理论之间的还原关系的原则性辩论。可以预期的是，这场高度抽象的辩论在方法论上的实际含义是相当稀少的。

在说明和界定个体属性的问题上，我们似乎必须容忍一些不确定性和模糊性。如果这些问题没有明确的答案，我们将无法对辩论有一个确定的哲学解决方案。通过关注说明性特权的概念，仍然可能取得一些进展。关于个体属性具有说明性特权的主张至少可以理解为三种不同的方式。首先，我们有一个强有力的公式：

S-IM：所有的非个体属性都不是说明性的。

这一主张直接否认了与非个体社会属性的任何说明性关联。这个直截了当的论点通常是 MI 批评的目标。然而，还不清楚个体主义者是否真的认同这一原则。从沃特金斯（Watkins，1957：106）开始，个体主义者将日常社会科学未完成的或半途而废的说明与想象的最低说明进行了对比。例如，埃尔斯特写道：

在原则上，社会科学中的说明应该只涉及个体及其行为。然而，在实践中，社会科学家们将超个体实体，如家庭、公司或国家，称为*无害的速记*（harmless shorthand），或是由于缺乏数据或细粒度理论而强加给他们的*次优方法*。（Elster，2007：13）

因此，埃尔斯特似乎同意一个不那么苛刻的论题：

E-IM：非个体属性可以是派生说明性的，并且可以作为适当的个体说明的占位符（placeholders）。

这是一种解释部分说明的方法。它保留了批评家的直觉，即非个体属性是说明性的，并且与社会科学的日常说明实践相兼容，但仍然对说明特权的概念有着强烈的承诺。然而，还有另一种方法来重构最低说明的概念：

W-IM：只要非个体属性在可接受的个体说明因素中具有令人满意的微观基础，那么它们在说明上是合法的。

这些公式之间的差异是显著的，但它们都体现了这样一个观点，即所有的东西最终都可以用个体属性来说明。在 S-IM 的情况下，这是直接发生的，而在 W-IM 中，这是通过说明性前提链发生的：非个体属性是说明性的，但前提是它们可以被赋予可接受的微观基础。E-IM 是两者之间的折中方案，但它是基于一个相当模糊的占位符说明概念。考虑到这一困难，接受 W-IM 更有意义。注意，W-IM 也可能被大多数反个体主义者所接受，这取决于如何理解微观基础的概念。如果微观基础的需求被理解为还原，反个体主义者就会不认同这一观点；但如果它仅仅表明社会整体是如何由个体、他们的精神状态、关系和物质资源构成的，那么大多数人可能会准备好接受这一论点。这不是一个问题，没有理由认为MI必须是一个有争议的学说。然而，我们仍然没有回答为什么个体属性享有说明性特权的问题。 141

第四节　行动中的方法论个体主义

对抽象原理的研究并不会使我们走太远。在关于MI的哲学争论中，一个主要的问题是缺乏真实的例子。因此，在实践中对MI做一个简单的观察是有意义的。博弈论（game theory）在行动中常被称为MI。因此，我们可以假设，这让我们很好地了解了这些个体主义者所认为MI在实践中的样子。

博弈论通过将战略互动建模为博弈来进行研究，在博弈中，主体面临着不同行为之间的选择，其结果取决于其他主体的选择。出于我们的目的，这个设置中最相关的部分是游戏规则。它们决定了哪些策略对主体开放，信息和资源如何分配给主体，以及如何产生个体收益（和其他结果）。游戏的形式化描述通常不引入社会结构和制度规则，这可能使模型看起来不涉及这些东西。然而，这种印象是完全错误的。虽然有些规则可以解释为对个体参与者相互作用的物理情况的描述，但其他规则则描述了外部机构（Janssen，1993：36）。因此，在实践中，博弈论者（和个体主义者）似乎没有发现社会结构和制度作为其模型的背景因素存在问题。

此外，这些因素似乎是博弈论模型的核心说明变量。如果这听起来很奇怪，请考虑以下观察结果。博弈论与理性选择理论一起运作，理性选择理论并不是对个体主体的一个非常丰富或经验性的描述。关于理性和知识的强有力的假设通过其分析上的便利性得到了证明：即使这些假设被放宽，有趣模型的结果仍然是稳健的。博弈论并没有真正专注于研究个体的心理生活。相反，它是对战略互动情景的分析。此外，它不是通过点预测业务，而是比较静态分析来探究游戏参数是如何通过改变玩家的行为和集体结果而变化的。换句话说，人们关注的是规则的变化如何改变主体的选择（从而改变结果）。如果一个研究中的关键说明变量发生系统性的变化且其结果是可观察的，那么我们可以得出如下结论：社会结构和社会制度是博弈论社会科学中的关键说明变量。此外，很难相信，如果重建这些事实，即假设在某些“个体主义”词汇中，即使在原则上是可能的，博弈论的说明力也会增加。相反，模型只会变得更加复杂，且不会提供相关兴趣点问题的额外见解。

这些结构性的前提并没有被MI的批评者所忽视，他们指责个体主义者没有实践他们所宣扬的（Kincaid，1997）。然而，很难相信人们会对自己的活动产生如此严重的误解。也许 MI 的核心是拥有个体主体，而不是将所有的属性还原为个体属性？因此，只要结构和制度事实不涉及任何可疑的集体主体，并且可以以符合个体主义本体论要求的方式加以说明，就可以允许这些事实。换言之，只要制度和结构事实不存在有问题的说明前提，并且说明涉及个体主体，那么制度和结构事实在说明中是可以接受的。这听起来很像 W-IM，并且与社会学家西格沃特 •林登伯格（Siegwart Lindenberg）、詹姆斯 •科尔曼（James Coleman）和彼得 •赫斯特洛姆所描述的“结构性个体主义”相一致（Udéhn，2001：318-319）。

博弈论提供了另一个令人惊讶的观察结果：博弈论模型中的主体不一定是个
142 体。经济学家和政治科学家似乎接受公司、家庭、政府和其他组织作为他们模型中的主体，而且个体主义者对此并不抱怨。此外，具有讽刺意味的是，理性选择理论似乎更适用于公司和政党等公司主体，而不是消费者和选民等适当的个体（Satz and Ferejohn，1994）。这表明，MI 与个体属性的关系并不大，而与主体有关。公司、政府和家庭是具有法律地位和明确责任的法人主体。他们不是个体，但就个体行动而言，其内部工作被广泛接受。因此，他们似乎是研究战略互动结构的合法主体。同样，这似乎与 W-IM 对说明性特权的解释相一致。

基本上同样的观察也适用于社会科学中基于主体的模拟模型。可通过基于主体的模拟方法来实现 MI，它比理性选择理论更灵活（Macy et al.，2011）。它允许对微观-宏观动力学进行详细的自下而上的建模，并且不局限于对同质性或主体的合理性假设。然而，我们有完全相同的事情：模拟的规则可能反映了外源性的结构和制度事实，一些中心说明变量是结构性的，主体很可能是法人主体。这些事情通常不会有问题，因此可以肯定的是，它们不会挑战个体主义的基本承诺。基于主体的模拟确实表明，微观-宏观动力学是混乱的，并且理解它们是一个巨大的认知挑战，不能简单地诉诸抽象的本体论原理（如 MI）来解决。

第五节　主体的优先性

如果前一节的论证是正确的，那么 MI 实际上是关于主体的。但是，是什么使个体主体如此特殊呢？MI 的潜在动机是个体主体的本体论优先性的概念。虽然社会世界包含各种各样的概念，如意义、制度、集体主体、社会结构等，但这些概念都不会脱离个体的意向性主体而存在或运行。从这一普遍接受的本体论观点出发，个体主义者推断，如果不了解这些事物与个体行动的关系，就无法理解它们的运作。换言之，纯粹的整体主义说明可能会遗漏一些关于社会世界运作方式的重要内容。在这一解释上，个体主义者既不否认这些事物的存在，也不否认他们可以有因果关系。他们所声称的是，对这些事物的说明性理解需要将它们与人类主体联系起来。

这一观察说明了为什么如此多以个体为导向的社会科学家认为基于机制的说明如此有吸引力（Elster，2007；Hedström and Ylikoski，2010）。在这种观点下，说明的任务是打开社会过程的黑匣子，展示使其工作的齿轮和轮子。在这种语境下，MI 可以被理解为一种主张，即意向性个体主体是一个重要的齿轮，其在任何社会解释中都不可忽视。在这一解释中，家庭和法人主体可以被视为易于理解的复合成分，并且无须为了大多数目的而将其分解为其组成部分。换句话说，他们的行为可安全地植根于个体的意向行动中。

反个体主义者可能不会对这些观点提出异议。他们可能会同意本体论的优先性，以及一个完整的基于机制的社会解释将涉及什么内容。然而，他们可能会提出反对意见，认为机械论的理想过于苛刻：应该允许它从个体主体中抽象出来。 143
如果这是唯一的分歧，那么关于 MI 的争论实际上是关于说明的语用学：在不阐明非个体社会原因造成其影响的机制的情况下就进行说明是否合法（Kincaid，1997）？这是一个与基于机制的说明相关的长期问题，但它与个体主体没有特殊的联系。然而，个体主义者可能会致力于寻求关于意向性个体行动的说明优先性的其他观点。

其中一个观点是*意向性原教旨主义*（intentional fundamentalism）。根据这一观点，意向（理性）行为具有一些特殊的性质，使其与所有其他因果说明不同。这一观点的根源可以追溯到马克斯·韦伯的主张，即为了社会学的目的，“集体这一概念必须单独来分析，其可被视为个体特定行为的结果和组织方式，因为这些单独的行为是个体在主观理解的行动过程中的主体”（Weber，1968：13）。这通常被解释为韦伯对 MI 的声明，但这里最相关的部分是对主观上可理解的行为的引用。一种解释是，韦伯采取意向性的说明有一些特殊的品质，使其以某种方式享有特权。本着同样的精神，许多社会科学家，特别是受理性选择理论启发的科学家，将理性说明描述为“最底层”“特别令人满意”，或者不需要进一步说明的理论（Ylikoski，2012）。

意向性原教旨主义可以作为 MI 回归论证的基础。这个论证以（通常是隐含的）前提开始，即真正的说明需要说明前提是说明本身或内在可理解的。根据这一原则，涉及超个体社会事实的说明只有在它们本身被关于个体的事实说明时才是说明性的。当然，这就为回归开辟了一种可能性，这种回归将一直持续到基础物理，又或者会无限地延长。（这种回归论证往往是针对基于机制的说明解释而提出的。）在这里，理性说明的特殊地位得到了拯救：因为它具有“主观可理解”的特殊性质，它停止了回归，并提供了真正的说明。由于对于超个体或亚个体的说明因素没有类似的特殊性质，我们现在对 MI 有了一个独特的辩护。

这种回归论证的问题是多重的（Ylikoski，2012）。首先，说明性回归的前提是基于一种误解。说明只是假定说明项是真实的，而不是它被说明了。说明这些说明项是一个单独的问题。其次，意向性说明所提供的特殊理解的概念与基于机制说明的更普遍的概念不符。虽然民间心理学说明方案的认知显著性存在进化的原因，但它们并不能为说明特权提供依据。民间心理学在社会科学中可能是不可或缺的，但没有理由将其转化为美德。相反，我们应该经常注意它的局限性。意向性原教旨主义也使人们很难认识到并非所有的社会科学说明机制都涉及意向行为。例如，一些亚个人心理机制可能与社会科学说明高度相关（如定型威胁）。类似地，一些机制可能不涉及个体或理性主体（如组织生态学中的选择机制）。因此，将意向行为视为社会科学的（非严格的）学科停止点而非特权的说明水平是有意义的。

考虑到意向性原教旨主义的不可行性，个体主义者捍卫 MI 的最佳策略是诉诸意向行为的本体论优先性，这需要更深层次的基于机制的说明，以及对不重视本体论优先性的社会理论的典型模糊性。这并不意味着对 MI 的哲学辩护，但它
144 可能证明了社会理论的启发式观点：所有或大多数可信的社会科学说明都将意向性主体作为基石。因此，作为一种启发式原则，将注意力集中在个体主体及其面临的情况上是有意义的，因为这是掌握相关社会机制的最可靠的方法。当然，对于批评者来说，对 MI 的设想可能太多了。毕竟，大多数有争议的内容都已经消失了，很难再看到有什么危险。然而，这反映了 MI 辩论的历史发展：现代版本的 MI，像结构性的个体主义，已经变得非常接近温和的整体主义，以至于很难通过他们的承诺来区分彼此的立场（Udéhn，2001）。这些立场之间可能存在一些差异，但差异太小了，以至于每个阵营的差异和公式的普遍不精确性被忽略了。

第六节　结　　论

MI 可以被更恰当地称为说明性个体主义。此外，对个体的强调可能在一定程度上具有误导性，因为对许多个体主义者来说，真正的问题似乎是主体而不是个体本身。MI 漫长而尚未解决的历史主要是由其公式中涉及的更基本概念的模糊性所说明的。因此，人们对 MI 的内容有着非常不同的看法。最初的 MI 支持者们所支持的观点都被否定了，所以，我们是否应该完全废除 MI 的概念是值得考虑的。如果 MI 是由意向性原教旨主义之类的动机所驱使的，那么它是一种解释学浪漫主义形式，是应该放弃的。如果说 MI 是一种在社会理论中与蒙昧主义斗争的工具，那么它可能就太不精确了。说明的模糊性最好直接解决，而不是诉诸高度抽

象的哲学原则。最后，虽然 MI 在突出社会科学中微观-宏观关系的复杂性（例如与集体行动的关系）方面发挥了重要作用，但这些问题通过直接解决经验的和理论性的挑战而非聚焦于模糊的哲学学说得到了更有效的强调。当然，MI 的退隐并不意味着所有涉及的问题都已得到解决，这仅仅意味着我们可以更直接地讨论这些问题。

致 谢

根据欧盟第七框架计划（FP7，2007～2013 年）/ERC 第 324233 号和瑞典银行纪念基金会（DNR M12-0301：1）资助协议，作者获得了欧洲研究理事会的资助。

参 考 文 献

Currie, G. 1984. “Individualism and global supervenience,” *British Journal for the Philosophy of Science*, 35: 345-358.

Elster, J. 1985. *Making Sense of Marx*. Cambridge: Cambridge University Press.

Elster, J. 2007. *Explaining Social Behavior: More Nuts and Bolts for the Social Sciences*. Cambridge: Cambridge University Press. 145

Hedström, P., and Ylikoski, P. 2010. “Causal mechanisms in the social sciences,” *Annual Review of Sociology*, 36: 49-67.

Hodgson, G. M. 2007. “Meanings of methodological individualism,” *Journal of Economic Methodology*, 14(2): 211-226.

Janssen, M. 1993. *Microfoundations: A Critical Inquiry*. London: Routledge.

Kincaid, H. 1997. *Individualism and the Unity of Science: Essays on Reduction, Explanation, and the Special Sciences*. Lanham, MD: Rowman & Littlefield.

List, C., and K. Spiekermann. 2013. “Methodological individualism and holism in political science: a reconciliation,” *American Political Science Review*, 107(4): 629-643.

Lukes, S. 1968. “Methodological individualism reconsidered,” *British Journal of Sociology*, 19(2): 119-129.

Macy, M., Centola, D., Flache, A., de Rijt, A., and Willer, R. 2011. “Social mechanisms and generative explanations: computational models with double agents,” in *Analytical Sociology and Social Mechanisms*, ed. P. Demeulenaere. Cambridge: Cambridge University Press: 250-265.

Mandelbaum, M. 1955. “Societal facts,” *British Journal of Sociology*, 6(4): 305-317.

Pettit, P. 1993. *The Common Mind: An Essay on Psychology, Society and Politics*. Oxford: Oxford University Press.

Ruben, D.-H. 1985. *The Metaphysics of the Social World*. London: Routledge.

Salmon, W. 1989. *Four Decades of Scientific Explanation.* Minneapolis: University of Minnesota Press.

Satz, D., and Ferejohn, J. 1994. "Rational choice and social theory," *Journal of Philosophy*, 91: 71-87.

Sawyer, R. K. 2005. *Social Emergence: Societies as Complex Systems.* Cambridge: Cambridge University Press.

Udéhn, L. 2001. *Methodological Individualism: Background, History and Meaning.* London: Routledge.

Watkins, J. W. N. 1952. "Ideal Types and Historical Explanation," *British Journal for the Philosophy of Science*, 3 (9): 22-43.

Watkins, J. W. N. 1957. "Historical explanation in the social sciences," *British Journal for the Philosophy of Science*, 8 (30): 104-117.

Weber, M. 1968. *Economy and Society.* Berkeley: University of California Press.

Woodward, J. 2003. *Making Things Happen: A Theory of Causal Explanation.* Oxford: Oxford University Press.

Wright, E. O., Levine A., and Sober E. 1992. *Reconstructing Marxism: Essays on Explanation and the Theory of History.* London: Verso.

Ylikoski, P. 2012. "Micro, macro, and mechanisms," in *The Oxford Handbook of Philosophy of the Social Sciences,* ed. H. Kincaid. Oxford: Oxford University Press: 21-45.

Ylikoski, P. 2014. "Rethinking micro-macro relations," in *Rethinking the Individualism-Holism Debate: Essays in Philosophy of Social Science*, ed. Finn Collin and Julie Zahle. Berlin: Springer: 117-135.

Zahle, J. 2006. "Holism and supervenience," in *The Handbook of Philosophy of Science: Philosophy
146 of Anthropology and Sociology*, ed. S. P. Turner and M. Risjord. Amsterdam: Elsevier: 311-341.

第十三章　功 能 主 义

亚历克斯·罗森伯格（Alex Rosenberg）

在日常生活和生物学中，功能主义作为一种说明方式是相当明显和普遍的。我们经常以事物的功能来解释事物的性质，甚至事物本身的存在。某物的功能是其带来的一种或多种影响，或是其存在和行为所带来的影响。某物的存在或运行可带来无限多的影响，但只有少数影响是围绕其功能的。因此，我踩下汽车加速踏板可燃烧更多的汽油，提高发动机的转速，增加电池的电量，可能还会引起警察的注意。但这些影响都不是围绕它的功能，即加速汽车。当然，引用这个功能（加速汽车）解释了我会踩下加速踏板的原因。

除了常识之外，生物学还通过功能来解释事件的发生、状态的持续、过程的开始，以及生物体及其部分的大多数特性。

通过功能来解释人类规范、规则、角色、实践、制度及人造物在社会科学中也是一种常见的方式。因此，例如，陪审团制度（在采用英国普通法的国家中）在日常生活和法律中，被认定为在法律诉讼中具有确定事实事项功能的制度。但这可能是一种相当肤浅的功能分析，它掩盖了一些其他更深层的功能作用，或者掩盖了陪审团制度与没有陪审团的国家的其他制度共同的功能。这两种可能性都很重要，因为确定"更深层"的功能或更广泛的功能种类对社会科学说明理论的发展至关重要。因此，一些社会学分析可能认为，陪审团制度的真正功能是意识形态上的——鼓励公众接受其他地方基于阶级利益而不是基于真正的有罪或无罪做出的决定。因此，陪审团制度应该根据其"实在功能"来解释，即支持其他制度，如私人财产。如果陪审团制度的作用是真正的"和平解决冲突"，那么它将与其他具有相同作用的社会制度归为一类。功能主义理论可以解释它的产生和延续，因为它有解决冲突的功能。

表象功能和实在功能之间的区别通常以*隐性*功能和*显性*功能之间的区别来描述。社会制度的显性功能是指那些有意设计来完成和/或被参与者认为完成的功能。隐性功能是指未被参与者所认识的不经意间产生影响的功能。这些未被注意

147 到的功能往往被认为比该制度的显性功能更为重要和更具系统意义。例如，婚姻的显性功能是使家庭关系和两性关系合法化，并使与之有关的义务和权利合法化。然而，功能主义的创始人埃米尔 • 迪尔凯姆（Durkheim，1897）认为，婚姻具有更重要的隐性功能。它的隐性功能是维持社会整合的最佳程度。在这方面，它将与其他似乎与其截然不同的社会制度归为一类，如陪审团制度或天主教教区的制度。

通过事物的功能角色来识别它们，也可以使我们认识到社会制度之间的差别的人为性。例如，作为执法机构的警察和作为法律问题裁决机构的法院的功能似乎截然不同。然而，有社会学家认为陪审团制度是一种强化阶级利益的制度，可能会将陪审团制度和警察共同纳入一种具有单一隐性功能的制度范畴。另外的社会学家可能会争辩说，这个制度的有效运行是通过使它看起来好像其两个组成部分都有不同的身份和功能。

通过功能使社会制度个性化与构建有关社会制度的说明理论是密切相关的。仅仅将某物确定为一个功能范畴的实例，就已经是对它的一种概括。要将婚姻视为一种社会整合制度，就需要断言婚姻鼓励社会整合。这是一种概括，也是一种分类。这使我们能够将婚姻与其他类似的制度结合起来，然后看看我们能否构建出有关它们的假设。例如，我们可以考虑这样一种概括，即某些制度降低了个人自杀的可能性。事实上，迪尔凯姆关于自杀有三种不同类型（利己主义、利他主义和社会反常）的主张是基于先前对社会制度的分类，即防止过多的社会利己主义、过多的社会利他主义或社会反常的功能性类型。迪尔凯姆对自杀的分类是以其对三种不同制度崩溃方式的后果进行研究为基础的，这三种方式都未能实现其维持社会最佳整合程度的功能。

在 20 世纪的社会科学中，对人类事务的特征进行功能定义的方法论也被称为结构功能主义。其他的提倡者包括欧洲人类学家，如毛斯（Maus）、马林诺夫斯基和列维-施特劳斯，以及美国社会学理论家塔尔科特 • 帕森斯。在这种情况下，*结构主义*表明一些社会结构对一个社会的持久性是必要的，而这些社会结构的特征或身份并不是由其参与者有意构建或甚至能够注意到的，因此，这些结构不能被还原为或解释为个人或群体的行为或思想，其功能需要由社会科学家来确定。

功能主义作为一种明确的分析策略，在社会科学中已经不再受到明确而广泛的认同。然而，即使是那些否认它的人或以其他方式否认必须从功能的角度去识别具有重大社会意义的事件的人也是难以避免的。当我们考虑社会科学家感兴趣的社会、政治、经济、人类学及文化现象的分类学、类型学、分类、类型和识别系统时，原因就变得很清楚了。

第一节 功能分析

几乎所有有趣的社会科学对象都是由其功能来定义、识别、区别和区分的，而其原因是显而易见的。第一，在日常用语中，大多数名词都是功能性的，即它们的定义主要取决于它们的影响，特别是它们对我们的影响，而非它们的结构或构成。这对那些命名人造物的名词来说尤为明显。第二，某些社会现象之所以能 148
够引起社会科学家的注意，是因为其对个人和群体的影响。这些影响要持续足够长的时间，才能引起人们的兴趣。正如我们将要看到的，它们必须是功能，尽管不是个人或群体通常想要的功能。第三，社会科学家的改良兴趣促使他们关注持续的社会规范、角色、实践及制度对个人和群体的影响。我们很快就会看到，社会科学家最感兴趣的影响是那些接受规范、参与实践、维持制度的个人有意或无意的功能。

社会科学家感兴趣的几乎所有对象都与功能有关，这一观点乍看似乎令人怀疑。就像是波利安娜(Pollyanna)或伏尔泰(Voltaire)笔下的潘格罗斯博士(Voltaire's Dr）提出的想法，他认为鼻梁是用来戴眼镜的。事实上，反对迪尔凯姆及其追随者所倡导的功能主义的主要观点，是指责迪尔凯姆的分类和说明策略过于保守和自满。如果社会中的每一规范、角色、实践、利益制度都具有功能——满足需求、给予利益、是适应性的或者其他方面有利的——那么就不应该破坏它们，以免损害它们所满足的社会需求。功能主义者可能认为，即使我们不知道像父权制这样的制度的功能，我们也不应该试图废除它，除非我们能够确定，它给社会带来的任何好处都可以通过其他方式得到满足。这种理论极其自满，很少会被改革派或激进的社会变革者所接受。功能分析的方法能够证明其不太可能被接受。

然而，对功能主义的这种指责是基于早期功能主义者所犯的严重错误或疏忽。一旦认识到这一点，社会科学中的功能分析就变得更加引人注目了。功能主义者所犯的错误，使他们的观点听起来极不可信，其错误地确定角色、规范、实践、制度和组织实现功能的受益者。他们错误地认为，制度、实践及组织的功能是满足个人和社会群体的需要。但很明显，许多制度、实践及组织实际上是对人有害的，没有给人带来任何好处，如中国的缠足，以及吸烟。

直到 20 世纪末，人们才发现，在上述情况下，视角的改变——格式塔转换——能够让我们看到以前不明显的东西：对人类有害的制度、实践、组织的相关受益者是寄生于人类自身的制度、实践、组织结构本身。许多制度、组织都以个人和群体为目标，将它们当作利用的生态位和环境。让我们想想海洛因成瘾是如何以及为什么持续和蔓延的：这种现象对人们造成的影响就是确保了这种现象的持久性。这些影响海洛因成瘾“实现”功能的现象之所以一直存在，是因为其具有这些功能。

一旦我们扩大研究的范围，社会科学家在人类事务中所感兴趣的几乎所有事物都具有功能的观点，就不再那么盲目乐观了。功能分析（通过确定它们所带来的需要、利益或优势来确定社会意义的种类、范畴和类型）对于社会科学来说是必不可少的，它有可能在改善人类事务方面得到实际应用。但是，这比试图弄清楚一种规则、一种角色、一种实践、一种制度会给参与其中的人带来什么好处要棘手得多。它可能对人们没有任何好处：即使人们不认识它，它的功能也可能会伤害人们。

第二节　功能分类和功能说明

根据功能对社会现象进行分类，与借助社会现象的功能来解释社会现象的出现和延续是密切相关的。如果社会科学领域的大多数事物都有功能，那么这就不可能是巧合：根据功能解释规范、角色、规则、实践、制度的出现，将不得不诉诸它们具有功能这一事实。

社会科学对功能说明的需要，被经济学（这门学科最坚决抵制此类说明）中的三个例子有力地说明了。经济学的最佳说明方式是理性选择理论，即通过效用最大化或偏好最大化主体来解释理性选择结果的总产出。但是，有些经济制度履行着至关重要的经济功能，但它们不能被解释为个人理性选择的预期结果。

考虑这三个核心的经济事实：市场的遍及、货币的出现和企业的存在。这些制度都满足个人的重要需求，但它们都不是理性选择过程的预期结果。诺贝尔经济学奖得主哈耶克最早也是最清楚地认识到，解释经济制度出现的经济理论面临的问题，他称之为“自发秩序”问题。正如我们会看到这并没有说明问题的本质。

在企业的案例中，人类的需要是解决交易成本问题，正如罗纳德· 科斯（Ronald Coase）在1937年首次注意到的那样。如果不解决这个问题，劳动分工就
150 会停滞不前，自中世纪以来人类所创造的几乎所有生产力也会随之提高。没有理性主体认识到每个人面临的问题是什么，也没有人决定为了解决这个问题而创造企业。它“自发地”以解决交易成本问题的方式“组织”个人之间的交换。企业就是“自发秩序”的一个例子。企业不是源于有意识的创造，也不是仁慈的神的礼物。它的出现和延续需要说明。它具有重要的功能，这一事实不能偶然地说明它的出现和延续。

货币解决了物物交换的最大问题：经济学家称之为需求的双重巧合。如果我没有钱想要橙子，但我只有香蕉，我需要找个想要香蕉，并且有橙子的人。此外，

因为我们不能分割和储存香蕉和橙子，我需要找个想要交易香蕉和橙子的数量与我准备交易的数量相一致的人。这是一个在人类交换过程中很早就变得棘手的问题。如何解决这个问题？在过去的历史中，同样的解决方案出现了好多次，出现了一种具有共同特征的商品：可携带性、可分割性、耐用性、实用性或普遍的可取性，以及对其数量的短期限制。当货币出现时，没有人意识到它必须具备这些特征。由于某种商品具有解决需求双重巧合问题的特点，没有人有意识地、理性地选择采用这种商品。

货币的出现要求主体解决另一个问题，即协调问题。他们迟早都要将同一种商品充当货币。人们必须解决一个“常识”问题。在某种程度上，每个主体必须愿意采用某种商品作为货币，并且必须相信其他人都将采用同样的商品，而且必须相信其他人都将确信别人采用同样的商品。你可以看到，这是一系列的问题，不能通过个人的理性选择来解决，也不能通过一些明确的社会契约来解决。货币制度是另一个没有人有意或有步骤来实现的秩序例子。当然，断言货币是自发产生的，并没有说明问题的本质。以大量主体对商品的接受程度为基准，或作为合作博弈的最优解，不是要解决这个问题，而是要以一种迫切需要功能说明的方式来构造它：一种对货币的出现和延续的描述，它使货币的功能在其出现和延续中起到至关重要的因果作用，而与人们是否设计或认识到对货币的真正需求无关。

第三个例子，哈耶克的例子，即市场价格体系，是对人类制度中“自发秩序”的功能说明需求的最重要说明。社会主义中央计划经济无法解决的问题是信息化。中央计划所面临的数学问题是将一个实用的输入列表和一个预期的输出列表转换成一个生产订单列表，然后随着输入实用性的变化和预期输出的变化不断地更新这个列表。中央计划所面临的另一个问题是，只向那些为了制订生产计划而需要这些资料的人发送有关投入和产出的每一项变化的资料。中央计划者不可能将这些变化发送给每个人：我们不得不每天将大部分时间花在从大量的数据中寻找我们需要的信息上。但是，中央计划人员既不能确定将更新的信息准确地发送给谁，也不能确定最初的生产订单。随着情况的变化而更新这一秩序仍然是超越理性、有意选择和规划执行能力的另一个挑战。这些都是数学家们所称的 NP 难题（“非确定性多项式时间难题”）。这类问题没有已知的算法和可计算机化的解决方案， 151
而且很有可能根本就不存在。这也是苏联经济崩溃的根本原因。即使一个完全由社会主义新人典范组成的社会也无法解决相关的 NP 难题。

然而，这个难题会每天通过市场价格体系瞬间被解决。市场价格体系是一个信息存储、检索和计算系统——一个巨大的虚拟计算机——它为中央计划者的计算问题提供最接近于数学上正确的解决方案，而且不需要任何成本。

市场价格体系所呈现的功能不仅对现代生活起着不可或缺的作用，而且对更新世时期以来的人类生活同样至关重要。市场价格体系满足人类无法预见的需求，无论需求多么理性。这是一种解决任何人类或人类组织都无法通过有意的设计和创造来满足此需求的方案。事实上，理性选择会导致个人为了自己的利益而试图破坏或颠覆这种解决方案。但是，人们所面临问题的解决方案是如此巧妙，它自觉且成功地回应了这种颠覆的企图。即使是理性选择理论最有力的倡导者也认识到了市场的这一特征：他们消除垄断、外部性、内幕交易及其他“市场失灵”的方法就是顺其自然。这些失灵产生的超额“租金”会向经济中的其他理性主体发出价格信号，这些理性主体将改变自己的行为，与租金和市场失灵竞争。

市场价格体系持续运行能够满足个人或人类组织通过深思熟虑的行动所无法满足的需求。市场价格体系所发挥的功能是人们无法满足的，无论他们多么理性，无论他们的信息存储、检索和计算资源多么强大和廉价。在整个人类历史上，全球各地的市场价格体系就像货币一样，是自发地、独立地、反复地出现的，都没有人类先见之明的恶意。

这三个例子突出了经济学家对所有社会科学所面临问题的看法。这就是哈耶克的自发秩序问题：那些发挥功能的社会实践和制度是如何产生并延续的？社会科学家感兴趣的大多数实践和制度都发挥功能，这绝非巧合（并非总是对个人或群体）。科学不能接受如此多的巧合。科学要求对这些制度做出说明，将其功能的实现视为其产生和延续的因果过程的一部分。只有这样才能消除无法接受的巧合的可能性。

第三节　功能主义的目的论

满足这种要求，即功能是对社会现象的出现和延续的科学的、因果的、受法律支配的经验可检验说明的一部分，是功能主义的难题。

制度发挥的功能如何成为其产生和延续的因果说明的一部分？我们立刻可以排除至少两种“情况”：神圣的仁慈或恶意和未来的因果关系。如果一个全知、全能或至少是非常强大且具有知识的主体为了达到其目的而设计和建构人类制度，那么这些制度这样就不足为奇了。我们不作进一步讨论就可以排除这种可能性。
152 如果未来需求或利益的实现能够使过去的制度产生和延续，那么我们的问题也将得到解决。因为未来的结果不能产生过去的事件，所以这种可能性也可以排除。认为自然本质上是有目的性的，过去以某种方式组织起来实现未来的结果，作为结果、目标、目的，这种观点从 17 世纪的物理学、18 世纪的化学和 1859 年达尔文自然选择理论的生物学中消除了。如果社会科学坚持这些观点，尤其是鉴于它们在物理上的不可能性，那将是令人尴尬的。

当然，如果人类的制度就像人造物一样，是有意识的、精心设计的产物，那么它们的功能在其出现过程中所扮演的角色就没有什么神秘的了。就像刀的功能是用来切割的，因为它是由人设计的，一个有意识构建的制度，如《联合国人权宣言》或《美利坚合众国宪法》，它的存在和功能都归因于人类的设计。但事实上，很少有重要的人类制度是人造物，即人类有意设计的产品。让我们回想一下企业、货币和市场的例子。

一旦我们排除了神圣的仁慈、未来的因果关系、内在的目的论或人为的设计，就很难看出一个社会制度的功能是如何在它的产生和延续中发挥作用的。正如17世纪荷兰哲学家斯宾诺莎（Benedict Spinoza）所指出的那样，对于某些事物的影响——甚至是其有用的、有益的、有利的影响来解释它的存在，就是颠倒自然的秩序——使未来产生过去。

生物学和社会科学具有相同的问题：生物学通过识别生物特征的功能来解释生物特征的出现和延续。经典的例子是17世纪威廉·哈维（William Harvey）发现心脏的功能是输送血液。从那以后，这就说明了生物具有心脏就是“为了泵血”。在达尔文之前，这种解释是有效的，因为它得到了有神论的支持：全能的仁慈神创造脊椎动物具有心脏，并实现了他的创造。一旦上帝被排除在科学解释的领域之外，这种“目的论的”（目的导向的、有目的的）说明就是有问题的。未来的目标、结果、目的不会导致过去的过程、事件或状态，因为当事件、状态和过程发生时（会实现它们），这些目标、目的和状态并不存在。如果目的、目标、结果不能导致它们的手段，他们就不能在科学的、因果的说明中找到它们实现手段的原因。

达尔文的自然选择理论为生物学解决了这个问题。让我们想一想，在心脏对身体的所有不同影响中，是什么让泵血发挥其功能的呢？心跳的功能是使血液循环，这是因为在进化过程中，心脏结构的随机变化促进了血液循环，而这些随机变化对动物适应这些变化有贡献。连续变化的选择产生了当前适应设计的心脏。因此，一个循环血液的心脏是一种适应。在生物学中，功能主张只不过是关于未来的影响，而实际上是关于长期进化历史中的前因。

因此，在生物学中，关于 x 的功能是 F 的主张总是得到病因学的支持，病因学是一种遗传的盲目变异，这种变异是由当地环境对适应性进行过滤而产生的，目的是获得更多或更好的 F 能力。这种变异和过滤的持续循环产生一系列不断适应 x 型结构，最终形成 x's，也即 F。所以在生物学中，将一种功能归于一种生物特征上，通常就是说明一种生物特征产生的病因学的达尔文过程。[1] 153

达尔文发现的盲目变异和自然选择的过程支持一种纯粹的因果机制，产生了目的驱动、目标导向的过程。在这种过程中，手段由目的来解释，但这仅仅是“表象”。在为生存而斗争的过程中，产生生物功能、适应性、满足需要的特性、带来利益、确保有机体的优势的过程是盲目的、随机的、被动的、完全没有方向的，就像其他科学所要求的那样。

第四节　关于社会功能达尔文主义辩护的挑战

那么，为什么社会学功能主义不能借鉴生物学呢？为什么它对达尔文关于社会及其特征（角色、实践、制度）的自然选择理论没有帮助呢？这种理论可能是：盲目变异产生了各种各样的社会制度，对社会产生了不同的影响。在各种涌现的制度中，有些是适应其所产生的社会的，有些是不适应的，还有些是中立的。在相互竞争的规范、规则、角色、实践、制度中，选择较适者，即在某些情况下倍增，在另一些情况下延续，在另一些情况下扩大其领域，或全部三种情况。具有适应性制度的社会繁荣起来，那些不具有适应性的社会灭亡了，那些具有适应性中立制度的社会在与适应性较强的社会的竞争中被压垮了。通过变异和选择机制的一系列改进，产生了我们今天所认识的制度，因为所有这些制度在它们所发生的社会中都是适应性的。这种完全达尔文式的因果关系解释支持了社会科学中的功能说明。

在 20 世纪 70 年代以前，几乎没有社会科学家愿意提出这样一种达尔文主义的理论，即对社会制度的存在和特征、关于这些制度的社会事实，以及它们之间的关系进行说明。很少有社会科学家，包括功能主义者，认真对待达尔文理论。然而，似乎很少有社会科学家对缺乏一种说明表示不安，即使是对于为什么具有功能的社会制度广泛存在，或者就此而言甚至是可能的。

很少有社会科学家准备认真对待达尔文的社会科学理论，原因之一是人们普遍认为，作为一种关于基因固定、固有特征的理论，它与人类事务无关。人类事务对天生的和基因编码几乎没有任何兴趣，人类社会及其组成部分是如此地不同，而人类基因遗传是如此地相似，很明显后者不能解释前者。人们自信地认为，文化和文明是后天培养的结果，而不是天生的。它们多数是认知过程的产物，认知过程本身是通过学习获得的，也就是说，是通过语言和其他与文化相关的过程传播的。因此，达尔文的自然选择理论可能与人类事务有关的观点，在没有被贴上危险的标签时，被认为是可笑的。它被认为是危险的，因为人类文化差异的理论是天生的，这是种族主义者、性别主义者和仇外者的便利信仰。

达尔文理论长期以来被认为与人类事务无关，因此无法为社会制度的功能理论提供任何支持，其中还有一个更深远、更有力的原因。人类社会最重要的特征是人们相互合作，他们的行为符合道德规范，这些道德规范防止人们自私、自利、不顾他人。诚然，这些规范有时只在群体内部执行，而不超出群体，总是有少数 154
人无视这些规则。但是，没有社会成员之间的实质性合作，社会就无法运作。如若没有所有参与者承担所需的责任，任何社会制度都不可能长期存在。如果没有人类的合作，就不会有关于制度的社会事实需要解释。但是达尔文理论显然不能解释人类之间的合作。事实上，它会导致我们期望在利己的适应性最大化者之间没有合作。在很长一段时间内，这种表面上的看法明显是错误的，这使得达尔文理论完全不适用于社会科学中任何功能的解释。

与达尔文理论显然难以解释个体适应性最大化者的社会合作相一致的是其对群体选择的明显抵制。这种主张认为，除了个体以外，群体特征还会通过随机变异和自然选择的过程形成适应，而这一过程在一定程度上与个体或其基因的适应是不同的，甚至是相反的。当社会功能是群体层面的特征时，任何在个体选择之上和不同方向上运作的达尔文过程的识别都是困难的，这使得该过程无法作为一种支持因果机制的功能说明方式。

20 世纪下半叶，由于行为生物学和生态学、进化人类学、博弈论和实验经济学的一系列发展，生物学能够解决社会合作是如何通过个体自我适应能力最大化的有机体之间的自然选择而进化的问题。它还能够协调个体和群体的选择作为兼容的达尔文过程（Okasha，2009）。在这样做的过程中，这些学科为将达尔文关于生物功能的解释扩展到社会制度的尝试提供了新的动力。特别是他们推动了社会科学模型和理论的发展，为达尔文的文化进化提供了一个完全非基因的、非遗传的机制。这些发展再次提出了一个问题，尤其是在社会科学哲学家和生物学哲学家之间，即是否存在一种字面意义上的，而不仅仅是隐喻意义上的达尔文式的文化进化方法。这个问题与任何对功能主义的辩护无关，但它对于社会制度的出现和延续是由于其功能这一主张来说是必不可少的。

无论在一个领域中是否存在真正的、非隐喻性的、字面意义上的达尔文过程，人们都普遍认为需要某种相当于生物基因的东西来充当传播的复制因子，并建立起带有被选择、通过环境的过滤、繁殖，或灭绝的特征的相互作用体。就像基因一样，社会复制因子必须足够忠实和持久地储存和传递特性，以便环境过滤，将它们的社会效应塑造成适应，并将它们作为适应来维持。在生物学领域，这些复制因子就是基因。在社会领域中被称为等效的复制因子“模因”是由理查德·道金斯（Richard Dawkins）发明的（Dawkins，1976）。[2]

反对达尔文文化进化论最有力的论证认为模因并不存在。在个体和群体之间，不可能以足够的复制保真度来传播社会实践及其相关过程，从而被任何环境选择过程所塑造。人会影响人，他们不会忠实地将特征传递给别人。实践中的变异是连续的，而不是偶然的突变。社会变化与生物进化完全不同。没有模因，所以没
155 有达尔文的过程（参见 Sperber，2000）。

这个问题对于达尔文的社会科学来说是严肃的。自然选择是一种描述人类事务的具有吸引力的比喻，它既普通又无趣。问题是它是否并非仅仅是一个比喻。大多数的社会过程真的是盲目变异和环境过滤的问题吗？这就是问题所在。如果一个真正的达尔文过程需要真正的复制因子，那么对无模因的批判必须得到解决。我认为它可以。

达尔文主义的社会科学家和功能主义的捍卫者从多方面回应了这一异议。首先，很明显，将达尔文理论应用于一个领域并不要求该领域包含类似基因的复制因子。生物复制因子——基因——并不早于达尔文的进化过程，而是由它产生的。自然选择可能在这些复制因子出现之前就已经开始了，而且在任何可识别的高保真信息丰富的复制因子出现之前。此外，自然选择很可能只在环境变化缓慢、进化极其渐进、累积和原子的情况下，为了适应而一个接一个地形成个体特征时，才会产生基因所构成的那种复制因子。当这些条件中的一个或多个没有达到时，适应性进化可能就会使用复制因子和与基因完全不同的复制过程。

继理查森和博伊德（Richerson and Boyd，2006）之后，达尔文文化方法的捍卫者也认为，文化复制因子不需要具有基因的高保真特征，因为人类文化中有各种各样的实践、规范和制度，之所以成为适应者，正是因为它们即使在复制保真度低的情况下也能保留复制因子的自适应信息内容（参见 Driscoll，2008）。

可以肯定的是，达尔文主义关于人类事务确实需要文化复制因子，可能是各种不同种类的复制因子，其中一些可能是类似基因的。

但无模因理论的问题在于，它建立在基因是什么以及它们是如何工作的概念上，而这种概念在大约一百年前就已经过时了。这是特征之一——基因的观点，即大多数或许多重要的观察到的遗传特征是由一个基因控制的。

在哺乳动物身上这样的特征只有很少一部分，而在人类身上这样的特征已知的只有大约七种，如卷舌或美人尖。人类所有其他遗传的特征，如眼睛和皮肤颜色，甚至性别特征，都是许多基因遗传的结果，在某些情况下是大量基因的结果。事实上，基因并不能真正遗传或控制生物特征的形态（常识和民间生物学认为它们可以）。每个基因控制蛋白质或其他大分子的产生。在我们身体的每个细胞中，有 25 000 个这样的基因在开启和关闭。这是它们编码的蛋白质分子，以及构建和操作生物机制的基因产生蛋白质的顺序。许多独有的特征都是由相同的基因构建或控制的。在我们看来，许多个人身上完全相同的特征——比如眼睛的颜色——是不同人身上不同基因组合的结果。当我们真正将基因定位在我们的体细胞核内，

以及在精子和卵子结合形成我们的身体时，这些基因可以彼此显著不同，而不会对它们产生的蛋白质造成任何影响。

模因对于道德而言是显而易见的：如果模因像基因一样，那么任何单一的模因本身几乎都不会控制行为的表现形式，也不会控制任何其他常识甚至复杂的社会科学感兴趣的东西。我们需要大量模因共同作用来产生对人类科学有意义的东西，而我们可能永远也无法通过研究诸如普通社会学、经济学、人类学甚至心理学来发现或识别模因。无论模因是什么，它们都将像基因一样复杂和难以识别，甚至更复杂。 156

如果模因与基因有任何相似之处，那么要识别、分离或使其个体化，以及了解它们如何运作的细节，将会非常困难。比起一个世纪以来分子生物学为遗传学所做的事情，做任何事情都要困难得多。这不是模因存在的理由，而最多是对为什么社会和行为科学家不太可能找到它们的一种有充分根据的说明，一种建立在对模因可能性错误论证批评之上的辩护。如果存在模因，那么关于模因在大脑中的传递、行为模式和实现规律将是复杂的、短暂的，并且完全超出社会科学中任何假设检验的范围。所以，如果我们不能识别它们，为什么还要假设有模因呢？

关于模因或类似模因的真正论述有两方面：第一，人类事务的几乎所有重要特征——历史行为、事件、过程、规范、组织、制度等——都具有功能；第二，功能只能作为适应而产生，而自然界中适应的唯一来源——包括人类事务——是达尔文式的盲目变异和环境过滤的过程。

社会科学中的功能主义是不可避免的，它需要一种达尔文式的文化进化机制。

注　释

1 有时，生物学尤其是生理学中的功能分析，并没有明确地预设达尔文式的遗传特征之间的盲目变异，以及形成这些特征的连续循环环境过滤的原因。有时将一种功能赋予某个对象，只是断言它的作用有助于包含它的某个较大结构以某种方式运行的能力。因此，说虹膜的功能是调节落在视网膜上的光量，并没有明确的含义，即虹膜的选择正是为了这一点，而仅仅是为了这一效果，或者说虹膜是眼睛选择的单一特征。当“功能”在生物学中被用于这种“因果作用”（Cummins，1975）的意义时，它似乎并没有说明为什么这种特性或其功能对任何生物实体都是有利的。然而，当功能在社会科学中被使用时，总是涉及利益或适应。因此，这种“因果作用”对功能概念在生物学中有时如何运作的解释，与目前的问题没有太多关联。

2 几乎在同一时间，道金斯创造了这个术语，威尔逊（Lumsden and Wilson，1980）引入了“文化基因”这个词来命名在文化中扮演复制因子角色的东西。如果事情的结果有所不同，威尔逊的术语就会变成代替“模因”的模因。

参考文献

Coase, R. H. 1937. “The nature of the firm,” *Economica*, 4: 386-405.

Cummins, R. 1975. “Functional analysis,” *Journal of Philosophy*, 72: 741-760.

Dawkins, R. 1976. *The Selfish Gene*. Oxford: Oxford University Press.

Driscoll, C. 2008. “The problem of adaptive individual choice in cultural evolution,” *Biology and Philosophy*, 23: 101-113.

Durkheim, E. 1897/1951. *Suicide: A Study in Sociology*. New York: The Free Press.

157 Hayek, F. 1945. “The use of knowledge in society,” *American Economic Review*, 35: 519-530.

Lumsden, C., and Wilson, E. O. 1980. *Genes, Mind, and Culture*. Cambridge, MA: Harvard
158 University Press.

Mackie, G. 1996. “Ending footbinding and infibulation: a convention account,” *American Sociological Review*, 61: 999-1017.

Okasha, S. 2009. *Evolution and the Levels of Selection*. Oxford: Oxford University Press.

Richerson, P., and Boyd, R. 2006. *Not by Genes Alone*. Chicago: University of Chicago Press.

Sperber, D. 2000. “An objection to the memetic approach to culture,” in Robert Aunger(ed.), *Darwinizing Culture: The Status of Memetics as a Science*. Oxford: Oxford University Press: 163-173.

第十四章　自然主义

大卫·利文斯通·史密斯（David Livingstone Smith）

第一节　引　　言

自然主义大致可概括为这样一种观点，即在某种意义上哲学与科学是连续的。当今从事哲学研究工作的哲学家，可能很少有人不把自己的立场定位为某种意义上的“自然主义”。然而，这种表面上的统一却掩盖了大量的多样性（Kitcher，1992；Rosenberg，1996；Flanagan，2008）。在这一章中，我不会试图梳理、论证或批评当代及古典自然主义的各种立场——这项任务远远超出现有的研究范围。相反，我将集中讨论两种主要的自然主义与社会科学哲学的相关性：本体论自然主义和方法论自然主义。然后，我将从心理学哲学的研究中进行推断，集中讨论任何具有自然主义倾向的社会科学哲学家必须面对的问题：能否将社会现象的意向性说明与非意向性说明联系起来？如何联系？

第二节　哲学背景

一种非常有影响力的观点认为，用科学来说明现象就是将其纳入规律中（Hempel，1965），这种规律即为一种不受时空限制而具有模态力的无例外概括（exceptionless generalization）。按照这种观点，科学家的部分工作就是以这样的方式来描述世界的组成部分，以便区分哪些事物具有似律概括（law-like generalizations）的特征，而哪些事物却不具有该特征。“扶手椅”属于后一种范畴，因为扶手椅不存在规律，也就是说，没有描述扶手椅本身行为的规律（“扶手椅”通常不包括在物理教科书的索引中）。可以将扶手椅视为类，但不能视为自然类。因为它们是人类的发明物——属于起居室的家具，而非世界惯有的一部分。它们是被创造出来的，而不是被发现的，它们的存在依赖于人类的社会实践。扶手椅不存在规律，因为“扶手椅”这一范畴与物理范畴和化学范畴是一种正交关系——就像“聚合物”和“铁”这样的范畴可以描述扶手椅的（某些）组成材料。

159 只有在将扶手椅描述为具有物理和化学性质的一种复杂物理对象时，才能推断出任何给定的扶手椅的因果属性。与化学元素或基本粒子等典型自然类的情况不同，能够使某物成为扶手椅的无非是将其作为扶手椅来使用的目的。

当然，仅仅给出物理和化学属性的描述，并不能完全描述扶手椅的属性，也不能描述我们通常最感兴趣的扶手椅的属性。像*舒适的*或*拥有令人愉悦的形状*这样的属性，是无法还原为物理属性的（因为不存在非析取的、穷尽的物理谓词能够描述这些属性）。更重要的是，并没有纯粹的物理谓词来描述扶手椅的功能以及其在美国家庭中的经济或文化意义，所有这些都属于社会科学研究的范围。

上述扶手椅的例子表明，自然科学和社会科学之间存在着巨大的差异。自然科学关注的是物质世界的特征，这些特征与人类赋予它们的意义无关。我们对黄金的信念并不影响它的致密性和延展性，其可溶于王水，在 1948 华氏度融化。而社会科学关注的则是人类能动性的产物（人造类）——或者自然类的社会用途（例如，我们赋予黄金的价值、它的象征意义及其货币意义）。

自然科学制定了规律，使我们能够以惊人的精确度来说明和预测事件。甚至像生物学这样没有严格规律的学科，也会利用高度弹性的经验概括，从而进行强有力的归纳。因此，自然科学能够让我们利用这些经验规则来塑造我们的世界。由于科学知识具有累积性的特征，因此，科学进步使我们能够随着时间的推移在说明、预测和干预方面变得更加成功。与之形成鲜明对比的是，社会科学的经验产出一直少之又少，它的预测能力甚至远远落后于 17 世纪的自然科学。正如罗森伯格（Rosenberg，2012：19）所言：

> 为什么社会科学没有为预测和控制社会过程提供越来越多具有技术回报的累积性科学知识？对此，尽管社会科学尝试了很长时间，但还是失败了，因为它们没有发现规律，甚至连可以逐步改进、朝向真正规律发展的经验概括都未能建立，而这些规律本应描述人类行为及其后果。对这些问题的解决就需要说明为什么未能发现此类规律，同时还需要提出如何发现它们的建议。

自然科学和社会科学之间的差距，为何持续存在而且在逐年扩大呢？针对这一问题可以给出几个假设性的回答。一种可能性是，社会系统比物理系统要复杂得多，因此，社会科学需要更长的时间才能达到像自然科学一样的精确度，而自然科学由于其主题的相对易处理性而发展得更快。另一种可能性是，物理和化学不能提供适合社会科学的说明模型。这一回答可分为两种思想流派：要么社会科学根本不是科学，而是解释性学科（Taylor，1971）；要么它们是不符合律则-演绎进路的真科学。社会科学中的解释或“诠释学”传统，可以追溯到 19 世纪威廉·狄尔泰的研究当中。其基本思想是，如果我们想要理解社会领域，那么我们就需要

考虑人类行动的*意义*。要做到这一点，我们需要把人类看作是理性行动者，而不是仅仅服从因果律的物理对象。 160

关于上述第二种可能性，自 20 世纪 70 年代以来，科学哲学所做的大量研究，对物理学作为科学规范性模式的霸权地位提出了挑战。生物学哲学家认为，生物学规律无论多么健全都是局部的、偶然的，而不是普遍的和必要的（Beatty，1993）；古典遗传学现在似乎不可还原为分子遗传学（Kitcher，1984）；物种属于自然类的观点一直受到严格的审查（Ghiselin，1974；Hull，1978）。这些发展与心理学、经济学和人类学中进化思维的优势，共同表明自然科学和社会科学之间的距离可能并不像迄今为止人们所认为的那样遥远（Wilson，1998）。

第三节　本体论自然主义

自然主义主要有两种类型：本体论自然主义和方法论自然主义。首先，我将讨论应用于社会科学的本体论自然主义，进而继续讨论方法论自然主义这一更具争议的主题。

本体论自然主义认为只有自然事物才存在。但是，要使这一主张令人满意，我们需要一些相当清晰的概念来理解什么是自然的，还需要一些标准来区分自然事物与非自然事物。穆勒指出，“自然”一词有两个含义：广义上讲，“自然”指的是“一切存在”；狭义上讲，“自然”指的是一切没有被人为干预改变的事物（Mill，1874：12）。从第一种广义的意义上说，社会科学只能是自然主义的。如果所存在的一切都是自然的一部分，那么社会规范、制度和实践都是自然的。经济行为就像鲑鱼的迁徙行为一样，是自然发生的；宗教制度就像二氧化碳一样都是自然的。但在第二种狭义的意义上，无论是经济行为还是宗教制度都不是自然的。

这种解释的一个弱点是，它未能区分“自然”和“超自然”，哲学家们经常援用这种区分，他们把自然主义与反超自然主义等同起来（Stroud，2004）。如果奇迹发生了，那么（根据上一段所提出的观点）“自然”与“超自然”在广义和狭义上都是自然的。在广义上是自然的，仅仅因为它们存在，在狭义上是自然的，因为它们不是*人类*能动性的产物。为了排除超自然主义，我们可以规定任何自然的东西（广义上）都是符合自然法则的，然后接着说任何自然的东西，在第二种意义上，都不是能动性的产物。在最广泛的意义上，本体论自然主义认为，所有的行动者和他们所塑造的事物都符合自然法则。在更狭义的意义上，本体论自然主义意味着，行动者所塑造的事物是非自然的。从定义上讲，假设超自然的存在是非物理的，这就会让我们产生这样的观念：所有非自然的事物都是由人类行动者塑造出来的物理事物。在这个意义上，社会科学的主题仅在本体论上是非自然的。

本体论自然主义本身在社会科学哲学中并不是一个有争议的问题。在大多数情况下，即使是那些支持非物理事物存在可能性的社会科学家，也不倾向于认为这些事物在社会科学的研究主题中起任何作用（参见 Flanagan，2008）。重要的是，本体论自然主义对社会科学的*实践*没有任何实质性的影响。人们可以接受这样一
161 种观点：所有的事物都是物理的，或者更严格地说，社会科学只研究物理的事物，而否认社会科学家应该使用或者模仿自然科学的方法来研究这些事物。

第四节　方法论自然主义

方法论自然主义大体上是这样一种观点，即社会现象最好通过自然科学家使用的研究方法来理解。虽然几乎所有的社会科学哲学家都是本体论自然主义者，但并不是所有（甚至大多数）的哲学家都是方法论自然主义者。方法论自然主义比本体论自然主义更具争议性，评价其前景需要人们去研究一些困难的哲学问题。

关于方法论自然主义的争论主要是关于社会科学说明和自然科学说明之间的关系的分歧。在科学哲学中，有一个公认的常识：理论不完全由数据决定——任一现象或一类现象都可能符合对这些现象的许多说明（Duhem，1954）。科学的发展是通过设计实验或者做出观察筛选出有竞争性的说明，从而使人们能够做出*最佳说明推理*。这一过程仅适用于*相互竞争的*说明。相互竞争的说明是同一形而上学“层面”上的说明——从范式的角度来看，是对同一现象引用不同原因的说明。如果一种说明的真实性意味着导致了另一种说明的虚假性，那么两种或两种以上的说明就会相互竞争。

社会科学哲学家们面临着，在*不同*形而上学层面上，确定各种非竞争性说明何种关系的任务。更具体地说，他们必须解决这样一个问题，即对各种行为说明之间的关系给出解释，而这些行为有的引用了意向状态，有的则未引用。引用意向状态的行为说明，与那些引用亚意向过程比如神经元被激活这样的行为说明并不冲突，这一点可以通过如下事实得到证实：对于*相同的现象*而言，两类说明都可能为真。举例来说，你阅读本篇文章的行为可以解释为，你想要了解我所说的方法论自然主义，还可以解释为发生于你的中枢神经系统中的一个复杂序列的电化学事件的结果。假设本体论自然主义为真，那么意向状态的任一说明意味着亚意向性状态*某个*说明的真实性。

当环顾世界时我们发现，某些事物以某种方式从事自身行为，而其他事物则不然，我们通过将意向状态归因于这些事物来进行说明。这些事物被称为*意向系*

统（intentional systems）（Dennett，2009）。人类是典型的意向系统，但人类并非唯一的意向系统。我们使用意向性习语描述人类*集合体*，更不用说是人类动物和国际象棋计算机程序了（Dennett，1989）。当我们把某物视为一种意向系统时，我们赋予该物以绝对的合理性，也就是说，我们会认为该物有其合理存在的理由。但这些不需要成为好的理由，因为意向系统能以非理性的方式来行事（例如，以违背其自身最大利益的方式行事），但是某物却不能（作为意向系统的身份）以非理性的方式来行事。行动的理由可以根据行动者的信念和愿望来实现。说一个人的行动是由某种理由引起的，仅仅是说这个人有某种愿望，她相信她可以通过做某种行动来满足这种愿望。 162

丹尼尔•丹尼特（Daniel Dennett）将意向系统描述为，系统的行为可以通过采取某种立场来说明和预测，他称之为“意向立场”（intentional stance）（Dennett，1987：17）。当我们对某个系统采取意向立场时，我们将其视为似乎该系统的行为是由其拥有的理由来进行说明的。

意向系统的工作原理是这样的：首先，你决定把可预测其行为的研究对象视为是理性行动者；然后你要明确行动者应该具备的信念、其在世界中的位置及其目的。然后，出于同样的考虑，弄清楚行动者应该具有的愿望。最后，你预测这个理性行动者会依据其信念采取行动来实现其目标。在大多数情况下，从所选择的信念和愿望集合中进行一点实践推理，就会得出一个关于行动者应该做什么的决策；这就是你所预测的行动者将要做的。

值得注意的是，我说的是我们“似乎”将其行为视为可以用这种方式来说明。丹尼特的解释并没有承诺这样的观点，即如果某物是某个意向系统，那么它*确实*有其行为的理由，尽管丹尼特的解释显然与这种说法相一致。丹尼特对意向立场与设计立场（design stance）和物理立场（physical stance）进行了对比。当我们对某一事物采取设计立场时，我们根据它的目的来考虑它，即设计该物用来做什么，当我们对一事物采取物理立场时，我们根据它的物理成分的因果属性来考虑它。丹尼特没有在这三个层次上的说明之间提出有关概念联系的任何主张。但他的进路表明，当我们对某一事物采取意向立场时，我们给出的各种说明不能被还原为设计立场或物理立场的说明。换句话说，根据丹尼特的分析，某一事物的行为适用于意向立场这一事实，实质上既不能说明它的设计构成也不能说明它的物理结构。我将把后两个层次的说明称为*亚意向*说明（subintentional explanations）。

社会科学家研究意向系统。正如罗森伯格（Rosenberg，2012：21）指出的那样：

> 自19世纪晚期社会科学哲学诞生以来，一些重要的社会科学家和哲学家认为，这些学科必须采用相同的说明性概念框架，以供人们在日常生活中用来说明自己和他人行动——信念、愿望、期望、偏好、希望、恐惧、需求，这些范畴对我们自己和他人而言都使行动*具有意义*或*易于理解*。

有时这种策略就像心理学家考察人类行为那样明确，但有时它仍然是隐含的，比如，经济学家使用意向性习语来描述经济系统的行为。本体自然主义允许对意向系统的行为进行多种非竞争性的说明，这一事实对方法论自然主义者来说既是机遇也是挑战。把意向系统的行为解释为，其亚意向部分之行为的功能，这可能使社会科学家能够模仿成熟自然科学的精确性和预测力，但这是不可能实现的，除非人们理解意向说明和亚意向说明之间确实存在的关系。确定这些关系的问题称为*界面问题*（Bermúdez，2005）。贝穆德斯（José Bermúdez）对界面问题的分析以
163 及他对哲学家尝试解决界面问题方式的描述，对下述讨论产生了强烈的影响。

有时被称为是*解释主义*的进路否认界面问题能够获得求解。解释主义者认为，意向性习语和亚意向性习语之间存在着不可逾越的鸿沟，因此不可能在它们之间建立任何原则性的关系。唐纳德·戴维森（Donald Davidson）最有效地支持了这一进路。戴维森（Davidson，1980）认为，当我们把意向状态归因于一个人时，我们是在以某种方式解释她的行为，以使其“合乎意义”，这与自然科学中使用的方法存在根本性的差异。为了找出这种差异，我们对人类行动的说明方式与神经科学家对某个神经元在活动时为什么会被激活的说明方式进行了对比。在第一种方式中，我们把理由归结到那个人身上，这样她的行动就可以根据这些理由而易于理解。但是试图用这种方式来说明神经元的行为却是荒谬的。当然，神经元被激活是有其理由的，但这些不能作为激活*神经元的理由*。

根据解释主义的进路，对于意向系统的行为，其意向解释与亚意向解释是不可通约的，因为我们在前一种解释中所提出的“理性规范”在“物理理论中没有对应之处”（Davidson，1980：231）。此外，我们用来描述意向状态的词汇与自然科学中使用的词汇是如此不同，以至于意向术语不能被划分为律则概括。因此，不存在意向心理学的规律，也不存在联系意向状态和亚意向状态的规律。这并不妨碍方法论自然主义者从一种亚意向视角来研究他们的研究对象，但也确实意味着，关于亚意向过程的知识不能被纳入对社会现象的意向解释当中。

另一种处理界面问题的进路认为，意向状态在亚意向层面上有对应物，这使得在意向系统的意向描述和亚意向描述之间，构建对话的桥梁成为可能。一种被称为“功能主义”的进路沿着这些思路，为界面问题提供了最具影响力的解决方案。作为功能主义进路之一的“常识功能主义”（也被称为“哲学功能主义”），它

将意向状态等同于*因果角色*。因果角色是指系统各部分所起的作用能使系统发挥某种能力。应用于人类心理学时，常识功能主义认为，信念、愿望、希望、恐惧及其他意向状态是大脑为产生理性行为所进行的活动。例如，“希望发现一只豪猪”这种状态，是由大脑活动引发了人们进行各种活动来实现的，比如购买一本《如何发现一只豪猪》，用双筒望远镜在树林里搜寻，说出“我希望我今天看到一只豪猪”这样的句子，等等。

与其他版本的功能主义一样，常识功能主义对因果角色及其实现者进行了区分。与意向状态相对应的因果角色的实现者是一种亚意向物理过程，该过程通过因果角色产生由角色指定的效果。在上面的例子中，“希望发现一只豪猪”的因果角色的实现者是一系列神经元放电过程，其中神经元放电产生了希望发现一只豪猪这类行为。因果角色是多重可实现的，也就是说，它们可以有许多不同的实现者。在我的大脑中实现“希望发现一只豪猪”角色的过程，不必与你的大脑中实现同样角色的过程相同（甚至在不同的场合在我的大脑中实现过程也可能不同）。

常识功能主义可以应用于任何意向系统。如果能用意向术语恰当地表述系统的行为，那么一定存在某些亚意向过程来实现能够支撑行为的意向状态。然而，
这种形式的功能主义，似乎不足以实现方法论自然主义者所要努力达到的目标。 164
在意向层面上刻画的系统的行为，还必须（最终）有多个亚意向实现者，仅仅认识到这一点不足以形成强有力的经验概括，因为（由于多重可实现原则）人们并不能从角色本身“读出”因果角色的可实现者。因此，对于那些希望模仿自然科学所提供的精确性和预测力的方法论自然主义者来说，常识功能主义只能给他们带来些许安慰。

作为功能主义的另一种不同形式，“小人功能主义”（也称为“心理功能主义”）依靠一种被称为“功能分解”的过程，来弥合意向说明和亚意向说明之间的鸿沟。从意向系统的行为开始，小人功能主义者确定系统中需要发生什么过程才能产生这种行为。他们通过识别需要执行的一系列子任务来完成，以此来实现行为得以发生的目的，同时将这些子任务与执行子任务的子系统进行匹配。然后将子任务和子系统进一步分解为它们的组成部分，并迭代该过程，直到人们将系统分解为非常简单的、亚意向的元素。当应用于心理状态时，意向状态的功能分解可能终止于神经系统或单个神经元放电的层面上，这取决于人们进行说明的目的。

心理功能主义似乎是解决心理学领域中界面问题的一个很有前途的策略。然而，当它被应用于更大的社会系统的行为时，功能分解就不可能走向方法论自然主义者所追求的那种结果。为了理解其中的原因，我们需要简要地讨论一下整体主义与个体主义在社会事实的解释上两者之间的区别。方法论个体主义（或简称“个体主义”）认为，社会事实可以还原为有关个体的事实。正如个体主义的支持

者约翰·斯图亚特·穆勒（Mill，1865：464）所言：

> 社会现象的规律只不过是，在社会状态中结合在一起的人类之行为和情感的规律。然而，无论人类处于何种社会状态中，人类仍然是人类；他们的行动和情感服从于个体人性的规律。当人类聚集在一起时，他们并没有转化为具有不同的性质的另一种物质；正如氢和氧与水不同……。社会中的人除了从个体的自然法则中衍生出来又分解于其中之外，并没有其他什么属性。

相反，整体主义则认为，社会事实是由关于个体行为的事实所构成的。个体的意向行为不可能从这些个体所存在的宏大社会系统中而被剥离出来。正如罗森伯格（Rosenberg，2012：173）生动描述的那样：

> 以我兑现支票为例。如何对该行为进行说明？为了不遗漏这一说明的某些方面，因为这些方面既稀松平常又显而易见，可以想象一下向一位不理解货币概念的人说明这一行为。要做到这一点，我需要说明我的行动对我和出纳员的意义，这就涉及整个货币和银行系统。出纳员和我都在遵循由社会强制实施的规则，正是这些规则赋予交换以意义。但是，这些规则并非易于理解，除非是在合规条件的规则背景下，即劝导与强制的制度……如果在描述个体事实时不可避免地要提
> 165 及社会事实，那么社会事实就很难由个体事实组成，也几乎不依赖于个体事实。按照这一论证，社会事实必须是独立且明显的存在。

心理功能主义给个体主义者和整体主义者都带来了困难。个体主义认为，社会系统的功能分解应该终止于个体，因为个体是构成社会系统的基本单位。但如果是这样的话，那么社会系统的功能分解就永远不会达到亚意向层次。套用一个老笑话的关键句式来说，这里“到底”都是意向系统。为了在亚意向层次进行分析，个体主义者必须进一步推动分解，由此达到发生于个体大脑中的神经过程的层次。但是，神经元放电的集合体能够为大规模的社会过程的经验概括提供基础，这一主张似乎值得怀疑。

试图把希望寄托在小人功能主义上的整体主义者，面临着一个不同的甚至是更难以驾驭的问题。如果社会事实在一定程度上构成了关于个体的事实，那么分解社会系统的整个计划似乎完全被误导了。从这个视角来看，把大规模的社会过程分解成更小的功能单元，就相当于改变了研究主题。让我们以罗森伯格为例，看看上面提到的兑现支票的行为。从整体主义的视角来看，银行系统的行为可以分解为个体行为者（出纳员、客户、银行经理等）的行为，这一观念是*难以理解的*。

到目前为止，我所讨论的每一种解决界面问题的进路，都是以意向立场作为出发点的。但是假如人们完全从亚意向过程的角度来分析意向系统，并且完全摒

弃意向策略，结果会是怎样的呢？也许意向性习语使人迷惑，使我们不能正确地理解驱动社会系统的因果过程，因此，我们越早地放弃它，就能越早地形成一门成熟的、经验上强大的社会科学。这种解决界面问题的进路被称为“*取消主义*”，因为取消主义建议我们，将意向性语言从社会科学词汇中排除出去。我们不应该用信念和愿望这样的语言来谈论社会系统，而应该限制在描述驱动这些系统的行为的非意向的、因果的过程上。

在心灵哲学语境中取消主义的研究纲领已有详细的阐释。当代杰出的取消主义者保罗·丘奇兰德（Paul Churchland）认为，意向心理学［也被称为“民间心理学”（FP）］“在两三千年的时间里都没有明显的进步”。

> 古希腊人的民间心理学本质上就是我们今天所使用的民间心理学，而我们在说明人类行为方面，几乎没有比索福克勒斯（Sophocles）时代的人更好多少。对于任何理论来说，这都是一个很长的滞育期……也许，完美的理论无须发展。但是民间心理学是非常不完美的。民间心理学未能发展其理论资源，也未能扩大其成功应用的范围方面，因此，这一停滞显得格外令人费解，人们必须质疑其基本范畴的完整性……民间心理学是一个停滞不前或退化的研究纲领，并且已经持续了几千年。（Churchland，1981：74-75）

如果回顾科学史，我们就会发现，当更好的理论出现时，停滞不前的理论以及随之而来的说明性术语，往往会被全盘抛弃。也许这就是社会科学中意向习语应有的归宿。正如丘奇兰德（Churchland，1981：76）所指出的那样： 166

> 民间心理学以空前的规模遭受了说明上的失败，它至少已经停滞了 25 个世纪，其范畴（到目前为止）与作为基础的物理科学范畴似乎不可通约，或者与其呈现出一种正交关系，但其说明人类行为的长期要求似乎是不可否认的。符合这一描述的任何理论必须接受因彻底被取消而作为一种候选理论的事实。

对社会体系的意向性解释，由于其说明上的缺陷，可能已到了可以被消除的阶段。然而，取消主义支持者所常用的科学史的案例，与社会科学哲学家应对界面问题所面临的挑战并不具有类比性。在历史案例中——例如，18 世纪近代燃烧理论推翻了燃素说——一种理论被一种竞争理论所取代。但是，正如我前面提到的，意向系统之行为的意向解释与亚意向解释并不冲突。如果消除了对社会现象的意向性说明，这并不是因为亚意向解释在完成*同样的*说明任务时更有效，而是因为这样的说明被认为是无价值的。这一假设的前提是，我们希望从社会科学说明中得到的是经验的力量而不是理性的理解，但这仅仅回避了对诠释学进路的质疑。如果像许多社会科学家认为的那样，意向性习语是社会系统概念中不可修正的组成部分，那么取消主义就不是一个可行的选择方案。

第五节 结 论

社会科学在许多方面与自然科学相比都非常不利。尽管社会科学家持续努力了一个多世纪，但我们仍然无法对社会过程做出任何接近物理学家、化学家和生物学家通常所做出的具有精确性和可靠性的推论。造成这一现象的原因仍有争议，但可以合理地设想，该争议的部分原因在于，很难确定意向说明和亚意向说明之间的关系。方法论自然主义者致力于这样一种观点，即社会科学家应该模仿自然科学家使用的研究方法。这种观点虽值得称赞，但如果不解决一系列非常困难的概念问题，方法论自然主义的研究纲领就无法实施。自然科学家不必面对这些哲学难题，但社会科学家似乎无法回避。

参考文献

Beatty, J. 1993. “The evolutionary contingency thesis,” in G. Wolters and J. G. Lennox (eds.), *Concepts, Theories, and Rationality in the Biological Sciences*, Pittsburgh: University of Pittsburgh Press: 45-82.

Bermúdez, J. L. 2005. *Philosophy of Psychology: A Contemporary Introduction*. New York: Psychology Press.

Churchland, P. M. 1981. “Eliminative materialism and the propositional attitudes,” *Journal of Philosophy*, 78(2): 67-90.

Davidson, D. 1970. “Mental events,” in L. Foster and J. Swanson (eds.), *Experience and Theory*.
167 London: Duckworth: 79-101.

Davidson, D. 1980. *Essays on Actions and Events*. Oxford: Clarendon Press.

Dennett, D. 1987. *The Intentional Stance*. Cambridge, MA: MIT Press.

Dennett, D. C. 1989. “True believers: the intentional strategy and why it works,” in *The Intentional Stance*. Cambridge, MA: Bradford Books: 13-42.

Dennett, D. C. 2009. “Intentional systems theory,” in A. Beckerman, B. P. McLaughlin, and S. Walter (eds.), *The Oxford Handbook of Philosophy of Mind*. Oxford: Oxford University Press: 13-42.

Duhem, P. 1954. *The Aim and Structure of Physical Theory*, trans. from 2nd edn. by P. W. Wiener, Princeton, NJ: Princeton University Press.

Flanagan, O. 2008. “Varieties of naturalism,” in P. Clayton (ed.), *The Oxford Companion to Religion and Science*. Oxford: Oxford University Press: 43-52.

Ghiselin, M. 1974. “A radical solution to the species problem,” *Systematic Zoology*, 23: 536-544.

Hempel, C. 1965. *Aspects of Scientific Explanation and Other Essays in the Philosophy of Science*. New York: Free Press.

Hull, D. 1978. "A matter of individuality," *Philosophy of Science*, 45: 335-360.
Kitcher, P. 1984. "1953 and all that: a tale of two sciences," *Philosophical Review*, 93(3): 335-373.
Kitcher, P. 1992. "The naturalists return," *Philosophical Review*, 101(1): 53-114.
McIntyre, L. 1999. "Davidson and social scientific laws," *Synthese*, 120(3): 375-394.
Mill, J. S. 1865. *A System of Logic, Ratiocinative and Inductive*, vol. Ⅱ, 6th edn., London: Longmans, Green, and Co.
Mill, J. S. 1874. *Nature, the Utility of Religion, Theism, Being Three Essays on Religion*. London: Longman, Green, Reader, and Dyer.
Rosenberg, A. 1996. "A field guide to recent species of naturalism," *British Journal for the Philosophy of Science*, 47(1): 1-29.
Stroud, B. 2004. "The charm of naturalism," in M. De Caro and D. MacArthur (eds.), *Naturalism in Question*. Cambridge, MA: Harvard University Press: 21-35.
Taylor, C. 1971. "Interpretation and the sciences of man," *Review of Metaphysics*, 25: 3-51.
Wilson, E. O. 1998. *Consilience: The Unity of Knowledge*. New York: Alfred A. Knopf.

延伸阅读

Bermúdez, J. L. 2005. *Philosophy of Psychology: A Contemporary Introduction*. New York: Psychology Press. 这是关于界面问题的最佳指南，也是心理学哲学家试图解决这个问题的各种方式的最佳指南。Chant, S. R., Hindricks, F., and Preyer, G. (eds.). 2014. *From Individual to Collective Intentionality: New Essays*. Oxford: Oxford University Press. 这是一本关于应对聚合意向概念的优秀论文集。

de Caro, M., and MacArthur, D. (eds.). 2004. *Naturalism in Question*. Cambridge, MA: Harvard University Press. 这本由著名哲学家撰写的论文集批判性地质疑了哲学中的自然主义转向。

Richie, J. 2008. *Understanding Naturalism*. Stocksfield, UK: Acumen. 这是一本关于 20 世纪和 21 世纪哲学中自然主义的一些主要争论的有用的初级读本。

Rosenberg, A. 2012. *Philosophy of Social Science*. Boulder, CO: Westview Press. 这本由一位杰出的当代方法论自然主义者撰写的介绍性专著，为社会科学哲学中的自然主义/反自然主义之争论提供了一个易于理解的介绍。 168

第十五章 博 弈 论

克里斯蒂娜·比基耶里（Cristina Bicchieri） 贾科莫·西拉里（Giacomo Sillari）

博弈论研究策略互动的情形。当结果不依赖于所涉及的个体行动，而依赖于所涉及的个体联合行动时，两个或两个以上的参与者（players）之间的互动被称为是策略性的。国际象棋就是其中的一个典型实例，在这一例子中，做出一个具体行动的选择取决于其他参与者将要做什么的策略考虑，因为博弈的结果将取决于双方的行动。策略互动的其他具有典型性的例子包括企业的商业竞争、政客的选票竞争、动物对猎物的争夺、竞拍人在拍卖中的竞争、长期关系中的威胁和承诺（涉及配偶、父母和孩子、同事或核超级大国）等。博弈论研究的是参与者的策略性决策。参与者可以是以利润最大化为目标的企业、期望效用的理性最大化者，也可以是动物、计算机生成的人工行为者，或者在进化博弈论中，参与者可以是缺乏任何自然或人工理性能力的实体，如基因。近年来，出现了行为博弈论（Camerer，2003），其研究具有限理性、真实人类行为者的行为。

博弈论对社会科学和社会科学哲学的相关性是多方面的。在哲学上使博弈论发挥基础性作用的首要贡献者当属刘易斯（Lewis，1969），他用博弈论的术语对社会约定给予了哲学解释。刘易斯的著作在几个领域都具有开创性：他对社会约定的博弈论解释在乌尔曼-马尔加利特（Ullmann-Margalit，1977/2015）、萨格登（Sugden，1986/2005）和比基耶里（Bicchieri，2006）那里得到进一步发展，并以此来处理规范问题；他对公共知识（common knowledge）的定义是由奥曼（Aumann，1976）形式化的，该定义在社会科学哲学探索协调与理性的相互作用中发挥了重要作用，比如比基耶里（Bicchieri，1993）对此进行过详细的探讨。史克姆斯（Skyrms，1996/2014，2004）和宾默尔（Binmore，1994，1998，2005）的著作，阐述了博弈论和进化博弈论在社会科学哲学和政治哲学中的重要应用。

本章共分五节。第一节介绍了策略博弈并讨论了占优度、最佳对策（best replies）、焦点、混合策略和纳什均衡。第二节介绍了序贯博弈，并讨论了逆推归纳法（backwards induction）和子博弈精炼（subgame perfection）。第三节将博弈论应用于比基耶里对社会规范的解释中。第四节回顾了博弈论认知基础的基本概

念，而在第五节也是最后一部分，我们讨论了重复博弈（repeated games）。 169

第一节 标准形式博弈

任何策略互动都涉及两个或两个以上的决策者（参与者），每个决策者都有两种或两种以上的行动方式（策略），因此其结果取决于所有参与者的策略选择。此外，每个参与者对所有可能的结果都有明确的偏好，使得相应的效用函数决定收益分配。如果允许参与者在博弈开始前达成有约束力的协议，我们就说这个博弈是*合作的*，否则就是*非合作的*。本节主要探讨非合作博弈论。

在所谓*标准形式博弈*（normal form game）中，其明确了谁是参与者，每个参与者使用的策略是什么，以及每个参与者在每个结果中的收益如何。更正式一点的说法是，标准形式中的博弈结构包含以下三个元素：

- 参与者集合 $I = \{1, \cdots, N\}$。
- 有限纯策略集 $S_i = \left\{s_1, \cdots, s_n\right\}$，对于每个参与者 $i \in \mathrm{I}$。
- 收益函数 $u_i : S_1 \times \cdots \times S_N \to \mathbb{R}$，对于每个参与者 $i \in \mathrm{I}$，所有策略组合（博弈结果）都有一个收益值。

用*矩阵*表示上述三个元素是很方便的，例如，表 15.1 表示众所周知的*囚徒困境*。两名囚犯被分开审讯。这反映了这样一个事实，在博弈论中，每个参与者都独立于其他参与者而选择一个策略。每个囚犯可以指控另外一个囚犯（背叛），或者他们都保持沉默（C）。博弈的结果以参与者的收益来表示，该结果是两种策略选择的联合产物。如果两名囚犯都保持沉默，他们将相对较快地获得自由（矩阵左上角中 2 个单位的收益），而如果他们相互背叛，他们将不得不服更长的刑期（矩阵右下角中 1 个单位的收益）。最好的情况是一方背叛另一方，而另一方不背叛。在这一情况下，前一名囚犯将立即出狱（4 个单位的收益），而另一名囚犯不得不服很长的刑期（0 个单位的收益）。

表 15.1 囚徒困境

	C	D
C	2，2	0，4
D	4，0	1，1

标准形式博弈通常被理解为，参与者同时选择的情形。这种时间上的解释，虽然直观但并不完全正确。由于标准形式不应该产生关于行动的先后顺序的任何信

息，所以最好将其理解为一系列结果，每个结果对应于参与者可能选择的策略组合。

表 15.1 中的博弈是完全信息的博弈，假设参与者知道博弈规则，即上面的博弈结构包括其他参与者的策略和收益。接着这一假设，我们还假设参与者是理性的（效用最大化者）。更准确地说，标准的假设是，所有参与者都具有以下两种公共知识：

（CK1）博弈结构，包括参与者的策略集合和收益函数；

（CK2）参与者的理性。

由刘易斯（Lewis，1969）引进、奥曼（Aumann，1976）形式化的公共知识这一概念，表示一种认知状态，在这一状态中，组群 *G* 中的每个人知道 *p*；组群 *G* 中的每个人知道：每个人知道 *p*；组群 *G* 中的每个人知道：每个人知道，每个
170 人知道 *p*，等等，*如此以至无穷*。

在假设 CK1 和 CK2 的情况下，理性参与者应该如何选择他们的策略呢？在囚徒困境的案例中，通过这两个假设可以对行动进行精确预测。值得注意的是，在表 15.1 的博弈中，*无论*其他参与者做出何种决策，每个参与者都更适合选择背叛。例如，如果在列（column）中其他参与者选择合作，那么在行（row）中对于每个参与者而言，选择背叛获得 4 个单位的收益，选择合作获得 2 个单位的收益，而如果在列中其他参与者选择背叛，那么在行中对于每个参与者来说，选择背叛获得 1 个单位的收益，选择合作获得 0 个单位的收益。无论其他参与者如何选择，当一种策略给一位参与者带来的收益完全低于其他策略时，该策略被称为*严格劣势策略*（strictly dominated strategy）。更正式地说，如果存在 $s_i' \in S_i$，那么对于参与者 *i* 而言，s_i 是严格被占优势的，即’

$$u_i(s_i', s_{-i}) > u_i(s_i, s_{-i})\text{，对于所有 } s_i \in S_{-i}$$

其中，s_{-i} 表示除了参与者 *i* 之外所有参与者所选择的策略。

正如上面所指出的那样，可以发现，C 严格劣于 D。因此，理性参与者永远不会选择合作。由此，CK1 和 CK2 足以预测博弈的理性结果。值得注意的是，参与者会*共同*倾向于选择合作，但他们*个人*更喜欢背叛。这种个体理性与共同结果之间的张力是这种困境的本质，该困境也正是与社会科学哲学的关联性所在。我们在之后处理重复博弈的探讨中会再次回到这一问题上。

然而，有时候，CK1 和 CK2 并不足以预测理性参与者会如何行动。考虑表 15.2 中所示的博弈。在这一博弈中，参与者希望*协调*他们的行动，因为他们的利益是一致的，因此他们的偏好不像在囚徒困境中那样，而是取决于其他参与者的策略选择。表 15.2 中的博弈通常被称为“驾驶博弈”，在行驶的道路上，我们更

喜欢靠右行驶还是靠左行驶，这取决于来路的车辆是靠右还是靠左。换句话说，L 是对其他参与者选择 L 的*最佳对策*，而 R 是对其他参与者选择 R 的最佳对策。

表 15.2　驾驶博弈

	L	R
L	1，1	0，0
R	0，0	1，1

一般来说，当所有参与者都在选择对彼此最佳对策时，他们会对自己的选择感到满意，这意味着，即使他们有机会的话，他们也不会想单方面改变自己的行动。他们拒绝单方面改变，因为每个参与者都在对其他参与者的行为做出最佳对策，没有一个参与者可以通过改变她的行动来获得更高的收益。因此，所有参与者都是在给定的其他参与者如何行动的前提下，来最大化其自身的收益，而当参与者共同最大化其自身收益时，他们所进行的是博弈的*纳什均衡*。通俗地说，纳什均衡描述的行为和信念如下：①在给定其关于其他人选择的信念情况下，每个参与者的行动是最佳的；②参与者的信念是正确的。换句话说，一个非纳什均衡的结果要么是某些参与者不理性，要么某些参与者“误判”局面。更正式地说，纳什均衡是一组策略向量 $(s_1^* \cdots s_i^*)$，博弈中 N 个参与者中每个参与者各自对应一个策略向量，该策略向量满足：给定 s_{-i}^*，s_i^* 是最佳的，也就是其应对 s_{-i}^* 的最佳对策，即

$$u_i(s_i^*, s_{-i}^*) > u_i(s_i, s_{-i}^*)\text{，对于所有的 } s_i \in S_i$$ 171

值得注意的是，最佳性（optimality）只是给定的 s_{-i}^* 的条件，而不是所有可能 s_{-i} 的条件。也就是说，应对 s_{-i}^* 的最佳策略在应对不同的策略组合时可能并非最佳的。

纳什均衡之所以重要，主要有两个原因（Binmore，1994，1998，2005）。第一，在理想情况下，达到纳什均衡的理性参与者将按照他们的最大化收益来进行博弈。第二，如果博弈受到进化压力的影响，那么当参与者处于均衡状态时，这种压力就会消退。不过，值得注意的是，上面的 CK1 和 CK2 不允许参与者（或理论家）预测表 15.2 博弈中的理性行动（Bicchieri，1993），因为在这一博弈中存在两个均衡［(*L*, *L*) 和 (*R*, *R*)］，并且理性对于选择哪种均衡仍然保持沉默，未能解决“均衡选择问题”（Harsanyi and Selten，1988）。让我们考察另一个多重均衡博弈的例子：假设有两个参与者需要把 100 美元分配给他们自己。他们必须将所提出的分配金额限制在整数上，并且每个参与者必须独立地提出分配方法。如果所分金额总数等于或少于 100 美元，那么参与者就能得到他们所要求的数额，

否则大家一无所获。这个博弈有 101 个均衡（所有成对的数额合计达 100 美元），那么有没有一种方法可以预测哪一个会被选中，如果有的话？行为博弈论可能观察到一个 50/50 分配模式。许多参与者会认为，这一分配模式是一种简单、公平、公正的博弈解决方案。用托马斯 • 谢林的话说，这是一个*焦点*（Schelling，1960）。

焦点作为策略或策略组合的观念，在某些方面较为突出，因此，参与者倾向于选择该观念，来尝试协调他们的行动，这也是刘易斯对*约定*给予解释的核心所在（Lewis，1969；Rescorla，2007；Sillari，2013）。刘易斯认为，约定是周期性协调问题的一个解决方案。传统的解决办法之所以突出，是因为它过去曾发挥过作用，因此，通过先例的力量赋予了焦点的理论地位。然而，经典博弈论过滤掉了任何有关策略选择的社会或文化信息，因此参与者只能依靠 CK1 和 CK2 来协调他们的行动。但 CK1 和 CK2 并非有助于多重均衡的情形。要解决均衡选择问题，可以采取下述两种途径之一。其一，研究受某种进化压力影响的参与者群体：进化动力学可能会解决不确定性（有关该进路的评论，参见 Sugden，2001）。其二，考虑均衡集并剔除其中一些均衡，因为它们在某种意义上并非具有合理性，通过这种方式也加强了对合理性的诉求。这是纳什均衡*精炼*纲领所采用的进路（Kohlberg，1990；van Damme，1987）。

我们已经看到了一个具有唯一均衡的博弈（表 15.1 囚徒困境中的相互背叛）和一个具有多重均衡的博弈（表 15.2 驾驶博弈中向右或向左行驶）。我们现在来分析纯策略中不存在无均衡的博弈。在表 15.3 所示的*零和*博弈中，每个参与者持一枚硬币来展示它的一面。如果两个参与者都显示正面或者都显示反面，行赢 1，否则行输 1，对于列来说反之亦然。这里并没有最佳对策的组合：如果行显示正面，那么列的最佳对策是显示反面，但是行的最佳对策却是显示反面，对此列的最佳对策是显示正面。然而，纳什已经证明，所有的博弈都至少有一种均衡。纳什的结果是成立的，因为一个参与者可以选择一个纯策略，或者与此相反，她可以随机选择她的纯策略；纯策略的概率分布被称为混合策略，其表示为 σ_i 。每个参与者的随机化被认为是独立于他的对手，混合策略的收益是相应纯策略收益的期望值。

在混合策略的纳什均衡中，每个参与者的均衡策略使得其他参与者在他们的策略之间无差别。在表 15.3 这一博弈中，假设行参与者选择 $\sigma_i = (0.5H, 0.5T)$，
172 赋予 H 和 T 同等概率。然后，如果列参与者给出 H，那么当行参与者给出 H 时她将以 0.5 的概率输掉，当列参与者给出 T 时，她将以 0.5 的概率获胜。如果列参与者给出 T 或者她的任何混合策略，期望收益 0 将是相同的。因此，列参与者在所有策略之间是无差别的，并且所有她的策略都是（弱）最佳对策。因为博弈具有对称性，由列参与者所选择的 $\sigma_j = (0.5H,\ 0.5T)$ 使得行参与者无差别，因此，策

略集 (σ_i, σ_j) 是混合策略纳什均衡。混合策略纳什均衡总是存在的，而且总是弱的，因为单边偏差不会导致损失，但也不会导致收益。

表 15.3　猜硬币博弈

	H	T
H	1，–1	–1，1
T	–1，1	1，–1

第二节　扩展形式博弈

博弈可以用一种不同的、可能更丰富的方式来表示，这种方式被称为*扩展形式*。扩展形式标示出更多的博弈元素：除了有限的参与者集合之外，还包括行动的顺序、参与者在每次行动中的选择及其在选择时所拥有的信息。博弈序列由博弈树 T 表示，可理解为部分有序节点 $t \in T$ 的一个有限集合，其满足优先关系<。*子博弈*是一次博弈的枝的集合，它们从同一个节点开始，枝和节点一起形成博弈树。树的表示有先后顺序，因为它显示了参与者采取行动的顺序。直觉上，我们可以认为，扩展形式表述中的序列性引入了标准形式中所缺乏的时间元素。然而，重要的是，当要求参与者做出选择时，他们拥有关于其他参与者行动的信息。这些信息不是以标准形式来表示，而是以扩展形式来表示。这就是一个标准形式博弈可以表示扩展形式博弈中一种博弈的原因。当一种博弈的顺序与其结果无关时，那么将该博弈界定为标准形式是合理的。然而，当与博弈顺序相关时，必须将该博弈视为扩展形式。

在扩展形式博弈中，参与者选择一个行动时所拥有的信息，是通过使用*信息集*来明确表示的，这些信息集划分了树的节点。如果一个信息集包含多个节点，那么必须在该信息集做出选择的参与者，并不确定她所处的是哪个节点。不知道其所处哪个节点，这意味着参与者不知道前一个参与者选择了哪种行动。如果一次博弈包含的信息集不是单一节点，那么这个博弈就是一个*不完美信息*（imperfect information）博弈。下面以图 15.1 所示的博弈为例给予考察。

在囚徒困境中，参与者在不知道其他参与者如何选择的情况下，来做出其自身的选择。通过引入包含参与者 2 的节点的*信息集*，图 15.1 重现了参与者在囚徒困境中的这一情形。这一信息集表示参与者 2 对于参与者 1 在前一个节点的行动的无知：参与者 2 无法区分左节点和右节点，或者换句话说，她不知道参与者 1 选择了 C 还是 D。

在扩展博弈中，策略概念是一个*完整的行动方案*（a complete plan of action），它为树的每个节点规定了参与者要选择的行动。值得注意的是，策略可以在永不
173 被访问的节点上规定参与者的行动。

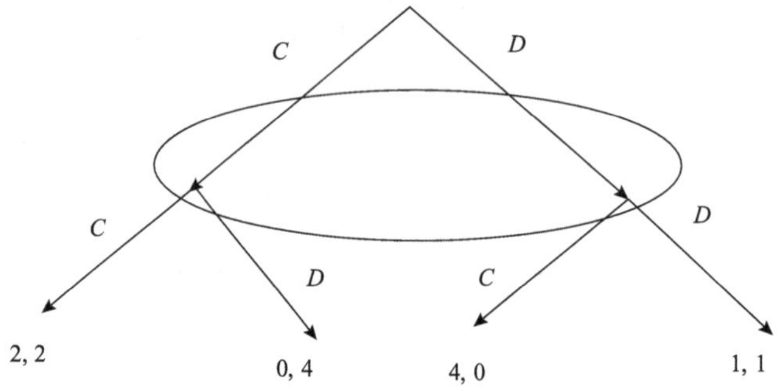

图 15.1　扩展形式中的囚徒困境

现在来考察图 15.2 中的博弈。要求参与者 1 在第一个和最后一个节点上进行博弈。因此，她所采用的策略是在两个节点上的所有可能的行动组合：A_x、A_y、D_x和 D_y。值得注意的是，如果参与者 1 在她的第一个节点选择策略 D，那么博弈将在那个点上结束，由此，她永远不会选择策略 x 或 y。一种策略是一个完全具备应对性的行动方案，其在博弈过程中不能改变。图 15.2 中的博弈有两种均衡——（D_x，a）和（D_y，d），存在解决选择问题的方法吗？如果参与者 1 在第三个节点上行动，她会更喜欢 x 而非 y，因为前者是 4 个单位的收益，而后者只有 2 个单位的收益。知道了这一点，同时知道参与者 1 是理性的，那么在第二个节点上参与者 2 将会选择 d 而非 a，获得两个单位的收益。在第一个节点上，知道参与者 2 是理性的，并且她知道参与者 1 也是理性的，那么参与者 1 将倾向于选择策略 D（1 个单位的收益）而非 A（0 个单位的收益）。因此，即使（D_y，a）是一个均衡，其似乎是一个不合理的均衡，因为它要求参与者 1 在最后一个节点上违背自己的最佳利益进行选择。事实上将其视为均衡的原因在于，在均衡中，最后一个节点永远不会被触及，所以参与者 1 在 D_x 和 D_y 之间是无差别的。

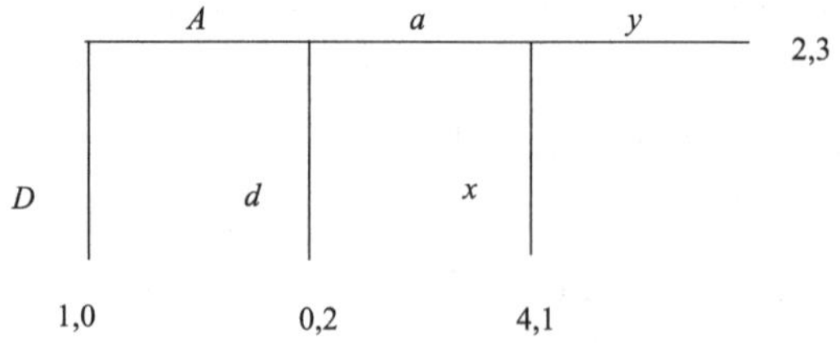

图 15.2　扩展形式博弈

我们用来得出只有（D_x，d）是合理解的序贯过程称为*逆向归纳法*。在完美信息有限且无收益的博弈中，逆向归纳法总是能确定一个唯一的均衡。逆向归纳论证的前提是，相互理性和博弈结构是参与者之间的公共知识。宾默尔（Binmore，1987）、比基耶里（Bicchieri，1989，1993）和瑞尼（Reny，1992）认为，在某些条件下，理性的公共知识会导致矛盾。例如，如果参与者 2 到达了她的决策节点，她会继续认为参与者 1 是理性的吗？她会如何说明参与者 1 的行动呢？如果参与者 1 的行动与理性的公共知识不符，那么参与者 2 将无法预测未来如何博弈；作为一个推论，在她的节点上，什么构成了一个最佳选择仍然没有定论。作为上述批评的一个结果，逆向归纳论证的一般前提在此受到了质疑（参见 Pettit and Sugden 1989；Basu，1990；Bonanno，1991）。

为了排除完美信息扩展博弈中难以置信的均衡，最早提出对其进行改进的是*子博弈精炼*（Selten，1965）。如果子博弈精炼的策略组合（当限制在任何子博弈时）仍然是子博弈纳什均衡，那么纳什均衡是子博弈精炼。而均衡（D_y，d）并不是子博弈精炼：在从最后一个节点开始的子博弈中，y 是一个劣势策略。需要注意的是，逆向归纳均衡总是子博弈精炼。

现在考察一下古斯（Güth）等提出的*最后通牒博弈*（ultimatum game）（Güth et al.，1982）。在这个博弈中，有两名参与者（即提议者和响应者）要分配 10 美元。提议者提供她和响应者之间的 10 美元分配方案。如果响应者接受了该分配方案，这笔钱将按照提议者提出的方案进行分配。如果响应者拒绝该分配方案，两名参与者什么也得不到。我们在这里考虑这个博弈的简化形式，有时称为“迷你 174
最后通牒”博弈（图 15.3），在这个博弈中，提议者只能以两种方式对金额分配：她分 8 美元，响应者分 2 美元，或者每人分 5 美元。响应者总是对第二种分配方案表示接受，而提议者可以拒绝第一种分配方案。

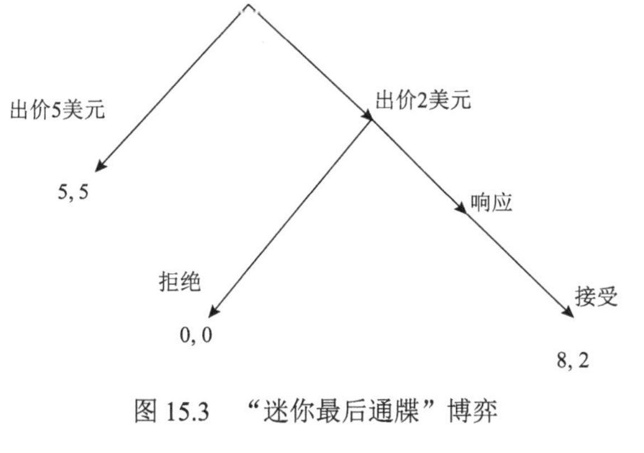

图 15.3　“迷你最后通牒”博弈

这个博弈有两种均衡：（*出价 2 美元，接受*）和（*出价 5 美元，拒绝*）。然而，逆向归纳法只确定了一个平衡：在她的节点上，如果达到 2>0，响应者将接受。但是，知道了这一点，提议者将*出价 2 美元*，剔除了上面列出的第二种均衡。而第一个均衡是通过逆向归纳法得到的，因此它是子博弈精炼，在一次性最后通牒博弈（one-shot ultimatum games）的实验中，模式化出价大约是按 50%的比例进行分配的。这一研究结果也适用于图 15.3 的迷你最后通牒博弈。比基耶里从社会规范的角度对这种行为进行了典型说明（参见 Bicchieri，2006）。在下一节中，我们将展示博弈论是如何应用于社会规范和最后通牒博弈中的。

第三节　博弈与规范

由比基耶里（Bicchieri，2006）引进的基于规范的效用函数，试图通过博弈论模型来获得这样一种观点，即当一种规范存在时，不同个体会对它表现出不同
175 的“敏感性”，这应该反映在个体的效用函数中（也可参见 Bicchieri and Chavez，2010；Bicchieri and Sontuoso，2014）。考虑一个典型的 n 个人（标准形式）博弈。为了形式化的处理，我们将规范表示为一个（部分）函数，该函数将参与者期望其他参与者做什么映射到参与者“应该”做什么。换句话说，规范以他人的（预期的）行为为条件来调节行为。由 S_i 表示参与者 i 的策略集，用 $S_i = \Pi_{j\neq i} S_j$ 表示除了参与者 i 之外其他参与者的策略组合集。那么，参与者 i 的规范可以形式化地表示为一个函数：N_i: $L_{-i} \rightarrow S_i$，其中 $L_{-i} \subseteq S_{-i}$。在此需要注意两点：第一，给定其他参与者的策略，可能存在也可能不存在用于规定参与者 i 应该如何行为的规范。因此，L_{-i} 无须——通常也不——等于 S_{-i}。特别是，当没有任何规范来调节参与者 i 的行为时，L_{-i} 可以是空的。第二，可能会有调节联合行为的准则。例如，参与者 i 和 j 的联合行为可以用 $N_{i,j}: L_{-i,-j} \rightarrow S_i \times S_j$ 来表示。因为我们在这里探讨的是两人博弈，所以我们不会在这个方向上使模型进一步复杂化。

如果 $s_{-j} \in L_{-j}$ 即 N_j 定义在 s_{-j} 上，那么策略组合 $s=(s_1,\cdots,s_n)$ 体现了针对参与者 j 的某个规范。如果对于某个参与者 j，该策略组合体现了针对参与者 j 的某个规范，但 $s_{-j} \neq N_j(s_{-j})$，则该策略组合违反了规范。将 π_i 视为参与者 i 的收益函数。基于规范的参与者 i 的效用函数依赖于策略组合 s，该函数表示如下：

$$U_i(s)=\pi_i(s)-k_i \max s_{-j}\in L_{-j} \max_{m\neq j}\left\{\pi_m(s_{-j},\ N_j(s_{-j}))-\pi_m(s),\ 0\right\}$$

其中，$k_i \geqslant 0$ 为常数，表示参与者 i 对相关规范的敏感性。这种敏感性可能因不同的规范而发生改变；例如，一个人可能对平等非常敏感，而对公平的考虑就不那

么敏感了。第一个最大值运算符处理了这样一种可能性：规范的体现（和违反）可能是模糊的，即一个策略组合同时体现了针对多个参与者的规范。然而，我们推测，这种情况是罕见的，并且在大多数情况下，第一个最大值运算符退化了。第二个最大值运算符的范围是除规范违反者之外的所有参与者。简单地说，贴现项（乘以 ki）是所有规范违反所导致的最大收益扣除额。

在最后通牒博弈中，我们所要考察的是这样一种规范：其规定了提议者应该出价的一个公平金额。为了表示该规范，我们取如下的规范函数：提议者 N_1 的规范函数是一个常数 N 的函数，而响应者 N_2 的规范函数则没有定义。如果响应者（参与者 2）拒绝，那么两个参与者的效用都为零。

$$U_{1\text{reject}}(x)=U_{2\text{reject}}(x)=0$$

假设提议者（参与者 1）出价 x，响应者接受，效用如下：

$$U_{1\text{accept}}(x)=M-x-k_1\max(N-x,\ 0)$$

$$U_{2\text{accept}}(x)=x-k_2\max(N-x,\ 0)$$

其中，N 为由规范所规定的公平出价，k_i 为非负值。再次注意，k_i 度量了提议者不喜欢偏离他所认为的规范的程度。为了遵守规范，对规范的“敏感性”不必很高。
害怕被报复可能会使 k 值低的提议人按照公平的要求来行动，但如果没有这种风 176
险，她对规范的漠视将使她表现得不公平。

同样，如果 $U_{2\text{accept}}(x)>U_{2\text{reject}}=0$，则响应者应该接受这一出价，这意味响应者接受以下临界值：$x>k_2N/(1+k_2)$。很明显，临界值小于 N：为了让响应者接受超过规范所规定的出价，这是没有必要的。

对于提议者来说，当 $x\geqslant N$ 时 效用函数在 x 上正在递减，因此一个理性提议者将不会给出超过 N 的出价。假设 $x\leqslant N$，如果 $k_1>1$，那么效用函数在 x 上正在递增，这意味着提议人的最佳选择是出价 N。如果 $k_1<1$，那么效用函数在 x 上正在递减，这意味着提议人的最佳策略是，出价的最低金额（即比临界值 $k_2N/(1+k_2)$ 多一点）能够让响应者所接受。若 $k_1=1$，只要出价在 $k_2N/(1+k_2)$ 和 N 之间，提议者的出价多少并不重要。

在这一点上应该很清楚是，k 值衡量的是人们对各种规范的敏感性。这种敏感性通常是一种稳定的倾向，而行为的改变可能是由于人们的注意力或期望的改变所引起的。规范理论可以说明这种变化，而费尔和施密特（Fehr and Schmidt，1999）的不公平厌恶理论却不能说明这种变化。

第四节 认知基础

正如我们所看到的，博弈论与参与者对彼此的认知和信念以及他们所处的情境有关。自奥曼在公共知识方面的开创性工作以来，博弈论理论家越来越关注基于认知假定和假设的对策解概念的评价问题，其中这些对策解概念又是源自这些认知假定与假设[参见 Battigalli 和 Bonanno（1999）、Aumann 和 Brandenburger（1995），有关行为的研究进路可参见 Devetag 等（2013）]。例如，人们无须 CK1 和 CK2 的全部力量，来确定表 15.1 囚徒困境中的唯一均衡：一旦参与者知道了博弈的结构，并且他们是理性的，参与者就不会采用他们的劣势策略。因此，我们不需要 CK2（关于理性的公共知识），只需要关于理性的事实，在该事实之上并不存在认识结构。这种认知假设可以在*交互认识论*（interactive epistemology）提供的形式框架下进行数学分析（Aumann，1999）。

对认知状态的直观理解可以追溯到莱布尼茨（Leibniz），比如行为者知道“费城阳光灿烂”，其在直观上可以理解为，这个行为者认为在所有她无法从现实世界中区分出来的可能世界里，费城是阳光灿烂的。从形式上来说，我们有一个空间集，其中的点代表世界，在这个空间集中我们定义*事件*和*信息函数*，该函数对空间集进行了划分。这种划分使得行为者无法区分属于该划分的同一单元的世界。因此，上面的直观理解可以更精确地表述为，在一个可能世界 ω，参与者 i 知道一个事件 E 当且仅当集合 E（E 包含的可能世界）涵盖了她的包括 ω 在内的信息划分单元。可以为每个参与者 i 定义一个知识函数 k_i，因此，当给定 E 作为参数时，k_i 作为一个值返回到那些世界的集合中，由此，对于那些世界的每一个而言，i 的信息划分的单元包含 k_i，该单元即为 E 的一个子集。也就是说，K_iE 表示 i 知道 E 这一事件。知识可以被赋予各种公理化属性（参见 Fagin et al.，1995；Meyer and van der Hoek 1995/2004），例如 K_iE 是 E 的一个子集，这就等同于要求参与者
177 所知道的实际上都是真实的（这一属性通常区分了知识和信念）。

由于知识函数可以迭代，因此它们可以表示相互的、更高阶的知识，奥曼（Aumann，1976）给出了上述公共知识概念的数学定义。命题 p 是两个参与者 i 和 j 的*公共知识*，当且仅当表征命题 p 的世界集涵盖了 i 和 j 的划分*相交*的单元，该单元包含命题 p，在这一单元中，这两个划分*相交*是 i 和 j 的最常见的粗化。这个定义的应用是同一篇文章中所证明的一个定理，它表明如果参与者有相同的先验知识，并且他们的后验知识是公共知识，那么后验知识相等，即便是参与者通过对不同信息的调节推导出后验知识。或者，换句话说，后验知识不能“求同存异”。虽然奥曼（Aumann，1976）对刘易斯公共知识的定义进行了形式化处理，

但是奥曼的开创性定义是否忠实地再现了刘易斯对公共知识的非正式描述，这依然是有争议的（参见 Vanderschraaf，1998；Cubitt and Sugden，2003；Sillari，2005，2008b；Paternotte，2011；Vanderschraaf and Sillari，2014）。

通常认为，这些模型属于理想化的行为者，他们未能充分获得现实行为者的认知态度。在这个问题上，感兴趣的读者可以查阅西拉里的著作（Sillari，2006；2008a），书中基于所谓的*意识结构*（awareness structures）的解决方案从哲学和逻辑的角度进行了研究。简而言之，富含（非）意识的博弈理论模型，彰显了个体参与者是如何*感知*（perceive）博弈：例如，参与者 j 不仅仅是不确定参与者 i 的策略集是否包含策略 s_i，而且事实上参与者 j 完全不知道参与者 i 的策略 s_i 的可用性。从策略的角度来看，这自然会是互动的一个非常重要的方面。因此，意识允许人们更现实地表示策略互动。关于*意识结构*在博弈论中应用的大量文献在施佩尔（Schipper，2014）的著作中得到较为全面的概括。

在这样的框架下，来研究哪些策略组合与参与者的某些认知假设相兼容是可能的。例如，上文第一节中的 CK1 和 CK2 意指，参与者永远不会选择严格劣势策略。在这个意义上，首要贡献者是皮尔士（Pearce，1984）和伯恩海姆（Bernheim，1984），在其著作中他们设计了一套程序，来消除参与者不*可理性化的*策略，也就是那些并非受到内部一致性信念所支持的策略，此处的一致性信念指的是与其他参与者的选择和信念相一致的信念。一般来说，可以证明，某些认知条件能够辩护特定对策解概念所产生的所有策略组合，因此也仅仅是那些认知条件为这一特定对策解概念提供*认知基础*。例如，奥曼和布兰德伯格（Aumann and Brandenburger，1995）证明了，对于两人博弈来说，其关于博弈结构、理性以及参与者策略的相互知识（即所有参与者当中的一阶知识）表明，参与者的策略构成了博弈的纳什均衡。

第五节 重复博弈

尽管我们在第一节中发现，理性的参与者在类似囚徒困境的合作博弈中总是选择背叛而不是合作，但博弈论非常适合研究合作和互惠的问题。我们已经在第二节中看到，在博弈论中我们是如何找到一个框架来精确地推理规范和规范行为。此外，尽管在一次性囚徒困境（one-shot prisoner’s dilemma）中，合作是非理性的（与一个永远不会再见面的陌生人合作或给予其信任，对我有什么好处呢？），但如果*重复*这种互动，情况就不一定如此了。事实上，在合作博弈重复出现的情况下，对于合作博弈来说存在着理性的合作解（cooperative solutions）。直觉上的想

法是，如果我今天选择合作，明天就可能促成与你的合作，那么我今天的合作就
178 是有意义的。这就要求必须有一个“明天”：如果博弈范围是有限的，那么，同样不存在可行的合作博弈解。为了理解这一点，我们可以使用逆向归纳参数。如果互动的范围是有限的，那么，在最后一轮互动中，参与者将没有任何合作的动机，因为合作只有处于其能够在未来引起合作的时候才有意义。但是参与者没有理由在最后一个回合前进行合作，因为他们知道在最后一个回合中，其他参与者将会选择背叛。以此类推，来发现参与者在每一轮都会选择背叛。

重复博弈包含序列性元素，因此以扩展形式来考虑它是有益的。我们从第二节中得知，在扩展形式中，策略决定了一个具备应对性的行动方案（a contingent plan of action）。因此，在重复博弈中，策略决定了参与者在所有迭代中将采用何种行动。参与人的总收益由每次重复博弈的收益之和给出，并经过适当的贴现处理。如果参与者总是在有限重复的困境中选择背叛，那么在无限的或不确定的重复困境中就会出现无数的合作均衡。只要博弈以一些正概率继续进行，那么合作就可以在博弈中得以自我维持。合作能否在平衡中持续，这将取决于未来博弈继续进行的概率。

作为实例，下面我们来考察一下传统上被称为*触发策略*（grim trigger）是如何解决无限重复的囚徒困境。采用触发策略的参与者首先在第一阶段进行合作，如果她观察到对手在前一回合进行合作，那么她在每一回合都进行合作。一旦对手背叛，触发策略就会使她转向背叛，再也不会考虑之后的合作。如果一位使用触发策略的参与者遇到另一位采用相同策略的参与者会发生什么呢？他们都从合作开始，因为合作是在每一回合中所观察到的，他们在阶段博弈的每个后续迭代中继续合作。这对于理性参与者来说是可持续的吗？这取决于博弈在每个阶段结束的概率。如果概率足够高的话，相互合作的未来贴现收益之和大于“搭便车”背叛的当前收益，那么理性参与者将选择继续合作。如果博弈前的讨价还价是可执行的话，那么参与者可以达成一致的所有收益组合都是可行的，这一结果被称为博弈论的大众定理。如果满足某些条件，在一次性互动中非理性的行为在重复互动中可能是理性的。基于此，我们可以得出的结论是，诸如合作、互惠、信守承诺等现象可以被说明为理性、利己选择的结果。在重复互动中，即使是一个只关注物质、自私动机的人也会发现，以合作的方式行事符合他的个人利益。

参 考 文 献

Aumann, R. 1976. “Agreeing to disagree,” *Annals of Statistics*, 4: 1236-1239.

Aumann, R. 1999. “Interactive epistemology I: knowledge,” *International Journal of Game Theory*, 28: 263-300.

Aumann, R., and Brandenburger, A. 1995. “Epistemic conditions for Nash equilibrium,”

Econometrica, 63: 1161-1180.

Basu, K. 1990. "On the non-existence of a rationality definition for extensive games," *International Journal of Game Theory*, 19: 33-44.

Battigalli, P., and Bonanno, G. 1999. "Recent results on belief, knowledge and the epistemic foundations of game theory," *Research in Economics*, 503: 149-226.

Bernheim, B. 1984. "Rationalizable strategic behavior," *Econometrica*, 52: 1007-1028. 179

Bicchieri, M. C. 1989. "Self-refuting theories of strategic interaction: a paradox of common knowledge," *Erkenntnis*, 20: 69-85.

Bicchieri, M. C. 1993. *Rationality and Coordination*. Cambridge: Cambridge University Press.

Bicchieri, M. C. 2006. *The Grammar of Society*. Cambridge: Cambridge University Press.

Bicchieri, C., and Chavez, A. 2010. "Behaving as expected: public information and fairness norms," *Journal of Behavioral Decision Making*, 23(2): 161-178. Repr. in M. Baurmann, G. Brennan, R. E. Goodin, and N. Southwood (eds.), *Norms and Values. The Role of Social Norms as Instruments of Value Realisation*. Baden-Baden: Nomos Verlag.

Bicchieri, C., and Sontuoso, A. 2014. "I cannot cheat on you after we talk," in M. Peterson (ed.), *The Prisoner's Dilemma*. Cambridge: Cambridge University Press.

Binmore, Ken G. 1987. "Modeling rational players: part I," *Economics and Philosophy*, 3(2): 179-214.

Binmore, Ken G. 1994. *Game Theory and the Social Contract: Playing Fair*. vol. 1. Cambridge, MA: MIT Press.

Binmore, Ken G. 1998. *Game Theory and the Social Contract: Just Playing*. vol. 2. Cambridge, MA: MIT Press.

Binmore, Ken G. 2005. *Natural Justice*. Oxford: Oxford University Press.

Bonanno, G. 1991. "The logic of rational play in games of perfect information," *Economics and Philosophy*, 7: 37-61.

Camerer, C. 2003. *Behavioral Game Theory*. Princeton, NJ: Princeton University Press.

Cubitt, R., and Sugden, R. 2003. "Common knowledge, salience, and convention: a reconstruction of David Lewis's game theory," *Economics and Philosophy*, 19: 175-210.

Devetag, G., Hosni, H., and Sillari, G. 2013. "You better play 7: mutual versus common knowledge of advice in a weak-link experiment," *Synthese*, 190(8): 1351-1381.

Fagin, R., Halpern, J., Moses, Y., and Vardi, M. Y. 1995. *Reasoning about Knowledge*. Cambridge, MA: MIT Press.

Fehr, E., and Schmidt, K. M. 1999. "A theory of fairness, competition, and cooperation," *Quarterly Journal of Economics*, 114(3): 817-868.

Güth, W., Schmittberger, R., and Schwarze, B. 1982. "An experimental analysis of ultimatum bargaining," *Journal of Economic Behavior and Organization*, 3(4): 367-388.

Harsanyi, J. C., and Selten, R. 1988. *A General Theory of Equilibrium Selection in Games*. Cambridge, MA: MIT Press.

Kohlberg, E. 1990. "Refinement of Nash Equilibrium: the main ideas," in T. Ichiischi, A. Neyman, and Y. Tauman (eds.), *Game Theory and Applications*. San Diego: Academic Press.

Lewis, D. K. 1969. *Convention*. Cambridge, MA: Harvard University Press.

Maynard Smith, J., and Price, G. R. 1973. "The logic of animal conflict," *Nature*, 146: 15-18.

Meyer, J.- J., and van der Hoek, W. 1995/2004. *Epistemic Logic for AI and Computer Science*. Cambridge: Cambridge University Press.

Nash, J. 1996. *Essays on Game Theory*. Cheltenham, UK: Edward Elgar.

Paternotte, C. 2011. "Being realistic about common knowledge: a lewisian approach," *Synthese*, 183(2): 249-276.

Pearce, D. 1984. "Rationalizable strategic behavior and the problem of perfection," *Econometrica*, 52: 1029-1050.

Pettit, P., and Sugden, R. 1989. "The backward induction paradox," *Journal of Philosophy*, 4: 1-14.

Reny, P. 1992. "Rationality in extensive form games," *Journal of Economic Perspectives*, 6: 429-447.

Rescorla, M. 2007. "Convention," in Edward N. Zalta (ed.), *The Stanford Encyclopedia of Philosophy* (Summer 2015 Edition), http://plato.stanford.edu/ archives/sum2015/entries/convention/, accessed August 10, 2016.

Schelling, T. 1960. *The Strategy of Conflict*. Cambridge, MA: Harvard University Press.

Schipper B. C. 2014. "Awareness," in H. van Ditmarsch, J. Y. Halpern, W. van der Hoek, and B. Kooi (eds.), *Handbook of Epistemic Logic*. London: College Publications.

Selten, R. 1965. "Spieltheoretische behandlung eines oligopolmodels mit nachfragetragheit," *Zeitschrift fur die gesamte Staatwissenschaft*, 121: 301-324.

180 Sillari, G. 2005. "A logical framework for convention," *Synthese*, 147: 379-400.

Sillari, G. 2006. "Models of awareness," in G. Bonanno, W. van Der Hoek, and M. Wooldridge (eds.), *Proceedings of the 7th Conference on Logic and the Foundations of Game and Decision Theory (LOFT)*. Amsterdam: Amsterdam University Press.

Sillari, G. 2008a. "Quantified logic of awareness and impossible possible worlds," *Review of Symbolic Logic*, 1(4): 514-529.

Sillari, G. 2008b. "Common knowledge and convention," *Topoi*, 27(1-2): 29-39.

Sillari, G. 2013. "Rule-following as coordination: a game-theoretic approach," *Synthese*, 190(5): 871-890.

Skyrms, B. 1996/2014. *Evolution of the Social Contract*. Cambridge: Cambridge University Press.

Skyrms, B. 2004. *The Stag Hunt and the Evolution of Social Structure*. Cambridge: Cambridge University Press.

Sugden, R. 1986/2005. *The Economics of Rights, Co-operation and Welfare*. Oxford: Basil Blackwell.

Sugden, R. 2001. "The evolutionary turn in game theory," *Journal of Economic Methodology*, 8(1): 113-130.

Ullmann-Margalit, E. 1977/2015. *The Emergence of Norms*. Oxford: Oxford University Press.

van Damme, E. 1987. *Stability and Perfection of Nash Equilibria*. Berlin: Springer.

Vanderschraaf, P. 1998. "Knowledge, equilibrium, and convention," *Erkenntnis*, 49: 337-369.

Vanderschraaf, P., and Sillari, G. 2014. "Common knowledge," in E. N. Zalta (ed.), *The Stanford Encyclopedia of Philosophy* (Spring 2014 Edition), http://plato.stanford.edu/archives/spr2014/entries/
181 common-knowledge/, accessed August 10, 2016.

第十六章　情 境 分 析

凯文·D. 胡佛（Kevin D. Hoover）

第一节　情境分析的起源与本质

*情境分析*是卡尔·波普尔所普及的一个术语，有时也被称为*情境逻辑*（situational logic）、*情境的逻辑*（logic of situations）或*关于情境的逻辑*（the logic of the situation）。情境分析及其同义词已在军事战略、心理学、社会学等领域使用了一个多世纪——有时是在与波普尔的用法密切相关的意义上使用的（参见 Mannheim and Karl，1936［1997］：95），有时则在完全不同的意义上使用。我们这里主要关注的是来源于波普尔的情境分析。

波普尔在《历史决定论的贫困》的初稿中首次运用了情境分析的观点，该初稿最终于 1957 年出版（参见 Popper，1982）。在那本书里，波普尔抨击了这样一种观点，即历史可以被理解为由类似于物理定律的普遍规律（如马克思的历史唯物主义定律）产生的，或是对超个体的“时代精神”的表述。历史规律不能作为理论科学的焦点。因为只有“琐碎的、无意识地使用的”（对象）才是合理的焦点（Popper，1957：150）。与理论解释相比，历史解释的目标是解释单个结果；而单个结果依赖于部分原因和初始条件的复杂组合，它们追溯到遥远的过去，并且大多没有什么意义。波普尔的历史解释有关于采用“观点”（point of view）（Popper，1957：151）。情境分析可以为这种解释提供基础，追踪主导动机与主要约束之间的相互作用。事实上，这些约束提供了大部分解释力。由于有限的观点和对单个结果的关注，有时被误认为是理论的这些解释，几乎不会产生可检验的假设，因此，这些解释尽管有价值，但不能被视为是科学的。

波普尔后来认为情境分析不仅仅是一种历史解释策略，更是理论的和科学的社会科学的基础。情境分析方法“试图*一般化经济理论方法（边际效用理论），以便适用于其他理论社会科学*”（Popper，1982：117-118；另参见 Popper，1976：102-103）。波普尔在这里呼应了罗宾斯（Robbins，1932：15）对经济学的主导性定义：“经济学是一门把人类行为作为目的与可以有不同用途的稀缺资源之间的关

182 系来研究的科学。”概括地说就是，经济学是一门关于约束下最优化的科学。

基于“边际效用理论”的典型解释认为，消费者从商品中获得的效用是递减的。因此，拥有固定预算的消费者将以这样的方式分配消费，即额外（即边际的或无限小的）单位的任何商品将以与每美元相同的比率增加效用。[1]使用这一工具的情境分析假设了一个简化的或理想化的消费者动机：在给定的情境下（即在可用的预算下），以一种能够达到最高可能效用的方式消费。

即使不知道不同商品的消费转化为效用的确切方式，每一种商品都面临边际效用递减的假设，也足以证明，在*同等*实际收入的情况下，一种商品的需求曲线相对于其自身价格呈下降趋势。更强有力的假设——对情境更详细的描述——会得出更强有力的结论。因此，例如，如果可以为消费者分配具体参数化的效用函数，那么就可以推导出需求曲线本身，而不仅仅是它的一般特征。

大卫 • 休谟以其著名的论断否认了，*是*蕴含了*应该*。没有一个关于世界的描述性事实在逻辑上蕴含了一个规范性的主张。经济学中最具特色的方法论运动，通过将一个主导目标或动机归咎于个人，并进而指出在他们发现自身所处的情况下其最佳选择是什么，构建了对经济行为的解释。对经济学家来说，休谟的论断就是这样被颠倒了过来：*应该是什么*蕴含了*是什么*。这是波普尔主张在整个社会科学中推广的解释模式。

波普尔对情境分析做了如下描述：

> 社会科学中的*一种完全客观的方法*……（即）在不进一步援引任何心理学的情况下，充分分析行为人的社会情境，以便借助于情境来解释行动。客观理解包括认识到，行动在客观上是*适合于情境的*……对情境进行足够深入的分析，使最初看似心理的元素（如愿望、动机、记忆和联想）转化为情境的元素。（Popper，1976：102）

波普尔所谓的“合理性原则”是这样一个假设：人们事实上根据他们所看到的情境采取适当的行动——对休谟的论断的颠倒，极具经济学特征。

柯尔奇（Koertge，1979：87）对波普尔的观点进行了如下重建：

（1）*对情境的描述*：行动者 A 处于 C 类情境中。

（2）*对情境的分析*：在 C 类情境中，应该做的事是 x。

（3）*合理性原则*：行动者总是根据自己的情境做出适当的行为。

（4）*待解释项*：（因此）A 做了 x。

柯尔奇的重建很好地抓住了情境分析的两个关键特征：第一，它是方法论个体主义的一种应用——最终，社会科学必须寻求对个体行为的解释；第二，尽管避开了心理学分析，但它将人类行为视为具有目标导向的或意向性的进行了分析。

然而，波普尔的分析还有第三个特点，柯尔奇的重建忽略了这一点： 183
波普尔认为情境分析通常是为了支持类型层次的解释，而不是作为对单个解释的说明而展开的。在合理性原则中，柯尔奇的量词“总是”（always）过于强硬，应该改为*一般*或*通常*。波普尔早期将情境分析表述为历史的解释方法论，后来又声称它构成了一种客观的、科学的社会解释方法论，他由单个解释向类型层次解释的转变恰恰说明了他的上述转变。我们依次来考虑（上面提及的）这些特征。

第二节　情境分析的方法论

在拒斥以规律为基础的历史解释时，波普尔明确且完全将个体视为历史背后的动力，并且更广泛地说，是社会互动背后的动力。他信奉方法论个体主义。然而，波普尔并不认为社会互动总是可以通过意向性行动者的直接互动而得到解释的。方法论个体主义必须解释传播思想、创造传统、形成和瓦解制度的方式，这些可能是个体社会互动的非预期后果（Popper，1957：149；1950：288-289）。而这些制度可能会形成一些约束，这些约束定义了意向性行动者行为的情境。这种制度性设置的复杂性和特殊性，一方面妨碍了类规律的历史解释，另一方面又表明情境分析是一种有效的替代方法。情境超越了个体；然而，情境又可以追溯到个体，个体的动机是社会行为的终极动力。

拒绝内在心理学作为解释基础的一个重要理由是，一旦我们对目标有了一个非常宽泛的概念，相关的人类行为就往往更受约束，而不是由心理的细节所驱动。赫伯特·西蒙（Simon，1959）通过把糖蜜倒进碗里做了一个类比：如果一个人只想知道糖蜜的平衡深度，那么物理性质，除了它是一种流体之外，对我们准确预测结果来说并不重要。西蒙（Simon，1996：51-54）同样认为，尽管我们对蚂蚁神经系统的生理学或一只蚂蚁在途中可能会受到的各种混淆的感觉一无所知，但可以通过对动机的简单描述很好地解释蚂蚁在海滩上的路径（例如，蚂蚁将食物带回蚁丘）和约束（例如，蚁丘的位置和海滩的景观）。

斯皮罗·拉特西斯（Latsis，1976：19-23）反对由约束支配的情境分析的广泛适用性，他认为它只适用于单出口（single-exit）的情境。单出口的情境是这样的：在这种情境下，考虑到动机和约束，只有一个结果是可能的。在经济学中，具有唯一解决方案的优化问题将是单出口情境；而与此相反，具有多个解决方案或多平衡的优化问题将是多出口情境（multi-exit situations）。多出口情境可被视为“情境开放”（situationally open）（Latsis，1976：19）。拉特西斯认为，“在多出口情境下，行动者的内部环境，即他的心理特征等，成为解释的核心部分”（Latsis，

1976：16）。

从某种角度来说，多出口情境是普遍的，并且拉特西斯对情境分析的批评是从正确的角度来看的，情境分析不是社会科学中唯一的解释方法，只适用于有限的领域。在某种意义上，波普尔预见到了反对意见，他提出，在任何情况下，社
184 会科学中的解释领域都是有限的。波普尔认为，社会科学主要关注类型解释，而不是单个解释。社会科学的解释很少是关于个体的，而是关于群体或趋势的。经济学中的需求曲线通常不是个体的需求曲线，而是市场的需求曲线。波普尔的主张，即情境约束可以被充分规定，个人心理学可以被忽略。其主张的合理性在很大程度上来源于下述假设，即社会科学家的目标是标准的或群体的行为，例如，统计数据可以适用于这些行为。

历史旨在单个解释。波普尔并不反对*仅仅*作为历史阐释之基础的心理学观点；但他一般认为，情境分析解释得更多，更令人信服，即使它不可证伪，因此，根据他的观点，也不科学（Popper，1957：151）。这并不是说，对历史的情境分析必然不会产生可检验的假设，而是说它可能不会产生可检验的假设，尽管如此，它仍然可能具有阐释价值（另参见 Popper，1982：118）。与历史学家不同的是，社会科学家特别注重类型解释，并构建典型情境的模型（Popper，1967 [1983]：357）。因此，这种解释是“原则上的解释”，而不是“详细的解释”（Popper，1967 [1983]：358）。情境分析为可检验的假设提供了基础（Popper，1982：118）。

典型情境通常在模型中把握；在这方面，社会科学和自然科学依赖于类似的策略。波普尔举了一个自然科学家的例子，这个自然科学家想解释重复出现的日食（Popper，1967 [1983]：358）。他采用一个非常粗糙的模型，即由一盏代表太阳的灯和一大一小两个代表地球和月球的球组成。它可以很容易地证明满月是日食的必要非充分条件。如果我们的解释是类属的，我们几乎不需要更多关于模型的部分的细节，但我们必须对地球相对于太阳的典型运动和月球相对于地球的典型运动有一些了解。也就是说，我们需要一个额外的元素，即指定什么来“*激活*”（animate）模型。在尺寸、相对初始位置和运动规律的精确表示方面，我们需要的细节程度，取决于我们所寻求的预测或解释精度的水平。

波普尔建议，对主要部分及其关系（约束）进行建模的同样策略可以应用于社会科学。激活原则——类似于日食模型中的牛顿运动定律和重力定律——是合理性原则。例如，正如在柯尔奇的重建中所说的，合理性原则是广泛的——它更类似于“低质量物体在椭圆轨道上围绕高质量物体运行”，而不是对行星运动的完全牛顿式说明。但是对于某些类型的解释，如关于灯和球的非常粗糙的模型是完全充分的。同时对于某些类型——确实，波普尔认为，对于大多数类型的社会解释——在合理性原则中表达的广泛的激活原则是充分的。

波普尔在这里的中心思想是，社会科学中解释的关键，就像预测西蒙的蚂蚁路径的关键一样，是详细理解约束条件，从而得出一个非常粗糙的激活原则，即“所涉及的‘各种人’或行动者*充分地*或*适当地*，也就是说，按照情境适当地行事”（Popper，1967［1983］：359）。对于解释的精确度的既定要求而言，此激活原理所需的具体性和细节性与模型中包含的具体性和细节性成反比。因此，“根据情况适当地行事的原则……显然是一个*几乎空洞*的原则”（Popper，1967［1983］：359）。方法论的策略是“我们应该把我们的全部理论努力，我们的全部解释理论，打包或塞进对形势的分析中：放入*模型*中”（Popper，1967［1983］：359）。 185

无论是否源自波普尔，经济学家加里·贝克尔和乔治·斯蒂格勒在发表的著名论文《不动如山》（“De Gustibus Non Est Disputandum”）（Stigler and Becker，1977）中，都赞同波普尔的方法论策略。微观经济学解释中的激活原则是*效用最大化*。贝克尔和斯蒂格勒建议给一个模型中所有的行动者相同的效用函数，这相当于只依赖于偏好最大化最广泛的特征，并通过对他们所面临的约束（波普尔的“情境”）的详细描述来区分一个行动者和另一个行动者。至于波普尔，激活原则几乎是空的：*行动者总是从可行的选项中选择他们偏爱的*。并且和波普尔一样，其说明支持精确解释的程度取决于约束条件的具体性和细节性。这种方法可能很难预测任何个体的详细行为，但它的真正目的是成功地预测粗糙的个体行为（如西蒙的蚂蚁）或更精确的个体集合的*统计*行为。

第三节　情境分析和自然科学的方法论

在强调物理科学和社会科学中基于模型的解释之间的类似时，波普尔强调了他致力于科学的统一，以及他著名的*划界标准*，即命题只有在可证伪的情况下才是科学的，科学方法是在他描述为“猜想与反驳”的过程中探索这种证伪的。然而，有一种批评认为，波普尔认为自然科学和社会科学有着根本不同的方法论，因而韦德·汉兹指出，我们应该将波普尔的自然科学方法论和社会科学方法论分别命名为 P_N 和 P_S（另参见 Koertge，1979：esp. 83-84，92-95；Caldwell，1991：17-22）。波普尔从社会科学中选取一些例子，作为不可证伪的伪科学的主要例证，从而鼓励了这种解释：弗洛伊德的精神分析和阿德勒的个体心理学（Popper，1972：33-65，esp. 34-39）。这一批评路线的重大意义在于，波普尔把合理性原则（在情境分析的语境下）视为社会科学的方法，同时又是不可证伪的，这要么会削弱科学的统一性，要么就要求他重新评价弗洛伊德和阿德勒的理论的科学地位，他用错误的标准评判了他们。[2]

如果波普尔改变了他对科学本质的看法，他就无法为这一假定的困境进行辩解；因为，一旦他阐明了情境分析是社会科学方法的概念，他就在重申情境分析的作用时，频繁地在重申证伪的标准和科学统一。例如，他写道：

> 社会科学的方法，和自然科学的方法一样，在于对某些问题尝试进行试探性解决：我们的研究开始于的那些问题，和研究中出现的那些问题。
>
> 解决方案被提出，并受到批判。如果一个被提出的解决方案不受到相关的批判，它就被排除在科学的范围之外……
>
> 如果所尝试的解决办法受到相关的批判，那么我们就试图驳斥它；因为一切
> 186 批评都包含着驳斥的企图。（Popper，1976：89）

尽管有这些对科学统一的断言，但对不一致的指控从波普尔自己的话中获得了合理性和人们的认可。波普尔在评论他自己对合理性原则的陈述——“行动者总是以一种与他们所处的情境相适应的方式行事”——时指出，个体行动者在其他动机的驱使下，有时可能会不适当地行事（Popper，1982：361）。他继续说道：

> 但并非普遍为真的原则是错误的。因此，合理性原则是错误的。我认为这是没有办法的。因此，我们必须否认它是*先验*有效的。
>
> 现在，如果合理性原则是错误的，那么由这一原则和一个模型结合而成的解释也必然是错误的，即使所讨论的特定模型是正确的。
>
> 但是这个模型为真吗？任何模型都为真吗？我不这么认为。任何模型，无论是在物理学中还是在社会科学中，都必定是过于简单化的。它必须省略很多，而且必须过分强调很多。（Popper，1982：361）

然而，波普尔并没有取消合理性原则或情境分析。

宽容阐释的一个原则——即使是对一个人自己的信念和研究——是倾向于最大化其一致性的说明。无论是波普尔的批评者还是波普尔本人，都没有足够宽容地阐释情境分析。模型不是命题，它们本身不可能是真或假的。当然，它们可能被用来宣称可以为真或假的主张，尽管它们简单化，并且有省略。波普尔陷入了一个常见的陷阱，不仅把模型看作是本身承载着真理价值，而且还假定唯一能承载*真理*价值的模型是对世界的一对一重现的模型。但这样的模型不是模型，它是世界。真正的模型可以用来在特定的领域内做出关于世界的可证伪的主张——当准确断言时为真——并且达到明确或隐含地指定的精确程度（参见 Popper，1976：101，103）。

当从模型的语境中看时，合理性原则——尽管其陈述的语法——不应被视为一个声明式命题。“总是”（always）不是事实命题中的全称量词，而是命令性陈

述中的普遍指令，即关于如何构建模型的指示——方法论规则。波普尔接受了经济学家对休谟的声明的颠覆：建立你的模型，使模型中的最优值（即模型所限定的世界中的*应该值*）暗示模型所断言的情况（即模型世界中的*真实情况*）。即使在这个解释上，模型本身也并不是真实世界的真理承担者，尽管当真实世界被断言在特定方面和特定程度上与模型世界相似时，它可以用来构造可证伪的命题。

将合理性原则视为方法论上的指令的一个优点是，它与科学统一是一致的，因为它提出了关于一般建模的主张，而不是具体的关于社会科学的主张。波普尔的情境分析自然出现在社会科学中，但也出现在其他情况中，在这些情况中，适当的说明必须是高度局部性的和非普遍性的。如前所述，波普尔首先将情境分析作为一种非科学的历史解释方法提出。它是不科学的，因为在产生特定历史事件的复杂而独特的环境中，他相信对一个解释的证伪通常是不可能的。然而，不同的观点可能具有启发性，即使是不可证伪的。波普尔拒绝逻辑实证主义的相反观点，既不 187
把*有意义*和*科学的*当作同义词，也不把形而上学等同于废话。当应用于社会科学时，波普尔认为通过情境分析的使用而产生的假设有时是可证伪的，因此，在与物理学假设是科学的相同意义上，它是科学的（Popper，1967［1983］：360）。

对于波普尔而言，自然历史与人类历史所面临的问题几乎相同，它是高度复杂且局部性的。产生具有非常特定特征的特定物种的环境可能是独特的，而进化论的解释，直到最后一个细节，都不可能被证伪（Popper，1982：ch. 37）。波普尔认为达尔文的进化论不是“一种可检验的科学理论，而是一种*形而上的研究纲领*——对于可检验的科学理论的一种可能框架”（Popper，1982：168；另见 Popper，1979：67-72）。达尔文对进化的说明可以看作是物种本身在追求一种猜想（变异）和反驳（生存失败）的计划。这种解释的特征模式遵循相同的情境逻辑（Popper，1982：168；另见 Popper，1979：167）。情境分析在历史上的一些应用可能是可检验的，而另一些仅是阐释性的。情境分析等于基于“对*问题情境*的理想化重建”的猜想——波普尔在其他地方称之为“模型”：“行动的解释理论基本上包括对问题及其背景的推想性重建。这种理论很可能是可检验的。”（Popper，1979：179）

对波普尔来说，情境分析的吸引力在于，他认为这是产生可验证假设的最有效方式。并没有与作为划界科学与非科学的标准的可证伪性相冲突，波普尔把情境分析看作是社会科学、历史和自然历史能够满足划界标准并具有科学性的方法。合理性原则的不可证伪性是一个危险因素。即使在《科学发现的逻辑》（Popper，1959）一书中他对科学的最初说明，波普尔也并不要求每一个对科学有用的陈述都是可证伪的，而只是要求每一个真正科学的理论都能提出原则上可证伪的假设。[3] 作为基础主义的反对者，波普尔极力反对，理论的每一个要素都有经验基础的观点。试图这样做会导致无限地倒退或恶性循环（Popper，1959：87，n.*1，93-94，104-105）。

相反，他认为，一些重要的元素是按约定保留的，有些最好可以被描述为形而上学（不是波普尔的贬义词），而这些元素本身是不可检验的（sections 11，29）。

当情境分析和合理性原则被恰当理解时，它们与波普尔的证伪标准之间的假设张力就会消失。情境分析与波普尔的另一个著名观点之间存在着不和谐的关系。根据赖欣巴哈（Reichenbach，1938：382）对“辩护的逻辑”和“发现的逻辑”的区分，波普尔否认发现有任何逻辑：

> 在我看来，构思或创造一种理论的最初阶段，既不需要逻辑分析，也不容易受到逻辑分析的影响。一个人是如何产生一个新想法的，无论是一个音乐主题、一个戏剧冲突，还是一个科学理论，这个问题可能会引起经验主义心理学的极大兴趣；但它与对科学知识的逻辑分析无关。（Popper，1959：31）

科学是通过一个猜想和反驳的过程进行的，尽管猜想的起源不在科学方法论
188 的范围之内。然而，情境分析相当于产生猜想的首选方法论。情境分析围绕着这样一个规范性的主张，即猜想的提出应基于，合理性原则在情境的理性重建或理想化模型中的应用。隐含的方法论不是一种猜想形成的逻辑吗？即一种科学发现的逻辑吗？这必须完全取决于何谓“逻辑”。

如果“逻辑”仅仅意味着一个论证有效的推理模式，那么波普尔反对归纳逻辑存在的同一类型论证，可能被用于对任何发现逻辑产生影响。这是最常解读波普尔的方式。但逻辑可以有其他含义。例如，波普尔指出，*情境逻辑*指的是这样一个假设，即模型中的行为者“在模型的范围内行事，或者他们‘弄明白了’情境中隐含的内容”（Popper，1967［1983］：359）。同样，情境分析提供了一个关于社会科学实践的规范模型：将合理性原则应用于适当理想化的模型。在这个模型的条件下行事，在认知情境下弄清楚合理性原则的含义相当于一种“方法论逻辑”，正如情境分析本身是一种目标级逻辑一样。既然情境分析的作用是提供一种机制来产生可证伪的假设，那么它似乎提供了一种科学发现的逻辑。由于波普尔提倡情境分析作为社会科学的首要方法论，他很难始终如一地否认，发现的语境是社会科学的一部分——事实上，是它被证明对其富有成效的任何科学的一部分——或者说它构成了一种逻辑。

注　　释

1 波普尔援引了边际效用的概念，这是这些思想在 19 世纪发展的最初方式。然而，现代微观经济学并没有假设，消费者拥有可测量的效用，而只是假设他们拥有

有序的偏好，允许他们能够对不同的商品组合进行排序。然后，最优位置可以表述为，以这样的方式消费，任何一对商品之间的边际替代率等于两种商品的相对价格。

2 即使从它自己的角度来看，这一论点也并非无懈可击，因为它只攻击波普尔的证伪主义划界标准的独特性。它假设，情境分析建立了一个二阶的社会-科学的划界标准：与情境分析的一致性。理论可能不符合自然科学标准，并且也可能不符合社会-科学标准。

3 《科学发现的逻辑》(1959 年）是他的德语原版《科学发现的逻辑》(*Logik der Forschung*，1934 年）的英文译本。

参考文献

Caldwell, Bruce J. 1991. "Clarifying Popper," *Journal of Economic Literature*, 29(1): 1-33.

Hands, D. Wade. 1985. "Karl Popper and economic methodology," *Economics and Philosophy*, 1(1): 83-99.

Koertge, Noretta. 1979. "The methodological status of Popper's rationality principle," *Theory and Decision*, 10(1): 83-95.

Latsis, Spiro. 1976. "A research programme in economics," in Spiro Latsis(ed.), *Method and Appraisal in Economics*. Cambridge: Cambridge University Press: 1-42.

Mannheim, Karl. 1936[1997]. *Ideology and Utopia*, repr. in *Ideology and Utopia: Collected Works*, vol. 1. London: Routledge, 1997.

Popper, Karl R. 1935. *Logik der Forschung*. Berlin: Springer.

Popper, Karl R. 1950. *The Open Society and Its Enemies*. Princeton, NJ: Princeton University Press.

Popper, Karl R. 1957. *The Poverty of Historicism*. Boston: Beacon Press.

Popper, Karl R. 1959. *The Logic of Scientific Discovery*. London: Hutchinson. 189

Popper, Karl R. 1967[1983]. "The rationality principle," in David Miller(ed.), *A Pocket Popper*. London: Fontana, 1983: 357-365.

Popper, Karl R. 1972. *Conjectures and Refutations: The Growth of Scientific Knowledge*, 4th edn. London: Routledge and Kegan Paul.

Popper, Karl R. 1976. "The logic of the social sciences," in Theodor Adorno et al., *The Positivist Dispute in German Sociology*, trans. Glyn Adey and David Frisby. New York: Harper and Row: 87-104.

Popper, Karl R. 1979. *Objective Knowledge*, rev. edn. Oxford: Oxford University Press.

Popper, Karl R. 1982. *Unended Quest*. LaSalle, IL: Open Court.

Reichenbach, Hans. 1938. *Experience and Prediction: An Analysis of the Foundations and Structure of Knowledge*. Chicago: Chicago University Press.

Robbins, Lionel. 1932. *The Nature and Significance of Economic Science*. London: Macmillan.

Simon, Herbert A. 1959. "Theories of Decision-Making in Economics and Behavioral Science,"

American Economic Review, 49(3): 253-283.

Simon, Herbert A. 1996. *Sciences of the Artificial*, 3rd edn. Cambridge, MA: MIT Press.

Stigler, George A. and Gary S. Becker. 1977. "De gustibus non est disputandum," *American*
190 *Economic Review*, 67(2): 76-90.

第十七章　社会科学实验中的偏倚

莎朗·克拉斯诺（Sharon Crasnow）

没有一种方法能像实验方法那样与近代科学如此紧密地联系在一起。尽管如此，直到20世纪后半叶，社会科学中的实验也并不多见。实验方法率先在心理学中获得了突出地位。最近，在其他社会科学学科中，特别是在经济学和政治学中，实验方法的使用明显增加。丽贝卡·莫顿（Rebecca B. Morton）和肯尼斯·威廉姆斯（Kenneth C. Williams）是政治科学中实验方法的核心代表人物，他们概述了这种转向实验的主要原因："非实验方法未能回答一些重要的研究问题，特别是因果问题。"（Morton and Williams，2010：260）

我将在本章讨论实验研究中的偏倚问题，在价值偏倚（价值可能扭曲科学发现的方式）、推断偏倚和方法论偏倚三者之间做出区分。我认为，虽然实验研究的两个特征——随机化和掩蔽（masking）——确实有助于强有力的因果推断，但它们都未完全消解掉推断偏倚的两个来源，即遗漏变量偏倚和选择性问题，这两个来源还对观察研究产生了影响。此外，我认为，新的实验转向受到被称作是"方法论偏倚"的影响，即认为应该优先选择一种特定的方法（在这种情况下是实验），甚至可能排除其他方法，来解决因果推断所引发的那些基本的甚至令人难以捉摸的问题。最后，我提出方法论多元主义。

第一节　社会科学中因果关系的证据

与观察（非实验）方法相比，为什么实验方法被认为是能为原因提供更好的证据，要获得对这一问题的理解，先让我们从约翰·斯图亚特·穆勒的差异法中获得的实验背后的基本思想作为探讨的起始点。

> 如果在某一个案中发生了某一现象，在另一个案中没有发生，而这两个个案除了一个条件不同以外每个条件都相同，这个不同的条件只出现在第一个个案中；那么这一唯一使这些个案不同的条件，就是这一现象的结果或原因或者原因的必要部分。（Mill，1843a：455）

比较两个场合，一个是 B 发生的场合，另一个是 B 未发生的场合。如果这两个场合除了 A 之外在所有方面都是相同的，那么我们可以得出这样一个结论：A 是 B 的原因或部分原因。因此，发现或创建两个这样的场合，是一种为因果论断产生证据的方法。

但穆勒认为，实验不能用于研究社会领域。对此，他提出了如下两个理由：

> 我们试图用实验方法确定社会现象的规律时，遇到的首要困难是，我们并没有进行人工实验的方法。即使我们能够自由设计实验，而且无限制地进行，我们也会在巨大劣势下展开实验；这种劣势主要来自两个方面：一是，由于无法确定且注意到每个案例的全部事实，二是，由于（这些事实处于不断变化的状态）在确定实验结果的足够时间过去之前，某些物质环境已不再是原来的样子了。（Mill，1843b：540）

穆勒认为，研究者无法从所有其他因素中将疑似因果因素单独分离开并对之进行操控，这是一个难以克服的问题。如果对该问题束手无策的话，那么我们就不能确定，我们是否已经排除了所有其他可能的原因。但是，即使我们能够排除掉其他可能的原因，但依然存在第二个与之相关的问题。由于社会世界处于不断变化的过程当中，这种情况使得任何由因果原则实验可能发现的东西，受到不断破坏。因此，社会的本质阻碍了研究者，建立穆勒所认为的实验方法的两个关键要求。他的结论很有说服力：在社会科学中，实验方法是不可能的。

然而，差异法背后的推理模式为我们提供了一个努力奋斗的理想，因此，社会科学中的许多观察性研究都是以接近这一理想为蓝本。例如，比较案例研究侧重于案例之间的相似性和差异性，从而分离出因果因素。然而，在对案例进行比较研究时，研究者充其量也只能是控制案例可能发生变化的某些方面；许多未知或不可观察的因素仍然是原因调查过程中潜在的干扰因素。这些因素有可能与所研究的可能原因相互作用，或者也有可能与之相隔开，为了处理这些干扰因素而所给予的各种努力，涉及使用日益复杂的统计技术，其中包括最显著的多元回归分析，其致力于近似实验以及对原因的寻求。然而，对这些进路的批评来自几个不同的方面。例如，统计学家大卫·A. 弗里德曼（David A. Freedman）认为，这些进路需要未经证实的经验内容的假设（Collier et al.，2010：xiii-xvi）。经济学家安格斯·迪顿（Angus Deaton）对通过统计方式来产生“准实验”的工具变量的广泛使用提出了质疑。这些担忧是促使人们转向实验的部分动机。

第二节　随机对照实验：一种理想

费舍尔（R. A. Fisher）在其著作《实验设计》（Fisher，1935/1971）中，首次

提出在农业环境下进行随机对照实验。该实验设计的基本特点符合穆勒的差异法。对随机设计的两个组进行比较：一组接受“治疗”或“干预”，另一组则不接受。可以发现，治疗是两组的一个不同的因素。所区分的“差异”是两组的目标结果 192
变量所产生的平均效应上的差异。保持所有其他因素不变（控制这些因素）的方式是通过将受试对象随机分配到治疗组和未治疗组。艾伦·S. 戈贝尔（Alan S. Gerber）和唐纳德·P. 格林（Donald P. Green）在其有关现场实验的教科书中提到，“随机分组是社会科学中实验研究和非实验研究的分界线”（Gerber and Green，2012：8）。在社会科学中，实验最核心的特征是对治疗的随机分组。

随机分组解决了穆勒关于确定所有其他可能因果因素的问题，这一论点取决于每个个体进入任何一个组的机会是均等的。如果是这样，那么所有的因素——已知的和未知的、观察到的和未观察到的——都被考虑进去了。如果两组的结果有显著差异——治疗组的平均效应与对照组的平均效应有显著差异——那么治疗导致差异的结论就得到了支持。

但上述随机分组只解决了穆勒关注的一个问题：研究设计能够控制除治疗之外所有可能的干扰因素。社会世界的多变性是穆勒关注的第二个问题。这在很多方面都令人担忧。首先是研究结果的可移植性（普遍性）问题。虽然我们可以确定，某一原因在特定地点和时间起到局部作用，但社会世界的流动性使我们无法得出这样的结论，即通过实验所构建的任何因果原则都会像自然科学中的因果原则一样—可以超越特定的时间与地点。这就是通常所说的外部有效性问题。

但是，穆勒的评论还适用于社会世界的其他特征。因为社会科学是人文科学，而人类领域中的实验涉及对实验对象生活的干预，社会科学实验引起了人们对人类心理特征的担忧，这可能会影响实验的结果。当受试者意识到他们被观察时，可能会影响他们的行为。伊恩·哈金（Ian Hacking）将这种互动称为“循环效应”。之所以会出现循环效应，是因为社会科学中的研究对象被哈金视为“互动类”（interactive kinds），而不是自然科学中所研究的“中立类”（indifferent kinds）（Hacking，1999：108）。社会类（social kinds）作为互动类的本质在于其呈现了目标变动的一种方式。

实验设计可以通过向研究者隐藏随机分组的结果，来处理某些已知的循环效应，这样研究者就不会以某种更可能支持他们偏好结果的方式来实施实验或者解释数据。在可能的情况下，还应该对参与者隐藏群组的身份。例如，如果可能的话，可以使用安慰剂对照——一种类似但不起作用的治疗，进一步掩盖哪一组正在接受治疗。如果能不让受试者知道自己被观察（尽管对知情同意的道德担忧有时会使这种效应难以实现），这样就可以减弱霍桑效应（Hawthorne effect），即个体行为的变化是由于他们知道自己被观察这一事实。随机对照实验设计一般包括这样的技术，其至少可以解决一些循环效应。

第三节　实验方法的优点

“偏倚”一词通常在与科学研究有关时具有负面含义。这表明这项研究未达到
193 目标——也就是该研究偏离了对实在（reality）部分的准确解释，而实在恰是这项研究应该给予描述的部分。未达到目标可能是由于持有特定的观点、价值观、信念或意识形态承诺而未能适当地衡量证据。但是，正如米利亚姆·所罗门（Miriam Solomon）所指出的那样，“戈德曼、基切尔和赫尔等社会认识论者已经指出，竞争力和对学术声誉的渴望等因素……可能有利于科学进步”（Solomon，2001：53）。这些分析表明，科学为了变得更好，无须是价值中立的，所以这种偏倚需要基于具体情况来进行评价，从而确定其影响是消极的还是积极的。

我把这种偏倚称为*价值偏倚*。价值偏倚在每个阶段都会影响研究：我们所提出的问题、问题的框架、所探究对象的概念、需收集何种类型数据的决策、数据生成的程序、数据分析、何时停止收集数据的决策、从数据中所得出和报告的结论（Anderson，2004：11）。问题的出现不是*因为*偏倚在起作用，而在于偏倚是*如何*在起作用。例如，所罗门认为，如果价值因素与经验因素不平衡，那么价值因素就可能是成问题的（Solomon，2001）。伊丽莎白·安德森（Elizabeth Anderson）认为，如果将价值因素教条化，而对经验证据没有做出任何反应，那么价值因素就是成问题的（Anderson，2004）。

对价值偏倚进行全面的解释超出了本章的研究范围。作为人类，每个观察者都有自己的观点——信念、兴趣和愿望。所有这些都会影响他们对观察对象的选择、对观察对象的重视程度、对观察结果的解读、对其他假设的考虑，最终影响他们所得出的结论。优秀的研究者对这些问题非常敏感，他们以避免有害偏倚的方式从事研究——例如，寻求替代假设、检验那些与经验证据相反的假设、采用尽可能透明的方式收集观测数据。鉴于在研究过程中存在如此多的价值偏倚切入点，我认为，使研究方法具有透明性是一个很好的实践，其有助于评估价值在科学中的作用；在下述内容中我们再讨论这一问题。

接下来我重点探讨，与实验讨论尤为相关的其他类型的偏倚——各种*推断偏倚*（inferential bias），即影响推断强度的那些偏倚。需要再次强调的是，偏倚本身并非负面的，因为根据证据而做出的对实在之本质的所有估计，在某种程度上将不同于实在本身。当偏倚是由于不良行为（系统错误）而产生的时候，其就是负面的。我所重点关注的推断偏倚的具体形式包括：①遗漏变量偏倚，即未能考虑

到的一些因素，其可能影响到生产或防止效应的产生（这些因素也称为“干扰因素”）。②选择性偏倚，即在比较组（或样本）中，致使将一个或多个因素过度视为具有代表性因素的错误。

观察性研究最棘手的问题是干扰因素问题，这一问题把我们带回到穆勒所关注的对所有事实的识别问题上。在观察性研究中，已知的干扰因素可以通过所谓的匹配或均衡技术来解决。但实验似乎提供了一种更简洁的选择方案，随机分组完全消除了识别干扰因素的需要。

随机对照实验设计履行这个承诺了吗？对于这一问题的求解，我从两个方面来进行考察。首先，约翰·沃勒尔（John Worrall）对随机对照实验是实现这一目标的手段这一观点提出了疑问（Worrall，2002）。其次，社会科学家进行实验研究的实际应用清晰地表明，简单的随机对照设计只是产生数据以支持因果推断的一个因素，因此必须对其加以补充。 194

沃勒尔考察了医学实验语境中随机化必要性的几个相关争论，但这些争论也与社会科学相关（Worrall，2002：S320-S328）。第一个争论是关于费舍尔的论点：显著性检验需要随机分组。费舍尔认为，除非任何个体落在对照组或实验组（随机分组）的概率是相同的，否则显著性检验就是无意义的。但是，正如沃勒尔所指出的那样，由于显著性检验是否具有认知有效性的问题仍然存在争议，因此显著性检验需要随机分组这一论点就失去了一些说服力。第一，差异的显著性水平是约定俗成的，因此也具有任意性。第二，什么算作是显著性差异可能也会因语境的不同而不同。第二个关注点表明，在评估显著性水平时，实用的考虑因素可以发挥作用。例如，与第二类错误（未能检测到显著性差异）相比，对第一类错误（在差异不显著时声称存在显著性差异）的偏好，会影响对恰当的显著性水平的判断。因此，显著性水平作为一个价值偏倚的位点，值得我们对其进行研究，但与目前对推论偏倚的关注更为相关。

随机对照实验设计的第二个争论是，随机分组控制所有的干扰因素（遗漏变量），不仅包括那些已知的，也包括那些未知的。这个想法似乎可以解决穆勒所关注的一个问题。这似乎也是社会科学中实验方法与观察方法的区别之一。沃勒尔反驳道：“如果按照字面意思去理解，这种说法当然是站不住脚的。完全有可能的是，一个适当应用的随机过程可能‘碰巧’在对照组和实验组之间产生一个明显倾斜的划分。”（Worrall，2002：S322）虽然随机分组的理论基础在原则上支持可以消除遗漏变量偏差，但在实践中，很有可能的是，对于实验组和对照组而言，随机分组可能导致各组的不平衡。重复抽样（repeated draws）消除了这个问题，但在实践中，通常不会使用重复抽样来进行实验。这种不平衡也可以通过匹配或平衡各组或*事后*调整数据来解决，但是随机分组不再对干扰因素的控制起任何作用。

沃勒尔考察了这样一种可能性，即对随机分组的主张可以解释得更弱一些。也许该主张的正确解释是，随机分组倾向于在所有潜在的因果因素上，来平衡对照组和实验组。但这一解决方案并不完全令人满意。"即使存在个体因素不平衡的概率很小，考虑到可能存在无限多的干扰因素，那么似乎可以推断出，两个随机构建的组在某种因素上存在不平衡的概率，可能比人们所知的要高。"（Worrall，2002：S324）

沃勒尔研究的第三个论点是，随机分组消除了选择性偏倚。沃勒尔认为，这是一个很好的论点；然而，他指出，真正起作用的并非随机分组本身，而是隐藏和掩蔽，而隐藏和掩蔽之所以成为可能，全赖于随机分组。

沃勒尔得出的结论是，虽然随机对照实验设计是一个有价值的推断工具，但在这方面它是否优于精心进行的观察性研究还不清楚。该设计并没有消除遗漏变量偏倚，因此也不是人们常说的方法论的"灵丹妙药"。

除了这些问题之外，当前的社会科学实验与理想模型，在研究方法上当然还
195 有很多不同之处。如前所述，实验通常包括对照组和实验组的平衡或匹配，因此，相比基本实验设计中用于显著性检验的均方检验，统计技术更复杂，也更具有争议性。随机分组还常常涉及"模块化"或"分层"抽样，即选择参与者来表示特定的先前已知的总体特征（而不是简单的随机化）。此外，实际实验往往涉及两个以上分组的治疗变化因素——多层实验和多治疗实验。实际实验的所有这些特征突出了一个事实，即实验不是在知识真空中进行的——实验设计和数据解释常常依赖于其他背景知识或假设。

莫顿和威廉姆斯对此给出了清晰的表述。"研究人员往往只关注一种估计策略来建立因果关系。考虑到因果估计的条件性质以及大多数程序所做的隐含的、未经检验的假设，因而各种程序的使用有助于减轻对分析的稳健性的担忧。"（Morton and Williams，2010：179）虽然需要这些技术来解决不能通过随机分组来消除偏倚的问题，但这些技术使设计偏离了理想状态，并在这样做的过程中引入了可能出现偏倚的新途径。这种调整的合法性需要论证。需要清楚地呈现包括方法论假设在内的背景信念和假设，并对之给予支持，实际上，这提出这样一个论点：理想状态的重要特征仍然存在，并且需要进行调整。在这方面，实验方法与其他研究方法没有什么区别。

第四节　实验室实验与现场实验

实验有很多种。在本节中，我将重点探讨实验室实验与现场实验。实验室实验提供了对环境的最大控制，但由于实验室的条件可能与现实世界的情况几乎没

有相似之处，此类实验的研究结果只适用于实验室的相关研究。

旨在检验一般理论的实验室实验仅仅需要表明，有一些情形并不符合该理论。例如，约瑟夫·海因里希（Joseph Heinrich）、斯蒂芬·海因（Stephen J. Heine）、阿拉·诺伦扎扬（Ara Norenzayan）认为，许多社会科学实验从相当特殊的群体中招募受试者——在工业化的北半球和西半球的大学里招募本科生。三位研究者声称，这些实验室实验中的参与者具有非常显著的特征，他们地处西方，受过教育，处于工业化、富裕、民主的国家，因此他们不同于世界上大多数群体。然而，采用类似于参与者这样的离群值（outliers）所进行的实验可能无法推广。对此，三位研究者通过下述一系列经验发现来支持他们所得出的这一结论。“从非洲、亚马孙、大洋洲、西伯利亚和新几内亚等地区的 23 个小规模人类社会（包括采集者、园艺家、牧民和自耕农）中，随机抽取了数千名受试者，并使用最后通牒博弈和其他相关实验工具对受试者进行测试，三种不同的实验措施表明，处于工业化社会中的人们始终处于人类分布的极端终点。”（Heinrich et al.，2010：65）因此，他们认为，通过此类实验所研究的人类行为高度依赖于环境和文化，所以此类实验并不能支持具有普遍性的结论。 196

将实验样本的结果传送到目标的能力，取决于实验室环境与真实世界相似的程度，或者相当了解受控因素的潜在影响的程度。然而，这种能力有时也可能取决于随机分组的样本总体的代表性，这一点在实验研究中通常被认为无关紧要。随机分组并非总是能充分“洗掉”样本中固有的选择性偏倚，而当随机分组不能做到时，证据支持普遍性的能力就会受到损害。尽管关于局部总体的结论不会受到这种担忧的困扰—例如，关于投票行为的政治科学实验—但在提出普遍性主张时需要谨慎。

实验结果的可移植性通常被描述为外部有效性问题。内部有效性和外部有效性之间的区别一般归因于托马斯·库克（Thomas D. Cook）和唐纳德·坎贝尔（Donald T. Campbell）（Cook and Campbell，1979）。粗略地讲，如果实验设计支持实验中的因果推断，则该实验在内部是有效的。如果结果适用于实验语境之外，则该实验在外部有效。

现场实验有时被认为具有更大的外部有效性，因为现场实验是在真实世界中进行的。莫顿和威廉姆斯将现场实验定义为，“研究者的干预发生在受试者的自然环境中，而在干预以外，研究者只能进行有限的控制”（Morton and Williams，2010：46）。在这种情况下，支持因果推断的数据更有可能推广到其他自然环境。然而，这一论点取决于一些重要的附加假设，即实验进行的环境与实验结果被外推到的外部环境之间具有相似性。

有趣的是，一些实验支持者——尤其是现场实验——认为现场实验最大的优点并非其外部有效性，而在于它们的可重复性（Duflo and Banerjee，2012）。“重复”的含义在文献中比较模糊，它可能包括以下含义：使用相同的假设来重新分析实验研究中的原始数据；相同的数据但不同的假设；同一个地方的相似实验；或者不同地方的相似实验。重复也被用来意指，对被认为是同一现象的事物的重复。这就是弗朗西斯科·瓜拉（Francesco Guala）使用这个术语的方式，例如：“真正的重复……通常涉及对原始设计的一些（或大或小）修改。换句话说，科学家的目标通常是重现实验现象，而不是实验本身。”（Guala，2005：14）最后一条似乎最接近迪弗洛（Duflo）和班纳吉（Banerjee）的意思。

在不同的时间和地点进行相似实验，或同时进行多项实验，不同的治疗措施为检验自变量和因变量之间的关系提供了额外的方法。背景条件中的微小变化也有助于证实研究结果的稳健性。不同的治疗措施是控制可疑干扰因素的另一种方法。可重复性反映了知识生产的迭代性，并有助于构筑所研究的现象的稳健性。此外，可重复性还提供了一种方式，能够识别错误概括背后那些不合理的假设。

许多观察性研究似乎是不可重复的——如人种学研究——但其他观察性研究较少受到这些担忧的影响。案例研究的深入探索至少在原则上可以通过研究者恢复原始数据来源，比如同时期的报纸报道和文件档案，来进行重复。当数据库以及用于建立数据库的编码规则具有透明性且可公开访问时，可以精确地重现由观
197 察以及用观察所得的定量结果所建立的数据库。这正日益成为人们的期望。最近创建定性数据存储库的努力，对这些实验差异的主张提出了挑战（参见该网址https://qdr.syr.edu/下的定性数据存储库）。因此，尚不清楚观察性研究和实验研究在重复方面的差异有多大。

第五节　方法论偏倚

前两节论述了推断偏倚的问题——特别是遗漏变量偏倚和选择性偏倚——不能仅仅通过随机对照实验设计来解决，而且还需要补充论证，其中许多论证可能涉及对非实验研究所产生的数据的参考。承认科学中价值之作用的科学哲学文献，经常呼吁这种假设的透明性，以便促进对理论（或假设）接受程度的评价（这些文献包括 Longino，1990；Harding，1991；Solomon，2001）。因此，与科学中的所有因果推断一样，依赖于实验数据生成的推理分析，也应该包括对这些语境元素、背景知识和辅助假设的考察。

戈贝尔（Gerber）、格林（Green）和卡普兰（Kaplan）（以下简称为 GGK）认为，虽然这类信息的需求对于观察所产生的数据来说尤其迫切，但对实验得出的

数据来说就不那么迫切了。关于将观察所产生的数据与多元回归分析结合使用，他们认为，“为了估计控制原因和结果的参数，观察数据的分析人员必须对因变量的可观察原因和不可观察原因之间的统计关系，做出几个强有力的假设。如果这些假设没有根据的话，那么参数估计就会有所偏倚”（Gerber et al.，2004：251）。在他们看来，这导致了观察性研究中存在的两种不确定性：由假设造成的统计不确定性；以及那些假设所依据的模型在理论上的不确定性。通过随机分配，实验研究减少了由于错误的参数假设而产生偏倚的风险——控制原因和结果的参数已经被考虑在内了。观察研究中的不确定性意味着，我们永远无法知道观察数据偏倚的程度。因此，我们永远不知道给予观察性证据的权重是多少，因而，GGK 认为，观察性数据在更新信念方面毫无用处可言。

GGK 的论证基础在于，其将实验视为理想的实验。正如沃勒尔讨论中所指出的那样，随机分组并不能确保实验不存在偏倚，但偏倚的潜在来源被认为是更加清晰的，而且这一来源可以通过观察性研究无法做到的方式进行评估和调整。GGK 似乎相信，传统的计量经济学模型是可靠的，而非理想的实验正是通过这些模型进行调整的。

这对资源分配也产生了影响。由于观察性研究中普遍存在的不确定性，GGK 认为，资金最好花在实验上。虽然他们不否认通过观察性研究来学习某些东西是可能的，但是能实现这种学习的条件是有限的（Gerber et al.，2004：267-268）。虽然实验（特别是现场实验）有时可能要付出很高的成本，但由于观察性研究的不确定性，而现场实验能够产生相应的更好的证据，因此，在具有外部有效性的情况下，实验在成本效益上更优——其可以为政策提供依据。

实际上，GGK 提出的论点是，从认知的和经济的意义上来说，实验研究的方法论偏倚是合理的，因此，该论点是一个既可以通过推断偏倚也可以通过价值偏倚进行评估的论点。我首先探讨的是推断偏倚的问题。198

关于实验方法价值的争论主要集中在理想实验上，但是，正如前面几节中提到的，实际实验并不是理想实验。对于任何给定的实验而言，随机分组都可能导致分组的不平衡，在这样的分组中人们夸大了潜在的重要因果因素。有一些传统的计量经济学技术可以探测或纠正这种不平衡；然而，使用这些方法需要证明假设的合理性。

这并非杞人忧天。例如，爱德华 • 米格尔（Edward Miguel）和迈克尔 • 克雷默（Michael Kremer）2004 年开展了一项颇具影响力的实验研究，该研究探讨了驱虫对肯尼亚教育的影响。下面我们考察一下最近的两个重复实验对其进行的验证（Aiken et al.，2015；Davey et al.，2015）。第一个是“纯重复”，其使用原始数据、假设和方法。虽然纯重复很大程度上支持许多最初的研究结果，但作者指出，

“我们最重要的发现是，在纠正了原始作者的分析文件中的编码错误之后，几乎没有证据支持之前描述的‘正外部性’（或间接效应），即在未经治疗的学校中，驱虫干预对学生出勤率所产生的影响”（Aiken et al.，2015：1579）。但正是这些关于正外部性的研究结果对政策产生的影响最大，它们对编码错误等特征的敏感性反映了对假设评估的担忧。

第二个重复（Davey et al.，2015）重新分析了原始数据，但使用了不同的方法和假设。虽然一些发现与最初的发现相一致，但戴维等指出，“在我们的重新分析中，驱虫干预提高了入学率的证据的强度，取决于分析性选择，其中一些可能存在偏倚”（Davey et al.，2015：1591）。同样，方法论的选择很重要，需要做出相应的辩护。

统计分析需要具有经验意义的假设，而在现场实验中对于统计分析的需求显得尤为迫切。由于难以控制实验环境，还存在其他的偏倚来源。例如：很难确保所有接受治疗的人都以同样的方式接受治疗；治疗组的成员可能不遵守治疗（拒绝治疗或不遵守治疗方案）；可能会有溢出效应（spill-over effects）——对照组成员可能会注意到，他们的邻近的人似乎正在从他们没有接受的某些干预措施中受益，并可能相应地改变其行为，或者治疗组的行为的改变可能会影响对照组的行为；此外，还有可能出现样本流失（受试者退出研究）或数据缺失的问题。对理想实验而言，上述任何一种或其他任何一种“干扰”——所有因素都被考虑在内或得到控制——都可能需要调整技术来应对。在实施这些技术时所做的假设需要对其合理性给予辩护。

这些都是认知方面的考虑，但它们最终也会影响 GGK 提出的资金方面的考虑。由于许多方法论假设都具有经验的意义，因此，有必要对这些假设做出相应的辩护，作为数据能够支持所主张的因果结论这一论点的一个部分。虽然调整研究设计中的参数和变化可以帮助检验这些经验假设，但进行重复实验意味着提高研究成本。GGK 的成本效益分析似乎不再那么具有决定性。

进一步的价值考量来自实验研究的方法论偏倚。随着经济学和政治学对实验方法的逐步接受，顶级期刊上有关实验成果的发表存在着偏倚，从而给该学科的实验人员带来更大的压力。但外部有效性问题涉及对实验场所和有效治疗的潜在目标两者之间的相关相似性和差异性的评估。为了对其进行有效评估，我们需要了解实际情况。这便是观察性研究——尤其是案例研究和过程追踪——的优势所
199 在。培训实验研究者的压力往往与需付出的代价（在其他一些方法中缺乏行之有效的培训）相伴而来。这是社会科学学科和未来知识生产的代价。

卡特莱特和哈迪（Cartwright and Hardie，2012）认为，关于有效性知识或可使用实际的证据，需要对支持因素有足够的了解。实验可能会为我们提供证据，

证明某种特定的治疗方法在*那里*起作用——无论实验是在哪里进行的——但要论证在*这里*起作用，取决于是否存在相同或足够相似的各种支持因素。虽然一个好的随机实验设计可以告诉我们，A 和 B 之间有因果关系——有一个因果机制在起作用——但它不能告诉我们这个机制是*什么*。这意味着我们并不知道仅通过实验就能产生效应的所有支持因素。观察方法——特别是诸如案例研究和过程追踪等定性方法——是传统上能够提供详细实地证据的方法，我认为这类证据必须融入实验的设计、评价和外部有效性的评估之中。如果实验方法的方法论偏倚阻碍了资源投入到非实验方法的训练过程中，或者阻碍了目前使用这些方法所取得的研究成果的公布，那么则可能会失去社会科学的重要资源。这确实是价值偏倚的负面结果。

第六节　结　　论

综上所述，对偏倚的担忧似乎不能仅仅通过实验设计来解决。为了提供证据，所有的方法都依赖于背景知识以及经验假设和方法论假设。实验是一种特别优雅的设计，也是社会科学方法工具箱中有价值的一部分。然而，有充分的理由认为，实验并非社会科学研究的唯一途径。未来的工作应该密切关注观察性研究和社会科学研究的整合方式，因此我在结论中呼吁方法论多元主义，这是我在其他地方曾论证过的观点（Crasnow，2015）。我在本章中认为，实验并不能消除所有偏倚的来源——无论是价值偏倚还是推断偏倚。如果不加批判地相信实验能够消除的话，那么渴望有一种方法可以成为“护身符”，以保护我们在推理中不出错，这只是一种一厢情愿的想法。虽然实验是一种很好的方法，但任何方法都不可能实现这样的愿望。

参 考 文 献

Aiken, A. M., C. Davey, J. R. Hargreaves, and R. J. Hayes. 2015. “Re-analysis of health and educational impacts of a school-based deworming programme in western Kenya: a pure replication,” *International Journal of Epidemiology*, 44: 1572-1580.

Anderson, E. 2004. “Uses of value judgments in science: a general argument, with lessons from a case study of feminist research on divorce,” *Hypatia: A Journal of Feminist Philosophy*, 19: 1-24.

Cartwright, N. and J. Hardie. 2012. *Evidence-Based Policy: A Practical Guide to Doing It Better*. Oxford: Oxford University Press.

Collier, D., J. Sekhon, and P. Stark. 2010. "Editors' introduction: inference and shoe leather," in D. Collier, J. Sekhon, and P. Stark (eds.), *Statistical Models and Causal Inference: A Dialogue with the Social Sciences*. Cambridge: Cambridge University Press.

Cook, T. D. and D. T. Campbell. 1979. *Quasi-experimentation: Design and Analysis for Field Settings*.
200 Boston: Houghton Mifflin.

Crasnow, S. 2015. "Feminism, causation, and mixed methods research," in S. N. Hesse-Biber and R. B. Johnson (eds.), *The Oxford Handbook of Multimethod and Mixed Methods Inquiry*. Oxford: Oxford University Press.

Davey, C., A. M. Aiken, R. J. Hayes, and J. R. Hargreaves. 2015. "Re-analysis of health and educational impacts of a school-based deworming programme in western Kenya: a statistical replication of a cluster quasi-randomized stepped-wedge trial," *International Journal of Epidemiology*, 44: 1581-1592. doi: 10.1093/ ije/ dyv128.

Deaton, A. 2010. "Instruments, randomization, and learning about development," *Journal of Economic Literature*, 48: 424-455.

Duflo, E. and A. Banerjee. 2012. "The experimental approach to developmental economics," in D. L. Teale(ed.), *Field Experiments and Their Critics: Essays on the Uses and Abuses of Experimentation in the Social Sciences*. New Haven: Yale University Press.

Fisher, R. A. 1935/1971. *The Design of Experiments*, 8th edn. New York: Hafner Publishing Company.

Freedman, D. A. 2004. "Sampling," in M. S. Lewis-Beck, Alan Bryman, and Tim Futing Liao (eds.), *Encyclopedia of Social Science Research Methods*. Thousand Oaks, CA: Sage Publications, Inc.

Gerber, A. S. and D. P. Green. 2012. *Field Experiments: Design, Analysis, and Interpretation*. New York: W. W. Norton and Company.

Gerber A. S., D. P. Green, and E. H. Kaplan. 2004. "The illusion of learning from observational research," in I. Shapiro, R. M. Smith, and T. E. Masoud (eds.), *Problems and Methods in the Study of Politics*. Cambridge: Cambridge University Press.

Guala, F. 2005. *The Methodology of Experimental Economics*. Cambridge: Cambridge University Press.

Hacking, I. 1999. *The Social Construction of What?* Cambridge, MA: Harvard University Press.

Harding, S. 1991. Whose Science? Whose Knowledge? Thinking from Women's Lives. Ithaca, NY: Cornell University Press.

Heinrich, J., S. J. Heine, and A. Norenzayan. 2010. "The weirdest people in the world?" *Behavioral and Brain Sciences*, 33: 61-135.

Longino, H. E. 1990. Science as Social Knowledge: Values and Objectivity in Scientific Inquiry. Princeton, NJ: Princeton University Press.

Mill, J. S. 1843a. A System of Logic, Ratiocinative and Inductive, Being a Connected View of the Principles of Evidence, and the Methods of Scientific Investigation, vol. I. London: John W. Parker, West Strand.

Mill, J. S.1843b. A System of Logic: Ratiocinative and Inductive, Being a Connected View of the Principles of Evidence, and the Methods of Scientific Investigation, vol. Ⅱ. London: John W.

Parker, West Strand.

Morton, R. B., and K. C. Williams. 2010. *Experimental Political Science and the Study of Causality: From Nature to the Lab*. Cambridge: Cambridge University Press.

Solomon, M. 2001. *Social Empiricism*. Cambridge, MA: MIT Press.

Worrall, J. 2002. "What evidence in evidence-based medicine?" *Philosophy of Science*, 69(S3): S316-S330. 201

第十八章　因果推断与建模

图卡·凯德索亚（Tuukka Kaidesoja）

第一节　导　　论

所有社会科学所面临的核心挑战之一是，如何对社会现象给予因果理解。尽管人们对因果理解尤为重视，但在经验性的社会研究中，对于解决这一挑战的最佳方式尚未达成有效共识。更准确地说，有关因果推断和因果建模的研究中存在着各种不同的研究进路，其基本假设完全不同。虽然我在本章关注的是社会学，因为我最了解这一学科，但我所讨论的许多问题在其他社会科学学科中同样较为常见。那么，在社会学研究中如何使用统计模型和理论模型进行因果推断？关于这一问题，本章提供了一些相关基本问题与哲学假设的理解。

我首先讨论了因果推断和建模的统计进路，这些进路在社会学方法论探讨中已经占据了主导地位。然后，我继续考察因果推断和因果说明的理论建模进路，这些进路通常与专门使用统计模型进行因果推断的研究实践形成对比（例如，Little，1991；Hedström，2005；Goldthorpe，2001，2007）。我采用这样一种研究思路的目的在于，描述每种进路中因果推断如何进行的基本观念。此外，我还将讨论与这些进路相关的因果关系和机制的哲学假设，并简要评估它们的优缺点。然而，我在此并不讨论有关理论概念及其测量的操作化问题，也不讨论与各种统计模型和技术有关的具体统计假设。同时，我也忽略了关于因果关系的概率论和决定论之间的区别。在这些方面，本章在某种程度上简化了对这些问题的探讨。

第二节　因果推断的稳健依赖观

自 20 世纪 50 年代伊始，社会学中的统计方法和因果推断，就已经紧密地联系在一起了（Lazarsfeld，1957；Blalock，1961；Abbott，1998）。在使用统计技术进行的研究中，说明的对象通常是一些变量中观察到的变化，这些变量表征了众多个体某些社会学上有趣的属性（如教育、态度、价值或犯罪行为）。对这种变化的统计说明反过来又以其他一些变量（如家庭背景、性别、种族或居住地区）来表述。此外，许多这类研究使用有关个体样本的非实验性调查数据，其中个体样本是使用统计抽样技术（如随机抽样）从更大的群体中抽取而来的。

在这类研究中，社会学家通常根据观察到的数据集中变量值之间的相关性来构建、评估各种统计模型。皮尔逊相关性（Pearson correlation）通常被用来衡量所关注的两个标准化变量的线性共变强度。举个简单的例子，变量 X 表示受正规教育的年数，变量 Y 表示月收入。通过分析我们的样本，我们可以观察到这些连续变量之间存在的相关性，即高教育水平与高收入水平相关联。这是一个正相关的例子，其意味着，我们可以说，对于样本中的每个个体，X 的高数值提高（或"预测"）了 Y 取高数值的概率。然而，社会学家关注的并不仅仅是他们的样本的统计属性，他们更希望对样本所代表的总体做出推断。为了证明这类推断的合理性，社会学家使用了具体的抽样和估计技术，这些在教科书中的统计方法内容中均有讨论。

一般认为，在两个变量之间观察到的相关性，并非一种因果关系。这是因为观察到的相关性可能是一种偶然关系，也可能是由一些混淆变量所产生的。社会学家使用各种统计显著性检验，来评估这种关联是一种偶然关系的概率。在两个变量之间的非偶然关系中，要使一种关系成为因果关系，需要的不仅仅是两个变量之间观察到的相关性，还需要更多的条件。在有关统计分析的教科书中（在非实验语境中），这些额外要求通常至少包括以下内容：

（1）对于所有分析单元来说，自变量 X 的值可以认为是，在时间上先于因变量 Y 的值。

（2）不存在混淆变量 $Z_1, \cdots, Z_n$，在变量 X 和 Y 之间产生观察到的相关性。[1]

目前，戈德索普（Goldthorpe，2001）所称的因果关系的*稳健依赖*（the robust dependence）解释认为，一旦上述两个条件得到满足，相关变量 X 和 Y 之间就有了一种因果关系。在这种观点中，因果关系是根据可观察变量之间的非虚假相关性（non-spurious correlations）来理解的（例如 Lazarsfeld，1957：124-125）。这种观点常与休谟的因果关系的规律理论（regularity theory of causation）联系在一起。

继续探讨前面的例子，可以合理地假设，一个人在开始正常工作之前通常要花时间接受正规教育。这意味着，变量 X（代表正规教育的年数）和变量 Y（代表月收入）之间的相关性可以合理地假设为，其满足条件（1）。值得注意的是，这一假设并非基于样本的统计分析，而是基于对变量的常识（或"理论"的）假设。为了控制混淆变量的影响，我们可以分析，当我们保持测试变量（the test variable）Z_i（例如年龄或者性别或者能力）的值不变时，X 和 Y 之间的相关性发生了什么。如果当变量 Z_i 有前提条件时（即当 Z_i 的值保持不变时），X 和 Y 之间

203 的相关性没有消失，那么我们可以说，关于变量 Z_i 的相关性是稳健的（或非虚假的）。如果相关性在变量 Z_i 的所有类别中消失了（即 Z_i 取不同的值时）时，那么我们可能认为，X 和 Y 之间没有直接的统计关系，并且与 X 和 Y 都相关的变量 Z_i 说明了在 X 和 Y 之间观察到的相关性。这意味着，X 和 Y 之间的相关性是虚假的，因此它们并非因果上相关的。当我们在变量 Z_i 的不同类别中考察观察到的相关性时，其可能发生了显著的变化（降低或增强）。在这种情况下，我们就说变量 Z_i 可以调节变量 X 和 Y 之间的统计关联。我们还可以发现，在变量 X 和 Y 之间的因果路径中，存在某个变量 Z_i（例如表示父亲的职业对儿子职业选择的影响），在一定程度上调节 X 和 Y 之间的关系。这类*干预变量*（intervening variables）有时被称为“机制”，但是，正如我们稍后所看到的，这并不是社会学中使用机制概念的唯一方式。在后两种情况中，我们已经具体说明了 X 和 Y 是如何在因果上相关联的。

前一段落描述了有时被称为*精细化分析*（elaboration）过程的基本观念（如 Lazarsfeld，1957）。此过程包括不同“测试变量”的条件作用，而这些“测试变量”可能会混淆在两个变量之间观察到的相关性。那么，测试变量集应该包含哪些变量呢？做这种选择没有一般性的规则。在实践中，这一问题的求解取决于我们对所构建和测量的变量之间的看似合理之关系的实质性（或“理论上的”）假设。然而，一旦我们考虑了所有的混淆变量，那么持因果关系的稳健依赖观的支持者们就会认为，可以通过精细化分析来可靠地推断出分析变量是如何引起因变量 Y 的变化的。这种关于因果关系的观念并不局限于两个变量之间的关系，而且也适用于多变量模型（即包括一个以上自变量的模型）的语境中。

尽管因果关系的稳健依赖观在以统计为导向的社会学中产生了影响，但它也受到了社会学家和社会科学哲学家的严厉批评（例如 Little，1991；Abbott，1998；Goldthorpe，2001；Woodward，2003；Hedström，2005：ch. 5）。稳健依赖观的核心问题在于，在非实验语境中我们永远无法确定的是，在我们的研究中我们是否限制了所有的混淆变量（甚至是其中最重要的变量）。因此，只要存在一个或多个未被观察到的和/或未知的混淆变量，我们仅根据我们的精细化分析（或回归模型）而做出的因果推断就有可能是不正确的甚至是完全误导性的。尽管存在这个问题，精细化分析的核心思想在统计因果推断的其他观念中依然很重要。

稳健依赖观的另一个问题是，其倾向于将因果分析等同于相关分析，这意味着，实质性的理论考察在因果分析中只起到很小的作用（例如 Goldthorpe，2001：3-4；Hedström，2005：ch. 5）。批评者认为这是成问题的，因为观察到的变量之间的相关性本身并不能告诉我们，任何关于数据集中的相关性（包括稳健的相关性），是如何由特定语境中行动以及人类行动者（和有组织的群体）的相互作用所产生的。此外，批评者指出，这种因果分析的观念将预测的实践与因果说明混为

一谈，两者应该彼此分开。由于这些问题的存在，当前社会学很少明确提倡因果关系的稳健依赖观。 204

第三节 潜在结果模型与因果推断的操控观

近几十年来，在社会学中，最受欢迎的替代稳健依赖观的是*因果关系和因果推断的潜在结果模型*（例如 Sobel，1996，2000；Morgan and Winship，2007；Gangl，2010）。由于这一观念是基于医学和农业科学的实验实践，其基本观点可以通过考察随机对照实验来获得最好的说明。

在这类医学实验中，实验者将受试者随机分为实验组和对照组。然后，她改变实验组（其中 X=1）中的自变量 X（例如，表示是否存在某种医疗措施的一个二分变量），并保持其在对照组（其中 X=0）中的值不变。在实验过程中，实验者要么控制两组中潜在混淆变量 Z_i，要么假设它们的效应在两组之间是随机分布的。在实验结束时，她测量每个受试者的因变量 Y 的值（例如，表示治疗可能会影响到某种医疗状况），并将他们的平均值与治疗前所测量的 Y 的平均值进行比较。如果实验者假设，所有受试者的响应大体上是相同的，并且不同受试者的治疗措施是相互独立的，那么她可以合理地推断出，这两个组之间关于变量 Y 测量到的变化之平均值的差异，是由自变量 X（即受试者是否得到治疗）的值的操控变化所引起的。

目前，从这类实验实践中得出的线索来看，潜在结果模型认为，如果我们想对这些原因的效应做出可靠的因果推断的话，那么我们应该（至少在原则上）能够操控因变量变化的潜在原因（例如 Sobel，1996；Goldthorpe，2001；Gangl，2010）。因此，潜在结果模型和因果关系的操控观之间存在着密切联系。更一般地说，潜在结果模型用反事实术语来构思因果关系。这意味着，如果我们考察关于特定分析单位的变量 X 和 Y 的值之间的关系，那么我们原则上可以通过如下方式来确定测量变量在因果上是否相关：通过*比较*分析单元的因变量 Y 的值如何在两个*假设的*情形下发生变化（或者不变化）：在第一种假设的情况下，该单元接受治疗（即该单元被分配到实验组）。在第二种假设的情形下，该单元未接受治疗（即该单元被分配到对照组）。二分自变量 X 的因果效应可以写成 $y_t—y_c$，其中 y_t 是该单元接受治疗的情形中（X=1）变量 Y 的值，y_c 是在该单元未接受治疗的情形中（X=0）变量 Y 的值。由于同一分析单元（例如一个人）不可能同时被治疗和不被治疗（或属于实验组和对照组），因此这种因果关系的描述是反事实的。在潜在结果模型中，随机对照实验被理解为对这种反事实情形的*近似*，因其能够使我们估计χ的*平均效应*。

因此，该模型将因果推断视为，“着力使用可观察到的数据作为不可观察（反事实）的结果信息的有效替代，以便估计所关注的因果效应”（Gangl，2010：25）。当这一进路应用于非实验环境时，该进路建议我们应该通过使用适当的研究设计
205 和统计技术尽可能地模拟实验环境。例如，在一些社会学研究中，可以利用“自然发生的实验”或研究特定的“测试群体”中所发生的政策干预的效应，并将“测试群体”与未发生干预的类似的“对照群体”进行比较（例如，Morgan and Winship，2007；Gangl，2010）。在此，我将不再讨论这些准实验研究设计（受试者的治疗不是随机分配的）或与其相关统计技术（如匹配、敏感性分析、部分识别进路），因为我探讨的重点是，每一种因果推断进路背后的基本假设。

伍德沃德（Woodward，2003）的因果关系的操控理论，可被视为因果关系最复杂的哲学理论，其很大程度上基于潜在结果模型。伍德沃德（Woodward，2003：15，43）认为，因果关系应当被理解为变量之间的依赖关系，而这种依赖关系在干预下保持不变。他写道，操控理论的直觉观念是，对［变量］X 进行干预以观察其对［变量］Y 的影响时，该干预以某种方式改变了 X 的值，如果 Y 发生任何变化，那么该变化仅仅是由 X 值的变化引起的，而不是来自其他来源（Woodward，2003：14，see also 98）。这仅适用于以下情况：干预与“Y 的其他原因不相关，除了那些 Y 的原因（如果有的话）在干预与 X 之间或者在 X 与 Y 之间是因果上相关的，并且干预不能通过一条不经过 X 的路径影响 Y”（Woodward，2003：14）。他进一步指出，变量值之间的因果关系通常对一系列具体的干预措施是不发生变化的，而不是对所有可能的干预措施而言都是不变的。这些观念表明，概括 G 描述变量 X 和 Y 的值之间的因果关系，当（且仅当）“在某种干预下 G 将仍然成立，该干预以某种方式改变了 X 的值，根据 G 的描述，Y 值也将改变——‘仍然成立’是指，在这种干预下 G 能够正确地描述 Y 值将如何变化”（Woodward，2003：15）。需要补充的重要一点是，伍德沃德（Woodward，2003）认为，他的因果观可以推广到非实验语境中。出于这个原因，他试图通过引入假设实验和理想干预的观念，将他的因果关系理论和因果说明从实际进行的实验中分离出来。

我认为，不可否认的是，伍德沃德对因果关系的解释，以及对各种原因概念意义的说明是非常精确的，并且与科学中的实验和统计分析的实际实践紧密相连。与潜在结果模型一样，该解释也提供了一个实用的标准来决定两个变量中哪个是原因，哪个是结果，因为只有对原因的操控才能影响其结果，而不是相反。因果关系的操控观念，也使我们能够在变量值之间的虚假相关性和因果关系之间做出清晰的概念上的区分，因为只有因果相关的变量才由客观关系联系在一起，而这种客观关系在（一定范围的）操控下保持不变。因此，这一观念明显不同于因果

关系的稳健依赖观，后者仅限于因变量变化的实际（或事实）原因。相比之下，伍德沃德（Woodward，2003：11）强调，关于因果关系的知识为我们提供了有关*潜在结果*的反事实信息，使我们能够回答“如果情况不同会怎样”的问题。

在讨论多元统计模型之前，我将简要地提一下三个常见的反对意见。它们反对因果推断的潜在结果模型以及因果关系的操控观，能够应用于非实验社会学语境中。首先，有人认为，这些观念是成问题的，其否认了所谓的内在变量（即构成分析单元一部分的那些变量）可以是社会现象的原因之一，因为这样的变量不 206
能被操控，即不能取不同的值（例如 Goldthorpe，2001：6-7）。其次，尽管因果关系的操控观是建立在包括实验者的意向性行为在内的实验实践的基础之上的，但批评者认为，这一观念并未公平看待在非实验环境中，人们的意向性行为及其相互作用如何引发了操控效应，而这种非实验环境又是社会学研究的典型情境。更确切地说，这一观念在下述情形中面临诸多困境，例如，个体对实际操控的响应，如政策干预，就涉及有目的的人类能动性（Goldthorpe，2001：7-8；Hedström，2005：ch. 5）。其原因在于，人们通常都意识到，这些政策干预以及人们对其所产生的信念，可能明显地改变了这些干预的结果，也就是说，人们不仅会被动地对政策干预做出响应，而且还可能有意向地采取行动来对抗政策干预的目标。最后，如果我们采用假设操控（hypothetical manipulation）这一概念的话，则因果关系的操控观与社会学说明完全兼容，在社会学说明中，某些宏观变量（例如国家之间的经济不平等）的变化，是根据其他宏观变量（例如政府腐败程度、税收标准和教育水平）的值进行因果说明的，而不是根据特定语境中具有因果力的实体（例如个体和组织）的相互作用。在这方面，仅凭这些观念并不能给我们任何概念性工具，来批判缺乏*因果深度*的说明，也就是说，不能提供对因果过程的适当解释，而因果过程是宏观变量的统计关联的基础（例如 Little，1991：ch. 8；Hedström，2005：ch. 2，ch. 5；参见 Gangl，2010：40-41）。

因此，尽管社会科学的大多数社会学家和哲学家可能承认，操控进路从因果关系和因果推断的稳健依赖观向前迈进了一步，但在社会学研究的语境下，该进路到底有多合适、多有用，这依然是一个悬而未决的问题。

第四节　多元模型与因果推断

在社会学研究中各个变量之间的关系，往往比那些只用两个变量就能描述的关系更为复杂。这也是社会学家使用多元统计模型的原因之一。在这一节中，我将简要考察多元回归模型和结构方程模型的一些基本观点。我重点探讨，从潜在结果模型视角来看，如何使用这些模型来进行因果推断。

线性回归模型的一般形式如下：

$$Y = a + \beta_1 X_1 + \beta_2 X_2 + [\cdots] + \beta_n X_n + \varepsilon$$

上述线性回归模型包括常数 a，连接独立变量 $X_1, X_2, \cdots, X_n$ 的回归系数 $\beta_1, \beta_2, \cdots, \beta_n$，以及误差项 ε。在解释因变量 Y 的变化时，社会学家通常根据各自自变量的相对权重来解释估计的回归系数（estimated regression coefficients）。在这一模型的因果解释中，连接变量 X_1 的估计系数 β_1 被解释为，当其他自变量（即 $X_2, \cdots, X_n$）的值固定时，与变量 X_1 中一个单位变化相关的因变量 Y 值的变化。就我们的目的而言，误差项 ε 代表了未被模型中所包含的自变量解释的 Y 的变化。社会学家通常通过计算变异系数 R^2 来评估其回归模型与数据之间的拟合度，变异
207 系数 R^2 大致描述了，社会学家的模型所能解释的数据集中观察到的变异程度。

这类回归模型可用于描述性目的，而不必试图推断变量之间的因果关系。但是，使用线性回归模型进行因果推断的一个常见理由是，这些模型是有用的工具，其用于控制潜在混淆变量的效应，以及估计不同自变量效应的相对大小（例如 Sørensen，1998：243）。潜在结果模型认为，回归模型可以为我们提供与事实相反的信息，即如果我们在控制其他 X 变量的同时操控某个 X_i 的值，变量 Y 的值会发生什么。值得注意的是，进行这类因果推断有这样一个要求：将可能的（或看似合理的）混淆变量都包含在这一模型中，在这种情况下，误差项应只包括那些与回归模型中所包括的自变量无关的变量的效应。否则，这个模型可能会有严重的偏差。回归模型的问题是，当使用模型进行因果推断时，未知的混淆变量可能会产生严重的偏差，尽管可以使用确定的统计技术来控制未知混淆因素的效应（参见 Gangl，2010）。

虽然回归模型在社会学中仍然经常使用，但是最近关于以统计模型来进行因果推断的方法论讨论仍然围绕着结构方程模型（例如 Pearl，2000；Morgan and Winship，2007；Kincaid，2012）。结构方程模型基于方程组系统，旨在解释许多变量之间的因果关系。在建立这类模型时，社会学家会选择合适的变量，并根据其先前理论假设（或因果模型）来规定模型结构的约束条件（即各个变量之间的假设关系），然后使用适当的估计技术对结构方程模型进行检验。由于结构方程模型使用许多方程来说明许多变量之间的关系，因此结构方程模型使得社会学家不仅可以研究许多变量的直接影响，还可以研究间接和潜在的影响。因此，与精细化分析和更简单的回归模型相比，这种模型可以用来表示变量之间更复杂的因果结构。目前，结构方程模型通常以连接多个变量的有向无环图的形式来表示，从而指定假

设变量相互影响的因果路径（例如 Morgan and Winship，2007；Kincaid，2012）。

虽然在这里不可能充分对这些内容给予讨论，但在本节的最后，我将强调伍德沃德对结构方程模型的因果解释的两个重要特征（Woodward，2003：ch. 7；参见 Pearl，2000），目前社会学中的因果推断的反事实进路在很大程度上都具有这些特征（例如 Morgan and Winship，2007）。伍德沃德（Woodward，2003）对结构方程模型的因果解释的核心在于他的因果机制概念，因果机制是指路径图中以箭头所代表的依赖关系，这些箭头正是根据所研究的结构方程模型而绘制的。在伍德沃德看来，这种因果机制具有不变性和模块性：它们具有不变性，是因为与真实模型中特定因果路径相关的方程被认为是，用于描述对自变量值的操控是如何改变方程中因变量的值（Woodward，2003：319）。它们具有模块性，是因为“可以通过对方程中因变量（对应数值）进行干预，来打乱或替换系统［例如结构方程模型，T. K.］中的任何一个方程以及由任何一个方程所表示的关系，而不会影响系统中的其他方程”（Woodward，2003：48）。 208

尽管这些观念在更多机械论的语境中似乎非常有效，但是通过结构方程模型进行因果推断所需要的这两个因果机制条件，对于发展和检验*涉及复杂社会互动的社会过程和机制*的因果模型来说，是否过于局限，这依然是富有争议的（例如 Cartwright，2007；Gangl，2010：40-41；Kincaid，2012）。正是这种过程一直是传统上理论建模所关注的焦点。

第五节　理论建模与因果关系的生成性解释

尽管近几十年来统计方法取得了令人瞩目的发展，但一些社会学家和社会科学哲学家对统计因果建模在非实验社会学中的实践提出了批评。他们主要担心的是，统计因果建模的实践和大量社会学理论之间的联系仍然非常薄弱，从而导致人们在社会学中制定因果模型似乎是不可能的（例如 Little，1991，1998；Abbott，1998；Hedström and Swedberg，1998；Sørensen，1998；Goldthorpe，2001，2007；Hedström，2005；Manicas，2006）。批评者还指出，新的统计技术并没有在很大程度上改变社会学实际研究实践中因果推断的方式。有人认为，通过使用随机抽样获得的调查数据，尤为不适合用于解决人与人之间的社会关系与各种互动问题的说明性研究。这恰恰是因为诸个体是“随机选择的，因此脱离了他们自身的社会环境”（Hedström，2005：109）。如上所述，因果分析中使用结构方程模型的方式，也对那些可以使用结构方程模型来建模的“因果机制”构成了相当严格的限制。

出于这种原因，上述批评者认为，社会学中的因果模型应该明确建立在以描述*具体的、反复出现的社会过程和机制*为目标的社会学理论基础之上，其中这些过程和机制*由个体*（有时也有组织群体）*之间的互动构成*，而不是建立在变量之间的统计关联之上。这种观点认为，因果关系概念的定义通常脱离了经验规律以及实验实践和具体统计方法的使用。因此，因果关系是根据*生成过程*来理解的，这些过程不仅产生了可观察的现象，而且独立于我们的模型以及关于模型的理论而存在（例如 Little，1991；Goldthorpe，2001；Hedström，2005；Manicas，2006）。反过来，人们又常常依据*具有因果力量、因果能力和因果趋向的实体*之活动和互动，来对生成过程做出解释（例如 Harré，1970；Harré and Madden，1975；Bhaskar，1975；Cartwrigh，1989）。这种因果建模进路的支持者也经常主张这样一种观点："并不存在从宏观状态到宏观状态的纯粹社会因果关系；相反，关于社会因果机制的假设必须建立在假定过程的'微观基础'解释之上。"（Little，1998：198）这些微观基础通常被理解为个体（或典型的个体行动者）在结构化的社会语境中的行动和互动，但是有时组织群体也可以被视为微观基础的一部分。

理论建模传统源于古典社会学理论、理性选择理论和数学社会学。在下述内容中，我将把注意力集中在分析社会学运动中的理论建模的最新发展上。这一运动着重于建立社会机制的理论模型[2]，这些社会机制在一定的条件范围内规律性的引发（或产生）某种类型的结果（Hedström and Swedberg，1998；Hedström，2005；
209 Hedström and Bearman，2009）。这种因果机制被认为是由实体和活动组成，在社会学语境中这些实体和活动通常被视为是诸个体及其行动（Elster，1998；Hedström，2005；Hedström and Ylikoski，2010）。值得注意的是，因果机制的这一观念不同于因果机制的干预变量解释，也不同于前面讨论过的伍德沃德（Woodward，2003）和其他人对因果机制的模块化解释。然而，应该补充的是，尽管分析社会学家对社会学中统计因果建模的实践持一种批判的态度，但是他们并不否认，社会学家需要统计方法来确定那些需要说明的社会现象，也需要统计方法来对有关社会机制的假定的理论模型进行经验检验（例如 Hedström，2005；参见 Morgan and Winship，2007：ch. 8）。

第六节　社会机制的理论模型与因果推断

赫斯特洛姆在《解析社会：分析社会学原理》一书中指出："机制进路背后的核心思想是，我们并非通过诉诸普遍规律或通过找出统计上相关的因素来进行说明的，而是通过明确指出那些能够表明现象如何产生的机制来进行说明的。"

（Hedström，2005：232）为此，社会学家需要一个*理论工具箱*，其包含有关不同类型因果机制的相对一般化的理论模型，社会学家能够调整这些模型，以适应不同的说明任务，而建立这样一个工具箱正是分析社会学家的目标（例如 Hedström and Ylikoski，2010：61）。与因果推断的统计进路的支持者不同，分析社会学家并非旨在提供一套可以用于进行因果推断的规则。更确切地说，分析社会学家似乎认为，社会学中的因果推断在很大程度上是一种语境依赖的问题，根据不同的说明任务，可以使用不同类型的数据和分析方法，来得出基于机制的社会现象的因果解释（例如 Hedström and Ylikoski，2010：58）。在这方面，分析社会学比起因果推断的稳健依赖观与潜在结果观而言，似乎更加多元化，因为后两者进行因果推断的可能性或多或少依赖于特定的分析方法。例如，许多分析社会学家把*基于主体的模拟*视为发展和检验社会机制的理论模型的重要工具（例如 Hedström，2005；Hedström and Bearman，2009；Hedström and Ylikoski，2010）。因此，与因果推断的统计进路相比，分析社会学家“在统计分析和社会学说明之间做出了明确的区分”（Hedström，2005：113；Hedström and Swedberg，1998）。

在分析社会学中，理论模型则被认为是通过详述“因果齿轮”（Hedström and Ylikoski，2010：54）打开了黑箱，通过这些“因果齿轮”，某些类型的社会现象得以规律性地发生。根据默顿的观点（Merton，1968：ch. 2），还应强调的是，关于社会机制的理论模型只关注具体社会过程的有限方面，而旨在为任何社会现象提供较为全面的说明则是毫无意义的（Hedström and Ylikoski，2010：61-62）。虽然分析社会学运动的边界有些模糊，但通常引用的有关社会机制的理论模型的实例包括：自我实现的预言（罗伯特·默顿）、马太效应和累积优势理论（罗伯特·默顿）、扩散机制（例如詹姆斯·科尔曼）、分隔机制（例如托马斯·谢林）、 210
阈值机制[例如马克·格兰诺维特（Mark Grano vetter）]。

虽然上述所列并不全面，但所有这些机制不仅涉及复杂的社会互动，而且还产生了重要的理论讨论和经验应用。

分析社会学的优势在于，其重视社会学理论的重要性，而社会学理论不能简单地归结为统计模型。然而，有人声称，生成机制观念本身并没有为我们提供验证有关机制的理论模型的方法，而且就经验研究而言，因果关系的生成解释过于形而上学和模糊了（例如 Morgan and Winship，2007：ch. 8）。也有人认为，分析社会学在研究进路上过于个体主义和还原主义，其并未充分考虑嵌入社会行动的各种制度、组织和文化语境（例如 Little，2012）。然而，这些个体主义和还原主义的假设对于分析社会学的研究纲领而言，在根本上是怎样的，这一点尚不清楚。

第七节 结 论

在本章中，我对因果关系和因果推断的三种观念进行了区分，这些观念在说明性的社会学中均产生了较强的影响力。第一种是稳健依赖观，该观念认为，可以通过使用精细化分析的方法（即在某个第三变量的类别中分析两个变量之间所观察到的那些相关性）进行因果推断。根据这种观念，因果关系主要依据变量间的非虚假相关性来获得理解。第二种观念是因果推断的潜在结果模型，该模型预设了因果关系的操控解释，这是因果关系反事实理论的一个实例。在这一进路中，进行因果推断的最为严格的方式是实施随机对照实验，用伍德沃德（Woodward，2003）的说法就是，通过干预下保持不变的变量值之间的依赖关系来理解因果关系。这一观念还表明，非实验环境下应尽可能通过模仿实验设计来进行因果推断。最后，建基于因果关系的生成理论的第三种进路，其对因果机制的理解不同于稳健依赖观和潜在结果观。因此，第三种观念将统计分析与因果分析区分开来，尽管其并不否认统计方法在社会学研究中的重要性。

显然，上述三种观念包含了关于因果关系的本质、因果推断和因果模型的彼此互不兼容的假设。应对这些分歧的一个方式是，认为这些分歧中都包含有关因果关系的重要观念，这些观念可以运用于受限语境中，但是上述三种进路中没有任何一种进路能够提供因果关系、因果推断的一般理论，以此来适用于能够实施因果推断、形成因果说明的所有社会科学语境。最近，诸如卡特莱特（Cartwright，2007）和瑞斯（Reiss，2009）为这种关于因果关系和因果推断的多元主义观念进行了辩护。然而，其他哲学家和社会科学家并不同意，并继续捍卫自身最喜欢的
211 因果关系与因果推断理论。[3]

注 释

1 还可以补充的是，变量 X 和 Y 不应该在概念上相关，它们是相互构成的，同时我们还有一些它们为何相关的合理观念。

2 为了简单起见，我将广泛地使用术语“理论模型”来涵盖机制图式、关于机制的中层理论以及形式化的机制模型。

3 我要感谢朱霍·赫尔克宁（Juho Härkönen）和朱莉·扎赫勒对本章早期草稿所做的有益评论。

参考文献

Abbott, A. 1998. "The causal devolution," *Sociological Methods and Research*, 27: 148-181.

Bhaskar, R. 1975. *A Realist Theory of Science*. Leeds: Leeds Books.

Blalock, H. M., Jr. 1961. *Causal Inferences in Nonexperimental Research*. Chapel Hill: The University of North Carolina Press.

Cartwright, N. 1989. *Nature's Capacities and Their Measurement*. Oxford: Oxford University Press.

Cartwright, N. 2007. *Hunting Causes and Using Them: Approaches in Philosophy and Economics*. Cambridge: Cambridge University Press.

Elster, J. 1998. *Nuts and Bolts for the Social Sciences*. Cambridge: Cambridge University Press.

Gangl, M. 2010. "Causal inference in sociological research," *Annual Review of Sociology*, 36: 21-47.

Goldthorpe, J. H. 2001. "Causation, statistics, and sociology," *European Sociological Review*, 17(1): 1-20.

Goldthorpe, J. H. 2007. *On Sociology, vol. 1, Critique and Program*, 2nd edn. Stanford: Stanford University Press.

Harré, R. 1970. *The Principles of Scientific Thinking*. London: Macmillan.

Harré, R. and E. H. Madden. 1975. *Causal Powers: A Theory of Natural Necessity*. Oxford: Basil Blackwell.

Hedström, P. 2005. *Dissecting the Social: On the Principles of Analytical Sociology*. Cambridge: Cambridge University Press.

Hedström, P. and P. Bearman(eds.). 2009. *The Oxford Handbook of Analytical Sociology*. Oxford: Oxford University Press.

Hedström, P. and R. Swedberg. 1998. "Social mechanisms: an introductory essay," in P. Hedström and R. Swedberg (eds.), *Social Mechanisms: An Analytical Approach to Social Theory*. Cambridge: Cambridge University Press.

Hedström, P. and P. Ylikoski. 2010. "Causal mechanisms in the social sciences," *Annual Review of Sociology*, 36: 49-67.

Kincaid, H. 2012. "Mechanisms, causal modeling, and the limitations of traditional multiple regression," in H. Kincaid(ed.), *The Oxford Handbook of Philosophy of Social Science*. Oxford: Oxford University Press.

Lazarsfeld, P. 1957. "Interpretation of statistical relations as a research operation," in P. A. Lazarsfeld and M. Rosenberg (eds.), *The Language of Social Research*. Glencoe, IL: The Free Press.

Little, D. 1991. *Varieties of Social Explanation: An Introduction to the Philosophy of Social Science*. Boulder, CO: Westview Press.

Little, D. 1998. *Microfoundations, Method, and Causation*. New York: Transaction Publishers.

Little, D. 2012. "Analytical sociology and the rest of sociology," *Sociologica*, 1(12): 1-47.

Manicas, P. 2006. *A Realist Philosophy of Social Science: Explanation and Understanding*. Cambridge: Cambridge University Press.

Merton, R. K. 1968. *Social Theory and Social Structure*, 2nd extended edn. New York: The Free Press.

Morgan, S. L. and C. Winship. 2007. *Counterfactuals and Causal Inferences: Methods and Principles for Social Research*. Cambridge: Cambridge University Press.

Pearl, J. 2000. *Causality: Models, Reasoning, An Inference*. Cambridge: Cambridge University Press.

Reiss, J. 2009. "Causation in the social sciences: evidence, inference and purpose," *Philosophy of the Social Sciences*, 39(1): 20-40.

Sobel, M. 1996. "An introduction to causal inference," *Sociological Methods and Research*,
212 24(3): 353-379.

Sobel, M. 2000. "Causal inference in the social sciences," *Journal of the American Statistical Association*, 95: 647-651.

Sørensen, A. B. 1998. "Theoretical mechanisms and the empirical study of social processes," in P. Hedström and R. Swedberg (eds.), *Social Mechanisms: An Analytical Approach to Social Theory*. Cambridge: Cambridge University Press.

Woodward, J. 2003. *Making Things Happen: A Theory of Causal Explanation*. Oxford: Oxford University Press.

延伸阅读

Goldthorpe, J. H. 2001. "Causation, statistics, and sociology," *European Sociological Review*, 17(1): 1-20. 这篇文章对社会学中因果推断的统计方法给予了一种非技术讨论。

Hedström, P. 2005. *Dissecting the Social: On the Principles of Analytical Sociology*. Cambridge: Cambridge University Press. 本书是关于分析社会学的一本重要教科书。

Morgan, S. L. and C. Winship. 2007. *Counterfactuals and Causal Inferences: Methods and Principles for Social Research*. Cambridge: Cambridge University Press. 本书对社会学和相关统计技术中因果推断的新的反事实方法进行了详尽阐述。

Woodward, J. 2003. *Making Things Happen: A Theory of Causal Explanation*. Oxford: Oxford University Press. 本书详细阐释了因果关系和因果说明的操控
213 理论。

第十九章　集体意向性

玛丽亚·扬科维奇（Marija Jankovic）　柯克·路德维希（Kirk Ludwig）

第一节　引　　言

意向性是关于某物或指向某物的属性。你相信雅典是希腊的首都，就是指雅典是希腊的首都。你想再喝一杯咖啡，就是指再喝一杯咖啡。具有意向性的状态是意向状态。范式意向性状态是命题性态度，如信念、意图、欲望和希望。他们有一种心理模式（信念、意图、欲望、希望等）和一种命题内容（如雅典是希腊的首都），这种心理模式可能与世界匹配，也可能与世界不匹配。

集体意向性涉及社会语境中的意向性。其主要关注共同行动与态度的概念和心理特征、它们与个体行动和态度的关系，以及对社会群体的性质及其运作的影响。它涉及对集体行动、责任、推理、意图、情感、现象学、知识、信任、理性、义务、合作和竞争的研究，以及这些是如何支撑社会实践、规范、惯例、制度和本体论的。集体意向性是一个不断发展的跨学科研究领域，其受益于哲学、心理学、政治学、法学、语言学、认知科学、社会学、人类学和计算机科学。

在这一章中，我们关注集体行动和意图，以及它们与惯例、身份职能、规范、制度和更普遍的共同态度的关系。集体行动和共同的意图在我们对社会的理解中起着基础性的作用。

集体意向性研究的三个中心问题是：

（1）集体意向性的本体论是什么？特别是，不仅它们的个体成员是意向主体，群体本身是否也是意向主体？

（2）集体意向性的心理学是什么？群体本身是否具有心理状态，尤其是命题态度？参与集体意向性行为的个体的心理是什么？他们的参与意图、他们所谓的 214
“我们-意图”（Tuomela and Miller，1988）与他们的“我-意图”相比，有什么特别之处？

（3）集体意向性在社会实在建构中是如何体现的？特别是，“我们-意图”的内容和个体行为主体的意向性活动是如何创造社会制度、实践和结构的？

第二节将讨论非正式群体中的集体行动和共享意图。第三节将探讨利用我们对非正式的共同意向行动的理解所提供的概念和心理资源来构建制度结构的机制。它将集体行动和意图的讨论扩展到制度群体，如最高法院，并解释了这些组织的概念是如何由规则、惯例和身份职能的概念构成的。第四节将讨论超越意图的集体态度。第五节是简要的总结和结论。

第二节　集体行动与意图

一、复数能动性

个体行动与集体行动有什么区别？我们首先从使用复数指称术语的非正式群体的行动开始。我们称这些复数群体为主体，并不意味着它们本身就是主体。我们可以通过询问［1］和［2］的真值条件之间的区别来强化我们最初的问题。

［1］我移动了一条长凳。

［2］我们移动了一条长凳。

［1］和［2］的相同形式似乎使我们专注于［2］中的主语，一个群体，作为长凳移动的主体，因此，就其本身而言，是群体主体。然而，最初的表象具有误导性。为了弄清楚这一点，我们将对像［1］（Davidson，2001）这样的单数行动句的事件分析应用于像［2］这样的复数行动句的逐指、统指歧义性（Ludwig，2007a，2010）。

在事件分析方面，［1］认为它的主语是事件的主体。就目前而言，我们忽略时态以及动词如何选择能动性关系的确定形式的一些细节（Ludwig，2007a；Ludwig，2016：ch. 6）。我们分析［1］如［1a］所示［“$(\exists e)$”意味着“有这样一个事件 e”］。

［1a］$(\exists e)$（我是一个主体 e 和 e 移动长椅，只有我是一个主体 e）。

［2］可以逐指解（distributive reading），也可以统指解（collective reading）。按照逐指解，这意味着我们每个人都移动了一条长凳，就像在［1d］中那样。统指解源于给我们每个人关于事件量词的狭窄范围。［2］认为，在某些情况下，我们每个人都是主体，其他人都不是（因此也调整了唯一能动性的要求），这是移动长凳，如［1c］。

［1d］［我们每个 x］$(\exists e)$（x 是一个主体 e 和 e 移动长椅，只有 x 是一个主体 e）。

215 ［1c］$(\exists e)$［我们每个 x］（x 是一个主体 e 和 e 移动长椅，只有我们是主体 e）。

区别在于（大致上）我们是在说我们每个人都做了什么导致了某种类型的事

件，还是说我们每个人都促成了某种类型的事件。因此，基于对复数行动句的统指解，我们不需要群体主体本身。我们仍然指的是群体，但是只有它们的成员是主体。

二、共享意图

当我们成功地执行了一个共享意图时，我们会意向性地行动。我们以［3］这样的句子来表述共享意图。

［3］我们意图移动一条长凳。

［3］有一种逐指解，［3d］。

［3d］我们每个人都意图（自己）移动一条长凳。

我们的兴趣在于统指解，我们意图一起移动一条长凳。在统指解中，［3］认为大家都有移动长凳的共享意图。一些学者将共享意图视为群体的状态（Velleman，1997；List and Pettit，2011；Pettit，2003；Tollefsen，2002；Copp，2006；Stoutland，1997，2008）。但是，从表面上看，如果我们不需要集体行动的群体主体，我们也不需要他们作为共享意图的主体（我们接下来讨论制度能动性）。因此，即使在统指解中，我们也会将［3］的主语逐指，如［3c］。

［3c］我们每个人都意图一起移动一条长凳。

从这个观点来看，对我们来说，共享一个意图就是每个人都有一个适当的意图来参与我们的行动，一个“我们-意图”而不是一个“我-意图”。因此，共享意图的问题就可以归结为“我们-意图”的问题。

关于“我们-意图”有许多相互矛盾的分析。

约翰·塞尔（Searle，1990，1995，2010）认为，“我们-意图”是通过个人贡献的方式实现共同行动的意图。［人们经常认为，塞尔主张我们意图是原始的，但路德维希认为这是一种误解（Ludwig，2007）。］这是没有说服力的，因为我们每个人都可能想让我们一起做某件事，但心里却想着欺骗对方去做他想做的事。例如，假设我们每个人都打算和另一个人一起去纽约，而且想坐更贵的快车，但却认为另一个人打算坐慢车。然后，每个人都可以通过欺骗她，让她认为目前在站台上的火车是慢车（通过把她的表往前拨），来计划让她登上快车。在这种情况下，虽然我们每个人都想以她的方式去纽约，但我们并没有共享去纽约的意图。

玛格丽特·吉尔伯特（Margaret Gilbert）用共同承诺的原始概念来解释共享意图（Gilbert，2006）。当我们共享一个意图时，我们共同承诺作为一个整体做某事（如移动长凳）。这一共同承诺要求各方履行其各自的义务。这些义务是相互的，不能单方面取消。然而，双方不需要有任何特定的个体意图（与塞尔、布拉特曼、路德维希相反）。如果吉尔伯特是对的，那么所有的共同意向行动都涉及其本质的
216 内在规范。然而，尽管人们普遍认为，吉尔伯特所描述的义务内容通常伴随着集体意图，但它们是否必然伴随着集体意图还存在争议（Bratman，1999b）。

大卫·威勒曼（David Velleman）认为，共享意图是通过相互关联的言语行为来实现的——例如，一个人对另一个人说，如果你愿意，我就愿意；另一个人说，我愿意——这共同导致了他们自我的满足条件（Velleman，1997）。但这不能涵盖所有共享意图的情况。此外，其驱动力是担忧，如果每个群体成员都有自己意愿做的事情，且都认为他将决定其他人做的事情，那么这是违反直觉的，且已被证明是错误的（Bratman，1999a）。对“我们-意图”的论述也在一种导致共同行动的特殊推理（团队推理）方面得到了发展（Gold and Sugden，2007）。虽然针对的是群体利益，但是团队推理却是对那些根据他人的行动进行战略决策的个体推理。因此，这与他们只针对群体利益的“我-意图”是一致的。雷莫·图梅勒（Raimo Tuomela）倡导一种“我们-意图”的概念，即在对群体中其他人的相互信任和合理的成功机会的条件下，在群体中一起做某事的意图（Tuomela and Miller，1988；Tuomela，2005，2013）。然而，图梅勒特别指出（Tuomela，2005），“群体一起做某事”，他的意思是“群体意向性地一起做某事”[与 Searle（1990）的解释相反]。因此，他并不是要对“我们-意图”进行完全还原的解释，因为该分析在给出意向内容时，运用了与它所分析的概念相关的概念。

相比之下，迈克尔·布拉特曼（Michael Bratman）对“我们-意图”的内容进行了还原的论述（Bratman，1992，1993，1999a，1999b，2006，2014）。他认为，“我们-意图”是一个个体的意图，即其所属的群体通过将子计划（可共存）与每个成员的意图相关联来做某事。这种理论的优点在于，其认为共同的意向行动从根本上是相互协作的。这是由这样的要求表明的，即群体中的每个成员都希望与其意图相关联的子计划相融合。这一要素排除了为实现上述相同目标而相互故意欺骗的情况。在这种情况下，每个人都希望，我们去纽约的部分原因是出于对方的意图。但双方都打算欺骗对方乘坐快车，而不是达成一致的子计划。这就产生了一个重要的问题，需要多少相互融合的子计划（Ludwig，2015a）：*全部*似乎太严格（一个人可以不打算完全合作，但足够合作完成工作），*部分*似乎不够严格（我们只能在一定程度上利用别人的计划）。

路德维希（Ludwig，2007a，2016）也从语义的视角提出了类似的还原方法。他将“我们-意图”理解为根据共享计划（不需要提前给出）为群体做出贡献的意图，共享计划包含了规范计划概念的误差范围。对规范计划的适度偏离与成功执行计划的群体是一致的。这有助于避免布拉特曼面临融合程度的问题。它还排除

了相互欺骗的情况，因为在这种情况下，主体不打算按照他们的共享计划行事。这两种观点都适用于涉及竞争的共同意向行动。因为参与者合作产生一种行动类型，这种行动类型规定他们在规则框架内竞争，以达到并非所有人都能达到的目的。

由于篇幅所限，还有一些重要的理论我们没有讨论，如谢默斯·米勒（Seumas Miller）关于共享目的的意图（Miller，2001），以及萨拉·钱特（Sara Chant）与扎克·恩斯特（Zach Ernst）关于共同行动的理性条件（Chant and Ernst，2008）。 217

第三节　集体意向性对我们理解社会的作用

共同意向行动是制度实在的基本构成要素之一。我们所说的制度实在是指两种制度都被理解为相互关联的角色网（即组织），如最高法院，以及社会习俗或实践，如给小费、握手或使用一种语言。由于篇幅所限，我们只详细讨论前者。制度作为组织（之后称为制度），我们以身份功能和身份角色的概念来解释。同样地，我们也可以用构成性规则和惯例的概念来解释。身份角色伴随着权力、权利、职责和责任而来。许多社会规范可以理解为以身份的职能和角色的分配为基础。当一个组织的行动（道德上或法律上）受到指责时，组织中身份角色的结构与所承担的个人责任尤其相关。

我们首先将制度能动性的语言与非正式（复数）群体能动性的语言进行对比。然后我们将讨论惯例。之后，我们将解释身份的功能和角色。我们将通过这些来解释制度的结构，以及一种社会规范。

一、单数群体主体

制度行动句通常使用语法上的单数主语，如［4］：

［4］最高法院于 1954 年推翻了 1896 年布朗与教育委员会诉讼案中种族隔离符合宪法的裁决。

在语法上以单数词*单数群体主体*来表示群体（同样地，这并不意味着它们本身是主体）。单数群体主体与复数群体主体在多个重要方面存在差异。

（a）单数群体主体可以执行个体无法执行的行动，即使在原则上也是如此。

（b）单数群体主体通过改变成员身份来保持其身份。

（c）单数群体主体的个体可以有不同的成员。

（d）单数群体主体的成员资格是社会建构的。

（e）单数群体主体经常通过某些子群体或个体成员的能动性行事，如发言人，因此，群体能动性的表达似乎不取决于其所有成员对其行为的贡献。

这些差异可能表明，我们认为单数群体主体（特别是制度）是真正的群体级主体。

然而，如上所述，最初的表象是误导人的（Ludwig，2014a，2017b：chs. 3-5）。第一，许多单数群体行动句，如［5］，既有逐指解，又有统指解。

［5］最高法院去吃午饭了。

［5］可能意味着最高法院一起吃午饭，或者他们单独吃午饭。这种与复数群
体行动句的相同关系支持了对统指解的多主体分析。第二，对于［4］来说，当单
218 数群体行动句没有逐指解时，是因为动词表示的行动类型根据定义需要多个主体
的贡献［这解释了（a）］。

这与主语的语法数量无关。同样的道理也适用于“我们在图书馆见过”。我们两人都不能单独做到这一点，即使原则上也是如此。这是因为会面至少需要两个人。最高法院的裁决也是如此。

第三，（b）和（c）是由（d）解释的。作为最高法院的一名成员，是通过总统提名、接受提名及参议院确认来接受一个制度性的角色（以下更多）。这与随意地与其他事物分组是不同的。最重要的是，它是一个时间索引条件，可以去除（如通过辞职）满足成员资格的状态，并将其分配给其他人。这使我们能够在同一时间谈论该群体的成员：当该群体采取行动时，该群体当时的成员对当时的行动作出了贡献（Ludwig，2014a，2017b：ch. 5，section 2）。因此，［4］说 1954 年的法院成员推翻了 1896 年的裁决。不需要超级主体。

第四，制度性成员资格是按时间索引和社会构建的，这一事实也解释了制度如何可能有不同的成员（Ludwig，2014a，2017b：ch. 5，section 3）。这并不需要一个主体超越其成员，就像总统可能是其他人一样，也不需要一个超级总统来跟随当选的总统（如 Sheehy，2006）。

（e）的说明需要身份功能和角色的概念。首先，这里要提出采用惯例的概念，因为我们将在解释身份功能时使用它。

二、惯例

“惯例”用来表达一些相关的概念。从某种意义上说，惯例只是一种习惯，就像人们平时的着装、吃饭时用筷子还是用叉子一样。我们关注的是一个更狭隘的

概念——例如刘易斯在其 1969 年的经典著作中也涉及——一种惯例建立在（至少）一群人就如何解决协调问题达成默契的基础上。举一个简单的例子：为了避免碰撞，汽车会在道路的左侧或右侧行驶。同时，我们希望朝着相反的方向行驶的汽车会一致地选择不同的方向。没有人能单独解决这个问题，因此要解决这个问题，我们必须达成一种协议，即决定朝哪一方前进。当每个人都同意遵循相同的规则（这里理想化了一点）时，问题就解决了。然而，要使这成为真正的惯例，需要的不仅仅是主体遵循相同的规则。即使在战略博弈中，这种情况也可能发生，双方都将对方简单地看作自然状态。惯例可以被理解为是对这一问题的共同解决办法。当相关群体的每一个成员都认为，当他们中的任何成员处于相关的情况下（与其他人一起在公共道路上驾驶），他们都按照规则行事，例如在右侧行驶时，就会发生这种情况（Jankovic，2011，2014：ch. 6）。这样适当有条件的“我们-意图”在他们当中起作用（达成默契）。因此，惯例以共享的有条件的意图为基础（Ludwig，2015b），这是一种群体成员有条件的“我们-意图”的结构，在此结构中惯例得以维持。

三、身份功能和角色

身份功能被分配给社会事务中的对象、事件或人员（符号或类型）。身份功能
是一种施事功能。施事功能的定义与“主体意向性地处理对象”的使用有关（Searle， 219
1995：20），如椅子或锯子。身份功能在施事功能中的特别之处在于，他们只有在被集体接受的情况下才能发挥其功能（Searle，1995：ch. 2），如一个国际象棋的国王、一张 20 美元的钞票、一枚皇家印章、一名法官、一种裁决，或者国家之间的边界。因此，没有什么东西能像 20 美元的钞票那样运作，除非它在相关的社会中被集体接受为货币交易的交换单位。不只是物理特征。相反，具有正确物理特征的东西可以将木头锯成两半，即使没有人认为它是锯子。

为什么集体接受某物具有某种功能对其发挥功能至关重要？答案就是，相关功能在定义时不限制发挥功能的具体对象（Ludwig，2014b，2017b：chs. 6-10）。

决定功能的规则是构成性规则——意向性遵循的规则在一定程度上构成了它们所支配的活动类型（Searle，1969）。例如，国际象棋的规则是构成性规则。相反，罗伯特议事规则是调节性规则，因为其控制着一种独立于所遵循规则的活动。

国际象棋的规则规定了游戏中特定对象的功能。例如，拥有白棋国王的玩家先走第一步。白棋国王在右边的四个方块中，如果这个方块没有被白棋占据，也没有被黑棋威胁，它可以向任何方向移动一个方块，它也可以吃掉任何占据方块

的对方棋子。如果它被将军且不能移动，则黑方胜出。

虽然规则规定了国王的角色，但它们没有规定使用的对象。因此，两个打算下棋的人面临着一个协调问题。解决方案在于它们为国际象棋规则定义的角色接受相同的对象。就前一节的意义而言，这种对扮演这些角色的特定事物的协调是一种惯例。在协调类型以在循环的社会活动中扮演角色的情况下，集体接受意味着采取有条件的“我们-意图”，在该活动类型的角色中使用相关的对象类型。因此，20 美元的钞票具有身份功能，因为人们集体接受这类东西将用于某些商业交易，即使它从未被使用过。

身份角色（或特别的主体身份角色）是一种被分配给主体的特殊的身份功能，（a）主体必须是集体接受任务的群体的一部分，和（b）根据角色中的主体如何以其身份角色和功能与其他主体、事件和对象相互作用，来对功能进行定义（Ludwig，2014b：sec. 5；2017b：ch. 10），如法官、警察、参议员、教授、学生等。

因此，制度中的成员资格是一种身份角色，这就得出结论，制度中的成员资格是社会构建的（Ludwig，2017b：ch. 11）。

四、制度作为身份角色网

我们可以将制度定义为身份角色网，旨在协调其所有者为某些目的而采取的共同意向行动（Ludwig，2017b：chs. 10-11）。例如，参军就是被赋予（并接受）一种身份功能。虽然假定角色是自愿担任的，但通常会有如何对待不履行与角色相关的职责的规定。在参军过程中，一个人获得了作为士兵的可确定的身份角色，由军衔和单位指定的确定的身份角色，以及在军队组织中的更具体的身份角色。
220 组织的有效运作（满足其目的）取决于足够多的成员充分发挥其相对于其他成员的作用。组织中的角色通常是根据如何与其他成员交互以及如何与各种非成员交互来定义的，因为组织通常在较大的制度设置中具有身份角色。一个组织也可以将身份职能分配给其他人（没有他们的默许）来决定其成员如何对待他们。例如，将他人指定为敌方士兵或平民，就会赋予他们支配如何对待他们的身份职能（尽管不是身份角色）。

制度的恒常性是指在连续的（经常重合的）主体群体中实现相关组织结构的可能性。当一个制度群体在一个更大的群体中占有一席之地时，它可能会在缺少成员的时期幸存下来。例如，美国陆军第 22 团最初是在 1812 年的战争中组建的，但因 19 世纪 60 年代的雷德河印第安人战争而解散，然后重组，从那时起，它已经被解散并重新组建了很多次。

五、制度行动中的代理能动性

制度能动性的一个显著特征是通过授权主体做事的能力，我们称之为代理主体（Ludwig，2014b）。这是怎么做到的呢？以发言人为例。群体和个人都可以有发言人。这说明代理能动性并不局限于群体。然而，在这两种情况下，代理能动性的可能性依赖于一种背景性的社会协议，该协议聚焦于发言人通过发挥其能动性，在一个人或群体与他人之间的社会交易中发挥作用。因此，成为一个发言人是一种身份角色。

代理能动性的关键是授权。授权是身份角色的赋予。我们考虑一个最简单的例子，群体的成员，例如一个俱乐部，通过协商一致的方式指定一个成员作为发言人，并就发言人要传达什么信息达成一致。其目的是公开承诺该组织将按照这一信息采取行动。群众和群体都将涉及发言人的交流理解为他们参与的共同意向行动。群众的角色是认可发言人在她的授权下代表群体，并以这个身份传达她的信息。

发言人的角色是产生一种话语行为，其内容是群体想要传达给受众的信息。因此，话语行为本身在与受众的交互中具有身份功能。这一身份功能的名称为*群体公告*。在此，我们借用了适用于个人的言语行为的语言，但是它的意义是不同的，因为它不是一个发言人的声明，也不是普通意义上的群体言语行为，因为群体不会以个人的方式来断言某事。

发言人声明可以作为群体的公告的一个概念上的必要条件是她被指定为他们的发言人。因此，当群体通过发言人宣布某件事时，群体的每个成员都对群体公告做出了建设性的贡献。这样，甚至代理能动性现象也被归为制度能动性的多重主体论述。

这个简单的结构可能至少在两个维度上是复杂的（Ludwig，2017a）。

第一，群体可以给代理主体更多的自主权。代理可以被授权，以决定传递策略的特定方式，回答有关策略的问题，甚至决定策略，或者做出让群体参与各种项目的决策。这样，决策可以正式委托给一个小组或个人。此处的群体决策（类 221
似于群体公告）是由赋予其内容的社会安排构成的。

第二，授权个人或小组充当群体的代理主体的权力也是赋予一种身份角色。这些代理所作的授权由群体逐个代理进行授权。这可能会延伸出一系列的代理主体。在更复杂的情况下，组织中许多成员的基本贡献可能只是他们在组织结构的基本维持中所起的作用，而这些授权是在组织结构中作出和执行的。然而，基本的概念结构保持不变。

六、社会规范与身份功能

社会规范（在某种意义上）与身份功能和角色之间存在着重要的联系（Ludwig，2017b：ch. 10，sections 1-3）。在社会规范的相关意义上，违反社会规范就是在规范所支配的社会行动类型内部犯错误或做错事。例如，一名警察以法律的名义进行虚假逮捕，这就违反了他所采取行动类型的内部规范。

从这个意义上说，社会规范是如何建立在身份功能基础上的？具有身份功能的事物具有相关的规范，这些规范由它们的行动类型中的角色决定，有以下三种。第一，有些规范源于支配行动类型的构成性规则。这些规范规定了行动类型必须做的事情。因此，国际象棋的规则为国际象棋提供了规范。第二，有些规范源于惯例，它们将由构成性规则定义的功能附加到特定的对象、状态或事件上。这些是关于什么对象或类型在相关的社会事务中具有功能的规范。第三，有些规范源于一种行动类型的理想，这种行动类型可以在不符合理想的情况下被实例化。例如，在许多竞技体育项目中，人们都有对比赛结果的预期，违反比赛规则的人会受到处罚。这些规则为活动提供了规范，这些规范不是构成性的，也不是来自将身份功能附加到特定对象上的惯例，而是来自游戏的规范概念。规范概念是游戏规则的理想状态。这同样适用于许多其他类型的集体意向行动。这就扩展到了身份角色。身份角色根据其设计功能为拥有者提供规范。这规定了角色扮演者相对于其他人的权力、权利和义务。例如，在一个班级中，教授有权利和义务给学生打分，也有义务根据学生的表现来打分。学生有权要求公平评判成绩。这提供了一种社会规范构成社会制度和实践的意义。当然，它们可能会相互冲突，也可能会与其他规范发生冲突，比如道德规范。这可以从一个集中营的守卫的例子中得到说明。

第四节　集体态度而非意图

将心理态度归因于群体的做法并不局限于意图。信念、欲望和情感归属于群体在日常谈话中是很常见的，如［6］所示。

222 ［6］民主党认为，所有美国公民都有获得公平工资的权利。

此外，许多社会科学和哲学的说明都不可避免地诉诸集体态度。例如，理性选择理论不得不诉诸共同知识的概念，因为在相互依赖的选择中，主体的策略地位对他们是否对某些事实具有共同（或仅仅是相互）的知识很敏感（Halpern，1986；Schelling，1960；Lewis，1969）。更有争议的是，群体内疚感被用来解释群体的成员对他们没有参与的群体行动可能怀有的内疚感（Gilbert，1997）。

这一领域的主要问题类似于集体意图的问题。存在心理学和本体论的问题。心理学问题涉及集体态度的本质和结构以及它们与构成相关集体的个人状态之间的联系。例如，共同知识最初被解释为公共的知识，而公共知识被解释为一个群体所拥有的知识，以防群体中的每个人都知道（如此等等，无穷无尽）所有人都知道某件事是这样的（Lewis，1969）。这种倒退在概念上存在问题吗？普通人会质疑，这在心理学上合理吗？回归公式是否正确地说明了有关公共性的概念？

本体论问题涉及诸如［6］之类的归因的本体论承诺，具体而言，它们是否使我们致力于具有真正心理状态的群体实体。关于这个问题的主要观点包括取消主义、单元论（或个体主义）与多元论。（我们可能认为每一种方法都有其适用的适当范围，但下面我们认为它们的目的是提供一个统一的解释。）

取消主义者拒斥所有关于群体态度的言论。他们可能认为将心理态度归因于群体是错误的或隐喻性的。这些说法并没有被深入探讨过，但昆顿（Quinton，1975）的一些言论可能会被这样解读。

单元论者［这个术语是由吉尔伯特（Gilbert，1987，1989，2006）提出的］认为，集体态度的归因是真实的，但它们是对个体状态的说明，如个体的信念、欲望和意图。

取消主义与单元论都与方法论的个体主义相兼容，它们在以下两个方面相结合：

（1）我们可以根据个体自身的态度和理由（可以指其他主体及其态度和理由，也可以指可还原的群体态度和理由）以及物理和非社会事实来理解和解释个体行动。

（2）社会本体论仅仅由个体的行动和活动及其相互关系和相互作用构成，群体和群体的属性可以还原为（1）和（2）的基础。

在支持单元论阵营中，我们可以区分总结性和非总结性理论（正如昆顿）。总结性理论认为，形式的归属具有真实性的逻辑必要条件

如果群体 $G\psi$ 是 p（或成为 P）

那么

$G\psi$ 的所有（或大部分或足够多）成员是 p（或 ψ 成为 P），

$\psi\forall$代表命题态度动词，p 代表一个句子，P 代表一个动词短语。我们称这个条件为求和条件。例如，我们可能会说，只有当课程委员会所有（或大部分或足 223
够多）成员都想更改分配要求时，课程委员会才想更改分配要求。吉尔伯特（Gilbert，1987）批判了认为适当的求和条件对集体态度归因的真实性既是必要条件又是充分条件的总结性说明（Quinton，1975），同样也批判了认为求和条件在

群体中是共同知识的总结性说明，科利特（Corlett，2007）对吉尔伯特的一些批评做出了回应。

这两种总结性理论似乎都有反例。首先，它们在某种程度上太弱了。假设每个国会议员都认为应该提高最低工资标准，这是共同知识，但是国会没有就这个问题进行投票，而且由于各种原因，国会也不会这样做。在这种情况下，如果说国会认为应该提高最低工资标准，那就有点奇怪了。

总结性理论在某种程度上又太强了。我们可以用话语困境［由 Pettit（2001，2003，2007）描述］来说明，一个群体如何可能相信、想要、意图 p，即使其成员不相信、不想要、不意图 p。［施密特（Schmitt，1994）也提出类似的观点。］假设一家公司（声称“一切为了安全”）正在决定是否实行减薪，以便引入一些安全措施。为了简单起见，假设一切为了安全是一种合作，这样员工就可以拥有它。该决定是由员工基于以下三个方面的考虑做出的：①危险是否严重到需要减薪；②拟采取的措施是否有效，足以证明减薪的合理性；③员工是否能够承受减薪的压力。假设一名员工会投票赞成减薪，以防她在三个方面都投赞成票。公司可以采用两种决策程序。它可以采用一种以结论为中心的程序，该程序包括收集个别员工对是否接受减薪的投票。或者，它也可以采用预先输入的程序，该程序包括对这三种考虑因素的个人投票进行汇总，如果大多数员工对每一种考虑因素都投了赞成票，则实行减薪。假设所有为了安全采取了以前提为中心的方法，员工投票如表 19.1 所示。

表 19.1　员工投票情况

	危险	有效	可承受	以结论为中心
1/3	赞成	赞成	反对	反对
1/3	赞成	反对	赞成	反对
1/3	反对	赞成	赞成	反对
以前提为中心	赞成	赞成	赞成	赞成

在这种情况下，似乎［7］为真，［8］为假。

［7］一切为了安全认为员工应该接受减薪。

［8］一切为了安全的所有/大部分/部分成员都认为员工应该接受减薪。

我们可以拒绝总结性理论，而不拒绝单元论。例如，话语困境似乎合理地表明，当相应的求和条件为假时，群体信念归因可以为真。如果这是对的，集体信念 p 的归因不能被还原为某些个体信念 p 的形态。但是，集体态度的归因所还原的个体意向性状态，并不一定符合集体态度的心理模式和内容，正如求和条件所假定的那样。例如，我们可能会认为，如果群体的成员共同接受判断聚合的过程，那么群体 G 就相信 p，据此，如果大多数群体成员都相信 p 且 q，r 从 p 且 q 得出，那么 G 相信 r。 224

最后，在多元论的解释中，集体态度的归因不能仅仅用从个体的心理和行动理论中得出的概念来理解。例如，吉尔伯特（Gilbert，2006）以共同承诺的基本概念解释了集体态度。一般而言，在共同承诺中，我们承诺作为一个整体持有某种态度。例如，如果我们作为一个整体，共同致力于相信民主是最好的政府形式，我们共同相信这一点。如果我们作为一个整体共同对某一行动感到内疚，我们就会对该行动感到集体内疚，等等。

与取消主义和单元论相反，多元论与方法论上的个体主义不相容。

哲学家们已经讨论了集体信念（Gilbert and Pilchman，2014；Gilbert，1987，1989，1994，1996；Pettit，2003；List and Pettit，2011；Tollefsen，2007；Tuomela，1992；Schmitt，2016）、集体记忆（Wertsch，2009；Roediger and Abel，2015；Olick et al.，2011；Michaelian and Sutton，2013；Hirst and Stone，2015），以及集体道德态度，如内疚、骄傲、悔恨和羞耻（Gilbert，1997，2002，2001；Kutz，2000；May，1992；Tollefsen，2006），以及更普遍的集体情感（Huebner，2011；Wilson，2001）。

第五节　总结与结论

将意向性归于集体在我们对社会世界的理解中起着核心作用。我们研究的重点是集体的意图和行动。这些都是社会世界的基本组成部分。它们涉及我们对协议、惯例、身份职能、制度和社会规范的理解。我们认为，集体的意图和行动取决于个体形成具有独特合作内容的意图的能力。对这些“我们-意图”的解释不仅有助于我们理解社会世界的基本结构，而且有助于我们理解心智的能力，使我们能够拥有我们所拥有的那种社会性。共同意向活动模式概念产生了社会行为的构成性规则的概念，这为身份功能和身份角色的概念及其网络构成制度实在的结构铺平了道路。除了社会本体论之外，关于集体意向性的研究还对哲学家和社会科学家感兴趣的其他领域产生了影响，如合作、集体态度、责任、理性、解决问题、注意力、记忆和情感。关于这些内容和其他主题的进一步讨论可以在扬科维奇和路德维希的著作（Jankovic and Ludwig，2017）中找到。

参考文献

Bratman, Michael. 1992. "Shared cooperative activity," *Philosophical Review*, 101(2): 327-341.

——. 1993. "Shared intention," *Ethics*, 104(1): 97-113.

——. 1999a. "I Intend that We *J*," in *Faces of Intention: Selected Essays on Intention and Agency*. Cambridge: Cambridge University Press.

——. 1999b. "Shared intention and mutual obligation," in *Faces of Intention: Selected Essays on Intention and Agency*. Cambridge: Cambridge University Press.

——. 2006. "Dynamics of sociality," *Midwest Studies in Philosophy: Shared Intentions and*
225 *Collective Responsibility*, 30(1): 1-15.

——. 2014. *Shared Agency: A Planning Theory of Acting Together*. Oxford: Oxford University Press.

Chant, Sara, and Zachary Ernst. 2008. "Epistemic conditions for collective action," *Mind*, 117(467): 549-573.

Copp, David. 2006. "On the agency of certain collective entities: an argument from 'normative autonomy'," *Midwest Studies in Philosophy: Shared Intentions and Collective Responsibility*, 30(1): 194-221.

Corlett, J. Angelo. 2007. "Analyzing social knowledge," *Social Epistemology*, 21(3): 231-247.

Davidson, Donald. 2001. "The logical form of action sentences," in *Essays on Actions and Events*. New York: Clarendon Press. Original Edition, 1967.

Gilbert, Margaret. 1987. "Modelling collective belief," *Synthese*, 73: 185-204.

——. 1989. *On Social Facts*. London: Routledge.

——. 1994. "Remarks on collective belief," in *Socializing Epistemology: The Social Dimensions of Knowledge*. Frederick F. Schmitt(ed.). Lanham, MD: Rowman and Littlefield.

——. 1996. "Concerning sociality: the plural subject as paradigm," in *The Mark of the Social*. J. Greenwood(ed.). Lanham, MD: Rowman and Littlefield.

——. 1997. "Group wrongs and guilt feelings," *Journal of Ethics*, 1(1): 65-84.

——. 2001. "Collective remorse," in *War Crimes and Collective Wrongdoing: A Reader*. Malden, MA: Blackwell Publishing.

——. 2002. "Collective guilt and collective guilt feelings," *Journal of Ethics*, 6(2): 115-143.

——. 2006. *A Theory of Political Obligation: Membership, Commitment, and the Bonds of Society*. Oxford: Clarendon Press.

Gilbert, Margaret, and Daniel Pilchman. 2014. "Belief, acceptance, and what happens in groups," in *Essays in Collective Epistemology*. J. Lackey(ed.). Oxford: Oxford University Press.

Gold, Natalie, and Robert Sugden. 2007. "Collective intentions and team agency," *Journal of Philosophy*, 103(3): 109-137.

Halpern, Joseph Y. 1986. "Reasoning about knowledge: an overview," in *Theoretical Aspects of Reasoning about Knowledge*. J. Y. Halpern(ed.). Los Altos, CA: M. Kaufmann Publishers.

Hirst, W., and C. B. Stone. 2015. "A unified approach to collective memory: sociology, psychology, and the extended mind," in *Ashgate Research Companion to Memory Studies*. ed. S. Kattego(ed.).

Farnham, UK: Ashgate.

Huebner, Bryce. 2011. "Genuinely collective emotions," *European Journal for Philosophy of Science*, 1(1): 89-118.

Jankovic, Marija. 2011. "The intentional underpinnings of convention." *Presented at Pacific Division of the American Philosophical Association, San Diego, CA*, April 20-23.

——. 2014. "Conventional Meaning." *Ph.D. Dissertation, Department of Philosophy, Indiana University.*

Jankovic, Marija, and Kirk Ludwig(eds.). 2017. *The Routledge Handbook on Collective Intentionality*. New York: Routledge.

Kutz, Christopher. 2000. *Complicity: Ethics and Law for a Collective Age*. Cambridge: Cambridge University Press.

Lewis, David. 1969. *Convention: A Philosophical Study*. Cambridge. MA: Harvard University Press.

List, Christian, and Philip Pettit. 2011. *Group Agency: The Possibility, Design, and Status of Corporate Agents*. Oxford: Oxford University Press.

Ludwig, Kirk. 2007a. "Collective intentional behavior from the standpoint of semantics," *Noûs*, 41(3): 355-393.

——. 2007b. "Foundations of social reality in collective intentional behavior," in *Intentional Acts and Institutional Facts: Essays on John Searle's Social Ontology*. S. L. Tsohatzidis(ed.). Dordrecht: Springer.

——. 2010. "Adverbs of action," in *Blackwell Companion to the Philosophy of Action*. T. O'Connor and C. Sandis(ed.). Oxford: Wiley- Blackwell.

——. 2014a. "The ontology of collective action," in *From Individual to Collective Intentionality*. S. Chant, F. Hindriks, and G. Preyer(ed.). Oxford: Oxford University Press.

——. 2014b. "Proxy agency in collective action," *Noûs*, 48(1): 75-105.

——. 2015a. "Shared agency in modest sociality," *Journal of Social Ontology*, 1(1): 7-15.

——. 2015b. "What are Conditional Intentions?" *Methode: Analytic Perspectives*, 4(6): 30-60.

——. 2016. *From Individual to Plural Agency: Collective Action Ⅰ*. 2 vols. Oxford: Oxford University Press. 226

——. 2017a. "Proxy agency," in *The Routledge Handbook on Collective Intentionality*. M. Jankovic and K. Ludwig(ed.). New York: Routledge.

——. 2017b. *From Plural to Institutional Agency: Collective Action Ⅱ*. 2 vols. Oxford: Oxford University Press.

May, L. 1992. *Sharing Responsibility*. Chicago: University of Chicago Press.

Michaelian, Kourken, and John Sutton. 2013. "Distributed cognition and memory research: history and current directions," *Review of Philosophy and Psychology*, 4(1): 1-24.

Miller, S. 2001. *Social Action: A Teleological Account*. Cambridge: Cambridge University Press.

Olick, J. K., Vered Vinitzky-Seroussi, and D. Levy(eds.). 2011. *The Collective Memory Reader*. Oxford: Oxford University Press.

Pettit, Philip. 2001. "Deliberative democracy and the discursive dilemma," *Noûs Supplement: Philosophical Issues*, 11: 268-299.

——. 2003. "Groups with minds of their own," in *Socializing Metaphysics*. F. Schmitt(ed.). Lanham, MD: Rowman and Littlefield.

——. 2007. "Responsibility incorporated," *Ethics*, 117(2): 171-201.

Quinton, A. 1975. "Social objects," *Proceedings of the Aristotelian Society*, 75: 67-87.

Roediger, H. L., and M. Abel. 2015. "Collective memory: a new arena of cognitive study," *Trends in Cognitive Sciences*, 19(7): 365-371.

Schelling, Thomas C. 1960. *The Strategy of Conflict*. Cambridge, MA: Harvard University Press.

Schmitt, Fred. 2016. "Collective belief and acceptance," in *The Routledge Handbook on Collective Intentionality*. M. Jankovic and K. Ludwig(ed.). New York: Routledge.

Schmitt, Frederick F. 1994. "The justification of group beliefs," in *Socializing Epistemology: The Social Dimensions of Knowledge*. Frederick F. Schmitt(ed.). Lanham, MD: Rowman & Littlefield.

Searle, John. 1969. *Speech Acts: An Essay in the Philosophy of Language*. London: Cambridge University Press.

——. 1990. "Collective intentions and actions," in *Intentions in Communication*. P. R. Cohen, J. Morgan, and M. E. Pollack(ed.). Cambridge, MA: MIT Press.

——. 1995. *The Construction of Social Reality*. New York: Free Press.

——. 2010. *Making the Social World: The Structure of Human Civilization*. Oxford: Oxford University Press.

Sheehy, Paul. 2006. *The Reality of Social Groups, Ashgate New Critical Thinking in Philosophy*. Aldershot: Ashgate.

Stoutland, Frederick. 1997. "Why are philosophers of action so anti-social?" in *Commonality and Particularity in Ethics*. L. Alanen, S. Heinamaa, and T. Wallgren(ed.). New York: St. Martin's Press.

——. 2008. "The ontology of social agency," *Analyse & Kritik*, 30: 533-551.

Tollefsen, Deborah. 2002. "Collective intentionality and the social sciences," *Philosophy of the Social Sciences*, 32(1): 25-50.

——. 2006. "The rationality of collective guilt," *Midwest Studies in Philosophy: Shared Intentions and Collective Responsibility*, 30(1): 222-239.

——. 2007. "Group testimony," *Social Epistemology: A Journal of Knowledge, Culture, and Policy*, 21(3): 299-311.

Tuomela, Raimo. 1992. "Group beliefs," *Synthese*, 91: 285-318.

——. 2005. "We-intentions revisited," *Philosophical Studies*, 125: 327-369.

——. 2013. *Social Ontology: Collective Intentionality and Group Agents*. New York: Oxford University Press.

Tuomela, Raimo, and Kaarlo Miller. 1988. "We-intentions," *Philosophical Studies*, 53(3): 367-389.

Velleman, David. 1997. "How to share an intention," *Philosophy and Phenomenological Research*, 57(1): 29-49.

Wertsch, J. V. 2009. "Collective memory," in *Memory in Mind and Culture*. P. Boyer and J. V. Wertsch(ed.). Cambridge: Cambridge University Press.

227 Wilson, Robert A. 2001. "Group-level cognition," *Philosophy of Science*, 68(3): S262-S273.

第二十章　微观基础

李丹（Daniel Little）

社会科学哲学中有大量的争论是关于如何理解社会世界各个层面之间的关系的。更高的层面是由较低的层面生成的吗？较高的层面是相对于较低的层面突现的吗？较高层面是随附于较低层面产生的吗？我们有理由相信，微观基础的概念可以用来追溯这些不同层面间概念之间的关系。对微观基础的需要是一种主张，即个体和社会行为的较低层面比起较高层面要更为根本，见图 20.1。

该图将社会世界表示为实体、过程、力和规律的分层集合。我们可以把这些层面看作是"个体""组织、价值共同体、社会网络""国家等大型聚合制度"等。L_2 的实体是由 L_1 的某组实体和力量组成或引起的。L_3 和 L_4 也同样如此。由 Ω 指定的箭头表示基于 L_{n-1} 事实的 L_n 事实的微观基础。菱形箭头表示从一个层面对另一个层面的生成依赖关系。方头线表示在较低层面相对的较高层面上存在强突现事实。实线（L_4）代表了一个社会事实层面的可能性，而这个社会事实层面并不依赖于较低层面。右边的垂直椭圆表示了微观基础叙述的可能性，它涉及不同社会世界层面的元素（如个体的和组织的）。

以下是这里提到的几个主要概念的初步定义。

基于 L_1 中的事实的 L_2 中事实的*微观基础*：对 L_1 的实体、过程、力和规律在 L_2 中产生特定结果的因果路径的说明。微观基础是将较低层面的实体与较高层面的结果联系起来的小的因果理论。

L_2 对 L_1 的*生成依赖*：L_2 的实体、过程、力和规律仅是由 L_1 层面的属性和力量生成的。或者 A 的实体、过程、力和规律足以生成 L_2 的所有属性。完整的 L_1 理论足以推出 L_2 的实体、过程、力和规律。

y 对 x 的*可还原性*：仅根据关于 x 的事实就可以对 y 的性质进行理论推导或形式化推导。

相对于 L_1 的属性，L_2 中的属性的*强突现性*：L_2 有一些属性并不完全依赖于 L_1 的属性。

相对于 L_1 的属性，L_2 中的属性的*弱突现性*：L_2 具有一些属性，我们（现在或

228 将来）无法完全基于 L_1 的属性提供推导。

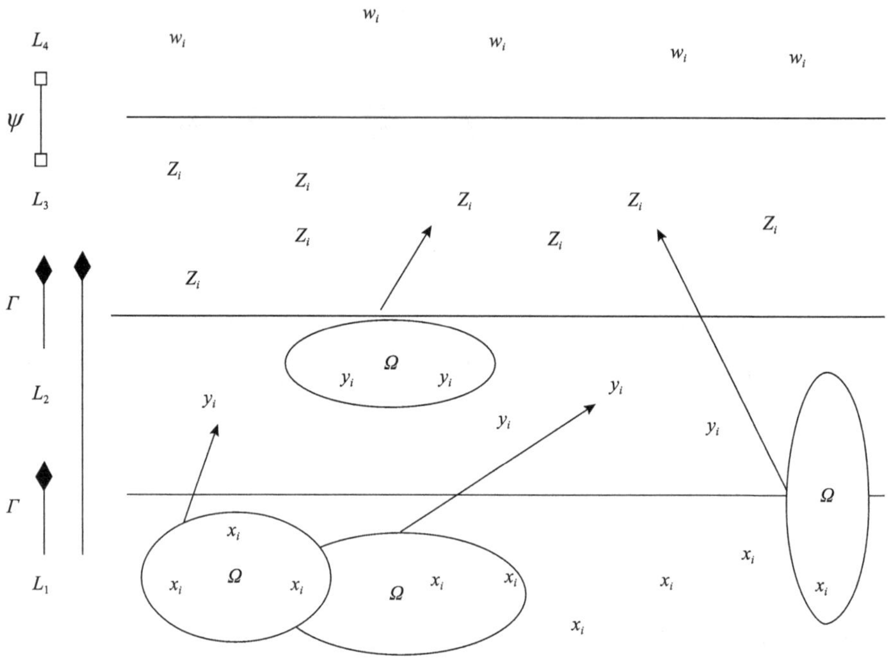

图 20.1　社会的层次：生成、微观基础和突现

L_2 对于 L_1 的属性的*随附性*：L_2 的所有属性严格地仅依赖于 L_1 的属性。

我将在最后一节回到该问题，即微观基础的概念如何能够让我们发现上述概念之间的关系。

第一节　什么是微观基础?

一个更高层面的社会事实的微观基础类似于这样的东西：

> 对在个体行为者层面上的机制（也许在行为者和当前层面——如制度——之间的层面）的说明，这些机制致力于创造我们在中观或宏观层面上观察到的结构属性和因果属性。

对一个中观层面的特征的完全指定的微观基础说明包括这样一个说明，它追溯行为者的特征和行动环境的特点（包括规范和制度），它们共同导致了我们感兴趣的社会结构或因果力量。微观基础规定了导致宏观或中观层面社会事实的个体层面机制。这是托马斯 • 谢林在《微观动机与宏观行为》中很好地阐述的一种观点（Schelling，1978）。例如，观察到的猎虎失败的微观基础是一系列招募情况，通过这些情况，合格的参与者可以让其他参与者“搭便车”。

关于社会结构和力量的假设需要微观基础的想法已经存在了至少 40 年。马顿·詹森（Maarten Janssen）在《新帕尔格雷夫》上发表的关于微观基础的论文记录了经济学中这一概念的历史（Janssen，2008）。E. 罗伊·温特劳布（E. Roy Weintraub）是最早强调经济学中这个术语的人之一，他的作品《微观基础：微观经济学和宏观经济学的兼容性》对此有所论述（Weintraub，1979）。我自己的作品（Little，1986，1991）详细讨论了微观基础的主题，并将之作为社会研究战略 229
的基本原则。这一概念与乔恩·埃尔斯特在《社会科学的机制视角》（Elster，1989）中关于社会解释的路径一致，尽管该术语本身并未出现在该书或 2007 年的修订版（Elster，2007）中。最近，围绕分析社会学的文献采用了一种社会分析和解释的路径，该路径相当于对微观基础的方法论承诺（Hedström，2005；Hedström and Udehn，2009）。

微观基础的概念与对社会本体论的特定理解有关。社会实体被理解为是组成的，它们是由个体的心智和行动构成和维持的组合体。因此，提供对一个结构或因果关系的微观基础的说明——比如说一个准军事组织，或者高利率和酗酒发生率之间的因果关系之间——是社会层面事实构成的一个规范。它是对行动者层面关系和行为模式的描述，它们以这样一种关系相结合，从而产生更高层面的结构或因果关系。

微观基础方法中的关键是我们想要使用的行为者理论的问题。微观基础的倡导者们大多都被理性选择理论所束缚。这在经济学领域内，尤其是在试图在微观经济学中发现宏观经济学微观基础的努力中尤其如此。分析社会学领域也是如此（Coleman，1990；Hedström，2005；Little，2012a）。然而，微观基础路径在逻辑上并不适用于行为者的理性选择理论；在微观基础方法中，可以使用关于行动者行为的更丰富的假设。特别是，与新实用主义相关的关于能动性的假设与微观基础方法是一致的（Little，2014）。

第二节　诉诸微观基础路径

在 20 世纪 70 年代，微观基础的概念在马克思的社会理论中的应用很受欢迎，原因之一是集体行动理论领域取得了巨大的进步。当时公认的对马克思理论的阐释是在一个高度结构化的层面上提出的；但很明显，有必要确定这样一种较低层面的社会过程，通过这种过程，阶级利益、阶级冲突、意识形态或国家在个体层面上具体地出现。[这是许多人认为 E. P. 汤普森（E. P. Thompson）的《英国工人阶级的形成》（Thompson，1966）如此具有启发性的一个原因。] 博弈论的发展（保证博弈、囚犯困境）、曼瑟 •奥尔森对群体利益和个体利益之间鸿沟的论证（Olson，1965）、谢林将令人费解的集体行为分解为根本的个体行为（Schelling，1978）、拉塞尔 • 哈丁（Russell Hardin）对集体行动问题的进一步阐述（Hardin，1982），以及罗伯特 • 阿克塞尔罗德（Robert Axelrod）对产生合作的根本个体行为的发现（Axelrod，1984），为社会科学家提供了基于对个体行为者的简单假设重新构建复杂集体现象的新工具。这些提供了具体的分析资源，有望帮助进一步解释复杂的
230 社会行为。他们提供了一定程度的信心，认为重要的社会学问题可以通过使用微观基础框架来解决。

微观基础概念之所以很受欢迎还有另一个原因——它对更高的社会结构和因果关系层面上的理论和假设强加了本体论原则。提供微观基础的要求是对社会理论领域中懒惰思维的一种纠正。埃尔斯特对科恩（G. A. Cohen）的功能主义的批判就是一个很好的例子（Cohen，1978）；埃尔斯特令人信服地辩称，“*X* 的存在是因为它给它所存在的系统带来了 *Y* 利益”的说法，只有在我们能够证明较低层面的因果过程——此过程使未来系统利益的前景能够影响 *X*——的情况下，才能得到支持（Elster，1982）。粗糙的功能主义是不可容忍的。更一般地说，有一些社会属性，它们是根本的和突现的，这一观点是有缺陷的，就像活力论的生物学有缺陷一样。生物事实被嵌入细胞和基因的物质生物化学中，而假设了一个超越于生物化学之外的“额外的东西”的主张涉及了奇幻思维。同样，社会事实以某种方式或其他方式嵌入下层个体行动，并由其创造。

微观基础概念的部分吸引力来源于一种非常简单的理解某种社会解释的逻辑方式。这种观点认为，对宏观层面现象略显神秘的整体主义主张，往往可以在微观层面上得到非常清晰的解释。马克思关于资本主义容易因利润率下降倾向而产生危机的主张，就是一个很好的例子。马克思详细说明了资本家面临的诱因，这些诱因使他/她旨在增加利润而做出投资决策；他表明，这些诱因导致固定资本取代可变资本（机器代替劳动）；利润是由劳动创造的；因此，利润占总资本投资的比例将趋于下降（Marx，1977 [1867]）。这是一个微观基础的解释，因为它论证了导致宏观层面结果的个体层面的决策和行动。

这种路径之所以受欢迎，是因为它是一种系统阐述关于社会世界的核心科学问题的自然方式：“它是如何运作的？”为了给高层面的社会过程或结构（例如，利润率的下降）提供微观基础，我们正在一系列社会安排中寻找处于一系列行为者层面的机制，这些机制导致了所观察到的社会层面的事实。对微观基础的需要是对较低层面的机制的需要，回答了“这个过程是如何运作的？”这个问题。

这些观察表明，微观基础路径可以作为关于社会解释本质的一般要求：对社会现象的解释应始终采取详细说明的形式，详细说明在个体社会定位的行为者层面上产生这些现象的途径。这一立场提出了一种与詹姆斯·科尔曼的研究思路一致的研究策略（Coleman，1990；Little，2012b）。然而，仔细思考表明，这一原则不应被理解为对社会解释的一般规定。微观基础路径是一种完全合法的解释策略，但它只是众多中的一种。因此，寻找微观基础应该被视为一种解释性的启发，而不是一种方法论上的必要性。微观基础说明代表了一种合法的社会解释形式（微观到中观）；但“横向”说明（中观到中观解释）甚至“下降式”说明（宏观到中观解释）也是如此。因此，在我们可能采取的许多有效解释路径中，寻求微观基础只是其中之一。分析社会学是一种合法的社会研究路径，但也有其他合法的路径（Little，2012a）。 231

第三节　作为社会本体论的微观基础

微观基础是因果的。这个概念本身没有任何方法论上的含义。那么，什么样的规定性思想通常与这个概念联系在一起呢？与微观基础方法相关联的最基本的规则是本体论的，它是用来约束我们概念化社会世界的方式。它可以理解为一种关于可接受的社会结构的本体论要求；较高层面的社会结构必须确保它们是由个体层面的活动模式构成的。这是一种分解策略、一种“解剖”策略、一种不具威胁性的还原策略。[威廉·威姆萨特（William Wimsatt）在《还原解释：一种功能说明》一文中，很大程度上消解了关于还原主义科学地位问题争论的激烈性（Wimsatt，1976）。]

强调微观基础的必要性是“本体论个体主义”立场的一个非常合乎逻辑的蕴含，即主张社会实体和力量，仅仅取决于社会互动中关于个体行为者的事实（Epstein，2007）。这一观点认为，社会实体、力量和条件都仅是由个体人类的行动和思想构成的。社会世界是由社会定位个体构成的，他们组成了它。布莱恩·爱泼斯坦用这些术语阐明了这一要求：“本体论个体主义是这样一个论点，即关于个体的事实完全决定社会事实。”（Epstein，2007：187）假设无实质的社会实体、力量或属性是不可能的，我们无法想象它们的个体层面的基质。因此，很自然地推断，关于社会实体的主张需要以某种方式伴随着对它们如何在个体层面上体现的说明，这是对微观基础的需要。这一阐述表明，个体主义和微观基础是紧密联系在一起的。当我们为一个给定的社会实体或力量提供微观基础时，我们表明了该实体如何依赖于组成它的个体的思想和行动。本体论个体主义有别于方法论个体主义，它不要求在纯粹个体的特征和社会特征之间做出明显的区分。[我自己关于此观点的版本是方法论地方主义的概念（Little，2006）][应该注意的是，爱泼斯坦对本体论个体主义提出了挑战性的论点（Epstein，2007；2015）。]

因此，本体论的原则是社会实体完全由构成它们的、行为者的行动的性质和动态所决定。微观基础的要求只是再现了本体论原理，排除了社会实体之间在本体论上不可能存在的关系。在这种解释中，微观基础的要求并不是对解释需要是什么样子的要求；而是对某些信念的要求——我们在提出关于社会实体的主张时，需要有正当理由去接受的那些信念。因此，对于社会研究来说，微观基础的要求作为一种启发也很有价值：微观基础提供了智力资源，帮助社会研究者决定在哪里寻找解释性的联系，以及什么样的机制可能是相关的。

作为一种社会理论的本体论原则，微观基础原则可以在一系列层面上得到阐述。该原则的强版本要求，微观基础实际上应该提供给给定社会理论中的主要社会实体和原因。中间版本要求，研究人员对这些微观基础是什么样的有一个相当好的概述，但不需要实际上提供它们。弱版本仅仅要求，研究者应该坚信，他/
232 她的中心社会主张中存在微观基础，但没有义务详细说明或概述它们。

作为社会理论和解释的本体论条件，微观基础的概念面临着重大挑战。第一，一些社会学家坚持认为，社会实体在强意义上是突现的，并且具有不能来源于个体层面的事实的属性（Elder-Vass，2010；Bhaskar，1975）。第二，有一种观点认为，一些社会实体具有稳定的因果属性，这些属性不需要明确的微观基础，以便在科学上是有用的（Little，2012b）。第三，有一种观点认为，存在一系列特定的社会事实，这些事实本身缺乏个体层面的微观基础（Searle，2010）。第四，有一些理论家怀疑，意向个体行动者的层面是否是奠基所有社会实体和力量的微观基础的正确层面。这些理论家有时辩称，较高层面的认知行动者（如组织）发挥着行为者的作用，并且有时指出，有必要将进行思考的人类个体的层面降到奠基思考的认知和实际心理过程（Kaidesoja，2013）。第五，还有布莱恩·爱泼斯坦对本体论个体主义假设作为整体的一般性批判（Epstein，2007，2015）。这每一种立场都对微观基础的本体论的现有阐述提出了重大问题。

第四节　技术实践

现在让我们考虑几个困难的情况——似乎难以为其提供微观基础的社会现象。让我们从社会实践开始，如礼仪或手工艺。

社会实践是否具有地方层面的微观基础呢？我所说的实践是指诸如农业技术、工艺技术和日常生活习俗等——如何问候邻居、如何管教孩子、如何为节日装饰家、如何酿造啤酒。实践是具体知识、一系列实践技巧和一系列态度和判断的结合。社会实践有“微观基础”吗？

首先，考虑像酿酒这样的实践的社会实在。现代化之前的手工酿酒者拥有一整套技术，他们通过这些技术种植葡萄并将其酿造成葡萄酒。这些技术组合是复杂的、发达的；不同的葡萄酒“传统”对栽培和发酵任务的处理不同，结果也不同（上等的和普通的勃艮第、阿尔萨斯的甜*格乌兹塔明娜*与德国的对比）。新手不会重新发明酿酒的艺术，相反，他/她会学习前辈的技术和传统。但同时，酿酒师也可能在自己的实践中加入创新——栽培技术上的小窍门，发酵过程中的不同时间，在混合中加入新的成分。

因此，17 世纪阿尔萨斯的酿酒实践有着复杂的社会实在。这一地区的许多葡萄酒种植者都有共同的知识和实践要素；随空间和时间的变化是不同的；整个传统有着在时间和空间上向后延伸的历史。我们可以想象，阿尔萨斯酿酒传统的地理-历史将跨越时间和空间追溯实践复合体的连续性、变化和转变——也许是以一组动态地图的形式，说明此传统的扩散，以及其变体和修改在空间和时间上的扩散。

现在我们可以回到微观基础的问题上来。这个故事至少有两个方面需要微观基础，与存留和改变相对应：一是从一代到一代对此实践进行复制的社会机制（存留），二是创新跨越时空传递的社会机制（改变）。如果我们犯了物化（reification） 233
的错误，并想象有一种独特的、延伸的社会实践是“阿尔萨斯酿酒，无论发生在哪里”，我们就会丢掉刚才讲的故事的一个关键部分；*不存在*本质的酿酒的社会实践（或问候邻居或为逾越节装饰房子）。相反，在某个特定的时间，个体的思想和行动中包含着大量的知识、假设、判断和行为；有一些社会机制，通过这些机制，这些知识集合可以跨代、跨时空地传递。

从这个角度来看，研究一种社会实践或传统技术的存留、变化和传递，是了解人类活动随时间变化模式的一个窗口。如果有可能追溯发酵过程中的一个创新的转移，从其在一个特定村庄的起源，沿着周期性市场的循环，跨越跳转到一个更遥远的地方（例如，通过长途轮船），我们将获得社会互动和旅行路线的一个“标记”，这是 17 世纪阿尔萨斯农村的特点。这项研究的逻辑类似于历史语言学所追求的逻辑，观察一种语言的句法、语音或词汇在几个世纪和一个更大范围内的逐渐转变。

很明显，微观基础是这个故事的一个重要问题。它引导我们提出几个基本问题：

（1）在特定时间，复杂的社会实践体现在人类行为和知识中的社会过程是什么？

（2）相对完整地将这种知识体系从一代传给下一代的社会过程是什么？

（3）这些人类知识簇及其变体，在空间和社会群体（从一个村庄到另一个村庄）之间，通过什么样的社会传递机制来传送？

民族志和微观社会学的大部分工作都是为了解决这些问题。总的来说，很明显，社会实践是有微观基础的，揭示这些微观基础是一个有价值的社会学项目。

第五节　社会结构有微观基础吗？

在一般的社会学理论化中，社会结构具有持久的属性，这些属性在很大程度上独立于它们所包含的个体；它们影响处于其中的个体的行为，影响个体通过努力获得的结果；它们在社会变化和社会稳定的大进程中具有因果影响。工人进入的劳动力市场在很大程度上独立于他们自己的选择和行动。结构是这样一种*事物，它们*随着时间的推移具有足够的固定性，并且有足够的坚固性以允许它们被视为社会实体。社会结构在社会定位的个体层面上是否具有微观基础？

很明显，社会结构具有相当稳定的属性，它们影响着个体的行为。例如加利
234 福尼亚州政府、美国的劳工组织及代表体系，以及纵向组织的公司。在每一种情况中，社会实体都由一组角色、规则和行为体以及一组物质和财政资源组成，它们面对的公民和消费者，与作为客观实在的社会实体相互动。开发商向相关机构申请许可证，并遵守州法律及地方检查员的要求。罪犯也符合其组织的要求。机构和组织管理并限制个体的生活。

同样明显的是，结构是由个体构成和组建的。因此，无论这些结构可能具有何种因果力，也无论它们拥有何种持久特征，都必须以某种方式体现在这些个体的行动和心灵状态中。结构对个体和其他社会实体和进程的影响，取决于结构内个体的协调行动。结构中的个体行动受结构中存在的意义、规则、含义和执行机制的约束。外部个体行动和社会安排受到这些外部参与者对结构运作的认识和表述的影响。结构建立在微观基础上。必须存在具体的灌输、协调和执行过程，通过这些过程，所需的行动形式才能在行为者层面展开。安东尼·吉登斯这样说道：

> 因此，“社会结构”一词往往包括两个因素，它们彼此之间没有明确的区别：相互作用的模式，暗示着行为者或群体之间的关系；以及时间上相互作用的连续性。（Giddens，1979：62）

此外，结构是可塑性的。齐格蒙特·鲍曼（Zygmunt Bauman）以一种特别有挑衅意味的方式提出了这一点，他坚持认为社会世界是“流动的”（Bauman，2000）。这一隐喻夸大了事实，因为许多结构比流动性的形象所暗示的要稳定得多；但是，社会结构和其他实体会发生变化这一基本概念当然是正确的。我们可以观察到在政治、经济、教育和意识形态等生活各个方面，机构的功能和作用的变化。

当我们思考结构和组织随着时间的推移拥有持久属性的概念时，必须回答几个类基本问题。首先是组织中角色参与者在不同时间点的一致行为问题。服从（compliance）的微观基础是什么？个体一致行为不仅仅是因为员工手册规定他们应该这样做。相反，他们需要被激励、培训、刺激、监督和训导，以便形成组织所要求的有序行为形式。这意味着一个组织也依赖于下述角色的存在，他们为监管者和训导者提供激励和约束。

其次是一个更大的问题，即说明规则和角色本身的稳定性。哪些因素会对熵和各种内部行为者的利益冲突产生不利影响，而这些因素往往会破坏规则和角色的稳定性？有没有某种形式的弱内稳态在面对微小的偏差时能够帮助恢复社会结构？很明显，应该期望推动组织不断变革的"熵"的力量；最明显的是，一个在组织内处于战略地位的个体往往获得的利益是适应、概念重建或无视规则提供的[米歇尔·克罗齐耶（Michel Crozier）和埃尔哈德·弗里德贝格（Erhard Friedberg）在他们对组织作为战略地点的分析中提出了这一点（Crozier and Friedberg，1980）]。因此，组织和机构理论的一个大问题是关于稳定性的。组织在使其现有构 235
造得以稳定的环境中的特征是什么？凯瑟琳·泰伦（Kathleen Thelen）在她的大部分作品中考虑了这个问题的上述两方面（Mahoney and Thelen，2010；Thelen，2004）。

第六节　科尔曼的"纸牌屋"

科尔曼对社会结构的实在性问题持怀疑论态度（Coleman，1990），他的分析有助于更好地理解社会结构可能具有的微观基础。科尔曼提倡一种社会学研究和理论观点，它强调有目的的个体的行动，并且有意地避免了行动者在其中做出选择的持久的社会结构观点。他关注的是行为者之间的关系以及由这些关系产生的更高层面的模式。他这样描述一种社会结构："这种结构就像一个纸牌屋，它所构成的不同关系之间有着广泛的相互依赖性。"（Coleman，1990：43-44）

在这里，科尔曼简单概述了我们可以如何构想一种社会本体论，它不需要将结构作为独立实体来参考。他建议我们把社会结构和规范只看作个体行为的协调和相互加强的模式。重点是在他人行动的语境中的个体行为。正如他《社会理论的基础》一书的后半部分指出的那样，"初级行为者是行动的源泉，不管行动发生的结构有多复杂"（Coleman，1990：503）。

任何接受社会实体和力量建立在微观基础上的人都必须认同，像科尔曼关于行为的自我加强模式的递归故事一定是正确的。但这并不意味着，更高层面的社会结构并不具有稳定的因果属性。审计人员和工人之间，或者服务员和客户之间相互依赖的"纸牌屋"模式有助于解释，如何维护这种组织的稳定模式；但它并没有使结构本身具有因果属性或因果力的想法变得不必要。微观基础论点并不蕴含还原论。[大卫·刘易斯（David Lewis）在对约定的分析中为处理社会相互依赖问题提供了一种不同的方法。他表明了约定是如何从个体层面的意向性行为中产生的；《约定：一项哲学研究》（Lewis，1969）。]

第七节 重 述

微观基础理论作为一种社会科学哲学可以总结为一系列的论断：

（1）所有社会力量、权力、结构、过程和规律（社会特征）最终都是由个体行为者层面的机制构成的（*本体论原则*）。

（2）对一个社会实体 S 的微观基础的描述是对下述环境和个体机制的描述，这些环境和机制产生了个体活动的模式，从而产生了 S 的属性。

（3）当我们断言一个社会实体的实在性或因果力时，我们需要确信，存在微
236 观基础使这个社会实体具有我们归于它的属性（*微观基础原则*）。

a. 强版本：我们必须提供可靠的对微观基础的陈述。

b. 中间版本：我们必须对可能的微观基础有一个粗略的概述。

c. 弱版本：我们必须对存在微观基础有信心，但是我们不需要对它们是什么有任何具体设想。

（4）为给定的社会结果提供微观基础，是对结果属性的一种特别直接的解释形式（*解释原则*）。

把这些论断放在一起，这一立场相当于对社会世界以及我们能够最好地研究它的方式的具体观点。这是社会研究的一个特定方向，与迪尔凯姆的整体主义相比，更适合于分析社会学。但广泛的社会学理论可以理解为与微观基础路径的要求相一致，包括阿切尔的形态发生理论（Archer，2013，2014）。

以上我们注意到，有一些相互关联的概念被用来描述较高层面和较低层面社会实体之间的关系。社会事实的微观基础的有效性问题，可以被理解为所有其他问题的核心：可还原性、突现性、生成性和随附性。对于较高层面社会事实的微观基础的有效性，我们可以采取几种立场。

（1）如果我们有令人信服的理由相信，所有的社会事实都有较低层面（已知或未知）的微观基础，那么我们就知道，社会世界随附于微观层面；强突现性被排除了；只有在某些微观基础仍然未知的情况下，弱突现性才为真；较高层面的社会事实在生成方面依赖于微观层面。

（2）如果我们从实用主义的角度看待社会科学，并得出结论，任何给定的知

识阶段所提供的信息，都只关于一部分可能的较高层面事实的微观基础，那么我们就可以自由地认为，社会本体论的每一个层面至少都是从较低层面（基本上）弱突现出来的——基本上，这是打着“相对解释自治”的旗号的观点（Little，2012b）。这似乎也大致是赫伯特·西蒙所采取的立场（Simon，1996［1969］）。

（3）如果我们认为，原则上不可能充分说明某些社会事实的微观基础，那么弱突现性就为真，随附性为假，并且生成性为假。（例如，我们可能认为这是真的，因为很难建模和计算足够大和复杂的单元域。）福多认为许多特殊科学是这种情况。

（4）如果我们有理由相信，一些较高层面的事实根本不具备较低层面的微观基础，那么强突现性为真；社会世界在生成上依赖于微观世界；社会世界并不随附于微观世界。

换言之，随附性、还原、突现性和生成依赖性，这每一个概念都可以依据基于较低层面事实的较高层面的所有事实的微观基础的有效性或无效性来定义。强突现性和生成依赖性是逻辑对立的。 237

参 考 文 献

Archer, Margaret S., ed. 2013. *Social Morphogenesis*. New York: Springer.

——. 2014. *Late Modernity: Trajectories towards Morphogenic Society*. Cham and New York: Springer.

Axelrod, Robert M. 1984. *The Evolution of Cooperation*. New York: Basic Books.

Bauman, Zygmunt. 2000. *Liquid Modernity*. Cambridge and Malden, MA: Polity Press/Blackwell.

Bhaskar, Roy. 1975. *A Realist Theory of Science*. Leeds: Leeds Books.

Cohen, G. A. 1978. *Karl Marx's Theory of History: A Defence*. Princeton, NJ: Princeton University Press.

Coleman, James S. 1990. *Foundations of Social Theory*. Cambridge, MA: Harvard University Press.

Crozier, Michel, and Erhard Friedberg. 1980. *Actors and Systems: The Politics of Collective Action*. Chicago: University of Chicago Press.

Elder-Vass, David. 2010. *The Causal Power of Social Structures: Emergence, Structure and Agency*. Cambridge: Cambridge University Press.

Elster, Jon. 1982. “Marxism, functionalism, and game theory,” *Theory and Society*, 11: 453-482.

——. 1989. *Nuts and Bolts for the Social Sciences*. Cambridge: Cambridge University Press.

——. 2007. *Explaining Social Behavior: More Nuts and Bolts for the Social Sciences*. Cambridge and New York: Cambridge University Press.

Epstein, Brian. 2007. “Ontological individualism reconsidered,” *Synthese*, 166(1): 187-213.

——. 2015. *The Ant Trap: Rebuilding the Foundations of the Social Sciences*. Oxford Studies in Philosophy of Science. New York: Oxford University Press.

Giddens, Anthony. 1979. *Central Problems in Social Theory: Action, Structure and Contradiction in Social Analysis*. Berkeley: University of California Press.

Hardin, Russell. 1982. *Collective Action*. Baltimore: The Johns Hopkins University Press.

Hedström, Peter. 2005. *Dissecting the Social: On the Principles of Analytical Sociology*. Cambridge and New York: Cambridge University Press.

Hedström, Peter, and Lars Udehn. 2009. "Analytical sociology and theories of the middle range," in *The Oxford Handbook of Analytical Sociology*. Peter Hedström and Peter Bearman(ed.). Oxford: Oxford University Press: 25-47.

Janssen, Maarten C. W. 2008. "Microfoundations," in *The New Palgrave Dictionary of Economics*. Steven N. Durlauf and Lawrence E. Blume (ed.). London: Palgrave Macmillan.

Kaidesoja, Tuukka. 2013. "Overcoming the biases of microfoundationalism: social mechanisms and collective agents," *Philosophy of the Social Sciences*, 43(3): 301-322.

Lewis, David K. 1969. *Convention: A Philosophical Study*. Cambridge, MA: Harvard University Press.

Little, Daniel. 1986. *The Scientific Marx*. Minneapolis: University of Minnesota Press.

——. 1991. *Varieties of Social Explanation: An Introduction to the Philosophy of Social Science*. Boulder, CO: Westview Press.

——. 2006. "Levels of the Social," in *Handbook for Philosophy of Anthropology and Sociology*. Stephen Turner and Mark Risjord(ed.). Amsterdam and New York: Elsevier Publishing: 343-371.

——. 2012a. "Analytical sociology and the rest of sociology," *Sociologica*, 1/2012. Accessed June 2, 2014. www.sociologica.mulino.it/ doi/10.2383/36894.

——. 2012b. "Explanatory autonomy and Coleman's boat," *Theoria*, 74: 137-152.

——. 2014. "Actor-centered sociology and the new pragmatism," in *Individualism, Holism, Explanation and Emergence*. Julie Zahle and Finn Collin(ed.). Dordrecht, London, and New York: Springer: 55-75.

Mahoney, James, and Kathleen Ann Thelen. 2010. *Explaining Institutional Change: Ambiguity, Agency, and Power*. Cambridge and New York: Cambridge University Press.

Marx, Karl. 1977[1867]. *Capital*. Vol. 1. New York: Vintage Books.

Olson, Mancur. 1965. *The Logic of Collective Action: Public Goods and the Theory of Groups*. Cambridge, MA: Harvard University Press.

Roemer, John. 1986. *Analytical Marxism*. Cambridge: Cambridge University Press.

Schelling, Thomas C. 1978. *Micromotives and Macrobehavior*. New York: Norton.

Searle, John R. 2010. *Making the Social World: The Structure of Human Civilization*. Oxford and New York: Oxford University Press.

238 Simon, Herbert A. 1996[1969]. *The Sciences of the Artificial*, 3rd edn. Cambridge, MA: MIT Press.

Thelen, Kathleen Ann. 2004. *How Institutions Evolve: The Political Economy of Skills in Germany, Britain, the United States, and Japan*. Cambridge Studies in Comparative Politics. Cambridge and New York: Cambridge University Press.

Thompson, E. P. 1966. *The Making of the English Working Class*. New York: Vintage Books.

Weintraub, E. 1979. *Microfoundations*. Cambridge: Cambridge University Press.

Wimsatt, William C. 1976. "Reductive explanation: a functional account," in *PSA 1974*, R. S. Cohen,
239 C. A. Hooker, A. C. Michalos, and J. W. van Evra(ed.). Dordrecht: Springer Netherlands: 671-710.

第二十一章　社会本体论

布莱恩·爱泼斯坦（Brian Epstein）

与其他科学相比，社会科学在它们如何研究其所关注的对象方面是特殊的。例如，化学家认为找出分子的构建模块是他们普通工作中的一部分。细胞生物学家花大量时间研究细胞的组成，气候学家则研究大气、海洋和陆地的组成。对科学家来说，弄清物体和现象的构建模块是一项普遍且确定的任务。另外，社会学家则倾向于跳过这项任务：除了少数例外，他们的出版物都致力于模型和实证研究，而没有探究构建模块。偶尔会爆发一场关于社会实体的本质的简短争论，而这个话题如今开始被称为“社会本体论”——但在科学实践过程中很少受到关注。

在 20 世纪的大部分时间里，对形而上学的普遍排斥扼杀了对社会世界的本质的研究。例如，行为主义者认为，社会科学的正确目标是将可观察到的人类行为系统化。这种观点是三个相辅相成的思想的产物。从逻辑实证主义继承下来的观点是，唯一有意义的陈述是那些可观察的、可检验的或可证实的陈述。行为主义心理学提出了这样的观点：关于人，我们可以观察到的是他们的外在行为。19 世纪的社会科学传承下来的假设是，社会科学是一种社会心理学，它们的主题是关于群体的心灵，这是建立在群体的个体成员的心灵上的。这些观点共同导致了一门社会科学的产生，它致力于概括大批量个体的行为，它们还暗示，对社会世界的研究并不多：我们已经知道的是，社会世界是个体行为的聚合。

即使是在行为主义的反对者中，建立反形而上学认证也往往比认真思考社会对象更为重要。也许是由于对社会科学是否具有适当的科学性的忧虑，社会科学中“实施化”概念的倾向在今天仍然存在，尽管它从更广泛的科学实践中消失很久了。而社会科学哲学中对本体论问题的关注甚少。贾维（Jarvie，2011）对 1953～2007 年该领域的 14 本选集中涉及的主题进行了分类，发现本体论问题仅限于一个主题——个体主义与整体主义。即使这个主题也只出现在这些选集的 1/3 中。

这种情况现在可能要改变了。社会科学家越来越认识到，他们的模型仍然建立在高度理想化和有问题的社会世界图景上，这些图景在 20 世纪 50 年代以后几 240
乎没有变化。例如，经济学中的标准模型长期以来把企业和体制视为黑箱。近年来，我们显然需要更精致地刻画这些黑箱来模拟经济，因此理论家们越来越关注它们的本质。其他的动力来自哲学家。20 世纪的最后 25 年见证了形而上学的复兴，因果关系理论、模态理论、空间与时间理论、对象与事件理论、人格同一性理论、个体能动性理论等都有了迅速的发展。最初，社会学问题基本上被排除在这些哲学研究之外，但在过去的几年中，形而上学的工具很明显有助于解开关于社会世界的长期谜题，同时，反过来，研究社会现象对形而上学的发展也特别有效。

在本章中，我将讨论与社会科学最密切相关的社会本体论的最新课题。在第一节，我首先简要探讨了理论家在考察社会世界是如何“构建”的时候所意指的不同事物。在第二节，我讨论了个体主义与整体主义，从传统的争论开始，然后转向形而上学的最新贡献。第三节阐述了社会类型和范畴是如何建立或“锚定”理论的。第四节和第五节讨论了社会世界本体论中的具体问题。第四节涉及了对制度和组织方面的研究。第五节介绍了集体意向性的文献。

第一节　构建社会世界

“本体论”一词传统上被理解为是对哪些对象存在的研究（Quine，1948）。这与思考社会世界本质的课题的传统方式一致：评估社会实体是“根本”的还是以某种方式衍生的。例如，一些理论家认为，个体人是社会科学领域的根本构建模块，社会世界是由个体人构成的。另一些人则认为，社会实体在某些方面是根本的：它们是不可还原为个体的，或者它们是由个体自主运作的，或者说个体人本身是由社会部分构成的。还有一些人主张社会的不同构建模块，如社会实践、惯例、集体态度或生态系统。

这些都是值得研究的重要问题，但越来越明显的是，在形而上学中，如果不首先解决一个不同的问题，就很难解决这些争论，甚至很难很好地理解它们。首先什么是“构建”世界（Bennett，2011）？如果有人认为，社会实体是由个体人“构建而成”的，或者反过来说，个体是由社会因素构建的，那么如何理解这些？思考“构建”的一种方式是将之视为组成物，或者视为部分的结合，就像房子是用砖块或木材建造的一样。但这并不是我们可以设想构建的唯一方式：例如，如果我们要理解个体的社会建构，我们似乎不太可能把它看作一个由部分组成的集合。

我建议我们应该把两种构建区分开来，以便理解我们在研究社会世界时所谈论的东西，以及它与世界的其他部分的关系。一种构建是“奠基”（grounding），我从最近的形而上学著作中借鉴了这个词。另一种构建是“锚定”，我用它作为一种构建的新标签，文献中已经含蓄地对这种构建讨论了很长一段时间，但没有被

明确区分（Epstein，2015）。 241

要了解这两种构建之间的区别，思考两种不同的关于社会实体的范式类型是有益的。一方面我们来想想一大群人，或者一个熙熙攘攘的集市。另一方面我们想想一美元的钞票，或者停车场里划出的车位，或者一块属于我的土地。所有这些都是“社会事物”。然而，一方面是人群和集市，另一方面是美元、停车位和财产。人群和集市由个体人作为它们的一部分。它们是由人组成的。集市至少一部分是由人与他人交易组成的；个体是集市的一部分，就像砖块是房屋的一部分一样。另外，美元钞票根本就没有人作为部分。一美元纸币的组成部分包括纸纤维和墨水图案。当然，人们在“建构”美元钞票中扮演着重要的角色，但人们是美元的构建模块，与人们是人群的构建模块，是两种不同的方式。

思考人们在组成人群中的角色，有助于确定一种意义的“构建”：人群是由人们构成或组成的。关于人群的事实，至少在某种程度上是关于人们的安排的事实。关于人们的安排的事实奠基了（grounded）关于人群的事实。另一方面，对于美元来说，人们的身体和心理状态发挥着非常不同的作用。它们是下述问题答案的一部分：是什么使这些具有某些特征和历史的纸张成为美元钞票？是什么让美元钞票范畴具有现在的地位？人们在“构建”美元钞票中的作用不是部分或组件。取而代之的是，人们参与建立了奠基关于美元的事实的方式。在这里，关于人们的事实是*锚定*美元钞票范畴的一部分。

一旦我们做出了区分，我们就可以看到，我们能够研究奠基和锚定所有的社会实体。我们可以问一些关于奠基的问题：什么奠基了我口袋里有一美元这一事实？什么奠基了我拥有那部分财产这一事实？什么奠基了广场上有一群人这一事实？我们可以问一些关于锚定的问题：什么锚定了某物成为一美元的条件？什么锚定了某物是我的财产？什么锚定了某物是一个人群的条件？

根据奠基和锚定的区别，很明显，有些理论试图回答有关奠基的问题，有些则试图回答有关锚定的问题。社会本体论的研究可以分为这两种探究。在下面的章节中，我将重点介绍这两者每一个与社会科学实践最密切相关的部分。

第二节　个体主义与整体主义之争

关于社会世界的本质持续时间最长的争论是在整体主义和个体主义之间，前者认为存在真正的社会实体，它们在某种程度上是自主的或独立于个体人，后者则认为所有的社会事实都完全是由关于个体人的事实决定的。多年来，社会科学中的方法论和解释问题与社会本体论问题的混淆，使这些争论纠缠不清。例如，沃特金斯（Watkins，1953）认为，社会现象完全是由个体人的行动建立的，但却没有其他论证得出，社会科学家应该依据个体的角度来解释社会现象。其他理论家，如波普尔（Popper，1962）和科尔曼（Coleman，1990），对社会的个体主义解释提出了稍微温和的主张：他们认为，进行社会解释的适当方式是去固定制度
242 语境，然后在这种语境下确保所有解释都是依据个体的。但是他们也混淆了本体论和解释的论点：他们认为关于社会现象的构建模块的结论等同于关于如何进行解释的结论。近年来，这些困惑已基本消除，但重要问题依然存在。最重要的是，现在有人质疑个体主义和整体主义之间的二分是否正确。

20 世纪 70 年代和 80 年代的哲学家们在理解如何表述关于不同“层面”的实体之间关系的主张方面取得了重大进展。这些工作的大部分是与心智哲学中二元论的争论有关的，社会科学的哲学家们也很快追随了他们的脚步。在心灵哲学中，普特南（Putnam，1967）、福多（Fodor，1974）、戴维森（Davidson，1980）和金在权（Kim，1978）为“非还原性物理主义”奠定了基础。这一观点有效地将关于心理状态的本质的问题与如何解释心理现象的问题区分开来。非还原性物理主义认为，心理状态只不过是物理状态（并解释了如何理解这一点）。但它也认为，也许没有办法用物理规律来解释心理现象。原因在于，心理状态的*类型*（*types*）或*种类*（*kinds*）不一定与相应的物理状态的*类型*或*种类*相一致。这并不是说心理状态是非物理的，而是它们的自然分类与物理层面的分类不一致。简而言之，非还原性物理主义提供了一种“非神秘”地理解心灵的方法，即使对于那些怀疑用物理或神经科学对心理现象进行还原解释的人也是如此。

非还原性物理主义者所发展出的关键工具是“随附”关系。随附性是两组属性之间的关系，通常应用于高层面属性（如心理属性）组和低层面属性（如神经属性）组之间。高层面属性随附于低层面属性，假如在低层面属性没有任何变化的情况下，高层面属性不能有任何变化。当应用于心灵时，心理属性随附于物理属性，只要心理属性的变化（如形成一个思想或开始感知某物）必须伴随着物理属性的变化[关于随附性，见 McLaughlin and Bennett（2005）]。

这一策略很快被社会科学哲学家采用，以解释社会实体和个体人之间的关系及其相互作用。麦克唐纳德和佩蒂特（MacDonald and Pettit，1981）描述了我们所谓的“非还原性个体主义”：社会实体不过是个体人及其相互作用，尽管可能无法用相应类型或种类的个体主义实体来确定社会实体的类型或种类。跟随心灵哲学家的思想，他们和其他人从随附性的角度理解了非还原性个体主义。社会属性随附于个体主义属性：任何社会属性的变化都必须伴随着个体主义属性的变化。对许多人来说，这似乎是争论双方的最佳选择。没有必要采取令人担忧的社会整体的本体论：它们以某种方式独立于个体领域而存在。根据这种观点，社会类型

或种类有可能对解释来说是不可或缺的，即使它们没有独立的实在。[关于这一点的最新声明，请参见 Sawyer（2002）]。

近年来，这种路径开始出现裂痕，有的轻微，有的严重。事实证明，我们如何理解随附关系是很重要的：有许多不同版本的随附，甚至不是所有的随附都是很好的候选。柯里（Currie，1984）已经指出，只有一个非常弱的随附版本——“全总随附性”（global supervenience）——似乎在社会和个体主义之间成立，而稍强的版本则不成立。近年来，哲学家们一直在担心，全总随附性到底有多大用处 243
（Sider，1999；Shagrir，2002；Bennett，2004）。

另一个担忧是，一些哲学家认为，两全其美的立场实际上是不连贯的。例如，金在权（Kim，1998）认为，随附性意味着可还原性。他的论点是专门针对心灵哲学的，但这个论点很容易应用于社会中：如果正确，他的论点将排除非还原性物理主义，并且类似的论点将排除社会科学中的非还原性个体主义。

最近，我们也清楚地看到，任何形式的随附性都只粗略地近似于，我们断言一组属性“只不过”是另一组属性时想要说的。说社会的随附于个体主义的，只是意味着它们以某种方式共同变化。但我们不只是想要共同变化：我们想说，个体主义的*完全决定*社会的，或者说社会的*在本体论上*依赖于个体主义的。最近关于不同层面的实体之间关系的研究，倾向于将随附性作为一种判断工具，以确定是否存在一种更密切的决定或依赖关系。近期，理论家们提出“决定”和“依赖”应该用一种更基本的形而上学关系来理解：奠基关系（Fine，1995；Correia，2005）。如果说事实 G 为事实 F 奠定基础，那就是说 G 是 F 的形而上学解释（Schaffer，2009；Rosen，2010；Audi，2012；Fine，2012）。因此，如果关于个体主义和整体主义的争论要变得更清楚，这个策略认为应该从奠基的角度重新进行。[有关这些问题的详细讨论，请参见 Epstein（2015）。]

对个体主义的担忧更严重。*哪些属性是个体主义的？*在过去的几代人的时间中，关于如何理解个体及其属性，让它们成为社会的构建模块，提出了许多建议[参见 Udehn（2001），一个有趣的像书一样长度的演讲]。爱泼斯坦（Epstein，2009，2015）在原则上质疑了所有这些的可行性。这一论点支持了个体主义的基本假设，即社会实体在本体论上不是根本的，我们可以将个体主义的属性与非个体主义的属性分开。但它认为，尽管我们拒绝整体主义，但仍然没有合理的能为自己辩护的个体主义阐释。[关于这方面的最新讨论，请参阅 Little（2015）。]

其他理论家甚至并不这么支持个体主义，而是以更激进的理由反对个体主义。例如，一个广泛的传统主张自我的社会建构（Foucault，1978；Vygotsky，1978；Bakhtin，1981；Gergen and Davis，1985；Taylor，1989）。戴维斯（Davis，2003）从经济学的角度论证了这一观点：经济理论中的个体概念是一个社会概念。一个相关但稍有不同的论点是，否认个体主义事实和社会事实之间的分离。换言之，社会建构主义者的一个策略是保持社会事实与个体事实的分离，并颠倒依赖的顺序，使个体在本体论上依赖于社会。另一种策略是否认这种区别。

尽管这些争论已经持续了多年，但最近的方法为澄清和重新思考它们提供了新的途径。许多理论家继续为各种各样的个体主义辩护或做出假设，并且在澄清和评估这些论点方面需要做一些工作。此外，关于这些本体论问题与社会科学方法论之间的联系，还有很多工作要做。即使我们把本体论的问题和解释的问题明确地分开，两者之间仍然有一些联系：建立社会现象模型的一种自然方法是对其构建模块和因果网络建模——这些模块是它们的一部分。许多社会科学家提倡寻
244 找“微观基础”和其他个体主义方法（Lucas，1976；Kydland and Prescott，1982；Coleman，1987；Lucas et al.，1989；Cook，1991；Rizvi，1994）。厘清社会的本体论以及本体论与解释方法之间的关系，可能会对这些课题产生影响。

第三节 锚定的路径

传统的个体主义/整体主义之争从奠基的意义上论述了社会的“构建模块”。社会事实是否完全基于个体主义事实？它们并没有论述关于社会世界的“构建”的另一个一般性问题，即解释确定了我们所拥有的社会范畴。然而，有一个广泛的传统来解决这个问题。这就是锚定的理论。

大多数锚定社会范畴的理论都采用一种共同的方法：社会范畴是人类认知的产物。人们的思维方式、信念方式，或者我们的其他认知状态，都是确定社会范畴的因素。我将描述其中一些版本，然后转向对锚定的其他说明，这些说明反对锚定是典型的认知状态的观点。

约翰·塞尔的理论（Searle，1995，2010）是哲学家最熟悉的。塞尔的理论的主题是创造像金钱、公司、私有财产和国界这样的实体。有点奇怪的是，他称这些为“制度性事实”；正如他所使用的那样，这个词指的是更典型地被理解为社会对象或社会类型的东西。简言之，他的观点是：制度性事实的存在有赖于共同体对*构成性规则的集体接受*，而这种接受一直是由宣言性言语行为产生的。构成性规则包括将某种力量（如权利和义务）分配给客体。集体接受是共同体成员的一种集体心理状态。根据塞尔的观点，对于共同体 C 来说，集体接受规则 R 意味着共同体所有成员个体对 R 都有“我们接受”（we-accept）的态度（关于集体态度的更多信息，见下文）。而宣言性言语行为是一种语言话语，其表现对世界产生影响。当牧师宣布一对夫妇结婚时，牧师会在会众成员中产生一种“我们”态度，

大意是夫妇有特定的地位，即有某些权利和义务。

在塞尔说明的所有细节中，有一点很重要，那就是不要忽视他的中心论点——这一论点有关于，在形而上学上锚定社会世界的各种事实；也就是确定社会范畴的那些事实。塞尔认为，社会世界的存在有赖于共同体对一个规则的持续集体接受。他的理论是锚定的认知理论的一个例子：社会范畴完全由人类的认知状态来确立。此外，他的特别版本是，社会范畴是由一种惊人的统一的认知状态来确定的。也就是说，共同体的所有成员共同接受这个规则。塞尔的版本是创新的，他把集体态度放在社会世界存在的中心，而大多数其他的锚定的认知理论并不使用集体态度。但他的锚定理论对个体的认知状态提出了很高的要求，并要求高度的一致性，这在某种意义上是非常传统的。

人类学和社会学中的许多社会范畴理论提供了不同的锚定认知理论。例如，中世纪的结构主义就是另一个明显的例子。列维-斯特劳斯（Lévi-Strauss，1963，1966）讨论了亲属制度、图腾分类、种姓制度和其他社会范畴。根据他的说法，每一种都是社会成员心中象征性结构的产物。这些结构是无意识的，就像我们对 245
语言句法规则的认识是无意识的一样。根据这种观点，任何社会成员都没有必要对范畴或规则持态度，也没有必要做出关于它们的宣言。尽管如此，社会分类的基础仍然完全是认知的。这是一个心理结构的问题。

锚定可能不完全是一个认知问题，这一点出现在某些后结构主义的社会研究方法中。例如，社会学家皮埃尔·布迪厄（Pierre Bourdieu）提出了一种“实践理论”，这在一定程度上可以被看作是社会范畴的锚定理论（Bourdieu，1977，1990）。对于布迪厄来说，实践是社会生活中的惯例的具体化。这些惯例包括其构建模块中的认知状态，还包括世界上的物理行动和基础建设的模式，它们编码了我们的意义和理解系统。如果是一个共同体的实践为该共同体锚定了社会范畴，那么这些锚定不仅仅是认知状态。然而，布迪厄的观点的其他特点使我们很难说，它是否真的可以被看作是一种非认知的锚定理论。特别是，他说明的中心是他所说的“惯习”（habitus），即共同体对该共同体中实践模式的内在化。布迪厄的唯心主义理论最终会如何结束，取决于我们如何阐释惯习的性质和在建立社会范畴中的作用。其他实践理论可能更适合于锚定的非认知理论。例如，“结构化”理论（Giddens，1984；Sewell，2005）使人们更清楚地认识到，在建立社会制度时，个体实践如何与我们所构建的环境特征交织在一起。

在锚定中合并外部事实的另一个有希望的策略来自科学哲学中关于类别（kinds）的研究。这项研究主要关注生物和化学类别，但也应用于社会类别，并暗示了其他可以发展的策略。特别有创意的是露斯·米利肯（Ruth Millikan）的研究。米利肯（Millikan，1984）对生物功能和生物范畴的概念发展了一种自然主义的方法。根据米利肯的说法，在有世系或家族的物体被复制或重制的地方，存在着类别。它们的“适当功能”解释了它们的特征为什么被复制。在她的描述中，建立一种类别的东西包括实际的符号、它们的特征以及解释它们复制的因素。米利肯的说法根本不需要涉及任何认知。在某些情况下，由于人类的意图，社会类型的符号可能会被复制，但是意图或其他认知状态根本不需要成为其中一部分（Millikan，1999，2005）。理查德·博伊德还提出了一种非认知的类别理论（Boyd，1999b，1999a）。根据他的理论，正是“内环境稳定机制”（homeostatic mechanism）的存在，而不是复制史，将一组特征划分成一种类型。与米利肯的理论一样，博伊德的理论也考虑到认知状态在其机制中的潜在作用，但却并不需要它。

第四节　制度和组织

在这一节和下一节中，我将讨论社会本体论的一些具体应用及其与社会科学的联系。赫伯特·西蒙想象一个火星人用望远镜俯视地球，通过望远镜可以辨认出社会结构。他评论说，火星人观察到的景观的主要特征不会是市场或国家，而是组织（Simon，1991）。长期以来，组织和制度一直是社会学的中心话题，最近
246 在经济学文献中也出现了复兴。然而到目前为止，它们在很大程度上被哲学家所忽视，特别是在英语国家中。这在很大程度上将理论化制度和组织的性质留给了社会科学家。然而，这些问题应该是从事社会本体论研究的人们感兴趣的一个领域；它们在哲学和社会科学之间提供了一个潜在的丰富的联系点。

“制度”和“组织”这两个词表示有些模糊的范畴。一般来说，制度被理解为一个社会的大规模和一般性特征，包括各种各样的事物，如政府单位、承包和执行制度、婚姻和家庭结构、教育系统等。组织被理解为制度的一个子集，包括被组织成某种有凝聚力的单位的一群人，或者被理解为特定的实例。我只讨论一个重要的理论谱系：这些理论基于下述观点，即制度和组织是对相互作用和协调的战略问题的理性解决方案。这些观点并非详尽无遗；社会学和政治学中有对公司和制度的不同研究方法，包括将制度视为根本上源于社会规范或文化结构的方法。在经济学中最有影响力的是由道格拉斯·诺斯（Douglas North）、奥利弗·威廉姆森（Oliver Williamson）、埃莉诺·奥斯特罗姆（Elinor Ostrom）等引领的“新制度经济学”项目。这一领域中考察的主题之一是企业或公司理论。这一领域是由罗纳德·科斯开创的（Coase，1937，1960），他在其中探讨了公司为什么存在的问题。公司是一个中等规模的组织，在整个市场范围内由权力来管理。为什么会有这些“意识权力之岛”？为什么不直接利用市场价格机制为个人对生产的贡献

分配价值呢？科斯认为，问题的根源在于价格机制的使用伴随着成本。发现价格、谈判合同的成本很高，而预测合同的适当期限的困难性也有一定的成本。科斯认为，如果在个体行为者之间进行交易是没有成本的，那么在公司中组织交易就会是低效的。但由于交易成本高昂，组织成公司有助于将这些成本降至最低并提高整体效率。

威廉姆森在 20 世纪 70 年代提出并推广了这一主题，提出了市场、等级制度、多部门公司和联盟等各种制度结构如何解决不同的交易成本问题的理论（Williamson，1979，1981，1996）。威廉姆森借鉴了赫伯特•西蒙的“有限理性”观点，认为这些界限导致了交易成本的关键来源，尤其是契约的不完全性。（也就是说，没有一份合同能够预见或指明所有可能发生的事件。）威廉姆森认为，公司的权力结构与市场不同。市场中的冲突有时诉诸法院系统。但是，公司内部的纠纷很少被视为受到公司外部的司法裁决。相反，管理权力是一种私人法律制度（Williamson，2002；Foss and Klein，2008）。

另一组理论家对公司的角色提出了相关的想法，但得出了不同的结论：他们拒绝了科斯关于公司和市场之间存在真正界线的说法。阿尔奇安与德姆塞茨（Alchian and Demsetz，1972：777）认为，在分配资源的权力机制和价格机制之间没有显著差异：无论一个人决定解雇自己的雇员，还是“解雇”自己的杂货商，在概念上都会发生类似的过程。詹森和麦克林（Jensen and Meckling，1976：311）断言，“私营企业或公司只是作为契约关系纽带的法律虚构的一种形式”。这种观点被称为公司的“契约联结”观点。“新产权”观点是研究公司性质的一种相关路 247
径，与威廉姆森有很多共同之处，特别是在契约的不完全性方面。但是，这种路径没有考虑到，企业在解决合同范围之外的纠纷中所扮演的角色，而是将企业视为通过拥有财产所有权来产生权力。公司所有者拥有对公司资产的控制权，因此可以通过威胁对这些资产的获得来控制员工的行为。在这种观点下，公司是一个产权的集合（Grossman and Hart，1986；Hart and Moore，1990）。关于公司的第四种观点是“资源观点”。这种观点认为公司是资产或资源的集合，包括人力资本、技术、原材料等。无论公司旨在解决什么交易成本问题，一家公司与另一家公司的区别在于随着时间的推移，公司积累的资源和能力（Penrose，1959；Barney，1991；Conner and Prahalad，1996）。

有趣的是，考虑这些观点在多大程度上可以被视为，对组织或制度的性质或本体论的说明。尽管科斯 1937 年的论文题目是《公司的性质》，但主要是讨论他认为的公司在经济中发挥的主要作用。他只粗略地说明了公司是什么：“因此，公司是由关系系统组成的，当资源的方向依赖于一个企业家时，这个关系系统就开始存在。”（Coase，1937：393）这种关系是“主人与仆人”或“雇主与雇员”的关系，在这种关系中，雇员以固定工资作为交换，授予雇主控制或干预工作方式的权利。

威廉姆森采取了略微不同的方法。他跟随科斯发展了公司的功能和存在的理由，但在本体论上更多地依赖于约翰·康姆斯的研究。根据康姆斯的说法，经济体系的基本要素是建立在冲突、相互性和秩序原则基础上的交易，以及协调这三个原则的管理规则。因此，制度包括一系列权利和义务、执行这些权利和义务的权威，以及某种程度上对合理行为集体规范的遵守（Commons，1924；van de Ven，1993）。

其他观点似乎对公司的性质提出了更明确的主张：契约的联结、产权的集合、资源的集合。然而，并不明显的是，这些都是相互竞争或相互替代的观点。对所有这些方法都要提的一个问题是，对制度和组织的功能的说明与对其性质的说明之间的关系。与此相关的是，澄清这些说明中那些解释“作为一个公司或其他类型组织的条件是如何建立或锚定”的部分，以及那些为公司或组织奠基的部分，可能是有益的。到目前为止，哲学家们还很少涉及这方面的文献，但这方面的主张和问题与社会本体论的关注是重叠的。

第五节　集体意向性

社会本体论文献中的主导论题是群体或集体的行动及其意向状态（知识、信念、判断、意向、推理等）。在 20 世纪的大部分时间里，认为群体可以采取行为或有意向状态的想法都不受欢迎，但最近在玛格丽特·吉尔伯特、迈克尔·布拉
248 特曼、约翰·塞尔和雷莫·图梅勒的努力下，这种想法又重新抬头。吉尔伯特的《论社会事实》（Gilbert，1989）和《携手共进》（Gilbert，1990）为集体行动和意向性理论提出了重要的要求。在这项工作之前，集体意向性理论通常采用托勒弗森（Tollefsen，2015）所称的“总结性”（summative）方法。由于我们可以理解 G 组有一个特定的态度 A（例如，有一个打算步行到银行的态度），这种方法将其分析为 G 组所有有相同态度 A 的成员的聚合。

在《携手共进》一文中，吉尔伯特反对这种方法。她指出，G 组中所有有态度 A 的成员对于让 G 组有态度 A 既非充分也非必要。假设爱丽丝、鲍勃和卡罗尔是一个小组，有步行到银行的集体意向。假设在中途，卡罗尔向右拐，什么也没说就走了。根据吉尔伯特的说法，卡罗尔违反了作为该组织成员并具有这种集体意向的规范承诺。爱丽丝和鲍勃有理由批评卡罗尔的违规行为。但这种批评在简单的聚合方法上是没有道理的。如果我们只有三个独立的意向——爱丽丝有步行到银行的意向、鲍勃有步行到银行的意向、卡罗尔有步行到银行的意向——那

么他们没有作为一个群体的共同承诺。如果集体意向确实带有规范承诺，那么它就不可能仅仅是个体意向的简单聚合。

相反，吉尔伯特提出，共同承诺是社会群体形成的特征。一个社会群体是由一群人共同彼此承诺而形成的，吉尔伯特（Gilbert，1989）描述了共同承诺形成的过程。吉尔伯特从共同承诺的角度分析了集体态度。（例如，G 组意向进行 J 是根据 G 组具有意向 J 的共同承诺来分析的。）

布拉特曼（Bratman，1993，2014）从对简单聚合方法的不足之处的类似观察中起步，但却对共同意向进行了不同分析。布拉特曼从个体行动者的意向理论的角度来研究这个问题，说明了建立在个体的简单意向状态基础上的共同意向。根据布拉特曼的分析，G 组有意向 J 当且仅当：①G 组成员每一个都有 *J 组*的个体意向；②G 的成员打算通过其他成员的意向在 J 中执行自己的部分；③G 组成员对①和②有共同认识。这个观点是，共同意向不是每个成员打算自己去做 J，而是所有成员作为一个团体有这样做的紧密相关的意向。

塞尔（Searle，1990）与图梅勒和穆勒（Tuomela and Miller，1988）采取了不同的方法。两种观点都认为，个体人的思想中都有独特的社会态度。塞尔区分了我-态度和我们-态度。在他看来，G 组集体意向 J，是 G 组所有成员都有 J 的“我们”-态度。他的观点非常像“总结性”方法，只是不是所有成员都有 J 的“我”-态度，而是他们各自处于不同的心理状态。图梅勒区分了我-模式的态度和我们-模式的态度。然而，对于图梅勒来说，我们-模式的态度是依据更标准的态度来分析的。因此，当分析被完全阐明时，相比布拉特曼的观点，图梅勒的说明与塞尔的观点更为接近[认知科学的最新研究正在追求一种观点，即存在独特的社会态度，见 Knoblich 等（2011）、Gallotti 和 Frith（2013）、Tomasello（2014）]。除了集体意向外，其他哲学家还致力于分析其他态度，如集体信念和判断（Gilbert，1987；Wray，2001；Hakli，2006）。

其他理论家反对将这一领域的典型焦点放在，成年人之间相互作用的小型非结构化集体上（见 Epstein，2015），而是研究企业和更复杂群体的态度。这项工 249
作大多涉及道德能动性和企业责任（参见 French，1979；Tollefsen，2002；Hess，2010）。其他人则发展了更整体主义的方法来研究大规模系统中的认知（Hutchins，1995；Huebner，2013）。

虽然集体意向性是社会本体论中讨论最为广泛的话题，但它与社会科学的关系并不密切。集体责任文献在商业文献中产生了一定的影响，布拉特曼的研究被应用于多智能体计算机系统中的协调和规划理论（参见 Grosz and Kraus，1996；Jennings，1996），并且在一定程度上应用于民主理论（参见 Richardson，2003；Goodin，2008）和法理理论（Shapiro，2011）。但迄今为止，集体意向性与社会科学之间的联系还很有限。

第六节 展　望

这只是西方社会本体论中与社会科学实践相联系的一小部分主题。还有很多其他的主题，包括种族、性别、社会阶层、社会结构、金钱、财产和法律的性质等。从某种程度上说，目前社会科学中的模型显然是建立在本体论假设的基础上的，但很少有研究阐明这些假设。在一些领域中，如对制度和组织的研究，社会科学的学科之间存在交叉，但这项工作还没有从与哲学家的合作中获益太多。诚然，这种合作存在着理论和文化障碍。然而，近年来社会本体论方面的创新，加上对社会科学的理论需求，在这方面创造了有希望的新机会。

参考文献

Alchian, A. A. and H. Demsetz.1972. "Production, information costs, and economic organization," *American Economic Review*, 62(5): 777-795.

Audi, P. 2012. "A clarification and defense of the notion of grounding," in F. Correia and B. Schnieder(eds.), *Metaphysical Grounding: Understanding the Structure of Reality*. Cambridge: Cambridge University Press: 101-121.

Bakhtin, M. M. 1981. *The Dialogic Imagination: Four Essays*. Austin: University of Texas Press.

Barney, J. 1991. "Firm resources and sustained competitive advantage," *Journal of Management*, 17(1): 99-120.

Bennett, K. 2004. "Global supervenience and dependence," *Philosophy and Phenomenological Research*, 68(3): 510-529.

——. 2011. "Construction area: no hard hat required," *Philosophical Studies*, 154(1): 79-104.

Bourdieu, P. 1977. *Outline of a Theory of Practice*. Cambridge and New York: Cambridge University Press.

——. 1990. *The Logic of Practice*. Stanford: Stanford University Press.

Boyd, R. 1999a. "Homeostasis, species, and higher taxa," in R. Wilson (ed.), *Species: New Interdisciplinary Essays*. Cambridge, MA: MIT Press: 141-185.

——. 1999b. "Kinds, complexity and multiple realization: comments on millikan's 'historical kinds and the special sciences'," *Philosophical Studies*, 95(1-2): 67-98.

Bratman, M. 1993. "Shared intention," *Ethics*, 104(1): 97-113.

——2014. *Shared Agency*. Oxford: Oxford University Press.

Coase, R. H. 1937. "The nature of the firm," *Economica*, 4: 386-405.

250 ——. 1960. "The problem of social cost," *Journal of Law and Economics*, 3: 1-44.

Coleman, J. 1987. "Microfoundations and macrosocial behavior," in J. Alexander (ed.), *The*

Micro-Macro Link. Berkeley: University of California Press: 153-173.

Coleman, J. S. 1990. *Foundations of Social Theory*. Cambridge, MA: Belknap Press.

Commons, J. 1924. *Legal Foundations of Capitalism*. New York: Macmillan.

Conner, K. R. and C. K. Prahalad. 1996. "A Resource-based theory of the firm: knowledge versus opportunism," *Organization Science*, 7(5): 477-501.

Cook, K. S. 1991. "The microfoundations of social structure: an exchange perspective," in J. Huber(ed.), *Macro-Micro Linkages in Sociology*. Newbury Park, CA: Sage Publications: 29-45.

Correia, F. 2005. *Existential Dependence and Cognate Notions*. Munich: Philosophia Verlag.

Currie, G. 1984. "Individualism and global supervenience," *British Journal for the Philosophy of Science*, 35(4): 345-358.

Davidson, D. 1980. "Mental events," *Readings in Philosophy of Psychology*, 1: 107-119.

Davis, J. B. 2003. *The Theory of the Individual in Economics: Identity and Value*. London: Routledge.

Epstein, B. 2009. "Ontological Individualism Reconsidered," *Synthese*, 166(1): 187-213.

——. 2015. *The Ant Trap: Rebuilding the Foundations of the Social Sciences*. New York: Oxford University Press.

Fine, K. 1995. "Ontological dependence," *Proceedings of the Aristotelian Society*, 95: 269-290.

——. 2012. "Guide to ground," in F. Correia and B. Schnieder (eds.), *Metaphysical Grounding: Understanding the Structure of Reality*. Cambridge: Cambridge University Press: 37-80.

Fodor, J. A. 1974. "Special sciences" (Or: The Disunity of Science as a Working Hypothesis). *Synthese*, 28(2): 97-115.

Foss, N. and P. Klein. 2008. "Organizational governance," in R. Wittek, T. Snijders, and V. Nee (eds.), *The Handbook of Rational Choice Social Research*. New York: Russell Sage Foundation: 513-555.

Foucault, M. 1978. *The History of Sexuality, I. An Introduction*. New York: Pantheon.

French, P. A. 1979. "The Corporation as a moral person," *American Philosophical Quarterly*, 16(3): 207-215.

Gallotti, M. and C. D. Frith. 2013. "Social cognition in the we-mode," *Trends in Cognitive Sciences*, 17(4): 160-165.

Gergen, K. J. and K. E. Davis. 1985. *The Social Construction of the Person*. New York: Springer Science and Business Media.

Giddens, A. 1984. *The Constitution of Society: Outline of the Theory of Structuration*. Cambridge: Polity Press.

Gilbert, M. 1987. "Modelling collective belief," *Synthese*, 73(1): 185-204.

—— . 1989. *On Social Facts*. Princeton, NJ: Princeton University Press.

——. 1990. "Walking together: a paradigmatic social phenomenon," *Midwest Studies in Philosophy*, 15: 1-14.

Goodin, R. E. 2008. *Innovating Democracy: Democratic Theory and Practice after the Deliberative Turn*. Oxford: Oxford University Press.

Grossman, S. J. and O. D. Hart. 1986. "The Costs and benefits of ownership: a theory of vertical and lateral integration," *Journal of Political Economy*, 94(4): 691-719.

Grosz, B. J. and S. Kraus. 1996. "Collaborative plans for complex group action," *Artificial*

Intelligence, 86(2): 269-357.

Hakli, R. 2006. "Group beliefs and the distinction between belief and acceptance," *Cognitive Systems Research*, 7(2): 286-297.

Hart, O. and J. Moore. 1990. "Property rights and the nature of the firm," *Journal of Political Economy*, 98: 1119-1158.

Hess, K. M. 2010. "The modern corporation as moral agent," *Southwest Philosophy Review*, 26(1): 61-69.

Huebner, B. 2013. *Macrocognition: A Theory of Distributed Minds and Collective Intentionality*. Oxford: Oxford University Press.

Hutchins, E. 1995. *Cognition in the Wild*. Cambridge, MA: MIT Press.

Jarvie, I. 2011. "Philosophical problems of the social sciences: paradigms, methodology, and ontology," in I. Jarvie and J. Zamora- Bonilla (eds.), *The Sage Handbook of the Philosophy of Social Sciences*. London: Sage: 1-36.

Jennings, N. R. 1996. "Coordination techniques for distributed artificial intelligence," in G. M. P. O'Hare and N. R. Jennings (eds.), *Foundations of Distributed Artificial Intelligence*. New York:
251 John Wiley & Sons: 187-210.

Jensen, M. C. and W. H. Meckling. 1976. "Theory of the firm: managerial behavior, agency costs and ownership structure," *Journal of Financial Economics*, 3(4): 305-360.

Kim, J. 1978. "Supervenience and nomological incommensurables," *American Philosophical Quarterly*, 15: 149-156.

——. 1998. *Mind in a Physical World*. Cambridge, MA: MIT Press.

Knoblich, G., S. Butterfill, and N. Sebanz. 2011. "Psychological research on joint action: theory and data," *Psychology of Learning and Motivation: Advances in Research and Theory*, 54: 59-101.

Kydland, F. E. and E. C. Prescott. 1982. "Time to build and aggregate fluctuations," *Econometrica*, 50(6): 1345-1370.

Lévi- Strauss, C. 1963. *Structural Anthropology*. New York: Basic Books.

——. 1966. *The Savage Mind*. Chicago: University of Chicago Press.

Little, D. 2015. "Supervenience and the social world," *Metodo, International Studies in Phenomenology and Philosophy*, 3(2): 125-145.

Lucas, R. E. 1976. "Econometric policy evaluation: a critique," in K. Brunner and A. H. Meltzer (eds.), *The Phillips Curve and Labor Markets*. Amsterdam: North-Holland: 19-45.

Lucas, R. E., N. Stokey, and E. Prescott. 1989. *Recursive Methods in Economic Dynamics*. Cambridge, MA: Harvard University Press.

MacDonald, G. and P. Pettit. 1981. *Semantics and Social Science*. London: Routledge & Kegan Paul.

McLaughlin, B. and K. Bennett. 2005. "Supervenience," in E. Zalta (ed.), *Stanford Encyclopedia of Philosophy*.

Millikan, R. G. 1984. *Language, Thought, and Other Biological Categories: New Foundations for Realism*. Cambridge, MA: MIT Press.

——. 1999. "Historical kinds and the 'special sciences'," *Philosophical Studies*, 95: 45-65.

——. 2005. *Language: A Biological Model*. Oxford: Oxford University Press.

Penrose, E. T. 1959. *The Theory of the Growth of the Firm*. New York: John Wiley and Sons.

Popper, K. 1962. "The logic of the social sciences," in T. W. Adorno et al., *The Positivist Dispute in German Sociology*. London: Heinemann: 87-104.

Putnam, H. 1967. "Psychological predicates," in W. Capitan and D. D. Merrill (eds.), *Art, Mind, and Religion*. Pittsburgh: University of Pittsburgh Press: 37-48.

Quine, W. V. 1948. "On what there is," *Review of Metaphysics*, 2(5): 21-38.

Richardson, H. S. 2003. *Democratic Autonomy: Public Reasoning about the Ends of Policy*. Oxford: Oxford University Press.

Rizvi, A. T. 1994. "The microfoundations project in general equilibrium theory," *Cambridge Journal of Economics*, 18: 357-377.

Rosen, G. 2010. "Metaphysical dependence: grounding and reduction," in B. Hale and A. Hoffman(eds.), *Modality: Metaphysics, Logic, and Epistemology*. Oxford: Oxford University Press: 109-136.

Sawyer, R. K. 2002. "Nonreductive individualism: part I," *Philosophy of the Social Sciences*, 32(4): 537-559.

Schaffer, J. 2009. "On what grounds what," in D. Manley, D. J. Chalmers, and R. Wasserman (eds.), *Metametaphysics: New Essays on the Foundations of Ontology*. Oxford: Oxford University Press: 347-383.

Searle, J. R. 1990. "Collective intentions and actions," in P. Cohen, J. Morgan, and M. E. Pollack (eds.), *Intentions in Communication*. Cambridge, MA: Bradford Books: 401-415.

——. 1995. *The Construction of Social Reality*. New York: Free Press.

——. 2010. *Making the Social World: The Structure of Human Civilization*. Oxford: Oxford University Press.

Sewell, W. H. 2005. *Logics of History: Social Theory and Social Transformation*. University of Chicago Press.

Shagrir, O. 2002. "Global supervenience, coincident entities, and anti-individualism," *Philosophical Studies*, 109: 171-196.

Shapiro, S. 2011. *Legality*. Cambridge, MA: Belknap Press.

Sider, T. 1999. "Global supervenience and identity across times and worlds," *Philosophy and Phenomenological Research*, 59; 913-937.

Simon, H. A. 1991. "Organizations and markets," *Journal of Economic Perspectives*, 5(2): 25-44.

Taylor, C. 1989. *Sources of the Self: The Making of the Modern Identity*. Cambridge, MA: Harvard University Press.

Tollefsen, D. 2002. "Organizations as true believers," *Journal of Social Philosophy*, 33(3): 395-411.

——. 2015. *Groups as Agents*. Cambridge: Polity. 252

Tomasello, M. 2014. *A Natural History of Human Thinking*. Cambridge, MA: Harvard University Press.

Tuomela, R. and K. Miller. 1988. "We-intentions," *Philosophical Studies*, 53(3): 367-389.

Udehn, L. 2001. *Methodological Individualism: Background, History, and Meaning*. London: Routledge.

van de Ven, A. H. 1993. "The institutional theory of John R. Commons: a review and commentary,"

Academy of Management Review, 18(1): 139-152.

Vygotsky, L. S. 1978. *Mind in Society: The Development of Higher Psychological Processes*. Cambridge, MA: Harvard University Press.

Watkins, J. W. N. 1953. "The principle of methodological individualism," *British Journal for the Philosophy of Science*, 3: 186-189.

Williamson, O. E. 1979. "Transaction-cost economics: the governance of contractual relations," *Journal of Law and Economics*, 22(2): 233-261.

——. 1981. "The Economics of organization: the transaction cost approach," *American Journal of Sociology*, 87(3): 548-577.

——. 1996. *The Mechanisms of Governance*. Oxford: Oxford University Press.

——. 2002. "The lens of contract: private ordering," *American Economic Review*, 92(2): 438-443.

253 Wray, K. B. 2001. "Collective belief and acceptance," *Synthese*, 129(3): 319-333.

第二十二章　实在论与反实在论

兰德尔·哈普（Randall Harp）　卡里姆·哈利法（Kareem Khalifa）[1]

第一节　引　　言

我们的最佳社会科学理论试图告诉我们一些关于社会世界的事情。但是，谈论“社会世界”是不是一个我们不应该太认真对待的隐喻？特别是，社会世界的存在者——新教职业道德等文化价值观、埃克森美孚等公司、着装和行为标准等规范、法律系统等制度、巴塞罗那足球俱乐部等球队、婚姻等习俗——是否存在？这个问题不仅仅是学术性的。社会科学家利用这些不同的社会实体来解释社会现象，如资本主义的兴起、油价的下跌，或工会对体育劳动力市场的影响。但是，如果社会实体不存在，这些解释怎么可能奏效呢？

关于社会实体存在的问题对哲学和社会科学研究都有影响。哲学的一个中心领域是本体论，即对什么存在的研究。社会本体论是一个相对较新的领域，它以新的问题和更广泛的关注丰富了旧的本体论争论。但是实在论的争论并不仅仅（或甚至主要）是关于本体论的，而是这些本体论问题和关于社会科学解释应该如何进行的认识论问题之间有着密切的联系。例如，社会实体是否存在，决定了这些解释应在多大程度上效仿其自然科学的对应。类似的考虑决定了这些解释在多大程度上必须诉诸个体行动。

为了找到正确的方法来探索这片智力领域，让我们来介绍一个区分。实在论者认为社会科学家有理由相信社会实体存在，反实在论者反对这一点。不同的反实在论者由于不同的原因反对实在论者的观点。因此，我们探讨了五种反实在论：解释悲观主义、虚构主义、取消主义、还原论和建构主义。

社会科学中关于实在论的争论往往集中在以下三类之一。首先，关于我们最好的社会科学理论中所诉诸的理论实体，我们是否应该成为实在论者？这些争论与其在自然科学哲学上的对应是平行的。自然科学中的实在论者认为，自然科学解释的预测、经验和技术上的成功保证了人们相信夸克和引力等实体。同样，例 254
如，我们对贫困最成功的经验解释援引了社会阶层、社会结构和经济政策。如果这些实体是我们最佳解释的必要特征，那这是否意味着我们应该成为对这些实体的实在论者？实在论者认为，说明我们的社会科学理论在解释上的成功的最好方法是通过成为关于我们理论中所假设的实体的实在论者；反实在论者否认了这一说法。

第二个问题是，我们是否应该成为关于群体的实在论者，在这里，我们可以粗略地将群体理解为由一些集体的兴趣、目标或特点组成的个体集合。群体可以从由少数个体组成的微观群体，到企业等中间群体，一直到国家等宏观群体。关于群体的实在论者认为，群体不能仅仅还原为个体的集合；关于群体的反实在论者认为，群体可以只用构成群体的个体来解释。

第三个问题是，我们是否应该成为关于群体所创造的事物的实在论者。例如金钱、法律、种族和性别等实体是“社会建构的”，因为它们最重要的属性取决于我们如何构想它们。相比之下，自然属性，如电子的电荷、山的高度和化学元素的原子量，都独立于我们对它们的构想。那么，我们可能会想，群体创造社会实体这一事实是否意味着，它们不是实在的。关于社会建构实体（如金钱或种族）的实在论者认为，这些实体在我们的生活和世界中不可能在不是实在的情况下发挥作用；关于社会建构实体的反实在论者则持相反观点。接下来，我们来看看这三个实在论争论，详细探讨支持和反对实在论的立场的论点。

第二节　我们应该相信社会科学告诉我们的吗?

社会科学家是科学家。因此，他们提出理论，目的是预测、解释和控制世界的某些部分。这让我们可以说，实现这些目标的理论在经验上是成功的。一个理论在经验上的成功有最令人信服的理由，即它（通常）为真。如果这些关于科学的口号是正确的，那么，就一个社会科学理论成功地预测、解释和控制了社会世界的某一部分而言，我们应该对它所假定的社会实体持实在论态度。在下文中，我们通过讨论用来证明科学实体的实在性的中心论点来发展这一思路。然后，我们针对这个论点演练了两个明显的反对意见。

一、解释论证

实在论的一个有力论据是，如果现代科学的理论完全为假，那么其在经验上的成功的惊人的水平就是一个奇迹。因此，许多哲学家和科学家对亚原子粒子、弯曲时空、细胞、物种、自然选择、大陆板块等都持实在论立场。中心思想是实在论提供了对此领域相关方面的最佳（如果不是唯一）解释。事实上，关于许多其他实体（数学对象、道德真理等）的实在论者援引这一相同原则来辩护他们的立场。这就为关于社会实体的实在论提出了以下“解释论证”（explanatory 255
argument，EA）：

EA1　如果对相关事实的最佳解释假设了社会实体，那么我们应该相信社会实体存在。

EA2　对相关事实的最佳解释假设了社会实体。

EA3　因此，我们应该相信社会实体存在。

有几点需要澄清。第一，结论（EA3）相当于关于社会实体的实在论。第二，解释假设了一个实体，只是如果解释为真，该实体存在。相关事实通常是争论中大多数双方都认为需要解释的事实。假设是对事实的最佳解释，如果它优化了通常与我们最佳理论相关的一组标准：简单性、范围、与背景知识的匹配、预测能力等。

事实上，如果稍微重构一下，我们就会发现社会科学家经常以这种方式争论。当我们考察社会科学中关于定性（King et al.，1994）和定量（Blalock，1971）因果推理的大量工作时，这一点尤其明显。例如，假设贫困的主要原因是一项政府政策允许非常低的最低工资。那么，这项政策就是对贫困的最佳解释。此外，这种解释假定了政策具有因果效力。然而，不存在的事物不可能有因果效力。因此，政策是存在的。

非因果解释呢？我们来思考社会学家的观察，即出生在较低社会经济阶层的男性比出生在较高社会经济阶层的男性有更高的机会进行向上的社会流动（Blau and Duncan，1967）。这是为什么？为了理解答案，考虑一下阿尔（Al），他出生在比鲍勃（Bob）低的社会经济阶层。如果一个社会经济阶层高于鲍勃目前的阶层，那么它也高于阿尔，反之则不成立。因此，阿尔有更多的方法可以向上流动。这种解释似乎是非因果的，因为它只援引了来自美国社会经济阶层的“结构”中的可能性（Garfinkel，1981）。回溯到更大的哲学图景，对社会起源和社会流动之间所观察到的相互关系的最佳解释，假定了社会阶层和社会结构。根据解释论证，这意味着我们应该相信社会阶层和社会结构是存在的。

二、解释悲观主义

虽然解释论证很好地抓住了哲学家和科学家（社会和自然）辩护关于理论假设的实在论的一个主要方式，但它却面临着几个反对意见。特别是，哲学家们质疑它的第一个前提，即我们的最佳解释是对存在的东西的有效指引。为了便于指称，我们将提出这一疑问的人称为解释悲观主义者。解释悲观主义的社会科学家是有些罕见的，虽然他们通常是受这样的经验主义关注所激发，即我们只能知道相关性，但无法拥有因果知识。孔德（Comte，1868）和穆勒（Mill，1904）就是这种对社会解释的批判立场的早期例子。其他学者批评某些解释的可靠性，如功能解释（Elster，2007），因此可能被理解为表达了（可以称得上为）解释悲观主义的形式。

相比之下，一些自然科学家（以及研究过他们工作的哲学家）认为，我们的
256 最佳解释并不是一个可信的对实在性的指引。例如，牛顿力学是在近三个世纪里对许多现象的最佳解释。然而，20 世纪初爱因斯坦和量子力学的出现揭示了牛顿的观点是错误的。因此，解释论证点似乎给了我们错误的建议：我们不应该相信牛顿的空间、时间、引力和能量是存在的。

类似的例子可以在社会科学中找到。想想奥斯卡 · 刘易斯（Lewis，1975）曾经对贫困的一个重要解释。刘易斯对五个社会经济状况不同的墨西哥家庭进行了调查，他认为，较贫穷的家庭与较富裕的家庭有着不同的价值体系（“贫穷文化”），这种价值体系使他们无法采取改善其社会经济地位的必要措施。随着这一解释得到进一步证实，它在 20 世纪 70 年代末有了很大的影响力，并在有关社会援助的政策决定中发挥了重要作用。因此，许多人认为这是对贫穷的最佳解释。因此，解释论证点建议我们相信贫困文化的存在。

然而，在整个 20 世纪 80 年代，随着更精细的文化经验测量方法的发展，以及对更广泛的贫困人口的研究，很明显，穷人之间的文化差异太大，以至于这种解释不可能为真。和以前一样，解释论证似乎给了我们错误的建议：我们不应该相信贫困文化。这个例子也不是一个例外，社会科学中的许多解释享有一些恶名，后来只能面临寻找经验的困难。

反实在论者用这样的例子来批评解释论证。在一个版本中，即所谓的“悲观主义归纳”（Laudan，1981），在任何给定时间的最佳解释经常在随后的历史点受到拒斥。因此，我们不应该相信我们的最佳解释假定了实在的实体，因为它们很可能在未来被取代。因此，依据这个观点，“最佳解释”的意思是“在当时最佳”。在这个表述上，刘易斯的解释是最佳的，假设了一个社会实体（贫困文化），但我们不应该相信这个社会实体存在。这推翻了解释论证的第一个前提。

另一方面，与此密切相关的是，一些反实在论者认为，我们的解释可能只是许多糟糕的解释中最好的，在这种情况下，我们不应该相信它假设了实在的实体（Stanford，2006；van Fraassen，1989）。这种观点可能只是悲观主义归纳的一种变体。或者，它可能会激发人们对我们确定最佳解释的能力的怀疑，即使这样的

一种解释辩护了实在论。在这种观点下，对贫困的最佳解释可能会假定一种贫困文化，但我们不知道这种解释是不是比其他解释好。

有理由认为，这些对解释论证的反对意见在社会科学哲学中尤其棘手。例如，许多实在论者对这些悲观主义的挑战作出了回应，声称我们的最佳解释只需要相信那些对新的预测（Psillos，1999；Worrall，1989）或实验干预（Hacking，1983）必不可少的假设。由于这些高要求的经验成功在社会科学中远不如在自然科学中常见，社会科学中的解释悲观主义可能比其自然科学同类更具说服力。尽管如此，一些人认为，社会科学假说也包含了这些高级的假设（Kincaid，2008），因此关于社会实体的实在论与关于自然科学实体的实在论不相上下。

三、虚构主义

通常，非哲学家发现这些关于实在论争论是“毫无意义的”或者“仅仅是学术性的”。在这种观点下，社会实体的存在与否并不重要。有一些原则性的方法澄清了这一点。虚构主义者给出一种相当复杂的说法。与解释悲观主义者一样，虚 257
构主义者反对解释论证的第一个前提。然而，解释悲观主义者主要专注于表明，为什么我们不能在我们的最佳解释的基础上*掌握*很多内容，而虚构主义者强调，在缺乏这种认识的情况下，我们仍然可以*使用*我们的最佳解释。因此，虚构主义者可以阐明，实在论争论“毫无意义”的抱怨背后的原则：实在论是否为真并不重要，因为它足以将社会实体视为有用的虚构（fictions）。更准确地说，即使我们的最佳解释假定了社会实体，我们仍然可以使用这些解释，而不相信所假定的社会实体存在。典型的“用途”包括解释、预测、控制和模型构建。例如，根据布劳（Blau）和邓肯（Duncan）的研究，后来的学者发现从社会阶层和社会结构的角度来解释社会流动是有用的。然而，虚构主义者指出，所有这些都与关于这些社会实体的不可知论相一致。

虽然许多社会科学家表达了虚构主义的承诺（例如 Friedman，1953；MacDonald，2003），但只有少数哲学家是关于社会实体的虚构主义者[Demeter（2013）、Turner（2003）分别对心理状态和社会实体进行了虚构主义的说明]。然而，更彻底的虚构主义的资源是很容易找到的。范弗拉森（van Fraassen，1980）的建构经验主义是一种虚构主义，似乎适用于所有科学，虽然其主要应用已在自然科学中体现。范弗拉森是一个关于科学中不可观察的实体的虚构主义者。他认为我们可以使用或接受关于不可观察的实体的假设，而不必相信这些实体存在。换言之，我们可以把关于不可观察的事物的假设当作有用的虚构（例如，出于预测和解释的目的)。这可以应用于社会科学,因为可观察和不可观察的区别跨越了自然和社会领域。例如,亚原子粒子、信念和社会规范似乎都无法直接观察。然而,这种类型的虚构主义者继承了对范弗拉森观点的所有挑战。例如,有些人想知道,可观察的实体和不可观察的实体之间的区别是否是可持续的(Churchland,1985;Hacking,1985)。可以说,这一区别在社会科学中更为棘手(Block,1976)。

总而言之,我们看到实在论者运用解释论证来辩护他们的立场。这种观点认为,我们应该对我们的最佳解释所假定的实体持实在论立场。反实在论的批评有两大类。第一,解释悲观主义者质疑我们能在多大程度上相信我们的最佳解释——作为什么是实在的指引。第二,虚构主义者认为,即使我们不认为我们的最佳解释的假设是真实的,也足以使用它们。

在继续之前,有一点我们要谨慎。解释论证预设了社会科学应该效仿自然科学。具体地说,它预设了,社会科学理论在预测、解释和控制社会世界中在经验上可检验的部分方面的成功,辩护了关于社会实体的实在论立场(也许只是正当的)。事实上,即使是对解释论证的批评者,也大多是这样假设的。

然而,关于社会科学是否与自然科学有着不同的目标,一直存在着争论。在这一点上,成功的社会理论不需要是高度解释性或预测性的,而应该提供富有成效的阐释,让我们对所研究的人有更丰富的理解。这使得一些哲学家认为,由于不同的科学有着根本不同的方法论,这些科学各自领域中的实体是实在的或以不同的方式存在的(Dupré,1993;Root,2000;Sundstrom,2002)。基于这样的观点,我们对社会实体存在的信念与我们对自然科学对象存在的信念受到不同的标
258 准制约。相反,其他人则认为,正是因为社会科学的解释和理解相对于自然科学的说明、预测和控制特征而言更富有探索性,所以对于社会实体与自然科学实体来说,实在论在两者的辩护上,前者要比后者困难得多(Reed,2008)。

第三节 社会群体是实在的吗?

解释悲观主义者和虚构主义者都批评解释论证的第一个前提(EA1),即如果我们的最佳解释假定了社会实体,那么我们应该是关于这些实体的实在论者。然而,许多哲学家和社会科学家也对这一论证的第二个前提(EA2)提出了疑问,即我们的最佳解释假定了社会实体。例如,我们可能想知道,我们对贫困的最佳解释是否真的假设了政策、社会阶层或贫困文化,或者它们是否只假设了这些社会术语所描述的个体。

这种担忧在有关社会群体的实在性的讨论中表现得最为明显。有些人认为,

社会群体凌驾于构成它们的个体之上的观点是可怕的，而且认为研究这些群体的方法是不科学的。虽然这类担忧至少与穆勒（Mill，1904）和韦伯（Weber，1978）的一样久远，但也有辩护社会群体的完整性和社会科学的独特方法论的悠久传统，如图梅勒（Tuomela，2013）。穆勒和韦伯的当代继承人认为，“宏观层面”的社会解释必须建立在“微观基础”之上，这种基础只诉诸个体（Elster，2007；Hedström，2005），其他人则表示反对（Colander，1996）。

为此，让我们评估下面的解释论证的“群体变体”（group variant，GV）：

GV1　如果对相关事实的最佳解释是假定了社会群体，那么我们应该相信社会群体是存在的。

GV2　对相关事实的最佳解释是假定了社会群体。

GV3　因此，我们应该相信社会群体是存在的。

举一个例子，考虑一下为什么民主国家互相之间不易发生战争。假设两个民主国家发生了争端。因为输掉一场战争会给选举带来可怕的后果，所以双方都可以预见到，发动战争将导致彼此将大量资源分配给危险局势。正因为如此，参与战争是一个没有吸引力的选择，因为两个民主国家都不能保证轻易获胜（de Mesquita et al.，1999）。应该清楚的是，这种解释假定了社会群体（民主国家或选民）。因此，根据这个论点，我们应该推断出这些群体的存在。

我们将那些支持这一论点的人称为实在论者。那些反对群体实在论的人有两种可能策略。首先，他们可以质疑 GV1，在这种情况下，他们追求上述解释悲观主义和虚构主义策略。或者，他们可以质疑 GV2。为此，首先考虑那些支持 GV2 的论点是有益的。（我们在下面讨论对 GV2 的反对。）

首先，群体实在论者强调，在我们的日常话语中，对群体的谈论无处不在：我们断言群体的事物（“美国人是唯物主义的”）；我们把心理状态归于群体（“卡托研究所相信自由市场和个体自由”）；我们认为群体是能够在世界中行事的统一行动者（“埃克森美孚打算将其全球原油和天然气产量增长 7.5%”）。群体成员在种族、民族或宗教群体关系中扮演角色，因此群体成员在我们的认同感中起着突出的作用。此外，群体不需要规模庞大，或制度性的；一些理论家认为，只有两 259
个人那么小的群体也是社会实在性的根本要素（Gilbert，1989）。

此外，社会科学在将群体用作解释概念时遵循普通语言。社会学家诉诸基于群体的概念，如社会制度、组织、国家、社会和文化，而经济学家则诉诸公司和网络等事物。从我们对民主和平的讨论中可以清楚地看到，社会科学家用群体来解释个体和集体的行为。一些社会科学家也使用群体来说明社会实在性的本质（Berger and Luckmann，1991）。粗略地考察一下社会科学实践，就会发现 GV2 显然是正确的。

然而，尽管几乎所有人都认同，社会科学家似乎在他们的理论中使用群体，但也有人认为这种现象是错误的。某些群体实在论的批评者，我们称之为*取消主义者*，他们认为我们对社会群体的讨论从字面上看是错误的（Quinton，1975）。[2] 其他的实在论的批评者，我们称之为*还原论者*，他们认为在我们的理论中使用社会群体是不必要的：对社会群体的探讨总是可以转化为对构成群体的个体的探讨。如果这两种立场中有一个是正确的，那么我们的最佳解释就并不要求我们假设社会实体，因此 GV2 就是错误的。在下面的内容中，我们将考察这两个对群体实在论的替代方案。

一、取消主义

取消主义者认为不存在群体这种东西；相反，只存在个体与其他个体相互作用。英国首相玛格丽特·撒切尔（Thatcher，1987）曾说过这样一句话，她说：

> 所以他们把自己的问题归咎于社会，那么社会是什么？不存在这种东西！只有个体的男人和女人，还有家庭。

（当然，要想让撒切尔成为一个合适的取消主义者，她还得说，不存在家庭。）

虽然取消主义者认为，援引群体概念的主张是错误的，但取消主义者也坚持认为，关于个体的真实陈述可以替代这些错误主张。因此，美国人是唯物主义者这一主张将被另一种主张所替代，即大多数美国公民都是唯物主义者。

从表面上看，取消主义是反直觉的。毕竟，取消主义者会认为“巴塞罗那队在 2015 年赢得了欧洲冠军联赛冠军”的说法严格说来是错误的；要正确地说，这个说法应该被重新阐释，这样它就有了“哈维、伊涅斯塔、梅西、内马尔等赢得了欧洲冠军联赛冠军”的说法。但不管我们怎么说第二种说法，说巴塞罗那队*没有*赢得欧洲冠军联赛似乎是错误的，因为根本就不存在所谓的巴塞罗那队。

那么，为什么取消主义是一种貌似合理的观点呢？一些人认为，方法论个体主义是合理的，而方法论个体主义蕴含取消主义，因此他们认为取消主义是合理的（Tuomela，1990）。然而，这一论点似乎是站不住脚的。方法论个体主义要求，关于集体实体的主张要以关于个体行动和属性的主张为基础，但这与集体实体的存在是一致的。因此，一个人可以是方法论个体主义者而不必也是一个取消主义者。（有关方法论个体主义的更多信息，请阅读本书中关于方法论个体主义的
260 章节。）

取消主义者必须持有一种更强的观点。首先，取消主义者必须认为，*只有*那

些被纳入我们的最佳解释的因素才能决定什么是存在的；其次，我们的最佳解释都*不能*诉诸群体。这些主张很强，因为社会群体一直在合理解释中起重要作用。我们来考虑对下面这一现象的解释，即为什么在球队输球后，更忠诚的球迷比不太忠诚的球迷更可能有倾向暴力：一支球队的胜利会增强所有球迷的社会认同和自尊，而失败只会降低那些对球队最认同的球迷的心理幸福感。因此，强烈认同的球迷会激进地行事，以重获这种幸福感（Wann et al.，2001）。如果我们将足球俱乐部的情况释义为关于个体成员的情况，这个解释就不再能确定为观众攻击性行为的主要原因。毕竟，一支球队的成员身份可以在球迷身份不变的情况下发生变化，而有些人可能在不了解球队所有成员的情况下就强烈地认同一支球队。

取消主义论点可能有助于证明，特定*类型*的社会群体并不是实在的。以“18 岁至 30 岁之间的未婚母亲”和“自我认同为犹太人的个体”这些群体为例。在这些群组例子中，拥有某些属性对于组中的成员关系来说是必要且充分的。虽然这些群体有时似乎有助于社会科学解释，但取消主义者会争辩说，只有当此群体的成员关系突出了实际起解释作用的因果因素时，群体才发挥解释作用。因为组成这个群体的每个个体都拥有界定这个群体的属性，所以这些属性才发挥的解释作用，群体根本不发挥任何作用。

二、还原论

第三种立场，*还原论*，介于取消主义和群体实在论之间。简单说一下“还原论”：在某些讨论中，还原论是取消主义的同义词。这种合并的原因是可以理解的，因为还原论者赞同取消主义者的观点，即我们的最佳解释并不假定社会群体，也就是说，他们也否认 GV2。具体地说，我们任何一个声称假定社会群体的最佳解释实际上只是个体主义解释的简略表达。此外，个体主义因素在这些解释中起到了真正的作用。然而，和群体实在论者一样，还原论者认为社会群体是存在的。因此，跟随哲学主流，我们将区分还原论和取消主义。

两个重要的主张辩护了还原论者关于社会群体存在的主张。首先，还原论者假设个体存在。其次，也是更具争议性的是，他们认为，社会群体并不凌驾于组成它们的个体之上。从这两种说法来看，在琐碎的（trivially）意义上，可以得出社会群体是存在的。这个推论的琐碎性意味着社会群体在任何“坚定的”或“实质性的”意义上都不存在。因此，社会群体是关于组成它们的个体的可有可无或多余的给定信息。因此，还原论者有时被称为“多余的实在论者”（List and Pettit，2011）。

然而，还原论者在对其归于社会群体的解释作用上与群体实在论者不同。还原论者认为个体在本体论上是根本的，同时也允许关于群体的陈述不必严格地说是错误的。由于还原论者认为群体对于我们的解释目的不是必要的，而且由于所有关于群体的陈述都可以转化为关于个体的陈述——但反之则不成立，因此还原论者否认，对社会现象的最佳解释要求我们假设社会实体——我们可以用个体实
261 体来代替。

与取消主义一样，还原论也面临着一些挑战。首先，还原论者必须说明社会制度的功能结构。社会制度是在个体行为中多重实现的，这意味着即使作为组成成分的个体的行为不同，制度本身也可以以同样的方式发挥作用。我们来考虑一下前面提到的对民主和平的解释。当我们试图理解选民是如何影响对民主领导人的决定时，对个人选票的描述并不重要，重要的是对选民整体投票的描述。如果是这样的话，那么诉诸群体层面上的社会制度的解释性主张将不同于诉诸个体层面上的社会制度的解释性主张：群体层面的主张是通过成员之间的*结构关系*来解释的，而个体层面的主张则是通过个体本身的属性来解释的（Kincaid，1986）。

最后，还原论无法解释，社会群体如何作为统一的行动者来行事，即公司、制度等如何意图去做一些事情、执行行动以及持有与行动相关的信念和欲望。事实上，李斯特和佩蒂特（List and Pettit，2011）认为，群体行动者*必然*拥有与行动相关的心理状态，而这种心理状态不能还原为个体心理状态。同样，吉尔伯特（Gilbert，1989）认为，群体心理状态有一个独特的规范成分，这一成分不能由个体层面所持有的心理状态来产生。

第四节　事物可以是实在的和“建构的”吗？

许多社会科学家（和一些哲学家）称自己为“社会建构主义者”（如 Berger and Luckmann，1991）。然而，对于这一学说所蕴含的内容、是否可以辩护以及是否与实在论相矛盾，存在着重大分歧。例如，许多社会科学家没有明确区分，依赖于社会条件、利益等的*实在性本身*与下述这种更为缓和的说法，即我们对实在性的*表征*展现出这种社会依赖性。任何对前者的仔细表述都很难得到辩护。相比之下，后者与这样一种说法是兼容的，即存在着一个其结构独立于这些表征的世界，也就是说，后者与实在论相兼容（Boghossian，2006）。更合格的建构主义形式主张，社会科学家作为最重要的研究社会问题的专家，在构建社会实体中发挥着特殊的作用。例如，麦肯齐（MacKenzie）、穆涅萨（Muniesa）和西乌（Siu）声称，经济学家制造（即构建）了他们所研究的市场（MacKenzie et al.，2007）。

就我们的目的而言，我们将把建构主义视为一种独特的反实在论。为了理解实在论者和建构主义者之间的争论，我们来考虑以下三个陈述：

脊椎动物：克里斯（Chris）和帕特（Pat）是脊椎动物。

婚姻：克里斯和帕特结婚了。

可爱：克里斯和帕特很可爱。

直觉上，*脊椎动物*在某些“客观”意义上为真，而*可爱*只在某些“主观”意义为真。原则上，温和的实在论者和温和的建构主义者可以在这些点上达成一致。*婚姻*等主张才涉及分歧。这些有争议的主张是像*脊椎动物*一样更“客观”，还是像*可爱*一样更“主观”？要取得进展，我们需要更清楚地了解“客观性”和“主观性”在这些语境下的含义。为此，我们首先要考察建构主义者的主张，即关于社会实体“依赖”我们，然后转向考察在实在论者与建构主义者的争论中所涉及的那种客观性。 262

一、依赖性的类别

不管有什么进一步的差异，所有的社会建构主义者都认为，一个被建构的实体在某种程度上“依赖”于某种社会事物的存在。更准确地说，建构主义的主张总是涉及两个实体。第一个是我们所说的*依赖实体*（dependent entity）。我们将重点关注依赖实体是社会实体的情况。在我们的例子中，克里斯和帕特的婚姻是依赖实体。第二种是*建构实体*（constructing entity），即依赖性实体所依赖的实体。建构实体必然是社会或心理实体。而我们例子中的建构实体可能是克里斯和帕特所在社会中的婚姻法。

对建构实体的依赖被认为将依赖实体排除在实在之外。因此，我们必须具体说明这种依赖性意味着什么，以及它如何影响实在论。为此，我们必须区分建构主义文献中的两种主要的依赖性［尽管看到 Sveinsdóttir（forthcoming）对结构更细微的分类］。首先，存在一种*因果依赖性*：

> 当且仅当如果 *G* 不存在的话，*F* 永远不会存在，或者它会有很大的不同，那么 *F* 因果地依赖于一个个体主义的/社会的实体 *G*。

虽然我们主要关注的是建构的*社会*实体，但许多因果建构的实体*不是*社会实体。例如，一些元素，如第 104 号元素铲，只能在实验室中产生，因此，因果依赖于科学家合成这些元素的意图。然而，元素是物理（非社会）实体的范例。一般说来，所有的人造物都是因果构建的。例如，制造商生产一辆自行车的意图是那辆自行车存在的一个原因。

大家的普遍共识是，因果建构的实体是实在的。自行车是因果依赖性实体，就像铲和其他自然科学实体一样，我们没有理由对自行车持反实在论的态度。因此，只要社会实体仅仅是人们心理状态和行动的结果，那么就没有理由认为它们没有其他人造物实在。

然而，我们有充分的理由认为，一些社会实体，比如婚姻，并不仅仅是因果建构的。这是因为婚姻展示了一种不同的依赖性：

当且仅当 G 的持续存在是 F 持续存在的必要条件时，F 构成性地（constitutively）依赖于个体主义的/社会的实体 G。

即使建构因果依赖的实体已不复存在，其实体仍可以继续存在。相反，构成性依赖的实体不能。为了使这一点更明确，我们来思考，若每个人都要自发地消失，那么被构建的实体是什么样的状态：自行车将继续存在；婚姻则不会。

虽然关于因果建构的实体的实在论受到普遍接受，但关于构成性地建构的实体的实在论更具争议性。一些学者是这些实体的实在论者（Haslanger，2012）。他们的论证分两步进行。第一，对于那些认为婚姻更像是一种可爱的人来说，他们否认从“x 是心理依赖的”到“x 不是实在的”这一推断是成立的（Haslanger，2012；Rosen，1994）。第二，它们使用了上面探讨的解释论证，但相关的假设是构成性依赖实体。例如，有些人认为种族和性别在社会研究中起着突出的解释作用，因
263 此是实在的，尽管它们构成性地依赖于某些社会条件。这将表明解释论证有以下“构成性变体”（constitutive variant，CV）：

CV1 如果对相关事实的最佳解释假定了构成性依赖实体，那么我们应该相信构成性依赖实体的存在。

CV2 对相关事实的最佳解释假定了构成性依赖实体。

CV3 因此，我们应该相信构成性依赖实体的存在。

这种信念的实在论者可能会以以下方式论证。婚姻是构成性地依赖的。此外，我们最佳的解释是将婚姻视为心理幸福感（Gove et al.，1983）的一个中心决定因素。因此，我们应该相信婚姻存在。

然而，这一论点至少有三个反对意见。首先，由于构成性依赖实体只是一种社会实体，对解释论证的相同反对意见也适用于其构成性变体。因此，如果解释悲观主义、虚构主义、取消主义或还原论对一般社会实体是正确的，那么它们也适用于构成性依赖实体。

其次，构成性变体论点可能有些牵强。例如，我们还不清楚为什么可爱并非构成性地依赖于人们的态度和情感。此外，可爱很可能算作我们对某些事物的最

佳解释，例如，小狗模因在互联网上的流行。然而，正如我们已经提出的，关于可爱的实在论是不合理的。虽然一些实在论者已经咬紧牙关努力克服这一困境（Haslanger，2012），但另一些实在论者则把这当作证据，证明解释论证的第一个前提（CV1）是错误的。

最后，似乎只有援引构成性*建构*实体的解释才能始终“屏蔽”或“取代”，任何其相应的构成性*依赖*实体是其一部分的解释。因此，这一论证的第二个前提（CV2）是有争议的。例如，小狗的可爱构成性地依赖于我们对它们的态度。因此，我们似乎可以通过诉诸这些态度来解释网络小狗模因的流行，而不是在我们的本体论中加入另一个属性——可爱。同样，尽管对种族和性别的*态度*解释了各种社会结果，但这并不意味着种族和性别是实在的或解释性的。换言之，就一个实体是构成性地建构的而言，它不太可能在我们的最佳解释中，发挥那种允许本体论承诺的作用。

二、客观性

另一种改进解释论证方法是，确定进一步的标准来区分实在的构成性建构（如种族和性别）和其他类型的构成性依赖实体（如可爱），从而让它为关于构成性依赖实体奠定基础。在此，我们可以（松散地）遵循塞尔（Searle，1995）的建议——即使某些社会实体的*存在*依赖于态度和社会条件，我们对这些实体的*判断*也会与我们对自然科学实体的判断一样客观。

例如，让我们再次思考这个陈述：克里斯和帕特结婚了。婚姻是构成性依赖实体：只有在参与者所生活的社会的法律结构适当地认定两个人的婚姻存在的情
况下，这一婚姻才存在。不过，关于克里斯和帕特是否结婚这件事有一个事实， 264
如公认的婚姻法，以及这些法律所要求的程序是否得到适当遵守。一般来说，

当且仅当观点持有者有可能认为某物是F且是错的，则F在认知上是客观的。

这里的“观点持有者”（即建构实体）可以是个体或团体。应该清楚的是，一些实体，如脊椎动物，在认知上是客观的。有人可能会误解谁是脊椎动物或什么是脊椎动物。此外，我们也可以看到，为什么一些社会实体是认知上的客观。例如，假设克里斯和帕特是合法结婚的同性伴侣。由于其宗教信念，弗兰克可能认为克里斯和帕特没有结婚。然而，弗兰克的宗教信念并没有取消克里斯和帕特的婚姻。同样，在第一次取消时，没有一个个体关于种族、性别、婚姻、就业、收入等的信念能够取消关于这些社会实体的经验性陈述。

相比之下，关于可爱的判断在我们的认知生活中起着不同的作用。它们在认知上是*主观的*。特别是，关于可爱的（有用）判断的真实性取决于，判断某物是否可爱的人的心理状态。换句话说：

一个群体或一个人认为一只小狗很可爱，蕴含着这只小狗就是可爱的。

塞尔式的实在论者声称，情人眼里出西施，而许多关于婚姻等社会实体的主张则不然。这对社会建构主义有何影响？虽然认知客观性的说明声称，“观点持有者”是个体或群体，但社会建构主义者通常倾向于将观点持有者视为社会群体的认知主观性说明：

当且仅当某些群体认为某物是 F 时且该物必然是 F，则 F 在认知上是主观的。

（注：我们对认知主观性和客观性的讨论受启发于塞尔的说明，但却并不完全相同。）如上所述，像弗兰克这样的个体能够取消一桩婚姻，这是不合理的。相比之下，某些社会团体或他们的代理人——如立法机关或法官，可以取消一桩婚姻。因此，对关于构成性依赖的实体论者，建构主义者的立场提出了一个有趣挑战。

综上所述，实在论者和建构主义者可能都认同，某些社会实体是构成性地建构的。然而，实在论者声称，实体是认知客观的（因此更像“脊椎动物”这种概念），而建构主义者则声称，实体是认知主观的（因此更像“可爱”这种概念）。例如，建构主义者会主张，关于种族群体的成员资格的判断依赖于做出那个判断的某个社会群体。

我们如何判断这些相互竞争的主张？在社会科学的语境下，这种建构主义的可辩护性（部分地）依赖于，用来对所讨论的社会实体做出判断的具体方法。例如，一些阐释方法具有充分的自反性，即社会科学家的直觉、感觉、信念等必然参与他们对社会实体的判断（Bourdieu and Wacquant，1992；Denzin，2001；Wylie，1994）。就这些方法是获得关于某些社会实体的知识的唯一或最好的方法而言，建构主义和认识主观主义是相对直接的。

相比之下，一些方法——特别是那些与自然科学共有的方法——声称能够对一组独立于心智的经验事实负责。这些方法包括观察、测量、统计分析和因果推
265 理。如果这些方法做了它们声称要做的事情，那么关于它们所辩护的判断的建构主义就会显得不合时宜。然而，一些人通过呼吁自然科学实体的建构主义者——他们否认了这些方法的客观性（Bloor，1976；Kuhn，1996；Latour，1987；Latour and Woolgar，1986；Pickering，1984；1995），提出了这一特别有野心的关于社会实体的建构主义类型（Law，2004）。

因此，综上所述，建构主义者和实在论者关于社会实体的争论，并不是关于

那些因果依赖于社会条件的实体的争论，否则，铲就会是社会建构的。相反，这是一场关于构成性建构实体的争论。然而，一些构成性建构实体，如可爱，似乎不值得实在论的对待。因此，当实在论者和建构主义者对构成性依赖实体存在分歧时，真正的关键在于这些实体是认知客观的还是认知主观的，即对这些实体做出判断的方式是否足以使这些判断为真。

第五节　结　　论

总之，无论一个人是在讨论社会群体、社会建构还是其他社会实体，实在论者首先诉诸解释论证。根据这一论证，如果我们的最佳解释假定了社会实体，那么我们应该相信这些实体存在。然而，解释悲观主义者引用了科学上失败解释的历史，将其作为反对这一论点的证据。虚构主义者也对这种实在论学说提出挑战，声称我们可以在我们的最佳解释中使用社会实体，而不必相信它们的存在。

解释论证也认为，我们的最佳解释假定了社会实体。对社会群体的特别关注揭示了对这一主张的两个挑战。首先，取消主义者声称，关于社会群体的陈述是错误的，应该用关于个体的陈述来代替。其次，还原论者声称，关于社会群体的陈述在琐碎的意义上为真，因为它们实际上只是关于个体的陈述的简要表达。在这两种情况下，我们的最佳解释都没有假定社会实体。

实在论的另一个方面涉及社会实体的客观性。正如我们所看到的，实在论者认为，社会实体是认知客观的，因为一个群体或一个人关于社会实体的看法可能是错误的。相比之下，建构主义者声称，（至少有些）社会实体是认知上的主观的，这意味着关于这些实体的观点决定了它们是什么。

许多选择和问题可以说明这一点。社会科学中的实在论是否可以在没有解释论证的情况下得到辩护？对取消主义和还原论的挑战能否延伸到群体以外的社会实体？如果社会实体不是实在的，为什么还要费力研究它们呢？社会科学家如果采取上述一种（或多种）反实在论的立场，会有什么损失？鉴于有各种各样的立场，社会科学中存在着足够的空间来容纳有细微差别的本体论立场。

注　　释

1 我们要感谢李·麦金太尔、乔娅·帕帕拉尔多（Gioia Pappalardo）、杰里米·里德（Jeremy Read）和一位匿名评审对这个项目的帮助。

2 当我们谈到关于社会实体的取消主义时，“取消主义”通常指的是心理学哲学中

266 关于个体心理状态（信念、欲望等）的一个类似立场。

参 考 文 献

Berger, Peter L., and Thomas Luckmann.1991. *The Social Construction of Reality: A Treatise in the Sociology of Knowledge*. London: Penguin UK.

Blalock, Hubert M. 1971. *Causal Models in the Social Sciences*. Chicago: Aldine Atherton.

Blau, Peter, and Otis Dudley Duncan. 1967. *The American Occupational Structure*. New York: Wiley.

Block, N. J. 1976. "Fictionalism, functionalism and factor analysis," in R. S. Cohen, C. A. Hooker, A. C. Michalos, and J. W. Van Evra (eds.), *PSA 1974*. Dordrecht: Springer Netherlands: 127-141.

Bloor, David. 1976. *Knowledge and Social Imagery*. London and Boston: Routledge & Kegan Paul.

Boghossian, Paul. 2006. *Fear of Knowledge: Against Relativism and Constructivism*. Oxford: Clarendon Press.

Bourdieu, Pierre, and Loïc J. D. Wacquant. 1992. *An Invitation to Reflexive Sociology*. Chicago: University of Chicago Press.

Churchland, Paul M. 1985. "The ontological status of observables: in praise of the superempirical virtues," in P. M. Churchland and C. A. Hooker (eds.), *Images of Science: Essays on Realism and Empiricism with a Reply from Bas C. van Fraassen*. Chicago: University of Chicago Press: 35-47.

Colander, David(ed.). 1996. *Beyond Microfoundations: Post Walrasian Economics*. Cambridge: Cambridge University Press.

Comte, Auguste. 1868. *The Positive Philosophy of Auguste Comte*. New York: W. Gowans.

de Mesquita, Bruce Bueno, James D. Morrow, Randolph M. Siverson, and Alastair Smith. 1999. "An institutional explanation of the democratic peace," *American Political Science Review*, 93(4): 791-807.

Demeter, Tamás. 2013. "Mental fictionalism," *The Monist*, 96(4): 483-504.

Denzin, Norman K. 2001. "The reflexive interview and a performative social science," *Qualitative Research*, 1(1): 23-46.

Dupré, John. 1993. *The Disorder of Things: Metaphysical Foundations for the Disunity of Science*. Cambridge, MA: Harvard University Press.

Durkheim, Emile. 2013. *Durkheim: The Rules of Sociological Method, and Selected Texts on Sociology and Its Method*. Trans. by W. D. Halls. 2nd edn. Basingstoke: Palgrave Macmillan.

Elster, Jon. 2007. *Explaining Social Behavior: More nuts and Bolts for the Social Sciences*. Cambridge: Cambridge University Press.

Friedman, Milton. 1953. "The methodology of positive economics," in Milton Friedman (ed.), *Essays in Positive Economics*. Chicago: University of Chicago Press: 5-43.

Garfinkel, Alan. 1981. *Forms of Explanation: Rethinking the Questions in Social Theory*. New Haven: Yale University Press.

Gilbert, Margaret. 1989. *On Social Facts*. Princeton, NJ: Princeton University Press.

Gove, Walter R., Michael Hughes, and Carolyn Briggs Style. 1983. "Does marriage have positive effects on the psychological well-being of the individual?" *Journal of Health and Social Behavior* 24(2): 122-131.

Hacking, Ian. 1983. *Representing and Intervening: Introductory Topics in the Philosophy of Natural Science*. Cambridge: Cambridge University Press.

——. 1985. "Do we see through a microscope?" in P. M. Churchland and C. A. Hooker (eds.), *Images of Science: Essays on Realism and Empiricism, with a Reply from Bas C. Van Fraassen*. Chicago: University of Chicago: 132-152.

Haslanger, Sally. 2012. *Resisting Reality: Social Construction and Social Critique*. Oxford: Oxford University Press.

Hedström, Peter. 2005. *Dissecting the Social: On the Principles of Analytical Sociology*. Cambridge: Cambridge University Press.

Kincaid, Harold. 1986. "Reduction, explanation, and individualism," *Philosophy of Science*, 53(4): 492-513.

——. 2008. "Structural realism and the social sciences," *Philosophy of Science*, 75(5): 720-731.

King, Gary, Robert O. Keohane, and Sidney Verba. 1994. *Designing Social Inquiry: Scientific Inference in Qualitative Research*. Princeton, NJ: Princeton University Press.

Kuhn, Thomas S. 1996. *The Structure of Scientific Revolutions*. 3rd edn. Chicago: University of Chicago Press. Original edition, 1962.

Latour, Bruno. 1987. *Science in Action: How to Follow Scientists and Engineers Through Society*. Cambridge, MA: Harvard University Press.

Latour, Bruno, and Steve Woolgar. 1986. *Laboratory Life: The Construction of Scientific Facts*. 2nd edn. Princeton, NJ: Princeton University Press. Original edition, Beverly Hills: Sage Publications, 1979. 267

Laudan, Larry. 1981. "A confutation of convergent realism," *Philosophy of Science*, 48(1): 19-49.

Law, John. 2004. *After Method: Mess in Social Science Research*. New York: Routledge.

Lewis, Oscar. 1975. *Five Families: Mexican Case Studies in the Culture of Poverty*. New York: Basic Books.

List, Christian, and Philip Pettit. 2011. *Group Agency: The Possibility, Design, and Status of Corporate Agents*. Oxford: Oxford University Press.

MacDonald, Paul. 2003. "Useful fiction or miracle maker: The competing epistemological foundations of rational choice theory," *American Political Science Review*, 97(4): 551-565.

MacKenzie, Donald A., Fabian Muniesa, and Lucia Siu. 2007. *Do Economists Make Markets? On the Performativity of Economics*. Princeton, NJ: Princeton University Press.

Mill, John Stuart. 1904. *A System of Logic, Ratiocinative and Inductive: Being a Connected View of the Principles of Evidence and the Methods of Scientific Investigation*. 8th edn. New York: Harper.

Pickering, Andrew. 1984. *Constructing Quarks: A Sociological History of Particle Physics*. Chicago: University of Chicago Press.

——. 1995. *The Mangle of Practice: Time, Agency, and Science*. Chicago: University of Chicago Press.

Psillos, Stathis. 1999. *Scientific Realism: How Science Tracks Truth*. London: Routledge.

Quinton, Anthony. 1975. "The presidential address: social objects," *Proceedings of the Aristotelian Society*, 76: 1-27, viii.

Reed, Isaac. 2008. "Justifying sociological knowledge: from realism to interpretation," *Sociological Theory*, 26(2): 101-129.

Root, Michael. 2000. "How we divide the world," *Philosophy of Science*, 67: S628-S639.

Rosen, Gideon. 1994. "Objectivity and modern idealism: What is the question?" in Michaelis Michael and John O'Leary-Hawthorne (eds.), *Philosophy in Mind*. Dordrecht: Springer Netherlands: 277-319.

Searle, John R. 1995. *The Construction of Social Reality*. New York: Free Press.

Stanford, P. Kyle. 2006. *Exceeding Our Grasp: Science, History, and the Problem of Unconceived Alternatives*. Oxford: Oxford University Press.

Sundstrom, Ronald R. 2002. "Race as a human kind," *Philosophy and Social Criticism*, 28(1): 91-115.

Sveinsdóttir, ásta. forthcoming. "Social construction," *Philosophy Compass*.

Thatcher, Margaret. 2015. Interview for *Women's Own* Magazine, October 31, 1987. Available from www. margaretthatcher.org/ document/106689, accessed December 1, 2015.

Tuomela, Raimo. 1990. "Methodological individualism and explanation," *Philosophy of Science*, 57(1): 133-140.

Turner, Stephen P. 2003. "What do we mean by 'we'?" *Protosociology*, 18-19: 139-162.

van Fraassen, Bas C. 1980. *The Scientific Image*. New York: Clarendon Press.

——. 1989. *Laws and Symmetry*. Oxford: Oxford University Press.

Wann, Daniel L., Merrill J. Melnick, Gordon W. Russell, and Dale G. Pease. 2001. *Sport Fans: The Psychology and Social Impact of Spectators*. London: Routledge.

Weber, Max. 1978. *Economy and Society*. Berkeley: University of California Press.

Worrall, John. 1989. "Structural realism: the best of both worlds?" *Dialectica*, 43 (1-2): 99-124.

Wylie, Alison. 1994. "Reasoning about ourselves: feminist methodology in the social sciences," in Michael Martin and Lee C. McIntyre (eds.), *Readings in the Philosophy of Social Science*. Cambridge, MA: MIT Press: 611-624.

延 伸 阅 读

Brock, Stuart, and Edwin David Mares. 2007. *Realism and Anti-Realism*. Montreal: McGill- Queen's University Press, esp. chs. 1-3. 该书清晰地介绍了现实主义和反现实主义的一般问题。

Leplin, Jarrett, ed. 1984. *Scientific Realism*. Berkeley: University of California Press. 该书相对全面地考察了一般科学哲学中表现出来的实在论-反实在论争论，尽管不同的贡献者倾向于使用自然科学的例子。

Lipton, Peter. 2004. *Inference to the Best Explanation*. 2nd edn. New York:

Routledge. 该书详细地提出主要的解释悲观主义论点，并提供详细的回应。 268

Mäki, Uskali(ed.). 2002. *Fact and Fiction in Economics: Models, Realism and Social Construction*. Cambridge: Cambridge University Press. 该书从经济学角度讨论虚构主义。

Risjord, Mark. 2000. *Woodcutters and Witchcraft: Rationality and Interpretive Change in the Social Sciences*. Albany: State University of New York Press. 该书表明了与利普顿非常相似的观点如何可以应用于社会科学。

Sainsbury, R. M. 2010. *Fiction and Fictionalism*. New York: Routledge. 该书对虚构主义进行了很好的介绍。

关于取消主义、还原论和群体实在论的进一步讨论包括:

Ritchie, Katherine. 2015. "The metaphysics of social groups," *Philosophy Compass*, 10: 310-321.

Tuomela, Raimo. 2013. *Social ontology: Collective Intentionality and Group Agents*. Oxford: Oxford University Press.

对社会建构主义的进一步讨论包括:

Hacking, Ian. 1999. *The Social Construction of What?* Cambridge, MA: Harvard University Press.

Mallon, Ron. 2007. "A field guide to social construction," *Philosophy Compass*, 2: 93-108.

Sismondo, Sergio. 1993. "Some social constructions," *Social Studies of Science*, 269
23: 515-553.

第二十三章　批判实在论

贾斯汀·克鲁克尚克（Justin Cruickshank）

第一节　导　　论

在社会科学中，实在论经常与相对主义者的立场（即社会建构主义、后结构主义和后现代主义）并列，但两者准确的区分是：相对主义与普遍主义、实在论和唯心论。唯心论认为，实在完全由心灵和观念构成。而实在论则强调实在独立于我们人类主体。虽然我们对实在形成的观念构成了实在的一个部分，但实在却超越了我们的观念，并且不能与我们的观念以同构关系而存在，即观念并排是关于研究对象的精确“复制”。对“形而上学实在论”与本章谈到的“实质性实在论”所做出区分，对我们理解批判实在论是一项有益的工作。

形而上学实在论对实在进行了两种形式的划分：第一，我们对实在所做出的表征；第二，这些表征之外不可知的实在，形而上学实在论在这两者之间开启了一种二元论。作为形而上学实在论的主要支持者，特里格（Trigg，1989［1980］，1993）认为，科学是一项永无止境的事业，因为实在本身是无法知晓的。对于特里格来说，认识到这一点是科学研究的动力所在，科学家们一直在寻求更接近实在的东西。

因此，在形而上学实在论中，我们得到了一个未知且空洞的实在定义。相比之下，这里所说的“实质性实在论”的确设法提出了一些有关实在的典型特征。使用“实质性实在论”一词是为了避免，这一立场其他名称（如科学实在论或社会实在论）的不同含义而产生混淆。对于实质性实在论而言，其所做出的区分并非在于我们的观念与表征之间的区分，也不在于我们的观念与未知实在之间的区分，而在于表层之表象与更深层的不可观察但潜在可知的因果机制之间的区分。这种实质性实在论在社会科学中有着悠久的历史。迪尔凯姆（Durkheim，1993）关于不可观察的“自杀潮”的论证就是实质性实在论的早期形式，他认为，“整合”与“规制”导致了国家自杀率统计数据波动的过高或过低。

批判实在论是实质性实在论的一种形式，由哲学家罗伊·巴斯卡的一系列研究工作发展而来，巴斯卡的著作《科学的实在论理论》（Bhaskar，1997［1975］）、《自然主义的可能性》（Bhaskar，1998a［1979］）、《科学实在论与人类解放》（Bhaskar，2009［1986］）、《重申实在》（Bhaskar，2011［1989］），使批判实在论成为一场突出的当代智力运动。巴斯卡随后通过发展一种实在论的辩证法哲学然后是唯心论，来形成他的哲学立场。本章只关注他的早期工作，因为这对社会科学产生了极大 270
的影响。

第二节　后实证主义的自然主义

自然主义的立场主张，自然科学和社会科学在研究方法上具有统一性。自然主义通常被认为是一种实证主义立场。与此相对的是，巴斯卡发展出一种后实证主义的自然主义。

巴斯卡（Bhaskar，1997［1975］，1998a［1979］，2009［1986］，2011［1989］）认为，实证主义犯了“认知谬误”（epistemic fallacy），即把定义*什么*是实在的本体论问题，转化为我们*如何*认识实在的认识论和方法论问题。之所以称之为谬误，是因为其给予实在以错误的定义。对于实证主义来说，出现“认知谬误”的原因在于，实证主义者的方法论，即归纳法和假设-演绎方法，是以经验主义认识论为前提的。经验主义认识论认为，有关因果关系的知识来自固定经验模式的直接观察。使用归纳法的前提是，原因与结果的关系是可以直接观察到的，这意味着相关性被视为因果关系。至于假设-演绎方法，其假定虽然原因可能是不可观察的，但它们的结果表现为可以直接观察到的固定经验模式。因此，在这两种方法中，科学的说明性知识之可靠性都来自固定经验模式的直接观察。虽然这些立场回避了任何明确的本体论承诺，但它们都有一个隐含的承诺，即“封闭的系统本体论”，其假定在自然实在中起作用的因果过程会形成封闭于变化的经验规律。因此，*什么*是实在这一本体论问题，就通过我们*如何*认识世界的经验主义承诺得到了含蓄的回答，由此假定实在是一个封闭系统。正如我们所看到的经验模式、自然规律及其结果（用归纳法），或者仅仅是自然规律的结果（用假设-演绎方法），都是根据可观察到的模式来定义的。与此相反，巴斯卡（Bhaskar，1998a［1979］：9）认为，尽管实验室可能创造出人工的封闭系统，但自然界是一个“开放的系统”，也就是说，在可观察事件的领域，自然界是开放的。换句话说，关于实在是什么的本体论问题转化为，通过观察模式我们如何认识实在的认识论问题，导致了对实在和科学的错误定义。对于一名不得不停留在可观察的“表层”领域的实证主义者来说，接受开放系统本体论就意味着科学不再可能，因为如果人们接受了观察模式崩溃的事实，那么就不会有因果过程。然而，巴斯卡反对这样的结果，因为他并不认为因果关系的说明取决于观察的固定经验——表层——模式。

巴斯卡（Bhaskar，1997［1975］，1998a［1979］，2009［1986］，2011［1989］）在证明了实证主义无法解释科学如何运行之后，提出了一个关于科学可能性条件的先验问题。为了回答这个问题，巴斯卡认为，我们需要在科学中寻找本体论假设来解释科学自身说明上的成功。只有本体论而不是认识论，才能告诉我们科学为什么能正确地认识实在。巴斯卡在科学中获得的本体论假设是，自然世界是一种分层的开放系统。自然世界是分层的，其原因在于，因果过程存在于可观察到的事件领域之下，所以科学必须深入“表层之下”，来构建不可观察机制存在的理论。此外，自然实在被划分为不同层次的“突现属性”，化学和生物学领域突现于
271 物理领域，但不能还原到物理领域。

巴斯卡（Bhaskar，1997［1975］：36）认为，他把形而上学作为一门“概念科学”来进行研究。这意味着，巴斯卡并未对实在的终极本质进行形而上学推测，而是试图明确迄今为止在科学中所隐含的本体论假设，而哲学则充当了“小工”的角色，用来清除任何潜在的实证主义者的困惑。“小工”一词源于经验主义者约翰·洛克（John Locke），但在这里，所清除的是进步道路之外的经验主义（和实证主义），而不是形而上学（Locke，1961）。在这种情况下，巴斯卡将自然实在的不及物领域与科学理论的及物领域区分开来。后者之所以被称为及物的，是因为当科学被认为是成功的同时，它也被认为是易错的，因此科学理论将被取代。这种对可错论（fallibilism）的承认导致巴斯卡赞成“认识论的相对主义”（Bhaskar，1997［1975］：249）。这里所支持的这种相对主义并非认为，真理完全是相对于一个视角而言的，因为那样就会导致认知谬误。相反，真理是这样一种认识，即所有的知识都是相对于可错理论而言的。我们无法看到不及物领域，而是通过可错理论来接近真理。以往科学理论中起作用的那些本体论假设，指导这些可错理论。因此，及物领域中的那些本体论假设最终产生了一个隐含的归纳辩护。这些本体论假设并不是从镜像不及物领域的角度来辩护的，而是作为一组本体论假设从而得到辩护的，这些假设作用于过去的及物领域，因此被认为对未来及物领域也是有效的。从科学的本体论假设的镜像不及物领域这一角度，对科学的本体论假设进行辩护，就会犯“本体谬误”（Bhaskar，1998b：642），即认为实在已经用它自己一贯正确的语言进行了表述。不过，归纳辩护的隐含转向确实引发了一个逻辑问题，即试图根据过去被复制的事件来预测未来成功这样一个逻辑问题。

巴斯卡（Bhaskar，1998a［1979］）主张一种“可能的自然主义”。他认为，社会科学要想成功，就必须建基于对社会世界正确的本体论假设之上，而社会世界的本体论假设不一定与自然世界相同。为了解决这个问题，他转向了结构-能动

性问题。结构主义因物化结构而被拒绝，而方法论个体主义立场被拒绝的原因在于，未能解释有关个体的任何说明是如何必须参考社会因素的（如制度规则、经济资源、性别规范等）。为了解决结构-能动性问题，结构需要被概念化为机制，其中机制是以能动性为条件但不决定能动性，并且这些机制本身是不可观察的，并运行于开放系统中。社会实在之所以是一个开放系统，是因为结构以可能的方式相互作用，而且行动者可以改变结构（Bhaskar，1998a［1979］；Sayer，1992）。这种情况所带来的后果是，社会科学需要建立在与自然科学相同的方法基础之上，也就是在开放系统中对不可观察的结构的运行进行说明。这种自然主义取决于社会之实在，而不是像实证主义者那样，为了寻求社会科学的科学性，武断地为其规定一种自然科学方法。

批判实在论的哲学试图成为一种“元理论”。这意味着，其并不提供实质性的具体定义，而是提供有关社会实在的一般定义，那些旨在解决具体经验研究问题的特定理论将借鉴这些一般定义。以这种方式，批判实在论的哲学通过将结构主义、方法论个体主义和实证主义者的自然主义置于一边，而且通过用批判实在论者的本体论术语来代替它们，这种本体论术语将建立一种后实证主义的自然主义，正是通过这些批判实在论的哲学为社会科学提供了基础。 272

第三节　突现与形态发生

批判实在论者拒绝实证主义者的归纳法和假设-演绎方法，而倡导回溯法。这种方法蕴含一种“推理模式，在这种模式中，人们通过假设（和识别）能够产生事件的机制来对事件给予说明”（Sayer，1992：107）。或者，正如巴斯卡所言，回溯法包含：把一个复杂事件分解为其组成元素；重新描述各组成元素的原因；回溯可能的先前原因；消除其他可能的原因（Bhaskar，1998a［1979］：129）。因此，我们需要从开放系统所呈现的明显的复杂性开始，然后使用抽象来尝试并定义起作用的因果机制。阿切尔（Archer，1995）的形态发生学方法就是这方面的一种尝试，其源于阿切尔对巴斯卡回溯法的修订。

巴斯卡的自然主义不仅是一种可能的自然主义，而且是一种“有限的自然主义”。他很谨慎地将结构定义为与自然中的因果机制相同的存在，因为这可能涉及决定论和物化，从而用结构主义本体论取代这种将结构和能动性联系起来的尝试。因此，巴斯卡通过论证社会结构与自然结构的不同之处，来寻求对自然主义的限制：社会结构依赖于行动者对自身行为的观念；社会结构依赖于行动者的活动；社会结构仅仅是相对持久的（Bhaskar，1998a［1979］：38）。比如，资本主义可能会影响个体，但与自然规律不同，其取决于行动者的想法和行为，而且受时间的限制。

阿切尔（Archer，1995）认为，前两个限制条件使巴斯卡的立场类似于吉登斯的“结构化理论”。吉登斯（Giddens，1979，1995）将结构定义为规则（即主体间的规范）和资源，并认为，规则在被行动者“实例化”或作用于行为者之前，其仅仅是一种“虚拟存在”。这让阿切尔将吉登斯的立场定义为一种“趋中合并论”（central conflationism），因为其将结构视为由行动者制定的规则，从而将结构合并到行动者当中，同时也将行动者合并到结构当中。对阿切尔来说，这种“在场时态本体论”（ontology of the presence tense）的错误在于，她没有认识到结构具有某种独立于行动者的自主权。[为吉登斯进行的辩护，参见 Stones（2001，2005）。] 为了修正这一观点，阿切尔采用了与巴斯卡相似的立场，她将结构定义为突现属性，这种属性是一种依赖于过去时态的活动。这意味着，结构突现于过去行动者的行动，然后凭借自身的能力获得因果力量。除了物质结构或“结构突现属性”（structural emergent properties，SEPs），如经济，阿切尔还认为，行动者受到“文化突现属性”（cultural emergent properties，CEPs）的制约，如宗教教义和性别规范。宗教教义和性别规范等一系列观念长期存在，只有当它们不被视为依赖于行动者头脑中的观念，而是被视为具有约束行动者力量的突现属性时，这种长期存在才能获得解释。在一般意义上，结构突现属性和文化突现属性都是“结构性的”，因为它们都具有突现属性。关于结构对行动者对自身行为观念的依赖性，阿切尔认为，这只是有限的相关性。行动者结婚可能是因为他们对结婚具有积极的观念，但行动者可能对他们自己的行动再现了一种家庭形式的制度以及赋予这种制度的文化突现属性缺乏任何观念。

虽然结构和能动性在实践中总是交织在一起，但对它们相互作用的研究必须随着时间的推移而进行，因为鉴于结构和能动性相对于行动者具有自主性，能动性不能迅速改变突现属性。如果能动性改变突现属性，则需要时间。因此，基于批判实在论的任何经验研究都需要开始于回溯性的陈述：在给定的情况下是什么样的结构在起作用，行动者和结构如何随时间的推移而相互作用，能动性是否导致形态发生（变化）或形态停滞（持续性）。这被阿切尔（Archer，1995）称为“形态发生方法”。卡特（Carter，2000）对英国第二次世界大战后移民政策的研究就
273 是该方法运用的一个具体实例。卡特从不断变化的经济和政府政策的表层着手，不过他并未讨论个体行动者（如政治家）的行动，而是从表层回溯到潜在的突现属性，他将这种潜在的突现属性定义为经济增长的结构突现属性和种族主义的文化突现属性，这两种属性约束行动者。这构成了卡特形态发生方法的第一个阶段。接下来，卡特研究了行动者（政客和工会主义者）、结构突现属性和文化突现属性

之间的相互作用，以了解形态发生是如何随着时间的推移而出现的，卡特发现尽管在许多地区存在种族歧视，但移民被用来满足对劳动力的需求。

阿切尔在她后期的研究（Archer，2000a，2003，2007，2010，2012）中对能动性给出了详细的定义。她认为，能动性应通过“内部对话”来定义，而这种“内部对话”反过来又被行动者运用的自反性所塑造。阿切尔确定了四种类型的自反性。自主的自反性寻求最有效的方法来遵循特定的目标；元自反性不断质疑自身的目标；沟通的自反性需要与他人讨论他们的目标，并接受他人的评论；而断裂的自反性在目标设定和达成过程中会遇到认知和情感问题。这些类型的自反性塑造了行动者如何对主流突现属性所提供的赋能（enablements）和约束做出反应。在一篇评论性文章中，范登伯格（Vandenberghe，2005）对阿切尔的著作持肯定态度，但也确实认为阿切尔对能动性的社会概念没有足够的认识。在他看来，阿切尔的解释过于“内在主义”，从而未注意到语言转向以及内在对话的“主体内在性和主体间性”。对此，范登伯格指出，“如果一个人陈述自己，另一个人就会作为我所承诺的个人身份的‘内在见证’而存在”（Vandenberghe，2005：233）。

第四节　结构–能动性问题是一个实际存在的问题吗？

一些社会科学家认为，结构-能动性问题是一个伪问题。富勒（Fuller，1998）持这一观点，并认为这个问题重现了有关决定论和自由意志古老的哲学争论，这些争论涉及形而上学的推测，因此不能被转化为一种社会科学语言来协助经验研究。批判实在论者对此持反驳态度，认为，通过回溯法，人们可以获得运行于开放系统中有关结构的经验知识，这些结构通过提供一系列的约束和赋能来制约行为者。例如，经济衰退会减少就业机会和薪水，一些企业将靠出售更便宜的商品而生存。

哈伊（Hay，2002：90-91；2006：85-86）从广泛的实在论视角展开自己的论述并对富勒的观点提出疑问，其方式与标准的批判实在论者的反驳方式不同。哈伊认为，富勒误解了这一问题，因为其“将这一问题视为一个具有潜在‘解决方案’的‘问题’，这实际上是声称这一问题是一个可以被彻底解决的经验问题”（Hay，2006：86）。但哈伊反对这种说法，他认为所有的数据都是根据先前的本体论假设来解释的。换句话说，哈伊实际上是在指责富勒犯了认知谬误，因为富勒认为对经验数据的观察可以导致一种本体论被证实，比如批判实在论，也可以导致另外一种本体论被证伪，比如结构主义。但是，本体论并没有体现在数据中。如果我们接受哈伊（Hay，2002）所说的认识论和方法论对本体论的“方向依赖

274 性”，即*如何*的问题对*是什么*的问题的依赖性，那么就没有一种本体论上中性的方式来观察数据。因此，对于富勒来说，这个问题是错误的，因为该问题不能在社会科学研究（或哲学思辨）中被解决，而对于哈伊来说，该问题的解决不能停留在经验检验中以确定哪个本体论是正确的。相反，对哈伊来说，该问题解决的重点必须放在哪个本体论是内部连贯的以及本体论在构建研究问题方面有多大的用处。

尽管哈伊认为结构–能动性问题是一个实际存在的问题，但他实际上拒绝批判实在论者的“结构”和“能动性”这两个概念。换句话说，如果认为能动性如何被个体以外的因素所调节是一个合理的问题的话，那么“结构”和“能动性”这两个概念是存在异议的。哈伊认为，我们不应该“将分析性的区分物化和本体论化”（Hay，2002：125）。这意味着，虽然我们需要避免方法论个体主义所说的社会语境如何以赋能和约束制约能动性，这意味在一般意义上援引“结构性因素”来指代社会语境，但我们更需要避免将“结构”和“能动性”视为实在的两个独立部分。正是这个原因导致哈伊对阿切尔形态发生方法的批判，该方法的前提是试图说明实在的不同部分之间的相互关系。哈伊认为：

> 阿切尔似乎给人的印象是，结构是不同的、外部的、持久的，与此相反，能动性被阿切尔概念化为一个短暂的或转瞬即逝的时刻。这似乎意味着，一种残留的结构主义，只是周期性的，但很少被一种很大程度上无法说明的能动性概念所打断。这一能动性概念从阴影中出现，并迅速从它的起源处返回，在结构再生产的其他原始逻辑中扰动或中断。（Hay，2002：126）

对此，哈伊采用了杰索普（Jessop，1990）的“策略关系”本体论来解决结构–能动性问题，认为，我们需要用“策略行动”和“策略选择语境”这两个概念来替代“结构”和“能动性”这两个概念（Hay，2002：127）。策略被定义为“以其发生的环境为导向的意向行为”（Hay，2002：129），策略环境具有“策略选择性”，因为它“倾向于某些策略而非其他策略，以此作为实现特定意向或偏好的手段”（Hay，2002：129）。因此，在行动者与其所处的语境之间，分析性的区分并没有被“本体论化”，即语境未被物化为一种独立的“事物”，因为重点在于行动者如何按照规则和规范进行运行，而这些规则和规范既不等同于行动者的实践，也不是实在的独立部分。

第五节　批判实在论对结构–能动性问题求解方案的两种批判

现在我们考察对批判实在论处理结构–能动性问题的方式的两种批判，其中这两种批判基于非实在论立场。首先是互动主义者的批判（例如，参见 King，1999a，1999b；Reed，2011），其认为，个体总是嵌入到共有的（或“主体间性的”）意义之网当中，其中意义提供了赋能和约束。个体主义立场认为，行动者的意义和动机完全内在于个体且易于改变，与此不同的是，意义被认为是社会性的，对个体有着重要的牵引作用。这一立场导致互动主义者认为，把结构说成是与行动者分离的实体就是对结构的物化，而要理解能动性是如何在社会层面上受到制约，我们需要转向共有的规范而非突现属性。阿切尔（Archer，2000b）对这一批判的回应是，认为互动主义是一种个体主义的形式，因为其否认了结构突现属性的存 275
在，只给我们提供了个体及其观念；它犯了认知谬误，因为其通过共有的意义依据*如何*认识社会实在，来定义*什么*是社会实在。

其次是霍姆伍德（Holmwood，1996）提出的对“问题求解”的批判，其避免任何试图将经验研究建立在元理论（如批判实在论）或一般理论（如功能主义）的范畴之上。他认为，范畴需要在经验研究的过程中加以修改，而不是作为一种用来划分社会世界的*先验*网格。霍姆伍德就是将此观念应用到结构-能动性问题中来展开其批判的。为了避免由于坚持某种形式的结构主义决定论而“贬低”缺少专门知识的行动者（the lay agent）（这种决定论将行动者简化为纯粹的结构木偶），行动者被认为是“有知识的”并且能够行使自由意志。当由结构所产生的持续性被变化所替代时，就需要援用作为知识的自由意志的能动性概念。不过，这里的问题是，能动性概念实际上是空洞的，它被用作一种概念上的手法，试图掩盖其说明性的缺陷。能动性概念之所以是空洞的，是因为这一概念实际上是由其不是什么而定义的：能动性并非一个被确定为木偶的行动者的问题。认为行动者是知识与自由意志的拥有者，实际上并未指明任何独立存在的实体，即关于行动者如何、行动者是什么，以及是什么导致行动者以某种方式而不是其他方式从事其行动。相反，当由结构所产生的持续性被变化所替代时，就需要援用被定义为未确定的行动者。霍姆伍德认为：

> 这些行为与基于用于解释他们的方案所预期的行为相悖，我们应认真对待这些行为，将其视为洞悉了那些方案中的“无效”之处，而不是把这些方案本身看做是“有效的”东西，但这对社会科学方案的“有效性”没有任何影响。（Holmwood，1996：121）

由此，人们提出了这样一个问题，即阿切尔详细阐述的“能动性”概念是否能够应付这种批判。当然，阿切尔也试图解释，由结构所提供的赋能和约束是如何被不同类型的自反性所调和的。然而，一些以问题求解为立场的人，如霍姆伍德，可能会认为，由于能动性太复杂而不能归入三个概念盒子中，而“断裂的自反性”的存在被用来说明所有不能归入其他盒子的东西。此外，从这一视角来看，虽然能动性不再是一个“空盒子”，但是社会持续性（形态静止）是一个结构自我再生产的问题，而能动性只能被援用为一种结构未能自我再生产的*事后*解释。

第六节　批判的作用

批判实在论为何体现出实在论者的观念，对此我们已经做过相关的解释，现在我们考察其为何具有批判性。批判实在论之所以具有“批判性”，原因有两个。其一，任何可错主义者的立场都必须具有批判性，因为所有观点都可以通过批判来修正或替代。因此，科学理论构成了知识变化的及物领域。其二，一些包括巴斯卡在内的批判实在论者认为，批判实在论处于马克思主义的批判理论和意识形
276 态批判的传统之中。

对实证主义的批判就不仅仅是作为发展实在论的自然科学哲学的一部分，而是把科学与实证主义分离开来，认为马克思主义符合实在论的科学观，从而确立马克思主义的科学地位。作为一门正确认识实在的科学，马克思主义的实在论可以是一门正确把握实在的科学，因为作为一门科学，它建基于正确的本体论假设之上（关于开放系统中运行的不可观察的结构），而不像实证主义的科学观（基于源自认知谬误的封闭系统本体论）。阿尔都塞结构主义的马克思主义拒绝了“能动性”概念，试图重新确立马克思主义的科学地位。“分析的马克思主义”反对阿尔都塞式的马克思主义，但在把分析哲学应用于马克思主义时，却破坏了马克思主义的规范性方面。一般来说，批判实在论是在阿尔都塞主义和结构主义衰落之后发展起来的，它继续保持一种问题意识，重新解释马克思主义以巩固其科学地位（Bhaskar，1991）。此外，与分析的马克思主义者不同，巴斯卡想要发展一门资本主义结构的科学，这需要通过事实到价值的论证来进行规范性的批判。

巴斯卡试图发展一种意识形态批判的形式，这种形式允许对资本主义结构的负面价值陈述从其运作的事实陈述中逻辑必然地衍生出来，在这样做的过程中，巴斯卡拒绝了“自然主义谬误”。自然主义谬误即一种从关于*是*什么的事实陈述推导出关于*应该*是什么的规范或价值陈述的谬误，这种推导被认为是由逻辑必然性所驱动的。对于许多哲学家来说，从事实到价值的论证是荒谬的，因为接受事实陈述 X 只是为了接受事实陈述 X，而在接受关于*是*什么的事实陈述 X 的基础上就得出结论认为，人们*应该*因此而接受价值陈述 Y，这是一种*不合逻辑的推论*。明确地说，避免从*是*逻辑地推导出*应该*，并不一定排除了对规范性陈述的使用。有些人，比如实证主义者，可能会试图避免规范性陈述，但其他人可能不会。例

如，人们可能认为，如果资本主义的事实是 X，某个人的个人价值是 Y，那么这个人对 Y 的先前承诺就会引发对 X 的批判。然而，巴斯卡拒绝自然主义谬误的同时，认为关于*应该*是什么的规范性陈述可以从关于*是*什么的事实陈述中逻辑地推导出来。换句话说，规范性批判在逻辑上是必要的。因此，这并非关于某个人价值的主观意见的问题，其将涉及一个价值到价值的论证。要理解这一点，我们需要理解巴斯卡的意识形态概念。

巴斯卡的意识形态信念不仅是错误的，而且是由掩盖剥削和不平等程度的结构造成的。意识形态的“解释性批判”是至关重要的，因为除了说明一种结构是如何引起错误信念之外，“解释性批判”还将批判那些错误信念以及由其所决定的行动；批判以逻辑必然性所导致的对该结构的否定价值判断；批判以逻辑必然性所导致的，旨在消除该结构的行动所做出的积极价值判断（Bhaskar，1991：151；1998a［1979］：63）。这种批判在逻辑上是必要的，其源于这样一种观点，即对真理的承诺是任何话语的可能性的条件。因此，对真理的承诺不是导致价值到价值论证的价值前提，对真理的价值判断会导致对意识形态的价值判断，因为对真理的承诺是所有话语所必需的。因此，拒绝意识形态是必要的，因为它违背了理性交流的可能性的条件（Bhaskar，1998a［1979］：63）。除了这个事实到价值的论证，巴斯卡还发展了一种价值到事实的论证。这里的情况是，在社会科学中，研究主题“是部分由价值构成，或者实际上只是由价值构成，或由行动者本身……
附加价值的事物构成”（Bhaskar，1998a［1979］：58）。由于社会实在某种程度 277
上是“有价值的”，我们将从价值转向事实，因为浸透在社会实在中的价值将塑造事实。

科利尔（Collier）论证了价值到事实的论点：

> 这引起了一个疑问，即［巴斯卡］是否会摒弃其所持有的理论分歧……因为如果事实已经具有了价值，那么事实包含价值也就无关紧要了。……要么是事实/价值的鸿沟没有被弥合，因为整个论证都以价值为主，要么是这一鸿沟不仅被弥合了，而且两者的区别也被完全消除了。（Collier，1994：175）

对科利尔来说，这意味着我们应该接受事实到价值的论证，并使用批判实在论来批判导致错误信念的结构，从而破坏引发这些信念的制度。科利尔认为：

> 特定的制度及其错误信念可能是一种*功能性的*关系，这样，错误信念就可以用来维护它们所代表的制度……在这一情况下，提出真理不仅是为了批判，而且是为了破坏制度。（Collier，1994：175）

这里需要注意的一个问题是，功能说明是目的论的。对未来稳定性的需求将错误的信念引入到过去的存在当中，因果关系也发生了颠倒。

关于批判，我们现在考察本体论和认识论之间的关系。在马克思主义中存在一个普遍问题，那就是把行动者定义为被动的，并认为他们的信念（和基于信念的行为）是由结构所决定的，那么行动者本身就缺乏真正的知识。在批判实在论者对意识形态的解释中，行动者被动地接受由结构所决定的信念，这些信念被引入存在当中，以满足结构再生产的功能需求。不过，这是有问题的，因为目的论的论点是错误的，因为该论点破坏了建立一个后阿尔都塞资本主义结构的科学的尝试，这种科学承认能动性的实在性。当代文化研究中心在批判实在论之前就提出了一种与决定论的马克思主义意识形态解释不同的理论，并将“大众文化”视为一种抵抗力量（参见 Hall and Jefferson，2006）。另一个问题是试图合并两种“批判的”版本。例如，费伊（Fay，1990）认为，对可错主义的承诺与对说明性批判的承诺两者发生了矛盾，因为接受可错主义破坏了在论证规范性判断逻辑上是必要的这一过程中对确定性寻求的尝试。

说到结构的定义问题，一些马克思主义者对批判实在论者的社会实在定义进行了批判。例如，冈恩（Gunn，1988）拒绝尝试使用元理论，认为其本质上是非马克思主义的。这一原因在于，人们认为马克思主义框架下的社会实在概念具有实质性与整体性。这意味着范畴的产生是为了反映社会许多方面之间的实质性联系，如商品、价值、劳动力、阶级、拜物教和异化、危机倾向、剥削和相对贫困等。可以说，复杂性使范畴从内部呈现。相比之下，“结构”和“能动性”概念作为概念形式或“饼干切割器”，以任意的方式切割数据，以适应那两个与数据无关的抽象概念。一切都要被切割，以适应“结构”和“能动性”的概念形式，而解
278 释性的焦点就在这些形式上，而不是在经验内容上。

有关批判实在论与马克思主义和批判理论之间关系的进一步讨论，一般可参阅巴斯卡（Bhaskar，1991，1994）、布朗等（Brown et al.，2002）、基特和厄里（Keat and Urry，2011）、玛吉尔（Magill，1994）、奥斯威特（Outhwaite，1987）、罗伯茨（Roberts，1999）、塞耶（Sayer，1998，2000）的论著。

总之，批判实在论正变得日益突出，与之相关的核心争论集中在：①社会科学可以使用哪些抽象概念，这涉及讨论元理论、结构和能动性概念是否对实质性说明有所增益；②基于经验研究的规范性批判应该采取何种模式（如果有的话）。

参考文献

Archer, M. S. 1995. *Realist Social Theory: The Morphogenetic Approach*. London: Routledge.

——. 2000a. *Being Human: The Problem of Agency*. Cambridge: Cambridge University Press.

——. 2000b. "For structure, its reality, properties and powers: a reply to Anthony King," *Sociological Review*, 48: 464-472.

——. 2003. *Structure, Agency and the Internal Conversation*. Cambridge: Cambridge University Press.

——. 2007. *Making Our Way through the World: Human Reflexivity and Social Mobility*. Cambridge: Cambridge University Press.

——. (ed.). 2010. *Conversations about Reflexivity*. Abingdon: Routledge.

——. 2012. *The Reflexive Imperative in Late Modernity*. Cambridge: Cambridge University Press.

Bhaskar, R. 1991. *Philosophy and the Idea of Freedom*. Oxford: Blackwell.

——. 1994. *Dialectic: The Pulse of Freedom*. London: Verso.

——. 1997[1975]. *A Realist Theory of Science*, 2nd edn. London: Routledge.

——. 1998a[1979]. *The Possibility of Naturalism: A Philosophical Critique of the Contemporary Human Sciences*, 3rd edn. London: Routledge.

——. 1998b. "Dialectical critical realism and ethics," in M. S. Archer, R. Bhaskar, A. Collier, T. Lawson, and A. Norrie (eds.), *Critical Realism: Essential Readings*. London: Routledge: 641-687.

——. 2009[1986]. *Scientific Realism and Human Emancipation*. Abingdon: Routledge.

——. 2011[1989]. *Reclaiming Reality: A Critical Introduction to Contemporary Philosophy*. Abingdon: Routledge.

Brown, Andrew, Fleetwood, Steve, and Roberts, John (eds.). 2002. *Critical Realism and Marxism*. London: Routledge.

Carter, B. 2000. *Realism and Racism: Concepts of Race in Sociological Research*. London: Routledge.

Collier, A. 1994. *Critical Realism: An Introduction to Roy Bhaskar's Philosophy*. London: Verso.

Durkheim, E. 1993. *Suicide: A Study in Sociology*. London: Routledge.

Fay, B. 1990. "Critical realism?" *Journal for the Theory of Social Behaviour*, 20: 33-41.

Fuller, S. 1998. "From content to context: a social epistemology of the structure-agency craze," in A. Sica (ed.), *What is Wrong with Social Theory? The Philosophical Debates*. Oxford: Blackwell: 92-117.

Giddens, A. 1979. *Central Problems in Social Theory: Action, Structure and Contradiction in Social Analysis*. Basingstoke: Macmillan.

——. 1995. *The Constitution of Society*. Cambridge: Polity.

Gunn, R. 1988. "Marxism and philosophy: a critique of critical realism," *Capital and Class*, 37: 87-116.

Hall, S. and Jefferson, T. (eds.). 2006[1975]. *Resistance through Rituals: Youth Subcultures in Postwar Britain*, 2nd edn. Abingdon: Routledge (first published as Working Papers in Cultural Studies no. 7/8).

Hay, C. 2002. *Political Analysis: A Critical Introduction*. Basingstoke: Palgrave.

——. 2006. "Political ontology," in R. E. Goodin and L. Tilly(eds.), *The Oxford Handbook of Contextual Political Analysis*. Oxford: Oxford University Press: 78-96.

Holmwood, J. 1996. *Founding Sociology? Talcott Parsons and the Idea of General Theory*. London: Routledge.

Jessop, Bob. 1990. *State Theory: Putting the Capitalist State in its Place*. Cambridge: Polity Press.

Keat, R. and Urry, J. 2011[1975]. *Social Theory as Science*. London: Routledge Revivals.

King, A. 1999a. "Against structure: a critique of morphogenetic social theory," *Sociological Review*,
279 47: 199-227.

——. 1999b. "The impossibility of naturalism: the antinomies of Bhaskar's realism," *Journal for the Theory of Social Behaviour*, 29: 267-288.

Locke, J. 1961. *An Essay Concerning Human Understanding. An Abridgment*. London: Dent.

Magill, K. 1994. "Against critical realism," *Capital and Class*, 54: 113-136.

Outhwaite, W. 1987. *New Philosophies of Social Science: Realism, Hermeneutics and Critical Theory*. Basingstoke: Palgrave Macmillan.

Reed, I. A. 2011. *Interpretation and Social Knowledge: On the Use of Theory in the Human Sciences*. London: University of Chicago Press.

Roberts, J. M. 1999. "Marxism and critical realism: the same, similar, or just plain different?" *Capital and Class*, 68: 21-49.

Sayer, A. 1992[1984]. *Method in Social Science: A Realist Approach*, 2nd edn. London: Routledge.

——. 1998. "Critical realism and the limits to critical social science," *Journal for the Theory of Social Behaviour*, 27: 473-488.

——. 2000. *Realism and Social Science*. London: Sage.

Stones, R. 2001. "Refusing the realism-structuration divide," *European Journal of Social Theory*, 4: 177-197.

——. 2005. *Structuration Theory*. Basingstoke: Palgrave Macmillan.

Trigg, R. 1989[1980]. *Reality at Risk: A Defence of Realism in Philosophy and the Sciences*, 2nd edn. Hemel Hempstead: Harvester Wheatsheaf.

——. 1993. *Rationality and Science: Can Science Explain Everything?* Oxford: Blackwell.

Vandenberghe, F. 2005. "The archers: a tale of folk (final episode?)," *European Journal of Social*
280 *Theory*, 8: 227-237.

第二十四章 客 观 性

埃莉奥诺拉·蒙图斯基（Eleonora Montuschi）

如果我们审视追求客观性的各种语境（科学探究、社会争论、政策决定），我们会立即意识到，通过提及客观性这一概念，理想的目标与实践（不同的实践）中可以理智地论证和/或实现的目标之间往往存在鸿沟。

传统的经验主义认识论告诉我们，客观性就是以世界的本来面目来表征世界。这有时被称为“本然的观点”（the view from nowhere）（Nagel，1986），它要求以超越个体经验、知觉或视角的方式看待世界。潜在的假设是，我们的心灵通过观念的联想（如洛克）或通过先天的推理规则（笛卡儿），能够“机械地”并且无须任何创造性的补充来重现现有的事务状态。当然，这一假设的一个重要推论是，这个世界有一种我们的心灵能够忠实地捕捉到的方式，它独立于我们如何看待它，或者我们如何了解它。

长期以来，最适合这种情况的探究领域似乎是自然科学。从培根到休谟，再到伽利略和笛卡儿，有着悠久的传统，他们声称自然界中存在自然科学在充分的条件下进行研究的事实。科学的实证方法成功地促使了自然规律的发现，这些自然规律准确地描述和解释了这些事实。科学探究的结果与提供的“本然的观点”最为接近。所谓的“机械客观性”确立了自己作为科学表征的理想图像：“这一图像作为客观性的载体，与不懈的研究联系在一起，以机械复制的不变常规取代个体在叙述中的意志和判断力。”（Daston and Galison，1992：98）机械客观性也包含了一种特殊类型的科学家：“长期专注于勤奋和自我约束，缺乏亲切的解释”，是一类愿意“让自然为自己说话”的人（Daston and Galison，2007：120-121）。

从历史上看，传统的经验主义认识论和自然科学已经成为刚刚所提及的意义上来定义客观性的模型，同时它们也规定了用来评价探究的领域和程序是否（或能够）客观以及在多大程度上客观的标准。社会科学——后来加入科学领域的一门学科[1]——被卷入了这一联合场景中。它们被拿来与自然科学进行比较，这从一开始就把它们描绘成“次要”科学，必然会模仿自然科学的既定范式。特别的是，通过将社会事实在自然事实的基础上建模，他们需要接受一种客观性的认识论观

281 点，而这种观点不一定适合社会领域。事实上，社会科学，除了在这种比较下处于不利地位，也以某种方式被欺骗了：科学方法所包含的传统认识论知识框架在20世纪下半叶受到了严格的批判审查，至少最激进的批判者宣称它是完全站不住脚的。社会科学所要模仿的科学形象逐渐失去了一些典型魅力。

从传统上提出和讨论客观性问题的两个主要争论，实在/建构的争论，以及事实/价值的争论中可以看出，社会科学已经陷入了这种比较之中，并产生了相应的后果。在这一章中，我将首先追溯这两个传统争论的一般特征，并提出在这些争论所设定的认识论限制和制约下形成的社会科学的客观性概念的意义。

然而，还要指出的是，这些争论说明了重新调整客观性概念的尝试，以使其更好地适应社会领域——这足以承认理想的标准至少在这一领域内（可能更普遍地，涉及整个科学学科）是不够充分的描述。沿着这些重新调整的思路来对客观性进行反思，能够使我们思考哪些传统概念可以保留，哪些传统概念应该放弃——以至于怀疑任何的客观性概念在当代讨论中是否都可以保留其意义和目的。事实上，对客观性的渴求仍然发挥着核心作用，例如，在正在进行的关于科学、自然和社会的使用的争论方面，在政策制定方面（所谓的“以证据为基础的政策和实践”运动），或在关于所谓专家意见可靠性的争议方面均发挥着核心作用。在本章的后半部分，我将探讨当客观性概念进入这些更注重实践的争论时，人们对它的期望是什么，以及调用这一概念是否仍然有意义。我们将看到，按照传统认识论的步调，如果客观性被认为在社会实践领域有一定的用途，它就不能忽视语境、语境的解释和人类的判断。

第一节　接收意见和问题纠正

一、客观性和人为事实

质疑社会科学客观性的一种方法是质疑它所考察的事实和现象的真实性。当然，客观科学应该处理“实在的事实”，这些事实的存在可以通过我们的理论、探究、实验等来发现。从这个意义上说，本体论的客观性意味着物质世界、自然世界的对象应该是“在那里”（某种程度上是有条件的），并且它们不需要人为干预以生存。相反，社会客体似乎是精确存在的，因为人类以我们在社会中熟悉的形式和类型来构建，如金钱、婚姻、种族、政治领袖等。社会事实将它们的存在归功于社会结构和选择，而不是自然法则。正是我们的行为、我们的探究、我们的理论或我们的历史以偶然的和语境的方式构成了社会事实。有时候，这种观点是通过社会事实是由人类“发明”的这一叙述来表达的。毋庸置疑，如果我们遵循这条论证路线，一门由虚构事实构成的科学几乎不具备“客观的”资格，更不用说是一个科学推崇者了。

发现/虚构的分界传统上被用来标记自然科学和社会科学之间的实质性区别，并声称只有前者才是客观的，因为它们处理的是真实的客体（不是它们自己创造的结果的客体）。众所周知，关于人造事实的虚构性质的争论也被扩大到自然事实 282
的真实性中。有人认为，自然事实和社会事实一样都是虚构的，因此自然科学的客观性与社会科学的客观性是同等的，即它本身就是一种虚构。[2]然而，即使我们准备在两个领域之间保持一种区别，并为自然事实和社会事实之间的本体论差异进行辩论，这并不意味着客观性在社会探究领域是一个遥不可及的目标。不过，这确实需要一些特定领域的进一步思考。一些例子将指向这个方向。

根据塞尔（Searle，1995）的观点，自然事实和社会事实（或“野蛮”和“制度”事实，他指的是这两类范畴中的每一类）之间确实存在着显著的本体论差异。自然事实不同于社会事实，即使没有人类也会存在：山就在那里，无论我们是否表征它们，无论我们是否攀登过。正如塞尔所说的，自然事实在本体论上是客观的。相反，社会事实只存在于我们所表征的社会中：在这个意义上，它们在本体论上是主观的。然而，尽管只是在认知意义上，它们也有资格成为客观实体。塞尔的意思是，这些事实将他们的“客观存在”归功于对他们存在的一种集体的持续认可，即人类的同意。更具体地说，他认为，这些事实可能有一些物理上或物质上的存在（例如，我口袋里的一张绿皮纸），但允许其作为客观的社会事实存在（如一张五美元的钞票），这不充分也不适合。为了使这些事实被承认为客观类型的实体（如金钱），它们的物理存在需要以一种或多种类型的个体以特定的方式来表征和使用，这些个体同意它们的具体表征和使用。这样，客观社会事实的本体论就成为可能，所以我们可以加上一门客观科学来处理这类事实（用塞尔的术语来说，这些事实在本体论上是主观的，在认识论上是客观的）。

但还有更多这样的论证。如果我们把重点放在表征机制上，自然事实和社会事实之间则会有进一步的区别。在描述自然世界和社会世界的客体时，伊恩·哈金极好地区分了“冷漠”和“互动”两种类型（Hacking，1999：103-106）。“夸克的分类是无关紧要的，”他解释说，“从某种意义上说，称夸克为‘夸克’对夸克没有影响。”随着社会或人类的变化，情况会发生变化。在社会科学领域，当人们和与人相关的事实——儿童电视观众、罪犯、女性难民、涉及黑人和白人种族主义等——成为研究对象时，他们就与他们被分类、描述或表征的方式进行“互动”（相应地或对比地）。人们也经常根据不断进行中的分类和描述来体验他们是谁，以及他们在这个世界上做了什么。在对人进行分类时，有一种反馈或者“循环”效应，这种效应在自然物种中是不会发生的，它代表了社会物种形成的表征机制。人的分类可能会改变，因为被归类为某种类型的人可能会因为被如此归类而改变自己。可以说，社会科学探究的有针对性的参照物是不断（至少在原则上）移动的。

我们对社会类型的分类方式对社会现实有什么影响？如果把社会的存在归功于我们表征他们的方式，我们应该在哪里寻找社会的现实？社会科学是客观的吗？有人认为，社会种类的现实性应该从社会秩序所产生的特定范畴的层次上加以评估，而不是通过与自然种类范畴的比较来评估。例如，迈克尔·鲁特（Michael Root）声称，在社会科学中，“真正的分类学与其说是泛化，不如说是规则：我们不是通过发现自己的差异来划分自己的，而是通过要求自己与众不同来划分自己的”（Root，2000）。换言之，社会范畴本质上是规范的：“寻求所有实例的外延是
283 不可能的，但可以进行规范化”，从某种意义上说，社会范畴可能并没有规定如何通过某一范畴来分类，而规定了它应该是怎样的。这就是为什么这些范畴是“为社会规范而精心制作的”（Root，2000：S633）。这并不意味着社会范畴比自然范畴“缺少实在性”。社会世界，就像自然世界一样，是有秩序的，但这种秩序的来源是不同的：正如乔恩·埃尔斯特曾经指出的那样，它是一种基于规范和规则的秩序（Elster，1989：287；同样引述于 Root，2000：S635）。

鲁特讨论了种族的例子。他声称，就像犯罪，如果我们没有制定适当的法律或划定某些财产区分，就没有人会犯盗窃罪。然而，考虑到我们确实这样做了，社会科学家可以将我们按照某些范畴进行分类，利用这些类别提供描述和说明，甚至试图通过这些类别来预测或说明现象和趋势。种族在生物学上是实在的：黑人就是黑人，而不仅仅是被认为是黑人，或者被证实是黑人。然而，种族作为一个社会范畴的现实取决于“我们（集体）对种族的看法，以及……我们是否通过种族来规范或约束彼此。如果我们按种族划分而不是按种族加以规范，我们将会保留种族，而非其现实性。”因此，鲁特得出结论：“自然法则不会使种族成为现实，但我们会。”（Root，2000：S635，S638）正如塞尔也会说的，我们在世界上添加范畴，我们通过我们的范畴使“新事物”存在于世界，然后我们转向使用任何科学的工具和技术来研究这些“事物”。真实的/虚构的鸿沟对社会科学的客观研究不一定是一种威胁。

然而，在这场争论中，这种界限也被一方作为理由来质疑用科学来描述和说明社会事实是否真的完全合适。确切地说，社会研究的主题不是社会的“事实”，而是人类的行为——一个范畴，或者更好地说是一个“概念”，这里所争论的是它不能被一个规律和原因的设备所捕获。20 世纪 50 年代后期，在维特根斯坦哲学的影响下，彼得·温奇认为，为了理解个体行为在历史和社会背景下所涉及的利

害关系，我们应该求助于社会共享的规则、意义、理由和解释。任何社会“科学”都无法达到这种理解。这是一个社会哲学的任务。

社会哲学是否可以客观地回答这个问题，不能援引科学方法及其结果来回答。当社会哲学基于共同体遵循的行为规则能够把握社会行动的要点时，它就是客观的，当我们采取行动时，我们都共享的（或多或少是批判的，或是争论的）规则，和/或当其他人采取行动时，我们试图揭示和理解这些规则。客观地说，这是一种通过对社会世界本体论的特定领域的理解而实现的主体间的可理解性（Winch，1958）。

二、价值观是否偏离客观性?

从评价中分离事实曾是经验主义哲学的认识论难题之一。从休谟著名的“是”和“应该”的区别（表明事实的陈述，关于事物是怎样的，价值的陈述，关于我们如何看待事物）开始，一个长期的传统已经形成了这样的立场：只有当价值被边缘化时，知识才是客观的（对知识的探究也是如此）。价值观蕴含着视角，视角在定义上是带有偏好的，偏好容易导致扭曲。

客观知识不能扭曲事物的本来面目。相反，它应该如实地描述它们。此外，在这一传统价值观中，属于主观性的范畴，它所表达的倾向、态度和情感是不可能有事实根据或理性争议的。知识不可能同时是客观的和可评价的，因为客观性 284
需要证实和合理地解决观点之间的冲突（在一系列的观点中，只有一种是客观的，而且理由既有效又符合事实）。

沿着这一传统，科学知识已成为这一立场的原型。当然，自然科学家可以有信仰或做出价值判断。然而，他们的科学结果是独立于那些信仰和价值观的。在科学家考察的前提下，事实结论和评价的存在之间不可能有任何联系（逻辑推理）（参见 Hempel，1965：91）。从这个意义上说，价值自由正是科学探究的本质所在，当 19 世纪末社会科学进入科学与客观知识地位的争论时，这是它必须面对的统一观点。社会科学是如何看待这个普遍的观点的？

不同于分子、气体温度和化学反应，诸如婚姻、种族主义、政治领袖这些对象可能包含特定的观点和价值观，这些观点和价值观将它们定义为它们所属的以及它们的价值（或贬值）所在社会中的对象类型。如果没有了这些观点和价值观，它们将不复存在，就像我们在前一节中看到的那样。要求社会科学忽视价值观，就像要求它是一门没有研究对象的科学一样。意识到这一僵局后，经验主义的支持者们采取了两种策略：保持价值观在可控范围内，并宣布社会科学是一门科学。以下是实现这一目标的一些替代方法。

欧内斯特·内格尔指出，在事实/价值区分方面，社会科学与自然科学的地位并没有太大的不同。例如，一位宗教社会学家为了分析他的主题（宗教），他必须描述宗教内部和宗教方面的一系列区别，如唯利是图者和非唯利是图者态度之间的区别。这类区别在某种程度上取决于价值，因为价值判断是通过这里采用的术语来传递的（“唯利是图”一词通常有一些贬义的寓意）。然而，与将特定的计时器描述为不准确的物体的物理学家或将贫血描述为不受欢迎的疾病的生物学家相比，社会学家并没有太大的不同。事实上，这两种科学家通常都有这样的态度，即对他们所描述的对象进行评价（赞同/不赞同），但这并不能阻止或取代他们描述这些对象的能力，也就是说，“对某些普遍认可的行为、对象或制度的程度作出估计均体现在一个给定的实例中”（Nagel，1961：493-494）。在这两种情况下，我们都能够发现对任一对象的描述进行了评估，这显示了该描述中包含的不仅仅是价值观。内格尔说，不可否认的是，在社会科学领域，分离评价性输入可能会被证明更加困难（这里的价值观通常不仅与目的相关，而且与社会研究的手段相关；价值观往往嵌入社会科学家使用的术语中；等等），但这是一个实际的困难，并非原则上不可能。

在这一立场上，社会科学与自然科学的区别（至少在原则上）是同等的。然而，即使假设评估内容——尽管存在实际困难——可以被挑选出来并暂时搁置，但我们仍然面临着如何处理社会领域价值观“繁茂”的问题。马克斯·韦伯对这个问题给出了明确的答案，他分析了价值观在社会科学探索中如何以及在哪里发
285 挥作用，甚至在此之前，他质疑这些探索中是否存在完全不同类型的价值观。

韦伯说，我们必须区分个体的、实际的评价或偏见（他称之为价值判断）和那些将价值观归因于重要性，并揭示我们的兴趣所在及我们所调查的事物——即那些使我们觉得某些对象值得探究的文化价值观（Weber，1904）。在选择社会探究中要调查的内容时，价值相关性是社会科学家的诉求（他们使用价值观，而不是固定的标准）。因此，举例来说，根据韦伯的观点，资本主义在欧洲的出现之所以成为社会学研究的一个有趣的“对象”是因为它的一个特殊特征，即资本主义已经成为一种系统的尝试，以一种有效的、可计算的和非个人的方式组织人类活动。这是韦伯称为“内部合理化”的特征。因此，资本主义将根据与有趣的社会学调查相关的特征进行研究。或者更普遍地说，将事件定性为“社会经济”的，并不是事件本身客观拥有的东西。它的识别是由“我们归因于特定的事件的特定的文化意义”所制约的（Weber，1904：64）。

然而，价值依赖（或价值相关）的探究对象并不排除进行无价值考察的可能性。事实上，一旦通过相关价值观确定了社会探究的对象，社会科学家就可以自由地（而且必须是自由地）利用任何科学的经验性、可检验的方法，对该对象进行考察。换句话说，尽管韦伯被相关的价值观所影响，但对于韦伯来说，社会科

学可以是“客观的”。

韦伯的问题不仅在于区分事实和价值观，而且在于区分不同的价值观范畴，并允许“正确的类型”来推动（至少最初）研究。韦伯的探究对象（部分来自康德的观点）必然是“透视”对象（他将其命名为“理想类型”），并根据我们的价值观和有趣之处进行组合和识别：“在考察方法中，指导性的‘观点’对于构建将用于考察的概念图式是非常重要的。”（Weber，1904：84）

韦伯的立场不仅在开启一场关于价值观在科学中的性质和作用的更为细致入微的辩论方面具有重要意义（Kincaid et al.，2007；Longino，1990），同时也允许对客观性的概念进行重新评估，这在传统上受到经验主义认识论的制约。在严格区分事实/价值的背景下，默认的立场是将事实与价值分开。在韦伯主义的框架中，我们应该将事实与某些类型的价值论区分开。这就要求更进一步地探究：决定什么样的价值观可以保留（例如，如何定义和控制偏见），以及在科学过程中它们可以在何处发挥影响（例如，正如我们刚刚读到的“概念图式的构建”），而不影响探究的客观性。20 世纪 50 年代末，瑞典经济学家缪尔德尔（G. Myrdal）声称，如果存在“社会科学中的价值观问题”，就应该让它们为我们服务，而不是反对我们。他这样说的意思是，价值观在社会研究中应尽可能地得到承认，并在战略上获得有利地位，即价值观应转变为探究手段，而不是被描绘为有害的副产品（Myrdal，1958）。

这也意味着，尽管存在经验主义者的否决，价值观仍然可以参与到理性的讨论中以及对所涉及问题的更好理解中。例如，考虑一下最近气候变迁文献中关于如何“贴现”（to discount）后代，以及在减少碳排放方面投资多少或投资多快的一些讨论。这里显示了不同的价值负载（value-laden）前提如何导致不同的贴现率数值。功利主义者［如经济学家尼古拉斯·斯特恩（Nicholas Stern）］计算出一个较低的比率，而被认为是受先验道德观驱使的人［如威廉·诺德豪斯（William Nordhaus）或理查德·托尔（Richard Toll）］则推算出的比率要高得多（Broome， 286
2008；Cartwright and Montuschi，2014：131-133）。这是否意味着在本次讨论中，贴现率没有客观数字可依？恰恰相反，用韦伯的术语来说，承认研究中的“指导观点”，而不是贬低客观性，可以卓有成效地将科学探究引入更具包容性和更有意义的优势讨论中去。

描述这类探究可能采取何种形式的一种方法是采用海伦·朗基诺（Helen Longino）所称的“变革性批评”，这是一种使科学探究过程中对多种观点和批评作出反应的方法论策略（Longino，1990：73-74）。在朗基诺的观点中，客观性是通过支持科学探究的观点而获得的，这种观点是由社会审查的公共标准所构建和控制的，用以评估证据、方法、假设和推理。正是在这种语境下，客观性作为一个具有批判性意识的（以及可解释的）科学界的实际目标，才能蓬勃发展。

第二节　从理论到实践

一、“循证”决策的客观性

在科学时代，证据被认为是客观知识的基准。如果了解客观性是为了证明一个假设是正确的（或错误的），或者能够形成关于这个假设的无可争议的信念，那么证据就是实现这一目标的手段。了解 p 意味着我有必要的证据去（支持、证实、证明）那个 p。当然，为了达到这个目的，证据本身必须是客观的（即基于对作为证据的事实的客观认识）。

在实际情况下，例如决策的制定或实施，证据的作用延伸到了决策领域。如果我们可以依靠好的证据来证明，比如说，某种干预是有效的（或者很有可能是有效的），那么根据我们掌握的证据来决定实施这种干预，将使我们的决定变得“客观”。证据是作出客观决定的手段。

影响力不断增加的循证决策与实践（evidence-based policy and practic，EBPP）运动支持这一观点，主张以科学知识（包括社会科学知识）的证据结果为基础制定决策，这是使决策更加客观的关键。考虑到这一点，各国政府为基于证据的决策方法提供资金的意愿不断加强，政府资金越来越与证据需求挂钩（Cartwright，2008）。在评估和测试“决策在多大程度上是‘循证’”方面存在着政治利益（Science and Technology Committee，2006）。在讨论其千年发展目标（Millennium Development Goals）时，联合国还建议采用循证决策，因为“循证决策是指一种决策进程，通过将现有的最佳证据放在决策进程的中心，帮助规划者做出更明智的决定”（UNICEF，2008）。

谁会反对这个议程？当我们制定决策时，基于参考可靠的方法、测量和实验而得到确认的经验事实，肯定会使决策更加可信，更加可靠，更加牢固，更加确凿。人们甚至会倾向于认为，我们决策的客观性是用来建立证据的知识客观性的直接结果：我们获取证据的方法越确定，证据质量越好，我们的决策就越好。因
287 此，大量的工作已投入到如何规范证据在实践中的使用中。为此目的，相关机构已经提出了新的制度规则、结构和准则。[3] 例如，决策实践中普遍建议根据“证据等级图式”（evidence-ranking schemes）评估证据。[4] 这些图式暗含了对各种证据给予固定排序，然后根据种类的排序方式，将它们放置在图式的层次结构中。然后，该图式将“裁定”证据，从最好的到第二好的，一直到最坏的（或较不/最不可靠的）。

有趣的是，通常情况下，如果我们浏览这些层次结构图式，最佳证据与一种特定类型的方法论有关：进行良好的 RCT 和/或对好的 RCT 的系统评价。[5] RCT 被称为提供证据的“黄金标准”，其原因有以下几个方面。他们存在内在的假设，以确保理想试验的结果（其结果可直接从提供的证据中推断）和干扰因子的控制（即那些可能干扰真正原因的变量）。同时，他们根据概率来计算证据，所以概率越高，证据就越好（并且假设所有的概念都是可操作的，偏见据说是可以控制的）。换言之，它们似乎包含了一些被认为确保客观结果所必需的特征：确定性、严谨性、定量表述、结果的可测量性、严格的实验方案以及无主观失真。由于这些吸引人的原因，它们被广泛应用于（或至少被援引）决策项目和社会干预（教育、犯罪、贫困、儿童福利等）的各个领域的试点项目中。

然而，那些可能很好地描述了在试验的控制领域或在（社会）科学探究理想领域客观性的特征，在实践中并不一定转化或自动转化为客观性的匹配效果。当科学和社会科学方法论工具（如 RCT）被用于证明决策的正当性或处理有关社会原因的争议时，我们理想地将客观性的意义转移到科学探究上（以及通过使用这些工具所希望达到的目的），这是危险的。结果可能过于有选择性：来自社会领域的复杂多样的事实和因素被忽略，因为它们本身不符合严格的参数，比如，实验设计（例如，在试验中，干预措施的有效性是在非常特殊的条件下测试的）。尽管语境、局部条件、个人和社会传记、轶事证据、“领域”知识通常被证明具有重要的（如果不是关键的）作用，但它们可能得不到充分的承认，因为它们可能不会立即被严格的科学方法学认为是相关的或“可治疗的”。

这至少产生了两个后果。在实践中，如果不能恰当地处理这些问题，可能会导致执行不力和收效甚微。[6]在理论方面，通过坚持这种严格构想的“循证”从而获得的客观性概念，将无法捕捉到现实世界情况中的利害关系。

二、专家判断是否客观?

当 RCT 出现在证据等级图式中的顶端时，专家意见几乎总是出现在这一图式的最底层。事实上，RCT 的部分吸引力源自它们是“机械的”程序，因此它们可以避免主观判断。尽管专家意见有相反的限定性条件，但仍然是“意见”。因此，他们被视为确凿证据的最不可靠的提供者。这可能看起来令人费解。我们都赞同“专家文化”。对于私人和公共生活中的大多数决定、行动、决议、评估、选择， 288
我们确实经常依赖（至少会提到）某个或多个相关领域的专家。以儿童福利为例。在我们的社会中，各国政府委派不同的专家评估儿童的需求以及家庭在满足这些需求方面的充分性，并在他们建立的机构范围内衡量儿童的发展。这就是“儿童课程”如何成为系统化和评估儿童“正常”成长的标准（Saraceno，1984）。然而，我们也生活在“厌倦专家的文化”中，甚至更糟的是，生活在“对专家失望的文化”中。我们身边有太多的专家（事实上也有太多糟糕的专家），这足以让我们产生全面的怀疑，而且通常对这一范畴漠不关心。举同样的例子，在儿童福利方面，专家的意见通常与“临床诊断”联系在一起，后者被视为全凭经验的、直觉的、人为的、个体性的和非系统性的。

总而言之，是什么使专家意见对我们有吸引力，让我们在第一时间求助于专家——例如，对一些重要的议题和我们自己无法解决的问题进行有效的判断——尽管如此，似乎正是这些使我们对这些意见感到最为不安：在寻找可靠证据和基于证据的可靠答案的过程中，缺乏客观性且主观判断过多。

专家应该被信任吗？以及在什么情况下信任他们？为了回答这个问题，我们常常会求助于比问题本身更复杂、更开放的问题。信任可能取决于专家的权威，但正如权威的任何论据所表明的那样，权威本身并不是可靠专业知识的事实指标。权威的论据首先是归纳论证：证明某人拥有所声称的权威是一个经验主义的问题，而且常常是一个对抗性的和有争议的问题。其次，这些类型的论据常常会成为逻辑谬论的牺牲品：结论的真实性不能从断言者那里逻辑地（必然地）推断出来。这并不意味着所讨论的结论是错误的，只意味着断言这一结论的人并不是其真实性的充分条件。考虑到信任专家的权威，还应授予哪些其他条件？专家所呼吁的知识领域的权威性（例如，专家科学家的成熟科学范式）当然是一个主要的匹配条件。但是，评估科学的权威，以及依据什么样的参数（认识论的、社会的、实用主义的），本身就是一个众所周知的复杂问题。此外，即使在接受了一个已经确定的范式的权威之后，我们仍然有一个疑问，即所谓的专家是否对他获得权威的领域有足够的知识，该领域的知识是否足以解决他被要求处理的具体问题，或者他根据自己的知识提出的观点是否没有利益冲突、偏见等。

最后一个问题特别需要我们考虑第二个复杂的问题：信任与专家的*责任*有关。信任专家意味着相信他是按照专业规则（而不仅是科学方法的规则）以及他工作的社会规则来完成工作的，而这两套规则并不一定相互符合。“负责任”内涵的变化，取决于哪一套规则更有价值：一方面，人们可能会觉得最大的责任是对知识的追求，不管追求知识的后果（社会的、道德的）如何；另一方面，人们可能会认为其首要责任是对社会的责任，而科学真理的价值并不排斥任何其他价值。那么，我们更信任哪位专家呢？回答这个问题的前提是从一开始就要接受科学真理
289 和社会利益之间的权衡，但当涉及信任问题时，这便很难抉择——而在信任专家给出的客观意见方面（这与信任所谓的实验性试验的客观结果不同）更是如此。

究竟是否应该征求专家的意见，原因是什么？它们提供了哪些其他知识和/或证据来源所没有提供的东西？

如果我们回顾一下证据等级图式，可以发现专家意见被列为产生证据的手段之一——与 RCT、队列研究等方法处于同等水平——但是，考虑到质量标准是由这些方法确定的，专家意见在默认情况下得分很差：它似乎缺乏这些方法所拥有的严谨性、系统设计以及演绎结构。然而，正如前一节所指出的，在实际语境中，所有这些特性几乎不能独立地获得客观结果。一旦制定了一项决定，如暂停销售每毫升含有过量对人类有害的二噁英（dioxin）的乳制品（Douglas，2004），我们仍需核实作出这一决定的依据，如核实背后的事实和科学知识，以及考虑如何权衡、选择、合并那些列入可能证据的清单信息。[7]此外，在制定相关决策（公共卫生问题或经济影响）时，哪些社会影响被认为更相关、更可接受或更不可接受取决于价值判断及对社会和/或道德考虑的敏感性。在“将所有信息整合”的过程中，我们不能依赖经久不衰的、机械的“黄金标准”。一位权威的且负责任的专家（尽管意识到上述定义的问题）可能能够承担这项任务。从这个意义上说，好的专家是知识的“整合者”：这就是他们除了在知识领域的能力之外的“专业知识”的能力（Turner，2013：193）。[8]如果一个专家意见要在实践中证明其客观性，就必须以可靠的主观性来维持和实施。

最后两节的讨论旨在说明，当我们从理论转向社会实践时，客观性概念必须能够应对复杂的且往往难以表征（更不用说预测）的社会领域所带来的挑战。社会科学探究的协议（尽管具备本章前半部分强调的所有条件）未能满足使客观性既成为科学研究的迫切要求，又成为对社会有益的实用的、尽可能可实现的目标所需的条件。

注 释

1 社会科学在 19 世纪开始出现，而自然科学出现于 17 世纪。

2 他的论点激起了支持者和反对者之间的争论，这就是 20 世纪 90 年代末在哲学和社会学文献领域著名的“科学战役”（参见 Koertge，1998；Kukla，2000；Ross，1996）。

3 这些机构包括 Cochrane 协作网（循证医学）和仿照前者的 Campbell 协作网，后者将“循证医学”的理念扩展到教育、犯罪和司法以及社会福利等领域。有关这两个组织的详细信息，请访问其网站 www.cochrane.org/www.campbellcollaboration.org/。

4 这些等级图式的例子可以在 SIGN（2004）或牛津大学循证医学证据水平中心
290 （Oxford Centre for Evidence-Based Medicine Levels of Evidence，2007）中找到。

5 RCT 是研究者将符合条件的受试者（或其他研究单位，如教室、诊所、操场）随机分为两组去做实验。其中一组接受一项或多项干预（如特殊治疗），另一组不接受干预。如果在接受干预的那一组观察到的结果在统计学上是显著的，那么就可以得出结论，它确实是由实验者的操作造成的，也就是说，干预实际起作用的可能性很高。系统评审是对在处理特定研究问题的研究中发现的所有证据的文献评审，这些研究问题经过筛选并通过了质量测试（通过事先明确规定的标准和程序）。对 RCT 的系统评审包括所有组织妥善的 RCT 的结果（依据为 RCT 制定的质量标准）。

6 关于方案执行限制的示例，参见 Cartwright 和 Hardie（2012）、Seckinelgin（2008）、Dehue（2002）。

7 道格拉斯（Douglas）的论点旨在处理科学提供不确定证据的情况（例如，没有确凿证据显示二噁英对人类有致癌作用）。不管科学证据多么可靠，只要科学对使用语境产生影响，就可以提出类似的论点。

8 有大量关于专家和专门知识的文献。有关所涉及问题的示例，请参见 Crease 和 Selinger（2006）、Collins 和 Evans（2007）、Cooke 和 Probst（2006）。

参考文献

Broome, J. 2008. "The ethics of climate change," *Scientific American*, 298 (June): 69-73.

Cartwright, N. 2008. "Evidence-based policy: where is our theory of evidence?" in A. Beckermann, H. Tetens, and S. Walter (eds.), *Philosophy: Foundations and Applications*. Paderborn: Mentis-Verlag.

Cartwright, N. and Hardie, J. 2012. *Evidence-Based Policy. A Practical Guide to Doing it Better*. Oxford: Oxford University Press.

Cartwright, N. and Montuschi, E. eds. 2014. *Philosophy of Social Science: A New Introduction*. Oxford: Oxford University Press.

Collins, H. M. and Evans, R. 2007. *Rethinking Expertise*. Chicago: University of Chicago Press.

Cooke, R. M. and Probst, K. N. 2006. *Highlights of the Expert Judgment Policy Symposium and Technical Workshop*. Washington, DC: Resources for the Future.

Crease, R. and Selinger, E. 2006. *The Philosophy of Expertise*. New York: Columbia University Press.

Daston, L. and Galison, P. 1992. "The Image of Objectivity," *Representations,* 40 (Special Issue: Seeing Science): 81-128.

Daston, L. and Galison, P. 2007. *Objectivity*. New York: Zone Books.

Dehue, T. 2002. "A dutch treat: randomised controlled experimentation and the case of heroin maintenance in the Netherlands," *History of the Human Sciences*, 15(2): 75-98.

Douglas, H. 2004. "Prediction, explanation, and dioxin biochemistry: science in public policy," *Foundations of Chemistry*, 6(1): 49-63.

Elster, J. 1989. *The Cement of Society: A Study of Social Order*. Cambridge and New York: Cambridge University Press.

Kincaid, J., Dupré, J., and Wylie, A. 2007. *Value-Free Science? Ideals and Illusions*. New York: Oxford University Press.

Hacking, I. 1999. *The Social Construction of What?* Cambridge, MA: Harvard University Press.

Hempel, C. 1965. *Aspects of Scientific Explanation*. New York: The Free Press.

Koertge, N. 1998. *A House Built on Sand*. Oxford: Oxford University Press.

Kukla, A. 2000. *Social Constructivism and the Philosophy of Science*. London and New York: Routledge.

Longino, H. 1990. *Science as Social Knowledge. Values and Objectivity in Scientific Inquiry*. Princeton, NJ: Princeton University Press.

Myrdal, G. 1958. *Value in Social Theory: A Selection of Essays on Methodology*, Paul Streeten(ed.). London: Harper.

Nagel, E. 1961. *The Structure of Science*. New York: Harcourt, Brace, and World.

Nagel, T. 1986. *The View from Nowhere*. Oxford: Oxford University Press.

Oxford Centre for Evidence-Based Medicine Levels of Evidence. 2007. www.cebm.jr2.ox.ac.uk/docs/level.html.

Root, M. 2000. "How we divide the world,"*Philosophy of Science*, 67: S628-S639.

Ross, A. (ed.). 1996. *Science Wars*, Durham, NC and London: Duke University Press.

Saraceno, C. 1984. "The social construction of childhood: childcare and education policies in Italy and the United States," *Social Problems*, 31: 351-363.

Searle, J. 1995. *The Construction of Social Reality*. London: Allen Lane. 291

Seckinelgin, H. 2008. *The International Politics of HIV/ AIDS: Global Disease, Local Pain*. London: Routledge.

Science and Technology Committee. 2006. "Scientific advice, risk and evidence: how government handles them," Evidence Report, London: House of Commons. www.parliament.uk/parliamentary_committees/ science_ and_ technology_ committee/sag.cfm.

SIGN(Scottish Intercollegiate Guideline Network). 2004. www.sign.ac.uk/guidelines/fulltext/50/compevidence.html.

Turner, S. 2013. "What can we say about the future of social science?" *Anthropological Theory*, 13(3): 187-200.

UNICEF. 2008. "Bridging the gap: the role of monitoring and evaluation in evidence-based policy making." www.unicef.org/ ceecis/ evidence based policy making.pdf.

Weber, M. 1904. "'Objectivity'in social science and social policy," in *The Methodology of the Social Sciences*, E. Shils and H. Finch(ed.). New York: Free Press, 1949.

Winch, P. 1958. *The Idea of Social Science and its Relation to Philosophy*. London: Routledge & Kegan Paul. 292

第三部分

争　论

第二十五章　存在社会科学规律吗?

朱利安·瑞斯（Juliaxn Reiss）

第一节　引　　言

对于那些思想上未受到第二次世界大战后分析哲学影响的人来说，对本章“存在社会科学规律吗？”这一问题，最为合理的回答肯定是“是的，当然存在！”经济学与其他社会科学领域就*存在很多*规律：

• *供求定律*（“商品价格上涨［下降］，其供给量上升［下降］，需求量下降［上升］；商品需求［供给］增加，其价格上涨［下降］”；参见 Kincaid，2004）。

• *奥肯定律*（“失业率的变化与产出增长率成反比”，参见 Knotek，2007）。

• *萨伊定律*（“供给创造其自身需求”，参见 Chang，2014）。

• *工资铁律*（“从长远来看，实际工资倾向于维持生存水平”，参见 Baumol，1983）。

• 寡头政治铁律（“从长远来看，任何民主组织都倾向于由精英统治”，参见 Hyland，1995：247）。

• 马尔萨斯人口定律（“人口呈指数增长”，参见 Ariew，2007）。

• 叠覆律（“在未变形层序中，上层序较新，下层序较老”，参见 Harris，1979）。

• 齐夫定律（“在一些自然语言话语语料库里，任何单词出现的频率与其在频率表中的排名成反比”，参见 Fagan and Gençay，2010）。

• 迪维尔热定律（“在单一选区中建立的多数原则的选举，倾向于促成两党制”，参见 Schlesinger and Schlesinger，2006）。

还存在许多与社会科学相关的规律，在此就不一一列举了。由此可见，社会科学中存在规律，证明完毕，本章可以就此结束了。但是，我们作为第二次世界大战后分析哲学家，必须努力找出其中的美中不足。这一不足体现在，上述所列举的所谓的规律并非*真正的*规律。它们冠以规律的名称——或许是因为它们本身尤为表现为一种根深蒂固的原则，或者是因为其作者想通过称它们为规律，来具体化所发现的原则——但它们并非真正的规律，其原因在于，这些所谓的“规律”都存在例外，只不过是一种“现象的概括”，而且受到含糊不清的“*其他情况均同*”条件的约束，等等。所以，本章更好的标题应该是：“存在*真正的*社会科学规律吗？”

当然，*真正的*社会科学规律还存在很大的争议。引起争议的原因之一是，社会科学中的规律性（lawhood）是不可观察的。即便在最佳的情况下，最多只能观察到规律的一个实例，但无法观察到规律本身。伽利略的自由落体“定律”确实是一条规律，根据该定律，落体以恒定的加速度落在地球表面。在这种情形中，我们可以观察到落体的“行为”——其不同时间的位置以及加速度——但观察不到落体的行为是否受规律的约束。据我们所知，物体的行为可能完全是偶然的。然而，使情况更加复杂的是，由规律关联起来的量（quantities），其本身往往是无法观察到的。根据民主和平假说，民主国家之间不会发生战争，我们可以假设该假说表达了一条真正的规律。但是，谁又能肯定地说，一组既定的观察结果是否算作是民主或者战争呢？也许民主国家之间不会发生战争这条规律是正确的，但只适用于*真正的*民主国家。民主的本质和规律的本质一样都富有争议性。

是否存在真正的社会科学规律，取决于人们使用的科学规律的概念。要找到一个能够得到社会科学家普遍或近乎普遍赞同的概念，并且要求这一概念没有明显的反例，而且还能使得规律在诸如预测、说明和承保政策中扮演正确的功能性角色，并非易事。

然而，上面所提到的所有规律都表现出各种各样的规律性（regularities）。那么让我们从这一观念开始，然后理解人们是如何使这一观念更加完善，以便于有机会来界定规律，并最终解决本章的问题。

第二节 规律性加 χ

在实证主义传统中，规律可陈述为“每当 F，那么 G”，或者用一阶逻辑表述为“对于所有 $x, F_x \to G_x$”。显然，这不可能是规律的全部内涵，因为许多规律似乎是偶然的而非似律的。例如，没有一个国家的人口超过 15 亿，这是一个正确的概括（F=“是一个国家”，G=“人口少于 15 亿人”）。根据实际历史以及对人口增长率的预测，我们可以假设，这一个概括不仅在今天是正确的，而且在过去和将来也是如此。另一方面，如果我们按照大卫·休谟的观点，假设在英国每个人的口袋里都塞进了一定量的钱，使得货币供应一夜间翻了一番，那么我们就会预料到商品价格最终会上涨（参见 Schabas，2008）。货币数量理论似乎以一种与关于人口规模的一般化不同的方式成立。因此，如果规律是规律性的话，那么它们一定包含某种额外的特征。关于何为附加特征，人们提出了各种各样的设想。在考察这些设想之前，我先介绍两个问题，任何有说服力的规律解释都不得不解决的两个问题：确证问题（the identification problem）和推论问题（the inference problem）（参见 van Fraassen，1985）。确证问题要求我们识别出规律性的标志，从而使我们能够对真正的规律与偶然事件做出区分。确证问题所要探讨的问题是，是什么让人们认为“没有一个国家的人口超过 15 亿”的概括只是偶然为真，而货币数量理论却表达了某些更基本的东西？推论问题要求我们能够从经验上识别出真正的规律。其所讨论的问题涉及，我们如何确保我们的经验工具（倾向于）能够将真正的规律确立为规律，而将偶然事件确立为偶然事件？ 296

一、系统

在休谟传统中，世界上只存在正在发生的事实（occurrent facts）；根据大卫·刘易斯的说法，“世界上的一切，就是由特定事实（一件一件的小事）的局部事件组成的巨大组合体”（Lewis，1986：ix）。“每当 *F*，那么 *G*” 这一规律只是说 *F* 发生，然后 *G* 发生，其并未把 *F* 和 *G* 联系在一起，也就是说，*G* 并非产生于 *F*，或者也并非因为 *F* 而产生。规律本质上是这些正在发生的事实的概括。根据穆勒-拉姆齐-刘易斯的规律观[1]，事实应当在演绎系统中加以概括，而演绎系统又由它们的公理加以个别化。目前，人们可以用多种方式概括事实。曲线拟合问题可以用来说明社会科学语境中的问题。以定量研究为导向的科学家经常使用统计方法，来概括他们的数据（“特定事实”）。在决定使用哪种函数形式时，科学家们往往要在简单性和准确性之间做出取舍。正如科学家们经常做的那样，如果使用线性回归，最多只能有两个数据点正好落在回归线上。由回归方程给出的原理非常简单，但对于大多数大数据集来说，这并不准确。另一种极端情况是，总有可能找到某个函数，使得所有数据点恰好处于该函数上。至少对已有的数据来说，这是完全准确的，但几乎没有简单性可言。因此，必须在如何最好地平衡准确性与简单性的需求方面做出判断。

大卫·刘易斯坚持认为，只有那些表达规律性的陈述才是规律，这些规律在一个演绎系统中作为公理（或定理），而演绎系统最优地权衡了简单性和强度（与准确性密切相关）。这种观点有许多可取之处，尤其是对于那些对因果力量或普遍性之类的非休谟实体持谨慎态度的哲学家来说。刘易斯的这一进路为确证问题提供了一个简洁的、初步的解决方案（“那些概括被视为规律，这些规律在我们对事实进行最佳系统化的过程中又是公理”）。然而，对于社会科学家来说，这一进路意味着，规律现在还不为人所知，而且可能永远不会为人所知。任何社会科学都不可能被恰好安排成一个带有公理的形式系统，从中可以推导出给定领域中的所有事实。甚至有时被称为形式化事业的经济学，在相关意义上也并非公理化的（参见 Stigum，1990，2003）。考虑到社会科学领域的复杂性，以及研究问题和兴趣变化的速度，从根本上很快改变这种情况的可能性很小。因此，在对规律“最佳系统”的描述过程中，很可能存在社会科学的规律，但我们永远不会（或不会很快）掌握它们。这对于一个倾向于自然主义的社会科学哲学家来说，是站不住脚的，具有该倾向的社会科学哲学家更专注于规律的概念，这一概念至少允许某些陈述成为规律，而社会科学家就是将这些陈述称为规律并将其视为规律。因此，推论问题并没有得到解决。

二、共相

一种对立的观点认为，规律是属性之间的关系。诸如“实际工资”或“生活水平”之类的属性被理解为共相（universals）；也就是说，共相被理解为殊相（particulars）（如个别经济体）共有的真实特质。如果“所有的 F_S 都是 *G*”是一条规律，那么这就意味着共相 *F* 类和 *G* 类处于一种律则（与逻辑相反）必然性的关系中。因此，*F* 必须是 *G*，不是因为 *G* 包含在 *F* 的概念中（就像“未婚”包含在“单身汉”的概念中一样），而是因为在这两个属性之间存在着一种物理上的必然关系（Armstrong，1983）。

从表面上看，把规律解释为共相之间的关系，似乎可以解决确证问题：据推测，“货币供给类”和“价格类”之间存在着适当的关系，而“国家类”和“小于
297 15 亿人口类”之间则没有。

然而，物理上的必然关系是观察不到的，而且在关于规律的共相进路的文献中[除了大卫·阿姆斯特朗（David Armstrong），弗雷德·德莱茨克（Fred Dretske）和迈克尔·托雷（Michael Tooley）的贡献也很重要，参见 Dretske（1977）、Tooley（1977）]，形而上学似乎完全与方法论脱节。[2]因此，在规律的共相解释下，社会科学规律可能存在，但我们永远不知道它们是什么。具体地说，我们无法分辨上述被社会科学家视为规律的主张是否为真正的规律。因此，关于规律的实在论也不能解决推论问题。

三、归纳

尼尔森·古德曼（Nelson Goodman）认为，偶适概括和似律概括的区分问题，与归纳和假设的证实密切相关：似律概括是由它们的事例所证实的，而偶适概括

则不能（Goodman，1954：73）。古德曼用于阐明其观点的例子是，通过事例来证实铜的导电性；观察到此房间中的某个人是第三个儿子，无法证实该房间里所有人是第三个儿子的概括。

然而，稍微反思一下就会发现，上述案例并不那么简单明了。例如，弗兰克·杰克逊（Frank Jackson）和罗伯特·帕吉特（Robert Pargetter）认为，在该房间内100个人中随机抽取50个人，发现他们都是第三个儿子，这确实证实了该房间中的所有人是第三个儿子的假设，无论这一概括是否只是偶然成立。事实上，正如艾略特·索伯（Elliot Sober）所指出的那样，事例是否证实概括，这取决于背景假设，而在正确的背景假设下，事例就能证实概括，即使背景假设已经预设了该概括仅仅是偶然成立的（Sober，1988）。

如果上述观点为真，我们不能把这样一个事实，即一个概括被它的事例所证实，就作为这个概括是似律的证据。因此，我们不能用古德曼的提议，在真正的规律和纯粹的伪规律（pseudo-laws）之间，来区分社会科学家称之为规律的概括。这一进路如果成功，其将解决推论问题（“真正的规律是那些被事例所证实的规律，并且存在具有说服力的经验证实方法”），但这一进路在解决确证问题上并不成功。

四、因果关系

在本章中我所讨论的最后一个观点认为，真正的规律能够描述因果关系。如果 G 总是在 F 后出现为真，那么这种规律性的存在是由于一种因果结构，该结构可以将 F 作为原因，G 作为结果，或者以更复杂的方式将两者联系起来。例如，市场价格和供需量之间存在一种相互因果关系，哪个变量是原因，哪个变量是结果，只能在特定情况下才能确定。

因果关系能够区分真正的规律和偶然的规律。正如我们刚才看到的供求规律一样，本章开头的许多陈述都可以进行因果解释。相比之下，认为“世界上没有一个国家的人口超过15亿”这一陈述是偶然的，其理由恰恰在于，我们无法想象有什么因果机制可以使15亿人口成为任何国家人口增长都无法超越的门槛。因果论断（causal claims）也允许进行检验。因果推论的方法有很多，许多方法被广泛应用于社会科学领域，并被科学哲学家所理解（参见 Reiss，2015）。*初步看来，* 298
因果进路似乎解决了确证问题和推论问题。

然而，因果论断并不涉及有关规律性的相应主张（Anscombe，1971）。“F 引起 G”这一主张，与如下主张相一致：G 从未在 F 之后出现[3]，G 有时会在 F 之后出现，F 提高了 G 出现的概率，G 总是在 F 之后出现。我们以割裂区分真正的规律与偶然的规律的关系为代价来解决确证问题。正如我们将看到的，这一做法将带来一些新的问题。

第三节　受限的规律性

到目前为止，我们的讨论已经默认，社会科学中发现真正规律的问题，即为区分似律概括与偶然（尽管为真）概括的问题。但这种提出问题的方式忽视了这样一个事实，即在社会科学中，很少存在具有严格普遍意义和科学意义的概括（比如“每当 *F*，那么 *G*”这种形式的概括）。自 19 世纪以来，众所周知的是，社会科学中的大多数或所有规律，如果被理解为严格的概括的话，那么它们大多数都会存有例外。事实上，19 世纪两位伟大的社会科学方法论者约翰 • 斯图亚特 • 穆勒和卡尔 • 门格尔（Carl Menger），发展了他们的社会科学规律概念，以回应经验概括从来就不是严格的观察（Mill，1874 [1843]；Menger，1963 [1887]）。对于他们二者来说，不存在严格规律的原因在于，经验结果是由许多因素产生的，所有这些因素都属于规律范围。但是，只有在高度理想化的情况下，即单个规律（或少数规律）完全独立运行而不受干扰时，这些规律才会产生规律性的结果。这一结果将规律视为“受限的规律性”（qualified regularities），即只有在特定条件下才能成立的规律性。替代方案之间的主要区别在于对限定条件的解释。现在让我们考虑这方面的两个主要解释。

一、其他情况均同定律

使用*其他情况均同*从句来限定经济学中的一般原则，这至少可以追溯到 13 世纪（Kaufer，1997）。来自普罗旺斯的方济会修士彼得鲁斯 •奥利维（Petrus Olivi）在他的著作《论买卖、利息与归还》中写道（引自 Kaye，2014：65）：

> 在*其他情况均同*的情况下，相较于将来获得某物的权利或并未实际占有某物的权利而言，当前获得某物的权利以及实际占有某物的权利其价值更高。

ceteris paribus 通常被翻译成“其他情况均同”，其观念是，当概括中没有提及的因素被认为是固定的，或者更一般地说，没有变化时，就会得到规律性。从现在开始，让我们把所有的规律都当作*因果*律。在这个意义上，CP（CP 为 ceteris paribus 的简写——译者注）定律省略了对效应变量有因果影响的因素；“其他情况均同”意味着，在保持这些被忽略的因果因素不变的情况下就会产生规律性。

例如，供求规律充其量只有在这种附带条件下才是正确的：保持需求和其他因素（如效率）不变，稀缺性的增加将会导致价格上涨。总的来说，问题不在于外部因素的变化，而在于它们本身一开始就存在。当价格受到控制时，供给可以 299
随意变动（保持固定需求），但价格将保持不变。因此，对 CP 更好解读可能是“别无其他因素”（other factors being absent）。

但稍作思考就会发现，这种解释也不合适。社会科学概括（如果有的话），只是在一系列背景条件下才成立，在没有这些背景条件的情况下，社会因素（如果在没有这些背景条件情况下，谈论社会因素也是有意义的话）不会产生任何效应，更不用说是有规律地产生效应了。要让稀缺性增加以提高价格，就必须有一个市场存在，必须有某些类型的规范，人们也必须有某些不同的偏好。简单地解释一下，很明显，要让稀缺性对价格产生任何影响，就必须存在该类商品的定期交易。或许不那么明显的是，任何交易的发生，都必须受到社会规范和法律规范的约束，而且人们必须相互信任。如果有人担心他每次进行交易时，合伙人都试图欺骗他，那么就没有人会试图在市场上进行商品交易了（Arrow，1973）。大多数商品的质量无法完全观察到，因此，如果没有任何有助于减轻信息不对称问题的机制，市场就会崩溃（Akerlof，1970）。最后，如果人们有完全弹性的需求计划（也就是说，如果价格上涨超过人们的底线价格，人们就会完全停止购买该商品），稀缺程度的增加也不会对价格产生影响。

要使价格有规律地变化，我们不仅需要制度化的交易以及由法律规范和社会规范所约束的交易，我们还需要货币的存在。反过来，货币的存在需要许多其他制度——至少同意使用一种商品作为结算单位，并在交易中普遍接受该商品。[4]因此，我们不是要求别无其他因素，而是需要其他因素的组合*正合适*，以便规律性的出现。

我认为关于 CP 条件的三种解读——其他情况*均同*、*别无*其他情况、其他情况*正合适*——没有任何一种是唯一正确或者最为合理的。相反，最好是把社会科学规律看作是由这三种附带条件共同限定的。一些未在概括中提到的因素必须保持固定不变，另一些因素则不存在，还有一些因素正合适，才能获得规律性。事实上，我们已经看到，供求规律受到这三个条件的约束：随着稀缺性的增加，在下述这些情况下（除其他因素外），价格都会上涨：①需求保持稳定；②没有对价格进行控制；③存在特定的制度以及社会规范和法律规范，以及人们有某些不同的偏好。从现在起，凡违反这三个条件之一的，我都称其为*干扰*。因此，需求不稳定、价格控制、社会规范和偏好的相关变化（或仅仅是不存在）都是干扰因素。

有时有人认为，在描述规律性时包含这些附带条件，有使规律变得空洞的风险（Hempel，1988）。从本质上讲，包含一个附带条件会导致以下困境。要么在描述中包含概括成立的条件，要么不能（因为这些条件是未知的）。如果这些条件也能被包含在内的话，那么规律就不是一条 CP 定律；在某些情况下，我们可能更倾向于一种简化的描述，但实际上，规律只是一种规律性的陈述，尽管有一个复杂的前提条件。如果这些条件不能被包含在内的话，规律基本上就会断言“*Y* 经常在 *X* 之后出现，除非有理由说明 *Y* 不在 *X* 之后出现”［参见 Roberts（2004：159）对此内容的系统阐述］。社会科学的概括成立的条件很少能完全明确地表达，因此，无法做到将这些条件包含在描述中。此外，如果接受这些条件能够包含在
300 描述中的话，确实存在许多社会科学规律，但掌握这些规律毫无用处可言。

然而，情况并不像听起来那么糟糕。这个从句“除非有理由说明 *Y* 不在 *X* 之后出现”可以理解为“除非有*充分*的理由”。只要社会科学家有一些标准，能够用来区分允许的和不允许的理由；也就是说，只要存在一些可能的情况，社会科学家认为这些情况与规律不相容，而不是将其视为合理的干扰，那么规律就具有一些经验内容。[5]这种高度设限概括对预测和解释的有用程度，取决于有碍于概括成立的干扰因素的频率和特性。

CP 定律的主要问题在于其他方面。到目前为止，我们已经把 CP 从句理解为，其本质上提供了一系列概括成立的条件。到目前为止，我们忽略了一个问题，即当条件*不*满足时会发生什么情况。概括是否*近似*成立？或者随后发生的一系列事件是否完全无法预测？关于干扰因素的概括知识有用吗？就我所见，在 CP 定律的概念中，没有任何东西可以解决这些问题。*从表面上看，*我们必须允许这样一种可能性，即当其他情况不同、干扰因素也存在、结构条件并非正好合适时，规律可能根本没有对会发生什么做出任何陈述。

二、因果倾向

约翰·斯图亚特·穆勒曾认为，规律可以有例外这一说法是错误的。其原因在于，*规律并不陈述规律性*（Mill，1874［1843］：book 6，ch.10）：

> 因此，如果有人声称所有重物都落向地面是自然规律，那么很可能有人会说，大气阻力阻止气球落下，大气阻力使得气球成为这一假想的自然规律的例外。
>
> 但真正的规律是，所有重物都倾向于落地。

倾向于获得规律性意味着什么？在我看来，有三层含义（Reiss，2013）。第一，感兴趣的因素会*因果地影响*结果。倾向律是因果律。第二，只有在高度理想化的情况下才能获得规律性。倾向律表达了假设的规律性或反事实规律性：“如果某些条件成立，那么 *X* 会经常引起 *Y*”。上述已经讨论了获得规律性的各种情况。

第三，这就是因果倾向不同于 *CP* 定律的原因，当环境不理想时，在存在干扰的情况下，感兴趣的因果因素*仍然对结果产生系统性的贡献*。

最后一点需要进一步阐述。穆勒认为，当干扰因素阻止感兴趣的因果因素实现规律中所陈述的结果时，感兴趣的因果因素会对结果产生系统性的影响。充满氦气的气球不会下落而是上升。穆勒的意思是说所有的物体都倾向于下落，是因为重力对其下落速度有影响；也就是说，它的下落速度不同于另一个其他条件相同但没有重力存在的情况下的下落速度。

因果因素是如何结合在一起的？不幸的是，穆勒只给我们提供了两种高度简化的模型：物理模型（更准确地说是力学模型）和化学模型。在力学模型中，原因叠加在一起。因为力是矢量，当两种力结合时，结果就是这两种力的矢量和。在化学模型中，因果因素相互作用。如果我们把个别元素的性质看作是化学反应的原因，而把反应产物的性质看作是反应的结果，那么往往很难看出前者是如何 301
对后者产生系统性的贡献的；相反，似乎出现了一些全新的东西。

出于某种原因，穆勒认为社会世界是力学模型而非化学模型（Mill，1874［1843］：book 6，ch.7）：

> 人们聚在一起时，不会转化成另一种具有不同性质的物质：就像氢和氧不同于水，或者像氢、氧、碳和氮不同于神经、肌肉和肌腱一样。社会中的人类没有其他属性，只有那些源于并可以被分解为个别人的自然规律的属性。在社会现象中，原因的合成就是普遍规律。

那么，在这一力学模型下，不同因素对结果的贡献可以简单地相加。例如，如果稀缺性对价格产生上行压力，而竞争加剧又带来了下行压力，那么这两种因素共同作用的结果将介于两者之间。如果我们知道了所涉及的各种弹性，我们就可以对综合效应做出非常精确的数值预测。

穆勒关于因果律组合的力学模型和化学模型，将是连续光谱上的两个端点。当然，可以想象，而且可能相当频繁的是，因果因素交互式地结合在一起，但并不完全消除个别因素的贡献，就像穆勒描述的化合作用那样。这就是为什么我会在因果因素对结果产生系统性贡献时谈论因果倾向；也就是说，每当在干扰因素存在或存在一种（元）组合律时，都可以原则上对发生的事情做出预测，即使该组合律不像向量加法那么简单，它仍然可以被视为一种因果倾向。

第四节 对倾向律的支持

正如在本章的引言中提到的，规律性是不可观察的。因此，即使我们能在经验上证明“*X* 倾向于导致 *Y*”为真，我们也不能从经验上证明“*X* 倾向于导致 *Y*”是一条规律。然而，我仍然想要论证倾向具有特殊的资格被视为规律。这样做是出于很多方面的考虑。

第一，在社会科学中，许多陈述把规律明确看作是关于倾向的陈述。在本章开头提到的九条定律中，有三条是如此：工资铁律、寡头政治铁律和迪维尔热定律。[6]

第二，社会科学家经常说，他们似乎保持了一种倾向解释。一起来看一看德国/波兰社会学家和经济学家古恩纳尔 • 海因索恩（Gunnar Heinsohn）的下面一段文字（Heinsohn，2012；下面是我的译文）：

> 因此，认为通货紧缩与通货膨胀不会发生的说法，都是站不住脚的。人们只去看一看黄油的价格，是看不到通货紧缩的。但普通的黄油买家不会去中央银行柜台，在那里他可以找到零利息货币。然而，这些大肆投资的商业银行购买股票或债券，并在这些市场中引起了强烈的通货膨胀，反过来又把通货膨胀誉为“附加值”。对于统计学家来说，通货紧缩仍然是看不见的，因为它被人为的通货膨胀
> 302 掩盖了，而统计学家忽略了通货膨胀，因为通货膨胀被通货紧缩的拉力抵消了。通货膨胀不仅存在，而且还被有意地利用来延缓通货紧缩。

这里涉及的相关规律是“货币存量的增加倾向于导致价格上涨”。回顾一下倾向律的三个特征：①因素导致结果。海因索恩明确地使用了因果语言。②只有在理想的情况下才能得到规律性。海因索恩认为，由于受到其他因素的干扰，即“通货紧缩的拉动”，货币过剩造成的通货膨胀仍然不可见。因此，如果没有通货紧缩的拉动，就会出现（可见的）通货膨胀。就像一个充满氦气的气球在真空中释放后会下降一样。③在没有干扰的情况下，因果因素对结果产生一种系统性的贡献。显然，海因索恩认为，如果不是因为银行以零利率向中央银行大肆借款而引发人为通货膨胀，那么本应出现通货紧缩。

举第二个例子，看看《经济学人》（2015 年）上发表的一篇文章中的一段话：

> 欧洲的开放型经济最容易受到新兴市场需求降温的影响，这就是欧洲可能会进一步放松货币政策的原因。但美国的政策困境更为尖锐。美国与世界其他国家在货币政策上的分歧将给美元带来上行压力，损害出口和收入。资本浪潮可能会再次将美国消费者作为首选借款人。如果是这样的话，世界债务危机可能最终会回到它开始的地方。

国内外不同的货币政策将对美元构成上行压力。其结果可能是，美元相对于其他货币升值、贬值或不变。重要的是，美元汇率将高于这些政策分化不存

在的情况下本应达到的水平。

第三，重要的社会科学方法和分析工具预设了倾向解释。一个明显的例子就是多元回归。如果没有稳定的 X 导致 Y 的倾向，那么将 Y 回归到 X 和一系列可能的干扰因素 Z 上就没有任何意义。没有稳定的倾向意味着，X 在 Y 上的效应原则上会因干扰因素 Z 值的任意组合而不同。X 上的系数就代表了所有 Z 值组合的平均效应。这样的量几乎没有什么意义，对政策当然也不会有用。它只针对以所有 Z 值完全相同的组合为特征的总体，预测为了改变 Y 而对 X 进行干预的正确的效应值。

此外，大多数回归是线性的。因此，回归不仅假定了规律的倾向解释，还假定了一个特别简单的组合规律——穆勒定律。

第四，倾向律有助于社会科学家对结果进行预测和解释。只有当货币政策有稳定的倾向影响汇率时，《经济学人》才能预测货币政策的分歧将导致美元的上行压力。虽然这一预测不是“美元将会升值”这样的绝对预测，而是相反的预测“美元将会比没有政策分歧的情况下价值更高”，但这是有用的信息，当然在政策语境中才是有用的（也可参见上述对海因索恩的引文）。说明也是如此。过去的政策分歧对汇率造成了压力，倾向律可以说明与假设情形相关的结果，在这一假设情形中其他因素相同但政策或政策变化不存在。这种说明一直以来就是对比性的，相关学者对此已争论了很多次（van Fraassen，1980；Weber et al.，2013）。 303

第五，规律常被认为与反事实陈述密切相关。规律“支持”反事实推论或者容许反事实推论。因此，如果“每当 F，那么 G”是一个规律，并且某个 x 不是 F，那么我可以推断，如果 x 是 F，x 也会是 G（举例而言）。关于这种反事实推论，规律的倾向解释比 CP 定律解释要更好。这是因为在 CP 条件不满足的情况下，CP 定律对该情况下会发生什么不会做出任何解释。所以我们无法推断如果情况不同会发生什么。由于倾向律在一定程度上独立于干扰因素，因此不受这一限制。

第五节　社会科学规律存在吗？

通过上述讨论，我们可以把本章的问题归结为：“是否存在相对独立于可能的干扰因素而对结果产生影响的因果因素呢？”在回答这一问题之前，我先对此发表一下我个人的看法。第一，这显然是一个经验性问题，如果不仔细关注社会科学证据的话，就无法解决这个问题。第二，规律性程度不同。在严格的价格控制下，货币存量的变化不会影响价格。同样地，如果没有必要的社会规范和法律规范，我们就很难富有意义地谈论“货币存量的变化”，即便可以找到诸如硬币、纸币这样的物理类似物。因此，有些干扰因素会使规律性完全消失。另一方面，交易组织中的微小变化，可能会对价格变化中货币的有效性产生数量效应，但不会完全削弱这种有效性。对于其他规律性而言，所有可能的干扰因素都可能是先前的定性干扰因素，因此只有在没有任何干扰的情况下，才能获得规律性。

首先要注意的是，社会科学的概括往往是高度依赖语境的。比如说，如果我们在寻找如下形式的微观规律："当个体处于 *S* 情形下，他们会做 *A*"，那么，我们就会发现，大量干扰因素可以以完全不可预测的方式，影响个体在 *S* 情形中的行为。实验经济学是关于这类规律经验结果的一个巨大来源。实验经济学的目的之一是，构建这种概括并研究其成立的条件。诸如像商品买卖这样的市场情形，以及在博弈中做决策的策略情形，比如在最后通牒博弈、独裁者博弈、公共博弈中做决策，这些都是实验经济学的研究目的所在。由此，可将 *S* 视为"在最后通牒博弈中作为一名提议者的角色"。以下是当人们发现自己处于 *S* 情形时，影响他们行为的一些因素（Reiss，2008：92-96）：

- 激励的规模和种类；
- 信息的有效性和分布；
- 参与者的经验；
- 文化和环境因素；
- 实验设置的细节。

除了上述因素外，还有很多其他因素，在此就不一一列举了。实验经济学中经验结果的问题不在于，一些因素会干扰以实验方法所建立的规律性，而在于这些因素以极不系统的方式影响了结果。例如，随着货币激励的增加，人们倾向于更努力地思考（Wilcox，1993），但在经济学家的意义上，货币激励并不总是使人
304 们的行为更加理性。研究表明，随着更高货币激励的增加，偏好逆转（preference reversals）将增加而不是减少（Grether and Plott，1979）。亨里奇等（Henrich et al., 2001）的出色研究论证了风俗和社会规范在最后通牒博弈中对人们行为的影响。进一步来讲，这些因素会影响结果并不令人惊讶，但是一个新群体的行为方式，很难从有关其成员的行为与社会规范的知识中进行预测。

在我看来，这些实验结果表明，很难将行为概括解释为倾向律。在某些情况下，尽管受到干扰，但某些因素（比如贪婪）对行为的影响并不会持续存在。相反，人们所做之事似乎取决于行为发生的所有背景因素。如果所有的概括都是这样的——高度局部性和语境依赖——我会用"不"或者"社会科学家还没有发现任何规律"来回答本章的问题。

这种现象并不局限于微观经济学。20 世纪 90 年代，政策制定者中有一种观点——"华盛顿共识"——认为下列因素为经济增长提供了一个理想的政策框架

（Rodrik，2007：17）：

（1）财政纪律；

（2）重新调整公共支出；

（3）税制改革；

（4）利率自由化；

（5）统一且有竞争力的汇率；

（6）贸易自由化；

（7）对国外直接投资的开放；

（8）私有化；

（9）解除管制；

（10）有保障的财产权。

然而，人们错误地认为上述清单列出了一组如下形式的倾向律，即“财政纪律对经济增长有积极作用，与语境无关”等。经验证据所表明的恰恰相反：遵守清单与经济成功之间存在着负相关关系：许多表现特别好的国家和地区（如“亚洲四小龙”）在清单上得分很低，许多紧跟华盛顿政策的国家（如 1980 年后的一些拉丁美洲国家）的得分也相当低。相反，重要的是，经济政策的*组合*是正确的。这并不是说，清单上的因素不是经济增长的原因、诱因或持续因素，而是说，它们需要其他的因素来实现这一功能。

还有一些例子指向了另一个方向。奥肯定律最近在一项跨国研究中得到了验证。其研究结果包括：①失业率的变化与增长之间存在相对稳定的负定性关系；②这种关系在各国及各地区之间差别很大。值得注意的是，①中的变化似乎是系统性的（Moosa，1997：353）：

> 与欧洲和日本相比，美国和加拿大的就业对经济增长更敏感……这一发现可以用一些决定劳动力市场刚性或灵活性的制度差异来解释。更具体地说，美国和加拿大的就业对经济增长更敏感，是因为这两个国家缺乏就业保障条款和对裁员的限 305
> 制。这些条款禁止雇主在经济衰退时减少劳动力，以及在经济扩张时增加雇员。

这至少与奥肯定律的倾向律解释相一致：当出现干扰因素时，经济增长和失业变化会持续存在一种稳定的趋势。具体来说，就业市场的刚性会影响这一关系的数值速率（就像空气阻力会影响落体的坠落速率一样），但不会完全削弱它。[7] 纵向比较进一步证实了这一解释（Moosa，1997：354-355）：

> 在德国、法国和日本的案例中，系数绝对值的稳定增长可能归因于劳动力市场改革。同样，在美国和加拿大的案例中，系数的稳定性可能是由于缺乏类似的

> 变化，因为这些国家的劳动力市场在整个样本期内都很灵活。

最后一个例子来自政治人口统计学。青年群体膨胀是指 15～24 岁的人口占成年人口总数比例过高，长期以来，人们一直认为青年群体膨胀会导致政治暴力（Moller，1968）。在最近的一项研究中，亨利克 • 厄达尔（Henrik Urdal）研究了青年群体膨胀对内部冲突、恐怖主义和暴乱的影响，特别是影响这种关系的干扰因素的作用（Urdal，2006）。首先，厄达尔可以证实之前的研究，因为他发现，经历过青年群体膨胀的 35%的国家有武装冲突的风险，这一风险比没有青年群体膨胀的国家高出两倍以上。更有趣的是与其他变量的各种（通常是非线性的）相关性。“抚养比率”是指 0～14 岁人口对 15～24 岁人口数之比。它衡量的是随着时间的推移，青年群体膨胀持续或减少的程度。急剧下降的出生率往往与经济发展有关，这可能有助于减少青年群体膨胀对暴力的影响。的确，厄达尔（Urdal，2006：619）发现：

> 在持续高生育率和高度依赖性的语境中，青年群体膨胀使国家越来越有可能经历武装冲突……而那些正在进行人口转型的国家可能会经历“和平红利”。

一般来说，较高的发展水平会降低政治冲突的风险。青年群体膨胀对政治暴力的影响在高度民主和高度专制的政权中都是最低的；中间政权更容易发生冲突。这也正是我们所期望的：在民主国家没有机会的年轻人，要么以其他方式表达他们的不满，要么离开这个国家；而在高度独裁的政权中，年轻人不能以暴力方式表达不满（尽管会出现其他形式的暴力）。

因此，有一种趋势是，在抚养负担和政权形式等干扰因素存在的情况下，青年群体膨胀会造成持续的政治暴力。当抚养负担减轻时，青年群体膨胀也会导致暴力，但这种关系会减弱。青年群体膨胀造成的暴力独立于政权形式，但“强烈
306 的民主/专制”是一种减少暴乱、恐怖主义和国内冲突事件的干扰因素。

第六节 结　　论

对于这一章的问题，最准确的答案是“有一些证据表明存在社会科学规律”。鉴于问题的经验性与规律性的可量化性，很难给出更明确的答案。关于因果因素的稳定性，我们所能知道的是，其显然关键性地取决于，我们用来建立因果判断的方法的质量，而最常用的方法——多元回归——受到各种重要的限制因素的约束（Freedman，1997；Reiss，2016）。无论我们得出什么结果，这些研究结果在相关规范的变化中，往往不是特别稳定，因此，很难判断一个似乎独立于一系列

背景因素而产生稳定贡献的因素，是否能在一项做出不同背景假设——例如，有关相关变量的统计属性及其可操作性——的研究中得到复制。很有可能，那些在我们看来稳定的因素，实际上是高度互动、彼此影响的。另外，本章所讨论的至少有一些因素的行为——例如，青年群体膨胀、货币存量的变化——在人类历史的很长一段时期内，已经用多种方法对其进行研究，并且这些因素一再作为稳定的因果因素出现，因此，我认为证据的分量有利于社会科学规律的支持者。

注　　释

1 该观点的简要陈述可以在刘易斯（Lewis，1973）的著作中找到，刘易斯（Lewis，1983）的早期论文也详述了该观点。

2 詹姆斯·罗伯特·布朗（James Robert Brown）提出，把思想实验作为“观察”规律的手段，这些规律被理解为共相之间的关系（Brown，2004，2010）。鉴于社会科学中思想实验的相对缺乏以及实验结果的模糊性，我认为，布朗的认知柏拉图主义并非真正适用于社会科学[关于经济学中的思想实验，参见 Schabas（2008）、Reiss（2012）]。无论如何，布朗的解释只明确涉及自然科学，而本章开头的任何规律陈述都不是通过思想实验建立起来的。

3 克里斯·希契科克（Chris Hitchcock）列举了以下例子：“吞下 1 千克的钚会导致死亡。”这大概是一个真正的因果论断，即使世界历史上没有人吞下 1 千克的钚（参见 Hitchcock，1995）。

4 这在标准的门格尔主义者的货币起源解释中是正确的。还有其他（更有说服力的）解释需要更多的制度，包括强大的财产权、个人自由、可强制执行的债务合同等[参见 Reiss（2012）的讨论]。

5 参见金凯德（Kincaid，1990）和豪斯曼（Hausman，1992）对若干标准的讨论，其讨论的目的是，使得 CP 定律具有可检验性。因此，对于金凯德和豪斯曼而言，我不同意像伊尔曼和罗伯茨（Earman and Roberts，1999）这样的评论家的观点，他们认为受限规律不能被科学所发现，因为无法在经验上对其进行检验。特别是，我不同意伊尔曼和罗伯茨的提议，在他们提议的解读下，到处都是受限的规律。对于我们来说，建立受限规律：“*其他情况均同，F* 引起 *G*。”我们首先必须确定 *F* 确实引起 *G*；其次，如果 *F* 存在但 *G* 并未出现（或者没有以适当的频率而出现），我们必须提供一个充分的理由，说明尽管存在 *F* 和 *G* 为什么没有发生。这个理由很大程度上取决于何为 *F*。彼得罗斯基和雷伊（Pietroski and Rey，1995）对伊尔曼和罗伯茨的观点进行了批判，在他们的提议下，*其他*

情况均同，任何具有 *F* 属性的东西也具有 *G* 属性取决于他们所提议的细节内容，而这些细节并不能适用于因果律中。

6 我也许应该提到，我并没有积极寻求明确表达倾向的社会科学规律。很明显，尽管许多社会科学家确实认为，社会科学规律实际上是倾向律，因此人们可以经常找到一些例子，来尝试明确这一点。

7 我故意用非因果的术语来描述这个例子，因为对奥肯定律的大多数研究只包括对失业和增长的衡量，我无法想象，不存在影响这两个变量的共同因素。穆萨
307 认为，在增长与失业变化之间，因果关系的方向是由前者到后者，但相反的关系当然是可以想象的。这并没有改变将奥肯定律解释为一种倾向律，因为无论这些变量之间真正的因果关系如何，这种倾向律在干扰因素的影响下似乎持续存在。因此，我在这里说的是一种倾向律，尽管不是一种从增长到失业变化的因果倾向。

参 考 文 献

Akerlof, George. 1970. “The market for ‘lemons’: quality uncertainty and the market mechanism,” *Quarterly Journal of Economics*, 84(3): 488-500.

Anscombe, Elizabeth. 1971. *Causality and Determination: An Inaugural Lecture*. Cambridge: Cambridge University Press.

Ariew, André. 2007. “Under the influence of Malthus’s law of population growth: Darwin eschews the statistical techniques of Adolphe quetelet,” *Studies in History and Philosophy of Biological and Biomedical Sciences*, 38(1): 1-19.

Armstrong, David. 1983. *What Is a Law of Nature?* Cambridge: Cambridge University Press.

Arrow, Kenneth J. 1973. “Social responsibility and economic efficiency,” *Public Policy*, 21: 303-317.

Baumol, William. 1983. “Marx and the iron law of wages,” *American Economic Review*, 73(2[Papers and Proceedings]): 303-308.

Brown, James Robert. 2004. “Peeking into Plato’s heaven,” *Philosophy of Science*, 71: 1126-1138.

Brown, James Robert. 2010. The Laboratory of the Mind: Thought Experiments in the Natural Sciences. London: Routledge.

Chang, Ha-Joon. 2014. *Economics: The User’s Guide*. London: Penguin.

Dretske, Fred. 1977. “The nature of laws,” *Philosophy of Science*, 44: 248-268.

Earman, John and John Roberts. 1999. “Ceteris paribus, there is no problem of provisos,” *Synthese*, 118: 439-478.

Fagan, Stephen and Ramazan Gençay. 2010. “An introduction to textual econometrics,” in Aman Ullah and David Giles(eds.), *Handbook of Empirical Economics and Finance*. Boca Raton, FL: CRC Press: 133-153.

Freedman, David. 1997. “From association to causation via regression,” *Advances in Applied*

Mathematics, 18: 59-110.

Goodman, Nelson. 1954. *Fact, Fiction and Forecast*. Atlantic Highlands, NJ: Athlone Press.

Grether, David and Charles Plott. 1979. “Economic theory of choice and the preference reversal phenomenon,” *American Economic Review*, 69: 623-638.

Harris, Edward. 1979. “The laws of archaeological stratigraphy,” *World Archaeology*, 11(1): 111-117.

Hausman, Daniel. 1992. *The Inexact and Separate Science of Economics*. Cambridge: Cambridge University Press.

Heinsohn, Gunnar. 2012. “Deflation und Inflation auch 2013 einträchtig beieinander,” Achse des Guten. Accessed August 17, 2016. www.achgut.com/dadgdx/index.php/dadgd/article/deflation_ und_inflation_ auch_2013_eintraechtig_beieinander.

Hempel, Carl. 1988. “Provisoes: a problem concerning the inferential function of scientific theories,” *Erkenntnis*, 28(2): 147-164.

Henrich, Joseph, Robert Boyd, Samuel Bowles, Colin Camerer, Ernst Fehr, Herbert Gintis, and Richard McElreath. 2001. “In search of homo economicus: behavioral experiments in 15 small-scale societies,” *American Economic Review*, 91(2): 73-78.

Hitchcock, Christopher. 1995. “Mishap at reichenbach fall: Singular vs. General causation,” *Philosophical Studies*, 78(3): 257-291.

Hyland, James. 1995. *Democratic Theory: The Philosophical Foundations*. Manchester: Manchester University Press.

Kaufer, Erich. 1997. “Ceteris paribus,” *Journal of Economic Perspectives*, 11(2): 190-191.

Kaye, Joel. 2014. A History of Balance 1250-1375: The Emergence of a New Model of Equilibrium and Its Impact on Thought. Cambridge: Cambridge University Press.

Kincaid, Harold. 1990. “Defending laws in the social sciences,” *Philosophy of the Social Sciences*, 20(1): 56-83. 308

Kincaid, Harold. 2004. “There are laws in the social sciences,” in Christopher Hitchcock(ed.), *Contemporary Debates in Philosophy of Science*. Oxford: Blackwell: 168-185.

Knotek, Edward. 2007. “How useful is Okun’s law?” *Economic Review of the Federal Reserve Bank of Kansas City*, (Fourth Quarter): 73-103.

Lewis, David. 1973. *Counterfactuals*. Cambridge, MA: Harvard University Press.

Lewis, David. 1983. “New work for a theory of universals,” *Australasian Journal of Philosophy*, 61: 343-377.

Lewis, David. 1986. *Philosophical Papers*, vol. 2. New York: Oxford University Press.

Menger, Carl. 1963[1887]. *Problems of Economics and Sociology*. Urbana, IL: University of Illinois Press.

Mill, John Stuart. 1874[1843]. *A System of Logic*. New York: Harper.

Moller, Herbert. 1968. “Youth as a force in the modern world,” *Comparative Studies in Society and History*, 10: 238-260.

Moosa, Imad. 1997. “A cross-country comparison of Okun’s coefficient,” *Journal of Comparative Economics*, 24: 335-356.

Pietroski, Paul and Georges Rey. 1995. “When other things aren’t equal: saving ceteris paribus laws from vacuity," *British Journal for Philosophy of Science*, 46: 81-110.

Reiss, Julian. 2008. Error in Economics: Towards a More Evidence-Based Methodology. London: Routledge.

Reiss, Julian. 2012. "Genealogical thought experiments in economics," in James Robert Brown, Mélanie Frappier, and Letitia Maynell (eds.), *Thought Experiments in Science, Philosophy, and the Arts*. New York: Routledge: 177-190.

Reiss, Julian. 2013. *Philosophy of Economics: A Contemporary Introduction*. New York: Routledge.

Reiss, Julian. 2015. *Causation, Evidence, and Inference*. New York: Routledge.

Reiss, Julian. 2016. "Suppes' probabilistic theory of causality and causal inference in economics," *Journal of Economic Methodology*, 23 (3): 289-304.

Roberts, John T. 2004. "There are no laws of the social sciences," in Christopher Hitchcock(ed.), *Contemporary Debates in Philosophy of Science*. Oxford: Blackwell: 151-167.

Rodrik, Dani. 2007. One Economics, Many Recipes: Globalization, Institutions, and Economic Growth. Princeton, NJ and Oxford: Princeton University Press.

Schabas, Margaret. 2008. "Hume's monetary thought experiments," *Studies in History and Philosophy of Science Part A*, 29: 161-169.

Schlesinger, Joseph and Mildred Schlesinger. 2006. "Maurice duverger and the study of political parties," *French Politics*, 4(1): 58-68.

Sober, Elliott. 1988. "Confirmation and law-likeliness," *Philosophical Review*, 97(1): 93-98.

Stigum, Bernt. 1990. *Toward a Formal Science in Economics*. Cambridge, MA: MIT Press.

Stigum, Bernt. 2003. Econometrics and the Philosophy of Economics: Theory-Data Confrontations in Economics. Princeton, NJ: Princeton University Press.

The Economist. 2015. "The never-ending story," *November* 14, 2015.

Tooley, Michael. 1977. "The nature of laws," *Canadian Journal of Philosophy*, 7: 667-698.

Urdal, Henrik. 2006. "A clash of generations? Youth bulges and political violence," *International Studies Quarterly*, 50: 607-622.

van Fraassen, Bas. 1980. *The Scientific Image*. Oxford: Clarendon Press.

van Fraassen, Bas. 1985. *Laws and Symmetry*. Oxford: Oxford University Press.

Weber, Erik, Jeroen van Bouwel, and Leen De Vreese. 2013. *Scientific Explanation*. Dordrecht: Springer.

Wilcox, Nathaniel. 1993. "Lottery choice: incentives, complexity and decision time," *Economic*
309 *Journal*, 103(421): 1397-1417.

第二十六章　行为经济学

康拉德·海尔曼（Conrad Heilmann）

第一节　引　　言

对于最近在书店经济学专区里翻阅过丹尼尔·卡尼曼或丹·埃雷利（Dan Ariely）的著作，或者在报纸上、杂志上阅读过对他们著作的相关书评的人而言，实际上，对于任何稍有兴趣的经济学爱好者来说，都会产生这样一个印象：行为经济学是一个*全新研究领域*。围绕经济学家可能并不局限于建立高度理想化的理性行为者模型这一观念，在大众媒体中引起了相当大的关注，显然，经济学家现在也在为非理性行为建模，研究个体如何*真正*做决策，并且已经放弃了完全理性最大化的假设，开始使用更为广泛的经验工具，比如实验室实验和现场实验。作为“现代经济学大获成功的案例”（Angner，2015：3557），行为经济学日益引起公众的关注，成为“趣味经济学”（economics made fun）这种类型（Vromen，2009）中最繁荣的分支之一，与此同时，行为经济学还通过将其观点应用于所谓的“自由家长主义”（libertarian paternalism）或“助推”（nudge）中，已经建立起一个具有影响力的政策建议（policy advice）分支（Thaler and Sunstein，2008）。

见识广博的评论者们都知道，近年来行为经济学在学术界内外大受欢迎，这是建立在几十年来不断发展的学术基础之上的。正如埃里克·安格纳（Erik Angner）在他的教科书中所说的那样：“行为经济学可以说是有着短暂的历史和很长的过去。”（Angner，2012：5）行为经济学通常指的是经济学中的个体决策研究，该研究尤为侧重于经验方法，并以心理学上的实际说明和预测为目标。因此，行为经济学与新古典经济学和公理化的理性选择理论形成了鲜明对比，后两种理论旨在对个体行为进行更加理想化的解释，这种解释更容易用数学进行描述，便于经济学建模。海凯洛姆（Heukelom，2015）详细论证了行为经济学与现代理性选择理论有着共同的根源，并且在很大程度上是与之并行发展的，尤其是在过去的几十年里，行为经济学的重要性日益增长，受到了广泛的关注。

那么，行为经济学现在处于一个什么样的位置呢？作为经济学的子学科，其地位如何？最近，许多学者针对这些问题进行了广泛的思考。在经济学方面，卡默勒和勒文施泰因（Camerer and Loewenstein，2004）、弗登伯格（Fudenberg，2006）、佩森多弗（Pesendorfer，2006）和马拉德（Mallard，2015）等对此做出了重要贡献。在经济学思想史方面，森特（Sent，2004）、道（Dow，2013）和海凯洛姆（Heukelom，2015）等也对此做出了大量贡献。在经济学方法论方面，诸如米勒（Mueller，2004）、永津（Nagatsu，2010）、安格纳和勒文施泰因（Angner and Loewenstein，2012）、瑞斯（Reiss，2013）、罗斯（Ross，2015）、安格纳（Angner，2015）等也对此做出了相应的贡献。这些学者探讨了行为经济学作为经济学的一个子学科的历史与前景，以及它究竟在多大程度上是革命性的，又是以何种方式体现这种革命性的，同时还提出了行为经济学与如下理论之间关系的一系列论点：理性选择理论及其核心假设、新古典经济学、主流经济学、心理学、实验经济学以及有限理性。虽然这些学者的确切立场和论点各不相同，但其所达成的主要共识在于，行为经济学就其对经济学理论的重要性和意义而言，其在基础、核心概念、前景方面与主流经济学相当接近。海凯洛姆（Heukelom，2014）为此创造了“行为经济学主流化”一词。就这种共识的主流观点而言，行为经济学并没有革命性地改变经济学，也没有处于即将颠覆经济学的边缘，而是在相当大的程度上对经济学进行了补充，为决策提供了心理学上更真实的决策模型，并关注经验研究，特别是实验。换言之，这一共识所要进一步表达的是，最好将行为经济学理解为，一种多样化的、不断增长的经验结果，也可理解为是对经济学所做出的一种理论贡献，但不能理解为是对主流经济学的一种统一的替代性理论。

我在本章的目的是通过间接的方式强调目前的共识观点，从而为这些讨论作出一些贡献。具体来看，我关注行为经济学的两个重要领域：助推和双曲贴现（hyperbolic discounting）。在许多方面，这些领域都是行为经济学发展的典范。双曲贴现一直是行为经济学发展中最重要的论题之一，直到今天仍然是行为经济学研究的核心所在。近年来，人们重新关注乔治·安斯利（George Ainslie）的开创性工作，及其与上瘾、拖延和其他自控问题之间的关系。另一方面，助推是由理查德·塞勒（Richard Thaler）和卡斯·桑斯坦（Cass Sunstein）在 2008 年出版的著作中提出的一个术语，助推作为一个比较新的现象，它将行为经济学的研究结果与其在政策制定中的应用联系了起来（Thaler and Sunstein，2008）。助推和双曲贴现也有如下共同特点：在对两者的讨论中都提出了旨在统一和概括行为经济学见解的理论框架。对于双曲贴现，已经有人提出了多重（或双重）自我框架[特别是安斯利所提出的，参见 Ainslie（1992，2001）]。关于助推，有人则使用了双重进程（或双重系统）的框架。卡尼曼（例如 Kahneman，2003，2011）也支持将双重过程框架作为所有行为经济学的一般框架。虽然这些框架并没有穷尽所有的理论框架，来推进更加统一且普遍适用的行为经济学，但许多行为经济学家认为这些框架意义重大。我认为，在这两种情况下，这些一般框架——至少在它们当前的形式下——既没有积极地促进更统一的行为经济学，也没有以具体的方式将行为经济学的见解和发现推广到其他领域或问题中。相反，这些框架的贡献仅局限于在助推和双曲贴现的原始应用范围内来形成研究结果和模型。

本章第二节回顾了行为经济学的主要要素。第三节和第四节分别研究了关于双曲现贴和助推讨论中一般框架的作用。第五节是本章所得出的结论。

第二节 行为经济学的主要要素

行为经济学可以被理解为经济学的一个子学科，其使用心理学等一系列其他学科的方法和见解，从经验上研究个体决策及交互式决策，并将这些研究结果与 311
标准理性选择理论进行对比。

鉴于行为经济学对经验工作的关注，一种基本的理解方式是列举其经验发现。这些发现通常以选择模式或围绕个体选择的稳定现象的形式出现，可适当地分为以下几类。

• *涉他偏好*。个体的动机往往不仅是为了自身要获得效用或资源，还考虑利他主义、嫉妒、公平、正义、互惠、信任，这里仅列举其中几个核心概念。在许多实验中，人们发现，个体为了强调或加强这种动机而放弃自身利益，例如，他们会“惩罚”非合作或非互惠的对手时，或者他们宁愿浪费资源也不愿让某人比其他人获益更多（Camerer and Loewenstein，2004：27ff.；Camerer，2005；Angner，2012：192ff.；Wilkinson and Klaes，2012：393ff.）。

• *确定性下的框架效应*。在确定性的情况下，决策的表达方式及其语境也很重要。这些所谓的框架效应通常与损失厌恶（loss aversion）有关，即个体对收益的喜爱程度低于他们对相似程度的损失的厌恶程度：相同的选择可能会因为被表述为损失还是收益而导致不同的结果（Camerer and Loewenstein，2004：15ff.；Angner，2012：29ff.）。

• *概率判断*。在个体计算概率的时候，经常会表现出系统性偏差，由此会产生计算上的偏误，例如未能正确地计算合取和析取的概率，表现出确认偏差（以支持先前信念的方式解释证据）以及对基本比率的忽视（错误地计算条件概率）（Camerer and Loewenstein，2004：19ff.；Angner，2012：81ff.；Wilkinson and Klaes，2012：117ff.）。

• *不确定性下决策的框架效应*。不确定性下决策的框架效应更为复杂，因为它们常常与效用和概率的相互作用有关。从理论角度来看，这些选择如何被组合本不应影响最终决策，但个体在面对这些决策时，会表现出一系列的偏差和启发式策略（Camerer and Loewenstein，2004：19ff.；Angner，2012：103ff.；Wilkinson and Klaes，2012：148ff.）。

有两种选择，即所谓的阿莱（Allais，1953）悖论和埃尔斯伯格（Ellsberg，1954）悖论，它们对行为经济学的发展至关重要——不仅在不确定性下的决策中阐明了上述框架效应，而且在理论上也具有深远影响。埃尔斯伯格悖论与阿莱悖论有着相似的结构，但埃尔斯伯格悖论在概率和不确定性的评估方面构成了更大的挑战，由此导致了大量关于歧义厌恶问题的文献。此处，我们只关注阿莱悖论（参见表 26.1）。接下来，我们考察在彩票 A 和 B 两者间的选择，以及 C 和 D 两者间的选择。

在面对上述选择时，大多数人会选择 A>B 和 D>C。然而，理性选择理论规定了一种理性的选择模式，即彩票 A 和 C 保持一致以及 B 和 D 保持一致，因为当忽略“蓝色”列——该列在这两种选择中给出相同结果（“确定性事件”）——选择 A 和 C、B 和 D 实际上是相等的。

下述两种理论的出现，为大多数人为什么选择 A>B 和 D>C 提供了预测和解释。一是前景理论（prospect theory）。前景理论由卡尼曼和特沃斯基（Kahneman and Tversky，1979）提出，并由韦克尔（Wakker，2010）等学者推广。该理论坚持认为，个体对潜在损失（第一个选择，A>B）和潜在收益（第二个选择，D>C）的评估是不同的。此外，个体通常过分表现出对小概率事件的倾向，这也解释了第
312 一个选择中选择 A 的原因。

表 26.1 阿莱悖论

	红色 p（红色）=0.01	绿色 p（绿色）=0.1	蓝色 p（蓝色）=0.89
选择 1			
彩票 A	500 美元	500 美元	500 美元
彩票 B	0 美元	2500 美元	500 美元
选择 2			
彩票 C	500 美元	500 美元	0 美元
彩票 D	0 美元	2500 美元	0 美元

二是后悔理论（regret theory）。鲁姆斯和萨格登（Loomes and Sugden，1982）提出的后悔理论认为，个体在评估第一个选择时，会认为如果他们选择 B，而最

终出现红色结果，那么他们可能会失去 A 方案中的 500 美元奖励，从而导致强烈的后悔，而在选择 D 时，即使最终错失获胜机会，这种后悔感基本不会出现。斯塔莫（Starmer，2000）总结了上述理论，还归纳了许多其他类似的“非预期效用理论”，这些理论的目的在于预测和解释阿莱的选择，以及其他例子和实验中偏离理性选择理论的选择模式。因此，我们可以通过与标准的理性选择理论相比较的方式，来理解前景理论和后悔理论（von Neumann and Morgenstern，1944；Savage，1954）。

海凯洛姆（Heukelom，2015）在其历史叙述中，详细地论证了理性选择理论家及其经验挑战者是如何相互作用的。两者之间的一个关键区别始终在于研究方法上。理性选择理论专注于，基于理性偏好的效用（和概率）函数的公理化推导。相反，行为经济学有时促进了——有时与之相吻合——经济学中研究人类行为的一些新方法，包括实验室实验（如阿莱和埃尔斯伯格问题）、现场研究和现场实验（把实验设置在真实的语境中），以及过程测量（包括过程追踪软件和主要用于实验室实验的脑部扫描/脑成像）。要了解这些内容的入门概述，请参阅斯塔莫（Starmer，2012：6f）、卡默勒和勒文施泰因（Camerer and Loewenstein，2004）以及瓜拉（Guala，2005）对实验经济学方法论问题的批判性分析。

目前被归入行为经济学框架下的研究领域，存在相当多的学术争论，例如是否应该把理性选择理论解释为描述性或规范性的问题（Reiss，2013；Heukelom，2015）；实验经济学家和行为经济学家之间有时紧张的关系[例如，参见 Camerer 和 Loewenstein（2004）、Ross（2011）的评论]；两大研究纲领之间的差异：一方面是主流行为经济学家主导的“偏差与启发式策略”研究纲领（例如 Kahneman，2003），另一方面是心理学家和经济学家主导的偏差与“简单启发式策略”研究纲领（例如 Todd et al.，1999），相关综述参见 Katsikopoulos（2014）和 Mallard（2015）；对双曲贴现概念精确定义的许多尝试（相关评论参见 Frederick et al.，2002）；以及关于行为经济学的见解是否应该应用于公共决策的制定当中的争论（例如 Bovens，2008）。下面我将分析后两个讨论。

第三节　双曲贴现

行为经济学的早期研究大多涉及跨期选择（intertemporal choice）（例如，Strotz，1955-1956；Ainslie，1975），这一领域一直是一个重要的研究领域（Loewenstein and Elster，1992；Frederick et al.，2002；Loewenstein and Read，2003；Grüne-Yanhoff，2015）。行为经济学的主要发现包括用双曲贴现来替代未来收益的 313

指数贴现。假设某个行为者有两种选择。第一，她要在今天得到 1 个苹果和明天得到 2 个苹果之间做出选择。第二，她要在 999 天后得到 1 个苹果和 1000 天后得到 2 个苹果之间做出选择。许多人选择今天得到 1 个苹果，1000 天后得到 2 个苹果。双曲贴现的支持者认为，许多跨期选择与苹果案例的基本结构相同：个体更愿意选择更小、更早的回报，而不是更大、更晚的回报。在许多涉及诱惑和缺乏自控力的情形中发现了这种决策模式，如拖延、节食和上瘾等（O'Donoghue and Rabin，1999）。选择一个更小、更早的回报而不是一个更大、更晚的回报，往往与指数贴现不一致，但双曲贴现则预测了这一点。

经济学中时间贴现的基本观念是，商品（如苹果、公共设施或货币）与一个贴现系数相乘，该系数反映了个体对将来的态度。指数贴现为每个特定时间点，给出了一个平滑下降的贴现系数，例如用如下公式可计算贴现系数：$D(t)=\delta^t$，其中 $0<\delta<1$ 为常数。这样做有很多建模上的优势。第一，这一模型简单且易于从数学上进行探索。第二，该模型也保证了动态一致性，因为随着时间的推移，效用函数的完整性不会受到影响：以相同的方式来处理相同的时间间隔（比如说一天），无论其在时间上何时发生（例如，今天和明天之间的时间间隔用相同的方式处理为，从现在到第 999 天和第 1000 天之间的时间间隔）。为了便于建模，保罗 • 萨缪尔森 （Paul Samuelson）提出了指数贴现（Samuelson，1937），而指数贴现之所以经久不衰，也是因为它能够确保动态一致性。在上面的例子中，指数贴现建议在两个选择中选择相同数量的苹果，因为时间间隔是相同的，选择也是相同的。然而，许多人做出了不同的选择：他们表现出对当前的偏好，选择现在的 1 个苹果，以及 1000 天后的 2 个苹果。999 天后，他们宁愿在那一天获得 1 个苹果，因此他们的偏好具有动态不一致性。

为了对当前的偏好进行建模，双曲贴现假设，δ 不断变化而且实际上正在下降。大致上来说，任何双曲贴现函数都包含决策者的三种时间范围的特征：①当前和近期，其被赋予充分的权重；②范围，贴现系数在不同时期急剧下降；③远期，贴现系数在不同时期非常相似。双曲贴现的含义是，表达了这样一种观念，即个体倾向于过分强调时间范围内的差异，这一点可以从数值上得到证实，而不太会考虑远期时间点之间的差异。正如弗雷德里克等（Frederick et al.，2002）所评论的那样，已经提出了不同的双曲贴现函数，它们在三个时间范围内的数值略有不同。然而，任何双曲贴现函数都会大幅降低明天额外获得 1 个苹果的价值，使得个体选择今天的苹果。此外，双曲贴现函数在远期趋于平缓，因此在 999 天后和 1000 天后，1 个苹果和 2 个苹果的贴现系数相似，从而让个体在第二种选择中选择 2 个苹果。

双曲贴现的关键问题是，如何精确地确定贴现函数的形式。除了上面描述的双曲贴现的一般形式之外，人们尚不清楚个体究竟是如何对将来进行双曲贴现[尽管有一些模型，如莱布森（Laibson，1997）的准双曲（quasi-hyperbolic）贴现模型，比其他模型更普遍地被人们所接受]。虽然实验的数量在不断增加，但如何得出一个被普遍接受的双曲贴现理论，同时还给出一个具体的贴现函数，这些仍不清楚。 314

现在让我们转向一个更一般的理论框架，这个框架经常被认为是双曲贴现的基础：多重或双重自我理论。行为经济学中的理论进路尝试对这些动态不一致性的更复杂的情形进行建模，这一过程通过如下方式来进行：将决策者设想为其由不同的“自我”所组成，这些“自我”相互竞争，以影响个体的行为。对这些进路的早期论述可追溯到斯特罗兹（Strotz，1955-1956）、佩莱格和雅里（Peleg and Yaari，1973）、谢林（Schelling，1980，1984）。在这些模型以及近期的研究中（例如，Thaler and Shefrin，1981；Benabou and Pycia，2002；Fudenberg and Levine，2006；Read，2006），不同的自我体现了决策者的不同评估，由此导致了动态不一致的偏好：自我计划者对前景进行评估，却被自我实施者所削弱。这种自我之间的“互动”通常被模型化为动态博弈，也就是对各种类型的动态不一致性进行建模，包括面对诱惑时缺乏自我控制的情况。这种自我“互动”还可以概述预先承诺策略是如何解决动态不一致性的问题（例如，有人在晚饭前让朋友点沙拉，以免自己选牛排）。多重自我模型大多与双曲贴现一致——事实上，许多关于双曲贴现和多重自我的解释表明，这两种建模模式在形式上是相同的（Fudenberg and Levine，2006；Xue，2008）。安斯利（Ainslie，1992，2001）在他的“微观经济学”（picoeconomics）进路中就结合了双曲贴现和多重自我的很多方面。

因此，双重自我模型为决策者的内部动态提供了一个更丰富的视角，而且在某些情况下还可以用双曲贴现函数来表示。然而，还存在与这些理论相关的两个理论挑战。第一，它们还没有与理性选择理论的标准图景联系起来——理性选择理论似乎依赖于一种特定的表征行为者的方式，而这种方式在被双重自我模型所提供的更为丰富的结构所削弱。罗斯（Ross，2011，2015）最近从方法论的角度探讨了这些问题，但并未涉及如何概括行为经济学的经验结果的问题。第二，目前尚不清楚双重或多重自我是何种实体：有些人将自我模型化为一组偏好（自我是具有竞争性的偏好或价值取向，例如 Thaler and Shefrin，1981），而其他人则仅仅将自我模型化为一个行为者的时间片段（timeslices）（自我是具有竞争性的时间范围，例如 Fudenberg and Levine，2006）。反过来讲，这也就意味着，有些模型将动态不一致性分析为不同人格（personalities）或价值取向之间的冲突，而另一些模型只是将其表示为不同时间代表（temporal representatives）之间的冲突，但还有一些模型并没有明确区分这两种观点（例如 Benabou and Pycia，2002）。然而，这三种建模选择提供了完全不同的方式，来获得动态不一致的情形，但是，并不清楚它们提供的对于诸如上瘾、诱惑和拖延等问题的理解与说明究竟意味着什么。

虽然自我模型有助于双曲贴现的发展，但似乎并未对动态不一致性的统一做出贡献。此外，根据上述讨论，我们发现，双重自我模型试图为行为经济学提供一种概念基础，从而以这一基础来推动人们能够将行为经济学统一并概括为一个子学科，但双重自我模型的这一理论前景并不乐观。文献中有太多未明确说明的问题，“自我”观念的隐喻力量伴随着个体决策者的内部动力模型，这种力量成为
315 迄今为止双重或多重自我在跨期选择的理论解释中的唯一优势。

第四节 助　　推

塞勒和桑斯坦（Thaler and Sunstein，2008）著作的出版，开启了行为经济学的一个重要阶段，并极大地改变了其影响力。最初的研究项目将理性选择理论的公理假设置于经验的审视之下，后来逐渐成熟，积累了很多对行为模式的见解。塞勒和桑斯坦（Thaler and Sunstein，2008）认为，从这一点出发，利用这些见解来制定改变个体行为的政策，只是迈出了一小步。简而言之，“助推”的观念是，以特定方式来呈现选择，使个体在使用启发式策略和受偏差影响时，做出更好的选择；更好的，即按照个体自身的标准而言。

塞勒和桑斯坦（Thaler and Sunstein，2008）把基于行为经济学见解的政策建议称为“自由家长主义”，以反映如下观点：选择自由和改善选择均是助推所固有的。更具体地说，设计选择架构的目的在于，使消费者更有可能选择对他/她适合的东西，而不限制可用选择的范围。助推的经典例子包括：

• 在自助餐厅里调整待出售食物的位置，把水果和蔬菜放置在比甜食更容易拿到的位置，这样人们会吃得更健康（Thaler and Sunstein，2008：1-4）。

• 储蓄和器官捐献计划中的自动注册，这样不想参与的个体必须“选择退出”（而不是默认个体没有参加，必须“选择加入”来进行参与），以期达到提高参与率的目的（Thaler and Sunstein，2008：113-127）。

• 鼓励戒烟计划，在这一计划中，个体在开始时存入一笔钱，当他们成功戒烟一段时间后可取回这笔钱并额外获得奖金，从而达到减少吸烟的目的（Halpern et al.，2015）。

因此，助推的目标在于，在不限制选择自由的情况下，通过使用行为经济学的各种发现和见解，包括框架效应和参考点、损失厌恶和禀赋效应，来改进个体的决策。“助推”在西方国家非常有影响力，大多数政府都在某种程度上实施了“助

推”，但“助推”也受到了广泛的批判。我们可以将这些批判分为下述三种类型。

第一种批判是从伦理学角度进行的批判。这一批判主要包括，认为助推是操纵性的、反自由主义的，因而并不符合民主的基本原则，缺乏足够的透明度、对公民有危险、具有干涉性，并且威胁到个体的自主能动性，等等（Bovens，2008；Grüne-Yanhoff，2012）。“助推”干预单个个体的自主性：以前由单个个体控制的选择在被助推时，至少部分地受到助推者意志的影响（Hausman and Welch，2010）。从长远来看，助推可能会使人们变得幼稚，导致人们开始依赖于外部机构，来决定何为“善”（Bovens，2008）。

第二种批判是对方法论的批判。许多评论者都在研究如何准确定义助推的问题（例如 Saghai，2013，而且在刚刚引用的文章中也有相关讨论），因为最初的表述在很多方面都很模糊。海尔曼（Heilmann，2014）指出，为了实现助推的成功应用，政策制定者必须：①正确地评估目标群体中大多数人在如下两个方面的冲突：他们真正想要什么与他们最终往往选择什么；②在行为经济学发现的基础上，设计一个特定的干预措施，从而引导个体来选择更好的选项；③确保任何个体如 316
果愿意，都能抵抗助推；④最终引导群体中的大多数人做出更好的选择。满足这些条件是一项艰巨的任务。与之相似，格鲁内-扬霍夫（Grüne-Yanoff，2016）认为，助推应该基于对稳定机制的确定，而这些机制需要强有力的证据，这样才能切实地执行助推。

第三种批判是关于助推的范围。最近，许多评论者指出，有许多方式可以将政策建立在行为见解的基础上，他们认为，更广泛的行为上复杂的公共政策，应该取代助推。例如，所谓“助力”（boosts）（Grüne-Yanhoff and Hertwig，2015），旨在教育个体认识自己的错误与偏差以及（统计）推理，这种“助力”往往更有效。所谓“约束”（Oliver，2013）是指通过行为研究而得出的法规措施（例如，通过要求企业向消费者提供有关产品的信息，而不使用操控手段）。因此，人们呼吁以更广泛的方式来理解行为公共政策。

回应这些批判的一种方式是，转向助推的更广泛的理论基础。或许，作为助推的理论基础，最明显的候选理论是“双重过程”或“双重系统”理论。这样做有两个原因：首先，这是那些提倡助推的人的主要理论框架（参见 Thaler and Sunstein，2008，该书曾引用了双重系统理论）。其次，行为经济学的一些关键支持者[尤其是 Kahneman（2003；2011）]最近提出了双重系统观点，并以此作为行为经济学的主要概念基础。

双重系统进路认为，人类有两种不同的决策能力。一方面，有一种负责慎思的反思系统（reflective system），其控制理性决策和有意识的决策，这需要时间和资源。另一方面，有一种负责快速反应和快速判断的自动系统（automatic system），这个过程只需要较少的努力。简而言之，个体会受到偏差的影响，是因为自动系统控制着决策，而反思系统没有被激活。双重过程/系统受到严厉批判，因其没有提供一个充分的决策图景（Keren and Schul 2009；Frankish，2010，该文对此有相关概述）。尤为值得一提的是，萨林等（Sahlin et al.，2010）对双重系统提出了具体的批判，认为这种系统并不符合人类行为的任何其他解释。

此外，正如海尔曼（Heilmann，2014）所述，基于双重系统观点的助推，会带来两个主要问题：首先，助推需要以一种非常狭窄的方式来定义，以便遵循双重系统特性。有许多类型的助推超出了助推的严格定义，比如把助推定义为对两个系统之间相互作用的操控（manipulation）。其次，助推很难以这种方式来实施，因为这要求确定一种稳定且普遍的方式，能够描述特定人群在面对助推干预时，两个系统如何相互作用。

塞勒和桑斯坦（Thaler and Sunstein，2008）所提出的双重系统观点，可作为助推的更为一般的框架，但对于行为经济学来说则更为广泛（Kahneman，2003；2011），不过，这种观点对于解决任何批判而言似乎并没有什么帮助。关于方法论上的批判，双重系统观点确实有助于指出助推在方法论上是多么苛刻，但并未提供相应的理论资源来进行详细的辩护。同样，关于伦理批判，双重系统的观点有助于使一些伦理担忧更加明确，但似乎也未提供任何理论资源来进一步对自身进行辩护。关于范围的批判，双重系统的观点迫使我们陷入助推的一个非常狭窄的
317 定义当中，而且在该观点的框架下不允许助推包含其他行为公共政策。

第五节　结　　论

我考察了有时在行为经济学中提出的一般框架，是否具有统一和概括行为经济学的潜力：在双曲贴现中，提出了“多重/双重自我”的一般框架，在助推中，援用了“双重过程/系统”的观点。与标准理性选择理论中固有的框架相比，这两种框架都提供了一种更丰富的经济能动性（economic agency）框架。因此，它们可能被假定为，对行为经济学中较不理想化的个体决策图景起到统一作用。阿洛斯-费雷尔和斯特拉克（Alos-Ferrer and Strack，2014）认为，这两种框架的这种特征，使它们成为改变经济学的完美候选理论。然而，对于这两个框架而言，有关核心概念（自我和系统/过程）的解释，以及这些概念如何与心理学、民间心理学、神经经济学和标准理性选择理论中的类似概念相联系，还存在相当大的模糊性。此外，尽管这些框架无疑有助于模型的发展，但它们却无助于解决对其提出的反对意见。

行为经济学在许多关键方面塑造了经济学，并将继续发挥影响：无论是从实质性内容和方法论上来说，还是从描述性和规范性上来讲，这都是确凿无疑的。然而，评论者们普遍认为，与其说行为经济学是一场经济学革命，不如说是对经济学自身发展的贡献。乍看之下，行为经济学可能没有那么具有革命性，其部分原因在于，它的支持者们均广泛接受理性选择理论，并将其视为既是正确的决策规范标准，也是研究行为或真实世界行为者的对照（foil）和背景。行为经济学很可能在未来继续以重要的方式塑造经济学：它能否对核心经济学假设发起根本性、革命性的挑战，并取代这些假设，还有待观察。

参考文献

Ainslie, G. 1975. “Specious reward: a behavioral theory of impulsiveness and impulse control,” *Psychological Bulletin*, 82(4): 463-496.

Ainslie, G. 1992. *Picoeconomics: The Interaction of Successive Motivational States within the Individual*. Cambridge University Press.

Ainslie, G. 2001. *Breakdown of Will*. Cambridge University Press.

Allais, M. 1953. “Le comportement de l’homme rationnel devant le risque: critique des postulats et axiomes de l’école Américaine,” *Econometrica*, 21: 503-546.

Alos-Ferrer, C., and Strack, F. 2014. “From dual processes to multiple selves: implications for economic behavior,” *Journal of Economic Psychology*, 41: 1-11.

Angner, E. 2012. *A Course in Behavioral Economics*. New York: Palgrave Macmillan.

Angner, E. 2015. “To navigate safely in the vast sea of empirical facts,” Ontology and methodology in behavioral economics. Synthese, 192: 3557-3575.

Angner, E., and Loewenstein, G. 2012. “Behavioral economics,” in U. Mäki (ed.), *Handbook of the Philosophy of Science: Philosophy of Economics*. Amsterdam: Elsevier: 641-690.

Benabou, R., and Pycia, M. 2002. “Dynamic inconsistency and self-control: a planner-doer interpretation,” *Economics Letters*, 77(3): 419-424.

Bovens, L. 2008. “The ethics of nudge,” in T. Grüne-Yanoff and S. O. Hansson (eds.), *Preference Change: Approaches from Philosophy, Economics and Psychology*. Berlin and New York: Springer: 207-219.

Camerer, C. F. 2005. *Behavioral Game Theory: Experiments in Strategic Interaction*. Princeton University Press. 318

Camerer, C. F., and Loewenstein, G. 2004. “Behavioral economics: past, present, future,” in C. F. Camerer, G. Loewenstein, and M. Rabin (eds.), *Advances in Behavioral Economics*. New York: Russell Sage Foundation: 3-51.

Dow, S. 2013. “Formalism, rationality, and evidence: The case of behavioural economics,” *Erasmus Journal for Philosophy and Economics*, 6(3): 26-43.

Ellsberg, D. 1954. “Classic and current notions of ‘measurable utility’,” *Economic Journal*, 64(255):

528-556.

Frankish, K. 2010. "Dual-process and dual-system theories of reasoning," *Philosophy Compass*, 5(10): 914-926.

Frederick, S., Loewenstein, G., and O'Donoghue, T. 2002. "Time discounting and time preference: a critical review," *Journal of Economic Literature*, 40(2): 351-401.

Fudenberg, D. 2006. "Advancing beyond advances in behavioral economics," *Journal of Economic Literature*, 44: 694-711.

Fudenberg, D., and Levine, D. K. 2006. "A dual-self model of impulse control," *American Economic Review*, 96(5): 1449-1476.

Grüne-Yanhoff, T. 2012. "Old wine in new casks: libertarian paternalism still violates liberal principles," *Social Choice and Welfare*, 38(4): 635-645.

Grüne-Yanoff, T. 2015. "Models of temporal discounting 1937-2000: an interdisciplinary exchange between economics and psychology," *Science in Context*, 28(4): 675-713.

Grüne-Yanoff, T. 2016. "Why behavioral policy needs mechanistic evidence," *Economics and Philosophy*, forthcoming. doi:10.1017/S0266267115000425.

Grüne-Yanoff, T., and Hertwig, R. 2015. "Nudge versus boost: how coherent are policy and theory?" *Minds and Machines*, 26(1): 1-35.

Guala, F. 2005. *The Methodology of Experimental Economics*. Cambridge University Press.

Halpern, S. D., French, B., Small, D. S., et al. 2015. "Randomized trial of four financial-incentive programs for smoking cessation," *New England Journal of Medicine*, 372: 2108-2117.

Hausman, D. M., and Welch, B. 2010. "Debate: to nudge or not to nudge," *Journal of Political Philosophy*, 18(1): 123-136.

Heilmann, C. 2014. "Success conditions for nudges: a methodological critique of libertarian paternalism," *European Journal for Philosophy of Science*, 4(1): 75-94.

Heukelom, F. 2014. "Mainstreaming behavioral economics," *Journal of Economic Methodology*, 21(1): 92-95.

Heukelom, F. 2015. *Behavioral Economics: A History*. New York: Cambridge University Press.

Kahneman, D. 2003. "Maps of bounded rationality: psychology for behavioral economics," *American Economic Review*, 93(5): 1449-1475.

Kahneman, D. 2011. *Thinking, Fast and Slow*. New York: Penguin Books.

Kahneman, D., and Tversky, A. 1979. "Prospect theory: an analysis of decision under risk," *Econometrica*, 47(2): 263-291.

Katsikopoulos, K. V. 2014. "Bounded rationality: the two cultures," *Journal of Economic Methodology*, 21(4): 361-374.

Keren, G., and Schul, Y. 2009. "Two is not always better than one: a critical evaluation of two-system theories," *Perspectives on Psychological Science*, 4: 500-533.

Laibson, D. 1997. "Golden eggs and hyperbolic discounting," *Quarterly Journal of Economics*, 112(2): 443-477.

Loewenstein, G., and Elster, J. 1992. *Choice over Time*. New York: Russell Sage Foundation.

Loewenstein, G., and Read, D. 2003. Time and Decision: Economic and Psychological Perspectives on Intertemporal Choice. New York: Russell Sage Foundation.

Loomes, G., and Sugden, R. 1982. "Regret theory: an alternative theory of rational choice under uncertainty," *Economic Journal*, 92(368): 805-824.

Mallard, G. 2015. *Bounded Rationality and Behavioural Economics*. Abingdon: Routledge.

Mueller, D. 2004. "Models of man: neoclassical, behavioural, and evolutionary," *Politics, Philosophy and Economics*, 3(1): 59-76.

Nagatsu, M. 2010. "Beyond circularity and normativity: measurement and progress in behavioral economics," *Philosophy of the Social Sciences*, 40(2): 265-290.

O'Donoghue, T., and Rabin, M. 1999. "Doing it now or later," *American Economic Review*, 89(1): 103-124.

Oliver, A. 2013. "From nudging to budging: Using behavioural economics to inform public sector policy," *Journal of Social Policy*, 42(04): 685-700. 319

Peleg, B., and Yaari, M. E. 1973. "On the existence of a consistent course of action when tastes are changing," *Review of Economic Studies*, 40(3): 391-401.

Pesendorfer, W. 2006. "Behavioral economics comes of age: a review essay on advances in behavioral economics," *Journal of Economic Literature*, 44: 712-721.

Read, D. 2006. "Which side are you on? The ethics of self-command," *Journal of Economic Psychology*, 27(5): 681-693.

Reiss, J. 2013. *Philosophy of Economics: A Contemporary Introduction*. Abingdon: Routledge.

Ross, D. 2011. "Estranged parents and a schizophrenic child: choice in economics, psychology and neuroeconomics," *Journal of Economic Methodology*, 18(3): 217-231.

Ross, D. 2015. *Philosophy of Economics*. Basingstoke: Palgrave Macmillan.

Saghai, Y. 2013. "Salvaging the concept of nudge," *Journal of Medical Ethics*. doi:10.1136/medethics-2012-100727.

Sahlin, N.-E., Wallin, A., and Persson, J. 2010. "Decision science: from Ramsey to dual process theories," *Synthese*, 172(1): 129-143.

Samuelson, P. 1937. "A note on measurement of utility," *Review of Economic Studies*, 4: 155-161.

Savage, L. J. 1954. *The Foundations of Statistics*. New York: Dover Publications.

Schelling, T. C. 1980. "The intimate contest for self-command," *Public Interest*, 60: 94-118.

Schelling, T. C. 1984. "Self-command in practice, in policy, and in a theory of rational choice," *American Economic Review*, 74: 1-11.

Sent, E.-M. 2004. "Behavioral economics: how psychology made its (limited) way back into economics," *History of Political Economy*, 36(4): 735-760.

Starmer, C. 2000. "Developments in non-expected utility theory: the hunt for a descriptive theory of choice under risk," *Journal of Economic Literature*, 38: 332-382.

Strotz, R. H. 1955-1956. "Myopia and inconsistency in dynamic utility maximization," *Review of Economic Studies*, 23(3): 165-180.

Thaler, R. H., and Shefrin, H. M. 1981. "An economic theory of self-control," *Journal of Political Economy*, 89(2): 392-406.

Thaler, R. H., and Sunstein, C. R. 2008. *Nudge*. London: Yale University Press.

Todd, P. M., Gigerenzer, G., and The ABC Research Group. 1999. *Simple Heuristics That Make Us Smart*. Oxford University Press.

von Neumann, J., and Morgenstern, O. 1944. *Theory of Games and Economic Behavior*. Princeton University Press.

Vromen, J. 2009. "The booming economics-made-fun genre: more than having fun, but less than economics imperialism," *Erasmus Journal for Philosophy and Economics*, 2(1): 70-99.

Wakker, P. 2010. *Prospect Theory: For Risk and Ambiguity*. Cambridge University Press.

Wilkinson, N., and Klaes, M. 2012. *An Introduction to Behavioral Economics*. Basingstoke: Palgrave Macmillan.

320 Xue, L. 2008. "The bargaining within," *Economics Letters*, 101: 145-147.

第二十七章　机器认识论与大数据

格雷戈里·惠勒（Gregory Wheeler）

第一节

人们对实验科学给予这样的描述：问题产生，提出假设，设计实验，实施实验，然后对该假设的某种含义（假定该假设为真）与实验结果的一致程度做出判断。这也是查尔斯·桑德斯·皮尔士（Charles Sanders Peirce）在19世纪末对实验研究持有的观点。[1]到20世纪末，人们已经掌握了大量方法用来量化实验主义者面临的不确定性，同时还有一套广义上用来评估这一不确定性后果的逻辑。正如微分学摆脱了古人对于变化以及如何推理变化量的困惑一样，现代统计学的成功也消除了笛卡儿主义者对于误差及如何用可修正的、不确定的量进行推理的停滞状态。与其说莱布尼茨和牛顿回答了巴门尼德的问题，查尔斯·桑德斯·皮尔士为皮尔逊和费舍尔制定了用以驳斥学院派怀疑论者的路线，不如说在每个案例中，人们都从困惑与悖论中挖掘出研究的真正障碍，并围绕这些障碍提出了明确的推理方式。对于那些想知道哲学进步是什么样的人来说，不必再寻找，答案就在这里。

第二节

统计学面临两个问题。一是，在你选择的建模假设基础上，从数据中可以推断出什么？二是，这些推断的可靠性如何？数据是一种创造性的产物，而不是一种被动经验的产物，因此，至少从历史上看，数据资源供应不足。此外，由于数据是通过慎思和行动而获取的，所以评估统计推断的可靠性是在做出这些选择之后进行的，而不是在选择之前。

在上述对实验科学的描述中，知识是一个已回答的问题、一个已解决的问题，之前研究得出的确定性判断是进行新研究的工具，而不是评估所有新结论所依据的规范标准。正如杜威所言，现代实验科学并不是唯一的知识形式，但它们放大了各种知识的基本要素。[2]

这种对实验研究的实用主义观点，其中证据的获取来自世界而非被给予的，与悠久的哲学传统形成鲜明的对比。这种传统认为知识的对象先于认识它们的心理活动，并且不会因这种心理活动而变化。这一传统告诉我们，知识是一种基于理由而触及真理的信念存储。认识论的任务是揭示这种信念的性质和支配这些理由的原则。因此，将统计学的方法论视为传统认识论的难题而非答案的存储库，这并不令人感到意外。你应当在什么基础上选择建模假设呢？有什么正当理由将参数化的数据视为未知事件的合适指南来查看呢？这些问题分别是迪昂问题与休谟问题。

对于实用主义者来说，这完全是错误的处理方式。知识是一种控制手段，而不是一种特殊的心理状态。人们应该利用不确定性而不是将其消除，而且与认识有关的概念应该从它们在研究中所扮演的角色而不是相反的方式中得出。当代认识论进程记录了来自传统的东西，而这一传统与这些原则中的每一种都是相悖的。而这一记录与推动知识的进程相去甚远，正如数字命理学家的虚构与推进高等算术相去甚远一样。

我之所以提出有关实验研究的两种截然不同的观念，是因为机器学习和大数据的崛起，一方面在传统认识论的观点下是一个令人困惑的谜团，另一方面却清晰地展示了实用主义者的观点。普特南呼吁在认识论中进行*实用主义的启蒙*[3]，这一启蒙践行了杜威所观察到的，认为不确定性是一个实践问题。机器学习的简短历史是我们对传统启蒙认识论中根深蒂固的观念，与实用主义认识论核心“实践至上”之间进行对比的最接近的一种方式。我认为这里出现的是机器认知论的框架。

第三节

机器学习始于人工智能，是统计学和计算机科学的结合。正如我前面所提到的，统计学关注的问题是，我们挑选出数据并以特定的方式来建模，那么从这些数据中我们可以推断出什么？我们又是如何评估这些推断的可靠性的？计算机科学涉及一系列不同的问题，其关注运行于机器上的算法设计，以解决我们选择的某个或另一个问题，并进一步解决哪些问题可以用计算方法解决，而哪些则不能。从现代的观点来看，机器学习是统计学和计算机科学的交叉学科。但是机器学习所提出的问题与统计学和计算机科学有着根本性的不同。机器学习所提出的问题是，如何让计算机在没有明确编程的情况下从数据中学习。

与统计学一样，机器学习的研究旨趣在于，从数据中可以推断出什么。但与统计学不同的是，机器学习旨在避免了在得出有意义的推断之前明确设置建模假设的要求，或者在不可避免的情况下，试图设计可自行学习的算法，从而获知哪种建模假设是最佳选择。在这里，我们并没有找到迪昂问题的答案，也没有找到休谟问题的解决方案，而是找到了围绕它们进行推理的方法。 322

这种对设计算法的关注——这些算法并没有被提前告知如何解决特定的任务——产生了一种特殊的效果：它印证了从统计学中所得出的见解，即建模假设是从数据中获得任何有意义信息的必要条件，但这削弱了认识论中的一个陈腐观点，即制定这样的假设会导致一种倒退。任何机器学习的学生都会认识到的关键点是，必须了解研究的目标，以便选择从数据中提取哪些特征，并进一步评估一种方法相对于另一种方法的优劣如何。或许让传统统计学家和传统认识论者感到惊讶的是，这些价值负载的判断可以用一般性的术语来描述，并由机器来管理。

在这里，人工智能在机器学习兴起中所扮演的历史角色具有启发意义。人工智能所要解决的问题是，如何设计计算机系统，能够让它像人类那样理性地进行思考或行动，然而“思考”和“行动”之间的分离导致了该领域的分裂，就像它继续分裂哲学领域一样。对于那些对人工智能应该如何思考而饶有兴趣的人来说，所感知的*对象*的明确表征、所理解的句子的*意义*或被认可为真的*信念*，这些都至关重要，基于此，紧随其后的是制定某种规则的发展，来操纵这些表征来表示*感知*、*理解*或者*推理*。不幸的是，这一方案毫无进展。另一方面，专注于智能行为的进路则侧重于成功完成如下任务——言语的句法分析、手写地址的识别、一种新的语法上正确或语境上富有意义的言语发音的产生——已经取得了巨大的成功。这些成功的背后是机器学习技术，而且通常伴随着规模惊人的数据量。[4]

第四节

下面我们来考察一个例子。假设你对从约翰·菲茨杰拉德·肯尼迪国际机场到位于曼哈顿的纽约中央火车站乘坐出租车所行驶的时间感兴趣。至少根据一种教科书上的方法，从约翰·菲茨杰拉德·肯尼迪国际机场乘坐一辆特定的出租车到纽约中央火车站的行为，被视为是从众多类似行程中选择的一个行程，就像在一个大缸中抽出许多球中的一个球一样。当然，你对这一大缸的组成成分了解得越多，那么你就越能够预测出将会抽出什么样的球。同样，你对从约翰·菲茨杰拉德·肯尼迪国际机场到纽约中央火车站的出租车的总体情况了解得越多，你就越能够预测你的特定行程将如何进行。

这种推理的第一个障碍是，你的行程不属于单个标准总体。从约翰·菲茨杰拉德·肯尼迪国际机场到纽约中央火车站，有和你在同一天（星期几）出行的群体，有和你在同一时间出行的群体，有和你在同一时间*且*同一天出行的群体，还有其他无数个群体。确定你的行程属于哪个群体，是*参考类别问题*的一个版本。我之所以提到参考类别问题这种版本，是因为最初的参考类别问题涉及，如何协调你已经掌握的相互冲突的统计证据，而这里的问题则为，选择要度量哪些类别以及要忽略哪些类别的问题。

原始的参考类别问题是这样的：如果某人拥有关于一个不确定事件所属的两个或多个类别的统计信息，则感兴趣的参数（例如出租车出行的行程时间的*均值*和行程时间的*方差*）在每种类别中具有不同的值，那么参考类别的原始问题则为，
323 如何解决这些证据中的冲突。赖欣巴哈（Reichenbach，1938）声称，要解决参考类别问题，人们应该始终选择具有“足够”统计数据的最窄参考类别。但是赖欣巴哈并未提供评估统计充分性的解释，也未提供任何理由来保持足够的统计信息必须是唯一的。例如，对特定事件的确切描述是，仅由事件本身所组成的单例类。这个类别在定义上是最窄的可能类别，也是唯一的类别。然而，这一类别并不具有充分性，因为该类别仅仅概述了所谈论事件的当前不确定状态，并且完全不提供任何指导。亨利·凯堡（Henry Kyburg）在赖欣巴哈的特殊性条件基础上增加了一个他称为*丰富性*的原则（Kyburg，1974；Kyburg and Teng，2001），这一原则作为一个重要的充分条件，与另一个他称为*强度*的原则相辅相成，以确保唯一性。但是，尽管凯堡的系统在直觉上具有一定的吸引力，但该提议仍然存在很大的争议。[5]

参考类别问题的另一版本出现在赖欣巴哈的问题之前，因为我们面临的问题是选择收集哪些证据，而不是如何判断我们手头上已有的证据之间的冲突。在实践中，需要从先前经验中获取背景知识，来选择要度量哪些类别以及要忽略哪些类别。但是，对于许多哲学家来说，这种诉诸先前经验，以及在选择控制哪些类别、忽略哪些类别时而缺乏具有指导意义的普遍原则，一直是令哲学家感到绝望的根源（Broad，1952：143）。

这种推理的第二个障碍是，实际上对于你可能选择的每个总体来说，行程时间的均值和方差对于你来说都是未知的。在传统上，这一问题的解决办法是，在出租车出行的样本中测量行程时间，这一样本被认为是代表了关于这两个参数的总体。这就是实验主义者的背景知识进入实验科学的切入点，也是传统哲学家持怀疑态度的地方。因为这类统计推断的成功将取决于，人们选择对样本进行哪些特征调查以及忽略哪些特征。实际上，我们的实验主义者必须为之前遇到的参考类别问题的间接版本提供答案。

从传统认识论的观点来看，实用主义的探究观受到了严重限制，因为每一个

知识实例似乎都建立在一系列无根据的假设上。对于那些确实提供了解决方案的*算法*提议而言，比如凯堡的提议，并没有一个明确的先验标准来判断这种解决方案是成功的，但也有很多先验反对意见需要应对。在这种观点下，我们似乎甚至不能从这一观点出发。

现在，想象一个替代方案，该方案将为你提供过去一年纽约市每辆出租车的行程记录，而不是规划、证明如何选择一个出租车乘坐情况的样本来进行观察。实际上，在撰写本章时，已经有为期六年半完整的黄色出租车出行记录可供公众免费使用。[6]然后，在这里，人们可以简单地比较各个类别，看看哪些类别给出相似的估计，哪些类别给出不同的估计，然后再看看你的特定出行的背景知识，是否可以让你利用这些差异来为你的行程得出一个合理的估算值。例如，人们可以将该数据集与纽约地区的天气条件进行交叉参考，以考虑天气对行程时间的影响。如果你出行的当天预报有雪，那么该信息可能有助于你更好地估计你的行程时间。或者，类似地，你可能会发现雨对行程时间没有明显的影响，由此选择忽略它。 324

这种推理模式即使并不那么巧妙却很直观。但关键的是，无须巧妙的推理就能覆盖很多领域，因为这类推理的很大一部分可以自行进行，并且在做出推断之前，无须为参数的选择提供正当理由就可以进行评估。机器可以处理涉及大量数据的特征组合，而这种规模是人类无法复制的。

第五节

统计样本是否应断定为代表了总体，对此所做出的判断涉及常识、工艺和计算。特别是当与大量数据搭配使用时，机器学习技术已经表明，工艺和常识在统计推断中所起的作用可以通过重新设计问题来最小化或完全避开，从而使系统可以获得隐藏的结构，以用作我们可能会带来一个问题的背景知识的替代方式。

机器学习主要有三种类型。*监督学习*：在监督学习任务中，你会得到一个数据集，告诉你正确答案应该是什么样子。例如，在我们的纽约市出租车数据集中，可以查看每一次从约翰·菲茨杰拉德·肯尼迪国际机场开始的每辆出租车的行程记录，并将行程里程（英里）与行程持续时间进行绘图。然后，人们就可以使用这些数据，根据约翰·菲茨杰拉德·肯尼迪国际机场和纽约中央火车站之间的距离，来预测你的行程的持续时间。

更一般地说，监督学习问题被分为回归问题和分类问题。在*回归*问题中，其目标是对连续量表上的结果做出预测；回归问题试图将输入变量（以英里为单位的距离）映射到预测连续结果（时间）的某种连续函数上。在*分类*问题中，其目标是预测离散的输出结果，例如“通过”或“失败”，“低”、“中”或“高”，或其他一些离散的类别集合。

因此，监督学习问题是枚举归纳的一种形式。然而，与枚举归纳被构想为观察某种类型的一定数量的输入-输出对以推断所有这种类型的对相比，监督学习问题通常通过观察一定数量的对，来对那些未观察到的但同样有限的对集合进行推断。在监督学习中，并没有学习普遍规律的意图，事实上，该领域的基本结果表明，寻求普遍性完全是错误的做法。首先，有许多不同的监督学习算法，它们各有各的优缺点。因此，学习算法的选择将取决于特定研究的目标以及人们所必须处理的数据特征。事实上，“没有免费的午餐”（Wolpert and Macready，1997）这种结果表明，没有一种算法可以应用于所有的监督学习问题当中，并超越将算法结构与问题结构和研究目标相匹配的实用主义策略。

无监督学习：在无监督学习任务中，你几乎没有或根本没有关于最终答案应该是什么的观念。此处提到的任务是，从数据中提取结构，而我们不一定知道我们正在学习的变量的影响。回到我们的纽约出租车数据集这一案例上，你可能会看到约翰·菲茨杰拉德·肯尼迪国际机场出发的 100 万次的行程集合，并找到一
325 种自动分组相似行程的方法。机器学习的许多能力及其大部分关于机器学习应用的争议，都涉及无监督学习算法。

一般来说，无监督学习问题不会根据学习者返回的预测结果向学习者提供反馈；与监督学习相比，没有“监督信号”（oracle）来纠正学习者。相反，无监督学习的目标是知识发现。无监督学习问题有如下几种类型。

• 在*聚类分析*问题中，该问题是无监督学习的最常见形式，其目标是根据数据中变量之间的关系得出数据中的隐藏结构。聚类分析是将一组对象划分为相互类似的群体的一种方法，这些群体在一个或多个比较维度上彼此相似，其中类别并不是预先确定的。在整个科学和商业领域的广泛应用中，聚类分析也被视为概念形成的一种模型。[7]

• 在*隐藏因素*学习问题中，其目标是将具有许多变量的高维数据集分解为最能解释可变性的较少数量的潜在变量。一种常见的降维方法称为主成分分析（principle component analysis，PCA），可以将其视为（多元）线性回归的无监督版本。

• 在*图形结构*学习问题中，其目标是确定哪些变量与其他变量最相关，图的哪些边表示直接依赖关系，或者进一步确定哪些变量之间具有因果关系（Spirtes et al.，2000）。

• 在*矩阵补全*学习问题中，其目标是通过推断缺失数据值的合理值，来处理缺失或不完整数据。[8]

强化学习：强化学习问题的特征在于，学习者要面对一个决策问题，在该问题中一些行为产生各种（数值）奖励，而学习者的任务是发现哪一个行为使数值奖励最大化。强化学习在某种程度上类似于无监督学习问题，因为强化学习没有一套“正确”行为的训练范例可供学习，尽管它也有一个特定的奖励结构，使得学习者的“理解”应该被最大化。强化学习问题的一个特点是，学习者必须在探索和利用之间进行权衡。如果行为者从几轮游戏中了解到，某一特定策略会给他带来某一特定的奖励，那么在下一轮游戏中，他必须权衡使用相同的策略并获得相同的奖励与采用另一种策略并获得未知奖励之间的差异。[9]

第六节

与人们所消费的商品不同，数据是一种取之不尽、用之不竭的可再生资源。直到最近，科学才从一个数据稀缺的事业转变为一个数据丰富的事业，这是我在开头提到的。数据曾经是昂贵的，是受控实验或其他一些仔细测量方案的产物。现在，大量数据充斥在我们生活的各个方面。在 2002 年，第一个人类基因组的排序确定了大约 30 亿个核苷酸的排列顺序。这一成就花了 13 年，涉及了 20 个机构，花费了 30 亿美元。13 年后，现在对人类基因组进行测序的成本是 1000 美元，实验室每周可以生成 300 多个测序结果。[10] 326

可以肯定的是，这些新的数据来源并没有取代受控实验和仔细测量所扮演的角色，但大数据时代确实为廉价地以经验方式探索研究主题或者以经验方式探索直到最近仍然难以解决，甚至不可能解决的问题，提供了新的机会。

马丁·诺瓦克（Martin Nowak）和他的同事们研究了语言的进化动力学，以弄清楚动词规范化的速率是如何取决于单词使用的频率的。这恰恰是不久前从先验的角度提出而不是以经验的方式解决的那类主张。让-巴普蒂斯特·米歇尔（Jean-Baptiste Michel）、诺瓦克和他的同事们研究了所有已出版书籍的 4%，也就是 5 195 769 本数字化图书，探索了 1800～2000 年以英语语言所记录的文化趋势。关于“文化组学”（culturomics），他们讲道：

> 我们展示了这种进路如何能够为词典编纂、语法演变、集体记忆、技术采用、名誉追求、审查制度和历史流行病学等领域提供深刻的见解。文化组学将严格的定量研究的范围扩展到涵盖社会科学和人文科学的各种新现象当中。（Michel et al.，2011：176）

所有这些使人想到三个需要考虑的点。首先，从科学哲学的角度来看，数据科学可以说确实提供了一种新的研究模式，因为我们现在经常直接处理总体数据集或者像纽约的出租车数据集那样的样本量，由于这样的样本量如此庞大，以至于它们就像总体数据那样发挥其作用。在这种情况下，统计推理的推断方法被用于一项完全不同的任务当中，即作为应用于这些庞大数据集的直接方法的一种质量控制形式。其次，目前，利益的重组将促成商业和公共资金资助的科学之间的新合作。商业和科学的根本利益比以往更加紧密地联系在一起——或许除了化学以外——这意味着，在诸多方面，一些科学创新将来自商界。计算社会科学这一新兴领域的领军人物已经进入了工业领域，而且该领域的许多突破都属于公司的知识产权，而不是公有财产。

最后，政府和私人公司对社会“数据排放”（data exhaust）的收集与存储，很容易被用于无数的任务之中，有些是为了公益事业，有些则不尽相同。大数据和机器学习是所有双重用途技术之母，其中“双重”是“无数”的委婉说法。举例来说，总部位于加利福尼亚州的普雷波尔公司，采用了一种用于预测地震的算法，并对其进行了修改，以预测方圆 500 平方英尺（1 英尺=0.3048 米——译者注）范围内可能发生的犯罪活动。沃尔玛曾使用该工具，来预测重大天气情况下如何调整其商品的发货日期，目前，该工具还可用于预测犯罪行为以及调整警力。[11] 该软件已被洛杉矶和圣克鲁斯警察局使用。

第七节

杜威观察到，社会的法律组织和经济组织，把如何调节活动的知识置于少数
327 个体手中，而这些个体倾向于利用这些知识来谋取私利，而非造福广大公众。对他来说，问题是如何更广泛地共享这些知识，以及如何更公平地参与他们的成果。[12]

大数据与机器认识论能够预料、预测和干预我们生活中的事件，在这一时代背景下，也引发了这样一个问题：少数个体拥有如何调节这些活动的知识。但我们现在面临的问题不是如何更广泛地共享这些知识，而是如何在不能自由共享的情况下，享受这些知识所带来的公共利益。由此，这不仅仅关乎个人隐私受到威胁的问题，还涉及来自无知和遗忘带来的一系列未知的好处，这些特性都是人类所固有的，并且是我们社会运作不可或缺的一部分。

注　释

1 参见查尔斯·桑德斯·皮尔士著作（Peirce，1955）中的“溯因与归纳”。

2 参见杜威（Dewey，1929）著作的第 10 页以及第 250～251 页。

3 参见普特南的著作（Putnam，2004）。

4 举例来说，目前谷歌 PageRank 上大约有 450 亿个被索引的网页（www.worldwidewebsize.com，2016 年 3 月 27 日访问）；每个人的基因组长度为 3.8×10^9 个碱基对，成千上万的人已经进行了基因组测序；美国零售商沃尔玛每小时从 100 万名顾客那里接收到 2.5 字节的非结构化数据。

5 尽管存在用于计算参考类别问题的凯堡解决方案的有效算法（Wheeler and Williamson，2011），但输出可能会违反标准贝叶斯方法和基于集合的贝叶斯方法所依赖的基本一致性原则（Levi，1977）。

6 纽约市出租车和豪华轿车委员会出行记录数据集（www.nyc.gov/html/tlc/html/about/trip_record_data.shtml，2016 年 3 月 27 日访问），其包括 2009 年 1 月 1 日至 2015 年 6 月 30 日纽约市黄色出租车上完成的所有行程记录。这些记录包括上下车全球定位系统（global positioning system，GPS）坐标、上下车时间、行驶距离、分项票价、费率类型、付款类型和司机报告的乘客数量。

7 特别是参见米哈尔斯基的论文（Michalski，1980），以及刊载了费舍尔论文（Fisher，1987）的《机器学习》专刊。

8 参见劳伦特论文（Laurent，2001）的相关介绍。

9 参见萨顿和巴托的著作（Sutton and Barto，1998）。

10 参见梅的论文（May，2015）。

11 参见贝克和麦丘的论文（Beck and McCue，2009）。

12 参见杜威的著作（Dewey，1929：80-81）。

参 考 文 献

Beck, C., and McCue, C. 2009. “Predictive policing: what can we learn from Walmart and Amazon about fighting crime in a recession? ” Police Chief 76(11), www.policechiefmagazine.org/magazine/index.cfm?fuseaction=display_arch&article_id=1942&issue_id=112009, accessed August 10, 2016.

Broad, C. D. 1952. *Ethics and the History of Philosophy*. London: Routledge.

Dewey, J. 1929. *The Quest for Certainty*. New York: Capricorn Books, 3rd edn., 1960.

Fisher, D. H. 1987. “Knowledge acquisition via incremental conceptual clustering,” *Machine Learning*, 2(2): 139-172.

Kyburg, H. E., Jr. 1974. *The Logical Foundations of Statistical Inference*. Dordrecht: D. Reidel.

Kyburg, H. E., Jr. and C. M. Teng. 2001. *Uncertain Inference*. Cambridge: Cambridge University Press.

Laurent, M. 2001. “Matrix completion problems, ” in C. Floudas and P. Pardalos (eds.), The

Encyclopedia of Optimization, vol. 3. Dordrecht: Kluwer: 221-229.

Levi, I. 1977. "Direct inference," *Journal of Philosophy*, 74: 5-29.

May, M. 2015. "Life science technologies: big biological impacts from big data," *Science*, 344(6189):
328 1298-1300.

Michalski, R. S. 1980. "Knowledge acquisition through conceptual clustering: a theoretical framework and an algorithm for partitioning data into conjunctive concepts," *International Journal of Policy Analysis and Information Systems*, 4(3): 219-244.

Michel, J.-B., Yuan Kui Shen, A. P. Aiden, A. Veres, M. K. Gray, The Google Books Team, J. P. Pickett, D. Hoiberg, D. Clancy, P. Norvig, J. Orwant, S. Pinker, M. A. Nowak, and E. L. Aiden. 2011. "Quantitative analysis of culture using millions of digitized books," *Science*, 331(6014, January 14): 176-182.

Peirce, C. S. 1955. *Philosophical Writings of Peirce*. New York: Dover.

Putnam, H. 2004. *Ethics without Ontology*. Cambridge, MA: Harvard University Press.

Reichenbach, H. 1938. "On probability and induction," *Philosophy of Science*, 5(1): 21-45.

Spirtes, P., C. Glymour, and R. Scheines. 2000. *Causation, Prediction, and Search*. Cambridge, MA: MIT Press.

Sutton, R. S. and A. G. Barto. 1998. *Reinforcement Learning: An Introduction*. Cambridge, MA: MIT Press.

Wheeler, G. and J. Williamson. 2011. "Evidential probability and objective Bayesian epistemology," in P. Bandyopadhyay and M. Forster(eds.), *Handbook of the Philosophy of Statistics*. Oxford, etc.: Elsevier Science: 307-331.

Wolpert, D. H. and W. G. Macready. 1997. "No free lunch theorems for optimization," *IEEE
329 Transactions on Evolutionary Computation*, 1(1): 67-82.

第二十八章　进化心理学

斯蒂芬·M. 唐斯（Stephen M. Downes）

第一节　导　　言

进化心理学是社会科学中的一种研究纲领，其以相关行为的进化机制来解释人类行为。进化心理学家的目标是以这种方式来解释人类的一系列行为，从性伴侣的选择、养育子女和个人之间的暴力冲突，到社会组织、文化习俗和手工制品的生产和使用。进化心理学家主张他们的方法是社会和行为科学的必要方法，并且经常主张他们的方法应该取代其他社会科学的研究纲领[参见 Rosenberg（1980）的社会生物学]。

克拉克·巴雷特（Clark Barrett）在他最近对进化心理学的系统阐述和辩护中表示，“没有什么比我们是进化的产物这一事实更明显的了”（Barrett，2015：1）。他接着说，尽管所有现代科学家都同意这一说法，但在社会科学中，“除了宣称人类思想或行为的［特定］特征是进化的产物之外，没有什么事情能引起更多的争议”（Barrett，2015：1）。这方面的证据是“针对进化心理学领域接二连三的批评”（Barrett，2015：1）。在他看来，随着进化心理学变得越来越引人注目，地位越来越高，关于进化心理学的争议也越来越多。

关于进化心理学的争论范围从局部的、集中的进化论讨论到更广泛的文化和政治讨论。进化心理学家已经接受了来自文化人类学家、进化人类学家、进化生物学家、哲学家（包括女权主义哲学家、生物学哲学家和心灵哲学家）、心理学家和社会学家的批评。在哲学方面，一些著作旨在批评进化心理学和解释人类行为的相关方法（参见 Barker，2015；Buller，2005；Dupre，2001；Prinz，2012；Richardson，2007）。一些批评者反对这种观点，即人类的行为和文化是可以进化说明的，但是这种批评并没有抓住进化心理学争论的所有方面。进化人类学家也致力于提供人 330
类行为和文化的进化说明，但他们是进化心理学最尖锐的批评者之一（参见 Hrdy，1999）。在接下来的内容中，我们将回顾一些关于进化心理学的不同争论中的关键问题。首先，我们将简要介绍进化心理学的研究纲领。

第二节 进化心理学的研究纲领

进化心理学是社会生物学发展的产物（参见 Griffiths，2006，2011）。社会生物学家认为，应该从进化的角度来解释人类的本性（参见 Wilson，1978）。根据这一观点，我们的本性（表现在人类的普遍行为和文化实践中）是基因的产物。构成我们天性的特征之所以具有普遍性，是因为这些特征背后的基因是通过自然选择在群体中固定下来的。与社会生物学家不同，进化心理学家将解释的轨迹从基因转向心理机制。从这个观点来看，人类的本性（再一次表现在我们的普遍行为和文化实践）最好被理解为进化心理机制的集合（Cosmides et al.，1992；Tooby and Cosmides，1990，2005）。这些进化的心理机制是专门性的。进化心理学家认为，我们看到各种各样的特殊形态特征，这些特征使我们适应环境的特定特征——肝脏清除毒素，肺为血液提供氧气——我们应该期待在我们的心理机制中看到类似的分化（参见 Barrett，2015；Confer et al.，2010）。有观点认为使人类成功的是一个高度灵活的大脑，它是一个通用的处理器，进化心理学家反对这样的观点。他们认为，进化过程使我们能够适应各种不同的环境挑战，这种通用处理器不太可能是进化过程的产物。相反，进化产生了许多特殊目的的机制，以适应世界的特定方面（Barrett，2015；Confer et al.，2010）。正如巴雷特所说的那样："大脑以多种方式'适应'或塑造它所操作的世界，而心灵世界的所有方面最终都必须是进化过程的结果。"（Barrett，2015：7）我们的灵活性是许多专门机制协同行动的结果，而不是一个没有区别的通用机制的结果。

进化心理学家以与其他心理学家共同运用的方法来检验他们的假设，包括观察技术、问卷调查和神经成像。他们还使用其他心理学家没有使用过的方法。例如，他们借鉴考古学、比较生物学、民族志和古生物学（参见 Confer et al.，2010：112）。进化心理学家拓宽了假设检验方法的范围，因为他们同时承担着检验心理学假设和进化假设的双重任务。进化假说是关于进化过程导致群体中某一特定特征的表征的主张，这种假设不能通过简单地确定某一群体中这种特征的普遍性或通过确定某些个体具有可靠地产生相关特征的潜在机制来进行检验。巴雷特强调，进化心理学要想名副其实，就必须以进化生物学的逻辑和研究方法为指导（Barrett，2015：12）。

20 世纪 90 年代，进化心理学家提出了大量的进化心理机制。这些机制用以解释各种社会现象和人类行为，包括选择配偶、婚姻制度，以及父母对男性或女
331 性子女的差别投资。在过去的 10 年中，该领域的许多人对这些进化心理机制要求

更高的检验标准（参见 Barrett，2015；Confer et al.，2010）。因此，为其辩护的机制就越来越少了。一些人认为，许多关于进化的心理机制的假设被直接证伪了（参见 Confer et al.，2010）。德文德拉·辛格（Singh，1993；Singh and Luis，1995）假设男人有一种进化的机制来检测女人的最佳腰臀比，这被认为是进化心理机制的教科书案例。如今，这个关于女性腰臀比的具体假设，由于相互矛盾的实证结果，受到了严格的批判性审视（参见 Yu and Shepard，1998）。然而，有很多有趣的研究是关于为什么不同文化背景下的女性腰臀比存在差异，而这些差异并不能激发男性最佳腰臀比检测机制（参见 Cashdan，2008）。进化心理学假设，即男性对处女有进化偏好，男性同性恋者由于亲缘利他主义而在人群中持续存在，而这两个假设也都被证伪了（参见 Confer et al.，2010）。

巴雷特认为我们的心智模块理论是“进化的心理适应”的一个经典例子（Barrett，2015：211）。在认知科学的主流观点看来，我们将信念归因于他人，并通过这些信念归因来解释他人行为的能力，这来自一种潜在的心理机制，它在发展的特定时期“形成”，即心智理论（theory of mind，ToM）。认知心理学家将我们的解释能力称为“读心”[参见 Nichols 和 Stich（2003）对此文献的清晰介绍]。巴雷特通过大量论证来支持“读心是一种进化能力”的假设（Barrett，2015：153）。其他得到有力支持的进化心理学假说包括：进化出躲避蛇和蜘蛛的恐惧机制；进化出避免食用有毒食物的机制；以及进化出社会交换作弊的检测机制（Barrett，2015；Confer et al.，2010）。正如我们将要看到的，一些进化心理学的批评者关注那些进化心理学家认为缺乏支持的假设，而另一些则关注那些进化心理学家认为得到很好支持的假设。现在我们开始讨论进化心理学。

第三节　进化心理学的争论

进化心理学的前身——人类社会生物学受到多方面攻击。生物学家和生物学哲学家认为，人类社会生物学家不像动物行为生物学家那样严格地实践生物学。批评者还认为，社会生物学家是以狭隘的进化论（称为适应论）为指导的，他们试图解释的现象可以通过诉诸替代假设来得到更好的解释（参见 Gould，1978；Kitcher，1985；Lewontin，1979）。其他批评者认为，人类社会生物学存在性别歧视和基因决定论，其忽视了人类的多样性。人类社会生物学家也被指责对文化的描述不够充分，低估了文化对我们多样化行为的影响（参见 Fehr，2011；Segerstråle，2000）。所有这些批评都以略微不同的形式，被带到进化心理学中，构成了巴雷特所说的“接二连三的批评”。

巴雷特（参见 Confer et al.，2010）试图通过指出“进化心理学的兴起在整个社会科学领域催生了大量带有进化论色彩的假说，但并非所有假说都能通过进化
332 论合理性的基本检验”（Barrett，2015：12），来转移一些猛烈的批评。巴雷特认为，如果批评者将注意力集中于这类文章上，那么他就是它们的盟友。他还驳斥了进化心理学的假设，这些假设并没有像动物生物学家和其他进化理论家那样被构建起来。然而，巴雷特的观点只是批评的一部分。许多进化心理学的批评者关注的焦点是流行的著作（参见 Pinker，2002；Wright，1994），而不是社会科学期刊上的“进化论假说”。社会学家担心那些支持进化心理学的流行书籍给人留下这样的印象，即关于人类行为和文化进化起源的科学已经被确定下来。他们继续辩称，媒体对如科学作品等热门作品的报道进一步加剧了这种情况（参见 Fuller，2006；Jackson and Rees，2007）。此外，批评者有时认为，他们对倡导进化心理学的流行著作的批评足以破坏进化心理学的研究纲领。这种情况对于社会科学哲学的学生来说就有点混乱和困惑了。我的建议是，我们应该把注意力集中在对进化心理学研究者工作的批判性研究上。关于科学实践的普及和科普的呈现的讨论，就好像它们是媒体的前沿科学一样，这很重要，但不会是我们这里的重点[Barker（2015）讨论了这些重要问题]。我们首先讨论进化心理学家关于人性的观点。

第四节　进化心理学和人性

进化心理学家认为，人性是以生物学为基础的。许多批评者对这一观点提出了质疑。有些人反对这种观点，因为我们的天性是由文化决定的，而不是由生物学决定的（参见 Prinz，2012）。这种批评被一种毫无根据的预设所破坏，那就是文化和生物学是可以清楚区分的（参见 Buller，2005）。关于文化进化和许多人类特征背后复杂的协同进化过程的研究表明，在文化因素和生物因素可以区分的范围内，它们都在人类行为、社会组织和人工制品生产的进化中发挥着重要作用（参见 Lewens，2015；Richerson and Boyd，2005；Sterelny，2012）。对进化心理学家人性概念进行过多的批评就会涉及进化问题。批评者指责进化心理学家关于人性的概念与进化思想并不一致（参见 Buller，2005；Lewens，2015）。

进化心理学家认为，人类的本性表现在文化共性上，其生物学基础是我们共有的进化心理机制的集合（Tooby and Cosmides，1990）。布勒（Buller，2005：ch. 8）基于赫尔（Hull，1986）和索伯（Sober，1980）的观点指出，这种人性的概念是以物种概念为前提的，而物种概念并没有被进化生物学家所接受，也没有承认或解释人类的变异。第一种批评是，进化心理学家认为*智人*物种具有一系列共

同的特征。生物学家不是这样描述物种的。相反，物种是血统，就灭绝而言，是有始有终的历史实体。认为物种是由其成员共有的一组特征来识别的观点会导致以下后果：我们可能会灭绝，而在另一个时候，一个种群可能会出现，他们具有相同的种群特征。从进化心理学家所预设的物种观点来看，新的种群将是与我们相同的物种。这一结论并没有得到物种进化观的支持。在这种观点下，成为同一物种的一部分的唯一途径就是成为同一血统的一部分。因此，进化心理学家对人 333
类本性的解释中预设的物种不是进化的。

布勒的第二种批评是，进化心理学家对人性的解释忽视或无法解释人类的变异（参见 Lewens，2015；Ramsey，2013）。人类表现出大量的形态、生理、行为和文化变异，就像所有其他生物一样，我们也表现出物种内部的变异。认为我们的本性是由普遍的特性，或那些普遍特性背后的机制构成的，这忽略了所有这些变异。进化心理学家反驳说，如果他们的观点解释了我们共同点的变异，那么他们仍然面临问题。进化生物学家（如种群遗传学家）正致力于对抗和解释变异。对他们来说，变异是种群的一种属性，他们努力以早期种群的变异分布来解释特定种群的变异分布，而这些早期种群的变异导致了研究对象的出现。种群的变异也可能是由生物体对其所面临的不同环境的反应范围所造成的（参见 Buller，2005；Hull，1986；Sober，1980）。进化生物学家并没有提出一套在不同环境中生物体表达被破坏的潜在机制。这就是进化心理学家如何利用他们对人性的解释来解释变异。如果是这样，他们对人性的解释就不是进化的。

巴雷特对布勒的两种批评都给出了回应，但他首先将两者结合起来："一些哲学家和生物学家认为，物种和种群的模糊性和易变性意味着，认为任何物种都具有某种性质是一种范畴错误——物种并非仅仅如此。"（Barrett，2015：320）巴雷特同意，其他进化心理学家忽略或未能解释人类的变异，此外，他也同意，面对和解释变异是任何进化方法都无法避免的。然而，他反对那些认为我们不能从进化的角度提出一种合理的人性概念的批评者。他说："不管人性是什么，它都是种生物现象，这意味着一切。"（Barrett，2015：321）巴雷特由此得出结论，人类的本性是"一种巨大的不稳定的群体，不同于松鼠和棕榈树的种群。为了理解人类的思想和行为，我们需要理解我们自己群体的属性，尽管它可能很混乱"（Barrett，2015：332）。因此，人性不是我们共同特征的集合，而是我们血统中所有特征的集合。

布勒预料到巴雷特的观点，并作出如下回应："一种可能性是，人性的概念可以指的是人类行为和心理的总和。"他接着说，这种人性概念"没有特定的理论意义，它仅仅是谈论人类存在的丰富内容的一种简单概括"（Buller，2005：420）。蒂姆·卢恩斯（Tim Lewens）将一个类似于巴雷特关于人性的解释描述为"关于人类的信息真理的集合”（Lewens，2015：77）。他接着说，“一旦对人性的解释被放宽，从而为变异留出空间……就没有办法控制它了”（Lewens，2015：79）。根据布勒和卢恩斯的观点，巴雷特试图拯救一个进化上可行的关于人性的解释，结果根本没有关于人性的解释，最多是卢恩斯所谓的“放荡的”人性解释。当然，这是无害的，但没有任何解释作用。有些人试图为人性的解释辩护，这些解释既适应进化心理学，又与一般的进化思想相一致（参见 Machery，2008）。因此，关
334 于进化心理学的争论还在继续。现在我们来讨论进化心理学的适应主义研究方法。

第五节　进化心理学和适应主义

布勒（Buller，2005）关于进化心理学的批判性工作在结构上与基切尔（Kitcher，1985）关于人类社会生物学的批判性工作相似。布勒认为，进化心理学家的工作可能会在进化的基础上受到挑战，他还为进化心理学家认为自己已经解释的各种现象提出了不同的解释性假设。布勒支持的一些假设已经受到质疑（参见 Machery and Barrett，2007），但他对进化心理学的批评在进化基础上得到了许多进化生物学家和生物学哲学家的支持和赞同（参见 Coyne，2009；Downes，2015；Lewens，2015；Lewontin，1998；Lloyd，1999；Lloyd and Feldman，2002；Richardson，2007；Woodward and Cowie，2004）。这里我们只关注布勒进化批判的一个方面，即他对进化心理学家采用的适应主义进行攻击。

适应主义（adaptationism）有很多版本（参见 Godfrey-Smith，2001；Lewens，2009），这里我们只关注进化心理学家所捍卫的适应主义。“适应主义”一词曾被一些生物学家用作贬义词（参见 Gould and Lewontin，1979；Lewontin，1979），但随后的研究表明，这一批判并不能很好地区分不同种类的进化假说（参见 Downes，2015；Lewontin，1978；Seger and Stubblefield，1996）。进化心理学家认为，兴趣的心理机制，比如我们躲避蛇的机制，都是适应性的。这些机制是自然选择的产物，而不是其他进化过程，如漂移或减数分裂驱动[参见 Sober（2000）对选择的进化过程进行的精彩介绍]。从这个意义上讲，适应性是一种特殊的机制，其解决了生物体在其环境中所面临的特定问题。这些适应性在人群中也是普遍存在的。进化生物学家将这种特征称为“固定的”或“处于固定状态”。进化心理学家认为心理适应与肾脏等器官最为相似，因此，以蛇的恐惧机制进化来解决环境中蛇的危险问题，就像以肾脏进化来解决体液的平衡问题一样。布勒认为，这种关于适应性的解释是不完整的或过于狭隘的。

卢恩斯很好地总结了布勒批评的主旨：“对于固定的或接近固定的特征没有特

别的意义，进化论者处理的说明过程同样适用于解释以不同比例存在的特征。”（Lewens，2015：66）布勒指出，表型可塑性——生物体根据环境改变表型的能力——与固定表型一样可能是自然选择的结果。环境的某些特征是非常稳定的和可预测的，选择可能倾向于一种确定无疑的机制，来帮助生物体处理这些特征；但很多环境是高度动态的和不可预测的，并产生更多的选择压力，因此这需要灵活的反应。许多生物学家、哲学家和社会科学家强调，人类是高度灵活的，并且这种灵活性是自然选择的产物（参见 Buller，2005；Cashdan，2013；Godfrey-Smith，1996；Griffiths，2011；Ramsey，2013；Sterelny，2003）。从这个观点来看，对我们动态环境的表型反应的灵活性不仅是自然选择的产物，而且遗传和表型水平的变异都是自然选择的结果。例如，在我们免疫系统的基因中有很多遗传多样性。布勒与其他人在此指出，自然选择不仅仅是一个确定种群特征或确定种群基因的过程。 335

巴雷特对这些批评进行了回应，即进化心理学家承认表型可塑性和人类对变化环境的灵活反应。批评者仍然认为这种承认是不够的。我认为如果进化心理学家接受一种更为广泛的适应主义概念，那么他们将形成一种关于人类如何处理其动态环境的更为广泛的进化假说。相反，批评者认为，进化心理学家总是以同样的方式解释我们的灵活性：我们有一套由选择形成的专门的心理机制，允许我们做出灵活的反应。关于适应主义的争论也还在持续中。批评者还没有涉及巴雷特对表型可塑性和我们对动态环境的灵活反应的讨论。我们现在要讨论的是读心进化的假说，它使人感觉到进化心理学家们只考虑某些特定的心理机制，从而排除了其他的假说。

第六节　关于读心起源的进化假说

正如我们上面所看到的，认知和进化心理学家提到我们有能力将信念和欲望归因于他人，并根据这些假设来解释行为，这被称为读心。我们看到巴雷特声称，我们读心能力的内在机制是他所谓的经典适应。斯特瑞尼（Sterelny，2003）认为，这根本不是解释读心的正确方法。他认为进化心理学家研究读心的方式是模仿心理语言学家解释语言的方式。因此，我们的语言能力被解释为一种与生俱来的机制，或是一套我们共有的机制，使我们能够用语言进行交流。而其他语言使用者只是提供了环境触发点，使语言机制得以实现。斯特瑞尼认为，这种推理方式在发展认知心理学中普遍存在，其只适合于研究语言问题；若将这种说明方法扩展到读心、道德判断及各种人类能力上，便是误入歧途。斯特瑞尼批评进化心理学的关键在于他提出了不同的进化假说。

像诺姆·乔姆斯基（Noam Chomsky）这样的先天论者最初是响应行为主义者的。先天论者认为，行为主义没有办法解释复杂的能力，比如我们的语言能力。彼得·戈弗雷-史密斯（Godfrey-Smith，1996）将这一争论描述为内在主义者与外在主义者在说明形式方面的争论。内在主义者以我们内在的机制说明行为。心理语言学家与生俱来的语法系统就是这样一种机制，它用来解释我们学习和会话的能力。外在主义者的说明依赖于我们的环境特征。例如，行为主义心理学家从刺激和对这些刺激的反应的角度来解释我们的行为，甚至是复杂的行为，如学习并运用某一种语言。在这个意义上，斯特瑞尼是一个外在主义者，但他比行为主义者具有更多的解释资源。斯特瑞尼（Sterelny，2003）的外在主义的读心方法是进化的，强调生态位的构建[参见 Laland 等（2000）关于生态位构建的介绍]。行为主义者将我们周围的环境解释为刺激的集合。斯特瑞尼提出一种高度结构化的环
336 境，此环境对发展的形成具有很大的潜力。生态位构建的基本思想是，生物体可创造自身环境的各个方面——兔子洞、白蚁丘、人类工具和其他人工制品——这些结构化的环境限制了发展，但至关重要的是，也产生了不同的选择压力。将所有这些思想融入读心术当中，我们会得到这样的结论，即人类具有各种基本的感知能力，这毫无疑问与我们的灵长类祖先相同，在相关的结构环境中，这些能力支持我们对他人的解释。根据这种方法，我们无须寻找能够产生专门的读心机制的方案。相反，我们指定了一个结构化的环境，这将有利于重新调整基本的感知能力，以完成解释他人的任务。

斯特瑞尼的理论并不是关于读心进化的唯一假设。莎拉·赫迪（Sarah Hrdy）支持一种有趣的进化方法，这种方法将与我们的读心能力选择性相关的环境置于婴儿时期（Hrdy，2009）。赫迪认为读心是多种因素的产物。第一，我们在很长一段时间里完全依赖于其他动物的照顾，包括我们最亲近的灵长类亲戚。第二，在这个人生阶段生存的关键之一是要了解谁是看护者，谁不是，并确保我们得到好的照顾。第三，赫迪依赖于生命史理论，该理论的支持者区分了生物体在不同生命阶段的选择压力[参见 Roff（2002）对生命史理论的综合介绍]。例如，在青蛙和蝌蚪身上存在着截然不同的选择压力。根据赫迪的观点，我们成人的读心能力是建立在婴儿生存策略的基础上的。斯特瑞尼与赫迪都没有提出和捍卫为读心而进化的特殊心理机制，但都提出了旨在解释我们读心能力的进化假设。

迄今为止，进化心理学家们还没有直接回应关于读心的进化假说（例如斯特瑞尼和赫迪的）所带来的挑战。巴雷特既没有讨论这两种假设，也没有回应进化心理学的批评。关于进化心理学的更多富有成效的辩论可以从这里开始。争论的

焦点是进化心理学家所支持的方法在何处可以得到最好的应用，以及其他进化方法在何处能够做得更好[参见 Laland 和 Brown（2002）对解释人类行为的许多进化方法的介绍]。如果未来的争论朝着这个方向发展，参与者将必须精通进化论的各种伪装，并准备对其珍视的一些假设进行仔细审查。

第七节　结　　论

这三种争论（或一个案例中的潜在争论）之所以在这里被强调，是因为它们表明我们可以对进化心理学进行富有成效的科学哲学讨论。如上所述，关于进化心理学的争议主要集中在该领域的流行理论上。从事社会活动的科学哲学家在评估大众进化心理学对政策和社会的影响方面还有很多工作要做，吉莉安·巴克（Gillian Barker）已经开始在这方面取得有益的进展（Barker，2015）。这里有一个建议，哲学家们应该通过关注该领域的研究，而不是关注该领域工作的大众化，来批判性地评估进化心理学。评估进化心理学大众化影响的批判性工作应主要集中在普及性的作品上。 337

参 考 文 献

Barker, G. 2015. *Beyond Biofatalism: Human Nature for an Evolving World*. New York: Columbia University Press.

Barrett, H. C. 2015. *The Shape of Thought: How Mental Adaptations Evolve*. Oxford: Oxford University Press.

Buller, D. 2005. *Adapting Minds: Evolutionary Psychology and the Persistent Quest for Human Nature*. Cambridge, MA: MIT Press.

Cashdan, E. 2008. "Waist-to-hip ratio across cultures: trade-offs between androgen-and estrogen-dependent traits," *Current Anthropology*, 49(6): 1099-1107.

Cashdan, E. 2013. "What is a human universal? human behavioral ecology and human nature," in S. M. Downes and E. Machery (eds.), *Arguing about Human Nature*. New York: Routledge: 71-80.

Confer, J. C., Easton, J. A., Fleischman, D. S., Goetz, C. D., Lewis, D. M. G., Perilloux, C., et al. 2010. "evolutionary psychology: controversies, questions, prospects, and limitations," *American Psychologist*, 65: 110-126.

Cosmides, L., Tooby, J., and Barkow, H. 1992. "The psychological foundations of culture," in H. Barkow, L. Cosmides, and J. Tooby (eds.), *The Adapted Mind*. New York: Oxford University Press: 19-136.

Coyne, J. A. 2009. *Why Evolution is True*. New York: Viking.

Downes, S. M. 2015. "Evolutionary psychology, adaptation and design," in T. Heams (ed.), *Handbook of Evolutionary Thinking in the Sciences*. Dordrecht: Springer: 659-673.

Dupre, J. 2001. *Human Nature and the Limits of Science*. Oxford: Clarendon Press.

Fehr, C. 2011. "Feminist philosophy of biology," in E. N. Zalta (ed.), *Stanford Encyclopedia of Philosophy*. Fall 2011 Edition.

Fuller, S. 2006. *The New Sociological Imagination*. London: Sage.

Godfrey-Smith, P. 1996. *Complexity and the Function of Mind in Nature*. Cambridge: Cambridge University Press.

Godfrey-Smith, P. 2001. "Three kinds of adaptationism," in S. H. Orzack and E. Sober (eds.), *Adaptationism and Optimality*. Cambridge: Cambridge University Press: 335-357.

Gould, S. J. 1978. "Sociobiology: the art of storytelling," *New Scientist*, 80(1129): 530-533.

Gould, S. J., and Lewontin, R. 1979. "The spandrels of San Marco and the panglossian paradigm: a critique of the adaptationist programme," *Proceedings of the Royal Society London B*, 205: 581-598.

Griffiths, P. 2006. "Evolutionary psychology: history and current status," in S. Sarkar and J. Pfeifer (eds.), *Philosophy of Science: An Encyclopedia*, vol. 1. New York: Routledge: 263-268.

Griffiths, P. 2011. "Ethology, sociobiology and evolutionary psychology," in S. Sarkar and A. Plutynski (eds.), *A Companion to Philosophy of Biology*. Oxford: Wiley-Blackwell: 393-414.

Hrdy, S. 1999. *Mother Nature: Maternal Instincts and How they Shape the Human Species*. New York: Ballantine Books.

Hrdy, S. B. 2009. *Mothers and Others: The Evolutionary Origins of Mutual Understanding*. Cambridge, MA: Belknap Press.

Hull, D. L. 1986. "On human nature," *PSA: Proceedings of the Biennial Meeting of the Philosophy of Science Association*, 2: 3-13.

Jackson, S., and Rees, A. 2007. "The appalling appeal of nature: the popular influence of evolutionary psychology as a problem for sociology," *Sociology*, 41: 917-930.

Kitcher, P. 1985. *Vaulting Ambition: Sociobiology and the Quest for Human Nature*. Cambridge, MA: MIT Press.

Laland, K. N., and Brown, G. R. 2002. *Sense and Nonsense: Evolutionary Perspectives on Human Behavior*. Oxford: Oxford University Press.

Laland, K. N., Oddling-Smee, J., and Feldman, M. W. 2000. "Niche construction, biological evolution, and cultural change, "*Behavioral and Brain Sciences*, 23: 131-175.

Lewens, T. 2009. "Seven types of adaptationism," *Biology and Philosophy*, 24: 161-182.

Lewens, T. 2015. *Cultural Evolution*. Oxford: Oxford University Press.

Lewontin, R. 1998. "The evolution of cognition: questions we will never answer," in D. Scarborough and S. Sternberg (eds.), *Methods, Models, and Conceptual Issues*. Cambridge, MA: MIT Press: 107-132.

Lewontin, R. C. 1978. "Adaptation," *Scientific American*, 239(3): 212-230.

338 Lewontin, R. C. 1979. "Sociobiology as an adaptationist program," *Behavioral Science*, 24(1): 5-14.

Lloyd, E. A. 1999. "Evolutionary psychology: the burdens of proof," *Biology and Philosophy*, 14:

211-233.

Lloyd, E. A., and Feldman, M. W. 2002. "Evolutionary psychology: a view from evolutionary biology," *Psychological Inquiry*, 13:150-156.

Machery, E. 2008. "A plea for human nature," *Philosophical Psychology*, 21: 321-329.

Machery, E., and Barrett, H. C. 2007. "Review of David Buller adapting minds: evolutionary psychology and the persistent quest for human nature," *Philosophy of Science*, 73: 232-246.

Nichols, S., and Stich, S. P. 2003. *Mindreading: An Integrated Account of Pretense, Self-Awareness, and Understanding* Other Minds. Oxford: Oxford University Press.

Pinker, S. 2002. *The Blank Slate: The Modern Denial of Human Nature*. New York: Viking.

Prinz, J. 2012. *Beyond Human Nature: How Culture and Experience Shape the Human Mind*. New York: W. W. Norton.

Ramsey, G. 2013. "Human nature in a post-essentialist world," *Philosophy of Science*, 80: 983-993.

Richardson, R. 2007. *Evolutionary Psychology as Maladapted Psychology*. Cambridge, MA: MIT Press.

Richerson, P. J., and Boyd, R. 2005. *Not by Genes Alone: How Culture Transformed Human Evolution*. Chicago: University of Chicago Press.

Roff, D. A. 2002. *Life History Evolution*. Sunderland, MA: Sinauer.

Rosenberg, A. 1980. *Sociobiology and the Preemption of Social Science*. Baltimore: Johns Hopkins University Press.

Seger, J., and Stubblefield, J. W. 1996. "Optimization and adaptation," in M. R. Rose and G. V. Lauder (eds.), *Adaptation*. San Diego: Academic Press: 93-123.

Segerstråle, U. 2000. *Defenders of the Truth: The Battle for Science in the Sociology Debate and* Beyond. Oxford: Oxford University Press.

Singh, D. 1993. "Adaptive significance of female physical attractiveness: role of waist-to-hip ratio," *Journal of Personality and Social Psychology*, 65: 29-307.

Singh, D., and Luis, S. 1995. "Ethnic and gender consensus for the effect of waist-to-hip ratio on judgments of women's attractiveness," *Human Nature*, 6: 51-65.

Sober, E. 1980. "Evolution, population thinking and essentialism," *Philosophy of Science*, 47: 350-383.

Sober, E. 2000. *Philosophy of Biology*, 2nd edn. Boulder, CO: Westview Press.

Sterelny, K. 2003. *Thought in a Hostile World: The Evolution of Human Cognition*. Oxford: Blackwell.

Sterelny, K. 2012. *The Evolved Apprentice: How Evolution Made Humans Unique*. Cambridge, MA: MIT Press.

Tooby, J., and Cosmides, L. 1990. "On the universality of human nature and the uniqueness of the individual," *Journal of Personality*, 58: 17-67.

Tooby, J., and Cosmides, L. 2005. "Conceptual foundations of evolutionary psychology," in D. Buss (ed.), *The Handbook of Evolutionary Psychology*. Hoboken, NJ: Wiley: 5-67.

Wilson, E. O. 1978. *On Human Nature*. Cambridge, MA: Harvard University Press.

Woodward, J., and Cowie, F. 2004. "The mind is not (just) a system of modules shaped (just) by natural selection," in C. Hitchcock (ed.), *Contemporary Debates in Philosophy of Science*. Oxford: Blackwell: 312-334.

Wright, R. 1994. *The Moral Animal: Why We Are the Way We Are: The New Science of Evolutionary Psychology*. New York: Vintage.

339 Yu, D. W., and Shepard, G. H. 1998. "Is beauty in the eye of the beholder?" *Nature*, 396: 321-322.

第二十九章 认知科学

大卫·艾克（David Eck） 斯蒂芬·特纳（Stephen Turner）

社会科学与认知科学之间的关系是不成熟且复杂的，我们将在这一章对不成熟的原因进行解释，此外对两者之间关系的哲学讨论也具有同样的性质。两者之间关系不成熟的诸多原因与传统的哲学问题——说明相关。认知科学推理与论证的说明结构不同寻常，因此很难与传统的科学说明模式相适应。它们以一种奇怪的方式（通过“常识心理学”的概念），与社会科学哲学中所讨论的传统“原因”说明相联系。由于认知科学的说明本身涉及传统的“社会科学”主题，因此对其讨论涉及很多其他的问题。它们依赖于一种减少复杂性的策略，即从那些最容易简化的心理方面开始，如感知和身体运动。因此，传统的社会科学主题是一种事后的研究，如社会互动，这是不容易简化的。

尽管如此，对于试图将认知科学应用于社会科学主题的尝试所面临的挑战，以及对于试图以认知科学可应用的形式构建主题的社会科学家来说，这些问题还是值得研究的。社会神经科学的发展领域自下而上研究这种关系：从对基于可观察、可测量的神经过程的认知机制进行识别入手，到研究与之相关的社会现象（如共情或对“搭便车”者的惩罚）。相比之下，社会科学家通常对验证和改进社会科学概念感兴趣，这些概念长期以来被认为是心理机制的基础，如魅力（Schjoedt et al.，2011）或群体偏见（Amodio，2014），而这些心理机制实际上与可观察和可测量的神经过程相关。有时，这些方法聚焦在一些共同的概念上，如共情（Decety and Jackson，2004）或政治取向（Graham et al.，2009），同时这些聚焦的方式正在逐渐增多。

然而，社会科学和认知科学之间的关系还存在一个不同的方面，这个方面更接近认知科学哲学本身的核心：心智和人的一般模型及其与环境的关系问题。在这个问题上的承诺与对社会世界的看法有着深刻的联系。“社会”这一范畴的具体内容，取决于构成“社会”的人及其产生“社会”内容的相互作用的性质。关于这一问题的讨论大多是通过考察语言的重要社会事实来进行的，例如，关于心智模块性的争论吸引了这样一种观点，即语言习得需要一个通用的语言模块。

但是，语言通常是一个有问题的社会事实模型，并不能很好地替代其他类型的社会事实，比如制度和实践。

关于这些主题的争论通常涉及关于某些社会事实可能性的条件，无论是语言还是货币制度均涉及这样一种理解，即这些制度或实践需要有神经科学的基础。大脑中至少有某些东西与之对应，或者使之成为可能，这意味着这些事物的神经科学基础由心智本身的高度普遍特征构成，如集体意向性的独特能力，而非局部的“社会学”事实（Searle，1995）。

这些认知标准模型的扩展是为了解释社会事实面临严重的困难，其严重程度以至于其对标准模型本身提出疑问，并为已经提出的激进替代模型提供支持（Hutto，2004，2005；Gallagher，2008；de Jaegher，2009；Chemero，2011）。令人特别感兴趣的是，卡尼曼（Kahneman，2011）关于快思维和慢思维的区别如何影响社会现象和模块化的概念。在本章中，我们将追溯这些说明性问题的背景及其在标准模型中的根源，讨论社会、文化和发展数据所需要的修正类型，并简要讨论标准模型替代方案所涉及的内容。

第一节 标准计算模型及其逻辑

不存在心智的共识模式，但存在一些具有家族相似的概念组合形成的一个近似单一的模式。每个要素在逻辑上是独立的，但在对实际现象进行建构和基础说明的过程中，这些要素又是难以分离的。模型的核心就是计算主义。据称，“理论认知科学期刊上超过 80%的文章关注计算建模”（Miłkowski，2013：1；Busemeyer and Diederich，2010）。在这种思想中，认知是物理符号系统中的信息加工过程（Newell，1980），或者是对表征的计算（Miłkowski，2013：3）。这种理论或策略强烈地主张，大脑是一台计算机，它通过表征产生所有的心智活动，以及感知、直接行动等。其核心思想是：

> 我们的认知体系结构类似于一个由成百上千台功能专用计算机（通常称为模块）组成的集合体，旨在解决从事狩猎采集的祖先所特有的适应性问题。其中每一个设备都有自己的程序，并将其独特的组织强加于世界的不同部分。有专门的语法归纳系统、面部识别系统、航位推算系统、解释对象系统，以及面部情绪识别系统。有识别生物性、眼睛方向和欺骗行为的机制。还有一个“心智理论”模块，以及许多其他优雅的机器。（Tooby and Cosmides，1995：13-14）

341 这些计算机对信息或表征进行操作，这些操作构成认知。

计算主义关于表征具有不同的理论形式：一种观点是极简主义，将信息及信息处理视为因果过程；然而，这种强主张将表征视为最佳建模（甚至对动物认知来说）的复杂推理对象以及句法系统的一部分。这种方法以及与其类似的方法将重点放在表征的性质或处理表征的规则上。极简主义认为，“表征”仅仅是数据结构，其构成了几乎所有心智的一部分。蚂蚁通过外部参考点进行导航，但当这些参考点被遮挡时，它仍能继续前进。这一事实表明，蚂蚁有对自己位置的“表征”能力（Gallistel，1989：56）。

我们之所以拒绝有限的表征概念及其更为有限的变化形式，是因为如果没有计算规则来解释表征的组合性质，那么组合概念就很难构建。一般来说，处理规则的概念似乎最好模仿句法规则。因此，对这些组合性质的讨论（当其应用于表征时）逐渐进入到假设一个模型中，在这个模型中规则在社会上或集体上是共享的，就像在语言中一样（Brandom，2009）。

这种理论强烈主张：大脑操控着一个句法和语义系统，在某种意义上这个系统是预先给定的，而不是后天习得的。因此在学习之前需要有一个句法系统的存在，这是对心智以表征的方式进行运作这一观点承诺的结果。除非这些操作在某种意义上类似于外显推理的逻辑“操作”，否则很难确定其可能是什么类型的操作。主张这个系统是预先给定的原因是：“对于有机系统中复杂功能设计存在的唯一已知说明是自然选择。”（Cosmides and Tooby，1994：86）核心计算主义模型影响标准模型如何应用于社会现象。这种模型由预先给定的体系结构组成，其中复杂的模块以自下而上的过程从最基本的模块演化而来。

如果我们将这种建模的一般策略应用于人们如何理解他人有思想、信念、犯错等问题，并且能够或多或少预测他人的行为并与之成功互动的问题，我们就可以得到以下结论：我们心照不宣地表征思想、信念等，以便对它们作出心照不宣的推论，同时存在一个模块专门处理这个复杂而具体的任务，这便相当于拥有一个“心智理论”。

有观点认为：在完全可计算过程的某一时刻，心智模块理论被激活了，模块化理论支持这一观点。假定这些模型有一系列固定的规则，即进行组合或推理这些表征的功能，那么学习对于这类计算模型来说是困难的。因此，对他人思想的表征就成为说明社会互动、理解他人等问题的核心。综上所述，心智理论假定模块依赖于常识心理学的直觉，即将信念和动机普遍归属于他人以捕捉他们精神生活的基本要素。

因此，对于我们所关心的主要问题，就其合理性而言，我们仍然处于一个非常有趣的假设阶段，并试图通过类比的方式将我们对一些简单主题的有限理解扩展到我们不理解的领域。但是，我们对于合理性存在不同的立场：现象学上可信

的不一定在计算领域可信，反之亦然。这在考虑将标准模型扩展到“社会”主题
342 时显得尤其重要。对于语言的解释似乎是可信的，但对于国际象棋大师娴熟的棋艺，似乎就变得非常不可信了。这样就产生一个问题，社会生活是像熟练的表演，还是像推理规则或句法规则中机械的复制行为，还是像其他事物。此外，还存在一个问题，如何将计算模型与大脑的许多已知信息整合起来，如多巴胺等多种化学物质在情绪中的作用，以及情绪与认知过程的关系。

还有其他方法可以替代心智理论的方法，以模拟理论最为显著，而且大脑中也有已知的机制——镜像神经元，这为读心提供了另一种选择基础。此外，一些新发现使得之前对错误信念指导的实验的解释不再成立，或至少需要对其彻底修正（Baillargeon，2010；Choi and Luo，2015）。这些方法与通常的心智理论的方法以及整个标准模型有着显著区别，并且与一些重要的“社会科学”内容一致。接下来，我们将探讨心智理论模型的社会科学问题，并讨论对该模型的修正如何破坏标准模型本身。

第二节　是否超越标准模型?

标准模型存在多方面困境，但没有相对成熟的替代方案：批评者对模型的批判通常是片面的，而批评者又将构成模型的许多说明性论证用于其宏大叙述中。这里存在一个问题：表征和计算的概念被定义得如此宽泛和含糊，以至于我们有可能认为，假定的替代方案也是计算主义和表征主义的形式。然而，两者在方法上存在着巨大差异。安东尼·切梅罗（Anthony Chemero）将问题的核心归结为两个方面：从说明的必要性出发的“心理体操”（mental gymnastics）和论证类型，这些论证类型确定了假定的“可能性条件”。

切梅罗认为，“心理体操”意味着，大多数具有表征和计算过程的模型都需要数量惊人的计算活动，以通过逆向工程重现所解释的活动类型。动物导航问题便是一个恰当的例子。这里的问题是，动物（比如蚂蚁和蜜蜂）是否具有表征系统。这种情况也适用于标准模型：动物在定位、与其他动物在某种环境中交流位置以及从错误中恢复方面能力很强。如果要以表征和计算的方式对这些能力进行建模，便需要大量复杂的数学知识和很强的计算能力，才能使这些能力实时运行，但是目前还不清楚“大量的”“很强的”在这种情况下意味着什么（Gallistel，1989，2011）。蚂蚁的大脑是这样工作的吗？如果不是，我们的大脑是否也可能以其他方式工作？也有人说，一些心理活动是“渴望表征”的，也就是说，要构建它们的模型，需要我们将很多表征归因于执行这些活动的心智。这些说法可以作为将“心

理体操”归因于被试的理由。

对于人类而言，正如切梅罗总结的那样，这种观点是一种“可能性条件”的观点：“没有心理体操，就不可能解释真正的认知现象。”（Chemero，2011：33）还有另一个相关的论点，即一样的（tu quoque）论点：这些问题不仅具有说明的必要性，而且假设的替代方案（我们将在下面讨论）“实际上也将表征归因于认知系统”（Chemero，2011：33）。我们可以看到，即使是在蚂蚁的例子中，也很难 343
将表征的概念与组合过程的概念区分开来——任何在思维过程中结合起来的东西最终看起来都像是一种表征。例如，具有组合属性的数据结构表征具有特殊属性的东西，这些特殊属性是由允许组合的心理属性模仿的，因此，根据定义它或多或少是一种表征。

然而，“心理体操”是一个自我建构的问题：如果我们假设大脑是一个类似计算机的系统，拥有程序和规则且遵循计算，那么显然连最简单的活动，如蚂蚁回巢，也会需要很强的计算能力和复杂的数学运算。那么，模块化便是一种解决方案，因为它可以提高操作速度。

第三节 心智模块理论

社会关系主要涉及对他人的理解。一般论点认为可通过人们拥有心智理论的概念来建立对他人的理解的模型，因为心智理论可以从人们的行为中推断出其信念和欲望。这一论点的实证基础是儿童解决“错误信念”问题能力的发展。为论证这一论点，有一些实验开展如下：给孩子们测试一个有道具的故事。在故事中，他们可以观察到一个人把一个物体藏在篮子里然后离开，另一个人进来将这个物体藏在别处。然后，测试者会提问孩子们，第一个人会在哪里寻找这个物体。根据测试观察，4 岁以下的儿童通常会回答说，这个人会寻找物体被藏到了哪里；而 4 岁左右的儿童会回答说，这个人会寻找他们原来放物体的地方。总之，他们推断出这个人有一个错误的信念，并会付诸行动。这就需要一个关于错误信念及其与行为的关系的“理论”，也就是关于心智的“理论”。换言之，如果他们正在明确地推理（或缓慢地推理），并一步一步地证明每一个术语用法正确，那这个过程就像他们拥有一个理论。在这种形式下，结果符合这样一种观点，即心智模块理论是被激活的，而不是曾经习得的。因为这种能力与智力或任何明显的外部刺激无关，而是仅仅出现在某个特定的年龄，并且这在不同的文化中是普遍存在的。

但是产生这些结果的实验方案存在问题，并且一些发现结果与之冲突。解决相关问题所涉及的言语互动（即“激发反应任务”）是复杂的，这不仅仅需要具备识别错误信念的能力。实验不涉及激发言语反应，而是测量自发的非言语反应，因此实验产生了不同的结果。事实上，实验表明 15 个月大的孩子可以理解错误信念。莎莉-安妮测试（Sally-Anne test）曾做过说明。测试涉及孩子在不同场景中所关注的内容（为孩子描述）。当孩子们在看那些不知情的被试伸手去拿装有玩具的盒子而不是去取最后一次看到玩具的盒子时，他们确实会观察得更久（Baillargeon et al.，2010：110-111）。孩子们的表现表明他们感到惊讶，反过来也
344 表明，他们的预期与不知情的被试一致，即均持有错误而非真实的信念。

这样就破坏了两种系统之间的清晰区分，一种系统包含语言的、可激发的内容，这看起来更像是一种“理论”或“常识心理学”；而另一种系统则是与猿类甚至与动物王国的其他大部分动物共享的自然本能。然而，如果我们认为“只有人类才拥有概念”，就会产生很多问题。以下是一些理论家对其作出的阐释：

> 从表面上看，婴儿的数据表明，非常年幼的孩子必须在很小的时候就对信念的概念有一定的掌握。即使年龄大得多的孩子缺乏完成标准的、基于语言的、错误的信念任务的能力——这些任务之前被认为是拥有信念概念的试金石。（Hutto，2015：6）

但这表明了标准表征模型能够容纳任何结果的程度，它不受经验反驳的影响。

然而，模型的合理性开始呈下滑趋势。福多（Fodor，1987：xii）认为，标准模型假设常识心理学在某种程度上是真实的——其中有一些真实的东西，如信念和理由，心理对象以或多或少类似于语言对象等的方式结合，等等。简而言之，隐性领域中存在的东西与显性领域中存在的东西非常接近甚至很相似。对于标准模型，当我们说明我们对他人心智的推理时，我们所做的仅仅是我们与他人互动时默许所做的一种明确形式。但婴儿对错误信念的反应往往会区分隐性内容和显性内容。我们无法确定 15 个月大的婴儿会思考诸如信念、真理和谬误之类的概念，其更不会拥有类似的理论。他们在这些方面的思考的证据来自其之后的行为，来自其学习相当复杂的语言技能之后，因为他们可以通过这些技能来回答这些问题。因此，以上这些考虑因素均破坏了模型主要依赖的合理性。

第四节　快思维与慢思维

实验中观察到的发展阶段从表层上很好地诠释了这两个概念的区别。丹尼尔·卡尼曼提出了一个著名的观点，即存在快速的和缓慢的思维方式（Kahneman，2011）。其观点是同时存在两个（或两个以上）认知系统在运行，其中至少一个是

快速的系统，而另外的则是缓慢的系统。慢系统是意识推理和常识心理学中较为熟悉的系统，它涉及原因、信念和推理。快系统以及快系统之间在意识之下通过一些不同的方法（如启发式）和自动过程进行运作。如果将其与慢推理进行对比，快系统以启发式操作，并产生在某些方面是片面的快速判断，例如这种显性的或接近显性的推理可以一步一步地解释我们的想法，同时也可以证明心智理论的结论，即不知道物体已被移动的人会在错误的地方寻找它。因此，在许多地方似乎都可以观察到快与慢的区别。

但是，关于速度的考量方向有所不同。当我们试图将这种区别映射到心智理论问题时，我们遇到了麻烦。标准模型假定心智理论是模块化的，就像所有复杂 345
的模块一样，它只能是长期进化的产物。在不同的文化和语言中，对于心智理论的表达和评价方式也有所不同。其中一些差异是相当激进的。

如果我们将元素区分开来，并且把文化（和变量）因素放在最后，我们就得到了这样一个模型：模型将文化形式作为一种数据添加到预先存在的计算模块中，这些计算模块是固有的，而非后天习得的。但这是以一种奇怪的方式来思考文化，这种方式在很大程度上是隐性的，且涉及自动反应。休伯特·德莱弗斯（Hubert Dreyfus）在文献中提出的另一个例子也谈到了这些问题，例子中讲述的是大师级人物如国际象棋大师或滑雪专家熟练且专业的表演（Dreyfus，2014）。熟练的表演者已经学会了如何表演，但这已经超越了那些用慢思维来完成的事情。表演需要超快的认知，但这不能被理解为模块：进化过程没有给我们提供可供激活的滑雪或象棋思维模块。

通常情况下，人们认为文化是隐性的且是快思维的一部分。尽管这样的认知存在问题，但通常情况下文化确是社会互动和实践条件的前提。此外，人们认为文化可以在深层次方面习得，因此它可表现在诸如身体技巧、情感等方面。事实上，文化通常与快思维相联系，此外，只有将文化与人们快思维进行比较，我们才能够表达文化传递的内容，并且很好地识别它们。一些心智理论者根据这一观点提出心智理论本身就是具有文化色彩的（Carrithers et al.，1985）。

这是众多观点中的一种，我们已经对其某些方面有所了解。计算主义、表征主义及标准模型的许多其他元素的关键是类比推理。我们思考那些令人无法理解的心理过程的唯一方法，就是用我们熟知的“民间”心理和逻辑概念来思考它们。我们理解读心的唯一方法，就是把读心术看作是对读心对象的信念、动机等进行缓慢推理的快速版本。我们将他人的想法看作是一种事物，并通过卡通思维泡泡等装置将它们明确地“表征”给我们。之后我们便可推断，像这样的表征在快速的读心或婴儿的读心过程中是隐性进行的，因此这意味着“拥有”一系列相关的概念。

但是，文化差异是如何产生的呢？有人可能认为，差异这一概念仅仅是继承符号系统的补充内容。正如丹 • 赫托（Dan Hutto）所解释的，这些论点的一个关键特征是：

> 基本概念原语充当原子性占位符——它们是稳定的关键，是心理事件，即表示、引用或挑选事件，我们可以对这些事件进行更广泛的基于概念的推理。因此，这些概念原语可以通过不断充实的过程建立起来。在这个模型中，当这种情况发生时，没有引入新的概念——相反，我们获得了扩展的概念、更广泛的理解及与旧概念相关联新的推理联系。[Hutto，2015：5；有关更详细的讨论，请参阅 Hutto（2005）]

因此，存在一个（也只能是一个）从童年发展到成年的核心的读心理论，正如伊恩 • 阿佩利（Ian Apperly）所说的，这个理论通过引入新的原则和扩展推理
346 联系而“成长”。但是，这种论证的构建方式引发了关于将符号系统、表征、“内容”和命题思维归于婴儿、蚂蚁和蜜蜂的整体策略的问题（Apperly，2013）。

概念的充实以及新的推理能力的获得主要依赖于新添加的事物。这类事物与先前存在的事物在表征或概念方面类型相同。这样就为我们进一步研究打开了新的思路——这些新事物的产生和获取必须具有进化以外的过程。例如，古希腊人将疯狂归咎于神的干预，这一心智理论并不是遗传的产物。但它是什么的产物呢？无论一个人叙述的是关于这些推理联系的哪些内容，这新颖的且“丰富的”心智概念的产生和获得，都必须是这样运作的，即它确定了一个过程。简而言之，通过诉诸概念上的“充实”，心智理论的辩护者引入了一种新颖的平行过程，并认为这种过程对于解释某些类型的发展是必要的。

承认还有其他概念的来源，甚至是文化或人际方面快思维要素的来源是一个重要的让步，因为不论结果如何，我们都可以通过这一让步来研究这个过程已经解释或即将解释的内容。有人可能会提出，它解释了（本身并没有引用进化和模块）心灵主义的概念，其构成了各种出现在不同文化中的常识心理学，甚至是我们拥有并归属于（无论对错与否）世界其他地方的核心常识心理学。

心智理论的一个可信版本（与必须学会表达心理概念的事实是一致的）可能是这样的：婴儿有各种各样的非概念性的社会互动能力，包括对人们将要做的事情形成预期的能力（即行为协方差），其中包括他们对过去行为的经验所得，如在错误信念影响的情况下，将物体放在一个特定的位置。只有当他们学习一种特定于某种文化的心理语言时，他们才能够清晰地表达这种知识，而这种知识是完全隐性的。他们必须从行为主义的角度学习这种语言（也许与镜像神经元的反应相结合），将其应用于他人在行为或言语中的公开表现，然后将其应用于自身。许多

发展心理学文献都清楚地表明，只有当一个人学会将术语应用于他人时，他才能学会将它们应用于自身。由于这些术语在不同的语言和文化中有所不同，毫无疑问这需要后天习得。

第五节 替 代 方 案

但是，是否有一种替代心智标准模型的方案适合这种方法呢？存在其他替代性的说明策略可以避免计算/表征模型的一些僵化，其优点是以实际大脑和身体过程更密切相关的机制或事实为基础。这些说明策略包括学习的联结主义解释，这与大脑中“一起联动的神经元”部分相吻合；另外还包括镜像神经元，即当人们观察到他人的行为或疼痛时，或注意到某个物体（即注视跟随和联合注意现象）时，人们会触发相关的动作或疼痛神经元，这可能与意向相关，并为共情提供一种核心机制。因此这里需要理解，而不是心智理论。

理查德·梅纳瑞（Richard Menary）提出了认知的四个方面（4E）：嵌入认知（embedded）、具身认知（embodied）、延展认知（extended）及生成认知（enactive）。这些认知方法拒斥计算主义范式对个体-环境关系的处理方式（Menary，2010）。认知方法主张认知是嵌入式的或情境式的，并且环境和个体之间存在着一种动态 347
关系，而意义正是在这种动态关系中构成的。正如克兰西（Clancy，1993：87）在一篇被广泛引用的论文中所述：

> 情境认知研究否定了神经结构和神经过程与我们在日常生活中创造和使用的符号在性质上相似的假设。维拉和西蒙 1993 年所描述的符号方法，将神经结构和神经过程与我们在环境中（如在一篇期刊文章中）感知和操作的物理表征和在想象中表征的体验（如幻想或自言自语）结合起来。

情境认知主张认知与行为相联系，并以技能增加和扩展的熟练活动为范例。

这些方法在社会互动中显示出自身的重要性，尤其是主体之间意义的共同建构。为此，社会学家约翰·奥尼尔（John O’Neill）提出了“整合意义”（making sense together）（O’Neill，1975），或者认知科学家称之为“参与式意义创造”（participatory sense making）。考虑一个标准的社会科学说明，即爱德华·班菲尔德（Edward Banfield）将“不道德的家族主义”描述为一种阻碍经济发展的风气，他在意大利南部发现了这一点，在其他贫困社区也有相似之处（Banfield，1958）。在这种风气中成长，需要做出令他人理解的行为，需以他人能理解的方式与其交流，需感受他人内心深处的道德态度所包含的情感，同时毫不犹豫地做这些事情并认为这个社会世界是自然且正直的。这项研究具有启发性，因为它考察了人们如何想象涉及他人的情景，如何解释他人的行为，以及其所包含的感受。它还解释了他人的实际经历和行为是如何强化他们的思维方式的。这种生活模式不是建立在纯粹的认知基础上的，其涉及的概念和情感也不同于一般的情感，或者可称之为模块化的。它还涉及一些类似于心智理论的概念，即在有限的范围内，社区成员对他人的行为有期望，并根据其自身的动机概念判定他人的动机，从而做出相应的反应。从某种意义上说，这项研究是具身性的，即它是通过各种具身性的活动来实现的。

通过对嵌入认知、具身认知、生成认知及延展认知的解析，可得出以下问题的结论：人们在这个动态的互动环境中是如何做出反应并传递这种反应的；人们是如何通过改变互动环境来进行改变的；人们是如何通过实践维持情感反应的；以及这些反应是如何在认知的基础上深入连接大脑和身体的不同部分。如果从表征的角度考虑这些动态过程，并没有明显的帮助。事实上，这些过程并不像人们有时声称的那样渴望表征，而是渴望“动态交互”。

这样就存在一个问题，这些动态过程在多大程度上可以追溯到思维中更原始、更基本的由模块性来解释的元素。孩子在 15 个月内解决错误信念问题的能力，以及更早发现和回应意图的能力，都证明其深刻的社会特性和非凡的社交能力。这表明计算/表征模式倾向于将理解他人和与他人互动的能力推迟到激活高级版心
348 智理论之后，从而证明旧模型是错误的。

心智更像是动态解释，其中“每一种行为都发生的适应性重新排序”（Clancy，1993：93），这一概念论述一个基本的过程，其更合理且不受标准解释的限制。

参 考 文 献

Amodio, David. 2014. “The neuroscience of prejudice and stereotyping,” *Nature Reviews Neuroscience*, 15: 670-682.

Apperly, Ian. 2013. “Can theory of mind grow up? Mindreading in adults, and its implications for the development and neuroscience of mindreading,” in S. Baron-Cohen, H. Tager-Flusberg, and M. V. (eds.), *Understanding Other Minds: Perspectives from Developmental Social Neuroscience*. Lombardo. Oxford: Oxford University Press: 72-92.

Baillargeon, Renée, Rose M. Scott, and Zijing He. 2010. “False-belief understanding in infants,” *Trends in Cognitive Sciences*, 14(3): 110-118.

Banfield, Edward. 1958. *The Moral Basis of a Backward Society*. New York: The Free Press.

Brandom, Robert. 2009. “How analytic philosophy has failed cognitive science,” in *Reason in Philosophy: Animating Ideas*. Cambridge, MA: Harvard University Press: 197-226.

https://docs.google.com/file/d/0B0xb4crOvCgTbXNBWlFXSERGNkU/edit (accessed June 9, 2015).

Busemeyer, Jerome and Adele Diederich. 2010. *Cognitive Modeling*. Thousand Oaks, CA: Sage.

Carrithers, Michael, Steven Collins, and Steven Lukes. 1985. *The Category of the Person*. Cambridge: Cambridge University Press.

Chemero, Anthony. 2011. *Radical Embodied Cognitive Science*. Cambridge, MA: MIT Press.

Choi, You-jung and Yuyan Luo. 2015. "13-month-olds' understanding of social interactions," *Psychological Science*, 26(3): 274-283.

Clancy, William J. 1993. "Situated action: a neuropsychological interpretation response to Vera and Simon," *Cognitive Science*, 17: 87-116.

Cosmides, Leda and John Tooby. 1994. "Origins of domain-specificity: the evolution of functional organization," in L. Hirschfeld and S. Gelman(eds.), *Mapping the Mind: Domain-Specificity in Cognition and Culture*. New York: Cambridge University Press: 85-116.

Decety, Jean and Philip L. Jackson. 2004. "The functional architecture of human empathy," *Behavioral and Cognitive Science Reviews*, 3(2): 71-100.

de Jaegher, Hanne. 2009. "Social understanding through direct perception? Yes, by interacting," *Consciousness and Cognition*, 18: 535-542.

Dreyfus, Hubert. 2014. *Skillful Coping: Essays on the Phenomenology of Everyday Perception and Action*. Oxford: Oxford University Press.

Fodor, Jerry. 1987. *Psychosemantics*. Cambridge, MA: MIT Press.

Gallagher, Shaun. 2008. "Inference or interaction: social cognition without precursors," *Philosophical Explorations*, 11(3): 163-174.

Gallistel, C. R. 1989. "Animal cognition: the representation of space, time, and number," *Annual Review of Psychology*, 40: 155-189.

Gallistel, C. R. 2011. "Prelinguistic thought," *Language Learning and Development*, 7(4): 253-262. http://dx.doi.org/10.1080/15475441.2011.578548(accessed June 9, 2015).

Graham, Jesse, Jonathan Haidt, and Brian Nosek. 2009. "Liberals and conservatives rely on different sets of moral foundations," *Journal of Personality and Social Psychology*, 96: 1029-1046.

Hutto, Daniel D. 2004. "The limits of spectatorial folk psychology," *Mind and Language*, 19 (5): 548-573.

Hutto, Daniel D. 2005. "Starting without theory: confronting the paradox of conceptual development," in B. Malle and S. Hodges(eds.), *Other Minds*. New York: Guilford: 56-72.

Hutto, Daniel D. 2015. "Basic social cognition without mindreading: minding minds without attributing contents," *Synthese* online July. doi:10.1007/s11229-015-0831-0.

Kahneman, Daniel. 2011. *Thinking Fast and Slow*. New York: Macmillan.

Menary, Richard. 2010. *The Extended Mind*. Cambridge, MA: MIT Press.

Miłkowski, Marcin. 2013. *Explaining the Computational Mind*. Cambridge, MA: MIT Press.

Newell, A. 1980. "Physical symbol systems," *Cognitive Science*, 4: 135-183. 349

O'Neill, John. 1975. *Making Sense Together: An Introduction to Wild Sociology*. London: Heinemann Educational Books.

Schjoedt, Uffe, Hans Stødkilde-Jørgensen, Armin W. Geertz, Torben E. Lund, and Andreas Roepstorff.

2011. "The power of charisma: perceived charisma inhibits the frontal executive network of believers in intercessory prayer," *Synthese*, 6: 119-127.

Searle, John. 1995. *The Construction of Social Reality*. New York and London: The Free Press.

Tooby, John and Leda Cosmides. 1995. "Foreword," in *Simon Baron-Cohen, Mindblindness: An*
350 *Essay on Autism and Theory of Mind*. Cambridge, MA: MIT Press: xi-xvii.

第三十章　知识的社会建构

史蒂夫·富勒（Steve Fuller）

社会建构论认为，社会无非是活着的个体有组织的活动，这些个体之间可能存在着各种不对称的关系，使一些个体长期对社会建构过程产生不相称的影响。这进而又解释了对一种稳定的“社会结构”的印象，并据此阐释和解释了社会生活。就这些不对称关系的意义而言，社会建构论本身是中立的，但正如我们下面将要看到的，我们可以积极地或消极地来看待这些关系，这通常表示为对“状态”（the state）的态度。我们很容易认为，所谓的“知识的社会建构”与所谓的“知识的个体建构”之间有着最自然的区别。虽然一些认识论者（如 Goldman，1999）基于这一假设来进行研究，但他们误解了这场在社会科学领域具有影响力的运动背后的精神。特别是，他们错误地把注意力集中在*社会*部分，而不是“社会建构”的*建构*部分。社会建构论者的自然对立者是社会决定论者——他们认为，社会本身独立于构成社会的个体，因果地影响社会生活的性质。在前现代，人们会援引“传统”来辩护这种意义上的社会，但在近代，人们更喜欢用“社会结构”这个理论术语，它在默认的条件下代代相传，除非被明确打断。

本章由三部分组成，每一部分都把握了社会建构论谱系中的一支哲学脉络。第一节介绍了根本哲学渊源，如培根和康德。他们的建构论建立在通过对规律的探究性研究来看待对知识的系统追求的基础上的，康德称之为“批判性的”。第二节论述了奠基建构论的形而上学，它更接近于关于形式与物质统一的古典讨论，而不是关于认识论与本体论关系的现代讨论。因此，这一观察结果被用来说明，为什么 20 世纪末科学的历史和哲学未能成为一门统一的元科学。第三节是社会建构论在社会学史上的定位，社会建构论在社会学史上有着突出而独特的地位。特别是，社会建构论的主导形式与一种自下而上的方法论个体主义观点相一致，这违背了社会学作为一门科学学科的发展脉络。这一节最后指出，培根今天可能更容易与社会学的科学辩护者而非其建构论批评者一致。

第一节　回到培根：社会建构论的法律渊源

尽管人们普遍认为康德是近代哲学感性的建构论之源，但事实上，建构论贯穿了整个近代早期哲学。康德及其之前的许多学者的著作中都有大量的法律指称，无论是字面上的还是隐喻上的，都与新教改革后从罗马法的残余中塑造民法传统的持续斗争有关。就英国而言，这包括在过去的案件中所作的判决记录——“普通法”——本身是否可以为合法性提供充分的理由。[Kelley（1990）对这一背景提供了丰富的见解，而 Turner（2010）几乎是唯一一个追寻这一线索到现在的人。] 但这些近代早期的讨论涵盖了所有一般规范理论的主题：法律强制力的性质（其中“法律”的范围可能包括“自然”，即在定期展示的模式意义上的自然，以及一些具有更加明确的“神圣”的目的感的自然，它将保证对自然秩序的特殊司法干预）、人的身份和作用（其中“人”的范围可能不限于人类，更不用说包括所有人类），以及对有争议的主张进行的审判的性质，在这些情况下调集的证据，以及在这些案件中用于判决的司法权。

所有这些观点都很容易转化为现代哲学的话语：普通法对先例的尊重变为了归纳规则；司法干预成为经验干预，现在是以发现隐藏力量而不是重建自然秩序的名义进行的（但这两种干预都被称为“因果的”）；人格被转化为具有明确功能规范的机械能动性；证据是供公众消费的个人经验的适当处理版本，其中“认知”有效地自然化了“司法”等。在这方面，社会建构论的思想危机可以被看作是，由于它部分地揭示了这些转变的历史根源，例如，把“（自然的）法则”更好地表述为“（推理的）规则”，特别是在后维特根斯坦（如 Winch，1958）之后。近代伦理学历史学家杰罗姆 · 施尼温德（Jerome Schneewind）将这些转变描述为“神圣团体”的权力下放，通过这个过程，先前保留给神的权力——当然是断断续续地——被分散给民众（Schneewind，1984）。实际上，无论上帝在用难以控制的物质创造自然世界的过程中遇到怎样的困难，现在在社会世界中与他人互动的人类都要面对这些困难。由此，神学的创造性世界（created world）就变成了社会建构论的协商性世界（negotiated world）。

一种加尔文主义的革新——托马斯 · 霍布斯（Thomas Hobbes）、洛克和让-雅克 · 卢梭（Jean-Jacques Rousseau）在他们的“社会契约”版本中不同程度地世俗化了这一革新——在调解这一转变中脱颖而出。它涉及将政治合法化的基础，从对一个世系的继承的秩序确认转移到，不断需要更新的自由行动者的自我承认和自我确认的“交融”。虽然这最初被视为标志着从天主教到新教的宗教信仰默认模式的转变，但在政治史上，这似乎是在世俗的伪装下，在假设上以政体复制为由从王朝基础转变为选举基础。社会建构论一般化了这种感性的转变。20 世纪 60 年代和 70 年代的民族方法学标志着社会科学中这一思想转变的分水岭，因为它让
352 人们注意到，几乎所有的社会约定都很容易被“打破”，因而需要“修复”，通常是通过谈判以一个当场的相互约束协议的方式结束这一事件（Garfinkel，1967）。

这是后维特根斯坦时代见解的另一面——与一系列（《哲学研究》第187～188页）的延续相联系——即一项规则可以以任何方式加以遵循，可以说，这取决于在需要达到结束时谁在场，以及在决定如何集体前进时他们认为突出的过去实践的特点（Bloor，1983）。

我说社会建构论“一般化”社会契约理论，是因为早期近代哲学家并没有清楚阐明，与社会契约相关的那种明确的建构应该适用于所有生活领域，即民族方法学。事实上，可能除了霍布斯（他对社会契约的论证被解读为仅仅是一个思想实验或是对重新启动人类条件的颠覆性呼吁）之外，人们容忍一种总体的“社会契约”中所蕴含的不稳定关系的能力，通常是基于他们被“惯例”（custom）或是在本地观察到的习惯所支配的余生。

因此，当笛卡儿同时期的伟人布莱兹·帕斯卡（Blaise Pascal）通过解释惯例*摧毁*了“第一性”［《思想录》（*Pensées*）93］，而扭转了古老的格言，即惯例是“第二性”时，他所说的东西远没有最初看起来那么激进。他把这两种性质组合在一起——也许就像今天的社会生物学家或进化心理学家可能做的那样。这两种性质在很大程度上以相同的方式运作，因此第二种性质“摧毁”了第一种性质，具体来说就是“取代”了第一种性质。（这种态度反映了达尔文革命前的苏格兰启蒙运动中自然和民间历史的连续性。）相比之下，这意味着社会的某些根本理性基础可能会在更明确的基础上产生——从第一性原理来看，并不是简单地通过利用“惯例”所代表的默认行为模式来产生。从这个观点来看，社会契约理论是激进的，因为它承诺了这种帕斯卡自己倾向于认为的只有上帝才能提供的明确基础。然而，在接下来的一个世纪里，加尔文主义者巧妙地处理了这个问题，他们允许坚定的“信念的交融”——由所谓的“天意”所指引，一只看不见的神的手，它使那些从欧洲到美洲的信徒们把他们的旅程视作在“新世界”中重新制定神的创造的机会，而非一次进入未知世界的跳跃。本杰明·富兰克林（Benjamin Franklin）机智地将感性视为“天助自助者”。因此，殖民者面对来自环境（包括顽强反抗的土著人）的抵抗时的“坚持不懈”，表示他们是康德随后在“绝对命令”中所一般化的那种适当地“自我立法”的存在（Passmore，1970：ch.10）。

不幸的是，康德在《纯粹理性批判》（Kuklick，1984）的最后一部分中关于哲学史的有影响力的架构，已经掩盖了社会建构论的这些法律根源。这里，康德被解读为在那些相信知识主要来自感官的人（又名经验主义者）和那些认为知识来源于智力的人（又名理性主义者）之间建立了明确的区别。这给人留下的印象是，知识的问题在于，为了人类认知的目的，以正确的顺序获得这两种主要的心智能力，因为我们对现实本身的性质仍然是不可知的。然而，正如我们将在下一节中看到的那样，这种区别最好被看作是关于现实本身的构建。换言之，形而上学学科中*认识论*和*本体论*之间的现代区别的明晰度，有赖于采用一种与康德建构论不同的实在论立场。事实上，“认识论”是 19 世纪的一个新词，而“本体论”本身就是康德时代的一个新词，它在《纯粹理性批判》中被纯粹形式地对待，也
353 就是说，它将只要是满足先验理性原则的对象均认为是通过理解的范畴所建构的。

为了重新找到康德建构论的法律根源，我们既需要回到他的哲学简史的最末端，也要回到《纯粹理性批判》的最开始。康德把感官和智力作为知识的来源加以区分之后，在书的结尾，将研究世界的“自然主义”路径和“科学”路径区分为一种正交关系。为了避免今天的英裔美国的读者觉得这种区别的命名很奇怪（因为现在的“自然主义”与“科学”联系在一起），其实康德所想的十分类似于，社会科学方法论者在区分“自然主义”观察和“实验性”观察时的所指（参见 Fuller，1993：ch.3）。前者与伊壁鸠鲁传统大致一致，康德认为伊壁鸠鲁传统强调感官，并且在他的解读中，伊壁鸠鲁传统被指责迷信自然和习俗。相反，“科学”路径在实现理性“对知识的渴望”时采取了更为集中和系统的态度。理性具有这种渴望，这在《纯粹理性批判》开头培根的题词中得到了证实，培根被视为“社会建构论之父”。根据下面的内容，我们可以将康德“批判性”哲学家的自我理解视为，追随了培根的“纠问式”（inquisitorial）方法。

当然，培根本人并不是科学家，而是英国国王詹姆斯一世的私人律师。以此身份，他从欧洲大陆引进了司法活动的纠问式方法（Franklin，2001：ch.8）。在通俗史上，这一创新与“女巫审判”密切相关，在此基础上发起了对现代科学态度的一般女性主义的批判（如 Merchant，1980）。在纠问式法律系统中，国家负责制定案件框架并指导案件的起诉。因此，法官传唤证人，并设定标准，以此评估他们的证词为“证据”。此外，一旦被告人被确定，他/她就被推定有罪，而审判的重点是推翻这一推定。这里有卡尔·波普尔的*判决性实验*的预期，他明确地改编自培根。在任何情况中，科学的实验方法在于用纠问式方法来研究自然。无论是审判还是实验，对审问者和被告的行动都规定了严格的程序。这样做是为了抑制两者的自然倾向：前者是太容易找到自己想要寻找的东西；而后者是为了逃避自己在指控方面的地位。这有助于解释培根著名的《伟大的复兴》的开篇：“事物的本性在艺术的烦恼下比在其自然的自由中更容易暴露出来。”培根所说的“事物的本性”，在某种未经加工的实在性意义上并不意味着“事物”（thing）。相反，他指的是在法律意义上的*物*（*res*），即由司法程序产生，并为法官的判决提供依据的事实。这就是“事实”（字面意思，在这种情况下，是由法官“创造的东西”）的最初含义，它将培根的纠问式方法与“科学事实的社会建构”联系起来，从而让我们回想起了拉图尔和伍尔加（Latour and Woolgar，1979）的副标题。

对培根来说，自然本身并不是有用的，而是需要被制成有用的东西

（Desroches，2006：ch.2）。在这里，他受到了两种早期现代思潮的影响：作为一种形而上学教义的古代原子主义的复兴和自然的概念化——上帝借此进行传达的两本书之一（当然，另一本是《圣经》）。他接受了这两种趋势。培根设想通过纠问式方法对自然进行“分析”（字面意思是“分解”或者甚至是“解构”），以提取自然世界的语法，然后这些语法可以被重新用来改善人类的状况。每项试验的目的是发现一个或多个相关的词汇或句法元素，这些元素在重新组合时会增加人类 354
福祉。这种*做法*是基于他研究英国普通法传统的方法。培根不是让法官简单地寻找与过去案件表面上的相似之处，而是让他直接审讯被告，其审讯的方式会发现许多与过去案件共同的一个或多个要素。以这种方式，基于案例的法律可能会被“溯因地”（abductively）——正如查尔斯·桑德斯·皮尔士所说的——使用，从而推断出潜在的一般支配原则，而这些原则反过来又可以为法律机制提供基础，也许这一点与他的私人秘书霍布斯后来在《利维坦》中所描述的并无太大不同。简言之，一旦我们看到，培根对待自然历史就像对待普通法一样，他提出的建构论精神就变得清晰起来——他在建构论精神中最初提出实验性方法。

第二节　康德的建构论形而上学与科学的历史和哲学

“社会建构”的世界必须是什么样的才有意义？首先，世界必须是“可建构的”，这意味着可以进行建构的事物和可以被建构的事物之间的一个区别。这是“形式”与“物质”之间古典形而上学区别的一个更具体的版本。然而，具体性造成了差异。“物质”的意义是原材料，也就是说，没有内在的形式，但对形式的接受是开放的；并且“形式”的意义是开放的，也就是说，没有先验意义的自身限制，却需要设定限制。所以，对于建构论者来说，古典美学家不钟爱任何一种理想的物质与形式的比例，因此，人们旨在通过一种被充分理解的媒介的最佳配置，来产生某种事物，这种事物产生一种事先形成的观念。建构论既不意味着建构者有如此多的先见，也不意味能够获得建构材料可能拥有的任何内在属性。

因此，作为艺术史上的一个运动，“建构论”通常被理解为“非表征性的”（non-representational），因为它否认已经存在一个版本可推动艺术家通过特定媒介来工作。相反，艺术家以一种更具探索性的方式工作，要么尝试用不同的媒介表达相同的思想，要么利用单一的媒介来表达不同的想法。在这两种情况下，人们都没有假定存在某种主题的理想表达。更确切地说，形式和物质之间确实存在着一种“共同指导”，即他们互相指导。这种一般感性的现代起点是启蒙运动评论家和剧作家戈特霍尔德·莱辛（Gotthold Lessing）的《拉奥孔》（*Laocoon*），这是德国对伏尔泰的回应。莱辛认为，根据艺术的内在表现力来对它们进行排名是没有意义的，根据表现的价值来对主题进行排名也没有意义。相反，一件艺术品应该根据艺术家如何使媒介能够表达出关于这个主题的独特的东西来判断。这进而又会建立这一艺术品的“个性”。这种感性为康德引入我们今天所理解的“建构论”提供了最明显的文化背景。

用康德的唯心主义追随者所喜欢的话来说就是：建构者和可建构的事物最初对于他们自己和彼此都是未知的。知识只有从行动开始，将形式赋予物质，将物质赋予形式。这是“建构”所隐含的“共同指导”。[这一思想的一个后阶段的政策导向的版本是“共同产生”，希拉·贾萨诺夫（Sheila Jasanoff）在更注重政策导向的科学和技术研究界普及了这一概念（Jasanoff，2004）。] 结果是“现实”——
355 但不是发现某种与我们的努力无关的既存事实。相反，现实是一个世界的实现，我们认识到这个世界是自己的，也就是说，是有意义的世界。艺术是赋予这个世界意义的过程。（关于这种看待事物的方式，常被引用的权威性章节是弗里德里希·席勒（Friedrich Schiller）的《美育书简》一书中的“第十一封信”。）社会建构论可以被看作以一种与最初的社会契约理论家截然不同的方式，将这种普遍的思维方式延伸到社会生活的所有方面，社会契约理论家通常使用“人性”的固定概念，无论对其如何定义。

康德本人用更多认识论的术语表述了这个广义的形而上学概念，这对后续讨论具有启发意义：

> 思维无内容则空，直观无概念则盲。知性无法直观，感官无法思维。只有从它们的互相结合中，才能产生知识。（Kuklick，1984：A51，B75）

然而，在 20 世纪 60 年代，作为关于历史与科学哲学关系的论点，这一思想开始获得了更为重要的意义。这一时期有两个版本引人注目。第一个是罗素·汉森（Russell Hanson），他强调“没有数据的理论是空的”这一面；第二个是伊姆雷·拉卡托斯，他强调“没有理论的数据是盲目的”这一面。

第二次世界大战后，科学哲学家和专业科学家——两者都受到美国式逻辑实证主义的影响——倾向于在不涉及历史的情况下进行探究，而且通常（如托马斯·库恩的例子）含蓄地赞同，这种旨趣分离会使科学史学家能够独立地成为一种专业，而不必向科学共同体说明他们的活动，汉森（Hanson，1962）就是针对上述倾向做出了回应。尽管如此，汉森说，实证主义的共识等于这样一个命题：因为人们已经可以使用自己的头脑，没有必要学习如何更好地使用自己的头脑。相反，汉森认为，借助历史，人们可以借鉴过去哲学家和科学家的集体经验，更系统地进步，而不是简单地继续和重复过去的错误，以零碎和个别的方式改变自己的方法。在这里，汉森受到了查尔斯·桑德斯·皮尔士的影响，他反过来影响了系统论、发展心理学和教育学中其他一系列广泛的“建构论”思想家——所有这些人都认为，通过将科学的历史合并为一个反馈环来指导未来的研究，科学可以提高其进步速度。这种“二阶的”或“反身的”研究方法（“学习如何学习”）受到了新兴的“科学的历史和哲学”领域推动，汉森也这样认为。此外，它将允许科学具有一种“进步的”历史感，这与备受嘲讽的“辉格式”方法不同，在这种方法中，过去只是用来辩护当今的科学活动。

有趣的是，尽管汉森的提议最初是作为副主席在美国科学促进会发表的演讲，然后在《科学》和美国主要哲学期刊上发表，但他的提议并没有得到实质性的支持。这可能是由于他在 1967 年英年早逝，或者是因为库恩（Kuhn，1970）将科学的历史和哲学与科学的实践划界方面所产生的全面影响。事实上，后者的“边界工作”，正如科学和技术研究中的社会建构论者所称的，宣告了“社会认识论”作为一个专门的研究纲领的开始（Fuller，1988：ch.7）。诚然，对汉森友好的思想家，如达德利·夏佩尔（Dudley Shapere）和拉里·劳丹（Larry Laudan），在 20 世纪 80 年代继续推动他的提议，在多诺万等（Donovan et al.，1988）那里达到高 356
潮。然而，那时，这场争论被认为更多的是关于科学的历史和哲学之间的关系，而不是关于这两个领域与科学本身之间的关系，这符合库恩（Kuhn，1970）影响下的那些人们的智力舒适范围。然而，威尔（Will，1988）依旧进行了有价值的尝试，为最初的汉森纲领提供了哲学基础。

拉卡托斯（Lakatos，1971）提出了更适合后库恩时代（Kuhn，1970）的观点，即所有的科学史都是以某种科学哲学为基础的，这种科学哲学基本上提供了一个概念框架，通过这个框架，事物可以被包括或排除、评估，并提供一个总体情节线索。在这方面，人们可以谈论“辉格式”、“托利式”和我所称的“普林格（Prig）式”科学编史学家（Fuller，2000：Introduction），即分别从科学赢家、科学输家和科学专业本身的历史角度来看历史。在当时的修辞语境中，拉卡托斯的举动意在表明，不存在“价值中立”的科学史：历史学家总是与某些规范性叙述有共谋关系——在不同程度上支持或反对现状。但是，我们很快就会看到，他的论点并不是以这种方式推进的，即由构成了“普林格党”的科学史和科学社会学的建构论者推进的。

拉卡托斯关于其论点的独特陈述是要表明，历史学家可能在其总体目标和方法上具有先见之明，但认为这些目标和方法可以更有效地执行，从而避免了过去的一些错误，而这些错误可能会继续影响科学在如今取得进步的能力。拉卡托斯将这种替代的、反事实的编史学称为“理性重建”，但很明显，他认为这应该是科学哲学的主要任务，特别是如果它对科学有用的话。虽然他不相信哲学家能够规定科学的未来（他将此过错归因于康德的唯心主义追随者和黑格尔的唯物主义追随者），但他确实认为，哲学家可以追溯性地处理科学问题，比如哪些可行，哪些不可行，哪些事情可以做得更好，以及如何做得更好，从而为未来的科学决策者提供数据（而不是理论）。拉卡托斯的想法仍然值得探索（例如，Fuller，2015：ch. 6）。然而，它最初由于其下述矛盾含义受到了批判，即尽管在许多关键方面有一系列错误的理论选择，但科学可能正朝着普遍正确的方向前进。诚然，这一结论与拉卡托斯的波普尔主义倾向相吻合，但人们普遍认为它过于反直觉，因而不值得受到重视。

此外，拉卡托斯没有预见到，在支持（辉格）或反对（托利）科学的主导倾向的历史学家之间出现了第三条道路。这将是科学史专业本身的立场，这不是由某些总体的规范的科学观所导向的，而是仅仅由一个同样能很好地表征所有历史证据的兴趣所导向的。这将反映出历史学家自己对“档案”的投资，将其作为已经实际发生的过去的一个储存库。当然，这也是一种价值承诺，但这种价值承诺使历史学家能够在相互竞争的规范的科学哲学的争论中脱颖而出。自称为“科学知识社会学家”的大卫·布卢尔（David Bloor）将这一论点推广到涵盖所有基于经验的科学研究，无论是历史的、民族志学的还是实验的（Bloor，1976）。他称这种研究路径为“对称”——在科学和技术研究中具有很大的影响力。这里所讨论的“对称”是指历史学家、社会学家或心理学家对科学主张的真理价值的态度。布卢尔以一种良好的建构论方式提出下述主张，即适当的态度应该是不可知论的，
357 如果不是传统怀疑论（即不在乎是真理还是谬误），因为科学家和我们其他人一样，在没有预先知道其最终意义的情况下提出了真理主张。因此，对于为什么和如何做出这样的主张的最好解释，将取决于科学家们做这些主张时可用的思想和物质资源。毫无疑问，“对称”在这个意义上鼓励充分利用经验记录。但同样地，它使历史学家、社会学家或心理学家有效地“价值中立”，因为她不关心所有这些建构的结果。这可能有助于解释在与政策相关的语境下科学和技术研究人员的部署不断增加（Fuller，2000：ch.5）。

第三节　社会建构论成为社会学：伯格和卢克曼的遗产

根据 1998 年对国际社会学协会成员的民意调查，彼得·伯格（Peter Berger）和托马斯·卢克曼的《现实的社会建构》被选为 20 世纪最有影响力的社会学作品第五名。伯格和卢克曼仔细观察到，“社会学”指的不是集体心理学的属性，而是人们系统地交互的关系的属性（第 3 章）。因此，“社会学”并不是特别涉及个体

的精神状态（mindsets），包括他们可能共有的任何共同信念，而是涉及这些个体的相互导向的行动，这些行动导致了相对稳定的行为模式。参与其中的个体对这些模式的阐释可能会完全不同，然而，“社会学家”可以发现这些模式对社会整体运作的更大意义，无论个体本身对此有无兴趣。

此外，在现象学家阿尔弗雷德·舒茨的影响下写作，伯格和卢克曼假定，个体通常*没有*这样的兴趣，这进而又支持了“社会学”作为一种独特的社会知识形式的必要性。本着美国著名记者沃尔特·利普曼（Walter Lippmann）的精神，舒茨有生之年最著名的美国出版物《消息灵通的市民》（Schutz，1946）——并非错误地——被理解为，辩护了专门知识在复杂社会中的出现，鉴于个体在其生活的各个方面可以选择的范围，这是一种比得上“劳动分工”的“知识分布”。然而，伯格和卢克曼也将其解读为，对社会学本身作为一种独立的专业知识的隐含论证，它关注人们所做的各种决定的二阶效应——包括他们对这些决定的授权。这里有必要回顾一下舒茨接受的在国际金融法方面的训练，这一领域突出了复杂社会关系的特殊信托特征，根据这一特征，仅通过维持这些关系的形式即可获得或失去价值，而这种关系的*运作方式*对依赖于这种关系的人来说仍然是不透明的。就舒茨自己的专业培训而言，这一点特别适用于投资银行账户、股票和保险单的信托。然而，我们可以认为，他扩展了这一概念，涵盖了社会学在保障社会自身存在方面的作用（Prendergast，1986）。

有点自相矛盾的是，社会学是一门科学，它致力于通过它对跨时空区域的一群个体所构成的一系列社会关系的阐释性理解，将“社会”建构为二阶对象。在这方面，没有社会学家的工作，社会就不存在——只有社会关系存在。尽管这一提议具有反直觉的性质，但伯格和卢克曼将其解读为，对埃米尔·迪尔凯姆创立的社会学观点的另一种诠释，即社会是*独特的*。然而，对迪尔凯姆本人来说，这 358
意味着社会学必须依赖诸如政府统计等方法，这些方法通常无法理解社会行动者，可以被用作判断和解决“社会问题”的基础，而这些“社会问题”往往是由对统计得到的规范的某种“偏离”所引起的。

相比之下，舒茨与他同时代的维也纳人路德维希·冯·米塞斯和哈耶克的社会经济导向相同，但他对为了将“社会状况”还原为一系列统计指标，而投入的错位信任感和不知情的权力持怀疑态度，这些指标是从人类的各种互动中抽象出来的。（这是舒茨作为“现象学家”的最深层的意义。）事实上，最有用的是，将舒茨（Schutz，1946）与哈耶克（Hayek，1945）放在一起解读，哈耶克（Hayek，1945）把“价格”视为一种为了协调行动而进行的交流的升华，而不是确定价值的供求曲线的汇合。在此基础上，舒茨是最初被邀请加入哈耶克1945年建立的朝圣山学社的人之一，该学社本着沃尔特·利普曼的精神来促进自由价值观

（Kurrild-Klitgaard, 2003）。又过了二十年，民族方法学家亚伦 •西科雷尔（Cicourel, 1964）在对官方统计的广泛批评中，对社会学本身进行了舒茨式的批评，但伯格和卢克曼进一步扩展了这一批评，认为几乎所有宏观层面的社会建构都有可能成为“具体化”，如果它们被赋予与社会关系中的个体的生活经历同等水平的实在感。

可以肯定的是，社会学可以改善人类的境况，如果它能让人们更深刻地理解为什么他们的生活是现在的样子。事实上，伯格随后的大部分职业生涯都致力于马克斯 • 韦伯式的问题，即人们如何在一个“祛魅”的世俗时代找到生活的意义。然而，如果社会学说服人们，他们的生活是由他们想象之外的原则所支配的，那么社会学可能会损害人类的境况。这两种社会学视野对应着马克思主义纲领的两个认识论层面：前者是实现阶级意识所带来的解放力量；后者是认识到世界并非如人们所想的那样发展而产生的异化。伯格和卢克曼的转变是把马克思转向比马克思本人有可能会允许的更为自由的社会经济目标。

马克思在其成熟的著作中，将异化概念化为一种出于本能的感觉，这种感觉是工人们因对自己劳动的配置和产品缺乏控制而产生的。那么，马克思主义的要点是，通过让工人们知道他们困境的原因，使他们能够把事情掌握在自己手中，从而把这种出于本能的感觉引导和升华为“阶级意识”。然而，继舒茨之后，伯格和卢克曼认为，异化也产生于人们对自己的境况有二阶的理解。换言之，异化不但可能源于拥有一种社会生活理论，而且可能源于社会生活本身。事实上，这就是马克思自己所经历的异化感，当时他开始在他年轻的“人文主义”著作中对阶级意识进行理论化，这些著作在 20 世纪 60 年代被翻译成英文，并为伯杰和卢克曼时代的学生运动提供信息。

伯杰和卢克曼留下了一个完全开放的问题：相比拥有对异化的本能认识，异化的人是否从拥有异化的理论知识中获益更多。这一问题将他们标记为自由主义者而非社会学家。这里暗含的意思是，在最直接体验到异化的层面上处理异化，可能有助于稳定社会，而在涉及将社会视为整体来进行思考的层面上处理异化可能会破坏稳定。正如经济学家所说的，一阶异化可以在“局部调整”（即消费者偏
359 好曲线的变化）的层面上处理，而二阶异化则需要“总体调整”（即将经济置于一套新的原则之上）。主张将异化保持在本能层面并局部地对之处理的论点是，这可能会让更多已经参与其中的人从中受益，并对他们的生活造成最小的干扰。相反，当异化在理论上被描述得更具自我意识，从而表现出系统变革的必要性时，社会的福利职能倾向于扩大，包括未来几代人作为潜在受益者。这似乎承认，在提议的社会转型过程中，可能会产生比疏离本身更大的伤害，而这进而辩护了需要一个虚拟变量（“后代”）来平衡道德总账。

伯格和卢克曼的社会建构论版本在其第一次出版半个世纪后，仍然是社会学

的主流版本。这显然是自下而上的路径，正如舒茨与奥地利经济学派的最初联系所表明的那样。然而，对于“社会建构”有一种更为“自上而下”的思考方式。市场的例子说明了想要表明的对比。对于奥地利学派的追随者，包括伯格和卢克曼，市场只是普通社会互动的一个抽象表征，通过市场，多个个体试图同时达到他们的目标。在这种观点下，市场不需要在现实中或理论上被创造，而是作为人类关系的自然秩序的一部分出现。诚然，某些市场可能需要根据它们对参与其中的个体的具体影响进行控制，无论是直接的还是间接的。或者，当然，市场可能会被完全阻止或反对。然而，这些极端行为将被视为对人类自由的根本侵犯。

对这个问题的一种完全不同的解决方法是假设市场是一种二阶的社会建构，它对社会生活行为强加了一种特殊的参照框架，否则社会生活行为就不存在了。事实上，根据经济历史学家艾玛·罗斯柴尔德（Emma Rothschild）的观点——他以阿尔伯特·赫希曼（Albert Hirschman）和哈耶克的维也纳对手约瑟夫·熊彼特的精神为写作基础——从这个意义上说，市场是早期现代国家的发明，它试图通过促进财富生产来行使一种更微妙但更普遍的社会控制感（Rothschild，2001）。在这个意义上，亚当·斯密和孔多塞二人都在 18 世纪将市场视为政治创新。在此语境下，国家创造一个市场，特别是商品或服务市场，等于把自己的权力下放给一种规定的新的社会互动形式，其结果随后被视为具有权威性。在过去，英国政府会授予特定行业垄断许可，而现在，贸易权将向多个竞买者开放，这些竞买者的价值将由其结果证明。因此，根据政治学中的委托代理理论，市场是社会建构的，是国家的机械机构，拥有自己的自治范围，只要它们的产出能像国家自己做决定一样被纳入社会经济体系。此外，正如亚当·斯密和孔多塞都会意识到的那样，正是这种意义上的“市场”，将培根最初的纲领推到了人类的中心地带。我们被要求像培根教导科学家在实验中对待自然那样对待彼此：它本身并不有用，但只有在相互约束的条件下才有用。

参 考 文 献

Berger, P. and Luckmann, T. 1966. *The Social Construction of Reality*. Garden City, NY: Doubleday.

Bloor, D. 1976. *Knowledge and Social Imagery*. London: Routledge & Kegan Paul.

Bloor, D. 1983. *Wittgenstein and the Social Theory of Knowledge*. Oxford: Blackwell.

Cicourel, A. 1964. *Method and Measurement in Sociology*. Glencoe, IL: Free Press. 360

Desroches, D. 2006. *Francis Bacon and the Limits of Scientific Knowledge*. New York: Continuum.

Donovan, A., Laudan, L., and Laudan, R.(eds.). 1988. *Scrutinizing Science*. Dordrecht: Kluwer.

Franklin, J. 2001. *The Science of Conjecture*. Baltimore: Johns Hopkins University Press.

Fuller, S. 1988. *Social Epistemology*. Bloomington, IN: Indiana University Press.

Fuller, S. 1993. *Philosophy of Science and Its Discontents*, 2nd edn. (first pub. 1989). New York: Guilford.

Fuller, S. 2000. *Thomas Kuhn: A Philosophical History for Our Times*. Chicago: University of Chicago Press.

Fuller, S. 2015. *Knowledge: The Philosophical Quest in History*. London: Routledge.

Garfinkel, H. 1967. *Studies in Ethnomethodology*. Englewood Cliffs, NJ: Prentice Hall.

Goldman, A. 1999. *Knowledge in a Social World*. Oxford: Oxford University Press.

Hanson, N. R. 1962. "The irrelevance of history of science to philosophy of science," *Journal of Philosophy*, 59: 574-586.

Hayek, F. 1945. "The use of knowledge in society," *American Economic Review*, 35: 519-530.

Jasanoff, S. 2004. "The idiom of co-production," in S. Jasanoff(ed.), *States of Knowledge: The Co-production of Science and Social Order*. London: Routledge: 1-12.

Kelley, D. 1990. *The Human Measure: Social Thought in the Western Legal Tradition*. Cambridge, MA: Harvard University Press.

Kuhn, T. 1970. *The Structure of Scientific Revolutions*, 2nd edn. (first pub. 1962). Chicago: University of Chicago Press.

Kuklick, B. 1984. "Seven thinkers and how they grew," in R. Rorty, J. Schneewind, and Q. Skinner, (eds.), *Philosophy in History: Essays on the Historiography of Philosophy*. Cambridge: Cambridge University Press: 125-140.

Kurrild-Klitgaard, P. 2003. "The Viennese connection: Alfred Schutz and the austrian school," *Quarterly Journal of Austrian Economics*, 6(2): 35-66.

Lakatos, I. 1971. "History of science and its rational reconstructions, " in R. Buck and R. Cohen(eds.), *PSA 1970. Boston Studies in the Philosophy of Science*, vol. 8. Dordrecht: D. Reidel: 91-108.

Latour, B. and Woolgar, S. 1979. *Laboratory Life: The Social Construction of Scientific Facts*. London: Sage.

Merchant, C. 1980. *The Death of Nature: Women, Ecology and the Scientific Revolution*. New York: Harper & Row.

Passmore, J. 1970. *The Perfectibility of Man*. London: Duckworth.

Prendergast, C. 1986. "Alfred Schutz and the Austrian school of economics," *American Journal of Sociology*, 92: 1-26.

Rothschild, E. 2001. *Economic Sentiments: Adam Smith, Condorcet and the Enlightenment*. Cambridge, MA: Harvard University Press.

Schneewind, J. 1984. "The divine corporation and the history of ethics," in R. Rorty, J. Schneewind, and Q. Skinner(eds.), *Philosophy in History: Essays on the Historiography of Philosophy*. Cambridge: Cambridge University Press: 173-192.

Schutz, A. 1946. "The well-informed citizen: an essay on the social distribution of knowledge," *Social Research*, 13: 463-478.

Turner, S. 2010. *Explaining the Normative*. Cambridge: Polity.

Will, F. 1988. *Beyond Deduction: Ampliative Aspects of Philosophical Reflections*. London: Routledge & Kegan Paul.

361 Winch, P. 1958. *The Idea of a Social Science*. London: Routledge & Kegan Paul.

第三十一章　社会研究中的女性主义

玛丽安·雅纳克（Marianne Janack）

在《波特兰迪亚》（*Portlandia*）的第三季中，坎迪斯的儿子鲍勃（Bob）[由鲍比·莫尼汉（Bobby Moynihan）扮演]来到女性主义书店，坎迪斯（Candace）[由弗莱德·阿米森（Fred Armisen）扮演]和托妮（Toni）[由凯瑞·布朗斯汀（Carrie Brownstein）扮演]试图卖给他一个枕头。但是他拒绝了，因为他已经有太多枕头了。他让坎迪斯照看一下孩子，因为他要在另一家商店为他的老婆买礼物。在这次交流中，托妮和坎迪斯告诉鲍勃，他们不想知道孩子的性别。然后关于性别，托尼和鲍勃谈论道：

托妮：我不知道你的性别，不知道坎迪斯的，也不知道我的。

鲍勃：你不知道我的性别？

托妮：是的。

鲍勃：我看起来像个女人吗？

托妮 ：我不知道女人长什么样。

坎迪斯：真的？

鲍勃：我只是觉得当我看到一个女人的时候，我很容易就能认出她来。

后来，当鲍勃抱怨他的性别教育有多混乱时，坎迪斯评论说，很多杰出人物也都对此很困惑，包括爱因斯坦。托妮问："爱因斯坦是男人还是女人？"坎迪斯回答说："他是个男人——因为胡子。胡子暴露了真相。女人不能留那么厚的胡子。"

坎迪斯和托妮在女性主义书店里的场景，作为一个女性主义者看起来可能会感到不舒服。这里有一种讽刺的意味，尤其是托妮在这个场景中坚持的一种理论教条，这一教条在面对性别差异的事实时似乎是荒谬的。西蒙娜·德·波伏娃（Simone de Beauvoir）说："事实上，只要睁着眼睛去散步我们就足以解释，人类被分为两类，他们的衣服、面孔、身体、微笑、步态、兴趣和职业明显不同。也许这些差异是表面的，也许它们注定会消失。但可以肯定的是，现在它们确实存在。"[1]尽管她在1949年观察到这一点，但《波特兰迪亚》的场景表明，这一点仍然成立。尽管我们可能会说，双性化比65年前更容易为人们所接受，但在某种意

义上，性别模糊的人有某些实质，如果我们只是自然地去看他们，那些实质就能
揭示出来。就像鲍勃说的，一个人是男人还是女人，我们几乎可以通过观察就能
362 辨别出来。但当然，这些实质要复杂得多——我们在《波特兰迪亚》里看到，托
妮和坎迪斯的性别都相当模糊，坎迪斯是由男性演员扮演的。

社会科学能帮助我们理解，人类——以特定方式体现的存在，并且沉浸在丰富文化环境中的存在——是以何种方式成为现在的样子的。科学不仅描述了我们——它们还为我们提供了理解自己的新方法，并对这些理解反复提出挑战。

伊恩·哈金根据人文类的循环效应来区分自然类（natural kinds）和人文类（human kinds）。[2] 他说，石头不在乎我们怎么谈论它们。但是人类是自我解释的实体，社会科学理论旨在描述人类活动和参与其中的人，最终影响到了这些活动和参与人。随着对人类及其活动的新描述的产生，这些描述的主体了解自身——及其行为——的方式发生了变化，有时会拒斥这些描述，有时会加强它们，有时还会在拒斥和强化之间建立一种模糊的关系。用里斯乔德的话说，“在一个重要的意义上……社会科学的现象总是遥不可及的”（Risjord，2014：52）。社会科学理论不仅描述了人类和社会世界，而且还塑造了它。

性别理论的循环效应由于生物性别中假定的（社会）性别基础而变得复杂。我们可能会说，当涉及性和性别时，自然类和人文类之间的界限是相当模糊的，如果它存在的话。事实上，这些类别之间的关系产生了性别研究中三个部分的区分：“性”（sex）一词是用来指在孩子出生时（有时是通过手术获得的）就被指定的类别（男性或女性）；“性别类别”（sex category）是指一个人被认为所属于的类别（不用说，这个类别与第一个类别不同）；“性别”（gender）是当一个人被认为是某性别类别的成员时所产生的，它涉及了责任——也就是说，一个人要对行为规范负责，这些行为规范被认为“女人”或“男人”所义不容辞的或可接受的（因此可以视为女性或男性规范）（West and Zimmerman，1987）。性别的规范性方面延伸到性和性别类别，而性和性别类别往往被视为构成性别的规范性力量的基础。生物类别成了社会类别的基础，即使生物类别依据社会类别而被解释（并且经常被重新解释）。我们在性和性别之间的关系中看到的循环效应不仅影响我们所认为的“社会类别”——它们还影响到男性和女性的“自然”类别（natural categories）。

本章开头我引用了热播电视剧中的一段对话，接下来我还会借鉴《人物》杂志、《名利场》和《纽约时报》上发表的一些文章。由于社会科学在一定程度上渗透到了大众文化中，并且能够作为一个话题的“直观”真理，我认为这些资源，虽然不是传统上学术性的，但却为我们提供了重要的数据，来说明社会类的循环效应在主体的自我理解中的表现方式（并且，我将指出这些循环效应在我们对假定的自然类——如生物性别——的理解中的表现方式。）

还应该注意的是：许多女性主义的著作都集中在“交叉性”的概念上，即性别、种族、性向（sexuality）和阶级以某种方式相交叉，当我们遇到某一个类别与另一个类别交叉在一起时，这些类别的每一个都呈现出特定的、相对不同的结构。我们总是会遇到它们交叉在一起。但是，本章不详细研究种族、阶级和性向在我讨论的案例中与性和性别相交叉的方式。然而，我们应该认识到，这些也是
有其自身循环效应的人文类（而且，这些类别也被认为在自然生物类中有一定的 363
基础）。有关交叉性概念的详细研究有一个很好的例子，请参阅 Alcoff（2005）和 Crenshaw（1989）的经典著作等。

第一节　算作是女人

安妮 · 弗斯托-斯特林（Anne Fausto-Sterling）的书《性别鉴定》（*Sexing the Body*）以一个女运动员的故事开篇。或者我们应该说，开篇的故事是关于一个自认为是女性的运动员，但她的女性本性受到了科学界的质疑。这就让她变成了男性吗？这似乎是一个开放式的问题。如果我们假设这些类别覆盖了生物领域——所有人要么是女性，要么是男性——那么根据排中律，如果这个人（她？他？）不是女性，那么他一定是男性。

1988 年[①]，西班牙跨栏运动员马丁内斯 · 帕蒂诺（Maria Patino）未能通过国际奥林匹克委员会“女性控制总部”组织的性别测试。虽然她看起来像个女人，并且从来没有任何理由怀疑她不是女人，但帕蒂诺知道她“真的”是个男人，因为她有 Y 染色体，她的阴唇包含睾丸。检查还显示她没有卵巢或子宫。她失去了男友，失去了运动生涯，失去了国家运动员住宅，失去了所有她赢得的冠军（Fausto-Sterling，2000：1）。我们可能会认为像帕蒂诺这样的人并不寻常。但是，比起对“双性”人群的统计频率的考察，弗斯托-斯特林的研究对象更大：她更宏观的观点是，性别和性别类别的概念可以用来重建生物学和生物类别。

弗斯托-斯特林表示，将双性人视作一种病状，以及在这些情况下评估医疗干预措施的方式，都是正常控制自然的例子：“从医生的角度看，处理雌雄间性的进展涉及维持常态。因此，应该只有两种性别：男性和女性”。但是，像这样的案例表明，性别（和异性恋）的规范与生物学数据并不是那么容易区分。出生时生殖器太长而不能成为“可接受的”阴蒂或太短而不能成为“可接受的”阴茎的婴儿，往往要进行重建手术。弗斯托-斯特林说，对“可接受的”长度的确定表明了，性别规范及其近亲异性恋正常化在多大程度上激发了生物学事实。但是，弗斯托-

① 经查，时间应为 1985 年。——译者注

斯特林指出，大多数双性人的男性（58～59岁）无法生育，这让我们不禁要问：那么，用这些术语来定义生殖器的动机是什么？

但是，让我们回到帕蒂诺：这个一生都以女人的身份生活的人；在所有人看来——包括她自己——她都是一个女人。但她声称自己是女性的说法被生物学数据推翻了。

我们来思考另一个故事，这个故事来自《人物》杂志。美国田径奥运明星布鲁斯·詹纳（Bruce Jenner）的形象被刊登在2015年夏天的《名利场》杂志上。但凯特琳·詹纳（Caitlyn Jenner）在其中的首次亮相，让人们觉得布鲁斯不再是布鲁斯了：身着白色紧身衣，化着迷人的妆容，戴着珠宝。有些女人对凯特琳这样妖媚的形象感到震惊，她似乎强化了所有关于女人是虚荣和相当愚蠢的生物的刻板印象：过于关心美甲、衣服、鞋子和头发。在《纽约时报》的一篇专栏报道
364 中，埃莉诺·伯克特（Elinor Burkett）表示，许多女性主义者对詹纳的声称“我的大脑更为女性化”，以及她对女性气质（womanhood）——性感的紧身胸衣、撩人的姿势、厚厚的睫毛膏，以及对谈论头发和化妆的“女孩之夜”的期盼——的看法感到十分失望。伯克特担心对女人和男人大脑不一样的探讨，或者女人被困在男人身体里的言论，会加强关于性别的刻板印象，而女性主义者运动为了推翻这一印象已经努力了50多年。伯克特在文章结尾说，“指甲油不是女人的专属”。伯克特指出，布鲁斯·詹纳在转变之前生活里充满了白人男性的特权，这很难与女性的身份相调和：“以他的方式定义女性气质……詹纳先生和许多采取了类似策略的变性倡导者……破坏了我们近一个世纪以来努力抗争的论点，即女性的定义是一种将我们列入从属地位的社会结构。”（Burkett，2015）她愤怒的是，由于对变性群体的反对，《阴道独白》被取消上映了。她们也反对，阴道不是女人专属的。但伯克特震惊的是，女性气质与拥有阴道的关系被认为是排他性的。

《人物》杂志的这篇文章讲述了布鲁斯成为凯特琳的过程，从年轻时的穿异性服装开始，到60多岁时把脸（当然还有她的身材）变成女性的激素处理和整容手术、接发，以及不断尝试把声音变成女性的过程。然而，这篇文章最令人担忧的一点是作者决定对代词使用的挑战。在讲述凯特琳·詹纳的历史时，作者将布鲁斯——奥运会奖牌得主、年轻的父亲、CHIPS（纽约清算所银行同业支付系统）用户——称为“她”。根据同性恋者反诋毁联盟的推荐使用方法，当谈及一个人在转变前的事情时，应该使用其现在使用的名字和其代词。然而，看看1976年左右的布鲁斯·詹纳，赤膊上阵，坐在游泳池旁，读着用代词she和her表示的字幕，这是在练习着面对我们的性和性别概念的人为性（或不稳定性）。根据这个用法，“他”和“她”不是指示性的，而是根据一个人当前的性或性别身份重新协定的。这也许给了我们如何理解性别的线索：作为一个人特性中一个本质

的不变的元素。因此，从表面上看，一个人可以看起来是一个男人，并且在照相的时候，可能已经认识到自己是“他”这个词的合适的承载者。但事实证明，他弄错了合适的代词。

要注意，思考代词用法的一种方式是，认为它可能在某些生活事件之后发生变化：一个人的生活可以一部分是“他”，另一部分是“她”。同性恋者反诋毁联盟建议的代词用法似乎指向了一个不变的性别身份概念。但是，正如我们下面将看到的，这个概念与我们在社会科学文献中发现的，关于“性别作为表现（performance）”的著名理论之一“性别实践”的观点是不一致的。

在凯特琳首次亮相《名利场》后，互联网上出现的问题主要有关于她的生殖器：她是否进行了“完整的生殖器改造”？我们可能会认为这些不适宜考虑，但更有趣的是，一些评论者强调，凯特琳是否做过或将要做生殖器手术，与她的性别无关。“出于所有的意图和目的，我是一个女人。”凯特琳· 詹纳在接受黛安娜· 索耶（Diane Sawyer）采访时这样说道。她是个女人，即使她有阴茎，没有阴道。《人物》杂志的信息页这样解释道：“一个人的性别身份是关于他们是谁的深刻感受和核心感觉，它可能与他们出生时的性器官不匹配。”（Petrow，2015：94） 365

关于性别的这一说法与该术语的其他几种用法相矛盾，而不仅仅是与性别作为表现的理论相矛盾。在她关于社会学的性别理论的文章中，霍格兰德（R. Hoogland）列举了学者们使用“性别”这个术语的不同方式：“一些人把它看作是个体的属性、人际关系，或社会组织的一种模式。另一些人强调社会地位、性角色和传统的两性性别模式的性别化方面。然而，还有一些人认为性别是一种意识结构，是一种内在的意识形态，或者是一种行为实践。”（Hoogland，2007：629）思考性别和性构成循环种类的方式，在社会科学研究的对象中，性别似乎变得更像性：一个人的真我的一个方面；一种意识结构；一个人的特征或“真我”的一个方面。在这方面，它也成为真实性的一个元素。我们可能会问：性别理论应该在多大程度上以及如何思考这一点？

第二节　性别实践

坎迪斯·韦斯特（Candace West）和唐纳德·齐默尔曼（Donald Zimmerman）在研究会话实践的过程中，提出了“性别实践”的概念。他们的分析强调了性别在多大程度上是一种成就（achievement），并且是一种与语境依赖的成就：

> 男人和女人进行“性别实践”，作为社会成员他们的能力受到其生产的制约。性别实践涉及一系列复杂的社会导向的感性、互动和微观政治活动，这些活动特

定的追求表达了男性和女性的“本性”。（West and Zimmerman，1987：126）

他们声称，性别是一项制度性和互动性的事业；其核心是问责制（accountability）的概念，他们指出，这是一个基本的社会理想。对一项预期或规范负责，就是把自己当作一个群体的成员，这个群体对自己应该做什么或不应该做什么有明确或统一的理解，并把自己当作对那些预期负责的人。所以，举个例子，因此，规范和问责制是理解意向性社会行动的方式，性别实践是一种极为普遍的问责形式。

韦斯特和齐默尔曼认为，性别不是个体的属性。本质上，它是相互作用的突现特征。然而，它是强制性的，它使男人与女人之间的区分合法化；男性和女性。它使这种划分看起来既是一种本质特征上的差异，又是一种既非任意的，也非可塑的差异。用韦斯特和齐默尔曼的话说：“只要一个社会被男人和女人之间的‘本质’差异所分割，并且在性类型（sex category）中的定位既相关又有强制性，那么性别实践是不可避免的。”（West and Zimmerman，1987：137）尽管并不是所有
366 的社会情境都需要性类型化，韦斯特和齐默尔曼声称，任何社交场合都可以成为“性别实践”的机会。此外，他们还说：“性别是一种强大的意识形态工具，它产生、复制，并使基于性类别的选择和限制合法化。了解性别是如何在社会情境中产生的，将有助于阐明社会结构的相互作用和维持这种结构的社会控制进程。”（West and Zimmerman，1987：147）[3]然而，在这两个案例中，我们发现了一种奇怪的性别实践：在帕蒂诺的案例中，生理事实压倒了她自称为女人的主张；而在詹纳的例子中，生理事实被忽视了，她的自我归属被允许成立。这两个案例之间的时间间隔可能标志着公共行为者在概念上的进步，他们的行为和自我理解是性别研究的基础。然而，也有可能是像詹纳那样，那些以符合女人气质的固有观念的方式进行性别实践的人，在自我报告的性别身份方面，被扩展为一种礼貌的形式，而那些具有非固有观念的女性气质的女人则不会接受。或者，我们可以将这些转变视为朝着“解构”性别的方向发展。

第三节　衡量改变：思考进步

弗朗辛·多伊奇（Francine Deutsch）等认为，将性别理解为社会互动中的一种问责制形式的研究方法——作为一种成就——为社会学家提供了极好的工具，来研究性别化的行为随时间变化的方式，以及它作为一种可以为社会互动提供结构的规范的出现方式（Deutsch，2007）。早期的理论认为，性别化的行为是一套内在化的社会规范——本质上，认为性别是个体心理结构的一部分，这些理论使

用了性别化的行为的静态概念；把性别理解为一种语境依赖的表现，更好地解释了性别规范可以随着当代文化期望的改变而被重新修订的方式。多伊奇说，这意味着在相对较短的时间内，性别关系可能发生重大变化，因为这不需要等待新一代人将新规范内化（Deutsch，2007：107）。把性别理解为一个项目，作为一项成就，作为一项实践，也为理解种族、阶级、种族划分或异性恋正常化如何进入性别表现的语境提供了可能，表明了“男人”和“女人”是分开的类别，其自然性本身就是性别表现的一部分。

但是，多伊奇担心，由“性别实践”决定的研究纲领往往不关注性别规范和性别本身是如何被破坏或取代的，而是关注性别的可塑性意味着它可以不断地被重新构建的方式，即使社会和文化景观的巨大变化似乎挑战了维持“男人”和“女人”类别的自然性和可取性。多伊奇说，性别实践使得人们看不到对性别的抵抗形式，因为这一理论倾向于关注在不断变化的环境中保持性别一致性的方式。

多伊奇考察了 2005 年发表的那些使用了性别作为表现的模型的文章，她说这些文章大多关注在非传统性别情境下的男性和女性（例如，在 STEM[1]领域工作的女性），但它们倾向于强调在这些语境下被稳定和维护的方式，而非受到挑战。可以理解为非传统的（例如，女性大量进入劳动力市场；或者成为以前男子学院和大学的大多数学生），或者使性别不相关的互动方式被重新描述为性别表现，而非 367
对性别化的抵制。因此，当女人进入男性的堡垒时，若对她们的活动有不同的描述，那么这些活动就可以被理解为表现其“女性气质”的新形式。但是多伊奇指出，在这些情况下我们应该问的问题可能是不同的。她建议研究人员问：“即使差异保持不变，它会减少吗？女性和男性进入非传统的工作和职业会如何影响对男女差异的感知？”而不是问“即使性别差异在削弱，它又是如何被保持的？”（Deutsch，2007：115）

第四节　真实性、自我表现和性别化选择

在《放纵我们的性别化自我？：44 个国家中的学科性隔离》一文中，玛利亚 •查尔斯（Maria Charles）和凯伦 • 布拉德利（Karen Bradley）报告说，来自不同发展水平的不同国家的数据表明，由于现代化社会中物质安全的提高，预期所产生的进步并没有真正实现（Charles and Bradley，2009）。他们所谓的进化路径认为，性隔离（sex segregation）是“在现代竞争压力下会衰退的传统残余，或者是被制

① STEM 是科学（science）、技术（technology）、工程（engineering）和数学（mathematics）四个领域的缩写。——译者注

度化，并在态度和职业抱负中得到体现的平等主义价值观”（Charles and Bradley，2009：925）。然而，他们的研究发现，在大多数社会或文化现代社会（Charles and Bradley，2009：925），某些形式的性隔离反而变得更加明显。虽然在美国和其他工业社会中，女性现在占大学毕业生的大多数，但显然这并没有导致劳动力的去性别化。女性往往聚集在教育、健康和社会服务、公共管理、家庭经济和图书馆科学等公共和非营利领域，2001 年她们在美国的这些领域中获得了 75%的学士学位（当时女性获得了美国所有学士学位的 57%）。2001 年，美国工程学学士学位中只有 18%授予女性；当年，美国计算机和信息科学学士学位中只有 28%授予女性（Roksa，2005：208-209）。

查尔斯和布拉德利认为，不同的性隔离方案似乎在唯物主义和后物质主义社会中运行：后者有许多以女性为标签的服务工作和与这些工作相关的高等教育课程选择（Charles and Bradley，2009：926）。后物质主义社会（如美国、英国、澳大利亚、丹麦、德国等）中的女性可能最终会进入这些经济部门，因为他们认为工作和职业选择是并且应该是自我表现的形式。哥伦比亚、保加利亚和突尼斯的学科领域性隔离总体水平最低；芬兰、南非和瑞士最高（Charles and Bradley，2009：940-942）。从本质上讲，现代化和日益繁荣与专业领域性隔离的增加密切相关。[4]

查尔斯和布拉德利声称，他们在现代（后物质主义）和发展中或转型期（唯物主义）国家中观察到的学科领域性隔离的差异，可以用两个大型规范来解释：①性别本质主义意识形态（男人和女人拥有本质上相区别的、固有的特征）；②在多大程度上一个人被预期会选择自己喜欢的工作，因此这一工作是一种自我表现形式（参见 Cech，2013）。在那些人们没有被预期会选择自己喜欢的工作，而是希望选择一份有潜力提供经济保障的工作的国家，隔离效果较弱。他们认为，在这些国家，选择一个符合自己的感觉而低收入工作是不合理的，因此，相比在那
368 些工作机会相对充分，学生被预期应该选择他们认为有意义和令人满意的教育和职业轨迹的社会，女性所走的道路往往不那么受自我表现和性别本质主义理想的影响。用查尔斯和布拉德利的话说：

> 在当今发达工业社会中占主导地位的平等主义的自由个体主义变体，强调形式程序平等，这一原则可以与性别差异的本质主义表征共存。学科领域性隔离在意识形态上与自由平等主义相兼容，因为它似乎反映了形式上平等的男女自然不同的偏好和志向。（Charles and Bradley，2009：961）

因此，在后物质主义社会中，性隔离是“自主但根本上被性别化”的人自由选择的功能（Charles and Bradley，2009：961）。

查迪 · 贝尔德（Chardie Baird）认为，当我们研究职业内的性隔离时，我们

发现当女性进入之前属于男性的领域时，她们倾向于聚集在薪水较低或声望较低的子领域：“更多的女性进入了医学领域，但她们被重新隔离进了附属专业……如儿科、妇科和家庭实践。”（Baird，2012：989）从男性和女性的职业选择来看，贝尔德的数据显示，80%的男性在年轻时就表示愿意从事男性主导的职业[5]，并且他们中 56%确实这样做了，36%的男性从事综合性工作[6]，7%的男性从事女性主导的职业[7]。52%的女性在年轻时表示偏向于在男性主导的领域工作，但 1998 年的数据显示只有 15%的女性这样做了。1998 年，47%的女性在女性主导的领域工作。

然而，我们可能会问：如果查尔斯和布拉德利关于“国家繁荣和个体自我表现理想最终在多大程度上加强了工作中的性隔离”的观点是正确的，我们应该担心吗？同样，文科类大学生中女性占大多数这一事实，是否需要通过不同的招生政策和选拔程序来解决，以确保她们不会基数过大？但考虑到对帕蒂诺和詹纳的讨论，以及解决这些问题的基础研究实践，最紧迫的问题是：“我们如何界定女性？”

第五节 性 别 和 性

在这些研究中需要注意的一点是，收集到的关于职业和研究领域的隔离的数据是关于性隔离的，而不一定是关于性别隔离（gender segregation）的。某些技能或职业是“性别化的”，这意味着它们要么是女性占大多数，要么被认为是那种严重依赖于技能和兴趣的领域，而这些技能和兴趣被认为有区别地适合于男性或女性。虽然“性别”和“性”有时可以互换使用，但如果贝尔德、查尔斯和布拉德利以这种方式使用这两个术语，他们的研究可能不会引起学界的关注：这仅仅意味着，那些女性占大多数的职业确实是女性占了大多数。因此，这类研究的研究模型一部分就是性和性别之间的区别。但是，正如我们从帕蒂诺案和布鲁斯/凯特琳·詹纳的转变和真实性理想中看到的那样，性别与性如何相区分，以及这两个类别之间如何相关，是十分复杂的。 369

性别和性的循环效应似乎表明，在某些情况下，生物学与一个人是男性还是女性有关，有时则与之无关。有人可能会说，在依靠体力或运动能力的活动中，就像在奥运会上一样，为了保证公平性，必须“从生物学角度”追踪性别——即使不同的生物学方法对“这个人是什么性别”的问题给出了不同的答案。然而，一个人适合的性类别并不意味着，他/她将在身体上与同一类别的其他人相匹配。蕾妮·理查兹（Renee Richards）虽然在出生时是男性，但他在变性后并没有称霸女子网球赛场。弗斯托-斯特林表示，对确定奥运会参赛者“真正”的性别的研究旨趣可以追溯到 19 世纪与 20 世纪之交，因为人们普遍认为，体育竞赛本身威胁到了女性的女性气质（Fausto-Sterling，2000：2 and 257，nn.7 and 8）。冷战时期加剧了这种偏执，因为东欧国家被怀疑作弊，将男性运动员伪装成女性运动员，让他们在与其他女性选手的竞争中获得不公平的优势（Fausto-Sterling，2000：2）。直到 1968 年，女选手都被要求在国际奥林匹克委员会审查委员会面前裸体，以表明她们有参赛资格。但是，出于对隐私的担忧，以及染色体检测技术的进步，产生了更“科学”的检测，包括从脸颊取样化验，以及使国际奥林匹克委员会能够根据人们是 XX 还是 XY 来分类的检验。然而，根据弗斯托-斯特林的说法，这些检测无法达到国际奥林匹克委员会希望的效果：“一个身体的生物性太复杂了。不存在非此即彼的选择。相反，有很多不同之处……给某人贴上男性或女性的标签是一种社会决定。”（Fausto-Sterling，2000：3）她认为，在这种情况下，生物学的数据可能更适合于被用来指向放弃一个只区分两种性类型的系统。

但是，许多社会科学研究，即使是那些力图推翻性别歧视和性别本质主义的研究，都依赖于界定男女的能力。此外，社会科学的主题似乎仍然坚持性和性别的二元性。我们可能想让公共讨论超越这一点；我们可能认为，社会科学研究的结果最终将表明，这种二元性是基于糟糕的生物学，或是一种糟糕的性别身份理论。但如果那些非女性主义者或性别学者的人坚持这一理论，那么可能就必须将之保留在研究框架中。在对其研究方法的描述中，查尔斯、布拉德利和贝尔德没有告诉我们他们是如何界定女性的：如果这是对研究问题（例如，选择一个：男性还是女性——或者是男人还是女人？）的回答，那么研究对象的自我报告是否被视为解决了问题？或者，研究管理者是否根据问题或可观察到的特征，就研究对象算作是男人还是女人、男性还是女性做出了决定？

正如萨利 • 哈斯兰格（Sally Haslanger）所指出的，性别和种族一样，是一种分析类别，可以并且应该服从于实用性问题：我们希望这些类型做什么？我们希望他们完成什么功能（Haslanger，2000）？如果我们想确定，与男性相比，女性是否受到不平等的待遇或机会，这应该反映在对该类别的身份条件的限制中。然而，如果我们担心某些性别化特征或事业被贬低，那么这应该反映在我们定义这一类别的方式上。然而，如果我们想描述性别类别本身的作用方式，这可能会指示另一种理解和定义类别的方式。

其结果是，关于性别的社会科学研究似乎不能放弃其在自我解释中的作用，也不能避免回答关于社会科学研究应该做什么的问题。此外，性别的“生物学化”［诉诸染色体特性，或“大脑性别”（brain sex）］并不表明，性别可以被翻译成自
370 然类的术语。相反，它似乎表明，生物的自然类实际上是人文类，表现出了同样的循环效应，这些循环效应表征了更为常见的自然类术语。社会科学研究表明了我们对其他人的生物学和心理学事实，以及我们自己的生物学和心理学的解释：

我们是否发现这些生物学事实或心理概况是与我们不相关的和不成功的事实，或者我们是否接受它，并将其视为一个重要因素。我们如何界定女人不仅是一个关于她们是否看起来像女人，或者有两条 X 染色体，或者有阴道，或者自认为是女人的问题，因为此论述的另一部分是一个不可还原的规范性论述。它是关于真实性的，它也表明了，我们如何听到那些希望以特定方式被定义的人的主张，以及如果我们只有一个性和性别的二元体系，我们如何理解他们。

也许坎迪斯和托妮是对的。也许谁是女人的问题比看起来更复杂，或者理应是这样的。

注 释

1 *Second Sex*, Introduction: http://netage.org/2010/05/17/the-second-sex-author%E2%80%99s-introduction/, accessed November 7, 2015.

2 这也称为“自反性”。

3 读者可能会认识到，韦斯特和齐默尔曼的“性别实践”概念，与朱迪思·巴特勒（Judith Butler）将性别理解为一种重复和强制性的表现，两者之间存在着密切的联系。有关这些路径的共同点和不同点的讨论，请参见 Fenstermaker 和 West（2002）。

4 查尔斯和布拉德利区分了女孩和女人对科学和数学的喜爱（她们在多大程度上同意自己喜欢科学或数学的说法）及其成就。在科学和数学方面的成就，似乎并没有像偏爱感那样，对后工业社会的性隔离具有强大的解释力。

5 女性在工人中所占比例不超过 30%。

6 女性在工人中占 31%～69%的比例。

7 女性在工人中所占比例超过 70%。

参 考 文 献

Alcoff, Linda Martín. 2005. *Visible Identities: Race, Gender and the Self*. New York: Oxford University Press.

Baird, Chardie L. 2012. “Going against the flow: a longitudinal study of the effects of cognitive skills and gender beliefs on occupational aspirations and outcomes,” *Sociological Forum*, 27(4): 986-1009. Accessed November 23, 2015. http://search.ebscohost.com/login.aspx?direct=true&db=aph&AN=83306193&site=ehost- live&scope=site.

Burkett, Elinor. 2015. “What makes a woman?” *New York Times*, Sunday Review, June 6. Accessed

June 7, 2015. www.nytimes.com/2015/06/07/opinion/sunday/what-makes- a- woman.html?_ r=0.

Cech, Erin A. 2013. "The self-expressive edge of occupational sex segregation," *American Journal of Sociology*, 119(3) (November): 747-789. Accessed November 23, 2015. www.jstor.org/stable/10.1086/673969.

Charles, Maria and Karen Bradley. 2009. "Indulging our gendered selves? Sex segregation by field of study in 44 countries," *American Journal of Sociology*, 114(4) (January): 924-976. Accessed November 23, 2015.www.jstor.org/stable/10.1086/595942.

Crenshaw, Kimberlé. 1989. "Demarginalizing the intersection of race and sex: a black feminist critique of antidiscrimination doctrine, feminist theory and antiracist politics," *University of Chicago Legal Forum*, 140: 139-168.

Deutsch, Francine. 2007. "Undoing gender," *Gender and Society*, 21(1): 106-127.

Fausto-Sterling, Anne. 2000. *Sexing the Body: Gender Politics and the Construction of Sexuality*.
371 New York: Basic Books.

Fenstermaker, Sarah and Candace West. 2002. Doing Gender, *Doing Difference: Inequality, Power, and Institutional Change*. New York: Routledge.

Haslanger, Sally. 2000. "Gender and race: (What) are they? (What) do we want them to be?" *Noûs*, 34(1): 31-55.

Hoogland, R. C. 2007. "Gender, theories of," in F. Malti-Douglas (ed.), *Encyclopedia of Sex and Gender. Detroit: Macmillan Reference USA*, vol. 2, 628-632.

Petrow, Steven. 2015. "Let's talk transgender," in *The Caitlyn Jenner Story: From Olympic Icon to Transgender Hero*. People Special Edition. New York: Time Inc. Books: 94-95.

Risjord, Mark. 2014. *Philosophy of Social Science: A Contemporary Introduction*. New York: Routledge.

Roksa, Josipa. 2005. "Double disadvantage or blessing in disguise? Understanding the relationship between college major and employment sector," *Sociology of Education*, 78(3): 207-232.

372 West, Candace and Donald Zimmerman. 1987. "Doing gender," *Gender and Society*, 1: 125-151.

第三十二章　社会研究中的种族

迈克尔·鲁特（Michael Root）

第一节　引　　言

社会科学家在研究美国人口在一系列经济、政治、社会和健康相关变量方面的差异时，通常会按种族对成员进行分类。然而，在社会成员的相互交往中，他们也会按种族对彼此进行分类。种族是社会科学家用来描述其研究对象的工具，但也是社会科学家佩戴的徽章。和他们的研究对象一样，他们也有种族的色彩，也被标记为黑人或白人、亚洲人或美洲印第安人；他们的种族态度或成见塑造了自身，影响了他们的实践，正如他们塑造或影响了他们所研究的人群一样。

我的主要兴趣是在社会和生物医学（尤其是流行病学）科学的人口水平研究中，使用种族作为描述和分析变量，与此同时，针对社会科学中如何在专业机会和成就方面标记种族差异进行了探讨。

第二节　种 族 类 别

在 16 世纪，“种族”一词首次出现在英语中，它被用于根据人们的外貌、身体特征以及文化或风俗习惯，将人按血统或祖先来进行划分。种族是一个品种、种群、部落或氏族。人们通常被按照种族来进行分类，但分类的方式千变万化（Blanton，1977）。尽管种族在 16 世纪和 17 世纪被广泛用于根据外貌或行为来区分或识别人群，但种族起初并不是一个生物学范畴。

在 18 世纪和 19 世纪，“种族”获得了一个更具生物学意义的含义，被挑选出来的不同种族群体被视为不同的亚种或人类血统。此外，一些种族的成员被认为在能力或德行上优于其他种族，因此种族常常被用来证明一个群体对另一个群体的控制是正当的，特别是在捍卫大西洋奴隶贸易和欧洲国家对非洲和亚洲的殖民统治的过程中。

种族的生物学概念一直存在，但在社会科学和生物科学中都有广泛的争议。

373 美国人类学家是最早提出疑问的。阿什利·蒙塔古（Ashley Montague）在许多流行的书籍和文章（Montague，1980）中指出，种族是社会的范畴而不是生物学的范畴。法兰兹·鲍亚士（Franz Boas）驳斥了19世纪种族科学的许多主张，并指出种族生物学概念的倡导者提出的跨文化概括是错误的（Boas，1982）。许多生物学家也采取了类似的观点，他们认为，美国黑人之间的基因差异与黑人和白人之间的基因差异一样大（Lewontin，1972）；在基因水平上，黑人和白人之间的差异并不比不同黑人之间的差异大，从这个角度来看，种族不是生物学的范畴。

第三节　美国的种族

美国自建国以来就按种族划分彼此，但方式并不总是相同的。自1790年第一次人口普查以来，联邦政府就按种族对美国人进行了分类，但人们所处的种族群体经历了从一个十年到另一个十年的不断变化。1930年有9个种族普查，2000年有5个，而在2000年的人口普查中，1930年的9个种族中有6个根本不是种族（Bennett，2000）。

1930年，美国的日本人和朝鲜人属于不同的种族成员；2000年，他们是同一种族的成员。2000年的许多黑人如果生活在1880年的话，就会是白黑混血儿。在某种程度上，种族是一个社会范畴而不是一个生物学范畴，即使一个个体的种族的肤色和血统保持不变，他的种族也可以随着时间和地点的变化而变化。

第四节　定义种族

一些哲学家试图定义种族。他们提出了一个苏格拉底式的问题，是什么使一个人是白人而另一个人是黑人，他们寻求的是柏拉图式的答案；他们寻找一个人属于一个种族而不是另一个种族的必要和充分条件，并寻求种族的本质。他们求助于一个古老的工具，即概念分析，来澄清种族和种族类别的概念，他们用说话者的直觉来检验他们的分析，或者最常见的是，他们自己对个案的判断，他们相信这个人是黑人，而那个人是白人。

像“白色”和“黑色”这样的用语是日常语言的用语，是日常对话交流中使用的标签，但它们也用于社会和生物医学科学。无论概念分析有什么优点，它都不能很好地服务于任何一门科学，无论是社会科学还是生物科学，因为在科学中，很少有类别具有本质或必要和充分的条件来定义它们。

社会科学家使用种族作为描述性的或分析变量来描述或解释社会和经济地位

的差异。他们通常按种族对美国人进行分类，以便描述或解释其在收入、就业、医疗保健、犯罪、在校表现、房屋所有权、药物成瘾、婚姻和离婚等方面的差异。

在研究美国人口时，社会科学家发现，在许多社会或经济变量或特征中，每个种族之间都存在显著差异。特别是，他们发现这些变量的值在种族群体之间的差异比在种族群体内部的差异更大。此外，他们的研究表明，种族群体之间的差异是持续存在的；年复一年，一个种族群体的给定社会或经济变量的中值或平均值低于或高于另一个种族群体的中值或平均值（Smelser et al.，2001）。 374

种族术语，无论其在日常语言中的含义是什么，都已被自然化；在社会科学中，其含义是通过种族在不平等研究中的使用和对教育成就、政治参与、住房、收入、财富和健康方面的差异的说明给予的，而不是将“黑人”“白人”“亚洲人”“印第安人”等术语应用于群体成员的任何必要和充分条件。

在美国，社会科学家在他们的人口研究中经常使用种族，因为他们的研究对象，即美国人口的成员，根据其被划分的种族来决定如何对待他人；他们根据种族来对彼此进行分类，并根据他们给他人划分的种族来决定如何对待他人；对待上的差异会产生影响，而这些影响就是社会科学研究的对象。

第五节　官方承认的种族类别

为了根据种族对群体成员进行分类，每个成员必须被分配到一个或多个固定数量的种族类别中。大多数社会和生物医学科学家在根据种族对美国人口进行分类时，依赖于联邦政府机构——行政管理和预算局（Office of Management and Budget，OMB）采用的收集和呈现种族数据的分类系统和标准。

根据 OMB 指令（1997 年通过的第 15 号指令），有五个种族、五个种族类别（黑人、白人、美洲印第安人或阿拉斯加原住民、亚洲人、夏威夷原住民或其他太平洋岛民），每当计算或报告其种族时，美国人口的成员将被归类或分组。这五个种族类别为维护、收集和呈现联邦报告目的的种族数据提供了最低标准，并用于对美国政府机构收集的所有社会、经济和健康数据进行编码。

社会科学和生物医学研究人员在对美国人口的研究中依赖这些政府数据，因此他们经常使用联邦政府的五个种族类别来描述或说明因种族而异的人口中贫困和无家可归的风险或比率或政治参与率、监禁率、学校毕业率、就业率、发病率和死亡率。

大多数社会和生物医学科学家遵循联邦政府的政策，将种族和族群划分为不同的类别。根据 OMB 指令，美国人口中的一员可以是西班牙裔，也可以是五个种族中的任何一个，而被归类为白人的人可以属于不同种族中的任何一个。因此，美国的西班牙裔可以是黑人也可以是白人，而黑人和白人的社会或经济地位可能是不同的。虽然大多数流行病学家遵循 OMB 的指导，把西班牙裔视为一个种族而不是一个种族类别，但他们很少研究黑人和白人西班牙裔的发病率或死亡率有什么不同，他们在大多数研究中，似乎假设了他们研究的西班牙裔是白人。

第六节　分 配 种 族

目前 OMB 收集和报告种族数据的标准中列出了五个类别，但对如何分配一个种族以及如何决定一个成员是一个种族（如黑人）而不是另一个种族（如白人）
375 保持沉默，而且政府机构以不同的方式分配种族。虽然美国人口普查局（US Bureau of Census）根据成员申报的种族为其分配 OMB 种族，但国家卫生统计中心（National Center for Health Statistics）根据其出生或死亡证明上的种族为其分配种族。然而，一个成员自我报告的种族可以不同于他的出生或死亡证明上的种族。因此，他可以在出生时被分配一个种族，年轻时被分配另一个不同的种族，死后又被分配一个不同的种族（Hahn，1992）。

在测量死亡率统计中的错误时，研究人员通常将死者死亡证明上的种族视为其“表观的”种族，如果两者不同，则将其早期人口调查或出生证明上的种族视为其“实际的”种族。他们认为一个成员的种族不能改变，但他的种族可能被虚报。

在美国，自我报告的种族已经成为社会科学和生物医学研究中将种族（黄金标准）分配给人口成员的最常见方式（Friedman et al.，2000）。将一个成员分配给他自己认可的种族通常是把他分配给一个种族类别的最简单或最尊重的方式。通过允许每个个体成为他自己种族的仲裁者，研究者展示了我们种族分类系统的主观性和社会性质，并让个体控制自己的身份。不过，最简单或最受人尊敬的识别某人的种族的方式，可能不会像不那么容易或不那么受人尊敬的方式赋予种族更多的描述性或说明能力。

美国国家科学院（National Academy of Sciences）的一个研讨会得出的结论是，需要进行研究来比较美国人口中自己分配给自己的种族和最有可能被他人分配的种族（Edmonston et al.，1996）。此后进行的研究表明，一个成员种族的自我报告和其他报告有时是不同的，许多外来和西班牙裔人口成员并不认为自己是被其他人通常认为所是的种族（Harris et al.，2002）。其他研究表明，人口中种族混合成员（不同 OMB 种族的父母的后代）的自我报告和其他报告种族往往不同，或者人口中许多成员的自我种族报告因他们被要求命名种族的方式、时间和由谁命名的不同而不同（Waters，2000）。

很多人口的成员似乎都有各种特定背景的自我认同，但是，尽管他们有自我认同，如果很多人一直被其他人认定为黑人，那么研究人员就对如何获得住房、教育、抵押贷款、就业机会，或者发病率和死亡率因种族而异感兴趣，他们有理由把其他报告而不是自我报告作为衡量一个人种族的最佳标准，而决定社会或卫生政策的行政人员也有理由把其他报告而不是自我报告作为衡量人口中实际种族的标准。

第七节　实际的种族

种族不能用年龄、体重或身高来衡量，但美国人口中的成员并不是他自己所认为的种族。是黑人和看起来是黑人，是白人和看起来是白人是有区别的（Root，2000）。但是社会成员或生物医学研究者应根据什么来决定成员的实际种族是自己报告的种族、母亲的种族还是其他报告的种族（如果这些种族是不同的）呢？

有些人认为，哪个种族是一个成员的实际种族可能因风险而异。一个成员的
自我报告种族可以是他与抑郁症风险相关的实际种族，也可以是他与失业风险相 376
关的其他报告种族，或者是他与无家可归风险相关的母亲的种族（Root，2009）。

如果风险随成员受歧视程度的变化而变化，其他人报告的种族比自我报告的种族更好地衡量了风险的差异，因为他受歧视的程度不是基于他分配给自己的类别，而是他最常被他人分配的类别。因此，当群体之间的风险差异主要是由于种族歧视时，一些人建议，只有当一个成员的自我报告种族和其他报告种族相同时，他的自我报告种族才应该在社会和生物医学研究中被常规地计算为他的实际种族。

无论社会或生物医学科学家以何种方式区分黑人和白人，每个种族群体在社会和经济地位上的差异，或在美国人口中发病率或死亡率的风险都是巨大的。尽管如此，群体内部和群体之间在地位或风险上的差异程度可能因种族的分配方式而异，而且考虑到对描述或说明人口在失业、无家可归、教育成就、贫穷、发病率或死亡率等风险方面的差异的兴趣，一些人认为，这是导致群体之间地位或风险差异最大的一个原因，因为在几乎没有或根本没有差异的情况下，这些类别不会描述或说明人口中地位或风险的任何变化，种族也不会是研究人口差异的有用类别（Root，2005）。

第八节　多 元 主 义

种族似乎更像是依据贫困或失业划分的，而不是依据年龄、体重或身高划分

的；尽管这一类别足够真实，但如何最好地衡量它是一个有争议的话题。衡量人口中贫困和失业人数的方法有很多，贫困人口或失业人口的数量可以随着所选择的衡量标准而改变。根据美国人口普查局的数据，美国的人口贫困率从 2001 年的 11.7%上升到 2002 年的 12.1%。这些统计数据是根据 1965 年联邦政府通过的一项贫困衡量标准得出的。这项措施分为两部分：第一，为不同规模的家庭制定一套收入门槛（贫困线）；第二，家庭收入的定义要与门槛相比较。1965 年的标准被经济学家称为绝对的和客观的标准：客观的意思即贫困是以家庭收入而非认知来衡量的，绝对的意思是说一个家庭是否贫困与其他家庭的生活方式无关。因此，按照官方的衡量标准，在 2001 年或 2002 年，美国的每个家庭都可能生活在贫困之中，每个家庭的收入都可能低于这个门槛。

美国官方的衡量标准是衡量贫困的众多方法之一（Ruggles，1990）。许多国际组织认为，只有当家庭收入低于该国中等收入的一半时，这个家庭才是贫困的：这是一种客观但相对（比较）的贫困的衡量标准。根据这一标准，并不是每个美国家庭都生活在贫困之中。贫困也可以通过家庭的消费而不是收入来衡量，也可以根据家庭成员为了跟上邻居的步伐而认为他们需要什么来衡量；这是一个主观的衡量标准。无论他们的财富或收入是多少，家庭都可以感到贫穷。

考虑到各种各样的衡量标准，想要研究人口中的社会或生物医学风险如何随贫困而变化的研究人员必须在两者之间做出选择。此外，对贫困统计数字的任何
377 估计误差都将取决于他的选择，因为衡量贫困人数的任何误差都是指被视为贫困人口的人数与实际贫困人口的人数之间的差异，而实际贫困人口的人数则取决于贫困的衡量标准。

研究者应该根据自己的兴趣来选择不同的衡量标准。对贫困的绝对衡量可能更好地描述或说明营养不良的风险，而相对衡量可能更好地描述或说明抑郁症的风险。毕竟没有一种方法能比其他方法更好地描述或说明每一种风险。

大多数研究者都认为，我们不能用单一的衡量标准来衡量贫困这样复杂的事物，而且我们也无法用单一的衡量标准来衡量种族这样复杂的事物。种族和贫困一样，有许多方面，一个种族的衡量标准可以对一个人来说是最好的衡量标准，而对另一个人来说则是最差的衡量标准。为了使种族分配方法有所不同，国家研究委员会建议，种族报告应依赖多种测量方法，而不是一种，因为没有一种测量方法能够涵盖种族影响人口成员健康或福祉的所有不同方式（Blank et al.，2004）。

第九节　血　　统

种族往往与血统联系在一起。这些种族通常被认为是继嗣群体（descent

groups)，每个种族的成员都是世界上某一地理区域（如欧洲、亚洲或非洲）的原始人的后代。根据 OMB 第 15 号指令，黑人起源于非洲某一个黑人种族群体，白人则起源于欧洲、中东或北非的某一个原始民族。然而，该指令对如何利用一个成员的血统为他指定一个 OMB 种族，或者欧洲和非洲混合血统的成员是黑人、白人、两者都是还是两者都不是，都没有做出规定。

据估计，自我报告的黑人和白人中，有 20%～30%的人有非洲和欧洲血统（Parra et al.，1998)。在自我报告的黑人中，欧洲血统的比例中值为 18.5%，平均比例为 14%（Tishkoff et al.，2009)。

美国不同地区的混合率各不相同，加利福尼亚州自我报告为黑人的欧洲血统比例最高，佐治亚州最低（Parra et al.，1998)。然而，在美国的每个地区，许多自称黑人的人都有非洲和欧洲的祖先，许多白人也有。据估计，追溯到七代人以前，美国自我报告的黑人平均有 128 个非洲祖先和 22 个欧洲祖先。

如果有一小部分非洲血统就足以算作黑人（“一滴血”原则)，那么，许多认为自己是白人的美国人是黑人（表面上是白人，但实际上是黑人)，因为据估计，美国 20%～30%自我报告的白人有 2%～20%的非洲血统。

如果自我报告的白人中有 20%～30%是黑人，或者自我报告的黑人中有 20%～30%是白人，那么美国人口普查局将 2000 年美国白人或黑人的数量高估了 20%～30%。

但是，一个欧洲血统比例很小甚至很大的成员，如果他一直认同自己或被别人认同为黑人，为什么要被视为白人呢？或者一个非洲血统比例很小甚至很大的成员，如果他一直认同自己或被别人认同为白人，为什么要被视为黑人呢？如果一个成员的自我报告和其他报告的种族是白人，不管他在欧洲或非洲血统中所占
的百分比是多少，为什么他的实际种族不是白人？ 378

无论他的非洲血统比例有多高，研究人员都没有理由认为他的种族不同于自我报告的种族或其他报告的种族，除非通过给他分配一个不同的种族，他们能够更好地描述或说明社会或经济地位的差异是如何随种族而变化的。问题不在于非洲或欧洲祖先中有多少比例的人是黑人而不是白人，而在于在研究分配给他的种族的社会、经济和生物医学差异时，如何或是否应该考虑到一个成员的血统。

第十节 混合种族

如果“混合”是他们可以选择的种族类别之一，美国人口中的一些人会自称

是混合种族，而不是五个 OMB 种族中的一个或多个。1990～1997 年，许多个体和群体游说国会和 OMB 修改官方种族名单，将独立的多种族分类包括在内，并将“混合”作为 2000 年人口普查的一个选项。

然而，如果“混合”是一个官方的选择，那么人口中的一员应该根据什么被分配到这一类别：是根据自我报告，他父母的种族，还是其他人对他种族的认定？此外，如果一个成员的父母是混合的，或者他的父母属于两个不同的 OMB 种族时，他应该被视为混合种族吗？

在美国人口普查中，“混合”并不是一个种族类别，在大多数关于社会和经济地位或健康结果的种族差异的研究中，也没有使用“混合”一词。例如，在大多数关于婴儿死亡率差异的研究中，无论其父亲的种族是什么，婴儿母亲的 OMB 种族通常被视为其实际种族，没有一个婴儿被视为混合种族，都是五个 OMB 种族之一（Kleinman and Kessel，1987）。如果“混合”是婴儿死亡率研究中的一个类别，那么黑人婴儿的死亡率会下降，但下降的幅度将取决于如何将“混合”分配给婴儿。

如果父母为不同种族的婴儿比父母为同一种族的婴儿具有不同的风险，那么使用母亲的种族来预测婴儿的贫困、无家可归、发病或死亡的风险（目前的做法），则会对黑人-白人风险差异的估计产生偏差。

第十一节　遗　传　学

人类起源于 20 万年前的非洲；然而许多年后，一些人离开并在欧洲和亚洲建立了定居点。这些不同的聚落彼此分离，各自独立地进化，他们之间的遗传差异不断扩大。随着时间的推移，彼此共有的基因在另一个聚落中变得罕见。因此，今天，非洲、东亚和欧洲人民之间的一些遗传差异比他们内部的差异更大。在某些基因［等位基因］的频率上差异很小，但不是随机的，有些在医学上则是显著的。例如，血色素沉着病（铁过载）与一种突变体等位基因相关，这种突变等位基因在所有欧洲人中都存在，但在东亚和非洲人中几乎不存在，而另一种，血栓栓塞性疾病（血管阻塞）与大约 5%的欧洲人中存在的等位基因相关，但在东亚或非洲人中很少发现。

根据对美国人口中人类基因变异的一些研究，一些等位基因在一个自我报告的 OMB 种族中比其他种族中更为常见（Risch et al.，2002）。例如，一个影响某些心脏药物代谢的等位基因的频率在自我报告为黑人和自我报告为白人的种族中
379 是不同的，而与酒精代谢相关的等位基因的频率在自我报告为白人和自我报告为

美洲印第安人的种族中也是不同的。

虽然种族可能是衡量人口中遗传相关性状风险的有用类别，但基因在衡量成员的种族方面是无用的。如果美国人被分配到一个基于基因（等位基因）的 OMB 种族，即使在一个（自我报告的）种族中出现的频率比其他种族高，每个 OMB 种族的规模将会显著缩小，因为（自我报告的）种族中的等位基因变异很大。

尽管人口生物学家对种族作为一个生物学范畴的有用性存在一些分歧，有些人坚持认为种族在等位基因频率上存在差异，但很少有人坚持认为美国人口中的一员应该根据他的基因被分配一个 OMB 种族。虽然社会科学家有理由根据其他报告、自我报告或父母的种族将美国人口中的一员分配到 OMB 种族之一，但他们没有理由根据基因的存在或缺失将他们分配给一个种族，而不是另一个种族。

美国人口中的成员不会根据他们的基因或基因频率给自己或彼此分配一个种族，如果根据自我或其他报告而不是基因来分配种族，那么种族可以更好地描述和说明他们社会经济地位的差异。基因不是客观的，而自我/其他报告是对种族的主观测量，就像它们可能与性别有关一样，对于种族来说，它不仅仅是性别，而且是一个社会范畴，而非生物学范畴。

第十二节　社会科学中的种族

社会科学家按种族对他们的研究对象进行分类，但他们也按种族对彼此进行分类；比起其他人，他们对种族并不能视而不见，他们在决定如何对待一个人时，他们并不比他们的研究对象在决定如何对待彼此时更容易忽视个体的种族。种族歧视在教育、就业、资助和晋升等社会科学领域内外同样严重。正如黑人在其他职业的地位一样，黑人在社会科学中也被忽视了，他们在社会科学中的被忽视有时是由于公开的、制度的或统计上的歧视，就像他们在其他领域一样。

2006 年，黑人占美国人口的 12.5%，但仅获得 7.9%的理工科学士学位和 8.8%的理工科硕士学位；2007 年，黑人在所有理工科博士学位中仅占 2.5%。尽管在博士学位层次上，黑人在社会科学中的代表性比自然科学领域的代表性好，但他们在社会科学中的代表性相对白人来说较低，而且在不同领域之间存在显著差异；他们在社会学领域比经济学领域有更好的代表性，在定性领域比定量领域有更好的代表性。大约 15%的社会学博士学位获得者是黑人或西班牙裔，相比之下，政治学的比例是 13.1%，经济学的比例是 8.3%，心理学的比例是 12.8%（National Academy of Sciences et al.，2011）。

根据 2007 年一项关于少数族裔在社会学中的代表性的研究，获得博士学位的黑人比白人更有可能获得终身职位，占 57.6%～71.8%，白人全职教授每挣 1 美元，黑人全职教授就能挣 1.3 美元，尽管黑人在初级职位上的代表人数比例过高，但在高级职位上的代表比例却很低。在社会学中，当黑人的社会地位上升时，他们会不成比例地在传递过程中“泄露”出来，而与白人相比，黑人的相对比例会随
380 着他们社会地位的上升而下降（Splater-Roth and Erskine，2007）。在美国经济部门，有关少数族裔代表性不足的研究很少，但根据一项经常被引用的研究，在 1995 年，四年制大学和医疗机构雇佣的经济学博士中，黑人、西班牙裔和美洲印第安人占 3%，在所有的学院和大学中，黑人占终身教职人员的 1.6%；在拥有经济学博士学位的大学中，少数族裔的代表性比例不足的情况更为严重，黑人只占终身教职人员的 0.08%（Collins，2000）。

2012 年，在所有机构的全职终身和终身经济学职位中，黑人和西班牙裔的比例只占 5.6%。在授予博士学位的经济学院系中，黑人经济学家分别占助理教授的 1.8%、副教授的 2.8%和正教授的 1.2%（Scott and Siegfried，2013）。

黑人和其他少数族裔在社会科学领域，特别是在学院和大学院系中的代表性不足，可以用不同的方式加以说明。根据一种说明，代表性不足是由于需求方面的因素，例如在招聘或晋升方面的歧视；而根据另一种解释，则是由于供给方面的因素，例如获得所需学历的黑人太少。根据一项研究，黑人经济学博士学位数量的增加对黑人教师的比例产生了非弹性影响，因为黑人拥有经济学博士学位的非学术性工资/薪水较高（Myers and Turner，2004）。

歧视可以发生在学术生涯的任何地方，在开始、中间或结束随时都有可能发生。在一项对新毕业的社会学博士的调查中，当被问及他们是否在出版（一项衡量学术生产力的关键指标）方面得到教师的帮助时，33%的黑人回答“是”，56%的白人回答“是”（Splater-Roth and Erskine，2007）。

种族歧视往往是微妙的和难以衡量的，然而在杜波依斯（W. E. B. du Bois）谈到“种族分界”（color line）后的一百多年，许多关于学术劳动力市场的研究表明，这条分界在社会科学领域，尤其是在黑人接近某一领域或子领域的顶端时，继续阻碍黑人的发展（Price，2009）。这条分界出现在每一种社会科学中，但似乎在每一种社会科学中都有不同的位置。

第十三节　结　　论

在社会科学研究中，种族经常被用来描述和说明社会经济状况的差异，以及美国人口发病率和死亡率的风险。然而，种族也可以用来描述和说明社会科学人

口中的地位差异。在进行社会研究时，问题是如何最好地将种族分配给美国民众，而不是种族是否真实存在。种族在社会科学家的研究课题中是真实存在的，在其专业或学术生涯中也是如此。

参 考 文 献

Bennett, Claudette. 2000. "Racial categories used in the decennial censuses, 1790 to present," *Government Information Quarterly*, 17: 161-180.

Blank, Rebecca M., Marilyn Dabady, and Constance F. Crito (eds.), Panel on Methods for Assessing Discrimination. 2004. *Measuring Racial Discrimination*. Committee on National Statistics, Division of Behavioral and Social Sciences and Education. Washington, DC: The National Academies Press.

Blanton, Michael. 1977. *The Idea of Race*. London: Tavistock.

Boas, Franz. 1982. *Language and Culture*. Chicago: University of Chicago Press. 381

Collins, Susan M. 2000. "Minority groups in the economics profession," *Journal of Economic Perspectives*, 14(3): 133-148.

Edmonston, Barry, Joshua Goldstein, and Juanita Tamayo (eds.). 1996. *Spotlight on Heterogeneity: The Federal Standards for Racial and Ethnic Classification*. Washington, DC: The National Academies Press.

Friedman, Daniel, Bruce Cohen, Abigail Averbach, and Jennifer Norton. 2000. "Race/Ethnicity and OMB Directive 15: implication for state public health practice," *American Journal of Public Health*, 90: 1714-1719.

Gravlee, Clarence C. 2009. "How race becomes biology: embodiment of social inequality," *American Journal of Physical Anthropology*, 139: 47-57.

Hahn, R. A. 1992. "The state and federal health statistics on racial and ethnic groups," *Journal of the American Medical Association*, 267: 268-271.

Harris, David R. and Jeremiah Joseph Sim. 2002. "Who is multiracial? Assessing the complexity of lived race," *American Sociological Review*, 67: 614-627.

Kleinman, Joel C. and S. S. Kessel. 1987. "Racial differences in low birth weight: trends and risk factors," *New England Journal of Medicine*, 317: 749-753.

Lewontin, Richard. 1972. "The apportionment of human diversity," *Evolutionary Biology*, 6: 381-398.

Montague, Ashley . 1980. *The Concept of Race*. Westport, CT: Greenwood.

Myers, Samuel L. and Caroline S. Turner. 2004. "The effects of Ph.D. supply on minority faculty representation," *American Economic Review*, 92(2): 296-301.

National Academy of Sciences (US), National Academy of Engineering (US), and Institute of Medicine (US) Committee on Underrepresented Groups and the Expansion of the Science and Engineering Workforce Pipeline. 2011. *Expanding Underrepresented Minority Participation*. Washington, DC: The National Academies Press.

Office of Management and Budget. 1997. "Revisions to the Standards for the Classification of Federal Data on Race and Ethnicity," at www.whitehouse.gov/omb/fedreg/1997standards.html(accessed August 18, 2016).

Parra, E. J., A. Marcini, J. Akey, J. Martinson, M. A. Balzer, R. Cooper, et al. 1998. "Estimating African American admixture proportion by the use of population specific alleles," *American Journal of Human Genetics*, 63: 1839-1851.

Price, Gregory N. 2009. "The problem of the 21st century: economics faculty and the color line," *Journal of Socio-Economics*, 38: 331-343.

Risch, Neil, Esteban Burchard, Elad Ziv, and Hua Tang. 2002. "Categorization of humans in biomedical research: genes, race and disease," *Genome Biology*, 3: 1-13.

Root, Michael. 2000. "How we divide the world," *Philosophy of Science*, 67 (Proceedings): S628-S639.

Root, Michael. 2005. "The number of black widows in the National Academy of Sciences," *Philosophy of Science*, 72: 1197-1208.

Root, Michael. 2009. "Measurement error in racial and ethnic statistics," *Biology and Philosophy*, 24: 375-385.

Ruggles, Patricia. 1990. *Drawing the Line: Alternative Poverty Measures and Their Implications for Public Policy*. Washington, DC: The Urban Institute.

Scott, Charles E. and John J. Siegfried. 2013. "American Economic Association universal academic questionnaire summary statistics," *American Economic Review*, 103(3): 678-682.

Smelser, Neil, William Julius Wilson, and Faith Mitchell (eds.). 2001. *American Becoming: Racial Trends and Their Consequences*, vol. 2. Washington, DC: The National Academies Press.

Splater-Roth, Robert and William Erskine. 2007. "Race and ethnicity in the sociological pipeline," *ASA Research Brief*, American Sociological Association Research and Development Department, at www.asanet.org/images/research/docs/pdf/Race%20and%20Ethnicity%20in%20Soc%20Pipeline.pdf (accessed August 18, 2016).

Tishkoff, S. A., F. A. Reed, F. R. Friedlaender, C. Ehret, A. Ranciaro, A. Froment, et al. 2009. "The genetic structure and history of African and African Americans," *Science*, 324: 1035-1044.

Waters, Mary C. 2000. "Immigration, intermarriage, and the challenges of measuring racial/ethnic
382 identities," *American Journal of Public Health*, 90: 1735-1737.

第四部分

分 支 学 科

第三十三章　经济学哲学

唐·罗斯（Don Ross）

像大多数学科一样，经济学起源于我们现在所说的哲学领域。人们把亚当·斯密、约翰·斯图尔特·穆勒、卡尔·马克思这三位最重要的早期经济学家视为哲学经典文献的贡献者。诸如让-巴蒂斯特·萨伊（Jean-Baptiste Say）、安东尼·奥古斯丁·库尔诺（Antoine Augustin Cournot）、大卫·李嘉图（David Ricardo）等其他学者，人们在思想史上完全将他们视为经济学家。正如人们所料，这种区分反映了前者更广泛的兴趣。在当今时代，少数经济学家特别是肯·宾默尔和阿马蒂亚·森（Amartya Sen），把自身视为哲学家并得到了人们的承认；但大多数经济学家会拒绝这种归属上的划分，因为这种做法使他们往往徘徊在专业领域之外。

我以这样一些评论开启本章的讨论，是为了表达这样一种观点：我认为 x 与 x 的哲学之间的界限（其中 x 是一门学科）是制度性的，而不是建立在合理的方法论或本体论原则上的。经济学中，某些研究只是对量值大小的估计或者在操控某些变量的情况下对其他变量变化趋势的计算，除了作为实践示例的来源外，并没有太多哲学上的趣味。但是，所有涉及理论或建模创新的经济学都包含哲学方面的内容。而且，在决策理论和形式化的政治哲学领域，许多哲学研究与经济学会议上提出的相关观点或者在经济学杂志上发表的相关文章，在内容上并没有太大差异。

从制度层面来看，哲学家撰写的关于经济学方面的内容被称为“经济学哲学”，而经济学家自觉地反思自己学科时所撰写的内容则被称为“经济方法论”。人们越来越期望这些文献的贡献者，能够意识到他们之前的研究具有相同的内容，也就是说这两种文献正在融为一体。这正是我们希望获得的结果。

经济学哲学的各个领域可以分为三个广泛的研究领域，其边界彼此重叠。

第一类是应用于经济学的科学哲学，所探讨的一系列问题包括：

（1）经济学关注世界的哪些方面？

（2）经济学家往往对实在之结构做出哪些假设？

（3）是否存在独特的经济学方法？如果存在，它们是否被经济学家研究对象的性质所正当化？

（4）有哪些并不完全属于制度性和历史性的特征，可以将经济学与相邻学
385 科——尤其是估值心理学（psychology of valuation）和社会学——区分开来？

（5）经济学家是否有独特的方法来说明现象？如果有，其有效性和可靠性如何？

（6）经济学的修辞尤为强调经验预测。鉴于此，经济学家的成功预测记录有多出色？一般来说，经济学家通常能成功地预测什么，又不能预测什么？

（7）大多数经济学家的目标是设计、推广与批判政策。在这方面，经济学与工程学相似。在经济政策中，是否存在某个学科在其中扮演着类似于物理学在物理工程中的角色，如果有，那是什么？

将问题（1）和（2）映射到哲学的主要子学科上，主要涉及*本体论*，问题（3）和（6）主要涉及*认识论*，其他问题则结合了本体论与认识论这两方面的研究。

第二类是研究经济学的道德和伦理预设及其影响。其所讨论的主要问题包括：

（1）经济理论是否能够有效处理并成功应对，那些驱动人们以及人们在自己和他人身上所赋予的广泛价值？如果答案是否定的，即意味着经济学家只对人类规范驱动因素的子集进行建模，那么这是否会导致经济学家和其他人从其研究中得出的政策建议存在道德和伦理上的扭曲？

（2）经济学在多大程度上受到政治意识形态的驱动影响？以及在多大程度上经济学本身反过来影响政治意识形态？

（3）经济学家的研究在多大程度上，倾向于支持现行的政治和道德上的价值观？

（4）经济学的大部分内容都关注于，发现那些促进人类物质福祉增长和传播的方式。这在多大程度上与人们广泛考虑的人类福祉存在某种张力？经济学家对经济增长的强调，在多大程度上削弱了人们维护长期可持续环境（无论是自然的还是人工的）的努力？

（5）经济学家通常倾向于使用市场机制来解决分配和供应问题（尽管所涉及的机制通常由政府来选择和实施）。这种倾向在多大程度上削弱了市场通常侵蚀的社区价值观？而又在多大程度上应该抵制这种情况的发生？

（6）经济学在多大程度上具有*帝国主义*的倾向？也就是说，经济学在多大程度上允许以如下某种方式考虑问题和解决问题？这种方式是特定职业协会、阶级、性别或文化角色和价值所特有的。

第三类研究着眼于审视经济学家提出的*概念*的意义和一致性。从历史上看，迄今为止这些概念中最重要的是*理性*。经济学家在多大程度上预设人们*实际上是*理性的，或者*应该是*理性的？而实际上人们却不是理性的，或者也许不应该努力

成为理性的人。与哲学家所考虑的更广泛的标准相比，经济学家关于理性的观点——特别是纳入到他们所依赖的关于决策和选择的形式理论中的那些观点——在多大程度上是狭隘的或误导性的规范？*福利*是经济学哲学家们关注的第二个经济学概念。经济学家的分析和政策提议中所涉及的福利概念，在多大程度上包含了一种对人类繁荣的狭隘的、过度物质主义或个体主义的理解？ 386

上述框架确定了本章的组织原则，我将依次对构成经济学哲学的每个类别进行评论。我将把大部分篇幅用于第三类研究，因为这在文献中处于主导地位。然而，我的批判性论证的主旨是，学界对第三类研究的关注远远超出了其实际重要性。不过，在本章最后我希望通过介绍第一类与第二类中的一些最新成果能引起读者的关注，因为这些成果有望主导未来经济学哲学的发展。

第一节 经济学中的核心概念

一、理性

经济学的核心关注点在于某个行为者如何做得更好或最好。我使用的是“行为者”而不是“人们”，因为在许多经济学模型中行为者可以是公司、家庭、政府或团队。在一些最新的经济学模型中，行为者可以是人的大脑部分，具有自己的目标（Montague and Berns，2002），或者是人的时间片段，包含临时的优先事项（O’Donoghue and Rabin，1999; 2001; Bénabou and Tirole，2004; Benhabib and Bisin，2004）。（作为这种属性的一个例子，比如戒烟者在戒断期对香烟的渴望胜过其他任何事情，但是一旦她抽了一支香烟后，她可能会感到懊悔并希望自己没有抽烟。大多数临时的优先事项都不是病理性的。在恋爱初期，每个人都想和他们的爱人在一起，几乎不关心其他任何事情；但是长久而幸福婚姻的秘诀是如何从那种短暂的偏好状态中过渡出来，如果可能的话，大多数人会选择偶尔处于那种状态。）而且还有一大批文献，将经济建模应用于非人类动物的行为当中（Noë et al.，2001）。

根据定义，行为者是指在不同的备选行动方案中进行选择的实体，并通过参考对这些方案相对价值的评估来进行选择。这种评估必须基于信息，这些信息可能准确也可能不准确。行为者还必须对不同行动方案可能导致的结果持有信念；而其中一些信念可能是错误的。因此，一般来说，我们不能假设行为者所做的一切都是她的偏好选择。另一方面，如果这些因素之间没有一种一般的*概率*关系，我们完全没有理由将行为者视为一个行为者。例如，自从几年前我母亲进入阿尔茨海默病晚期以来，她仍然是人类个体（a human being），但不再是一个经济行为者，因为她的行为不再揭示任何偏好，甚至说她仍然“有偏好”可能都没有意义。

经济学家和哲学家都认为经济行为者是*理性的*，以此来概括上述内容。经济学家评估理性时，只关注所选择的方法是否确实趋向于产生行为者所偏好的结果。然而，一些哲学家，如亚里士多德传统中的一些人，也致力于解决目标本身是否理性的问题。另一些哲学家，如康德的追随者们认为，倾向于做道德上有伤害性的事情永远都不可能是理性的。然而，就行为者应该拥有什么样的偏好，经济学家们几乎一致拒绝对此做出判断。邦德电影中一个想用死亡射线摧毁地球的反派，想消灭邦德是理性的，但如果他让活生生的邦德靠近他总部的自毁按钮则是较不理性的，而起初他就设置了自毁机制那就更加不理性；但经济学家不会因为他偏爱摧毁地球而称他是非理性的。因此，哲学家们如果探讨何种生活对一个人来说
387 是最好的，他们并不是在研究经济学哲学。在这方面，约翰·罗尔斯（John Rawls）站在经济学家的立场上，认为公正的社会应该容纳多种关于善的观念（Rawls，1971）。

理性能动性（rational agency）指的是一个人总是从其预算范围内提供的选项中选择最佳选项，这种观念通常并不适用于真实的人们（或真实的公司，或真实的家庭），其原因有二。第一，人们（公司、家庭等）会改变他们对想要的东西的想法。有时候他们对自己想要什么不太确定，或者他们喜欢假装自己想要某物，然而这并非他们真正想要的。当选择在时间跨度较长的决策中，这种不一致性表现得最为明显。当然，没有人认为，一个 10 岁的孩子有或者应该有与她 40 岁时一样的偏好。第二，经济学家在他们的应用中使用所谓的“理性”时，通常假设行为者会使用所有可用的信息，来评估最有可能优化其偏好的行动方案。但很少有行为者会真正做到这一点，甚至包括像对冲基金经理这样精明且高度激励的行为者也不例外。

最近，*行为*经济学家们热衷于呼吁一场经济学革命，他们说，如果经济学家把基于真实的、不完全理性的人们作为行为者纳入他们的模型中的话，这场革命就会发生（Thaler，1992；Camerer et al.，2005；Ariely，2008）。那么，在什么情况下，这才是一场真正的革命呢？经济学家通过将*效用函数*赋予行为者，从而将行为者建模为理性的。效用函数的关键特征是，它的输出是一个世界状态的有序列表，这一列表要么将世界的状态从最优到最差进行了排列，要么以一些可测量的单位把期望的相对值赋予世界的状态。经济学家实际使用的效用函数在其输入方面差异很大。重要的是，效用函数必须是可积的，因为经济学家主要想使用效用函数来回答这样的问题：如果一组相互作用的行为者中的每一个，都试图在他们共同面对的稀缺条件下优化他们的效用函数，那么将会发生什么？这个问题的答案就是经济学家所说的*均衡*。如果描述真实的、不完全理性的人之行为的效用

函数不能被积分（例如，当人们增加新的行为观察时，这些函数从凹形变为凸形，或反之亦然），那么我们就需要停止经济学研究，并完全基于其他科学（特别是估值心理学）来指导经济政策的选择。但是，有多种方法可用于构造可用的效用函数，以表示复杂的人类行为模式。对于我个人首选的一般策略，请参阅安德森等（Andersen et al.，2010）的著作。

经济学哲学中很大一部分（也许是大多数）出版物，以这样或那样的方式讨论人们在某种程度上是理性的，或者应该是理性的，因为经济学家需要他们这样才能将联合优化的数学方法应用到他们身上。在我看来，这主要是由于“理性”一词所承载的重要规范性所致。将某人称为“非理性”毕竟是一种严厉的批评。但是，如何使真实行为能够由效用函数表示，这个问题实际上是一个技术问题，而非一个哲学问题；正如上文提到的安德森等（Andersen et al.，2010）的解决方案所示，这在很大程度上是一个巧妙的计量经济学问题，即寻找编写描述性方程的方法，通过求解这些方程来生成可优化的输出。诚然，几乎整个经济学历史中，在经济学家能够接触到非常强大的计算机之前，他们被迫进行模型简化，这使得大多数个别人类行为超出了他们的表征能力。更糟糕的是，由于经济学家通常关注行为者群体中效用函数*相互作用*的后果，因此他们被迫将给定模型中的所有相互作用的函数表示为具有相同的结构。麦克法登（McFadden，1974）在原则上展示了如何解决这个问题，但他提出的解决方案仍然需要在大多数经济学家的计算 388
能力范围内施加强制性的简化限制。（对于学习过高级经济学的读者来说，在 20 世纪 70 年代，使用麦克法登的解决方案，需要假设每个人的效用函数都可以使用条件 Logit 程序以最小偏差估计出来。）当代计量经济学估计包具有近乎无限的能力，这在很大程度上消除了这种限制。

我认为，期望通过讨论人们有多“理性”，不太可能在经济学哲学上取得更大的进步。我们更应关注，在经济学应用中人们的偏好是如何构成的，以及这些结构是如何受到环境变量的制约，包括他们自己的大脑部分，这些部分像外部变量一样超出了个体直接影响力的范围。这使我们涉及方法论、认识论和本体论等科学哲学问题，这些问题不会通过分析理性的概念或任何其他概念来解决。

此外，在经济学应用中，行为者使用多少信息以及他们在做出选择时如何准确地表征信息也非常重要。有时经济学家会说，只有在行为者充分利用原则上可获得的所有信息来做出经济选择时，“预期”才是“理性的”。这种对理性概念的奇特使用，甚至让哲学家们怀疑经济学家是否真的了解人类，不过这种怀疑也是情有可原的。事实上，推崇“理性预期”的观点可以被转化为一个简单、完全合理的方法论原则，正如泽维尔·拉戈特（Xavier Ragot）的如下所述：“如果经济学家建立了一个理论或模型，在这个理论或模型中，行为者未能做某些对他们有利的事情，那么经济学家必须证明他们为什么没有这样做。”（Ragot，2012：187-188）需要注意的是，拉戈特的表述不需要参考理性。这一原则的合理性在于，不使用它的经济学家是在任意假设，行为者在收集或计算信息方面的懒惰程度，与她的模型所要求的恰好相符。当然，这可能是一种糟糕的科学程序，我们不应该依靠哲学家来指出这一点。

二、福利

如果说关于理性概念的争论是一个转移注意力的话题，使经济学哲学研究者们大为分心，那么在福利概念上存在的类似情况其后果更为严重。过度关注理性概念会危及对经济学价值的正确理解。而过度关注福利概念可能会使我们忽视一些最为严重的障碍，这些障碍阻碍人类过上既有尊严又令人愉快的生活。

经济学家的动机是提出政策建议，使得社会、企业、家庭或（尽管极少）个人变得更加高效，也就是说，避免无谓地浪费福利的选择。例如，我们可以想象一下，一国政府决定房价应该只反映房屋的“内在”消费价值，而不应该反映市场驱动价格所体现的所有偶然因素，因此政府颁布法令，规定所有房价都设定为占地面积的函数。任何经济学家都能告诉我们结果如何。大城市的房价将被设定在市场价格以下（相对于乡村房屋的价格），因此城市房屋的现有业主将停止出售，而是计划将其留给子女继承。乡村房屋的价格将被设定在市场价格以上，因此其居住者将无法出售它们。想要搬到农村的城市居民将面临额外成本，所以很多人
389 会违背自己的偏好而留在城市；而想要搬到城市的乡村居民将被迫留在乡村。建筑业的回应是，只在城市建造租赁公寓和豪宅，而这些豪宅只有富人才能负担得起；在乡村建造一些乡村住宅，这些住宅要比想住在乡村的人实际上更喜欢的那种房屋要小一些。任何理智的政府都不会通过这种类型的法律，因为它毫无意义地浪费了福利：大多数人将不能在自己喜欢的地区选择自己喜欢的房屋大小。当然，这种政策可能会有少数受益者，即那些在郊区拥有大房屋的人。但很少有人会认为他们的收益可能会超过普遍的损失。

经济学家倾向于按照上述案例的构想思路来处理所有福利计算：一个社会或家庭在其个体成员能够在预算约束下优化其效用函数中的价值向量时，便是在优化其福利。由此，人们马上就会提出，福利这一概念是如何与更广泛地理解人类繁荣的其他概念相关联的问题。标准的经济福利测量，如果不尝试估算所谓的“影子价格”，就会忽视那些无法在市场上直接或间接进行交换的福祉来源的价值。这包括市场往往供应不足的重要商品，因为这些商品的消费通常无法限制在为其支

付费用的人群之内。在许多国家，这种公共商品的不容忽视的例子是，高效的城市交通基础设施；而在全球范围内，最紧迫的例子是控制碳排放。作为经济效率的福利也忽视了造成现有资产分配状态的历史进程。在现实世界中，房价受到供求交互的驱动，而劳动力市场结构发生的变化正在推高受教育程度较高群体集中的大城市的相对房价，而其他地方的房价则下跌。对于那些已经拥有城市房产的人来说，这是一笔不劳而获的意外之财，而对于那些投资于农村或边远城市的人来说，这是一种不应得的排斥。根据经济学家的标准福利准则，只有在城市中的获益者获得的收益足够大，可以补偿农村和边远地区的损失者时，这种动态才是有益于福利的，不过，当局是否推行税制改革实现实际补偿，则是另外一回事。

关于社会应该如何应对不平等，或者如何为人们提供其无法在市场上购买到的福祉来源，或者如何为公共产品提供资金，这些问题是人类所有政治与文化中最重要的问题。然而，认为解决这些问题的重要部分在于对福利和繁荣这些概念的修正，这种做法却令人难以置信。经济学家提出的福利概念是一种明智的做法，该概念在经济学中尤为重要；人们通常应避免这种毫不必要地浪费那些有关福利的政策。但是这样的政策并不少见，每个经济学家都能列出一份令其烦恼的政策清单。在政策评估和实施过程中，对经济福利的关注往往会排斥人类繁荣的其他方面，鉴于此，这就引导我们将上述问题视为第二类问题。

在本章中，我把大部分篇幅都用于讨论第三类问题，只是得出了一个消极的结论，即这些问题并不是非常重要。这反映了经济学哲学的大部分文献一直在专注这些问题。但幸运的是，有迹象表明，一种新的经济学哲学正在崭露头角，这种经济学哲学更加紧密地与日常经济实践相联系，并且正在获得制度力量的支持。现在我将转向这些充满希望的迹象上（从第一类问题开始）。 390

第二节　经 济 科 学

自 2008 年底全球金融危机爆发以来，批评者普遍怀疑经济学家声称自己在任何领域都是专家的说法。经常听到有人说，经济学家未能预测到美国房地产市场的问题，这些问题蔓延到了全球银行业，并通过这个渠道引发了自大萧条以来最严重的全球财富萎缩。一些富有经验的批评者——如奥尔琳（Orlean，2014）——甚至将经济危机归咎于经济学家。这些批评者认为，经济学家由于受到银行家及其监管部门的影响，使他们盲目自信地认为，只要分散市场风险就足以遏制这种风险。批评者继续指出，人们没有注意到，风险分散也意味着风险*相关*，因此，一旦发现少数大型银行持有的债务超出其承受能力，那么*所有*银行的杠杆率都过高就会立即显现出来，从而引发了普遍的信心崩溃。基于此，评论者得出的结论是，经济学家强调的全球市场在风险分配上的效率以及在将责任分配给最有能力衡量风险的那些人上的效率，都会导致那些行业外的人低估那些同样可能是“贪婪”和“非理性”的行为者的危险，这些行为者可能为了追求更高利润而容易破坏整个系统的稳定，于是在他们面对无法收回的住房贷款时陷入恐慌（Akerlof and Shiller，2009）。

这种对经济学平民主义攻击与实际记录极不相符。例如，对经济学价值持怀疑态度的人可以参考爱德华·利默尔（Edward Leamer）撰写的有关第二次世界大战后美国商业周期历史的研究，该研究是为非专业人士准备的，而且是在灾难即将发生之际（Leamer，2008）。通过仔细筛选数据，这一筛选不受任何宏大、支配性的理论偏见所干扰，但要对全国范围内的商品、服务、房地产和金融资产市场中的多重因果关系的互动网络保持警觉，利默尔确定了潜在问题的指标，特别是住房存量相对于总体国内生产总值增长的巨大扩张，这些指标当时已经开始发出警告信号。他的评论与我自 2005 年起听到的许多经济学家之间的对话相呼应，这些对话受到了主流经济学媒体的强烈关注。例如，《经济学人》连续三年以上一再警告说，抵押贷款债务水平通过“华尔街”这一渠道威胁着“主街”，这一点在一幅封面漫画中得到了体现，漫画展示了房屋从天而降，砸向银行大楼和工厂（Posner，2009；Ross，2010）。《经济学人》的记者们通过与经济学家进行广泛的交谈来获得对经济的预测。

长期以来，聚焦于经济学的科学哲学文献一直强调与经济模型相关的预测能力以及其中存在的问题。这与经济学家的实际言论密切相关。

最后一条评论最好退后一步来加以阐释。在第二次世界大战前，经济学家最接近形成一种单一的“确立”方法来处理他们研究主题——虽然并不十分接近——反映在阿尔弗雷德·马歇尔（Alfred Marshall）的《经济学原理》不同版本（Marshall，1890/2013）的演变中。马歇尔强调对商业实践的逐步系统化观察。这里的“系统化”（这不是马歇尔的用词），我指的是通过普遍适用的框架，以一种简化的方式来表示这些实践，该框架涵盖定价、生产率和资本存量投资。马歇尔认为，这种系统化通过将经济学家的注意力引向那些倾向于一起变化的变量上，从而使得经济学家能够识别出商业活动中反复出现的*趋势*，并预测我们现在所说的“宏观规模”的拐点和冲击。然而，马歇尔警告说，经济学家通常无法预测经
391 济事件发生的时间，以至于使短期投资者无法从这些知识中获利。尤为值得注意的是，对“短期”的强调。任何人都可以通过出售他们的房屋并签署租赁合同，来从利默尔或《经济学人》在 2008 年或之前的分析中受益。相比之下，只有极少数（幸运的）投资者能够在崩盘前恰好抛售高盛集团（Goldman Sachs）和其他大型投资银行的股票而获巨额利润。这更多反映了巨大风险和巨大利润之间的（标

准）关系，而不是经济学家的专业知识。在最近经济学哲学中一次最为尖锐的一般性争论中，萨顿（Sutton，2000）对马歇尔的经济预测观点进行了辩护，他认为，马歇尔的经济预测观点实际上仍符合大多数在职经济学家对他们在工业和政府中为客户增加价值的理解。

然而，第二次世界大战之后，处于主导地位的、松散的马歇尔主义戛然而止。这一过渡时期具有里程碑意义的事件是，萨缪尔森的《经济分析基础》一书（Samuelson，1947/1983）的出版。正如萨缪尔森在他为该书不同版本所写的序言中明确表达的那样，他的目标是通过在“具有操作意义的定理”的基础上，重构其同时期他所认为的健全的经济学[他主要指的是，将当时标准的边际主义和秩序主义微观经济学与由约翰·希克斯（John Hicks）解释的凯恩斯主义宏观经济学进行粗略的综合]，从而使经济学“科学化”。尽管萨缪尔森并未引用科学哲学家卡尔·波普尔的观点，但萨缪尔森所指的“有意义”是指“可证伪的”。在他看来，使一个定理可证伪的是精确性，他将这种精确性等同于数学形式化。

萨缪尔森对数学转向的呼吁和论证，在制度上取得了巨大成功。在 20 世纪 50 年代之前，主要经济学期刊上的大多数文章很少涉及数学方面的内容。但从 20 世纪 60 年代中期开始，除非经济学家论文的核心是由数学模型和独特的稳定均衡证明共同构成的，否则就无法在该学科的主要期刊上发表论文。萨缪尔森的证伪主义的科学哲学同样成功，至少在修辞上是如此。

在《经济分析基础》一书出版之后的几十年里，经济学家关于方法论的著述寥寥无几。当时的科学哲学家几乎并未把注意力放在经济学上，他们要么完全脱离了具体科学进行抽象讨论，要么几乎完全专注于物理学。然而，在那些几年里，经济学家所作的几乎所有有关方法论的评论都带有波普尔式的特征。后来，哲学家拉卡托斯对此做了重要补充，他对波普尔的严格证伪主义加以修正，并增加了一个重要的限定条件，即健全的科学理论通常包括一个作为“硬核”的假设，这些假设并不直接受经验检验。经济学史学家马克·布劳格（Blaug，1980）在少数几部经济学家关注的方法论专著之一中，阐述了波普尔主义有关修辞的正统思想，同时也严厉指责了他的经济学同行们未能履行自己的诺言。布劳格认为，尽管经济学家专注于形式化模型，而且对用数据检验模型几乎毫无兴趣，但他们仍然声称坚持证伪主义。

在所讨论的这些年间，一些经济学家诉诸特定学科的操作主义形式而非拉卡托斯，来为他们在理论检验方面的不足进行辩护。在大多数经济学家实际阅读过的为数不多的方法论文献中，可以发现米尔顿·弗里德曼（Milton Friedman）为这一辩护打开了广阔的空间（Friedman，1953）。米尔顿·弗里德曼认为，从事经济学研究是为了具有实践意义的政策，而不是科学解释。因此，约束经济学的理

论命题不能被理解为经验概括，而仅仅是用于构建特定关系模型的工具。这种观
392 点与逻辑经验主义的某些版本具有相似之处，后者也不认同对真理的说明和关注，而是强调一般命题在生成预测方面的一致性和能力。然而，正如马基（Mäki，2009）所指出的，对于赞同物理学等科学理论概括的真理性而言，经验主义者持一种谨慎态度，这主要是基于那些概括中所谓的中心实体的不可观察性；而米尔顿·弗里德曼遵循罗宾斯（Robbins，1935）的传统，认为经济学的研究主题是可以通过日常观察来获得的。对此，米尔顿·弗里德曼做出回应，将自己的观点与一般科学哲学的立场分离开来，正如马基所认为的那样，米尔顿·弗里德曼的观点与一般科学哲学的立场格格不入，因为经济学并未自称为一门科学。这种回应可能预示了，经济学家最近所倡导的一种观点（例如 Leamer，2012），即经济学是一门“技艺”，而不是一门科学。罗斯（Ross，2016）认为，这种态度取决于诸如物理学等范式科学的简单哲学解释。无论如何，即使认为米尔顿·弗里德曼为经济学家对他们核心理论的检验并不关心这一主张提供了有力的辩护，但他显然也必须对经济预测的经验检验给予足够的重视。布劳格对此做出的回应是，经济学家——或者至少是他所处时代的经济学家——实际上并不倾向于检验他们的预测，也不倾向于检验他们的理论。

在 20 世纪后期，少数对经济学感兴趣的科学哲学家，通常会重复布劳格对虚假经验主义的指责。虽然罗森伯格（Rosenberg，1992）本人不属于波普尔学派，但也赞同布劳格的观点，即经济学家们尽管使用了萨缪尔森式的修辞手法，但他们对用经验数据来检验自己的理论几乎没什么兴趣可言。拉卡托斯式的规避并没有给布劳格和罗森伯格留下深刻的印象；科学家允许理论的硬核无须接受检验是一回事，而让一门看似仅由硬核组成的科学进行运作则是另一回事。在 20 世纪 60～80 年代的经济学中，这一点尤其体现在人们赋予在一般均衡中发现经济体属性的声望上，即在一般均衡中，*所有*消费和生产同时得到体现，消费者或生产者都能尽其所能。由于一般均衡的条件在任何实体经济中都不会普遍存在，而且在形式上“接近”一般均衡的状态并不预测类似于一般均衡中预测的经济状况（Lipsey and Lancaster，1956），因此在该时期该学科的主要人物发表的许多经济学成果类似于最纯粹的哲学，它们探讨的是一种完全抽象的、*仅仅*是可能存在的世界，这种世界之所以有趣，仅仅是因为它展示了关于技术的效率概念的内容。

通过上述内容我们可以看到，从萨缪尔森对经济学的理解以及刚才我们所考察的怀疑论者的理解，这两者所缺失的东西是：没有认识到这样一种事实，即大多数经验科学特别是包括物理学在内（Morgan and Morrison，1999），都是在理论的指导下进行模型的构建和解释，并对模型的统计估计值进行检验。这使得对拉卡托斯硬核的识别比拉卡托斯本人所达到的更加明确：经济学家通常会检验受理

论影响的模型，而几乎从不直接检验背景公理。从当代的视角来看，我们也能够理解为什么直到 20 世纪 80 年代，经济学家似乎过于专注他们的理论硬核。首先，存在这样一个问题，如先前在麦克法登的研究中提到的那样，经济学家缺乏计算能力或统计技术，往往无法对真正起作用的模型判别进行识别。其次，同样重要的是，经济学家尚未将博弈论完全纳入到他们的基本工具体系中。

罗斯（Ross，2014）是众多经济学哲学家中的一员，他们认为，将博弈论引
入经济学对经济学产生了根本性的变革（参见 Sutton，2001）。纳什均衡概念及其 393
相关形式——尤其是贝叶斯-纳什均衡，其允许参与者持有不确定的信念（Harsanyi，1967）——对传统经济均衡进行了推广，并使其能够适用于持有不完全信息的参与者，并且这些参与者在可用信息方面彼此不同。这又促进了以下重要进展。

（1）经济学家不再局限于将行业建模为垄断行业或完全竞争行业。大多数实际的行业都是寡头垄断，即由少数几家大公司主导。因此，博弈论能够使经济学家向商业人士提供策略性建议，即帮助他们识别出那些隐含危险的不可预测的策略，因为这些策略不是均衡策略，或者博弈论还可以帮助他们识别出那些具有相同危险且由于竞争对手的存在而无法做出最佳反应的策略。任何人都不应在依赖于竞争对手次优行为的商业模式上投资——在这里，我们看到了拉戈特提出的“理性”预期的合理应用。

（2）一旦经济学家能够为特定的策略情形建模，并将它们部分地与更大经济体制相隔离——也就是说，与一般均衡中虚构的较大经济体制相隔离——那么，经济学中与隔离相关的哲学问题，就会与包括物理学在内的其他科学中观察到的问题相类似。（Cartwright 1983，1989；Mäki 1992，2009）

（3）博弈论的语境将如下观点纳入到了技术经济学当中——该观点由哈耶克（Hayek，1945）多年前所提出，但从未在学科实践中得到明确例证，即市场从根本上说是一种*信息处理*现象；因此，如果经济学是研究市场的科学，那么经济学应归属于信息科学的范畴（Martens，2004；Herrmann-Pillath，2013；Ross，2014）。

我认为，博弈论与萨顿（Sutton，2000）一起，使经济学家得以回归到马歇尔所倡导的理智实践当中，并使经济学不再是经验科学中的特例，因为它更致力于证明形式化定理，而不是识别和估计经验关系。

第三节　经济学估值和其他估值

由于篇幅所限，本章无法系统地综述我所确定的属于第二类的问题。幸运的

是，大多数与第二类相关的问题，即使尚未研究经济学或经济学哲学的读者也能够理解，尽管人们需要了解这两个领域的知识才能为这些问题提供完全成熟的答案。我们仅仅注意到，列在第二类下的问题在修辞上并不构成对经济学本身的批判，因为人们*已经*为所有问题提供了成熟的答案，尽管这些答案在接受进一步批判和改进的意义上总是不完整的。对于想通过这些答案来获得一次出色而又易于理解的思想之旅的读者来说，可参阅希思（Heath，2009）的著作。

在这里，我将讨论一个非常普遍的论题。许多有关政治与道德之间的张力，往往将经济学家与其他固执己见的评论家分开，这种张力可追溯到经济学家通常所拥护的个体主义立场，以及他们对*不受监管的*市场所假定的信念。第二种归因于忠诚有点夸张的意味。尽管一些经济学家，尤其是 20 世纪下半叶与芝加哥大学
394 相关的经济学家，确实促进了政治自由主义的意识形态，但事实上只有极少数经济学家认为，摆脱政府干预是一种占主导地位的政治价值。大多数经济学家确实认为，政府没有充分利用市场*机制*，因为政府经常试图通过简单颁布政府指令来获得目标结果，而在这种情况下，如果所讨论的指令能够与使人们寻求积极回报的动机之结构相结合，那么目标就更有可能以较低的成本实现。例如，政府经常对稀缺商品进行定量配给，而没有建立起市场，让那些对稀缺商品最重视的人去购买那些重视程度低者的使用权。因此，经济学家如果呼吁这种“市场解决方案”，并不意味着她对相关监管所服务的社会价值持有异议；相反，她批判的是监管设计和实施方式的效率。

就个人主义而言，经济学家之所以让批评者感到困惑，是因为他们在哲学上也感到困惑。大多数经济学家认为，宏观经济学——研究通货膨胀、失业、公共支出和利率确定等大规模、总体现象——应该有微观基础。非经济学家很自然会将这理解为，所有的总体经济变量都应被分析为或来源于个体的行为、偏好和信念这样的变量。事实上，很少有经济学研究符合这种被归因的“理想”情况；经济学家在统计学上所估计的大多数关系，在性质上从来都是以不可还原的总体而存在。经济学家在实践中所说的“微观基础”，其实只是遵循了拉戈特的格言：经济模型不应该包含原则上无法学习更优应对策略的行为者的群体或类别，如果有更优的应对策略可供选择，他们不会对经济条件或政策的变化做出更好的反应。

罗斯（Ross，2014）认为，经济学家在修辞上随意宣扬“个体主义”的表述，这通常源于他们普遍未能对*规范的*个体主义和*描述的*个体主义进行区分。前者指的是启蒙运动的信念，即个体而非群体才是人类尊严和价值的中心，最值得受到尊重。在现代民主国家中，这是自由主义者和保守主义者普遍认同的一种规范的哲学前提。另外，*描述的*个体主义指的是，人们的偏好是以一种非社会的方式获得的。总的来说，描述的个体主义是错误的：人类的大多数偏好以及几乎所有最

重要的偏好，都是从他人那里复制过来的，或者是在他人的引导和指导下形成的。事实上，人们之所以重视个体独特性特征，是因为这种独特性——特别是在美德以及智慧深度方面的独特性——是一个人在强大的信息处理、行为协调机制也就是现代市场语境中最重要的成就之一，这些也是经济学家主要研究的内容所在。

参考文献

Akerlof, G., and Shiller, R. 2009. *Animal Spirits*. Princeton, NJ: Princeton University Press.

Andersen, S., Harrison, G., Lau, M., and Rutström, E. 2010. "Behavioural econometrics for psychologists," *Journal of Economic Psychology*, 31: 553-576.

Ariely, D. 2008. *Predictably Irrational*. New York: HarperCollins.

Bénabou, R., and Tirole, J. 2004. "Willpower and personal rules," *Journal of Political Economy*, 112: 848-886.

Benhabib, J., and Bisin, A. 2004. "Modeling internal commitment mechanisms and self-control: a neuroeconomics approach to consumption-saving decisions," *Games and Economic Behavior*, 52: 460-492.

Blaug, M. 1980. *The Methodology of Economics*. Cambridge: Cambridge University Press. 395

Camerer, C., Loewenstein, G., and Prelec, D. 2005. "Neuroeconomics: how neuroscience can inform economics," *Journal of Economic Literature*, 43: 9-64.

Cartwright, N. 1983. *How the Laws of Physics Lie*. Oxford: Oxford University Press.

Cartwright, N. 1989. *Nature's Capacities and their Measurement*. Oxford: Oxford University Press.

Friedman, M. 1953. *Essays in Positive Economics*. Chicago: University of Chicago Press.

Harsanyi, J. 1967. "Games with incomplete information played by 'Bayesian' players, Parts Ⅰ-Ⅲ," *Management Science*, 14: 159-182.

Hayek, F. 1945. "The use of knowledge in society," *American Economic Review*, 35: 519-530.

Heath, J. 2009. *Filthy Lucre*. Toronto: HarperCollins Canada.

Herrmann-Pillath, C. 2013. *Foundations of Economic Evolution*. Cheltenham: Edward Elgar.

Leamer, E. 2008. *Macroeconomic Patterns and Stories*. Berlin: Springer.

Leamer, E. 2012. *The Craft of Economics*. Cambridge, MA: MIT Press.

Lipsey, R., and Lancaster, K. 1956. "The general theory of second best," *Review of Economic Studies*, 24: 11-32.

McFadden, D. 1974. "Conditional logit analysis of qualitative choice behavior," in P. Zarembka(ed.), *Frontiers in Econometrics*. New York: Academic Press: 105-142.

Mäki, U. 1992. "On the method of isolation in economics," in C. Dilworth(ed.), *Idealization IV: Intelligibility in Science*. Special issue of Poznan Studies in the Philosophy of the Sciences and the Humanities, 26: 319-354.

Mäki, U. 2009. "Realistic realism about unrealistic models," in H. Kincaid and D. Ross(eds.), *The*

Oxford Handbook of Philosophy of Economics. Oxford: Oxford University Press: 68-98.

Marshall, A. 1890/2013. *The Principles of Economics*, 8th edn. London: Macmillan.

Martens, B. 2004. *The Cognitive Mechanics of Economic Development and Institutional Change*. London: Routledge.

Montague, P. R., and Berns, G. 2002. "Neural economics and the biological substrates of valuation," *Neuron*, 36: 265-284.

Morgan, M., and Morrison, M. 1999. "Models as mediating instruments," in M. Morgan and M. Morrison(eds.), *Models as Mediators*. Cambridge: Cambridge University Press: 10-37.

Noë, R., van Hoof, J., and Hammerstein, P.(eds). 2001. *Economics in Nature*. Cambridge: Cambridge University Press.

O'Donoghue, T., and Rabin, M. 1999. "Incentives for procrastinators," *Quarterly Journal of Economics*, 114: 769-816.

O'Donoghue, T., and Rabin, M. 2001. "Choice and procrastination," *Quarterly Journal of Economics*, 116: 121-160.

Orlean, A. 2014. *The Empire of Value*. Cambridge, MA: MIT Press.

Posner, R. 2009. *A Failure of Capitalism*. Cambridge, MA: Harvard University Press.

Ragot, X. 2012. "The economics of the laboratory mouse: where do we go from here?" in R. Solow and J.-P. Touffut(eds.), *What's Right with Macroeconomics?* Cheltenham: Edward Elgar: 181-194.

Rawls, J. 1971. *A Theory of Justice*. Cambridge, MA: Harvard University Press.

Robbins, L. 1935. *An Essay on the Nature and Significance of Economic Science*, 2nd edn. London: Macmillan.

Rosenberg, A. 1992. *Economics: Mathematical Politics or Science of Diminishing Returns?* Chicago: University of Chicago Press.

Ross, D. 2010. "Should the financial crisis inspire normative revision?" *Journal of Economic Methodology*, 17: 399-418.

Ross, D. 2014. *Philosophy of Economics*. Houndmills, Basingstoke: Palgrave Macmillan.

Ross, D. 2016. "Economics and allegations of scientism," in M. Pigliucci and M. Boudry(eds.), *Science Unlimited?* University of Chicago Press, forthcoming.

Samuelson, P. 1947/1983. *Foundations of Economic Analysis*, enlarged edn. Cambridge, MA: Harvard University Press.

Sutton, J. 2000. *Marshall's Tendencies*. Cambridge, MA: MIT Press.

Sutton, J. 2001. *Technology and Market Structure*, 2nd edn. Cambridge, MA: MIT Press.

396 Thaler, R. 1992. *The Winner's Curse*. New York: Free Press.

第三十四章 历 史 哲 学

保罗·A. 罗思（Paul A. Roth）

第一节 开 篇

如果我们要建构一种谱系图，分析的历史哲学将会是从年轻的科学哲学中衍生出来的一堆论题中并不出众的一个。[1]其起源似乎可追溯到卡尔·亨佩尔的经典文章《普遍规律在历史中的作用》（“The Function of General Laws in History”）（Hempel，1942）的发表。亨佩尔在文章中规定，作为历史解释的科学/逻辑充分性的一个条件，它们须包含一个覆盖律。由于待解释项陈述和解释项陈述之间缺乏某种规律或类规律的联系，历史解释充其量构成了“解释概略”。众所周知，这不仅仅意味着历史学家只需要逻辑地整理他们的表述。相反，由于历史学家没有规律可以介入，他们没有提供真正的解释。

亨佩尔式的相关的（科学）解释模型导致了专业史学事实上被排除在正统科学领域之外。因此，一场关于解释形式的争论算得上是历史中的解释的重要推动力，其最初是分析哲学家们考察的内容。正如路易斯·O. 明克（Louis O. Mink）所指出的，“可以毫不夸张地说，直到 1965 年左右，批判的（即分析的）历史哲学一直是关于覆盖律模型的争论”（Mink，1987a：169）。从那时起，关于解释的说明和所有相关主题在哲学上的巨变就接踵而至，这些主题最初使编史学从科学哲学的考虑中脱离出来。碰巧的是，科学哲学中几乎完全忽视历史解释的现象也伴随着这些哲学的转变，一直持续到了今天（尤其参见 Danto，1995）。

但是，为什么历史哲学会遭受这种特殊的命运呢？考虑到亨佩尔模型所引发的争论背后的一些认识论问题，我们可以找到一个有助于说明其持续孤立状态的原因。像亨佩尔这样的分析练习关注确定形式标准，这些标准对于可以算作解释的内容也将是规范性的。但是，随着 20 世纪 60 年代关于亨佩尔模型的争论陷入了恶性循环，编史学开始强调叙述形式作为历史解释的显著特征（相关的权威综述，请参见 Salmon，1990）。到 20 世纪 70 年代中期，出现了一种基本的转变，即不再考虑亨佩尔式那样的解释模型，转而考虑叙述作为历史解释的独特形式。

397 事实上，在海登 • 怀特（Hayden White）的研究的强大影响下，对叙述的讨论在那个时刻在历史理论中获得了一种优势，这种优势至今仍存在。[2]但这种对叙述形式的关注被证明对认知分析并不友好。因为叙述理论并不产生标准，无论是形式上的还是其他方面的，这些标准可以提供分析哲学家所希望的东西——为解释的善（goodness）提供规范性基准（参见 Vann，1995；Mink，1987a）。因此，我认为，“叙述的兴起”及其相关的表面上的对认知旨趣的抵制或漠视，说明了科学哲学和编史学之间“分道而行”的原因。

然而，这个时机被证明是相当讽刺的。因为科学哲学中关于历史解释的讨论实际上已经停止，托马斯 • S. 库恩的《科学革命的结构》开始对科学的哲学观产生重要且持续的影响（参见 Roth，2013）。具有讽刺意味的是，根据 20 世纪 60 年代初流行的哲学标准，历史甚至连初步的科学地位都没有达到，科学史本来就不可能挑战对科学合理性的说明。尽管如此，库恩在这里的历史实践超越了哲学教条。事实上，库恩帮助哲学创造了一个强大的并且（对某些人来说）混乱的关于科学（最终是哲学）合理性的历史化观点。阿兰 • 理查德森（Alan Richardson）恰当地将随后的争论描述为提供了相互竞争的“理性史”，尽管是非黑格尔式的和非辉格派的（参见 Richardson，2002，2003；Domski and Dickson，2010；Zammito，2004）。

更一般地说，虽然基于不同历史的关于科学和逻辑的性质的争论仍在继续，但究竟是什么造就了历史论证的善，仍然没有得到检验和说明。但这种对历史解释的持续忽视危及并阻碍了哲学的自我理解。因为关注历史作为一种系统的经验探究形式，必然把分析的历史哲学和科学哲学联系起来。20 世纪 60 年代开始的哲学发展从根本上改变了历史与科学哲学之间的关系，由此产生了一个困境。如果科学哲学家否认叙述的解释合法性，他们就无法说明为什么不同的科学史对科学的哲学理解产生了重要影响。如果科学哲学家接受叙述是解释性的，他们仍然需要说明为什么。简言之，不接受叙述解释是哲学自我理解的一个重要缺陷。那么，需要重新阐述历史哲学和科学哲学是如何相互联系的，承认前者相对于后者的优先权，如果不是的话，那么至少它们接近平等。此外，这种困境更适用于历史哲学如何与哲学的其他领域相联系（参见 Roth，2011；Kuukkanen，2015）。

如果科学哲学无法摆脱与历史哲学和历史解释主题的纠缠，那就意味着再次把叙述作为解释的一种形式。因为叙述不仅是一种典型的历史形式，而且是一种不可避免的历史形式（Little，2010）。我认为，任何关于叙述的认知和解释特征的哲学探索，最好从重新审视亚瑟 • 丹图（Arthur Danto）和明克几十年前对叙事形式及其在历史解释中的作用的看法开始。他们分别确定了叙述形式特有的认知因素。此外，明克长期以来坚持认为，历史应该作为任何知识理论的检验案例。具体地说，他认为，由于其独特的叙述形式，历史不能被任何其他声称提供经验

知识的学科所同化。 398

叙述性历史的主张是，它的结构是一种贡献，而不仅仅是一种呈现一系列事实描述的文学技巧。然而，经典的知识理论甚至从来没有阐明事实陈述与叙述结构之间的关系问题，就像它们详细地阐述和讨论了事实陈述与科学理论的结构之间的关系那样。（Mink，1987a：168）

但考虑到他们写作时盛行的哲学时代精神，丹图和明克都没有受到任何关注。[3] 事实上，正统哲学仍然坚持这样一种观点，即对叙述的分析被证明与认知旨趣是不相关的。[4]然而，正如将要表明的那样，他们的见解对于认真考虑这一议题仍然是非常宝贵的。

第二节 叙述的逻辑：三个论题

这给那些对叙述解释的“逻辑”或“形式”感兴趣的人提出了一个基本的哲学挑战。李丹对“叙述”的含义提供了以下有用的注释：“它是对一系列事件展开的一种说明，同时努力解释这些过程和事件是如何以及为什么产生的。叙述的目的是提供一个复杂的历史事件如何以及为什么展开的说明……因此，叙述试图提供对结果的诠释学理解……和因果解释。”（Little，2010：29）明克通过我所谓的“不可拆分性”论题（the non-detachability thesis），帮助填补了这种对叙述的整体主义描述意味着什么。“但是，尽管历史学家可能会在其最后一章中‘总结’结论，但很明显，这些很少或从来不是可拆分的……重要的结论……是论点本身的组成部分……因为它们是通过叙述顺序本身所表征的。作为成分性结论，它们是展示出来的，而不是证明出来的。”（Mink，1987b：79；另见 Mink，1987a：172；Fay et al.，1987：11）在某种意义上，历史解释的事件仅作为对这些历史的建构而存在。作为这一特点的主要结果，叙述只能凭借叙述顺序本身来解释。

我认为，丹图创造了“叙述解释”（Danto，1965：237）这个短语。[5] 随后，它开始命名那种特定于历史的解释形式，并开始捕捉那些在亨佩尔的文章之前就已经存在的差异。“叙述解释”之所以不是丹图自己的矛盾修饰法，这涉及“叙述”一词在其著名的关于理想编年史的思想实验中如何发挥作用，以及丹图认为的叙述句（narrative sentences，丹图创造的另一个词）所具有的作用（参见 Danto，1962）。丹图的叙述句表明，关于时间 t 的所有真实陈述在时间 t 时对任何人而言都不可能知其为真，即使是一个对发生的一切有着完全理解的人。关于 t 的真理在 t 之后继续积累；例如（A）：“三十年战争始于 1618 年。”丹图观察到（A）对于 1618 年而言为真，但即使是对 1618 年每时每刻发生的一切有着完全了解的人也不可能知道它为真。对这一真理的了解和陈述与事态之间的某种符合关系的概念无关，因为根据假设，关于所讨论的任何时刻，没有“事实”发生改变。对于理想编年史的任何期望来说，情况就更糟了。

丹图将类似于（A）这样的句子称为“叙述句”，因为它们以一种表明概念/理论联系的方式将后来的事件与一个先前的事件联系起来。叙述句揭示了某些从
399 后来的时间来看对于先前的时间为真的事件。更多的真理继续积累到过去的时代，只是因为时间的流逝揭示了后来发生的事情的什么前因是潜在于以前的事件当中的。

换句话说，叙述句在新奇的描述下创造新的事件。[6]历史事件只作为描述下的事件而存在，而描述在回溯中不断地出现和变化。简而言之，历史学家希望将事件解释为存在于特定的描述之下的事件，即与回顾相关的描述，即称之为“叙述的视角”。正如丹图所说：

> 完整地去描述一个事件就是把它放在所有正确的故事中，而这是我们做不到的。我们做不到，因为我们对未来的看法是在时间上狭隘的……完整的描述预设了一个叙述组织，而叙述组织就是我们所做的事情。不仅如此，叙述组织的强加在逻辑上给了我们一个难以抹去的主观因素。它有一种完全任意的成分。（Danto，1965：142）

在这里，我们发现了竞争的叙述的形而上学多元性和认识合法性的哲学原理的开端[关于这一观点的发展，请参见 Roth（2012）]。

叙述句在该术语的任何理论相关意义中并不包含叙述，但它们通常隐含着叙述。丹图把这种“在回溯中揭示的前因”视为历史的一个典型标志。叙述句中所隐含的叙述对于后来的时间是如何塑造我们对先前时间的理解和意义进行了延伸说明，这是对于先前时间现下具有的理解和意义，但当时却不可能为人所知。

此外，叙述句并不决定隐含联系的内容，而只是对事件进行宽泛的划定，以进行叙述加工。正如明克所观察到的（Mink，1987c：184），赫伊津哈（Huizinga）的《中世纪的衰落》（*The Waning of the Middle Ages*）一书的标题就显示了一个叙述句，其中人们通过假设先前的时间点和后来的时间点之间的概念联系创造了一个事件。将其置于我正在阐述的叙述解释理论的语境下，赫伊津哈的标题使一个大规模事件变为现实，其命名了一个历史变迁的事件，关于这个历史变迁我们可以知道更多。形成这个宏观事件，才可以指定关于先前某些时候的真相，而这些真相只有在后来的发展中才能知道。

然而，丹图对“叙述”一词的使用在下面两者之间产生了混乱，一方面在概

念上把一个较早的时间与某个较晚的时间联系起来，另一方面又提供了发展这种关系的实际叙述。只有后者才算是这一领域的理论家认为的叙述。更重要的是，丹图对时间语言的重要分析和他创造的“叙述解释”一词并没有表明他的研究有任何兴趣或根据，来辩护叙述本身是一种合法的历史解释形式。相反，他的叙述句的概念生动而有力地解释了为什么人类与历史的关系永远是动态的而不是静态的。因为时间流逝不可避免地揭示了关于过去时代的意义的真理，而这些真理在当时那些时刻是不可知的。简言之，*丹图对历史的认知而非任何叙述学的理解做出了重要而深刻的贡献*。

明克扩展和加强了一些关于形而上学和历史认识论的基本见解，这些见解在丹图关于叙述句的说明和与之相关的关于理想编年史的不可能性论证中是隐含的和未被认识的。他的阐释支持了之前提到的“不可拆分性”论题，关于历史解释与呈现它们的那些叙述之间的相关性。明克的反思也反对任何认为人类历史具有 400 自然或内在结构的假设，也反对任何认为只有一个人类历史的观点。更具体地说，除了前面提到的“不可拆分性”论题之外，我还补充了另外两个论题，来界定作为一种解释形式的叙述的特征。一个是非标准化论题（the non-standardization thesis），另一个是非聚合性论题（the non-aggregativity thesis）。

关于非标准化论题，明克介绍了这个想法的一个版本，他指出：

> 而这样的“叙述句”属于只有历史学家才能讲述的故事……现在的事件可能属于无限多的故事，没有一个故事能够在完成之前被讲述出来。对过去的描述并不是越来越接近一部理想编年史，而是随着有越来越多的描述——这些描述甚至在原则上在先前的时候是没有的——越来越远离一部理想编年史。（Mink，1987d：138-139）

这就突出了历史事件与科学理论为了解释目的而面向的历史事件之间的两个显著差异。其一，历史事件不作为构想存在于某个明确的理论中。事实上，与戴维森关于反常一元论的讨论大致相似，目前没有理由认为，为历史阐释而引起人类兴趣的事件类型将会被某些运用类规律的理论所描述。

简言之，历史中不存在类似于库恩意义上的“常规科学”的东西。没有任何东西能符合常规历史，因为在这方面，没有任何理论能将历史事件规范化。“丹图的论点依赖于以最有力的方式指出，有许多对事件的描述，但没有标准或完整的描述。”（Mink，1987d：139）事实上，非标准化至少在以下方面支持了不可拆分性。因为没有标准化的方法来划分事件类型——比如革命——或者特定的历史事件——比如美国内战——这些都无法与讨论它们的历史中拆分开来。先前的理论不能将这些事件“标准化”，它们也不构成自然类。因此，历史事件只是某些叙述或另外一些叙述的一部分而“存在”。

明克看到的另一个差异出现在他所说的概念不对称上。“概念不对称”是指“只有在事件之后描述才有可能，因为描述依赖于后来的阐释和分析的概念模式，例如，‘罗马的无产者构成了第一批城市无产阶级’”（Mink，1987d：140），重要的是，这使得我们对上述过程的任何理解变得复杂起来，出于研究目的历史事件是由这些过程构成的。概念不对称进一步原则性地阻碍了规范化对历史事件的描述的任何希望。丹图强调叙述句产生的时间不对称性，以及这些不对称性如何挫败任何假设的理想编年史。但他没有评论概念不对称，因此忽略了对历史知识的一个相关重要限制。批判种族理论和女性主义观点可以在此作为例子。后来的概念并没有将事件标准化，而是揭示了以前无法观察到的关系。[7]

但除了非标准化论题外，明克还提出了我所谓的非聚合性论题。这建立在明克对丹图的思想实验的可理解性所作的观察上。明克指出，丹图对理想编年史的设置似乎是合理的，因为人们发现，理想编年史作为历史记录的整体，在最初的
401 建议中并没有明显难以想象的地方。“说我们仍然预设了……一个普遍历史的概念，意味着：我们假定所发生的一切都属于一个单一的、确定的关于不变现实的领域。”（Mink，1987c：194）因此，虽然丹图减少了任何这种编年史的可能性，但明克发现了另一个重要的认识论后果。这涉及一个假设，即历史可以或应该*聚合*。聚合的前提是所有的事件都可以属于某一个叙述，一个隐含的统一视角。但是，不可能有一个单一的故事，就像不可能有一个理想编年史一样，因为新的和不同的事件与新的和不同的故事不断地出现（Mink，1987c：197）。此外，为了聚合，事件必须是可拆分的和标准化的，但是叙述两者都不允许。

因此，“过去”不能作为一个静态的对象而存在，人们可能希望对它的了解越来越多，就像库恩对常规科学的形象那样。因为现在没有任何东西允许将过去视为一个未被讲述或部分被讲述的故事，但无论如何都是同一个故事，一个人类过去可叙述的*永恒的相下*（sub specie aeternitatis）。相反，我们面临这样一个事实，即这些不同的历史“有共同点，那就是不可能聚集在任何‘普遍历史’的名义之下……我们不相信有一个单一故事包含了人类事件的全部，而是相信有许多故事，不仅是关于不同事件的不同故事，而且是关于同一事件的不同故事”（Mink，1987c：193-194，emphasis mine）。如果不存在“主导叙述”，就不存在一种等待被发现的，由证据所提供的单一为真的历史（另见 Roth，2008，2012）。正如非标准化论题所暗示的，历史是通过特定事件形成和被说明的方式来创造过去的。非聚合性补充说，因此不能期望这些历史能连贯起来，在理论上聚合成一个毫无瑕疵的对过去的说明。

第三节　理　性　史

因此，把叙述作为一种解释形式的理由建立在这样一个事实的基础上——并且它是一个事实——哲学家普遍使用叙述来解释，并且这些叙述展现了历史叙述的三个先前所指出的确定特征——结论的不可拆分性、所解释事件的非标准化和叙述解释的非聚合性。因此，在缺乏某种划界标准的情况下，更合理的做法是将叙述历史纳入任何合法解释形式的列表中，而不是继续在理论上排除它们，而在实践中尊重它们。考察一些著名的“理性史”提供了检验案例，来说明叙述是如何作为一种特殊类型的解释发挥作用的。在这方面，我简要地回顾了库恩和迈克尔·弗里德曼的一些著名研究，包括迈克尔·弗里德曼关于分析哲学史的著作。

库恩的研究引起了关于科学史和科学哲学之间关系的争论，这种争论一直持续到今天。关于《科学革命的结构》对哲学的接受，在丹图的以下评论中可以看到一个伟大的甚至是意想不到的讽刺：“库恩提出了一个如此强有力的历史观点，以至于历史不再像亨佩尔认为的那样是一个应用科学，而是成了思考所有科学的基质。”（Danto，1995：72）*丹图的这番话表达了一个重要的事实，尽管这一事实尚未得到承认，库恩的伟大作品实际上颠覆了公认的知识权威的秩序。*特别是，库恩可以被解读为颠覆了哲学观点，即真正的科学是通过超越时间和地点的必然逻辑来运行的。他用一种理性史来取代这一点，在这一理性史中，即使是科学中 402
的好的推理也会随着学科优势理论的变化而变化。

库恩担心历史与科学的关系，但他从来没有令人满意地解决他在这方面的担忧（参见 Roth，2013）。库恩那本著名的著作概述了一个叙述句，因为所谓的革命（科学的或其他的）只有在回溯时才会出现。人们可以尝试在事实之后确定其起始时间，但只有在回溯地看时，这才成为关于先前时间的为真的事实。这个题目当然也很讽刺，因为库恩的论点表明，理论上的变化有一个“结构”——仅仅在这个词松散的意义上。这源于他在科学变革的合理性问题上对亨佩尔式和波普尔式正统学说的挑战，因为无论是确证还是证伪都无法解释在所谓的科学中具有历史意义的理论转变。

然而，人们一直没有注意到的是，库恩的著作本身体现了一种无论亨佩尔还是波普尔都无法接受的解释形式。在这方面要注意的是，即使被算作一门科学，似乎也是回溯地知晓的。一门学科有着以某种方式相关的连续范式——有着特定的历史——这为物理和化学而非占星术和炼金术提供了作为科学的血统。库恩的叙述也显示了，所谓的科学合理性是有历史的。对他的理性史的“论证”在于表明，不同的理论转换案例如何改变了科学中适当程序的构成。库恩对这些连续的转变的描述表明，它们抵制任何对科学合理性的包罗万象的分析。

事实上，《科学革命的结构》恰恰体现了上面概述的叙述解释的那些特征。因为关于范式转换的一般意义的论证不能脱离库恩如何叙述他的科学史中的关键事件。所讨论的事件并不以任何标准化的形式存在，因此关于库恩如何使用“范式”一词的抱怨不绝于耳。他从自己的论点中得出的最受诟病的一个结果——无法清楚地理解任何科学进步的概念——例示了历史无法聚合，至少在某些进步的故事上是如此[库恩在这里赞同明克的研究，具体参见 Roth（2013）]。此外，他的叙述既没有作为某种被称为“科学”的稳定事物的历史，也没有与这一领域的传统历史相聚合。

在过去 15 年的重要工作中，迈克尔·弗里德曼对库恩的科学史提出了挑战，但他是用具体的叙述方式来这样做的。在评论迈克尔·弗里德曼的《理性动力学》（*The Dynamics of Reason*）时，理查德·科瑞斯（Richard Creath）说：“迈克尔·弗里德曼的历史叙述实际上是对理性在发生这些（数学和科学）革命的特定历史语境下的作用的一种阐述……所以历史叙述对迈克尔·弗里德曼的说明确实有效。历史并不是他的论点的例证……而是论点本身——一个强有力的论点。”（Creath，2010：504）迈克尔·弗里德曼十分赞同这种对他的“论点”的描述（Friedman，2010：792，n.317，另见 712ff.)。“无论这种新的科学哲学的命运如何，我认为，毫无疑问的是，在任何严肃的对科学的哲学思考中，对科学史的谨慎和敏感关注必须保持绝对的中心地位。”（Friedman，1993：37）迈克尔·弗里德曼早期也对解释进行了著名的研究。与库恩一样，在这一点上，他不能被指责为对关于解释的哲学争论缺乏了解，或者对科学理论和数学一无所知，或者在这些方面能力不足。然而，也像库恩一样，尽管迈克尔·弗里德曼自觉地使用历史叙述来重塑对
403 科学是什么的思考，但他没有明确地反思叙述是如何解释的。

这种有争议的理性史也延伸到关于逻辑和数学地位的问题上。我们从这个角度来考虑迈克尔·弗里德曼的《分道而行》（Friedman，2000）。因为迈克尔·弗里德曼在上述意义上提供了一种特定的历史叙述解释。就目前的目的而言，他的解释对当代关于被称为分析哲学（当然，其本身现在是多个相互冲突的历史的主题）的状态和内容的争论具有重要意义。在这里，最重要的是应该如何理解分析哲学。这篇文章没有回答要接受哪种历史的问题。重要的是迈克尔·弗里德曼提供了一种叙述解释，这种解释不仅塑造和影响了人们如何看待哲学家所做的，而且塑造和影响了他们应该做什么。

虽然在我对这个词的构型中，迈克尔·弗里德曼的标题不是一个必要特征，但它意味着丹图教我们要致力于的那种叙述句。因为在迈克尔·弗里德曼看来，

达沃斯论坛标志着分道而行。迈克尔·弗里德曼对那次相遇的叙述起因于两个非常不同且有影响力的方式，在那个时候根据这两种方式借用了康德的方案。如此定位了他的叙述之后，他便可以将达沃斯论坛上卡西尔（Cassirer）与海德格尔（Heidegger）之间的对峙，定位为一个更为宽泛的知识故事中的关键时刻。但是，这些"事实"只能回溯地被理解；参加达沃斯论坛的那些人不可能使用当时或现在（或者我敢推测的任何时候）可用的某种解释模型，将当时发生的事情解释为这标志着"欧陆分水岭"（Continental Divide）的起源（参见 Gordon，2010）。

此叙述对如何理解那些给我们的学科以当前形式的人来说十分重要，因此对于我们自己的专业自我理解也具有决定作用。正如迈克尔·弗里德曼所说的，他建议"表明"（show）（他的术语，在语境中有"证明"或"解释"的含义）：

> 卡尔纳普、卡西尔和海德格尔在达沃斯的相遇，对于我们理解我们现在所称的分析哲学传统和欧陆哲学传统之间随后发生的分裂具有特别重要的意义。在这次相遇之前，没有这种分裂……我进一步希望表明，仔细关注下述不同的方式——这三位哲学家的思想以这些不同的方式，从一个与共同的新康德主义核心向截然不同的方向进行发展——可以深刻地阐明分析/欧陆分歧的性质和根源。（Friedman，2000：xi）

迈克尔·弗里德曼旨在说明一个在过去无法预料到的现在如何成为如今存在于其中的知识和专业空间。

我认为，这完全符合丹图和明克坚持的观点。历史解释作为叙述解释，其本身涉及一个发展或创新的过程，而这一过程只在回溯中出现，叙述的目的是追溯这条发展道路，一条没有被任何已知规律等所界定或标记的道路。事件之所以成为一个事件，仅仅是因为我们的兴趣要求它存在；这样构成的事件并不表征或体现某种自然类。沿着这条道路走下去有可能，甚至很可能会改变我们对于如何在对那段历史的改变的理解的基础上继续前进的认识。正如迈克尔·弗里德曼所写的，"我们现在已经到达了我们自己特定故事的开始，也正处于一个基本的智识十字路口"（Friedman，2000：147）。我们不必在所有细节上都同意迈克尔·弗里德 404
曼的观点，和他一样认为，哲学确实站在一个十字路口——源于对弗雷格、罗素、卡尔纳普、维特根斯坦、奎因和塞拉斯的遗产的理解存在分歧，理解方式也备受争议。正如另一位杰出的分析哲学史学家所说的，"就我所讲的故事而言，我认为公平地说，由我们的三位人物（弗雷格、卡尔纳普和奎因）决定性地塑造的哲学中的分析传统的核心部分，在那些自称为这一传统继承者的人那里没有明显的延续"（Ricketts，2004：182）。与科学史一样，分析哲学的历史产生了极为冲突的叙述，这些叙述既不能聚合，也不能达成一致。事实上，这些冲突的叙述被证明不能被相互竞争的作者们识别为是同一主题的历史。

如前所述，历史哲学与科学哲学关系中所表现出的复杂性和混乱也可以轻易地扩展到哲学的其他领域。理性史例证了为什么历史哲学对于理解哲学探究的作用和范围的任何持续努力都应该被认为是重要的和不可避免的。问题不在于是否考虑关注历史解释的本质，而在于为什么哲学家们长期以来一直回避这样做。

注　释

1 关于历史解释争论的专门术语引入了解释的通则模式和个殊模式的区别。前者通过将对事实的陈述组织成解释模式来解释，从而揭示这种模式是如何例示规律或类规律的联系的。后一种模式通过阐述事情发生的语境来解释，因此，情境的特性通过解释来提供所需的内容。解释和理解之间的区别是伴随着这些不同的解释概念而发展的，这种观点认为，通则解释提供了原因，而个殊说明则产生了理解。也就是说，因果解释性说明蕴含潜在的科学规律或至少是它们的类似物，因此不依赖于时间和语境。理解与语境通常是通过寻求理解在特定情境下什么能算作是行动的好的或充分的理由。没有人声称理由的善是可以概括的；这一传统争论的最新扩展，请参阅 Stueber（2006）。关于“批判”或“分析”的历史哲学是如何发展的，参见 Mink（1987a）。

2 本章没有对海登・怀特的作品进行讨论，绝不意味着不欣赏它对与历史叙述相关的哲学问题的发展和讨论。请特别参阅他具有重要创新和持久影响力的 1973 年专著或他的任何一卷论文集。但正如我在其他地方所阐述的那样，怀特并没有直接涉及叙述作为解释的问题；参见 Roth（1992）。有关怀特作品的影响的有用概述，请参见 Vann（1995）和 Vann（1998）。

3 例如，Salmon（1990）只简单地提到了 Hempel（1942）引起的争议。他确实在他的参考书目中引用了丹图的一篇早期的、仍然引人关注的文章，丹图因历史解释的目的而为叙述辩护，参见 Danto（1956），但叙述作为亨佩尔的一个可能的反例却没有被考虑。

4 在最近的一篇调查文章中，Kosso（2011）以观察“知识分析中的哲学问题几乎完全是认识论的”（Kosso，2011：9）开始，并以直截了当地陈述“叙述解释适合于编史学的情境，而不是科学”（Kosso，2011：24）结束。Velleman（2003）对认识论上符合准则的叙述的前景做出了相当负面的评价。历史学家的调查文章表明，对叙述和认识问题的讨论是分离的，因为认识问题根本没有被提及。例如，参见 Rigney（2013）。

5 此语境表明它是丹图自己新创的词语。除此之外，他对这一术语的使用是他对叙述作为一种解释形式的明确辩护的一部分。在波普尔和加利（Gallie）的作品 405
中可以看到对丹图这一术语的类似预见，人们很可能会认为柯林伍德也提出了这一点（Gallie，1964：113-124，but esp. 124；Popper，1957：143-144）。海登·怀特让我注意到了这些。

6 丹图借用安斯康姆（G. E. M. Anscombe）著名的短语“在描述下”来描述是什么使随机事实变成了某类事件，例如，一个被描述为“三十年战争的开始”的事件。我用一个叙述句“概念”来描述一种联系，目的是强调这样一点：虽然“事实”（不管人们多么希望理解这些事实）可能不是人类创造的，但由它们构成的事件却是人类创造的。我把叙述句构成的联系称为“概念性的”，以便强调一点，即虽然“事实”（无论人们多希望了解这些事实是什么）可能不是人为的，但由它们组成的事件却是人为的。

7 哈金实际上重新发现了这一点，并在自己的作品中加以利用。关于哈金对于事件作为描述下的存在这一观念所附加的哲学意义，参见 Hacking（1995：esp. ch. 17）。关于这一点对哈金的讨论，参见 Roth（2002）和 Roth（2013：n.1）。

参考文献

Creath, R. 2010. “The construction of reason: Kant, Carnap, Kuhn, and Beyond,” in M. Domski and M. Dickson (eds.), *Discourse on a New Method: Reinvigorating the Marriage of History and Philosophy of Science*. Chicago: Open Court.

Danto, A. C. 1956. “On explanations in history,” *Philosophy of Science*, 23: 15-30.

——. 1962. “Narrative sentences,” *History and Theory*, 2: 146-179.

——. 1965. *Analytical Philosophy of History*. Cambridge: Cambridge University Press.

——. 1995. “The decline and fall of analytical philosophy of history,” in F. Ankersmit and H. Kellner (eds.), *A New Philosophy of History*. Chicago: University of Chicago Press.

Domski, M. and M. Dickson. 2010. “Introduction,” in M. Domski and M. Dickson (eds.), *Discourse on a New Method: Reinvigorating the Marriage of History and Philosophy of Science*. Chicago: Open Court.

Fay, B., E. O. Golob, and R. T. Vann. 1987. “Introduction,” in B. Fay, E. O. Golob, and R. T. Vann (eds.), *Historical Understanding*. Ithaca, NY: Cornell University Press.

Friedman, M. 1993. “Remarks on the history of science and the history of philosophy,” in P. Horwich (Ed.), *World Changes: Thomas Kuhn and the Nature of Science*. Cambridge, MA: MIT Press.

——. 2000. *A Parting of the Ways*. Chicago: Open Court.

——. 2010. “Synthetic history reconsidered,” in M. Domski and M. Dickson (eds.), *Discourse on a New Method: Reinvigorating the Marriage of History and Philosophy of Science*. Chicago: Open Court.

Gallie, W. B. 1964. *Philosophy and the Historical Understanding*. London: Chatto & Windus.

Gordon, P. 2010. *Continental Divide: Heidegger, Cassirer, Davos*. Cambridge, MA: Harvard University Press.

Habermas, J. 1988. *On the Logic of the Social Sciences*. Cambridge, MA: MIT Press.

Hacking, I. 1995. *Rewriting the Soul*. Princeton, NJ: Princeton University Press.

Hempel, C. G. 1942. "The function of general laws in history," *Journal of Philosophy*, 39: 35-48.

Kosso, P. 2011. "Philosophy as historiography," in A. Tucker (ed.), *A Companion to the Philosophy of History and Historiography*. Malden, MA: Wiley-Blackwell.

Kuukkanen, J.-M. 2015. *Postnarrativist Philosophy of Historiography*. New York: Palgrave Macmillan.

Little, D. 2010. *New Contributions to the Philosophy of History*. New York: Springer.

Mink, L. O. 1987a. "The divergence of history and sociology in recent philosophy of history," in B. Fay, E. O. Golob, and R. T. Vann (eds.), *Historical Understanding*. Ithaca, NY: Cornell University Press.

——. 1987b. "The autonomy of historical understanding," in B. Fay, E. O. Golob, and R. T. Vann(eds.), *Historical Understanding*. Ithaca, NY: Cornell University Press.

——. 1987c. "Narrative form as a cognitive instrument," in B. Fay, E. O. Golob, and R. T. Vann (eds.) *Historical Understanding*. Ithaca, NY: Cornell University Press.

——. 1987d. "Philosophical analysis and historical understanding," in B. Fay, E. O. Golob, and R. T. Vann (eds.), *Historical Understanding*. Ithaca, NY: Cornell University Press.

Popper, K. 1957. *The Poverty of Historicism*. London: Routledge and Kegan Paul.

Richardson, A. 2002. "Narrating the history of reason itself: Friedman, Kuhn, and a constitutive a priori for the twenty-first century," *Perspectives on Science*, 10: 253-274.

——. 2003. "Conceiving, experiencing, and conceiving experiencing: neo-Kantianism and the history
406 of the concept of experience," *Topoi*, 22: 55-67.

Ricketts, T. 2004. "Frege, Carnap, and Quine: continuities and discontinuities," in S. Awodey and C. Klein (ed.), *Carnap Brought Home*. La Salle, IL: Open Court.

Rigney, A. 2013. "History as text: narrative theory and history," in N. Partner and S. Foot (eds.), *The Sage Handbook of Historical Theory*. Thousand Oaks, CA: Sage.

Roth, P. A. 1992. "Hayden White and the aesthetics of historiography," *History of the Human Sciences*, 5: 17-35.

——. 2002. "Ways of pastmaking," *History of the Human Sciences*, 15: 125-143.

——. 2008. "Philosophy of science after Quine," in S. Psillos and M. Curd (eds.), *The Routledge. Companion to the Philosophy of Science*. New York: Routledge.

——. (ed.). 2011. "What does history matter to ..." *Journal of the Philosophy of History*, 53. [whole issue].

——. 2012. "The pasts," *History and Theory*, 51(October): 313-339.

——. 2013. "The silence of the norms: the missing historiography of *The Structure of Scientific Revolutions*," *Studies in History and Philosophy of Science*, 44: 545-552.

Salmon, W. C. 1990. *Four Decades of Scientific Explanation*. Minneapolis: University of Minnesota

Press.

Stueber, K. R. 2006. *Rediscovering Empathy*. Cambridge, MA: Bradford.

Vann, R. T. 1995. "Turning linguistic: history and theory and *History and Theory*, 1960-1975," in F. R. Ankersmit and H. Kellner (eds.), *A New Philosophy of History*. London: Reaktion.

——. 1998. "The reception of Hayden White," *History and Theory*, 37: 143-161.

Velleman, D. 2003. "Narrative explanation," *Philosophical Review*, 112: 1-25.

White, H. 1973. *Metahistory*. Baltimore, MD: Johns Hopkins University Press.

Zammito, J. H. 2004. *A Nice Derangement of Epistemes: Post-Positivism in the Study of Science from Quine to Latour*. Chicago: University of Chicago Press. 407

第三十五章　心理学哲学

尼科·奥兰迪（Nico Orlandi）　珍妮特·迪尼沙克（Janette Dinishak）

撰写一篇介绍心理学哲学的简短文章是一项艰巨的任务。这至少有两个原因。首先，心理学是一门庞大的学科。它包括社会心理学、行为心理学、认知心理学、比较心理学、人工智能、神经心理学及临床心理学。这些不同的研究领域是否具有共同主线本身就是一个哲学问题（Hatfield，2002）。

其次，心理学哲学是否具有其独特的研究主题，例如，心理学哲学与心灵哲学之间是否存在区别，目前尚不清楚。有些人认为“心灵哲学”和“心理学哲学”是同一研究领域的两个标签（Jackson and Rey，1998）。另一些人则认为，心理学哲学与心灵哲学的区别不在于研究主题，而在于谁更接近当前的实证研究（Bermúdez，2005；Mason et al.，2008）。

为使我们对这个领域有一个清晰的（可能是片面的）认识，我们建议将心理学哲学看作是对如何研究心灵问题的一种反思，即如何研究心理学的问题。这是一个与心灵是什么不同的问题（虽然相关），我们认为它是心灵哲学的核心。

为进一步控制我们的研究主题，我们主要关注认知心理学的方法论。我们将认知心理学理解为心理学的一个分支，它的目的是构建预测和解释人类行为的认知状态和过程。

接下来，我们将探讨科学心理学这一领域应该如何开展。我们首先要问的是，信念、欲望和意图等常识心理学范畴是否应该成为科学心理学的一部分。这个问题就是贝穆德斯所说的“界面问题”（Bermúdez，2005）。在引入这一问题之后，我们考察它在读心和理性两个实证研究领域的表现。然后，我们通过概述最近在精神病学哲学上的一些讨论，来说明如何研究心灵这个问题的一些其他方法。

第一节　常识心理学：还原论、实在论、取消主义、工具主义

认知心理学是一门相对较新的科学学科，直到 20 世纪才以更为严谨的形式发展起来。虽然这门学科最初的焦点是意识，即对意识心理活动进行描述，但现在

人们的关注点已经转向预测和解释（Hatfield，2002）。认知心理学家旨在了解心理状态和过程以达到预测的目的，但是认知心理学应该怎么做呢？

为了解决这个问题，我们可以将常识心理学（common-sense psychology）或民间心理学和神经科学进行比较。常识心理学和神经科学的目的都是了解人们的行为，但它们是通过使用不同的工具来实现的。常识心理学认为，人们的信念、欲望、意图和恐惧在一定程度上决定了他们的行为。另外，神经科学家专注于神经和生理状态和过程。这些不同的预测和解释行为的方法之间有什么关系？从科学的角度看，两者孰优孰劣？

在形而上学和科学哲学中，这些问题有时可以根据描述的层次来界定（Putnam，1987；Heil，2003）。我们可以将常识心理学和神经科学解释为在不同层次上描述人的理论。常识心理学用"宏观的"术语来描述人，即具有以多种（理性的）方式相互联系的心理状态的主体。相比之下，神经科学用"微观的"、物理的术语对人进行描述——也就是说，在突触、神经元刺激和化学分泌物方面进行描述。这两种描述在某种程度上可能都很好，但都是"派别之争"。每种描述都假定存在特定的对象和属性，这些对象和属性是该描述所特有的。因此，这两种描述的预测能力也可能不同。

一个核心问题是，从科学的角度来看，这些描述是否同样好。我们应该将第一种观点还原为第二种吗？当我们在研究科学心理学的时候，我们应该排除其中一种而选择另一种吗？如果常识心理学的描述是不可消除的，这是因为它在宏观层面上解释了高于微观层面的东西吗？

当我们回答这些问题时，我们可以想到四种主要的立场，它们似乎涵盖了所有可能的答案。这些立场是还原论、（意向性）实在论[1]、取消主义和工具主义。

一、还原论

还原论有不同的形式，但其中一种观点认为，宏观或常识层面的描述是更复杂的神经描述的*简化*。当我们以常识的、心理的术语来描述人类主体时，我们指的是微物理和微生理的实体和属性。由于微观描述过于复杂，我们使用通俗的（非科学意义上的）术语。然而，最终所有的常识心理学的描述都应该可以翻译成神经生理学的语言（Carnap，1932/1959；Hempel，1935/1949）。卡尔纳普有句名言："每个心理句子都是指一个人（或几个人）身体上发生的事件。"（Carnap，1932/1959：197；引自 Hatfield，2002）在这一观点中，常识心理学和神经生理学描述之间存在着本体论上的不对称，因为前者不能反映出在神经层次上存在的实体和属性。

在心理学中，早期的行为主义者有时被认为是采取还原论的立场（Watson，1913）。行为主义本身具有不同的理论形式。众所周知，一些支持者赞同*方法论*上的主张，即心灵科学应该只关注可观察到的东西——例如，可观察到的刺激、行
409 为和干预的生理状态（Skinner，1938）。在其他形式中，行为主义被理解为一种对心理状态和过程本质的看法，即它们还原为行为倾向。例如，相信正在下雨，等同于倾向于断言正在下雨，抓起一把伞，并具有其他行为和生理表现（Skinner，1938；Tolman，1932）。在其他理论中，行为主义者似乎采纳了还原论的观点，即所有关于隐性的心理状态和过程的讨论都应该被转化为——或者理解为——关于行为和生理倾向的讨论（Watson，1913；Ryle，1949/2009）。[2]

尽管行为主义和还原论在本体论上是简约的，但它们受到了多方面的批评。首先，一些还原论者和行为主义者所提倡的那种转化，要么没有抓住并解释心理活动，要么重新引入了心灵主义的内容（Chomsky，1967）。心理状态和过程更容易被理解为行为的隐性原因，其不会变成行为。

这种状态和过程也不会还原为生理和神经的状态与过程。还原论认为，如果我们描述一个人相信某事，并且一只猫相信同一件事，那么这个人和猫应该具有共同的微观生理特性。这是因为根据还原论者的观点，“相信某事”可以还原为一种微观生理状态。不同被试可以被正确地描述为对他们所处的某种微观物理状态具有特定的信念。

然而，心理状态和过程通常被认为是*多重实现的*（Putnam，1967）。不同的神经生理和大脑状态在不同的生物中可以实现同一信念。这意味着正确信念的产生并不依赖于具有特定的生理机能。

这部分原因可能是，还原论范式在心理学上已经基本被抛弃，意向实在论成为一种替代方案。

二、实在论

根据意向实在论，心灵主义不是行为或神经生理学的简化。常识心理学术语指的是真实的心理实体，它们不能被还原为神经生理或其他物理实体。认知心理学的首要目标是揭示信念、欲望和意图相互关联并影响行为的合理方式。[3]

在这种范式下，心理学不能还原为神经科学。二者是相互独立的，就像计算机软件的研究与硬件的研究是相互独立的一样。

当然，对这种实在论的直接挑战是确定心理状态和过程的性质。心理状态是

抽象的实体吗？它们是非物质的、纯粹的精神实体吗？它们是功能性实体吗？根据规范的不同，实在论者可能既坚持唯物主义的观点，又不屈从于还原论。

这种实在论观点的第二个挑战是解释心理实体和神经生理实体之间的关系。直观上，前者取决于后者的因果效力。信念通过它在大脑中的物理实现来影响行为。宏观层面上实体和属性的因果力似乎取决于微观层面上的物理内容。因此，在宏观层面实体的因果依赖性与其本体论独立性之间似乎存在着一种张力。这引发了一场关于心理因果效力的有益争论（Heil，2003；Kim，1993）。 410

笛卡儿可以被视为一个早期的实在论者，他的立场面临上述两种挑战。笛卡儿认为，心理构成了一个独立和非物质的领域，不能还原为物理和机械的领域（Descartes，1641/1996）。[4]

理解心理的因果效力是早期行为主义者反对笛卡儿主义的主要问题之一。吉尔伯特•赖尔（Gilbert Ryle）特别指出，非物质实体是如何影响物理实体的，这是非常神秘的。根据赖尔的观点，接受笛卡儿所推荐的实在论就等同于放弃对心灵进行科学理解的希望（Ryle，1949/2009）。

最近，福多为一种不同类型的意向实在论（Fodor，1987）进行辩护。与许多其他的心灵哲学家一样，福多从功能的角度来理解心理状态和过程——这（大致）是由它们在机体内的功能来定义的（Putnam，1967；Armstrong，1981/2002）。例如，当某人处于一种内在状态时，她认为下雨了，这种内在状态通常是由对世界上的雨的（或指称）感知引起的，并且会引起某些行为。

通过对心理状态的功能理解，福多认为信念-欲望心理学是有用且不可缺少的（Fodor，1987）。根据福多的观点，无论是在实验中还是在日常环境中，信念-欲望心理学在预测和解释行为方面非常成功。它类似于自然科学，有一个演绎结构——预测是从它的概括中推导出来的——并假设有一个无法观察到的（隐藏的心理状态）来发挥说明功能。

此外，福多通过多重可实现理论，主张信念-欲望心理学是不可或缺的。它假设实体在神经学层面上是多重可实现的，解释了行为本身是通过物理运动多重可实现的。常识心理学的概括涉及实在的一个层面，它将生理学和神经学所描述的层面进行了交叉分类。心理学不是关于身体运动的理论，而是关于各种行为的理论。它不是关于一个人如何具体地抓起一把伞，而是关于一个人这样做的普遍事实和原因。

更为重要的是，福多指出，信念-欲望心理学与科学认知心理学完成的工作相一致，这一事实强化了这些观点。根据福多的观点，这一心理学的分支同时致力于心智的表征理论（representational theory of mind，RTM）和心智的计算理论（computational theory of mind，CTM）。

正如其名称所指出的，这些理论来自心理学（和哲学）与计算机科学的合作——基本思想是大脑类似于数字计算机（Turing，1950）。RTM 与 CTM 认为心理状态和过程是一种功能状态和过程，可以被理解为关系和操作、心理表征或符号。有意识生物具有类似于数字计算机软件的内部符号状态。当某人相信下雨时，他就处于一种内在的象征状态，意指世界上的雨。这种状态通常是由降雨引起的，它通常会导致某些可预测的行为。福多著名的理论是将有意识生物的内部符号库称为*思维的语言*，这引发了一场关于这种语言是天生的还是后天习得的长期争论。

根据福多的观点，通过引入这种语言，将心理学理论转移到与信念-欲望心理学所引入的实体相类似的实体上。RTM 和 CTM 假设存在有意义的且不会还原为生理和神经状态的内在的、不可观察的状态。这些状态具有命题态度（信念、欲
411 望、希望等）也具有的特征。它们在语义上是可评价的，具有因果关系，它们以心理学所描述的各种复杂方式相互作用。因此，信念-欲望心理学得到了计算、科学心理学的支持。

意向实在论是心灵哲学中一系列核心争论的沃土。其中一个争论是关于如何最好地理解可能构成心理活动的计算过程。福多区分了两种类型的计算过程——*模块化*和*非模块化*（Fodor，1987）。根据福多的观点，前者具有一些独特的属性：它们是快速的、自动的、不受来自其他过程信息的影响，通常是先天的，在特定的大脑区域可定位，它们表现出特有的故障，具有浅显的或非概念性的输出，只接受一组有限的和特有的输入。视觉和听觉等感知过程，以及一些语言能力是模块化的。

非模块化过程往往不具有这些特征。它们在推理过程上是混杂的、后天习得的、概念性的，并且在大脑中不能很好地定位。福多认为，人类的推理能力和更高的认知能力是非模块化的。

关于心理是否包含类似模块的东西，这是否是一个有用的区别，福多关于什么是模块和什么不是模块的观点是否正确，一直存在争议（Machery，2010）。一些心理学家和哲学家认为，感知不是模式化的（Churchland，1989），推理能力是模式化的（Carruthers，2006；Sperber，1994）。

实在论的另一个争论是，计算范式关注如何最好地理解心理状态的语义内容。信念、欲望、意图和恐惧被理解为具有语义内容的功能状态。下雨这一信念的真值条件取决于它是否真的在下雨。这就存在一个问题，是什么赋予信念和其他心理状态的内容。外在论者倾向于认为，心理状态之所以有内容，是因为个体与他们所处的社会和自然环境之间存在某种联系（Burge，1979/1986；Putnam，1975）。相反，内在论者则认为心理内容可以由认知者的内部组织提供，例如，由一个信念与网络中其他信念之间的关系提供（Harman，1987）。

如何在实在论/计算主义框架中理解个体与环境之间的关系，这一问题也产生了新的外在论形式，不仅涉及内容，还涉及心理状态和过程的定位与构成。一个特别活跃的争论是关于心理状态和过程是否能够延伸到个体的皮肤之外（Clark and Chalmers，1998）。反对者主张保留传统观念，即心理活动是认知者内在的（Rupert，2004）。

尽管在这些问题上一直存在分歧，但意向实在论者的普遍共识是，心理状态是真实的实体，不会还原为神经生理和行为实体。这使实在论者陷入了某种本体论的承诺。那些不赞成实在论这一方面的人——或许也不赞成它对预测成功的可疑主张——可能会采用一种被称为“取消主义”的替代方法。

三、取消主义

正如我们在第一节第一部分中看到的，还原论存在的问题是，在常识层面上使用的术语似乎并不是指微观物理状态和过程，它们似乎是不可还原的实体和属性。但是，如果有人认为，从本体论上讲，所有的存在都是物理和神经生理学科学所承认的实体和属性，那么他可能会倾向于认为，在常识层面上的术语和谓词根本不指代任何对象。或者，它们是我们语言中的术语，如“圣诞老人”，它们不 412
指任何存在的实体。

这是取消主义的核心主张。我们用心理学术语对人的常识描述并不能指出微观的物理状态和过程，而这种描述也不能指出那些状态和过程之外的任何东西，因为没有任何东西是超出这些状态和过程之外的。因此，严格说来，宏观层面的描述是错误的。说到心理学，我们关于信念、欲望和意图的词汇可以而且应该被更精确的神经科学词汇所取代。常识心理学——也许还有现在的认知心理学——最终应该被淘汰。

取消主义与还原论一样，存在不同的形式。一些取消主义者强调在解释心理过程中语法具有中心地位，而内容则可有可无（Stich，1996）。其他形式的取消主义是与非古典的和非福多式的心理活动计算模型一起发展起来的——例如，联结主义（Rumelhart et al.，1988）。保罗·丘奇兰德有一个著名的论断：作为心理模型的人工神经网络的出现，支持了对信仰-欲望心理的抛弃。按照丘奇兰德的说法，这种心理就像炼金术一样，是虚假的、停滞不前的，远非不可或缺的（Churchland，1981）。

联结主义理解心理活动的方式不依赖于符号状态，这有助于支持丘奇兰德的观点。人工神经网络是由相互联结的单元构成的网络，通过扩散激活水平来传播信息，模拟生物大脑。建立网络具有不同的方法，但有些人可以通过使用简单的单位和联结来学习执行认知功能（如下棋，或识别人脸），而不是使用更复杂的符号和表征结构。

关于联结主义网络是否运用表征，一直存在争议。与经典的人工智能模型相比，它们更倾向于非表征性解释（Ramsey，1997；Ramsey et al.，1991）。至少，联结主义网络没有使用福多意义上的思维语言，它们没有引入与常识信念和欲望相似的象征性结构。网络中的单位——不同于语言中的单词和其他语法单位——没有合适的语义解释。因此，很难确定信念在联结主义网络中会是什么样子。这似乎只是网络做某些事情的一种倾向，这让人联想到某种行为主义。

动力学也有类似的取消主义倾向，这是一种基于统计力学分支研究心理的最新方法，该分支研究身体随时间而产生的进化。动力学家认为心灵是动态的物理系统，其行为可以通过动态系统理论的微分方程来预测，而不涉及诸如信念和欲望等不可观测的事物（van Gelder，1995）。

取消主义在保持本体论受人尊重的同时，与根深蒂固的直觉形成对比，后者认为谈论心理状态是说明性的，与谈论圣诞老人不同。工具主义试图保持这种直觉。

四、工具主义

到目前为止，我们已经将意向实在论、取消主义和还原论描述为心理学哲学
413 的三大主要竞争对手。丹尼特（Dennett，1981）发展了第四种。丹尼特认为，信念、欲望、意图和其他心理状态的存在，既不是一个完全客观的事实——类似于某人是否有病毒——也不是一个完全虚构的体验事实。相反，一个人是否具有信念取决于我们对什么感兴趣。

丹尼特认为，虽然心理状态是完全客观的现象，但它们只能从采用某种预测策略的人的角度来识别。此外，这些心理状态的存在只能通过对策略成功与否的评估来加以确认。这意味着，如果在预测人类行为时，我们需要将他们看作是具有意向性的行动者——将信念、欲望和意图赋予他们——那么这些状态的存在就是最真实的。如果我们采用一种纯粹的物理方法，我们就不会找到这种心理状态。采取这样的立场会阻止我们辨别任何心理上的东西。

工具主义的立场究竟是连贯而稳定的，还是融入了实在论和取消主义，这是一个具有争议的问题。这种争论的最新形式与心理内容的概念有关（Neander，2015；Egan，2014）。正如我们所看到的，心理状态被认为是有内容的，问题是这些内容是如何产生的。关于心理内容，取消论者认为，这一概念在我们的科学理

论中不应该存在，而实在论者则认为它应该存在。对于内容是否可以还原为关于世界的自然事实，不同流派的意向实在论者意见不一。

实用主义者与工具主义者类似，对内容形成一种替代方案。根据实用主义的观点，内容是否存在并不完全是一个客观的事实问题，而是取决于实用主义的考虑，例如取决于内容归属对于说明和预测目的的有用性。正如工具主义那样，实用主义是否构成了一种真正的替代方案，目前还不清楚。

在对这四种主要理论进行论述之后，我们现在简单地转向经验认知心理学的两个分支，看看关于常识心理学的争论是如何展开的。

第二节　读　　心

到目前为止，我们所看到的论证都是非常普遍和规范的。它们关注我们是否应该在科学心理学中保留常识心理学观念。然而，我们是否以及如何在日常生活中运用这些概念来预测和解释他人的行为，这是一个更深层次的问题。

当我们理解他人的欲望、意图、情感和信念时，我们就是“读心”[5]或“心理化”。读心的能力使社会协调成为可能。但是我们应该如何描述和解释读心呢？

在很大程度上，两种方法主导了对读心本质的探究：“理论-理论”（theory-theory，TT）（Churchland，1979；Dennett，1987；Gopnik and Meltzoff，1997）和“模拟理论”（simulation theory，ST）（Davies，1994；Goldman，2006；Gordon，1986；Heal，1998）。TT 解释了人类通过拥有和使用心智理论来预测行为的能力。心智理论——与常识心理学没什么不同——是对关于人类心理状态和行为是如何联系在一起的概括。它允许某人从可观察到的行为中推断出心理状态，进而根据心理状态的归属来预测行为。例如，某人可能从一种认为会下雨和想要保持干燥的想法中推断出抓伞的行为。

根据 ST 的观点，当我们运用我们的读心能力时，TT 错误地描述了我们所做的事情。TT 过分强调理论推论和理论的必要性。ST 认为读心涉及富有想象力地 414
采用他人的视角，且用自己的思维作为模型来模拟他人的行为。

模拟理论家经常区分简单和复杂的模拟形式。低级模拟在很大程度上是一种自动的“心理模拟”，是由观察引起的。高级模拟是有意识的且更复杂的：某人采用目标的视角，并且反映目标的情况。某人也会想象对于他人事物现在是怎样的，过去是怎样的，或者将会怎样，并且想象如果你处于他人的位置你会怎样。虽然 ST 不要求拥有理论，但高级模拟假定了实质性的心理复杂性。

在一段时间内，TT 和 ST 被认为是解释读心的两种重要理论，并且被认为相互排斥。最近，越来越多的人认为需要将理论方法结合起来。这一定程度上是由于人们发现读心是一种复杂的现象，它不仅涉及预测和说明，还涉及对赞成和批评的归因（Knobe，2007）。例如，意图的归因对于是否想要归咎于归因的主体是很敏感的。

目前，TT 和 ST 相融合的理论以及“第三种”替代理论正在形成。受现象学和解释学传统启发的方法尤为强势。例如，“直接感知观点”（direct perception view，DPV）的支持者（Zahavi，2010；Krueger and Overgaard，2012）拒绝接受他们所认为 TT 和 ST 的普遍假设，即思维不能被感知。根据 DPV，在某些情况下，他人的情绪可以在他们的表达行为模式中被直接感知。而反对观点则认为，其倡导者接受一种粗糙的行为主义（Jacob，2011）。

叙事实践假说（Gallagher，2012；Gallagher and Hutto，2008）也是一个新的理论。据此理论，成熟的读心最好被理解为一种叙事能力。这种能力是产生和解释叙事的主体间实践，即叙述某人在共同的社会文化规范下的行为。

第三节　理　　性

常识心理学假定人类在某种程度上是理性的存在。相信就是理性。相信者不只是像石头那样对物理力量做出反应。他们的行为可能源于他们所相信的事实，而不是事实本身。

因此，相信者对他们应该做的事作出反应，而不只是对他们无能为力的事件出反应（Plato，1992）。信念、欲望和意图以一种理性的方式相互联系，并与行为相关。如果某人相信在下雨，那么他就应该同时具有某种行为和某种信念。相信有雨意味着一个人也应该相信世界上有水。将这种“雨的信念”归因于一个没有任何与之逻辑相关信念的人，以及一个没有任何相应行为的人，似乎很奇怪。可以说，一个极度矛盾的存在，不是一个相信者（Aristotle，1998：IV）。

近年来，实证研究对理性的常识心理学假设提出了疑问。人类被认为受到偏见和启发法的扭曲（Kahneman，2011；Tversky and Kahneman，1974；Piattelli-Palmarini，1994）。当涉及概率的概念时尤其如此，例如，当要求被试在给定一些
415 故事背景的情况下判断某个事件的概率时。人们通常忽略了基本比率，忽视了众所周知的统计事实。例如，无论“合取故事”听起来多么可信，事件的合取总是比单个事件发生的可能性要小。

此外，即使在概率领域之外，人们也会陷入矛盾的思考，一厢情愿的思考，以及确认偏见，只看到证实他们观点的证据（Mandelbaum，2013）。

这些证据表明的是一个具有争议的问题。虽然有人可能会认为，理性的假设——以及随之而来的常识心理学——应该被放弃，转而支持工具主义者或取消主义者的立场，但一个可行的选择是重新定义理性，不要对人类主体强加不切实际的要求（Cherniak，1990）。这样做的目的是找到一种最小限度的理性，在与证据相符的情况下，允许对信念进行归因。无论如何，理性的常识心理学观念似乎需要重新思考。

第四节　精神病学哲学

在第一至第三节中，我们集中讨论了衔接问题。在这里，我们简要介绍一下在精神病学哲学中如何研究心理问题。我们特别关注的方法论问题是，对“异常”的研究是否以及如何能够阐明我们对“正常”的理解。

关于非典型性发展和精神病理学形式（如孤独症、精神分裂症和成瘾）的实证研究，为哲学家们提供了偏离典型人类经验的现实生活例子。这种偏差暴露出过度关注“正常”情况的假设。例如，一些哲学家（如 Sass et al.，2000；Overgaard，2007；Fuchs，2009）认为，与精神分裂症相关的经验性异常——如思维插入——可以作为“属我性”这一哲学主张的反例。“属我性”是第一人称所有权的感觉，这对人类的经验来说可能是必不可少的。相比之下，思维插入是指别人在通过自己的思想进行思考，从而否认“插入”的思想是自己的思想。正如奥弗加德（Overgaard，2007）所指出的，当面对插入的证据时，哲学家不得不选择“要么采用一种极其难以令人信服的观点，即精神分裂症患者没有（人类）经验，要么放弃最初的主张”（Overgaard，2007：39-40）。

因此，偏差的例子有助于修正我们关于心智的假设。然而，在大多数情况下，我们以不同的方式使用偏差。它们被用作类比对象。特定的精神病理学被用来表明认知功能的“正常”情况，反之亦然，“正常”情况被用来阐明病理中缺失的东西。

第一，病理学被用来构建典型认知结构的模型。例如，威廉姆斯综合征患者语言能力的保留模式被认为是语言生物典型认知结构的特定模型的证据（参见 Karmiloff-Smith，1992；Bellugi et al.，1994；Clahsen and Almazan，1998；Karmiloff-Smith et al.，1997）。

第二，典型的认知发展被用来揭示受精神病理所影响的个体究竟缺失什么。
遵循这种方法论的主要方法是基于缺陷的精神病理学模型。我们可以从认知在典 416
型案例中如何运作开始，通过引用正常认知被选择性损伤的方式来解释与病理条件相关的现象（Cratsley and Samuels，2013）。例如，西蒙·巴伦-科恩（Simon

Baron-Cohen）等认为孤独症的社交和沟通障碍是由典型被试存在的“心智理论”模块的选择性损伤所致（Baron-Cohen et al.，1985：44）。

最近，关于发展精神病理学的此种运用受到了挑战。卡米洛夫-史密斯（Karmiloff-Smith，1992；2002）认为，这种运用依赖于一个错误的假设，即非典型发展可以产生选择性缺陷，而系统的其他部分却可以正常发展（Thomas and Karmiloff-Smith，2002）。那些非典型发展的成熟大脑可能是如此地不同，以至于人们必须以其自身的能力直接模仿它们。使用典型认知结构模型来推断特定认知缺陷的存在是有问题的。[6]

第五节 结　论

在这一章中，我们介绍了心理学哲学，作为对如何研究心灵的反思。我们首先讨论了这个问题，涉及是否应该在科学心理学中保留常识心理学概念，如信念。在探讨了这一主题的主要立场之后，我们考察了当前实证研究的两个领域，在这两个领域中，关于常识心理学的性质和地位的争论显得尤为突出。我们以一些方法论上的思考结束了本章的讨论，这是关于“正常”思维的研究和“异常”思维的研究（精神病理学）之间的相互作用。这些理论出现在精神病学哲学中，这是一个新兴的领域，有望进一步发展我们对如何最好地研究心理学的理解。

注　释

1 “实在论”这个标签被用以不同的方式描述不同的立场。例如，“科学实在论”是关于科学理论及其本体论承诺的一般观点。在这一章中，我们关注的是“意向实在论”，这是一种特定于心理学哲学的观点。根据其主要支持者之一福多（Fodor，1987）所描述和命名的意向实在论，常识心理学是科学心理学发展的起点，其假设是真实和不可还原的心理实体。意向实在论和科学实在论虽然在范围上有所不同，但它们都有一个共同的直觉：如果一个理论在某一领域取得了成功，那么它很可能存在真实的实体和属性。接下来，当我们使用“实在论”这个标签时，我们指的是“意向实在论”。

2 参见 Hatfield（2002）对托尔曼和沃森等经典行为学家的不同解释。赖尔自己很难被归为还原论者。他的著作可以被解读为试图分析心理状态的概念——也就是说，当人们谈论心理状态时，他们实际上指的是什么。

3 这里有一个复杂的问题是关于由意向实在论者提出的主张的性质。当实在论者断言信念和欲望是真实的，他可以提出本体论或认识论的主张（或两者兼而有之）。对实在论立场的认知解读是，信念和欲望是真实的，只是在需要说明的意义上。在这一章中，我们以意向实在论者的观点认为，常识心理学在认识论上是有用的，在本体论上是真实的。感谢李·麦金太尔提出这个问题。

4 笛卡儿是否以及如何被解读为实在论者是一个解释性的争论。部分挑战涉及他的本体论和认知承诺之间的相互作用。有关笛卡儿如何被解读为心理领域的实在论者的有益讨论，请参见 Hatfield（2014）。 417

5 这里和心理科学中使用的“读心”是一个技术术语，不应该与用于解释心灵感应的思想传递的“读心”相混淆。

6 有关对卡米洛夫-史密斯论点的详细评论，请参见 Machery（2011）。麦锡瑞将非典型发展可能影响很多（也许是所有）认知系统的说法与非典型发展产生不同类型的系统的说法区分开来，并认为人们可以认可第一种说法，而不必接受第二种更强的说法。

参考文献

Aristotle. 1998. *The Metaphysics*, H. Lawson-Tancred, H. (trans. and ed.). London: Penguin Books.

Armstrong, D. 1981/2002. "The causal theory of the mind," in David J. Chalmers(ed.), *Philosophy of Mind: Classical and Contemporary Readings*. Oxford: Oxford University Press: 80-87.

Baron-Cohen, S., Leslie, A. M., and Frith, U. 1985. "Does the autistic child have a 'theory of mind'?" *Cognition*, 21: 37-46.

Bellugi, U., Wang, P., Jernigan, T. 1994. "Williams syndrome: an unusual neuropsychological profile," in Sarah Broman and Jordan Grafman(ed.), *Atypical Cognitive Deficits in Developmental Disorders: Implications for Brain Function*. Hillsdale, NJ: Erlbaum Press: 23-56.

Bermúdez, J. L. 2005. *Philosophy of Psychology: A Contemporary Introduction*. New York: Routledge.

Burge, T. 1979. "Individualism and the mental," in Peter French, Edward Uehling, and Howard Wettstein (ed.), *Midwest Studies in Philosophy, IV*. Minneapolis: University of Minnesota Press: 73-121.

Burge, T. 1986. "Individualism and psychology," *Philosophical Review*, 95: 3-45.

Carnap, R. 1932/1959. "Psychologie in physikalischer sprache," *Erkenntnis*, 3: 10-42. Trans. George Schick as "Psychology in physical language," in A. J. Ayer (ed.), *Logical Positivism*. New York: Free Press: 165-197.

Carruthers, P. 2006. *The Architecture of the Mind*. Oxford: Oxford University Press.

Cherniak, C. 1990. *Minimal Rationality*. Cambridge, MA: MIT Press.

Chomsky, N. 1967. "A review of B. F. Skinner's verbal behavior," in Leon A. Jakobovits and Murray S. Miron(ed.), *Readings in the Psychology of Language*. Englewood Cliffs, NJ: Prentice Hall:

142-143.

Churchland, P. M. 1979. *Scientific Realism and the Plasticity of Mind*. Cambridge: Cambridge University Press.

Churchland, P. M. 1981. "Eliminative materialism and the propositional attitudes," *Journal of Philosophy*, 78(2): 67-90.

Churchland, P. M. 1989. *A Neurocomputational Perspective*. Cambridge, MA: MIT Press.

Clahsen, H. and Almazan, M. 1998. "Syntax and morphology in Williams syndrome," *Cognition*, 68(3): 167-198.

Clark, A. and Chalmers, D. 1998. "The extended mind," *Analysis*, 58(1): 7-19.

Cratsley, K. and Samuels, R. 2013. "Cognitive science and explanations of psychopathology," in K. W. M. Fulford, Martin Davies, Richard Gipps, George Graham, John Sadler, Tim Thornton, and Giovanni Stanghellini(ed.), *The Oxford Handbook of Philosophy and Psychiatry*. Oxford: Oxford University Press: 413-433.

Davies, M. 1994. "The mental simulation debate," in Christopher Peacocke(ed.), *Objectivity, Simulation and the Unity of Consciousness*. Oxford: Oxford University Press: 99-127.

Dennett, D. 1981. "True believers: the intentional strategy and why it works," in A. F. Heath(ed.), *Scientific Explanation: Papers Based on Herbert Spencer Lectures Given in the University of Oxford*. Oxford: Clarendon Press: 150-167.

Dennett, D. 1987. *The Intentional Stance*. Cambridge, MA: MIT Press.

Descartes, R. 1641/1996. *Meditations on First Philosophy*, John Cottingham(trans.). Cambridge: Cambridge University Press.

Egan, F. 2014. "How to think about mental content," *Philosophical Studies*, 170: 115-135.

Fodor, J. A. 1987. *Psychosemantics: The Problem of Meaning in the Philosophy of Mind*. Cambridge, MA: MIT Press.

Fuchs, T. 2009. "Phenomenology and psychopathology," in Daniel Schmicking and Shaun Gallagher(ed.), *Handbook of Phenomenology and Cognitive Science*. Dordrecht, New York, Heidelberg, and London: Springer Science and Business Media: 547-573.

418 Gallagher, S. 2012. "Empathy, simulation, and narrative," *Science in Context*, 25(3): 355-381.

Gallagher, S. and Hutto, D. 2008. "Primary interaction and narrative practice," in Jordan Zlatev, Timothy P. Racine, Chris Sinha, and Esa Itkonen(ed.). *The Shared Mind: Perspectives on Intersubjectivity*. Amsterdam: John Benjamins: 17-38.

Goldman, A. 2006. *Simulating Minds: The Philosophy, Psychology, and Neuroscience of Mindreading*. Oxford: Oxford University Press.

Gordon, R. 1986. "Folk psychology as simulation," *Mind and Language*, 1: 158-171.

Gopnik, A. and Meltzoff, A. N. 1997. *Words, Thoughts and Theories*. Cambridge, MA: MIT Press.

Harman, G. 1987. "(Non-solipsistic) conceptual role semantics," in Ernest Lepore(ed.), *New Directions in Semantics*. London: Academic Press: 55-82.

Hatfield, G. 2002. "Psychology, philosophy, and cognitive science: reflections on the history and philosophy of experimental psychology," *Mind and Language*, 17(3): 207-232.

Hatfield, G. 2014. *The Routledge Philosophy GuideBook to Descartes and the "Meditations"*. New

York: Routledge.

Heal, J. 1998. "Co-cognition and off-line simulation: two ways of understanding the simulation approach," *Mind and Language*, 13(4): 477-498.

Heil, J. 2003. *From an Ontological Point of View*. Oxford: Clarendon Press.

Hempel, C. 1935/1949. "Analyse logique de la psychologie," *Revue de Synthèse*, 10: 27-42. Trans. Wilfrid Sellars as "Logical analysis of psychology," in Herbert Feigl and Wilfrid Sellars(ed.), *Readings in Philosophical Analysis*. New York: Appleton-Century-Crofts: 373-384.

Hutto, D. 2008. *Folk Psychological Narratives: The Socio-Cultural Basis of Understanding Reasons*. Cambridge, MA: MIT Press.

Jackson, F. and Rey, G. 1998. "Mind, philosophy of," in T. Crane(ed.), *Routledge Encyclopedia of Philosophy*. Accessed November 15, 2015. www.rep.routledge.com/articles/mind-philosophy-of/v-1/.

Jacob, P. 2011. "The direct-perception model of empathy: a critique," *Review of Philosophy and Psychology*, 2: 519-540.

Kahneman, D. 2011. *Thinking, Fast and Slow*. New York: Farrar, Straus and Giroux.

Karmiloff-Smith, A. 1992. *Beyond Modularity: A Developmental Perspective on Cognitive Science*. Cambridge, MA: MIT Press.

Karmiloff-Smith, A., Grant, J., Berthoud, I., Davies, M., Howlin, P., and Udwin, O. 1997. "Language and Williams syndrome: how intact is 'intact'?" *Child Development*, 68: 274-290.

Kim, J. 1993. *Supervenience and Mind: Selected Philosophical Essays*. Cambridge: Cambridge University Press.

Knobe, J. 2007. "Folk psychology: science and morals," in Daniel Hutto and Matthew Ratcliffe(ed.), *Folk Psychology Re-Assessed*. Dordrecht and London: Springer: 157-173.

Krueger, J. and Overgaard, S. 2012. "Seeing subjectivity: defending a perceptual account of other minds," *Protosociology*, 47: 239-262.

Machery, E. 2010. "Philosophy of psychology," in Fritz Allhoff(ed.), *Philosophies of the Sciences: A Guide*. Oxford: Wiley-Blackwell: 262-292.

Machery, E. 2011. "Developmental disorders and cognitive architecture," in Pieter R., Adriaens and Andreas De Block(ed.), *Maladapting Minds: Philosophy, Psychiatry, and Evolutionary Theory*. Oxford: Oxford University Press: 91-116.

Mandelbaum, E. 2013. "Thinking is believing," *Inquiry*, 57(1): 55-93.

Mason, K., Sripada, C. S., and Stich, S. 2008. "The philosophy of psychology," in Dermot Moran(ed.), *The Routledge Companion to Twentieth-Century Philosophy*. London: Routledge: 583-617.

Neander, K. 2015. "Why I am not a content pragmatist," Available online at the 2015 Minds Online conference. Accessed August 12, 2016. Originally accessed September 2015. http://mindsonline.philosophyofbrains. com/ wp- content/ uploads/ 2015/ 09/Why-I%E2%80% 99m-not-a-Content-Pragmatist.pdf.

Overgaard, S. 2007. "What, if anything, can phenomenology teach psychopathology (and vice versa)?" First Conference for Applied Phenomenology, University of Tokyo, Japan. Accessed August 12, 2016. Originally accessed September 2015. www2.ipcku.kansai-u.ac.jp/~t980020/ Husserl/ applied Phenomenology/overgaard.pdf.

Piattelli-Palmarini, M. 1994. *Inevitable Illusions: How Mistakes of Reason Rule Our Minds*. New York: John Wiley and Sons.

Plato. 1992. *Republic*, G. M. A. Grube(trans.), C. D. C. Reeve(rev.). Indianapolis: Hackett.

Putnam, H. 1967. "Psychological predicates," in W. H. Capitan and D. D. Merrill Art(ed.), *Mind, and Religion*. Pittsburgh, PA: University of Pittsburgh Press: 37-48. Repr. in Putnam 1975 as "The
419 nature of mental states," 150-161.

Putnam, H. 1975. "The meaning of meaning," in Philosophical Papers, vol. 2, *Mind, Language, and Reality*. Cambridge: Cambridge University Press: 215-271.

Putnam, H. 1987. *The Many Faces of Realism*. Paul Carus Lectures. La Salle, IL: Open Court.

Ramsey, W. 1997. "Do connectionist representations earn their explanatory keep?" *Mind and Language*, 12: 34-66.

Ramsey, W., Stich, S., and Garon, J. 1991. "Connectionism, eliminativism, and the future of folk psychology," in William Ramsey, David Rumelhart, and Stephen Stich(ed.), *Philosophy and Connectionist Theory*. Hillsdale, NJ: Erlbaum: 199-228.

Ramsey, W., Stich, S., and Rumelhart, D.(eds.). 1991. *Philosophy and Connectionist Theory*. Hillsdale, NJ: Erlbaum.

Rupert, R. 2004. "Challenging the hypothesis of extended cognition," *Journal of Philosophy*, 101: 389-428.

Rumelhart, D. E., McClelland, J. L., P. R. Group, et al. 1988. "Parallel distributed processing," vol.1. IEEE.

Ryle, G. 1949/2009. *The Concept of Mind*. London and New York: Routledge.

Sass, L., Whiting, J., and Parnas, J. 2000. "Mind, self and psychopathology: reflections on philosophy, theory and the study of mental illness," *Theory and Psychology*, 10(1): 87-98.

Skinner, B. F. 1938. *Behavior of Organisms: An Experimental Analysis*. New York: Appleton-Century.

Sperber, D. 1994. "The modularity of thought and the epidemiology of representations," in Lawrence A. Hirschfeld and Susan A. Gelman(ed.), *Mapping the Mind*. Cambridge: Cambridge University Press: 39-67.

Stich, S. 1996. *Deconstructing the Mind*. New York: Oxford University Press.

Thomas, M. and Karmiloff-Smith, A. 2002. "Are developmental disorders like cases of adult brain damage? Implications from connectionist modelling," *Behavioral and Brain Sciences*, 25: 727-788.

Tolman, E. C. 1932. *Purposive Behavior in Animals and Men*. New York: Century.

Turing, A. 1950. "Computing machinery and intelligence," *Mind*, 59(236): 433-460.

Tversky, A. and Kahneman, D. 1974. "Judgment under uncertainty: heuristics and biases," *Science*, 185(4157): 1124-1131.

van Gelder, T. 1995. "What might cognition be, if not computation?" *Journal of Philosophy*, 92(7): 345-381.

Watson, J. B. 1913. "Psychology as the behaviorist views it," *Psychological Review*, 20: 158-177.

Zahavi, D. 2010. "Empathy, embodiment and interpersonal understanding: from Lipps to Schutz,"
420 *Inquiry*, 53: 285-306.

第三十六章　社会学哲学与人类学哲学

马克·里斯乔德（Mark Risjord）

第一节　引　　言

社会学和人类学学科产生了许多哲学问题。根据你所在的大学划分院系的方式，人类学系的教职人员可以从事符号、经济关系、语言、制度结构、政治、历史等方面的研究工作。社会学系的教职人员会在研究这些主题的同时，额外关注制度、大规模社会、城市环境和社会变革等方面的研究。当然，两者之间也存在差异。人类学，尤其是美国的人类学，传统上包括考古学、人类进化以及人类的生物变异（体质人类学），而社会学对社会结构的关注与心理学、政治学、经济学研究中相关主题有所重叠。实际上，在社会科学中人们很难找到人类学家或社会学家不研究的主题。因此，本书几乎每一章都提出了社会学哲学和人类学哲学中的问题。社会学哲学和人类学哲学中的决定性问题，产生于社会学和人类学中发挥独特作用的概念。本章将讨论其中的两个概念：文化和规范。

从传统意义上来说，文化这一概念为人类学学科提供了一个统一主题，而诉诸文化是人类学分析中常见的一部分。人类学家通常将制度、亲属关系、政治安排和其他的社会结构要素视为文化的一*部分*。社会学家常常把文化和社会结构（有时称为文化系统和社会系统）区分开来。从这种观点上来看，文化是价值、意义与符号的领域，而社会结构则关注个体之间相互联系的方式。通过做出这种区分，社会学家将社会系统分离出来进行研究，而这种方式恰恰是许多人类学家所反对的。我们在这里所讨论的，将略过社会学和人类学之间的这些差异，聚焦于二者对文化这一共有的概念上。

在人类学和社会学理论中，“文化”一词的使用引发了三个重要的哲学问题：什么是文化？它如何与个体的信念和行为相关？我们如何认识文化？前两个问题是形而上学问题，涉及还原论（参见本书第十、第十二、第二十一章的内容）、功能主义（第十三章）、社会本体论（第二十二章）、实在论（第二十三章）的相关问题。第三个问题是认识论问题，尽管该问题很重要（本书第二、第三、第四、

第七、第九章讨论了认识论问题的相关方面），但本章仅考察与前两个形而上学问题相关的认识论问题。我们将要探讨的争论也不仅仅是哲学意义上的。正是由于这些持续的争论，文化概念在 20 世纪发生了重大变化。我们将在第二节和第三节探讨这些问题。

规范既是文化的一部分，也是社会结构的一部分。在研究特定社会群体时，许多问题都与规范相关：允许（或规定）谁与谁结婚？什么食物适合（或禁止）食用？哪些装饰形式被认为是美丽的（或丑陋的）？谁可以在公众集会上发言？谁可以拥有财产？这些问题都涉及“规范性”，因为它们明确或隐含地援引了允许和禁止、权利和排除的观念。规则或法律是显式规范（explicit norms），社会学家在对制度和其他社会结构进行说明时经常会援引显式规范。诸如着装规范或礼仪规范这样的文化规范，即使未明确提及，但在群体中可能也会发挥重要的作用。

社会科学中关于规范的核心哲学问题，涉及规范与群体成员的思想和行为的关系问题。如下观点几乎是现代哲学的一个教条，即关于*应该*是什么（我们在这里称之为规范）的陈述，不能被还原为关于*是*什么的陈述，或者不能由*是*什么的陈述来定义。说“司机应该有礼貌”和指出“大多数司机不礼貌”之间并没有矛盾。规范使我们陷入两难境地。如果将规范等同于行为模式（就像许多社会科学家所做的那样），那么就很难理解它们如何才能真正具有规范性。所谓“规范”，只不过是一种具有误导性的说法，用来描述人们实际行为中的规律性。另外，如果认为规范具有超越个体的思想和行为的特殊本体论地位，那么就很难理解它们如何在科学说明中发挥作用。就说明的目的而言，有人可能会认为，人们*应该*做什么并不重要，重要的是*实际上*做了什么以及为什么这样做。我们将在第四节和第五节探讨这一问题。

第二节　文化的实体化

为了了解文化概念在社会说明和理解中的作用方式，我们先考察如下案例：雷纳托·罗萨尔多（Renato Rosaldo）的民族志经典著作《伊隆戈人的猎头（1883—1974）》（Rosaldo，1980）。伊隆戈人（Ilongot）是一个长期生活在菲律宾岛屿北部高地的群体。正如书名所示，他们的一个特殊习俗就是“猎头”。罗萨尔多曾与伊隆戈人一起生活，收集了大量关于猎头袭击的故事，这些故事来自于亲身参与过这些袭击的那些伊隆戈人。其中一些袭击源于伊隆戈各群体之间的长期仇恨。其他一些袭击则是针对岛上低地地区的非伊隆戈群体。这种袭击的常见形式是一小群未婚年轻成年男子组成一支突袭队。经验丰富的猎头者带领新手。袭击经常采取伏击的形式。当受害者被杀时，他（或她）的头颅会被割下并扔进森林。

从 21 世纪的视角来看，这种残忍的做法令人难以想象。伊拉克和叙利亚激进组织残忍的斩首行为震惊了全世界。我们能从不同的角度来理解伊隆戈人的做法吗？我们应该这样理解吗？对于这类问题的人类学和社会学进路，一直试图对这类事件采用一种“内部”视角或“本位”视角。也就是说，研究者试图像群体成员那样理解群体的行为活动。正如马林诺夫斯基在 1992 年所说的那句经典话语，即“简而言之，我们的目标就是要理解当地人的观点、他与生活的关系、他对世界的看法”（Malinowski，1922：25）。 422

罗萨尔多讨论了猎头行动融入伊隆戈人生活的几种方式。参与猎头袭击行动是未婚年轻男子在部落中获得完全成年人身份的一种方式。那些成功“夺取头颅”的人被允许佩戴特殊形式的装饰品。这种身份使得他们更有可能结婚成家。此外，袭击是伊隆戈群体之间仇恨和结盟系统的一部分。袭击是基于对过去的袭击或其他侮辱的愤怒为理由来合理化的。盟约能够阻止暴力和报复的循环，而群体之间的联姻将进一步巩固这种关系。尽管猎头袭击会继续针对*其他*群体进行，但盟约会暂停盟友之间的突袭。

上述案例阐明了文化概念在理解人类行为的几个重要方面。首先，谈论某一群体的文化就是对其进行概括：他们会进行报复性的猎头袭击，他们会达成约束性的协议而互不袭击，等等。这样的概括确定了超越个体差异的模式；这种概括也并非没有例外，也不具有一般性。其概括力部分源于其规范性特征。也就是说，虽然不是每个成年的年轻男子都会参加猎头袭击，但伊隆戈人将袭击视为一件有价值且重要、更是年轻男子应该做的事情。即使对文化的概括并未那么明显地体现出规范性——例如，伊隆戈人从事轮歇农业和森林狩猎——但这些概括体现出当地较为突出的文化模式。

文化在社会说明中的第二个特点是，理解一种文化就是要理解它的不同元素是如何整合在一起的。在确定了不同的模式之后，人类学家或社会学家尝试去展示这些模式如何组合在一起的。在罗萨尔多的解释中，他将猎头的实践融入伊隆戈人的定居方式和不同部落间的关系之中，同时也将其置于他们对典型生命周期的预期、地位归属和亲属关系概念化的框架之内。通过展示猎头如何与文化其他方面相契合，我们理解了猎头仍然存在的一些原因。为了理解为什么其中一些模式会随时间而变化，我们会关注文化其他部分的变化。

文化的整体性有助于人类学家和社会学家说明社会事件和个体行为。语境化是这种说明所采用的一种形式。为什么这个年轻人埋伏并杀死了另一个人？答案是他参与了一次猎头袭击。如果我们想知道一些更具体的事，比如个体的真实动机或原因，我们可以诉诸普遍持有的信念和价值。我们可能会指出，这个年轻人是在追求某位女性，他相信，一次成功的猎头行动所带来的社会地位将会增加他成功的机会。这些都是文化意义上所特有的信念，其用于说明行动的能力取决于文化语境。毕竟，如果大学里的一个年轻人为了得到某位女性的爱慕而伏击并杀害了另一个人，我们会把他视为是一个有严重精神问题的犯罪分子。

在说明行动时诉诸文化似乎是把文化视为一种事物，其不同于个体信念和行为。我们能否就此认为文化具有这种本体论地位呢？在科学中，假设存在无法直
423 接经验到的实体是常见的做法；例如暗物质或时空。首先，这些理论实体在本体论上似乎过于夸张。然而，随着这些理论实体在说明或统一不同理论方面的价值逐渐显现，我们会逐渐接受它们的存在。有人可能会用同样的论证方式来支持文化的存在。通过假设人们拥有文化，我们可以说明我们原本无法理解的社会现象；因此，我们应该假设文化是存在的。我们把这种看法称为一种文化的“实在论”观念。

反对将文化视为一种事物（或者，正如我们将要说的那样，将其实体化）的一些最重要的论证来自社会学和人类学。这些论证部分是经验性的，部分是哲学性的。如上所述，整体主义是文化用于说明的关键特征之一。然而，许多人认为，文化远不如民族志研究所描述的那样具有综合性。即使是在像伊隆戈这样有着明确地理界线的小型社会里，个体之间以及不同时期也存在重要的差异。在单个群体中，个体可能对自己“应该”做什么，或者社会实践“通常”是如何进行的，持有相对立的看法。群体中的差异和对立，可能是社会变迁的重要机制，同时也是人类学家或社会学家试图说明的那些模式得以再生产的关键因素。这一普遍观点得到了理论论证和经验证据的支持（Bourdieu，1977；Archer，1988）。

围绕文化边界观念出现了更深层次的问题。在其经典形式中，文化概念清晰地将人类群体划分为一个全球性的拼布式版图。每一个群体都有一种文化，每一种文化都有别于其相邻文化。然而，在实践中，情况远没有这么整齐划一。罗萨尔多描述了一些伊隆戈人移居低地，融入当地文化，后来又返回高地的情节。但他们在低地地区生活时，接纳了新的行为方式，他们还是伊隆戈人吗？这个问题没有一个明确的答案，因为人们经常在各群体之间来回流动，即使这些群体有不同的语言和宗教信仰。更重要的是，不同的文化彼此重叠，不同的成员共享文化。在这些情况下，这种巧合意味着单个个体是否属于某种文化取决于当时的环境。在其他情况下，个体的文化归属可能是无法确定的。文化有明确界限的观点似乎源自两个因素的结合：一是地理上的偶然性——研究居住在岛屿上或其他偏僻地区的群体，二是民族志写作的传统手法（Clifford and Marcus，1986）。

这两个问题——整体综合性的缺乏与清晰边界的缺失——削弱了文化的说明力。如果我们试图证明某种行为形式符合文化，批评者可能会问“符合文化的哪

个部分？”或“符合哪种文化？”该行为可能符合或不符合对该群体的多种可能性概括。如果文化模式不是确定的，那么展示某一行动如何符合某种模式也就没有多少说明价值了。

对上述问题，我们可以做出这样一种回应，即承认仅仅表明某个行动符合某种模式并不能算作是一种很好的说明。这并没有真正地告诉我们*为什么*行为者会如此行事。文化至少在一定程度上*决定*行动。这就引发了这样一个问题，即一个有时被称为结构和能动性的问题。如果文化或社会结构完全说明了行动，那么个体的特定动机（信念、价值、情感等）就变得与说明无关。人被视为社会机器中的齿轮而已。虽然这一观念可能感觉不可思议，但更深层次的问题是，这一观念忽视了个体经常抵抗其文化某些方面的方式。的确，由于文化不是同质的，也不是完全一致的，个体行为者可能使用文化的某一方面来对抗另一个方面，借此利用文化中的矛盾和不连贯之处。目前的挑战是找到某种方法，将文化（或社会） 424
层面视为说明性的同时，又能认识到个体能动性的重要性。文化的实在论观念能否应对这一挑战，目前还尚不清楚。

第三节 文化的不同观念

如果文化不是某种事物，那它是什么呢？根据我们刚才的讨论，人类学家和社会学家都尝试反思文化这一概念。尽管有许多不同的观点，但在这里我们只讨论其中两个较为突出的观点。第一种观点采取了还原论或者个体主义的进路。从这一观点来看，文化并不存在于人类个体之外。人类通过形成信念、概念和价值来*表征*其周围的世界。人类根据这些表征来行动并做出选择。文化的概念是一种粗略的方式，用来识别具有相似但不完全相同表征的人群。某种文化中成员之间的相似性类似于食谱之间的相似性。如果你在网上搜索水果蛋糕的食谱，你将会发现几十种不同的食谱。这些食谱都会使用面粉、鸡蛋、干果、香料和某种酒，但种类和数量会有所不同，一些配料可以被省略。就像对文化进行概括那样，我们同样可以对食谱进行概括：水果蛋糕包含干果。虽然边界是模糊的，在某一点上差异可能会大到让我们不再把这个食谱看作是水果蛋糕的食谱。由肝脏、干果、面粉和白兰地酒制成的蛋糕可能好吃（也可能不好吃！），但它不会是一个水果蛋糕。同样地，社会群体中的成员之间有重叠的表征，但不会有完全相同的表征。在文化内部和外部之间没有明确的界限，但在某一点上，差异可能会大到使对群体的概括完全失效。

文化的个体主义观念改变了文化在说明中的方式，也改变了我们对文化提出的问题。要说明个体的行动，我们必须诉诸他/她的表征。要说明为什么他/她具有这些表征，我们必须诉诸他/她的特定经验。这意味着，对群体的概括对于理解个体行动没有多大帮助。此外，文化分析的问题也发生了变化。把文化视为同质的和综合的，预设了群体成员共有表征。相比之下，在个体主义的观念下，群体成员有类似的表征这一事实是需要加以解释的问题。为什么会出现这样具有相似表征的集群？为什么它们是稳定的？为什么有些表征会迅速流行起来并获得广泛传播，而有些表征则逐渐消失？斯珀伯（Sperber，1996）认为，认知心理学必须用以对这些问题的回答，从而将人类学、社会学与心理学联系了起来。

并不是所有的人类学家和社会学家都对文化的个体主义解释感到满意。将文化仅仅视为个体表征的模式，似乎削弱了文化这一概念原有的说明力。例如，我们可能会质疑，为什么伊隆戈人中的猎头行动仍在存在？毕竟，这会在相邻群体之间不断地制造残酷的暴力循环。为什么这些群体不直接取消猎头行动呢？基于罗萨尔多民族志的分析，其原因涉及猎头行动在男性生命周期中的作用、在群体中的地位，等等。这些模式并不容易被转化为个体信念。实际上，很多人类学家和社会学家强调，社会群体成员可能对他们自己的文化持有不准确的信念。特别
425 是，人类学家研究与自身文化差异极大的人群，其中一个原因正是因为文化或社会制度的特征对外部观察者来说，可能比内部成员更为明显。在个体主义进路中，群体成员必须代表文化的所有要素。

一种不同于实在论和个体主义的文化进路，通常被称为“实践理论”。这种说法有些不准确，因为采纳这种观点的那些人并没有共同的特定理论。相反，它是一种思考文化和社会结构的一般进路，该进路的哲学根源可追溯到维特根斯坦（Wittgenstein，1953）。布迪厄（Bourdieu，1977）、吉登斯（Giddens，1984）和奥特纳（Ortner，1984）等推动这一理论的重要发展。“实践”处于个体行动和被实体化的文化抽象概念之间。与个体主义者一样，实践理论家认为文化的形式是个体互动的结果。但与个体主义者不同的是，他们并不试图将文化形式还原为个体行动。初步来看，实践可以被视为反复出现的协调行动模式。实践类似于对话或交谈，因为它们是在行为者对他人先前行动作出反应的过程中展开的。实践理论可以很好地包含罗萨尔多对猎头行动的分析。猎头行动是一种反复出现的行动模式，通过行为者之间的相互反应得以再现。伊隆戈人还有一些实践，比如将一些年轻男子视为完全成年人，将另一些年轻男子视为有资格（或适宜）结婚，等等。文化由一群行为者构成，他们共同参与重叠且相互关联的实践。

实践理论保留了早期文化观念的整体性，因为各种实践能够彼此共存并相互影响。实践理论也允许人类学家或社会学家对文化进行概括，并在说明中使用这些概括。然而，在实践理论和实在论的文化观之间有两个重要的区别。首先，实在论者认为文化在很大程度上独立于个体的行动。相比之下，实践理论家认为所

有的实践都是通过社会成员的能动性而再现的。实践是人们实施的某种东西。这并不意味着实践都是慎思演算的结果。许多实践是习惯性的、不假思索的。例如，想象一下你们大学食堂里的行为模式——人们排队（或不排队）的方式，性别、种族以及其他从属关系如何影响人们的行动方式、座位选择等。作为新生，这些实践对你来说确实很陌生。你可能会不得不对其进行思考，并进一步弄清楚它们。现在你可以不假思索地从事这些实践。当实践习以为常，我们就有能力对它们进行反思。我们可以——也确实会——故意违反这些实践。有时，这种故意的违反行为会导致社会变革，例如，在美国民权运动期间，黑人学生故意坐在标有“仅限白人”的区域。

通过慎思行动破坏实践的可能性，凸显了实践理论与实在论文化观念的第二个区别。实践理论家同意这样一种批判，即文化很少能被有效地整合在一起。各种实践经常处于张力之中，甚至直接发生冲突。行为者可以策略性地使用这些冲突。例如，在罗萨尔多的分析中，他指出了，在世仇中对报复的需要与各种婚姻关系之间的张力，其中婚姻关系是反对世仇的理由。个体行为者或许在这些实践的联系中，可以用亲属关系作为和平的理由，也可以以侮辱作为战争的理由。对于实践理论者而言，实践之间的非整合性是理解文化形式变迁与再生机制的重要来源。

实践理论并非没有哲学上的困难。实践常常被视为仅仅是一种行为模式。以这种方式理解，实践有许多与实在论的文化观念相同的缺陷。与实在论者相同，对实践的概括超越了实际行为。正如图表上的两个数据点可以位于多种可能的曲线上那样，一组行动也可以被描述为符合无限多种实践模式。因为没有证据能够 426
对这些实践模式进行区分，所以模式之间的选择似乎就带有了任意性。一些实践理论家通过如下假设来解决这一难题，即假设行为者内化了他们所属群体的实践。当两个行为者的行动来自相同的内部来源时，它们属于同一实践的一部分。这种解决方案只是把困难推到了行为者内部（Turner，1994）。如果实践是通过传递某种内化倾向（disposition）来再生的话，那么我们必须问“这些内化倾向凭借什么而被视为是相同的？”实践理论家似乎不得不承认，这些倾向不必相同，只需相似即可。一旦采取了这种做法，实践理论似乎陷入了个体主义：实践只不过是具有相似表征的行为者产生的行为模式。

实践理论家通过强调实践的*规范性*，来回应实践可能陷入个体行动这一问题。说很多人参与某种实践，就是说他们认为这样做是适当的，甚至是义务的。实践理论家认为，当我们试图把正确和错误的行为方式，归结为个体关于何为正当行为的信念时，规范性——人们应该以某种方式行为的观念——就会消失。这一回应引发了一场新的争论：是否可以对人们应该如何行为进行科学研究呢？

第四节　社会规范

诉诸社会规范一直是人类学和社会学分析的主要内容，但是我们所说的“规范”是什么意思呢？让我们从一些例子开始：

• 会话距离。当两个人说话时，他们之间会保持一个舒适的距离。站得太近使你感到紧张，站得太远又使你感到不自在。人类学家和语言学家发现，适宜的距离在不同文化中有所不同，而且在同一种文化中，这种距离可能会因性别和社会地位的不同而变化。

• 身份和角色。社会学入门教科书通常会区分身份和角色。社会身份是公认的社会职位，如教师、学生或者警官。社会身份通常是在更大的社会秩序中的一个位置。人们认为占据某一身份的人应以特定的方式行为。例如，教师应该回答问题、提供说明、公正评分。人们也经常认为教师应提供建议和专业指导。这些都是附着于教师身份的不同角色。

• 禁忌。在许多文化中，人类学家发现了很多严格的禁令，比如，禁止从事某些活动、禁止与某人交谈、禁止触摸某些种类的物品、禁止吃某种食物。这些禁忌通常受到某个时间或语境的限制，而违反禁忌则被认为会招致不幸或带来精神惩罚。

• 制度规则。特别是在有文字记录的现代社会中，组织机构通过明确规定的规章制度来自我管理。

这些实例阐明了人类学和社会学中所讨论的关于规范的几个重要特征。第一，*描述性*规范（descriptive norms）与*规定性*规范（prescriptive norms）之间存在某种区别。描述性规范是一种关于对社会中大多数人或者许多人所做之事的概括。例如，在当今的大学中，很少有学生会把头发染成紫色。在大多数情况下，这种模式是一种描述性规范。没有任何规定要求学生不能染发，虽然其他学生会认为
427 紫色头发很另类或有趣，但他们不认为这是错误或者不合适的。当然，学校可以制定一项规定，禁止学生把头发染成紫色，这样规范就会成为规定性的。上面所举的四个例子，每一个都阐明了在社会学和人类学中发挥作用的一种规定性规范。

规定性规范指明了什么应该做或者什么不应该做。它们阐明了许可、禁止、权利和约束性义务。值得注意的是，规范可能是积极的，也可能是消极的；其可以允许某些行为，也可以禁止某些行为。还应当注意到，规范的强制性程度可能有所不同。一些规范声称，你*可以*做某事，但你*并非必须*这样做：允许已注册的学生使用图书馆。其他规范则要求你必须（或不准）做什么：如果你从图书馆借了一本书，你必须归还。不遵守规范会招致评判或者批评，但并非所有的规范都

会引发制裁或惩罚。例如，作为一名已注册的学生，图书管理员应该允许你借书。如果他/她不允许，那么你有正当的理由提出投诉。相反，如果你没有将书还回图书馆，图书馆不仅会提出投诉，还会对你进行罚款。

规定性规范大致是*显式的*。大学对于谁可以使用图书馆可能有书面政策。制度性政策、规则和规定都是显式规范的例子。它们要么被写下来供所有人查看，要么在公共场合宣布。一些禁忌和社会角色是显式的。父母为孩子制定了一些规范；宗教文本表达了其他一些规范。但并非所有的规范都是显式的。隐式规范不是通过言语，而是通过行为来表达的。当有人违反隐式规范，周围的人通常会以某种方式做出回应。这种行为可能会招致轻微的处罚，如皱眉或“怒视”。如果这种违反行为足够严重，可能会招致谴责或更严厉的惩罚。因为隐式规范最容易在被违反时发现，所以旅行者往往会注意到他们所居社区的规范与当地规范之间的差异。例如，你可能从未注意到控制对话距离的规范。当你旅行时，如果你发现与你交谈的人离你近得令人感到不适，这种规范中的差异就变得显而易见了。

隐式规范的可能性掩盖了描述性规范和规定性规范之间的差异。在没有明确规定规则的情况下，人们可能会质疑，“大多数人这样做”和“每个人都应该这样做”之间是否真的有区别。例如，保持特定的谈话距离真的是一种*规范*吗？还是说这只是大多数人都会这样做？犯错的可能性是区分两者的一个普遍接受的标准：如果 x 是一种规范，那么根据 x 某事看似正确（允许的、必需的）与根据 x 某事实际正确这两者之间一定存在区别。如果保持特定的谈话距离是一种规范，那么对于其中某个谈话者来说，可能会认为自己的行为是正确的，但实际上是错误的。另一方面，如果保持特定的谈话距离只是一种常见行为（a common behavior），那么其中某个谈话者就不会犯错。因此，人们对违背常见模式的反应，是判断某种模式是描述性规范还是规定性规范的重要指标[1]。如果没有反应，或者反应仅仅是惊讶，那么这个模式很可能是一个描述性规范。谈话距离是规范性的，因为人们认为那些行为不同的人犯了错误。站得太近或太远都会招致带有不满情绪的回应，甚至是明确的谴责。

在人类学和社会学说明中使用规范引发了两个哲学问题。第一个问题是有关认知上的问题。社会科学哲学中一个长期存在的问题是，社会科学是否应该（或必须）采用自然科学中的方法和理论构建方式。我们把如下学说称为*方法论自然主义*[2]：社会科学只有模仿自然科学才可能是“科学的”。从自然主义的观点来看， 428
在人类学和社会学中，诉诸规定性规范是成问题的。自然科学是以系统的观察和检验为基础的，自然科学中的理论采用的是一种对已观察到的现象进行概括的形式。对事件给予自然科学的说明，要么是通过展示该事件如何遵循自然规律，要么是通过展现引起事件发生的原因。在理解文化和社会方面诉诸规定性规范显然不符合这种形式。规范并不能描述人们实际做了什么。规范完全有可能存在于一种文化中，然而人们仍然可能经常违反规范。虽然规范具有说明性，但它们并不是通过展示行为的原因来进行说明。因此，我们面临着一个两难境地：要么我们拒绝方法论自然主义，并提出社会学和人类学认识论的另一种解释，要么接受方法论自然主义，把所有的社会规范都视为描述性规范。

在说明中诉诸规范所产生的第二个问题是有关形而上学的问题。许多哲学家和科学家认为，世界是一个统一的自然世界。这是一个由原因和机制组成的世界，不包括诸如灵魂或价值这样的任何实体。人们有时也称这一立场为“自然主义”，因此我们通过将该学说称为*本体论自然主义*，以区别上文提到的方法论自然主义。在哲学史上，普遍认为“应该”不能被还原为“是”，这种论证的一个可能结论是，在形而上学的意义上，对与错的领域必须不同于“是”与“非”的领域。如果这些论证是正确的，那么规范就不能成为“自然”世界的一部分，由此必须拒绝本体论自然主义。然而，社会科学家并没有一概否定本体论自然主义。他们提出了许多关于规范和规范性的解释，试图表明它们如何与人类进化、心理学和社会关系的因果机制相契合，或如何从这些机制中衍生而来。因此，问题在于是否有可能在因果的和机制的形而上学框架内，对规范提供一种令人满意的解释。

第五节　文化概念及其对规范性的影响

规范性的形而上学与文化的形而上学，两者的根源即使不是完全相同，至少也是相似的。这意味着对文化的不同理解具有不同的资源，来应对自然主义的本体论形式与方法论形式所带来的挑战。在第二节和第三节中，我们探讨了文化的三种不同的观念：一种将文化视为某种事物的实在论观念，一种将文化还原为个体表征的个体主义观念，一种将文化视为相互关联的实践集群的实践理论观念。接下来，我们将探讨，每一种观念对第四节末尾所阐述的自然主义和规范性问题的影响。[3]

对文化持实在论态度的人类学家和社会学家，把文化视为与个体信念、态度和行为截然不同的事物。文化是符号、意义、价值和规则的归属之地。持这种观点的人可能会拒绝本体论自然主义与方法论自然主义。他们认为，文化并不能处于原因和规律的物质领域。规律和因果概括必须描述“事实”。为了理解人类行为，我们必须描述“非事实”。人类为实现那些尚未实现的目标而行动。人类创造了规范并依据这些规范行动，而这些规范表达的是“应该是什么”，而不是“是什么”。我们赋予自身以规范和规则并遵守它们的能力，是成为人类所必不可少的重要组
429 成部分。如果本体论自然主义与规范性不相容，那么自然主义就意味着放弃了对

人类的理解。因此，我们必须将文化和规范性与人类生活的物理或生物学基础区分开来。以这种方式拒绝本体论自然主义也需要拒绝方法论自然主义。由于自然科学的方法无法揭示规定性（与描述性相反）规范，它们对于文化科学来说是不充分的。社会学和人类学必须有自己的研究方法。[4]

当然，个体主义者可以回应实在论者，提醒他们将文化实体化所带来的困难。当我们考虑规范时，结构与能动性的问题显得尤为紧迫。假设我们想说明为什么唯独伊隆戈年轻男子会进行猎头行动。虽然说在他的文化中有年轻男子猎头的规范，但这并不能说明他的行为。规范规定了应该发生的事情，但人们并非总是遵循规范。如果这个年轻男子是出于规范而行动的，那么他必须对规范有某种表征。他必须坚信他应该去进行猎头行动。一旦我们假定了这个信念，那么规范的存在对于说明来说就变得无关紧要了。与原因和规律世界截然不同的规范领域，在科学的意义上是不必要的；我们所需要的只是假定存在对某种规范的信念。个体主义者会得出这样的结论：文化仅仅是一个由人类个体组成的群体，这些个体在规范、符号、价值等方面有着相似的表征。

因此，个体主义的文化观念接纳了本体论自然主义与方法论自然主义。从本体论上看，文化的要素——规范、符号、价值、意义——都被看作是个体的表征。这些共有的信念是行动的基础，只要信念相似，行动也会相似。因此，对文化概括和说明只不过是对共同信念的描述。从认识论上看，对文化的研究不需要任何特殊的方法，因为其目标是确定模式和原因。当然，自然科学和社会科学之间存在差异，因为受试者的语言必须考虑到研究方法中（例如，调查问卷需要翻译，访谈是确定受试者信念的好方法）。但这种差异并不比化学和生物学在方法上的差异更大。

反对个体主义文化观念的人会说，个体主义对规范的理解有两个严重的缺陷。首先，它消解了描述性规范和规定性规范之间的区别。从个体主义的观点来看，如果说伊隆戈人中存在一种规范，即不应该对亲属进行猎头袭击，只不过是在说许多伊隆戈人认为，不应该进行这种猎头袭击。但是关于共同信念的陈述只是描述了一种模式。该模式并未阐明在这种文化中人们应该如何行为。因此，它并未表达一种规范。作为回应，个体主义者可能会接受这一点，但也坚持认为，这并不是一个反对的理由。规范性不存在于信念模式中，而存在于信念的内容中。某人不应该对亲属进行袭击的信念与一些人、许多人或大多数人不这样做的信念是不同的。说伊隆戈文化中有这样一种规范，指的是关于应该做什么的信念，而不是对实际做了什么的信念。

个体主义对第一个挑战的回应直接碰上了第二个挑战。任何对规范性的解释都必须留出空间，以保留某事看似正确和某事根据规范实际正确两者之间的区分。

如果规范性存在于个体信念的内容中，即某人应该做某事，那么看似正确与实际正确之间的区别就会消失。假设一个伊隆戈男子袭击了一名远亲。他可能会坚持认为，他们的关系过于疏远，不能真正算作是“亲属”。由于这是他信念上的事情，所以他可以用他喜欢的任何方式来解释规范。这意味着他所做的一切都符合规范，并且没有任何错误可言。如果我们考察对于何时发动袭击才是合适的而持有不同信念的两个伊隆戈人的话，那么同样的问题从另一个角度显现出来。如果没有什么能使一个人的信念是正确的，而另一个人的信念是错误的，那么他们之间关于
430 应该做什么的任何争论就毫无意义。对每个个体来说看似正确的事情，都是正确的。关于应该做什么的争论，就像争论香草冰淇淋是否比巧克力冰淇淋好吃一样毫无意义。据推测，参与这种争论的人都预先假定，他们的讨论涉及某个关键问题——某个需要正确理解的问题。个体主义迫使我们歪曲我们想要理解的参与争论的那些人的态度。

实践理论的动机之一是，它可以解决个体主义在规范问题上的困境，而又不会陷入实在论的文化观念中。对实践理论来说，规范性并不包含在个体表征之中。规范性产生于个体之间的相互回应。如果一个伊隆戈男子对他的亲属发动袭击，其他人会对他的行为做出反应。亲属们会要求某种形式的赔偿，而这些要求很可能会得到该男子家庭成员的支持。注意这里的结构：①某个个体实施某一行动；②其他人持有对①是正确或错误的态度，③还有一些人持有对②是正确或错误的态度。因此，某一行动的正确或错误取决于其他人对该行动的态度。这些态度本身被认为是适当或不适当的。在一种文化中，说存在“一个人应该做 A”的规范，就是说，一群人对 A 的行为表现有所回应，以赞许的态度接受它，也许还会给予奖励，而这些态度和奖励本身也会受到评估。很明显，基于这种规范性观念，个体可能认为自己的行动是正确的，但实际上是错误的。

规范的实践理论解释如何与本体论或方法论自然主义保持一致，这一问题目前是社会科学哲学家们争论的焦点。实践理论不是还原论，因为实践不能等同于个体或个体态度。个体之间的关系构成了实践。然而，与实在论的文化观念不同，实践理论的解释并不诉诸非物质的规范领域。规范是由个体对彼此的态度和反应构成的，认知心理学的材料完全可以解释这种态度。这样一来，实践理论似乎与本体论自然主义相一致。作为回应，一些人认为，如果实践理论确实只致力于一个由原因和规律组成的世界，那么它对规范性的把握并不比个体主义更好。说到底，实践理论只是描述了一种比个体主义更复杂的模式。两者都只是一种描述，都没有给出一种合理的方案。

第六节 结 论

人类学和社会学对文化和规范性的诉求，构成了一个活跃的哲学研究领域的基础。在本章中，我们仅仅讨论了大量相关问题中的一小部分。我们关注的是关于文化和规范的形而上学问题：它们是什么？文化和规范又是如何与人类个体的思想和行为相联系的？我们概述了实在论、个体主义和实践理论三种哲学立场，并讨论了这些观点之间的一些争论。从本章的情况来看，你可以看到在这个领域出现的一些其他有趣的问题。我们简要讨论了有关说明的问题。某个规范表达的是应该是什么而不是说*是*什么，那么规范如何说明个体行为或群体事件呢？这些说明是因果的吗？或者规范有一种特定的解释形式吗？我们简要地提到了对翻译的必要性，这里也涉及一些有趣的问题。在翻译一种不熟悉的语言时，我们必须 431 假设讲话者所说的大部分内容是真实且理性的吗？还是有可能发现他们的理性规范与译者的理性规范不同？最后，我们有机会简要地提到了心理学、规范和文化之间的关系。文化和规范性是如何与当代合作进化、行为经济学和认知神经科学的研究相适应的？这些研究纲领是应该限制我们对文化和规范的观念，还是应该保持它们作为独立的研究领域？在我们的哲学之旅中到达这个转折点后，我只能建议你继续探索。

注 释

1 反应可能并不是最终的，因为可能有某种因素干扰了这些反应。例如，可能还有其他规范在起作用，抑制了旁观者的负面反应。

2 关于自然主义不同形式的深入讨论，参见本书第十四章。

3 参见 Risjord（2016）的论文集。

4 想要了解这些方法可能是什么样的，参见本书第三章和第七章。

参考文献

Archer, Margaret S. 1988. *Culture and Agency: The Place of Culture in Social Theory*. Cambridge: Cambridge University Press.

Bourdieu, Pierre. 1977. *Outline of a Theory of Practice*. Cambridge: Cambridge University Press.

Clifford, James, and George Marcus(eds.). 1986. *Writing Culture: The Poetics and Politics of Ethnography*. Berkeley: University of California Press.

Giddens, Anthony. 1984. *Constitution of Society: Outline of the Theory of Structuration*. Cambridge: Polity Press.

Malinowski, Bronislaw. 1922. *Argonauts of the Western Pacific*. New York: E. P. Dutton & Co.

Ortner, Sherry. 1984. "Theory in anthropology since the sixties," *Comparative Studies in Society and History*, 26(1): 126-166.

Risjord, Mark(ed.). 2016. *Normativity and Naturalism in the Philosophy of the Social Sciences*. New York: Routledge.

Rosaldo, Renato. 1980. *Ilongot Headhunting 1883-1974*. Stanford: Stanford University Press.

Sperber, Daniel. 1996. *Explaining Culture*. Oxford: Blackwell.

Turner, Stephen. 1994. *The Social Theory of Practices*. Chicago: University of Chicago Press.

Wittgenstein, Ludwig. 1953. *Philosophical Investigations*. G. E. M. Anscombe(trans.). New York:
432 Macmillan Publishing Company.

第三十七章　为什么没有政治科学哲学？

布鲁诺·韦贝克（Bruno Verbeek）　李·麦金太尔（Lee McIntyre）

当审视社会科学哲学领域时，令人感到惊讶的是，在有关人类行为的说明上，各个学科共同关注的问题是如此之多，比如，关于说明的本质、恰当的分析单元、还原论、社会本体论、方法论个体主义以及其他关于方法论的各种问题。

然而，当我们转向分支社会科学时，会发现一个引人注目的现象，或者更确切地说，是一个缺失的现象。虽然大多数学科都有空间从哲学维度对自身领域进行系统反思，但并非所有学科都是如此。例如，就有一个被称为"经济学哲学"的成熟文献体系，研究经济学思想揭示出的基本概念、方法和问题。类似地，还有一个较小规模而蓬勃发展的历史哲学领域(不应与庞大而繁荣的哲学史领域相混淆)。还有心理学哲学，甚至还有新兴的（西方的和非西方的）社会学哲学和人类学哲学。在很大程度上，这些研究领域都有自己的期刊、会议、专业协会和学生。然而，对于社会科学中普遍认可的"六大学科"——经济学、心理学、社会学、人类学、历史学和政治科学而言，其中的政治科学却并非如此。因此，我们不禁要问，为什么到目前为止还没有一个公认的"政治科学哲学"领域呢？

提出这样一个问题并不意味着这一领域没有任何研究内容。尽管这听起来有点矛盾，但需要特别指出的是，化学哲学曾经有过这样非常相似的情况。虽然有一些学者在相关问题上做了出色的研究，但直到 1997 年左右才出现了被正式认可并称为"化学哲学"的学科。于是，这一学科的研究发生了巨大变化。该领域的研究兴趣突然爆发，产生了两本期刊、一年一度的国际会议、各种研究讨论会和几部选集。随着这一学科的自觉确立，也带来了大量新的研究机遇。[1]

那么，政治科学哲学现在是否也存在类似的情况呢？在提出这个问题时，重要的是需要对该领域当前的状况进行评估。首先，莱顿大学开设了政治科学哲学的硕士学位课程。一个学科不存在时，如何可能有研究生课程呢？答案是，当然有这门学科，但也许它只是没有得到足够的哲学关注或认可。政治科学哲学要么已经存在（只是尚未被冠以这个名称），要么并不存在（因为不应该存在），要么它应该存在（但尚未形成）。无论哪种可能性更能解释这样一个事实——到目前为止还没有一个正式被认可的以这个名称命名的学科，使之成为社会科学哲学中持续时间最长的“缺口”——但无可争议的是，这一领域的研究至少被大多数科学哲学家所忽视。

如果人们看看过去 15 年来社会科学哲学中突然出现的大量手册、导论、指南的目录（Turner and Roth，2003；Jarvie and Zamora-Bonilla，2011；Kincaid，2012），就会发现一种明显的模式。虽然大多数书籍都充分涵盖了经济学哲学、历史哲学和心理学哲学中的问题，但其中只有一本（Kincaid，2012）包含了一篇提到更多关于政治科学内容的文章。在科学哲学协会（Philosophy of Science Association，PSA）的两年一次的会议上，情况显然没有改善，该会议展示了整个科学哲学（包括化学哲学和社会科学哲学）的研究。埃里克·施利瑟（Eric Schliesser）在最近的一篇博客文章中提出了一个问题：“为什么这么多社会科学学科未能引起人们的哲学兴趣？”[2] 他接着指出，在 2014 年于芝加哥举行的科学哲学协会会议上，就有大量经济学哲学的代表性成果，但这次会议几乎没有涉及可以说属于社会学哲学、人类学哲学或政治科学哲学范畴的任何相关问题，“尽管在过去的 40 年出现了‘自然主义’的转向”。如果要寻找以“政治科学哲学”为标题的研究座谈会、书籍、论文以及所有其他相关研究内容，情况也是如此。

那么，如果就其存在而言，政治科学哲学至少是否被忽视了吗？

也许，对这一问题的回答更多与制度力量有关，而不是与学术研究。政治科学作为一门学术学科出现得相对较晚。在 19 世纪中期之前，历史学家和哲学家们对政治进行了大量的学术研究。此外，德国的治安科学和法国行政学院开展了更多的应用研究。政治科学在美国学术界正式出现大约是在 1860 年，并且在很长一段时间里它实际上是一门以美国为中心的学科。从其创立之初起，政治科学的实践者们对规范性政治理论的重视远远不及他们的思想先驱。相反，他们试图提出一种有关政治的实证科学。最初，他们使用的是历史方法。[3] 后来的政治科学家在很大程度上放弃了历史方法，试图模仿自然科学来为该学科进行建构。[4]

这一情况在行为主义的兴起以及第二次世界大战后对新制度主义的采纳中，得到了强有力的推动。当时的政治科学家急于将自己与政治理论家区分开来。政治科学家试图创建一门实证科学，以摆脱对规范性思辨和理想理论的迷恋——其中一位政治科学家威廉·赖克（William Riker）将其描述为“文学化作品、批判性研究和哲学思辨”以及“现象学和解释学”，以此将自己所偏爱的科学研究方向与这些进路划清界限。因此，那些政治科学家的自我定位是一门新的科学，他们不再担负早期学者的“新闻式”研究，而是效仿（自然）科学的某种理想前景，对政治行为进行更为严谨的探索。[通过这种方式，政治科学的方法论历史似乎借鉴了经济学，后者在杰文斯（Jevons）和瓦尔拉斯（Wallas）的“边际革命”中也经历了类似的变化。]政治科学这门学科只是忙于与更多的哲学方法保持距离，以至于无法对其核心概念、方法和理论进行太多的哲学思考。然而，对缺乏这种哲学反思的解释，并不十分令人信服，因为类似的过程也发生在社会科学其他分支（尤其是心理学和经济学）的建立过程中，而这并没有阻止它们对自己的学科进行系统的哲学反思。因此，问题依然存在：为什么没有政治科学哲学？ 434

另一种可能的解释是，如今人们所理解的“政治科学”涵盖了过多的进路、理论、方法、研究对象和知识传统。人们很自然地得出这样的结论：政治科学并非单一的学科。如果我们看一下传统上包括在政治科学中的各种子学科，这种印象就会更加明显。政治理论、比较政治学、公共管理、国际关系、公共法律和政治经济学有什么共同之处？如果我们反思一下政治科学家所采用的进路：实证主义、解释主义、理性选择理论、行为主义、结构主义、后结构主义、实在论、制度主义和多元主义，对这种学科方法论的杂乱印象会更加突出。也许我们最好的说法是，有一系列“政治科学家”共有的主题和关注点，通常被称为“政治”。在这方面，政治科学与市场营销或区域研究等领域并没有什么不同。也就是说，政治科学并不是一门统一的学科，而将政治科学家团结在一起的则是他们共同研究的某个主题。因此，政治科学哲学的缺失也就不足为奇了。

然而，这种解释也无法成立。首先，因为不清楚共同的主题是什么。[5]政治科学家的研究主题各种各样，范围涉及从议会历史到比较政治心理学、投票和选举、政治运动等各个领域。这些主题唯一的共同点是它们都属于政治科学的研究领域，不仅如此，从事社会学、历史学和人类学的学者同样也关注这些主题。更重要的是，这种学科内部的多样性在其他特殊学科（special sciences）中同样存在。在其他特殊学科中，也充斥着多种观点、进路、理论、研究对象和传统，共同塑造了各自学科的自我形象。然而，这些科学都有自己的“哲学”，那么为什么政治科学会如此不同呢？

另一个解释没有政治科学哲学的原因是，政治科学家的研究没有提出任何特殊的哲学问题。也就是说，政治科学哲学只是社会科学哲学的一般应用，适用于政治科学家的活动和关注点。政治科学家面临的哲学问题与经济学家或心理学家面临的哲学问题并无不同。那么，这是否能解释为什么没有政治科学哲学？我们再次注意到，这与化学哲学的建立之初有一个相似之处，刚开始时，一些人认为之所以没有化学哲学学科，是因为其中所有有趣的问题都已经在物理学哲学中得到了解决。然而，如果这一观点成立，那么人们本应该看到物理学哲学更加关注化学家真正感兴趣的问题，而不是几乎只关心相对论、量子力学和时空。事实证明，化学哲学中确实有一些很好的哲学问题，这些问题是不可还原为物理学哲学的，其中首要的问题是化学本身是否可以完全还原为物理学。同样，人们现在可能会问这样一个问题：如果不存在政治科学哲学，因为它是可还原为其他学科的，那这一学科又会是什么呢？

有些人可能会认为，形式化的经济学方法论在政治科学中的成功引入表明，若政治科学被理解为一门实证科学，那么政治科学大体上就是应用于政治研究的经济学。[6]当然，如果人们审视一下 20 世纪最后十年发表在《美国政治科学评论》（许多人认为这是政治科学领域的顶级期刊）的大部分论文，这一观点是有一定道
435 理的。大多数论文探讨的内容要么是详细的调查比较，要么是政治过程某些方面的形式化模型（通常没有任何实证检验），其中这些模型均受到顶尖经济学建模者各类研究的启发。然而，到了 21 世纪初，这种片面的方法论进路遭到很多人的抵制，在 2000 年所谓的“改革”运动出现时，很明显，很多政治科学家（即使不是大多数）都不会支持将政治科学在实质上或在形式上还原为经济学。[7]

此时，本章标题中的问题似乎有点奇怪，因为如果上述这些因素都不能解释的话，更不用说证明为什么没有政治科学哲学了，那么人们可能会忍不住要问：“政治科学哲学应该存在吗？”或者“它难道已经存在了？”毕竟，这项研究可能只是以政治理论的名义，由哲学家和政治科学家共同进行的。在接下来的内容中，我们将提出一些确实属于人类政治行为研究的基本哲学问题。更重要的是，政治科学的实践者经常意识到这些结果。换句话说，我们将表明，确实存在（而且应该存在）政治科学哲学。然而，不同于社会科学中的其他学科，迄今为止还没有一个通常被称为“政治科学哲学”的独立研究领域。

大量关于政治行为的哲学分析，都是在政治理论的名义下进行的，但政治理论家并没有垄断所有在政治科学中具有哲学意义的方面。首先，我们将这样一种情况视为一个具有优势的方面，即如果出现一个被称为“政治科学哲学”的领域，它应当像“经济学哲学”和“心理学哲学”那样，被视为社会科学哲学的一个分支，而社会科学哲学本身也是科学哲学的一个分支。在这里，区分“政治科学哲学”和“政治理论”似乎很重要。显然，后者（政治理论）已经存在了数千年，其根源可以追溯到亚里士多德、霍布斯、洛克、卢梭、马基雅维利（Machiavelli）和孔多塞，这些根源与哲学本身的根源交织在一起。然而，这并不意味着这里唯一的哲学兴趣仅限于理论，因为正如我们所看到的，政治科学在其初期就把自己当作*经验*学科而提出。这至少应该将关于政治科学的哲学研究中的一些问题，明确归入社会科学哲学（进而归入科学哲学）的范畴，在这里，我们可能会适当地关注说明、规律、还原论，以及人类行为科学研究中的其他方法论问题。事实上，如果社会科学中不存在理论和行为之间的区分，那么，为什么关于经济学是否应该有自己的“哲学”命名，以及经济学是否可以更好地作为“经济理论”来处理，却没有更多的争论呢？为什么政治科学与经济学、心理学和社会学的某些分支一

样，早已作为一门量化学科而提出，像激光束一般专注于对人类行为的科学说明呢？这是因为这些学科认识到，在现实世界中，我们的行为并不总像理论中那样具有理性或一致性。而且，即使最早的经济模型在其关于“完美信息”和“完美理性”的简化假设上存在困难，但经济学哲学仍然诞生于一种兴趣，即通过与实际行为的比较，如何改进我们的说明。事实上，人们不禁要问，所有过去对新古典经济学方法论不充分的哲学批判，是否正是近年来促成更为严谨的（实验性）行为经济学研究纲领的关键因素？如果我们把更多科学哲学家的注意力转向政治科学，一场类似的方法论革命是否即将到来？ 436

接下来，我们将给出三个程度不同但相互关联的例子，这些例子来自政治科学家目前所做的研究，具有独特的哲学性质，尤其引起了经验政治科学家的关注。当然，这三个例子并没有穷尽政治科学中的哲学问题，也不能完全代表该领域的所有问题，但它们的确支持我们的主张，即对“政治科学哲学”可能引发的问题应受到更自觉的关注，并表明这种关注会给我们带来许多益处。[8]

第一节　投　　票

也许在所有当代国家中，最具特色的政治活动就是投票行为。自 20 世纪 40 年代以来，政治科学家系统地研究了投票行为，重点关注投票行为的决定因素、制度规则之间的相互作用以及政治候选人的策略。他们常常试图预测选举结果，从而实现政治科学作为一门实证学科的自我形象。

然而，投票这一实践引发了关于这一活动及其一致性的各种基本哲学问题。首先，关于人们为什么要投票，就存在一些根本性的问题。正如唐斯（Downs，1957）和其他人所指出的，在很多情况下，投票是没有意义的。[9]举一个例子就能说明这一点。假设对一个典型的选民来说，最重要的是她支持的候选人 A 在胜者全得（winner-take-all）单票制选举中赢得了该选区的席位。进一步假设这个选区有 99 名选民，而只有 A 和 B 两名候选人。那么，她的投票要么是决定性的投票，使候选人 A 获胜，要么不是。这种情况只有在得票数完全平手的情况下才会发生。也就是说，如果候选人 A 正好有 49 名支持者，而候选人 B 也有 49 张选票。即使我们假设这一群体中每个典型选民支持 A 的概率是 0.5，那么她的投票成为决定性一票的概率是 0.01。对于任何其他票数分布，这个概率都迅速趋近于 0。由于大多数实际选举中候选人不止两名，而且支持候选人的概率各不相同，因此个人的投票具有决定性作用的可能性微乎其微。考虑到投票需要付出一定的努力，而选民在意的不仅仅是选举结果，因此投票实际上很可能不值得付出这些努力的——“投票值得付出努力”这一观点是不理性的。然而，矛盾的是，人们却依然进行投票活动。[10]

这一初步结论引发了关于选民动机的广泛讨论。唐斯的理论是政治科学中所谓的公共选择学派（public choice school）的一个案例，该学派受理论经济学的启发。[11] 公共选择理论将政治行为者模型化为自利的偏好最大化者，其行为相对于那些偏好来说是理性的。这样做的过程中，公共选择理论提出了一个非常特殊且多少有点儿受限制的投票行为观点。该理论忽略选民因表达理由或者内在理由而投票的情况，而这些理由促使选民表达其政治偏好。如果将这些理由考虑在内，那么投票似乎再次变得合理。[12] 然而，这样做是要付出代价的，因为该理论放弃了将政治人物作为理性偏好最大化者的优雅（尽管有些不现实）形象，并赋予其从公共选择路径的角度来看似乎令人困惑的驱动力和动机。[13] 更普遍的是，诸如此类的讨论引起了人们对如下问题的基本关注，即以经验为导向的政治理论中所隐含的公民形象是否具有合理性。[14]

不仅单个选民的投票动机看起来是矛盾的；长期以来，人们发现，普通的民主投票程序也存在问题。尼古拉斯·德·孔多塞（1743—1794）早已证明了，简
437 单多数原则（simple majority rule）可能会导致整体社会偏好不一致。[15] 例如，假设选民群体的 1/3 偏好候选人 A 胜过 B，B 胜过 C；另有 1/3 的选民偏好 B 胜过 C，C 胜过 A；最后 1/3 的选民偏好 C 胜过 A，A 胜过 B。那么，该选民群体的大多数选民偏好 A 胜过 B；B 胜过 C，C 胜过 A。因此，即使个体的政治偏好是完全一致且理性的，总体上的选择排序也不一定合理。200 年后，诺贝尔奖得主肯尼斯·阿罗（Kenneth Arrow）对这一观察进行了概括，并证明了任何满足一些非常弱且看似合理要求的投票程序都可能产生这样的结果。他的证明是社会选择理论——集体决策过程和程序的形式化理论——的核心成果之一。[16]

对阿罗不可能结果的短暂讨论可能有助于说明这一点。设 $N=\{1,2,\cdots,n\}(n>2)$ 为选民集合，$X=\{x,y,z,\cdots\}$ 为提交选票的备选项集合（这些选项可以是候选人、政策、提议等）。假设每个个体 i 对这些备选项有一个偏好排序 R_i。令函数 F 为投票规则，它给出了备选项 R 的总体排序，以下是阿罗提出的要求：

- *全域*：F 的定义域是所有逻辑上可能的、完整且可传递的个体偏好排序组合的集合，换句话说，一个合理的投票规则适用于所有可能的备选项的选举偏好排列。
- *排序*：对于 F *的*定义域内的个体排列的任意组合 $\langle R_1,R_2,\cdots,R_n\rangle$，总体排序 R 是完整且可传递的。所以 F 给出的总体排序，将包括所有的备选项，并且是非循环的。
- *弱帕累托原则*：对于 F 的定义域内的任意组合 $\langle R_1,R_2,\cdots,R_n\rangle$，如果所有个

体都将 x 排在 y 之前，那么 F 也将 x 排在 y 之前，这是一种弱一致性要求。

- *无关备选项的独立性*：对于 F 的定义域内的任意两个组合 $\langle R_1, R_2, \cdots, R_n \rangle$ 和 $\langle R_1^*, R_2^*, \cdots, R_n^* \rangle$ 且任意 x，$y \in \chi$，如果对于所有 $i \in N$，在 x 与 y 之间 R_i 的排列与在 x 与 y 之间 R_i^* 的排列一致，那么 xRy 当且仅当 xR^*y。这仅仅意味着，如果向 χ 中添加其他备选项，那么 x 和 y 之间的总体顺序不会改变。
- *非独裁性*：不存在个体 $i \in N$，使得对 F 的定义域内的所有的 $\langle R_1, R_2, \cdots, R_n \rangle$，以及所有 $x, y \in \chi$，xP_iy 蕴含 xPy。

值得注意的是，这些要求确实是合理且看似无害的。我们已经看到，简单多数原则不能满足这些要求。孔多塞的定理对此进行了说明：在上面的例子中，没有明确的“获胜者”。阿罗证明了，没有任何投票规则 F 满足这些条件。

投票程序种类繁多，如多数规则、秩依系统（rank-dependent system）（如博尔达规则）、胜者全得等。阿罗的形式化为理论家提供了描述任何可能的投票程序的工具。然而，阿罗工作的重要性并不仅在于理论层面。它使得许多关于现实世界选举制度及其问题的研究得以集中。例如，已经得到充分验证的一个事实是，投票程序往往与选举群体和政治结果共同变化。例如，一个被广泛讨论的观察结果是“杜瓦杰定律”，该定律指出在单一席位选区制中，多数投票规则支持两党制，美国和英国就是这种情况。[17] 社会选择理论为研究者提供了工具，使他们能够对杜瓦杰定律进行检验和改进。[18]

阿罗的不可能定理（impossibility theorem）一直被认为是对那些对投票程序感兴趣的政治科学家的一种挑战。威廉·瑞克（William Riker）认为，该定理表明，民粹主义民主不具有一致性。[19] 他还指出，历史上至少有一个极端失败的案例与阿罗定理所预测的相符：美国众议院的投票导致了美国内战的开始，造成了一种非传递性的排序。其他学者则对瑞克所说的民主是不一致的说法提出了异议。[20] 还有一些学者对阿罗的要求提出了异议。例如，邓肯·布莱克（Duncan Black）表明，如果限制全域条件，使得只有行为良好的“单峰”排序位于 F 的定义域内，那么总体排序将是完整且可传递的。[21] 另一些学者对帕累托要求提出了异议，因为这可能意味着个人权利将被侵犯，从而使其作为一项要求的吸引力降低。[22] 438

同样，对无关备选项独立性的要求也引起了一些关注。[23] 事实证明，违反这一要求的规则很容易受到策略性投票的影响。策略性投票是指选民不按照自己的真实偏好投票，而是按照总体结果更符合自己偏好的方式进行投票。一个众所周知的例子是，在 2000 年的总统选举中，拉尔夫·纳德（Ralph Nader）的支持者们投票给阿尔·戈尔（Al Gore）而不是纳德，以防止乔治·布什（George Bush）获胜——因为布什是他们最不希望当选的候选人。艾伦·吉伯德（Alan Gibbard）和威廉·萨特韦特（William Sattertwaite）的研究表明，若某种投票规则产生能够唯一获胜者，并满足全域和非独裁性条件，且至少有三个备选项，那么该规则就可能受到策略性投票的操纵。[24] 这再次引发了选民以某种特定方式投票的动机问题：我们在多大程度上可以确信，选民的投票反映了他们真实的政治偏好？由于许多实际使用的投票程序（如博尔达规则或多数投票规则）违反了这一要求，因此人们不禁要问，最终的集体结果在多大程度上反映了选民的政治偏好。

重要的是要意识到，这些结果是对投票进行细致理论思考以及经验研究而得出的结果。它们引发了关于投票本质、有关投票的制度规则的作用以及制度设计问题的激烈争论。这是一系列哲学问题的一个案例，这些问题在政治科学家的圈内已经从根本上给予了考察（当然也并非仅限于此），而且这些问题很适合进行更多的哲学研究。

第二节 民　　主

投票是现代自由民主国家大多数成年人典型的政治行为。许多对投票感兴趣的政治科学家也关心民主，这并非巧合。民主在其最普遍、最抽象的意义上，指的是那些参与者之间以平等为特征的集体决策方法。这种平等要求可以纯粹从形式上来理解，因为每一张选票在结果中具有相同的权重，就像在许多代议制系统中一样。该要求可以更具实质性，因为所有选民在实质性事务上都有平等的发言权，参与式民主就属于这种情况；或者该要求可以被解释为对结果合法性的一种约束，根据这种约束，只有在考虑到所有有关各方的利益，政治决策才是合法的或有权威性的；或者该要求是可以是介于这两者之间的任何形式。民主制度与民主机构的多样性需要一种民主理论，其既能公正地对待各种民主制度及其相应的参与系统与代议制系统，又能解释所有民主系统的共同之处。

如果将投票视为表达个人政治偏好和判断的一种形式，并认为投票程序应该转化为较为具有一致性的集体判断，就像在公共选择与社会选择理论中一样，那
439 么很明显可以将民主视为一种偏好聚合程序，在这种程序中，公民的政治偏好基本上是确定的，而政治结果（例如选举的获胜者）将根据这些偏好来进行评估。在这种民主观念中，政治是一种旨在满足公民（政治的）偏好的制度，就像市场旨在满足消费者的经济偏好一样。因此，民主制度就是这样一种政治聚合系统，在这种系统中，每个人的偏好都具有相等的权重，从而在这些偏好之间达成公平的妥协，就像市场中消费者的同等购买力会导致公平的市场结果一样。从这个角度来看，社会选择理论家对总体集体判断不一致性和可操纵性的的关注变得十分重要。如果能够证明，在现实世界条件下，特定的民主制度阻碍了“公平”结果

的实现，那么这些制度就会显得更糟。同样，对民主进程的操纵也是一个主要问题，因为这也会阻碍这种“公平”结果的实现。

然而，民主作为一种公平的制度偏好聚合形式，其潜在优点在任何其他学派思想中都没有发挥主导作用。在同样的著作中，侯爵孔多塞认为，简单多数原则可能会导致聚合结果不一致，他建议使用简单概率演算来进行陪审团审判。假设一个陪审团必须决定被告是否有罪。假设对于每个陪审员个人而言，他/她在审查证据后给出正确裁决的概率等于 p 且 $p>0.5$。那么，随着陪审员人数的增加，大多数陪审团做出正确决定的概率接近于 1。[25] 如果将这个相当简单的论点外推到实际的陪审团和实际选民（以及实际的组织）之中，这些学者认为民主组织的集合体更有可能“做出正确的决定”。也就是说，民主优于其他治理形式的原因是认知上的，而不是因为最终决策是对所有公民偏好的公平折中。[26]

然而，另一些学者拒绝用这两种方式来思考民主和政治。他们强调，政治不仅仅是一种或多或少被动的偏好聚合过程，政治制度就像市场一样简单地把这些偏好“转化”成一种较为具有一致性的结果。政治也不是一种利用群体智慧的制度化方式。对于政治来说，关键在于这些偏好和信念的形成。政治争论不仅仅是一种集体谈判的过程，在此过程中，行为者试图最大化他们的政治偏好或参考他人的信念，这一过程正是这些偏好和信念得以形成的处所。也就是说，这些学者将如下两种民主进行了对比：被构想为偏好市场或笃信民主与被构想为“论坛”（争论和协商的场所）的民主。[27] 对于这些理论家来说，投票只是民主参与的一种形式，而不是最值得关注的一种形式。此外，塑造政治偏好的民主协商，对于所达成的决策的接受和合法性至关重要。[28] 对民主制度的形成和合法化方面的强调，催生了大量关于其他协商制度效力的研究。例如，公民陪审团、协商小组以及许多其他形式的咨询和协商形式均被提出并加以研究。[29]

因此，在这里，我们有了另一个进行哲学反思的案例，即对民主本质的政治科学研究进行的哲学反思案例。很多这方面的研究都是在“政治理论”这一方向上完成的，但重要的是我们要看到并明白，该研究是由政治科学中的哲学研究和经验研究两者的交叉结合而产生的。 440

第三节　自　　由

从历史上看，人们对民主的兴趣来自对政治自由的看法。人们认为，民主国家是自由的社会。这种不精确的断言引发了一系列概念问题、方法论问题以及经验问题。

我们考察一下自由的概念问题。什么是自由？1819 年，本杰明·康斯坦特（Benjamin Constant）撰写的那篇著名论文，对“古代”自由与“现代”自由进行了比较。[30]“古代”的自由是共和的，一种参与式的自由。按照这种观点，一个国家如果不受外界影响和干涉并享有自治，那么该国家就是自由的。公民在参与国家治理方面负有沉重的道德责任。因此，这种自由概念主要涉及“谁统治”的问题。而“现代”的自由则是人们在没有国家干预的情况下享有的自由。如果其公民享有公民自由，并且国家在某些私人生活的领域中不进行干预，那么一个国家就是自由的。以赛亚·伯林（Isaiah Berlin）在其著名的就职演说中重申了这一区分，并追溯了这两个概念的历史根源。[31]他区分了“消极”自由与“积极”自由。如果一个人不受外部对她选择的限制，那么她在消极的意义上是自由的。（这类似于康斯坦特所说的“现代”意义上的自由。）这种自由观可以追溯到霍布斯。[32]消极的自由只有在某种外在东西存在时才会被剥夺。如果一个人是自己生活的主人，并且她将做什么完全“由她决定”，那么她在“积极”的意义上是自由的。值得注意的是，即使行为者可选择的选项少之又少，她仍然可以在积极的意义上是自由的。柏林与他之前的康斯坦特一样，批判了古代传统，并赞同有关自由的“消极”说法。

然而，当代相关学者对积极自由的理解却大相径庭。他们认为，积极自由不是指自我统治的自由，而是指拥有利用消极自由的手段。例如，如果一个社会由于法律禁止而无法访问因特网，则该社会将缺乏重要的消极自由。假设取消了这些禁令，并且在这个社会中可以使用因特网，但是上网费高得令人望而却步，那么尽管这个社会的消极自由比以前要多，但利用这种选择的积极自由却仍然缺乏。换言之，消极自由的支持者认为，一个人只有在遇到某些障碍时才会失去自由；而积极自由的支持者则认为，人们可能因缺乏某种东西（例如足够的收入）而失去自由。

杰拉尔德·麦卡勒姆（Gerald MacCallum）指出，如果这样理解积极自由与消极自由，那么可以相对直观地将这两个概念整合在一个三元公式中：x 是否能在 y 的限制下执行 z，其中 x 代表个体，y 代表障碍，z 代表行动。[33]因此，消极自由的支持者和积极自由的支持者之间的分歧，并不在于对“真正的”或“真实的”自由的理解，而在于对 y 和 z 界定范围。这种统一的自由观念对自由的测量理论具有重要意义。

在我们讨论这场争论所涉及的方法论问题之前，我们需要考察一种当代理解自由的第三种重要方式，即新共和主义的自由理论，该理论在许多方面可以追溯到康斯坦特所拒绝的旧共和主义传统。新共和主义者认为，自由意味着人们不受任意的且不可控制的权力的束缚。[34]第三种方式与“古代”对自由的理解有一个相同点，即将外部影响视为不受欢迎的因素。它与统一的自由三元公式有一个共同点，即当一个人受到外部障碍或内部压力影响时，他可能是不自由的（因为那时他无法自由地执行 z），但只有当这些外部障碍或内部压力是由于任意且不可控因素导致时，这种不自由才成立。更重要的是，这些因素甚至不需要真正发挥作 441
用，就会导致自由的丧失。例如，想象一个仁慈的施令者（dictator）对他的服从者（subject）拥有绝对的权威。他这样做是出于他们的愿望和福祉。他对他们的日常活动和政治活动施加的限制极少。他的服从者不受他的强制和干涉，可以自由地做（大部分）他们想做的事情。然而，如果这位施令者仅仅因为自己的意愿，就决定剥夺这些自由并施加严厉的限制，他的服从者将完全受他的支配。很可能，服从者会调整他们自己的行为，以免得罪施令者，避免引起他的愤怒和不满。新共和主义者认为，这构成了自由的丧失。值得注意的是，这种自由的丧失不是（实际的）强制和国家干预的结果。这种自由的丧失也不是由于服从者之外的某个人在此时此地决定他们要做什么（即按照柏林的区分，他们在积极意义上是自由的），但这些人缺乏对自己的生活强有力的控制。因此，新共和主义者支持强有力的宪法来约束当权者，并支持某种形式的社会保障，以使人们能够独立并掌控自己的生活。[35]

区分了这三种关于自由的思考方式之后，人们可能会想知道，如何确定一个人是否是自由的。同样，人们可以比较不同政体，看它们给予公民以多少自由。也就是说，目前随着概念性探讨的完成，人们可以开始思考如何测量自由了。在这里，社会选择理论的技巧再次变得重要起来。

有些人认为，测量自由的观念是荒谬的。造成这种情况的原因之一涉及自由本身的价值是什么。例如，罗纳德·德沃金（Ronald Dworkin）认为，自由本身并没有任何价值，只有特定的自由才具有价值。[36]购买 50 种苏打水的自由是无关紧要的，而言论自由却是重要的。因此，那种认为自由本身附加价值的观念是荒谬的，对自由进行比较也是如此。然而，自由是否仅具有这种特定的价值仍然是一个开放性的争论。伊恩·卡特（Ian Carter）认为，自由具有非具体的价值。[37] 也就是说，人们的自由随着可行选项的增加而增加。如果以前人们只能买一种苏打水，而现在可以买 50 种苏打水，这就意味着，人们在购买苏打水的自由上从没有自由扩大到有了很多自由，尽管自由购买某个特定牌子的，比如说某种牌子的根汁汽水，并没有什么特定的价值。

帕塔纳伊克（Pattanaik）和徐（Xu）使用非常弱且合理的假设，构建了一个对自由进行度量的标准，以此来反映自由的非具体价值。这意味着，随着人们可行选项的增加，人们就变得更加自由——他们认为这个结果是“天真且无关紧要的”，因为该结果忽略了人们可能对这些选项所拥有的各种其他信息。[38]以他们为指导，其他一些学者尝试构建避免天真和无关紧要的自由测量标准。然而，在这样做的过程中，出现了几个棘手的问题，尤其是如何区分行为者可行选项的问题。如果自由*在某种程度上*体现为行为者所面临的约束的缺失，那么去除约束就可以增加人们的自由。因此，假设人们使驾驶汽车的成本大大降低。那么就去除了一项驾驶的约束。那么，人们去除了多少约束呢？只有一个？还是去除了前往这个或那个特定目的地的约束？我们应该如何计算呢？此外，应该如何对个体的不同选项进行权衡？杀死他人的自由是否应该与从图书馆借书的自由具有同等的权重？另一个问题涉及约束自由的不同方式的可比性。通过强制和国家干涉造成的
442 不自由是否与自然事件造成的不自由具有同等的权重？

传统上，这些问题是政治理论家和政治哲学家进行抽象理论化研究的对象。然而，这些问题越来越多地是通过实际的经验研究而提出，例如，在“自由之家”等组织发布的各种排名的方法论中就涉及这些问题。[39] 这些问题不仅是政治哲学家和理论家关心的问题，而且对比较经验研究具有重要影响。显然，这项研究关系到我们如何看待自由、自由的价值、自由在民主国家中的地位，甚至关系到投票自由。换句话说，我们在这里也看到了一个政治科学家进行研究所引发的哲学反思的例子，这种反思完全值得被称为“政治科学哲学”。

第四节　结　　论

本章试图阐明，与我们标题中的问题相反，政治科学哲学实际上已经存在。其中很大一部分工作是由政治科学家和政治理论家所完成的，但也并非完全如此。这意味着，尽管政治科学在学术界出现的细节方面或在方法论和研究主题上显得有些纷繁复杂，但它与其他特殊学科的情况并没有太大不同。那么，我们该如何称呼它，或者坚持将其视为社会科学哲学的一个分支是否很重要呢？如果政治理论和政治科学哲学在外延上基本等同，那么试图创建政治科学哲学又有多大的优势呢？或者至少将其从学术的边缘带入主流，又该如何称呼它呢？

如果哲学家在这场争论中的唯一作用是，“我们应该更加关注他们在政治科学中正在从事的工作”，那么这种作用的影响将是微乎其微的。因为正如我们所展示的那样，已经有对其给予关注的大量哲学家。同样，如果大多数哲学家得出的结论是“当前在政治科学中没有很多值得哲学关注的问题；让政治理论家们去处理吧”，那么我们不愿在没有兴趣的地方强加兴趣，但事实似乎并非如此。相反，关于人类政治行为科学的哲学研究，其研究内容似乎已经存在，而且在合法性上也获得了人们的承认，事实上，有关政治科学哲学研究已经持续一段时间了，只是没有费心去争取一个新的称号而已。

为什么要争取呢？我们认为这样做的回报是巨大的。通过接受政治科学哲学是社会科学哲学的一部分这样一种观念，将为该领域打开新的大门，因为那些受过科学哲学家的特定兴趣和专业知识熏陶的人，将对政治科学的方法论问题和说明性问题带来新的见解。一个半世纪前，政治科学的建立旨在摆脱对政治及其前科学史的研究，并提出了一些只能用经验方法回答的问题。因此，哲学对这门学科的关注难道就不应该脱离政治理论吗？

这是否意味着所有的政治科学都是（或应该是）定量的呢？定性方法的论战已经胜利了吗？有些人可能会说，经济学哲学和心理学哲学之所以能够如此有力地向前发展，是因为它们的基础领域更加科学，所以它们的“哲学”称号问题较少。然而，社会学、人类学和历史学等学科的经验性更少，因此它们作为社会科学哲学分支的地位更值得怀疑。但值得注意的是，即使是后者也有它们自己的“哲学”称号。当然，这跟在人类学或社会学中一样，并没有对政治科学中的实证主义、解释主义或任何其他方法论进路之有用性或地位的争论做出回答。所有 443
的社会科学中都有定量和定性的方法。尽管如此，它们的重点仍然是说明性的，因此，最终是经验性的。因此，尤其是考虑到政治科学最近转向定量方法的速度，以及对此转向的激烈的、有组织的抵抗，政治科学似乎早就应该有自己的“哲学”了。

经济学与心理学的哲学研究在这种安排下蓬勃发展。化学哲学也是如此。我们认为，由于这一自觉的关注转向，政治科学所引发的哲学问题将会得到更多、更集中的关注，更多的学者也将致力于其方法论所提出的各种具体问题。科学哲学家对科学领域中的说明性问题与方法论问题非常敏感。我们带来了有关政治思想（或者所谓的“政治哲学”）的历史学家尚未自觉建构的视角，那就是把政治科学作为一种经验性研究而给予接受与考察，其中包括但不限于，我们关于民主和自由的观念，如投票行为中所揭示的那样。

当然，也有制度上的好处：会议、座谈会、选集，以及随之而来的更多学术研究。就像在化学哲学中一样，人们期望在迄今为止所做的良好研究基础上，还会有大量出色研究成果的出现。因此，我们认为，政治科学哲学应该占有自己的一席之地，与经济学哲学、历史哲学、心理学哲学、社会学哲学、人类学哲学一道作为社会科学哲学的分支，并致力于求解那些出现在人类政治行为经验研究中的说明性问题。

那么政治科学哲学这一名称真的重要吗？实质上名称本身并没有什么意义。除非你用它来提醒那些可能已经忽略该领域的人：在这里，政治科学哲学值得你重新关注。那么该学科就会变得非同寻常。

注　释

1 要了解更多关于这一转变的历史，参见 Scerri 和 McIntyre（1997）。在化学哲学被称为“化学哲学”之前，有关化学哲学中的优秀成果汇编，参见 Scerri（1997）。

2 参见 Schliesser（2014）。

3 例如，约翰斯·霍普金斯大学政治科学系是新近成立政治科学的早期组织之一，该系研讨室的格言是“历史是过去的政治，政治是现在的历史”。

4 这是该学科最权威的历史共识。Farr（1988）的论文对相关内容给出了较为全面的综述。

5 关于什么构成了“政治学”的问题，这本身就是一个被持续关注且富有争议的问题，可以通过比较诸如拉斯韦尔（Lasswell，1936）、阿伦特（Arendt，1958）、伊斯顿（Easton，1965）、克里克（Crick，2000）、莱夫维奇（Leftwich，2004）的观点，就可以看出这一点。

6 这是所谓的“经济学帝国主义”体现的一种方式，参见 Mäki（2009）。

7 参见 Monroe（2015）。

8 然而，需要指出的是，我们所有的例子或多或少都集中在政治科学中日益对形式化方法的使用上（尤其是社会选择理论），以及对这一趋势的一些反应上。我们并不打算在这些方法的优点的争论中偏袒任何一方。它们当然不是唯一的方法。然而，这些方法阐明了我们的主张，即政治科学哲学的存在是有依据的。

9 对此，也有人提出相反的结论，参见 Riker 和 Ordeshook（1968）。

10 更重要的是，如果这种推理是正确的，那么选民努力去了解政治问题和每个候选人的立场，这两者也是自相矛盾的。在这种情况下，投票建议应用软件的兴起尤为显著，参见 Fossen 和 Anderson（2014）。

11 米勒（Mueller，1997）对该理论及其主要成果给予了很好的概述。

444 12 参见 Brennan 和 Lomasky（1993）。

13 一些作者得出的结论是，选民是非理性的，因此政治本质上是非理性的（参见 Caplan，2007，2008）。再次，通过与行为经济学的类比，基于这一假设进行实验研究的可能性似乎已经成熟。

14 例如，参见 Elster（1983，1989）。当然，关于在社会科学中采用这种理想类型的担忧对所有社会科学都是相关的。

15 参见 Condorcet（1785）。

16 参见 Arrow（1950）。

17 参见 Duverger（1959）。
18 有关概述，请参见 Riker（1982b）。
19 参见 Riker（1982a）。
20 参见 Mackie（2003）。
21 参见 Black（1948）。如果人们可以将备选项 x、y、z 从“左到右”进行排序，那么排列组合就是“单峰的”，这样每个人的排列就会在那条线上有一个最优备选项，并且随着备选项离最优位置越来越远（在任何一个方向上），偏好就会逐渐降低。在孔多塞的例子中，选民的偏好并不是单峰的。
22 参见 Sen（1970）。
23 在这里，人们会禁不住分享一个老笑话，说的是考虑无关备选项是非理性的。一位哲学家走进一家餐馆点了一块派。服务员说：“我们有樱桃派和苹果派。”哲学家点了一块苹果派。服务员说：“哦，等等，我们还有南瓜派。”哲学家回答说：“如果是这样的话，我要樱桃派。”
24 参见 Gibbard（1973）、Satterthwaite（1975）。当然，目前尚不清楚这在多大程度上是一件坏事，参见 Dowding 和 van Hees（2008）。
25 这里有一个算术示例。假设一个典型的陪审员具有 $p = 0.6$ 的概率得出正确的答案。那么，由一个陪审员组成的陪审团将以 $p = 0.6$ 的概率做出正确的裁决。假设我们将陪审团扩大到 3 名成员，那么大多数陪审团做出正确裁决的概率等于 $p = 0.6^3 + 3(0.6 \times 0.6 \times 0.4) = 0.648$。然而，关键在于，要使这种方法有效，陪审员在做出决定之前一定不受彼此影响。欲了解更多关于孔多塞陪审团定理的复杂性，参见 Sunstein（2008）。
26 例如，Estlund（2008）。
27 参见 Elster（1997）。
28 参见 Rawls（1971）、Habermas（1976）、Rawls（1993）、Habermas（1998）。
29 约翰 • 德赖泽克（John Dryzek）的研究就是这种趋势的一个很好的例子，他试图在经验上检验由哲学所启发的关于协商制度的主张，关于这方面内容参见 Dryzek（1999）、Dryzek（2006，2010）。
30 收录于 Constant（1988）。
31 参见 Berlin（1969）。
32 参见 Hobbes（1991：ch. 21）。
33 参见 MacCallum（1967）。
34 参见 Pettit（1997，2012）。
35 也可参见 Pettit（2014）。

36 参见 Dworkin（1978：268-274）。

37 参见 Carter（1999）。

38 参见 Pattanaik 和 Xu（1990）。

39 例如，类似于 “自由之家”（2015）、“国家排名：世界与全球经济自由度排名”（2015）、“你所在州有多自由？”（2015）中所进行的各种比较。

参 考 文 献

Arendt, Hannah. 1958. *The Human Condition*. Chicago: University of Chicago Press.

Arrow, Kenneth J. 1950. “A difficulty in the concept of social welfare,” *Journal of Political Economy*, 58(4): 328-346.

Berlin, Isaiah. 1969. “Two concepts of liberty,” in *Four Essays on Liberty*. Oxford: Oxford University
445 Press: 118-172.

Black, Duncan. 1948. “On the rationale of group decision-making,” *Journal of Political Economy*, 56(1): 23-34.

Brennan, Geoffrey, and Loren Lomasky. 1993. *Democracy and Decision: The Pure Theory of Electoral Preference*. Cambridge: Cambridge University Press.

Caplan, Bryan. 2007. *The Myth of the Rational Voter: Why Democracies Choose Bad Policies*. Princeton, NJ: Princeton University Press.

——. 2008. “Reply to my critics,” *Critical Review*, 20(3): 377-413.

Carter, Ian. 1999. *A Measure of Freedom*. Oxford, etc: Oxford University Press.

Condorcet, Jean-Antoine-Nicolas de Caritat. 1785. *Essai sur l’application de l’analyse à la probabilité des décisions rendues à la pluralité des voix*. Paris: Imprimerie royale.

Constant, Benjamin. 1988. *Political Writings*. Cambridge: Cambridge University Press.

“Country Rankings: World and Global Economy Rankings on Economic Freedom.” 2015. Accessed December 17, 2015. www.heritage.org/index/ranking.

Crick, Bernard. 2000. *In Defence of Politics*. London: Continuum.

Dowding, Keith, and Martin van Hees. 2008. “In praise of manipulation,” *British Journal of Political Science*, 38(1): 1-15.

Downs, Anthony. 1957. *An Economic Theory of Democracy*. New York: Harper & Row.

Dryzek, John. 1999. “Transnational democracy,” *Journal of Political Philosophy*, 7(1): 30-51.

Dryzek, John S. 2006. *Deliberative Global Politics: Discourse and Democracy in a Divided World*. Cambridge: Polity.

——. 2010. *Foundations and Frontiers of Deliberative Governance*. Oxford: Oxford University Press.

Duverger, Maurice. 1959. *Political Parties: Their Organization and Activity in the Modern State*. New York: Wiley.

Dworkin, Ronald Myles. 1978. *Taking Rights Seriously*. London: Duckworth.

Easton, David. 1965. *The Political System: An Inquiry into the State of Political Science*.

New York: Alfred A. Knopf.

Elster, Jon. 1983. *Explaining Technical Change: A Case Study in the Philosophy of Science*. Cambridge: Cambridge University Press.

——. 1989. "Rationality and social norms," in *Logic, Methodology and Philosophy of Science*. New York: Elsevier Science.

——. 1997. "The market and the forum: Three varieties of political theory," in *Deliberative Democracy*. Cambridge, MA: MIT Press.

Estlund, David M. 2008. *Democratic Authority: A Philosophical Framework*. Princeton, NJ: Princeton University Press.

Farr, J. 1988. "The history of political-science," *American Journal of Political Science*, 32(4): 1175-1195.

Fossen, Thomas, and Joel Anderson. 2014. "What's the point of voting advice applications? Competing perspectives on democracy and citizenship," *Electoral Studies*, 36: 244-251.

"Freedom House." 2015. Accessed December 17, 2015. https://freedomhouse.org/report/freedom-world/freedom-world-2015#.VnKXQb_oTtI.

Gibbard, Allan. 1973. "Manipulation of voting schemes: A general result," *Econometrica*, 41(4): 587-601.

Habermas, Jürgen. 1976. *Legitimation Crisis*. Thomas MacCarthy(trans.). London: Heinemann Educational.

——. 1998. *Between Facts and Norms: Contributions to a Discourse Theory of Law and Democracy*. Cambridge, MA: MIT Press.

Hobbes, Thomas. 1991. *Leviathan*. Richard Tuck (ed.). Cambridge Texts in the History of Political Thought. Cambridge: Cambridge University Press.

"How Free Is Your State?" 2015. Accessed December 17, 2015. http://freedominthe50states.org/.

Jarvie, Ian, and Jesus Zamora-Bonilla(eds). 2011. *The Sage Handbook of the Philosophy of Social Sciences*. London, etc: Sage.

Kincaid, Harold(ed.). 2012. *The Oxford Handbook of Philosophy of Social Science*. Oxford University Press.

Lasswell, Harold D. 1936. *Politics: Who Gets What, When, How*. New York: Whittlesey House.

Leftwich, Adrian. 2004. *What Is Politics? The Activity and Its Study*. Cambridge and Malden, MA: Polity Press.

MacCallum, Gerald C. 1967. "Negative and positive freedom," *Philosophical Review*, 76(3): 312-334.

Mackie, Gerry. 2003. *Democracy Defended*. Cambridge: Cambridge University Press.

Mäki, Uskali. 2009. "Economics imperialism: Concept and constraints," *Philosophy of the Social Sciences*, 39(3): 351-380. 446

Monroe, Kristen R.(ed.). 2015. *Perestroika! The Raucous Rebellion in Political Science*. London: Yale University Press.

Mueller, Dennis C.(ed.). 1997. *Perspectives on Public Choice: A Handbook*. Cambridge: Cambridge University Press.

Pattanaik, Prasanta, and Yongsheng Xu. 1990. “On ranking opportunity sets in terms of freedom of choice,” *Recherches Economiques de Louvain*, 54: 383-390.

Pettit, Philip. 1997. *Republicanism: A Theory of Freedom and Government*. Oxford Political Theory. Oxford: Clarendon Press.

——. 2012. *On the People's Terms: A Republican Theory and Model of Democracy*. Cambridge: Cambridge University Press.

——. 2014. *Just Freedom: A Moral Compass for a Complex World*. New York: W. W. Norton & Company, Inc.

Rawls, John. 1971. *A Theory of Justice*. Cambridge, MA: Harvard University Press.

——. 1993. *Political Liberalism*. New York: Columbia University Press.

Riker, William H. 1982a. *Liberalism against Populism: A Confrontation between the Theory of Democracy and the Theory of Social Choice*. San Francisco: Freeman.

——. 1982b. “The two-party system and duverger's law: an essay on the history of political science,” *American Political Science Review*, 76(4): 753-766.

Riker, William H., and Peter C. Ordeshook. 1968. “A theory of the calculus of voting,” *American Political Science Review*, 62(1): 25-42.

Satterthwaite, Mark Allen. 1975. “Strategy-proofness and Arrow's conditions: existence and correspondence theorems for voting procedures and social welfare functions,” *Journal of Economic Theory*, 10(2): 187-217.

Scerri, E. R. 1997. “Bibliography on philosophy of chemistry,” *Synthese*, 111(3): 305-324.

Scerri, Eric R., and Lee McIntyre. 1997. “The case for the philosophy of chemistry,” *Synthese*, 111(3): 213-232.

Schliesser, Eric. 2014. “Why the lack of philosophical interest in so many social sciences?” Digressions & Impressions. November 12. Accessed December 21, 2015. http://digressionsnimpressions.typepad.com/digressionsimpressions/2014/11/why-the-lack-of-philosophical-interest-in-so-many-social-sciences. html.

Sen, Amartya. 1970. “The impossibility of a Paretian liberal,” *Journal of Political Economy*, 78(1): 152-157.

Sunstein, Cass R. 2008. *Infotopia: How Many Minds Produce Knowledge*, 1st edn. Oxford: Oxford University Press.

Turner, Stephen P., and Paul A. Roth. 2003. *The Blackwell Guide to the Philosophy of the Social*
447 *Sciences*. Blackwell Philosophy Guides. Malden, MA, etc: Blackwell.

索　引（数字为原书页码）

后　记

本书是集体努力的成果。初稿翻译分工如下。

殷杰：导论、第二十六章、第三十三章、第三十六章、第三十七章；

赵雷：第六章、第八章、第十四章、第十五章、第十七章、第十八章、第二十三章、第二十五章、第二十七章；

马健：第五章、第十六章、第二十章、第二十一章、第二十二章、第三十章、第三十四章；

蒋鹏慧：第七章、第十一章、第十三章、第十九章、第二十八章、第二十九章、第三十五章；

李夏冰：第一章、第二章、第三章、第九章、第十二章、第二十四章、第三十二章；

申晓旭：第四章、第十章、第三十一章；

初稿完成后，由陈睿进一步对全书各章节进行了校对，殷杰负责了全书的统稿。鉴于时间和译者水平有限，书中难免有不当之处，敬请广大读者批评指正。

殷　杰

2020 年 7 月 1 日